böhlau

Osteuropa in Geschichte und Gegenwart

Band 7

Im Auftrag des Center for Eastern European Studies (CEES)
herausgegeben von Tanja Penter, Jeronim Perović und Ulrich Schmid

Die neue Reihe *Osteuropa in Geschichte und Gegenwart* kommt einem wachsenden Bedürfnis nach profunder Analyse zu zeitgeschichtlichen und aktuellen Entwicklungen im östlichen Teil Europas nach. Osteuropa ist geographisch weit gefasst und umfasst einen Raum, der im Wesentlichen die sozialistischen Länder des ehemaligen »Ostblocks« einschließt, wobei Russland und die Staaten der ehemaligen Sowjetunion einen Schwerpunkt bilden sollen. Die Reihe ist interdisziplinär ausgerichtet. Historisch orientierte Arbeiten sollen ebenso einbezogen werden wie solche, die sich mit gegenwartsbezogenen politischen, gesellschaftlichen, wirtschaftlichen und kulturellen Themen auseinandersetzen.

Die Herausgeber

Dunja Krempin

Die sibirische Wucht

Der Aufstieg der Sowjetunion zur globalen Gasmacht, 1964–1982

Böhlau Verlag Wien Köln Weimar

Die Druckvorstufe dieser Publikation wurde vom Schweizerischen Nationalfonds zur Förderung der wissenschaftlichen Forschung unterstützt.

Dissertation Universität Zürich 2019

Die vorliegende Arbeit wurde von der Philosophischen Fakultät der Universität Zürich im Frühjahrssemester 2019 auf Antrag der Promotionskommission Prof. Dr. Jeronim Perović (hauptverantwortliche Betreuungsperson), Prof. Dr. Tanja Penter und Prof. Dr. Nada Boškovska als Dissertation angenommen.

Bibliografische Information der Deutschen Nationalbibliothek:
Die Deutsche Nationalbibliothek verzeichnet diese Publikation in der Deutschen Nationalbibliografie; detaillierte bibliografische Daten sind im Internet über https://dnb.de abrufbar.

Umschlagabbildung: Building the Urengoi-Uzhgorod gas pipeline. Installing large-diameter pipes manufactured by Germany's Mannesmann company along a section of the incomplete Urengoi-Uzhgorod gas pipeline. © akg-images/Sputnik

Korrektorat: Anja Borkam, Jena
Satz: SchwabScantechnik, Göttingen
Druck und Bindung: ⊕ Hubert & Co. BuchPartner, Göttingen
Printed in the EU

Vandenhoeck & Ruprecht Verlage | www.vandenhoeck-ruprecht-verlage.com

ISBN 978-3-412-51931-5

Inhalt

Hinweise zur Schreibweise und Zitation

Russische Wörter werden nach der im deutschsprachigen Raum üblichen wissenschaftlichen Transliteration wiedergegeben, soweit nicht eine andere Schreibweise verbreitet ist (Sowjet statt sovet, Moskau statt Moskva, Baschkortostan statt Baškortostan). Eigennamen werden grundsätzlich in wissenschaftlicher Umschrift wiedergegeben (Brežnev statt Breschnew, Kosygin statt Kossygin). Russische Akronyme und Begriffe werden bei Erstnennung in Klammern oder in der Fussnote aufgeschlüsselt. Häufige Abkürzungen werden im Anhang erklärt. Russisch- und englischsprachige Zitate wurden von der Verfasserin ins Deutsche übersetzt, teilweise wurde auf deutschsprachige Übersetzungen zurückgegriffen. Eingriffe und Erläuterungen sind durch eckige Klammern gekennzeichnet. Die Bezeichnung »Westsibirischer Erdöl- und Erdgaskomplex« (Zapadno-Sibirskij Neftegazovyj kompleks) wird als feststehender Begriff, und damit in Großschreibung, verwendet.

Danksagung

Sibirien fasziniert mich seit Jugendtagen. Die Vorstellung eisiger Kälte und weiter Landschaften zog mich stets in den Bann. Umso wertvoller war es für mich, dass ich nach einem einjährigen Aufenthalt in Krasnojarsk die Möglichkeit bekam, mich mit einem Disserationsprojekt Sibirien und seiner Energiegeschichte aus der wissenschaftlichen Perspektive zu nähern. Viele der Orte, über die ich im Text schreibe, konnte ich während meiner Aufenthalte in Russland mit eigenen Augen, aus dem Zug oder vom Schnellboot aus, sehen: Krasnojarsk mit seinem Aluminiumwerk und dem Wasserkraftwerk am Jenisej, den Sajano-Šušensker Staudamm, die Erdölraffinerie an der Angara, das Wasserkraftwerk in Bratsk, die Städte Tjumen', Omsk und Tomsk, den Akademgorodok in Novosibirsk, die Erdölpumpen in Tatarstan, sowie den Erdgaskomplex von Orenburg. Von diesen zahlreichen Eindrücken zehrte ich, wenn die Arbeit am Schreibtisch mühsam war.

Aufrichtig danken möchte ich meinem Betreuer Jeronim Perović von der Universität Zürich für die stete wissenschaftliche Begleitung während des Forschungsprojektes, die konstruktiven Kommentare, die wertvollen Impulse und die Unterstützung bei der intensiven Arbeit am Text. Großer Dank gilt auch Nada Boškovska und Tanja Penter, die die Mühen einer Begutachtung meines Textes auf sich genommen haben. Unterstützt hat mich stets auch meine langjährige Freundin Milena Guthörl, die Teile meiner Arbeit korrigierte und mit ihrer wissenschaftlichen Schärfe wichtige Impulse gab.

Der Förderung des SNF, der schon die Entstehung der Disserationsschrift ermöglichte, ist es zu verdanken, dass das Manuskript nun als Buch erscheint. Insbesondere bin ich dem Böhlau Verlag und hier Frau Rheker-Wunsch sowie Frau Röthele zu Dank für die gute Zusammenarbeit verpflichtet.

Ohne die persönlichen Erfahrungen in Russland, die spannende Archivarbeit, die schönen Zugfahrten, die Mittagspausen in den Stolovajas, die vielen Menschen, mit denen ich ein Stück des Weges reisen dufte, bei denen ich unterkommen konnte, und die mir manchmal einfach nur die lang erwarteten Kopien aus den Archiven abholten und mitbrachten, hätte ich die vorliegende Arbeit in dieser Form nicht verfassen können. Diese Erfahrungen, die mich sehr geprägt haben, möchte ich nicht missen, und ich bin all den verschiedenen Wegbegleitern und -begleiterinnen sehr dankbar.

Geduldig unterstützt haben mich in all den Jahren zudem viele Freundinnen und Freunde von Bern bis ins ferne Sibirien. Sie hörten mir zu, wenn ich mal wieder jammerte, sie waren verständnisvoll, wenn ich mal keine Zeit hatte, lenkten mich ab, wenn ich das für den nötigen Durchblick zwischendurch brauchte und schickten mich später bestimmt wieder an den Schreibtisch zurück. Ich hoffe, dass wir nun bald wieder ungehindert viele schöne Stunden zusammen geniessen können.

Von Herzen möchte ich meiner ganzen Familie danken, besonders meinen Eltern. Von Kindesbeinen haben sie mit einem guten Vertrauensvorschuss an mich geglaubt und mich meinen Entdeckungs- und Forschungsdrang ausleben lassen. Herzlich danken möchte ich auch meinen Schwiegereltern, die mir die Schweiz sehr viel nähergebracht und mit aufrichtigem Interesse mein Forschungsprojekt begleitet haben. Der allergrößte Dank gilt jedoch meiner Lebenspartnerin Simone Preiswerk. Sie hat mich und uns durch all die Jahre getragen. Ohne ihre Unermüdlichkeit und ihren Glauben an mich wäre diese Arbeit wohl nicht mehr rechtzeitig vor der Geburt unserer Tochter fertig geworden. Für den gemeinsam zurückgelegten Weg danke ich ihr von ganzem Herzen und hoffe, dass wir in Zukunft noch viele spannende Abenteuer erleben werden.

1. Einleitung: Der sowjetische Weg zur globalen Gasmacht

Dass Russland heute als globale Energiemacht gilt, scheint uns selbstverständlich. Die Länder Europas importieren seit den 1970er Jahren in großen Mengen Erdgas aus Russland, in der Bundesrepublik Deutschland lag der Anteil 2014 bei etwa 38 Prozent.[1] In anderen europäischen Ländern wie Bulgarien, den baltischen Ländern und Finnland stammen hingegen bis zu 100 Prozent des Erdgases aus der Russländische Föderation. Russland gilt bisher zumindest für die europäischen Länder als zuverlässiger Lieferant, doch politische Krisen – seien sie auch dem europäischen Kontext entrissen wie der militärische Einmarsch Russlands auf der Krim 2014 – lassen in Europa stets die Angst vor einer zu großen Abhängigkeit von Russland wachsen. Befürchtet wird, dass die Russländische Föderation ihren Abnehmerländern den Gashahn zudrehen könnte, um so politische Handlungen zu erpressen.[2] Diese politischen Ängste gehen bereits auf die frühe Phase des Öl- und Gashandels während des Kalten Kriegs zurück, erweisen sich jedoch auch heute als aktuell. Wer in russischem Erdgas ein schon immer mächtiges politisches Mittel sieht, hat die Geschichte nicht tiefgründig genug betrachtet. Seit Mitte der 1970er Jahre wähnte sich die Sowjetunion selbst in einer tiefen Modernisierungskrise, die unter anderem die bisher boomende Erdölindustrie betraf. Dies zog schließlich Befürchtungen um eine eingeschränkte Versorgungssicherheit und Exportmöglichkeiten nach sich, obwohl die Sowjetunion immense Reserven an Erdöl- und Erdgas hatte.

Als am 14. Oktober 1964 Leonid Il'ič Brežnev seinen Posten als Parteisekretär antrat, war diese Entwicklung der Sowjetunion zur Gasmacht keineswegs vorgezeichnet. Brežnev sah sich zu diesem Zeitpunkt mit anderen Problemen konfrontiert: Von seinem Vorgänger hatte er die Staatsführung über ein Land

---

1 2014 stammten 35,3 Prozent des deutschen Erdgases aus Norwegen, 22,7 Prozent aus den Niederlanden. Siehe hierzu Jauering, Henning: Deutschlands Alternativen zu Russlands Gas, in: Spiegel Online, 06.03.2014, online verfügbar unter: http://www.spiegel.de/wirtschaft/soziales/erdgas-aus-russland-wie-deutschland-die-abhaengigkeit-reduzieren-kann-a-957112.html [26.04.2017].

2 Ohne Russland geht es nicht, in: Zeit Online, 08.12.2014, online verfügbar unter: http://www.zeit.de/politik/deutschland/2014-12/energie-deutschland-russland-abhaengig [26.04.2017].

übernommen, welches in den vorangegangenen zehn Jahren zahlreiche Reformen versucht hatte. Sein Vorgänger Nikita Sergeevič Chruščev hatte einen wirtschaftlichen Reformkurs verfolgt, der zu viele Veränderungen auf einmal hatte vornehmen wollen und dabei zu hohe Erwartungen an die Planwirtschaft gestellt hatte. Nach einer weiteren von zahlreichen Missernten war die Popularität von Chruščev im Jahr 1963 deshalb so weit gesunken, dass unkontrollierte Reaktionen der Bevölkerung befürchtet wurden. Seine Absetzung im Oktober 1964 schien seinen Gefolgsleuten daher das angemessene Mittel zu sein, um weitere politische und wirtschaftliche Eskapaden zu verhindern. Der neue Parteivorsitzende Brežnev hatte nun die Aufgabe, einen »wirklichen« Reformkurs einzuschlagen und die begonnenen Projekte in ruhigere Fahrwasser zu lenken. Seine Herrschaft musste er dabei erst noch legitimieren und er konzentrierte sich deshalb zunächst auf die volksnahe Sozialpolitik und die für Missernten anfällige Landwirtschaft. Das von Chruščev in dessen letzten Regierungsjahren verfolgte Chemieprojekt, welches die Sowjetunion zum Standort einer erfolgreichen und innovativen Chemieindustrie machen sollte, verfolgte Brežnev ebenfalls weiter, jedoch weitaus zurückhaltender als sein Vorgänger. Doch wollte die Sowjetunion weiterhin große Projekte umsetzen, in denen sie ihre eigene Wirtschaft mit ausländischen Technologien modernisieren und die Produkte in alle Welt exportieren würde.

Im Hintergrund zog derweil Premierminister Aleksej Kosygin die Strippen der Wirtschaft. Der Energiesektor machte dem besonnenen Premier zu diesem Zeitpunkt kaum Sorgen. Denn das flächenmäßig größte Land der Welt konnte auf verschiedene Energieträger zurückgreifen, um seine energieaufwändige Wirtschaft und Bevölkerung zu versorgen. Zu den wichtigsten Energieträgern gehörten Kohle, Öl und Gas sowie die Wasserkraft, die Mitte der 1960er Jahre aber vorrangig in Sibirien ausgebaut werden sollte. Als besonders flexibel galt die Kohle, die über die Bahnschienen auch in energiearme Regionen geliefert werden konnte; die Wasserkraft versorgte an den großen Flüssen ganze Regionen mit ihrer Elektroenergie.

Einen besonderen Boom erlebte das in den USA und Westeuropa bereits weitverbreitete Erdöl: Im Krieg waren die Anlagen der Erdölindustrie aus Angst vor einem Angriff der Deutschen aus dem ehemaligen Erdöleldorado Baku im großen Stil abgezogen und auf den bisher ungenutzten Ölfeldern des Volga-Ural-Gebiets wiederaufgebaut worden. Mit Erfolg: Das Volga-Ural-Gebiet lieferte zwanzig Jahre später den größten Teil des sowjetischen Öls und stellte auch immer mehr Öl für den Export in die sozialistischen Bruderstaaten und einige westeuropäische Länder zur Verfügung. Das Erdgas spielte im Vergleich mit dem Öl noch immer eine Nebenrolle, versorgte aber bereits einige sowjetische Großstädte mit Energie. So wundert es nicht, dass Mitte der 1960er Jahre Ministerpräsident Kosygin die energetische Lage der Sowjetunion also als durchaus passabel einzuschätzen schien. Das Land hatte ausreichende Ressourcen, zumal 1967 zwei der weltweit größten Wasserkraftwerke im sibirischen Krasnojarsk und Bratsk zusätzlich ihren Betrieb aufnahmen und sich die verheißungsvolle Atomkraft am Horizont auftat, mit welcher die Energiefachleute sämtliche Energieprobleme der Zukunft zu lösen gedachten.

Dass neue Öl- und Gasfunde ausgerechnet in den entlegenen arktischen Regionen Westsibiriens gemacht wurden, trübte diese Stimmung allerdings. Die neuen Öllagerstätten befanden sich in den sumpfigen Regionen Mittelsibiriens, die Gasfunde sogar in der Polarregion. Die Region war weitestgehend unbesiedelt, im Winter herrschten eisige Temperaturen um die minus fünfzig Grad, im Sommer taute der Permafrostboden auf und wurde zu einem unpassierbaren Sumpf, in dem Horden von Stechmücken lebten. Derartige Bedingungen waren ein Alptraum der Wirtschaftsfunktionäre in Moskau, denn der Aufbau von Industrieanlagen, einer Infrastruktur und die Ansiedlung von Arbeitskräften in einer solchen Region würden den Staat teuer zu stehen kommen.

Trotz einer latenten Skepsis beschloss Premierminister Kosygin eine erste industrielle Nutzung des in Moskau begehrten Öls am Fluss Ob', da hier die Anlieferung von Technik und der Abtransport des Öls über den Fluss abgewickelt werden konnte. Doch bemühte man sich redlich, das Projekt außerhalb von Regierungskreisen nicht allzu öffentlich zu machen, und einigte sich darauf, das Gros an Ressourcen für den zukünftigen Bedarf vorerst im Boden zu belassen. Dabei zeigen bereits schon die Diskussionen zwischen der politischen Führung und den Wirtschaftseliten in den späten 1960er Jahren, dass es hier um weit mehr ging als den Aufbau eines neuen Industriestandorts. Denn eine kostengünstige Energieproduktion für die steigenden Bedürfnisse der eigenen Wirtschaft würde unter solchen Umständen kaum möglich sein, da die Erschließungskosten für ganze, bisher menschenleere Regionen, der Antransport zum Endverbraucher und die Unterhaltungskosten für Technik und Menschen unter den außergewöhnlich harschen arktischen Bedingungen die Projektkosten in exorbitante Höhen treiben würden.[3] Das galt für die Gasindustrie,

3 Darauf wies unter anderen auch ein deutscher Wissenschaftler Mitte der 1980er Jahre noch hin, in: Dietz, Raimund: Die Energiewirtschaft in Osteuropa und der UdSSR (Studien über Wirtschafts- und Systemvergleiche 11), Wien 1984, S. 112–113.

die auf ausgedehnte Pipelinesysteme angewiesen war, noch mehr als für die Erdölindustrie. Die berechtigte Zurückhaltung bei der Umsetzung eines solch aufwändigen polaren Energieprojektes drohte die Versorgungssicherheit der Sowjetunion in der Zukunft zu gefährden.

Dass das Tjumen'er Erdöl die Rettung der sowjetischen Energieversorgung sei, bezweifelte man zu diesem Zeitpunkt nicht nur in der Führungselite, sondern auch in der Bevölkerung. Der schwierigen Suche und Erschließung von Erdöl in der westsibirischen Polarregion gab der bekannte sowjetische Barde Vladimir Semjonovič Vysockij in einem Lied mit dem Namen »Tjumen'er Öl« 1974 einen vertonten und karikaturistischen Ausdruck:

> Ans Zentrum schick ich aus Tjumen' den Kurzbericht:
> »Na, recht und schlecht, so läuft das Ding bisher.«
> Wir buddeln rum, doch die dort, die verstehn das nicht,
> Sie sagen, recht gings weniger, schlecht mehr.[4]

Die Wahrnehmung der westsibirischen Erdöl- und Erdgasvorräte änderte sich, als Gerüchte von einem westlichen Interesse an Gasimporten aus den sowjetischen Außenhandelsorganisationen Moskau erreichten. Ende der 1960er Jahre suchten immer öfter Energieversorger, Wirtschaftsfachleute und Politiker aus dem Westen das Gespräch mit den Sowjets. Diese zeigten Interesse an Importen von »rotem Gas«,[5] um den Rückgang eigener Energieressourcen auszugleichen und ihre Importe zu diversifizieren. Leonid Brežnev persönlich sah nun seine Stunde gekommen: Die von ihm favorisierte Entspannungspolitik gegenüber den kapitalistischen Ländern wollte er von der diplomatischen Ebene nun auf die Wirtschaft ausweiten. Er erhoffte sich langfristige Wirtschaftsverträge für den Gashandel. Im Gegenzug wollte die Sowjetunion die dringend benötigten Großröhren und andere Technik importieren, um damit ein dauerhaftes Versorgungsnetz über den Eisernen Vorhang hinweg zu errichten. Brežnevs zentrales Anliegen war das »North-Star«-Projekt, der Export von Flüssigerdgas aus dem nördlichen Westsibirien in die USA, das mit dem Stalin'schen Paradigma

4 Wyssozki, Wladimir: Zerreißt mir nicht meine silbernen Saiten. 100 Lieder und Gedichte, Berlin 1989, S. 371.

5 Högselius, Per: Red Gas. Russia and the Origins of European Energy Dependence, New York 2013.

der »wirtschaftlichen Autarkie«[6] endgültig gebrochen und den Kalten Krieg mächtig erwärmt hätte.[7]

Die Ölpreiskrise 1973 betraf die Sowjetunion zwar nicht direkt, sollte ihr Exportpotenzial auf dem internationalen Ölmarkt aber erheblich verbessern. Das Ölembargo setzte Europa politisch unter Druck, jedoch musste die Sowjetunion rhetorisch zwischen den Arabern und den erhofften neuen Wirtschaftspartnern in Westeuropa lavieren.[8] In den USA zeigten sich zwar zu Beginn der 1970er Jahre erste Befürchtungen bezüglich der Energieversorgung, doch aufgrund der eigenen stabilen Gasversorgung hatten die USA weiterhin kaum mehr als ein marginales Interesse an bilateralen Energieprojekten mit der Sowjetunion, so dass das »North-Star«-Projekt letztlich scheitern musste.[9] Und auch in den eigenen Reihen stieß Generalsekretär Breźnev bezüglich seiner energiepolitischen Bestrebungen im Ausland auf Kritik. Doch zumindest in Europa konnte er die erhoffte Détente durchsetzen: Das Ölembargo und die Gefahr einer einseitigen Abhängigkeit ließen das europäische Interesse an sowjetischem Gas weiter steigen, und die Sowjetunion konnte die anvisierten Wirtschaftsverträge mit den Westeuropäern abschließen.

Das Scheitern des »North-Star«-Projekts wurde zusätzlich überschattet von schlechten Nachrichten aus den Ölfeldern des Volga-Ural-Gebiets und Westsibiriens. Die Erdölförderung im Volga-Ural-Gebiet überschritt Mitte der 1970er Jahre seine maximale Förderung (*peak oil*), und aus Westsibirien kamen erste

6 Der Technologieimport war vom Paradigma der wirtschaftlichen Autarkie ausgenommen und wurde auch von Stalin gutgeheissen, in: Rehschuh, Felix: Aufstieg zur Energiemacht. Der sowjetische Weg ins Erdölzeitalter 1930 bis 1950er Jahre (Osteuropa in Geschichte und Gegenwart 1), Köln 2018, S. 51.

7 Sanchez-Sibony, Oscar: Red Globalization. The political economy of the Soviet Cold War from Stalin to Khrushchev, Cambridge 2014.

8 Perović, Jeronim/Krempin, Dunja: »The Key is in our hands«: Soviet Energy Strategy during Détente and the Global Oil Crises of the 1970s, in: Historical Social Research 39 (2014), S. 113–144, hier S. 128–132.

9 Die USA importierten nach dem Zweiten Weltkrieg Erdöl, um die eigenen Reserven zu schonen. Bis zu Beginn der 1970er Jahre blieben sie das größte Erdölförderland, doch zeigten sich zu Beginn der 1970er Jahre Befürchtungen, dass der Energiebedarf stark ansteigen werde und die eigene Förderung kaum mithalten könne. Weitere Informationen hierzu: Graf, Rüdiger: Öl und Souveränität. Petroknowledge und Energiepolitik in den USA und Westeuropa in den 1970er Jahren, (Quellen und Darstellungen zur Zeitgeschichte 103), Berlin 2014, S. 66–72. Zur Position der USA siehe auch Painter, David: From Linkage to Economic Warfare. Energy, Soviet-American Relations, and the End of the Cold War, in: Perović, Jeronim (Hg.): Cold War Energy. A Transnational History of Soviet Oil and Gas, Cham 2017, S. 283–318, hier S. 287; Jentleson, Bruce W.: Pipeline Politics. The Complex Political Economy of East-West Energy Trade, Ithaca NY 1986, S. 132–171.

Informationen, dass die Ölförderung nicht im gewünschten Umfang ausgebaut werden konnte. Auch in anderen Regionen konnte die Förderung nicht im gewünschten Maß gesteigert werden. Dies beunruhigte Premier Kosygin, bei dem sich die Funktionäre aus Wirtschaft und Wissenschaften zu regelmäßigen Meetings trafen, zusehends. Eigentlich stand der Premier dem Ausbau der Öl- und Gasindustrie positiv gegenüber, aber die Nachrichten ließen ihn nun auf den Kurs einer »ausbalancierten Energiestrategie« umschwenken, die ein Revival der Kohle und einen Ausbau der Atomkraft vorsah. Doch Leonid Brežnev mischte sich wiederum persönlich in die Debatte ein. Entgegen den Ratschlägen des wissenschaftlichen Establishments in Moskau schlug er sich auf die Seite der Westsibirienlobby in der Großstadt Tjumen' und verkündete eine Sibirienkampagne, die die gesamte Industrialisierung des Ostens beschleunigen sollte. Zur Unterstreichung seiner Absichten unternahm der Generalsekretär Anfang 1978 eine medial inszenierte Reise durch Sibirien, während der er zahlreiche Industriezentren und Militärbasen besuchte. Dieses Vorgehen traf Ministerpräsidenten Kosygin auch persönlich. Das Verhältnis zwischen den beiden Staatsmännern verschlechterte sich zusehends. Beide waren gesundheitlich angeschlagen, doch besonders Aleksej Kosygin wurde zunehmend kränklicher und zog sich schließlich von der politischen Bühne zurück.

Ende der 1970er Jahre zeichnete sich eine zweite Ölpreiskrise ab. Der Regierungsumsturz im Iran brachte ein geplantes trilaterales Gasprojekt zwischen der Sowjetunion, der Bundesrepublik Deutschland und dem Iran zu Fall. Wieder suchten die Länder Westeuropas Möglichkeiten zur Diversifizierung, besonders die Bundesrepublik Deutschland. Statt nun ein Energieprojekt mit dem Iran zu verwirklichen, beschlossen die Sowjetunion und die Bundesrepublik Deutschland den gemeinsamen Bau einer Gaspipeline vom nordsibirischen Urengoj-Feld in die Bundesrepublik Deutschland. Es war das größte Projekt dieser Art und wurde auf sowjetischer Seite als ein Friedensprojekt gefeiert. Schließlich verkündete Leonid Brežnev auf dem 26. Parteitag der KPdSU eine Konzentration auf die Ausbeutung der Gasfelder Nordsibiriens. Damit besiegelte er den Aufstieg der Sowjetunion und des heutigen Russlands zu einer internationalen Gasmacht, die bis heute Europa mit Erdgas beliefert.

1.1 Forschungskontexte

Wer Daniel Yergins ausführliche Darstellung über die Geschichte der globalen Erdölindustrie und des Ölhandels liest, bekommt zu Unrecht den Eindruck, dass die Sowjetunion nur in einer Nebenrolle auf der globalen Bühne des Ölhandels auftrat. Lediglich ein paar Zeilen widmet Yergins interessante Darstellung dem Tauziehen um das russische Öl nach der Revolution, der Rolle der Sowjetunion nach dem Ölembargo und wenigen weiteren Momenten wie der sowjetischen Reaktion im Sechs-Tage-Krieg oder der Umbruchsituation um den Zerfall der Sowjetunion und dessen Folgen für die Ölindustrie.[10] Denn schon in der Nachkriegszeit änderte sich das Image des Erdöls in der Sowjetunion grundlegend und die Sowjetunion begann ihren Aufstieg zu einer globalen Ölmacht und weitete schließlich diesen Erfolg in den 1970er Jahren auch auf die Gasindustrie aus. Die daraus entstanden Energiebeziehungen der europäischen Länder zur Sowjetunion beziehungsweise zur Russländischen Föderation sind ein immenser Bestandteil der aktuellen öffentlichen Diskussion, die von Konzepten der Energieversorgungssicherheit und dem latenten Gefühl einer energetisch-politischen Abhängigkeit geprägt ist. Dabei spielen dieselben politischen Mechanismen auch in der Gegenwart eine große Rolle, beispielsweise als die USA Sanktionen androhten, falls der zweite Strang der Ostseepipeline North Stream zwischen der Russländischen Föderation und Deutschland gebaut werden sollte. Auch wenn sich die geopolitische Lage nach dem Zusammenbruch der Sowjetunion und die wirtschaftlichen Interessen der industriellen Mächte grundlegend geändert haben, wird dabei oft an dieselbe Darstellungsweise angeknüpft wie in den 1960er bis 1980er Jahren. So werden der Bau von Pipelines und die Energieversorgungssicherheit der Länder an der Trasse weiterhin als Politikum verstanden; die größeren Mengen an Erdgas, welche die Bundesrepublik Deutschland importieren möchte, werden von den USA als eine noch größere Abhängigkeit Deutschlands gegenüber der Sowjetunion gesehen.[11]

Mit der wachsenden Bedeutung der Energieversorgung für die potenzielle Wirtschaftsleistung, Verteidigungsfähigkeit und den Wohlstand eines Landes erhielten die Energieträger Erdöl und Erdgas eine globalstrategische Bedeutung. Für das energetische Potenzial der Sowjetunion interessierten sich deshalb auch westliche Regierungen und Think-Tanks zur Sicherheits- und Außenpolitik. Dies galt insbesondere im Kalten Krieg, in welchem das energetische Potenzial als äußerst wichtig für die globale Machtstellung und Verteidigungsfähigkeit

---

10 Yergin, Daniel: Der Preis. Die Jagd nach Öl, Geld und Macht. Frankfurt am Main 1991.

11 Siehe u.a.: USA drohen mit Sanktionen, in: Spiegel Online, 17.05.2018, online verfügbar unter: http://www.spiegel.de/wirtschaft/soziales/nord-stream-2-usa-drohen-mit-sanktionen-a-1208241.html [05.07.2018]; Bidder, Benjamin: Worum es im Gasstreit wirklich geht, in: Spiegel Online, 17.06.2017, online verfügbar unter: http://www.spiegel.de/wirtschaft/unternehmen/russland-was-steckt-hinter-dem-gas-streit-a-1152643.html [05.07.2018].

im Kriegsfall, jedoch auch für das außenpolitische Vorgehen gegenüber dem Gegner galten. So entstanden seit den 1980er Jahren im englisch- und deutschsprachigen Raum zahlreiche politikwissenschaftliche, wirtschaftswissenschaftliche und geographiewissenschaftliche Publikationen zur sowjetischen Energiepolitik, die für den Untersuchungszeitraum der vorliegenden Arbeit unter den Vorzeichen des Kalten Kriegs strategische Analysen der Sowjetunion und ihrer Rohstoffreserven und politik anboten.[12] Insgesamt können diese Analysen Anhaltspunkte für eine historische Aufarbeitung sowjetischer Energiepolitik in den 1960er bis 1980er Jahren bieten und sie eignen sich gut, um die sowjetischen Quellen zu ergänzen.

In diesem Zusammenhang lieferten für die vorliegende Untersuchung eben jene englisch- und deutschsprachigen politikwissenschaftlichen Publikationen der 1980er Jahre wichtige Anhaltspunkte, die einen durchaus differenzierten Blick auf energiepolitische Entscheidungen des Untersuchungszeitraums und auf die Entstehung des westsibirischen Öl- und Gaskomplexes gewähren. Auf der Basis von Analysen der sowjetischen Presse und Fachzeitschriften gelang es ihnen, ein bis heute stimmiges Bild der Grundzüge sowjetischer Energiepolitik, insbesondere der Allianzbildung und energiepolitischer Entscheidungen der Breżnev-Zeit zu generieren.[13] Doch wurde der Ton in den Untersuchungen besonders in den 1980er Jahren deutlich pessimistischer.[14]

Eine deutschsprachige Dissertation von Johanna Roos aus den 1980er Jahren beleuchtet den Wandel vom Energieträger zum »Politik-Träger«.[15] Dabei arbeitet sie in Grundzügen die Bedeutung der westsibirischen Energieressourcen in internationalen Erschließungs- und Exportprojekten im ostsibirischen und asiatischen Raum heraus und stellt einen direkten Bezug her zum zweiten Großraumprojekt in Sibirien, dem Bau der Baikal-Amur-Magistrale (BAM, russisch: Bajkalo-Amurskij-Magistral' mit demselben Akronym), ohne jedoch auf die Akteure hinter den Projekten einzugehen. Weitere Publikationen liefern genaue

12 U. a. Campbell, Robert Wellington: Soviet Energy Balances, Santa Monica 1978; Dienes, Lesli/Shabad, Theodore: The Soviet energy system. Resource use and policies, Washington D.C. 1979.

13 U. a. Gustafson, Thane: The Soviet gas campaign. Politics und policies in Soviet decisionmaking, Santa Monica CA 1983; Chung, Han-ku: Interest representation in Soviet policymaking. A case study of a West Siberian energy coalition, Boulder CO 1987, S. 1–4.

14 Gustafson, Thane: Crises amid plenty. The politics of Soviet Energy under Brezhnev and Gorbachev, Princeton NJ 1989; Hewett, Edward A.: Energy, Economics, and Foreign Policy in the Soviet Economy, Washington D.C. 1984.

15 Roos, Johanna: Sibirien zwischen Oekonomie und Politik. Zur Erschließung der Energieträger Erdöl und Erdgas, Köln 1984.

Analysen diverser sowjetischer Energiezweige. Ihnen geht es dabei um eine wirtschaftspolitische Einschätzung der Sowjetunion und ihrer energetischen Möglichkeiten, nicht aber um tiefere Einblicke in die innersowjetische Energiepolitik, ihre Entscheidungsmechanismen, die Motive und Ziele der beteiligten Akteure und damit auch nicht um Fragen von Energie und Herrschaft.[16]

Ein großes Interesse bestand in den 1980er und 1990er Jahren auch seitens Geographen, die Westsibirien als Wirtschaftsraum untersuchten. Besonders das Modell der territorialen Produktionskomplexe (Territorial'no-proizvodstvennyj kompleks, kurz TPK) faszinierte die Geographen als Untersuchungsgegenstand, so dass sich in der Literatur neben anderen Wirtschaftsstandorten Sibiriens auch in deutschen geographischen Publikationen Darstellungen des Westsibirischen TPK (Zapadno-Sibirskij TPK) finden lassen.[17] Diese Publikationen analysieren dabei auch die Arbeitskräftepolitik, den Neubau von Polarstädten und den Zustand der Infrastruktur in Sibirien.[18]

Tatsächlich böten auch Untersuchungen zum Kalten Krieg mögliche Querbezüge zur Entwicklung des sowjetischen Erdöl- und Erdgassektors an, dennoch werden diese kaum gezogen. So wird auch heute die Geschichte des Kalten Krieges oftmals erzählt, ohne im großen Umfang auf die Détente ein-

---

16 U. a.: Campbell, Robert W.: Soviet Energy Technologies. Planing, Policy, Research and Development, Bloomington IN 1980; Campbell, Robert W.: Basic Data on Soviet Energy Branches, Santa Monica CA 1979; Campbell, Robert W.: Soviet Energy Balances, Santa Monica CA 1978; Dienes/Shabad: The Soviet energy system; Elliot Iain F.: The Soviet Energy Balance: Natural Gas, other Fossil Fuels and Alternative Power Sources, London 1974; Goldman, Marshall I.: The Enigma of Soviet Petroleum. Half-full or half-empty? London 1980; Stern, Jonathan P.: Soviet Natural Gas Development to 1990. The Implications for the CMEA and the West, Lexington – Mass. 1980. Eine breite Übersicht über diverse sowjetische Rohstoffe bietet auch: Ebel, Robert E.: The Soviet Petroleum Industry of the Soviet Union, New York 1961; Jensen, Robert G.: Soviet Natural Resources in the World Economy, Chicago 1983.

17 Der Begriff TPK wurde seit den 1970er Jahren verwendet. Damit wurden Wirtschaftsstandorte bezeichnet, an denen sowohl die Rohstoff- als auch die weiterverarbeitende Industrie angesiedelt wurden. Diese Standorte schlossen eine gemeinsame Planung mit ein. Zur Definition siehe auch: Klüter: Die territorialen Produktionskomplexe, S. 9–26. Siehe die Publikationen des sowjetischen Wirtschaftswissenschaftlers Mark Konstatinovič Bandman vom Institut für Wirtschaft und die Organisation der Industrieproduktion in Novosibirsk, u. a.: Bandman, Mark K. (Hg.): Regional development in the UdSSR. Modelling the Formation of Soviet Territorial-Production Complexes, Oxford 1985.

18 Leptin, Gert: Sibirien. Ein russisches und sowjetisches Entwicklungsproblem, Berlin 1986. Klüter, Helmut: Die territorialen Produktionskomplexe in Sibirien – ein Beitrag zur Perestrojka der regionalen Investitionspolitik in der Sowjetunion, Hamburg 1991; Weniger ergiebig: Wein, Norbert: Sibirien, Gotha 1999; Karger, Adolf/Liebmann, Claus Christian: Sibirien. Strukturen und Funktionen ressourcenorientierter Industrieentwicklung, Köln 1986.

zugehen. Damit bleiben wirtschaftspolitische Fragen der Détente erst recht unbeleuchtet.[19] Lediglich zum Technologieerwerb der Sowjetunion und zu möglichen Ressourcenabhängigkeiten wurden Studien angefertigt, die wiederum einer Einschätzung des machtpolitischen Potenzials des Gegners dienten.[20] Ein Einbezug des Erdölsektors in wirtschaftliche, politische und historische Analysen fand erst wieder im Kontext der Perestrojka, des Zusammenbruchs der Sowjetunion und der Gründung der Russländischen Föderation statt. In den westlichen Publikationen fehlte es allerdings an einem tieferen Verständnis der gesellschafts- und wirtschaftspolitischen Dimensionen, in denen die Energie als Legitimation von politisch-wirtschaftlicher Macht und bestehenden Herrschaftsmechanismen und Gesellschaftsstrukturen dienen kann. Stattdessen bleibt der westliche Blick oftmals verengt auf das wenig heroische Bild einer Sowjetunion, die vom Rohstoffexport und Technologieerwerb im westlichen Ausland derart abhängig war, dass der sinkende Erdölpreis in der zweiten Hälfte der 1980er Jahre nicht nur den wirtschaftlichen Zerfall der Sowjetunion begünstigte, sondern aus dieser Perspektive in Einzelfällen auch als Grund für die Auflösung der Sowjetunion betrachtet wurde.[21] Dass der Erdölpreis der alleinige Grund für den wirtschaft-

---

19 Leffler, Melvyn P.: Origins of the Cold War. An international history, New York 2005; Brown, Archie: The rise and fall of Communism, London 2009; Gaddis, John Lewis: Der Kalte Krieg. Eine neue Geschichte, München 2009. Eine Ausnahme bildet: Painter, David: Oil, resources, and the Cold war, 1945–1962, in: Leffler, Melvyn P./Westad, Odd Arne: The Cambridge history of the Cold War, Volume 1, Cambridge 2010, S. 486–507.

20 Zum Ost-West-Handel im Kalten Krieg siehe u. a. auch: Zaleski, Eugéne/Wienert, Helgard: Technology transfer between East and West, Paris 1980; Stent, Angela: Technology Transfer to the Soviet Union. A Challenge for the Cohesiveness of the Western Alliance, Beverly Hills 1980; Hanson, Philip: Trade and Technology in Soviet-Western Relations, London 1981; Stern, Jonathan P.: East European energy and East-West trade in energy, London 1982; Hoyt, Ronald E.: Winners and losers in East-West trade. A behavioral analysis of U.S.-Soviet Détente (1970–1980), New York 1983; Stent, Angela: Wandel durch Handel? Die politisch-wirtschaftlichen Beziehungen zwischen der Bundesrepublik Deutschland und der Sowjetunion, Köln 1983; Parrot, Bruce (Hg.): Trade, Technology, and Soviet-American Relations, Bloomington IN 1985; Müller Christian Th.: Der Erdgas-Röhren-Konflikt 1981/82, in: Greiner, Bernd (Hg.): Ökonomie im Kalten Krieg (Studien zum Kalten Krieg 4) Hamburg 2010, S. 501–520. Mit Fokus auf der Automobilindustrie: Holliday, George D.: Technology Transfer to the USSR, 1928–1937 and 1966–1975. The Role of Western Technology in Soviet Economic Development, Boulder CO 1979.

21 David Painter nennt die Veröffentlichungen des konservativen Journalisten Peter Schweizer als Beispiel für die Sichtweise, dass die USA durch ihre Politik aktiv zum wirtschaftlichen Zusammenbruch der Sowjetunion beigetragen habe, distanziert sich jedoch selbst von dieser Position. Siehe: Painter: From Linkage to Economic Warfare, S. 284–285. Goldman nennt den Leiter der CIA seit 1981 als Urheber dieser Politik, in: Goldman, Marshall I.: Das Oel-Imperium. Russlands Weg zurück zur Supermacht, Kulmbach 2009, S. 79–86.

lichen Zerfall ist, darf bezweifelt werden: Ende der 1980er Jahre wies die Sowjetunion ein großes Haushaltsdefizit auf und war nicht mehr dazu in der Lage, die im Ausland aufgenommenen Kredite zu bedienen.[22]

Leider erliegen selbst jüngere Publikationen zur Geschichte der sowjetischen Erdöl- und Erdgasindustrie der Versuchung, aufgrund der Misserfolge des sowjetischen Wirtschaftssystems auch die Geschichte der Erdöl- und Erdgasindustrie unter Brežnev als eine historische Abfolge des Scheiterns zu lesen.[23] Diese Tendenz hat in gegenwärtigen Darstellungen abgenommen. So suchen neuere Publikationen Interpretationen für die sowjetische Energiepolitik und die Einbindung der Sowjetunion in globale Energiemärkte jenseits der früheren Vorannahmen während des Kalten Kriegs. Die erste englischsprachige Monographie, die umfänglich auch deklassifizierte Archivquellen verwendet, behandelt die formative Phase des europäischen Ost-West-Gashandels in den 1960er bis 1970er Jahren und legt dabei auch innersowjetische Prozesse offen. Dass der Energiehandel dabei als ein zentrales Element der Détente betrachtet wird, ist ein willkommenes Novum.[24] Ihr Autor, Per Högselius, fokussiert dabei vor allem auf das Zustandekommen eines Großprojekts mit den Westdeutschen. Dabei geht er jedoch nicht vertieft auf die innersowjetischen energiepolitischen Diskussionen um die Erschließung des westsibirischen Gases ein, welches schließlich gen Westen fließen sollte.

Wichtige Anknüpfungspunkte für die vorliegende Arbeit bietet die aktuelle Publikation von Felix Rehschuh zum sowjetischen Aufbruch ins Erdölzeitalter zwischen den 1930er und 1950er Jahren. Mit seiner archivgestützten Analyse der politischen Entscheidungsprozesse in der Moskauer Machtzentrale gelingt es dem Autor, diejenigen Ambivalenzen in den energiepolitischen Entscheidungsprozessen darzulegen, die den Aufstieg der Sowjetunion zur Erdöl-

22 Dass der Erdölpreis der alleinige Grund für den wirtschaftlichen Zerfall ist, darf bezweifelt werden: Ende der 1980er Jahre wies die Sowjetunion ein großes Haushaltsdefizit auf und sie war nicht mehr dazu in der Lage, die im Ausland aufgenommenen Kredite zu bedienen, so dass die Auslandverschuldung 1989 ungefähr 60 Milliarden Dollar betrug, in: Altrichter, Helmut: Russland 1989. Der Untergang des sowjetischen Imperiums, München 2009, S. 112. Plaggenborg geht davon aus, dass die Sozial- und Wohlfahrt eine zu große Bürde darstellte, in: Plaggenborg, Stefan: Experiment Moderne. Der sowjetische Weg, Frankfurt am Main 2006, S. 236–243.

23 Considine, Jennifer I./Kerr, William A.: The Russian oil economy, Northampton 2002.

24 Högselius, Per: Red Gas. Eine neue Untersuchung zu den energetischen Verflechtungen für den Untersuchungezeitraum der vorliegenden Arbeit bietet auch eine Publikation zu den transnationalen Infrastrukturen Mir (Elektrizitätsnetz), Družba (Erdölpipeline) und Sojuz (Erdgaspipeline): Flade, Falk: Energy Infrastructures in the Eastern Bloc. Poland and the Construction of Transnational Electricity, Oil, and Gas Transmission Systems. Wiesbaden 2017.

macht begleiteten. Dabei verzichtet Rehschuh bewusst sowohl auf eine Deutung der sowjetischen Nachkriegsgeschichte als Fortsetzung der kohlezentristischen Vorkriegspolitik als auch auf eine Interpretation der sowjetischen Erdölpolitik in der Nachkriegszeit als reine Erfolgsgeschichte.[25] Zur Energiepolitik unter Chruščev hingegen gibt es nur wenige Forschungsergebnisse in westlichen Publikationen.[26]

Für andere Energieträger liegen zu unterschiedlichen Perioden der sowjetischen Geschichte bereits aktuelle Publikationen vor. So untersuchte eine umfassende Habilitationsschrift von Klaus Gestwa nicht nur die Energiepolitik, sondern auch die gesellschaftliche und mediale Einbettung des sowjetischen Wasserkraftwerksbaus und leistete damit einen vielbeachteten Beitrag zur sowjetischen Energiegeschichte.[27] Tanja Penter fokussiert in ihrer Studie zum sowjetischen Donbass auf die gesellschaftlichen Dimensionen des Energieträgers Kohle für die sowjetische Arbeiterschaft, beschränkt sich dabei aber auf die Regierungszeit von Iosif Vissarionovič Stalin.[28] Aufgearbeitet ist hingegen die Geschichte des sowjetischen Atomsektors, der seinen Aufstieg im selben Zeitraum wie das Erdgas vollzog.[29]

In der russischen historischen Forschung sind, nachdem sich die russische Erdöl- und Erdgasförderung jenseits des Jahres 2000 spürbar zu erholen begann, zahlreiche Darstellungen erschienen, die von einer patriotischen Stimmung gekennzeichnet sind. Die Veröffentlichungen der russischen Regionalhistoriker, die für ihre Darstellung das Material der Lokalarchive heranzogen, neigen bisweilen zu unkritischen Übernahmen des sowjetischen Fortschrittsparadigmas und verzichten häufig auf Einordnungen und Interpretationen historischer Ereignisse. Positiv hervorzuheben ist allerdings ihre akribische Quellenarbeit, die wichtige Einblicke in die sozialpolitische Geschichte der Region zulassen. So werden auch Aspekte wie die Ansiedlung von Arbeitskräften und die Migration ausführlich berücksichtigt, wohl vor allem deshalb, weil die Mobilisierung von Arbeits-

25 Rehschuh: Aufstieg zur Energiemacht.

26 Eine Ausnahme stellt ein 2017 publizierter Artikel dar: Nekrasov, Viacheslav: Decision-Making in the Soviet Energy Sector in Post-Stalinist Times. The Failure of Khrushchev's Economic Modernization Strategy, in: Perović, Jeronim (Hg.): Cold War Energy. A Transnational History of Soviet Oil and Gas, Cham 2017, S. 165–199.

27 Gestwa, Klaus: Die Stalinschen Großbauten des Kommunismus. Sowjetische Technik- und Umweltgeschichte, 1948–1967, München 2010.

28 Penter, Tanja: Kohle für Stalin und Hitler. Arbeiten und Leben im Donbass 1929 bis 1953, Essen 2010.

29 Josephson, Paul R.: Red Atom. Russia's nuclear power program from Stalin until today, New York 1999.

kräften eine latente soziale und wirtschaftliche Erschwernis der Erschließung Westsibiriens darstellte.[30] Den eindeutigen Fokus belassen die Regionalhistoriker auf der Geschichte des Tjumen'er Gebiets. So sehen sie von der Beschreibung internationaler Wechselbeziehungen mit der Region Tjumen' vollkommen ab.

Auch Analysen der gesamtsowjetischen Perspektive tendieren dazu, ebenfalls unter dem Vorzeichen des Fortschrittsparadigmas den Aufbau des westsibirischen Erdöl- und Erdgaskomplexes als »Triumph« und den aufkeimenden Handel mit dem Westen als wirtschaftliche »Tragödie« zu lesen.[31] So stellt Marija Slavkina, die für ihre Darstellungen Quellen aus den Zentralarchiven in Moskau heranzieht, die Frage, warum es nicht zu einem Aufblühen des Landes und zu einer Verbesserung der Lebensumstände seiner Bürger kam. In einem persönlichen, patriotisch gefärbten Abschlusswort äußert die Autorin, dass sie auf eine fruchtbare gegenwärtige Nutzung der russischen Energieträger hoffe, die die Modernisierung der russischen Wirtschaft finanzieren solle.[32] Diese patriotischen Tendenzen vermögen auch die wenigen Wissenschaftler kaum zu kompensieren, die jüngst eine historische Analyse sowjetischer Politik um den Erdöl- und Erdgassektor jenseits der Forschrittsnarrative wagen. Ihre auf den Zentral- und Regionalarchiven basierenden Analysen konkretisieren zwar die sowjetische Energiepolitik, bisher liegen solche Darstellungen allerdings nur für die Regierungsperiode Chruščevs vor.[33]

30 Hier mehr zur Tjumen'er Schule Paškov, N.M.: Dejatel'nost' partijnych organizacij Zapadnoj Sibiri po sozdaniju i razvitiju neftegazogo kompleksa 1964–1980 gg., Tomsk 1988; Karpov, V.P./Gavrilova, N. Ju.: Očerki istorii otečestvennoj neftjanoj i gazovoj promyšlenosti, Tjumen' 2002; Koleva, G. Ju.: Zapadno-sibirskij neftegazogo kompleksa. Istorija stanovlenija, Tjumen' 2006; Stafeev, Oleg N.: Memuary kak istočnik po istorii neftegazogo kompleksa Zapadnoj Sibiri, Surgut 2007; Komgort, M.V.: Zapadno-Sibirskaja neftegazonosnaja provincija. Istorija otkrytija. Tjumen' 2008.

31 Slavkina, Marija V.: Trijumf i tragedija. Razvitije neftegazogo kompleksa SSSR v 1960–1980e gody, Moskva 2002.

32 Auch andere Analysen derselben Autorin zeigen diese Tendenz: Siehe hierzu u.a.: Slavkina, Marija: Velikie pobedy – opuščenye vozmožnosti. Vlijanie neftegazogo kompleksa na social'no-ėkonomičeskoe razvitie SSSR 1945–1991gg., Moskva, 2007; dies.: Neftegazovyj kompleks i modernizacija 1945–2008 godov: Problemy ėkonomičeskogo istorii i perspektivy razvitija, in: Vestnik Čeljabinskogo gosudarstvennogo universiteta 7 (2012) 261, S. 65–74. dies.: Četyre lika sovetskogo neftjanogo ėksporta: osnovnye tendencii razvitija v 1922–1990-e gody, in: Vestnik Čeljabinskogo gosudarstvennogo universiteta 7 (2012) 261, S. 56–64; dies.: Neftegazovyj kompleks i modernizacija 1945–2008 godov: Problemy ėkonomičeskogo istorii i perspektivy razvitija, in: Vestnik Čeljabinskogo gosudarstvennogo universiteta 7 (2012) 261, S. 65–74; dies.: Neftegazovyj faktor otečestvennoj modernizacii. 1939–2008, Moskva 2015.

33 Nekrasov, V.L./Staveev, O.N./Chromov, E.A.: Neftegazovyj kompleks SSSR. (Vtoraja polovina 1950-ch – pervaja polovina 1960-ch gg.): ėkonomičeskie i institucional'nye aspekty razvitija, Chanty-Mansijsk 2012.

Eine Einordnung sowjetischer Energiepolitik in der Breznev-Periode gelingt allerdings nicht, ohne weitere Publikationen zur Geschichte Sibiriens und zur politischen Ära Breznevs mit einzubeziehen. Als erstes Land nahm die Sowjetunion die Gasförderung in einer Polarregion in einem derart großen Maßstab auf, ohne einen vollständigen Überblick über deren Aufwand oder Perspektiven zu haben. Im innersowjetischen Diskurs um die Erschließung Westsibirien spielte es eine große Rolle, dass die Ressourcen in den polaren Regionen lagen. Neuere historische Analysen anderer sibirischer Großprojekte lieferten wichtige Anhaltspunkte für die Einordnung von wirtschaftlichen und sozialen Herausforderungen im polaren Sibirien generell.[34] Wirtschaftliches Potenzial und gleichzeitiges Scheitern lagen in Sibirien stets so nahe beieinander, dass dies für Wirtschaft und Akteure einen schwierigen Balanceakt auf einem schmalen Grat bedeutete. Manche Forschungsergebnisse gehen sogar so weit, dass sie dem heutigen Russland nur eine ökonomische Überlebensfähigkeit zugestehen, wenn der sibirische Raum und vor allem die Verteilung der Bevölkerung ökonomisch neu organisiert würden.[35]

Die Breznev-Zeit hatte zudem grundlegend andere Voraussetzungen für die Durchführung industrieller Projekte in der sowjetischen Polarregion als Projekte unter der Regierung Stalins. Unter der Regierung von Chruščev entwickelten sowjetische Bürger andere Lebenswirklichkeiten als die Menschen der Vor- und Nachkriegszeit, die noch in die Industrialisierung und den Wiederaufbau eingebunden waren. Die Angst vor strafrechtlicher Verurteilung war schließlich unter Breznev eingedämmt, das Volk musste keine Zwangsarbeit mehr leisten, und die Jüngeren hatten die Stalin'schen Repressionen nicht am eigenen Leib erlebt. Vielmehr hatten die Menschen Zugang zu Bildung und konnten sich an zahlreichen Schulen weiterbilden. Die sowjetischen Bürger wünschten sich eine Verbesserung ihres Lebensstandards, die Verfügbarkeit von Waren und der Konsum wurden wichtiger. Die Arbeitswelt hatte sich insofern ver-

34 Zahlreiche Publikationen liegen für den Bau der BAM vor: Grützmacher, Johannes: Die Baikal-Amur-Magistrale. Vom stalinistischen Lager zum Mobilisierungsprojekt unter Breznev, München 2012; Ward, Christopher J.: Breznev's folly: the building of BAM and late Soviet socialism, Pittsburgh PA 2009; zu Projekten in der sibirischen Arktis siehe u. a.: Mildenberger, Florian: Mertvaya Doroga. A railroad as the backbone of Soviet defence in the Arctic, 1943–54, Polar Record 37/200 (2001) 1, S. 49–54; Kucher, Katharina: Der Fall Noril'sk, in: Schlögel, Karl (Hg.): Mastering Russian spaces. Raum und Raumbewältigung als Probleme der russischen Geschichte, München 2011, S. 129–148, hier S. 132–133; Josephson, Paul R.: The conquest of the Russian Arctic, Cambridge MA 2014.

35 Hill, Fiona/Clifford, Gaddy G.: The Siberian Curse. How Communist Planers left Russia out in the Cold, Washington D.C. 2003, hier S. 25.

ändert, als dass sich die sowjetische Arbeiterschaft von »Arbeit als einer primären Sinnstiftung«, wie es ursprünglich im marxistisch-leninistischen Gesellschaftsprojekt vorgesehen gewesen war, gelöst hatte. Obwohl die Menschen eine Divergenz zwischen der öffentlichen propagandistischen Darstellung der Arbeits- und Lebenswelt und ihres Alltags erfuhren, musste diese Differenz sie nicht unbedingt beeinträchtigen.[36] Auch körperliche Arbeit, die im Fernen Norden (*Krajnyj Sever'*) aufgrund von fehlenden technischen Lösungen und Material noch sehr verbreitet war, genoss längst nicht mehr den Stellenwert wie zu Stalins Zeiten. Zudem ließ der Materialmangel die Arbeit öfter stillstehen, die Fluktuation der Arbeitskräfte war hoch.[37] In dieser Gesellschaft konnte ein industrielles Großprojekt nicht mehr mit den althergebrachten Mechanismen der forcierten Massenmobilisierung verwirklicht werden.

Trotz wirtschaftlicher Schwierigkeiten ist vor einer allzu voreiligen Deutung der Brežnev-Zeit als Periode der »Stagnation«,[38] wie zuerst durch den Brežnev-Nachfolger Michail Sergeevič Gorbačev geschehen, zu warnen. Denn auf der Suche nach Bestätigung des eigenen modernisierungstheoretischen Zeitgeists suchten schon westliche Forscher der frühen 1980er Jahre nach Übereinstimmungen mit dem eigenen System und attestierten der Sowjetunion eine technokratische Expertokratie, die in der Regel als völliger Gegenpol zum dynamischen und erfolgreichen kapitalistisch-demokratischen Westen zementiert wurde. Die Forscher befassten sich dabei vordergründig mit den Unzulänglichkeiten einer als »Mangelwirtschaft«[39] oder »Kommandowirtschaft«[40] bezeichneten Planungswirtschaft und denjenigen Menschen, die mit dem politischen System der Sowjetunion unzufrieden waren. Bei einer sol-

---

36 Merl, Stephan: Von Chruschtschows Konsumkonzeption zur Politik des »Little Deal« unter Breschnew, in: Bernd Greiner/Christian Th. Müller/Claudia Weber (Hg.): Ökonomie im Kalten Krieg (Studien zum Kalten Krieg 4), Hamburg 2010, S. 279–310, hier S. 279. Zum Gesellschaftsvertrag siehe: Cook, Linda J.: The Soviet social contract and why it failed. Welfare policy and workers' politics from Brežnev to Yeltsin, Cambridge MA 1993; Chernyshova, Natalya: Soviet consumer culture in the Brežnev era, London 2013; Miklóssy, Katalin/Ilič, Melanie: Competition in socialist society, London 2014.

37 Goehrke, Carsten: Russischer Alltag. Eine Geschichte in neun Zeitbildern [vom Frühmittelalter bis zur Gegenwart], Zürich 2005.

38 In seiner Rede verwendet Gorbačev mehrmals den Begriff Stagnation, in: Gorbačev, Michail/Ryžkov, Nikolaj I.: XXVII. Parteitag der KPdSU, Genf 1986.

39 Dieser Begriff wurde geprägt durch eine Veröffentlichung des ungarischen Wirtschaftswissenschaftlers János Kornai, siehe: Kornai, János: Economics of shortages, Bd. A, Amsterdam 1980, S. 1–5.

40 Stellvertreten hierfür auch politikwissenschaftliche Untersuchungen: Kelley, Donald R.: Soviet politics in the Brežnev era, New York, NY 1980; Breslauer, George W.: Khruschev and Brezhnev as leaders. Building authority in Soviet politics, London 1982.

chen Beurteilung bleibt weitgehend unbeachtet, dass die Sowjetunion in den 1970er Jahren nach außen hin eine globale Macht war, die das geopolitische Geschehen maßgeblich beeinflusste und sich auch nach innen hin gewandelt hatte. Bis in die Gegenwart werden derartige Deutungen übernommen,[41] der Fokus liegt auch heute noch auf den im Westen beliebteren Themen wie der militärischen Abrüstung, Brežnevs Rolle in der Détente, den Menschenrechtsverletzungen und den wirtschaftlichen Defiziten der Sowjetunion.[42] Einige nach 2000 erschienene Publikationen sind bestrebt, nicht nur auf die Darstellungsweise aus der Sicht Gorbačevs und der Perestrojka abzustützen, sondern ihre Deutungen mit neuen Analysen zu belegen.[43] Doch auch hier sind die Untersuchungen wirtschaftspolitischer Zusammenhänge noch oberflächlich, wichtige Persönlichkeiten wie Premier Aleksej Kosygin, ihr Einfluss auf politische Entscheidungen und deren wirtschaftliche und gesellschaftliche Relevanz bleiben fast immer nebulös.

Die jüngere deutschsprachige Forschung verlässt nach Jahren einer ausgedehnten Stalin- und Perestrojkaforschung dieses dichotomisch geprägte Weltbild und beschäftigt sich nun eingehender mit den Regierungszeiten Chruščevs und Brežnevs. Sie ist bestrebt, das Beziehungsgeflecht zwischen Individuen, gesellschaftlichen Netzwerken und Institutionen anhand von historischen Untersuchungen zu Konsum und die Freizeit neu zu analysieren. Dabei wird davon ausgegangen, dass auch in der Wahrnehmung der sowjetischen Bevölkerung diese Zeit geprägt war von den Erwartungen eines kontinuierlich steigenden Lebensstandards und nicht von Kriegen, Hunger und Terror. Im Vergleich zu den Regierungszeiten Stalins und Chruščev war der Konsum gestiegen und der Alltag durch zahlreiche technische Möglichkeiten wie Haushaltgeräte, Massen-

41 Raleigh, Donald: Russia's favorite. Reevaluating the Rule of Leonid Il'ič Brežnev, 1964–1982, in: Russian Studies in History 52 (2014) 4, S. 3–11; Die gesamte Ausgabe des Bandes ist Leonid Brežnev gewidmet. Ebenso: Tompson, William: The Soviet Union under Brezhnev, London 2015.

42 Edmonds, Robin: Soviet foreign policy. The Brežnev years, Oxford 1984; Ouimet, Matthew J.: The rise and fall of the Brežnev doctrine in Soviet foreign policy, Chapel Hill NC 2003.

43 Bacon, Edwin: Brežnev reconsidered, Basingstoke 2002. Gleiches gilt für Fainberg, Dina/Kalinovsky, Artemy M.: Reconsidering stagnation in the Brezhnev Era. Ideology and Exchange, Lanham 2016. Allerdings weisen Fainberg und Kalinovsky darauf hin, dass bereits der Gosplan selbst in den 1970er Jahren von einer stagnierenden Wirtschaft gesprochen habe, ein Begriff, der von Gorbačev und anderen Regierungsmitgliedern in der zweiten Hälfte der 1980er Jahre dankbar aufgegriffen wurde, in: Fainberg, Dina/Kalinovsky Artemy M.: Introduction: Stagnation and Its Discontents. The Creation of a Political and Historical Paradigm, in: Fainberg, Dina/Kalinovsky, Artemy M.: Reconsidering stagnation in the Brezhnev Era. Ideology and Exchange, Lanham 2016, S. vii–xxii.

medien und Fortbewegungsmittel erleichtert worden.[44] Zwar wurde auch in der Zeit selbst von wirtschaftlichen Problemen und Ineffizienz gesprochen und diese stets gefürchtet, jedoch erschien dies als eine Problemstellung und nicht als Beschreibung einer ganzen Epoche. Neuere Forschungsarbeiten bringen daher den Begriff der »Normalität« als ein modernes Dispositiv ein.[45] Die Forschung fokussiert dabei auf einzelne Projekte oder Regionen und untersucht sowjetische (Industrie)Politik und den Alltag der Arbeitskräfte, um damit einen tieferen Eindruck des Funktionierens von Politik, Wirtschaft und Gesellschaft zu erlangen. In diesem Kontext entstanden die Untersuchungen zur Baikal-Amur-Magistrale oder aber auch Lastwagenindustrie in Naberežnye Čelny.[46]

Für ihre große Brežnev-Biographie hat Susanne Schattenberg umfassend zugängliche russischsprachige Archivquellen zusammengetragen und diese durch Materialien aus anderen Wirkungsstätten Brežnevs ergänzt.[47] Schattenbergs Biographie distanziert sich in der Argumentation bewusst vom Bild Brežnev als einem entscheidungsschwachen Führer.[48] Zudem wird beschrieben,

---

44 U. a.: Roth-Ey, Kristin: Finding a Home for Television in the USSR. 1950–1970, in: Slavic Review 66 (2007) 2, S. 278–306; Siegelbaum, Lewis H.: Cars for comrades. The life of the Soviet automobile, Ithaca 2008; Maier, Esther: Breschnews Boomtown. Alltag und Mobilisierung in der Stadt der LKWs, Paderborn 2016, S. 11–13.

45 Belge, Boris/Deuerlein, Martin: Einführung: Goldenes Zeitalter der Stagnation. Neue Perspektiven auf die sowjetische Ordnung der Brežnev-Ära, in: Belge, Boris/Deuerlein, Martin: Goldenes Zeitalter der Stagnation? Perspektiven auf die sowjetische Ordnung der Brežnev-Ära (Bedrohte Ordnungen, Band 2) Tübingen 2014, S. 1–33, hier S. 8. Siehe auch Boškovska, Nada/Strobel, Angelika/Ursprung, Daniel: »Entwickelter Sozialismus« in Osteuropa. Arbeit, Konsum und Öffentlichkeit, Berlin 2016.

46 In der Stadt Naberežnye Čelny wurde seit 1969 eine Fabrik für Lastwagen gebaut, in der 1976 die ersten Lastwagen vom Band liefen. Politische Unterstützung erhielt dieses Projekt vom Generalsekretär persönlich, der Autos liebte. Getragen wurde es von Arbeitskräften, die in die Region immigrierten. Naberežnye Čelny schwamm ebenso auf einer Boomwelle der Tatarischen SSR und ihrer Erdölindustrie, die sich dort nach dem Zweiten Weltkrieg angesiedelt hatte. Siehe: Meier: Breschnews Boomtown.

47 Schattenberg, Susanne: Leonid Breschnew. Staatsmann und Schauspieler im Schatten Stalins. Eine Biographie, Köln 2017; siehe auch: Simon, Gerhard: Rezension zu: Schattenberg, Susanne. Leonid Breschnew. Staatsmann und Schauspieler im Schatten Stalins. Eine Biographie, Köln 2017, in: H-Soz-Kult, 05.03.2018, online verfügbar unter: https://www.hsozkult.de/publicationreview/id/rezbuecher-28599 [21.05.2018]; siehe darüber hinaus: Schattenberg, Susanne: »Von Chruscev zu Gorbacev. Die Sowjetunion zwischen Reform und Zusammenbruch«, in: Neue Politische Literatur (2010) 2, S. 255–284.

48 Simon, Gerhard: Rezension zu: Schattenberg, Susanne. Leonid Breschnew. Staatsmann und Schauspieler im Schatten Stalins. Eine Biographie, Köln 2017, in: H-Soz-Kult, 05.03.2018, online verfügbar unter: https://www.hsozkult.de/publicationreview/id/rezbuecher-28599. [21.05.2018]; siehe darüber hinaus: Schattenberg, Susanne: »Von Chruscev zu Gorbacev. Die Sowjetunion zwischen Reform und Zusammenbruch«, in: Neue Politische Literatur (2010) 2, S. 255–284.

dass Brežnev eine Annäherung an den Westen suchte, die jedoch – nach Aussage Schattenbergs – in den 1970er Jahren scheiterte. Dabei äußert sich Schattenberg auch zu Brežnevs ehrlichem Engagement der Wirtschaftspolitik des Landes, die er mal als Landesvater, mal als Ingenieur vertrat. Keine Beachtung findet sowohl in Schattenbergs Biographie wie auch in anderen Publikationen Brežnevs Verhältnis zur Energiepolitik, zum Zustand des Erdöl- und Erdgassektors sowie zur Einbindung der Sowjetunion in globalwirtschaftliche Zusammenhänge, obwohl diese für den Untersuchungszeitraum ein wichtiger Motor der innerwirtschaftlichen Entwicklung und Vehikel für die Entspannungspolitik waren. In Russland sind hingegen ausführliche Biographien zu Brežnev und seiner Regierung[49] sowie zu zahlreichen, für die Geschichte des Erdöl- und Erdgassektors relevanten Persönlichkeiten[50] erschienen. Diese bisweilen äußerst detailreichen Beschreibungen enthalten jedoch – wie in der russischen Wissenschaftspraxis üblich – kaum Angaben von Quellen, weshalb sich die in ihnen aufgeführten Informationen oft nicht einordnen lassen.

Die vorliegende Arbeit hat nicht den Anspruch, die bisherigen Forschungslücken in Hinblick auf die beteiligten Akteure oder in Bezug auf eine vollständige geopolitische Einordnung zu füllen. Sie unternimmt jedoch aufbauend auf bisherige Forschungsergebnisse und eine detaillierte Quellenanalyse weitere Schritte, die Geschichte und Entstehung der beiden damals und gegenwärtig wichtigsten russischen Wirtschaftssektoren zu veranschaulichen und damit Rückschlüsse auf das sowjetische Herrschaftssystem und die sowjetische Gesellschaft der Brežnev-Periode zuzulassen.

1.2 Energiepolitik, Energieversorgung und globale Macht – Fragestellung und Zielsetzung

Die Hauptfrage der vorliegenden Arbeit lautet, warum die Sowjetunion unter Ausschluss anderer gewünschter und möglicher beziehungsweise unmöglicher Optionen in den 1960er bis 1980er Jahren zur Gasmacht mit globaler Relevanz aufstieg. Um diese Frage zu beantworten, beschränkt sich die vorliegende Arbeit auf drei Themenbereiche, die in den weitestgehend chronologisch angeordneten

49 Mlečin, Leonid: Brežnev, Moskva 2008; Brežnev, Leonid Il'ič: Gensekami ne roždajutsja, Moskva 2014.

50 U. a. Andrijanov, Viktor: Kosygin, Moskva 2003; ders.: Kortunov, Moskva 2007; Andrijanov V./Čirskov, V.: Boris Ščerbina, Moskva 2009; Slavkina, Marija: Bajbakov, Moskva 2010.

Kapiteln an verschiedenen Stellen aufgegriffen werden. Dabei beleuchtet die vorliegende Arbeit insbesondere das sowjetische Herrschaftssystem und generiert über die historische Analyse der beiden wichtigsten Wirtschaftssektoren, des Erdöl- und des Erdgassektors, neue Antworten zur sowjetischen Politik und Gesellschaft unter Brežnev.

Der erste Themenbereich beschäftigt sich mit der Energieversorgungssicherheit als einem grundlegenden wirtschaftlichem und gesellschaftlichem Faktor und damit auch einem der wichtigsten politischen Ziele moderner Gesellschaften. Energie ist in den industrialisierten Gesellschaften längst mehr als eine physikalische Größe: Die sichere Bereitstellung von Energie erlaubt uns allen das Aufrechterhalten einer immensen Dynamik, die sich in der Produktion von Gütern und Nahrungsmitteln, in einer großen Mobilität und einer hohen Technisierung manifestiert. Diese unvollständige Auflistung legt bereits offen, dass die Macht über Energieströme eine große Einflussnahme garantiert: Mit Energieflüssen kann man Menschen ernähren, mobilisieren sowie Güter generieren. Der stetige Energiefluss erlaubt erst ein Wirtschaftsmodell, welches auf einem ständigen Wachstum und immer höheren Erträgen aus diesem Wachstum basiert. Die Kehrseite zeigt sich schnell: Abnehmende oder gar unterbrochene Energieströme stellen ein immenses Sicherheitsrisiko dar. Die Verteidigungsfähigkeit von motorisierten und technisierten Gesellschaften nimmt ab, die Versorgung mit Nahrungsmitteln und Trinkwasser ist eingeschränkt, die Produktion von Gütern wird erschwert oder ganz unmöglich. Deshalb ist die Energieversorgungssicherheit oder Versorgungssicherheit, also die konstante Bereitstellung einer ausreichenden Energiemenge für die Wirtschaft, Verteidigung und die Bürger einer Gesellschaft ein derart wichtiges politisches Ziel.[51]

In der Sowjetunion war die Energieversorgungssicherheit seit ihrer Geburtsstunde eines der wichtigsten politischen Ziele; sehr eng daran geknüpft war die Legitimation der bolschewistischen Führung, die mit der generierten und bereitgestellten Energie ihre Macht demonstrieren und der sowjetischen Gesellschaft endgültig ein modernes industrialisiertes Antlitz geben wollte.[52] In der Zeit vor

51 Siehe hierzu auch: Ehrhardt, Hendrik/Kroll, Thomas: Einleitung, in: Ehrhardt, Hendrik/Kroll, Thomas: Energie in der modernen Gesellschaft. Zeithistorische Perspektiven, Göttingen 2012, S. 5–11.

52 Coopersmith, Jonathan: The Electrification of Russia, 1880–1926, Ithaca NY 1992, hier besonders S. 151–155; siehe auch: Haumann, Heiko: Beginn der Planwirtschaft. Elektrifizierung, Wirtschaftsplanung und gesellschaftliche Entwicklung Sowjetrußlands 1917–1921 (Studien zur modernen Geschichte 15), Düsseldorf 1974. Allgemeiner siehe auch: Van Laak, Dirk: Unter Strom. Über Dynamos und politische Dynamik, in: Ehrhardt, Hendrik/Kroll, Thomas: Energie in der modernen Gesellschaft. Zeithistorische Perspektiven, Göttingen 2012, S. 17–31.

dem Zweiten Weltkrieg genossen Kohle und Stahl die oberste Priorität in der sowjetischen Volkswirtschaft. Hinzu kam der megalomane Ausbau der Wasserkraft.[53] Der am Rande der Sowjetunion im Kaukasus gelegene Erdölsektor bot in den 1920er und 1930er Jahren eine ideale Möglichkeit zur Einnahme von Devisen; in dem von einem stagnierenden Aufschwung, vom Großen Terror und von zahlreichen weiteren Problemen betroffenen Land kam ein energetischer Paradigmenwechsel ohnehin nicht in Betracht. Erst der Zweite Weltkrieg stellte diese Paradigmen aufgrund des Treibstoffmangels und des Vorrückens der Deutschen auf den Kaukasus in Frage.

Nach dem Krieg verfiel die sowjetische Energiepolitik jedoch in die alten Muster: Sie setzte auf die Erschöpfungssymptome zeigende Erdölbasis im Kaukasus und gewichtete den Zugang zu ausländischen Erdölquellen, beispielsweise im Iran, höher als den Ausbau der eigenen Maschinenbauindustrie für den Erdölsektor. Ohnehin importierte die Sowjetunion günstiges, hochwertiges Equipment für die Erdölindustrie im Rahmen der Wirtschaftshilfe aus den USA. Doch die Folgen der Vernachlässigung der eigenen Industrie zeigten sich schon 1947, als der zunehmende Konflikt zwischen den vormaligen Alliierten auch den Technologietransfer einschränkte. Seit Sommer 1947 überdachte Stalin die bisherigen Prioritäten, die sich nun zugunsten des Erdöls entwickelten. Es entstand der Plan, die Erdölindustrien des osteuropäischen Raums langfristig an die Sowjetunion anzubinden; die neuen Ideen hinterfragten das Paradigma der innersowjetischen regionalen Rohstoffautarkie. Die Moskauer Machthaber entwickelten hinter verschlossenen Türen einen Perspektivenplan für eine Erdölgroßkampagne, dessen Hauptziel die Verteilung des Erdöls über ein weitreichendes Pipelinesystem im ganzen Land war. Die endgültige Abkehr von der Kohle und die Hinwendung zum Erdöl erfolgten in den frühen 1950er Jahren: Noch 1950 verzeichnete die Sowjetunion mit einem 16-prozentigen Anteil des Erdöls am Energiemix einen historischen Tiefpunkt, doch in den Folgejahren änderten sich die Vorzeichen eindeutig. Dies machte den Weg für den privaten Motorverkehr frei, führte aber auch zu einer Imagekampagne der Neftjaniki, der sowjetischen Arbeitskräfte im Erdölsektor, die nun zu Helden stilisiert wurden. Innersowjetisch konnte damit eine neue Konsumpolitik begründet werden, im Außenhandel gelang erneut eine gute Positionierung des Erdöls als Exportgut.[54]

Das Erdgas spielte für die Versorgungssicherheit der Sowjetunion zu diesem Zeitpunkt keine Rolle, obwohl es in der zweiten Hälfte der 1950er Jahre

53 Gestwa: Die Stalinschen Großbauten des Kommunismus.
54 Siehe hierzu die Veröffentlichung von Rehschuh: Aufstieg zur Energiemacht.

unter Chruščev wachsende Aufmerksamkeit verzeichnete: Als ›sauberer‹ Brennstoff gelangte es in die Verbrennungsöfen von Kraftwerken und in Privathaushalte; seine technologischen Qualitäten galten als Standbein der sowjetischen Chemieindustrie. Nach dem Zweiten Weltkrieg wurden wachsende Teile der Bevölkerung an zentralistische Energieinfrastrukturen wie das Gasnetz angeschlossen. Dies stellte weitläufige und langfristige Energiebeziehungen her, die auf der einen Seite die Propagierung einer politischen Ordnung und der Anbindung an das sowjetische Herrschaftssystem dienten, um damit das sowjetische Verständnis der Moderne mit ihrer Industrialisierung und Umgestaltung der Gesellschaft einzulösen. Auf der anderen Seite schuf dies eine dauerhafte Nachfrage nach Befriedigung energetischer Bedürfnisse durch die zentralistische Versorgung.

Die gigantischen Erdöl- und Erdgasfunde in Westsibirien stellten die sowjetische Staatsführung in den 1960er bis 1980er Jahren vor die Frage, wie mit diesen Funden im Sinne der Versorgungssicherheit umzugehen sei. So beschäftigt sich die vorliegende Arbeit innerhalb dieses ersten Themenbereichs mit den Fragen, wie über Energie und energiepolitische Entscheidungen in Bezug auf den Erdöl- und Erdgassektor gesprochen wurde und wie die Politik das Versprechen der Modernisierung und sowjetischen Moderne einzulösen gedachte: Welche Ziele verfolgten die für die Energiepolitik relevanten Akteure während des Aushandlungsprozesses einer energetischen Strategie für die Sowjetunion? Welche ihrer Vorstellungen über Energie, Macht und Herrschaft, Gesellschaft und den sowjetischen arktischen Raum wurden sichtbar in den Diskussionen über die Erschließung Westsibiriens als Basis des sowjetischen Erdöl- und Erdgassektors? Und mit welchen Mitteln und mit welchem Erfolg ließ sich die sowjetische Gesellschaft in der Regierungszeit Breżnevs noch für ein energetisches Großprojekt in den entlegenen arktischen Regionen mobilisieren? Die vorliegende Arbeit wird dazu die intensiv geführte Debatte um die Energieversorgungssicherheit als Merkmal von Herrschaft und Machtlegitimation in modernen Gesellschaften beleuchten. Diese Debatte war es schließlich, die dazu führte, dass die sowjetische Führung eine stetige Mobilisierung und Modernisierung ihrer Energiesysteme, insbesondere des Erdgassektors, befürwortete und umsetzte.

Der zweite Themenbereich beschäftigt sich mit den vielfältigen Akteuren, die in die umfassenden Entscheidungsprozesse um die Erschließung des westsibirischen Erdöls und Erdgases eingebunden waren, und mit der medialen Debatte um dieses Thema. Um die Dynamiken in diesem Themenbereich im Detail verständlich zu machen, beantwortet die vorliegende Arbeit entsprechend der zweiten These die folgenden Fragen zu den politischen Prozessen im sowjetischen Erdöl- und Erdgassektor: Wie funktionierte die sowjetische Energiepolitik und wie wurden politische Herausforderungen im Energie- beziehungsweise Erdöl- und Erdgassektor angegangen? Wer war an energiepolitischen Entscheidungen beteiligt, wer wurde konsultiert, welche Institutionen spielten eine Rolle und vor allem: Wie wurde die eine oder andere Entscheidung diskutiert und begründet? In welcher Rolle sahen Regierende, Wirtschaftsfunktionäre, Lokalpolitiker und Wissenschaftler die energetischen Ressourcen in den sowjetischen (sub)polaren Gebieten in Hinblick auf persönliche Herrschaftsansprüche, die Zukunft des sowjetischen Wirtschaftsmodells und den globalen Machtanspruch des Landes?

Im Fokus zur Beantwortung dieser Fragen stehen energetische Beziehungen als wechselseitige Beziehungen, in denen alle beteiligten Akteure mit Macht, also der Fähigkeit der gegenseitigen Beeinflussung, ausgestattet sind.[55] So versteht die vorliegende Arbeit Energie als ein Gut, welches Herrschaftsräume und wechselseitige Machtausübung kreiert. Innerhalb dieser Gefüge haben diverse Akteure einen Anteil an den Machtbeziehungen. Bei einer detaillierten Betrachtung offenbart sich, dass politische Entscheidungen keineswegs allein von der Staatsführung getroffen wurden. So waren in einem solchen Gefüge nicht nur die politische und wirtschaftliche Elite, welche Energieflüsse zu kumulieren und lenken suchten, mit Macht ausgestattet, sondern auch die Energiearbeiter, im sowjetischen Fall die Neftjaniki und die Gazoviki, die Arbeitskräfte des Erdgassektors. Diese nahmen auf verschiedenen Stufen der wirtschaftlichen Hierarchie Einfluss durch die Erzeugung und Bereitstellung von Energie. Dabei spielten wirtschaftliche und wissenschaftliche Debatten auf verschiedenen Ebenen eine wichtige Rolle, die von persönlichen bis gesamtstaatlichen und gesellschaftlichen Zielen und Vorannahmen Einzelner geprägt sein konnten. Die einzelnen Akteure suchten in diesen Debatten die Einflussnahme auf höchste politische Ziele und wirtschaftliche Strategien. Diese wechselseitige Beziehung spiegelte sich im Aushandeln einer wirtschaftlich-technisch-sozial-politischen Strategie wider, die sich in zentralistisch getroffenen Entscheidungen offenbarte.

Ein weiterer Akteur in diesem energiepolitischen Gefüge waren die Energiekonsumenten, bei denen es sich um Industriebetriebe, aber auch um die

55 Dies ist insofern eine notwendige Betrachtungsweise, als dass Macht oftmals als eine einseitige Machtausübung, möglicherweise in Form von Gewalt, verstanden wird. In Bezug auf die Energiebeziehungen ist diese Betrachtung zu einseitig. Zu verschiedenen Auffassungen von Macht und Machtbeziehungen siehe auch: Anter, Andreas: Theorien der Macht zur Einführung, Hamburg 2013, S. 55–56 und S. 115.

Bevölkerung handelte. So war für die Industriebetriebe eine dauerhafte und langfristige Energieversorgung wichtig, die sich gleichzeitig in der Wirtschaftsleistung des Landes widerspiegelte. Auch die Betriebe suchten die Einflussnahme über Bedürfnisbekundungen für die Aufrechterhaltung ihrer Produktion, die wesentlich zur Wirtschaftsleistung und Versorgungssicherheit des gesamten Landes beitrugen. Des Weiteren waren Privathaushalte beziehungsweise die sowjetische Bevölkerung ebenfalls ein wichtiger Akteur im machtpolitischen Gefüge. So blieb die Einflussnahme nicht nur auf die diejenigen Konsumenten beschränkt, die direkt staatlichen Energielieferungen erhielten.[56] Denn das Versprechen einer sowjetischen Moderne war eng damit verknüpft, möglichst viele Sowjetbürger an die zentralistischen Versorgungssysteme anzubinden, und schuf so wechselseitige Abhängigkeiten. In der vorliegenden Arbeit sollen diese Seiten sowjetischer Energiepolitik beleuchtet und den einzelnen Persönlichkeiten Raum gegeben werden, deren Motive und Zielsetzungen maßgeblich für das Gelingen oder Scheitern des Projekts verantwortlich waren.

Eine solide Plattform für die Kommunikation von energiepolitischen Debatten und Entscheidungen stellten in diesen Gefügen die Massenmedien dar. Dabei dienten sie in Bezug auf den Erdöl- und Erdgassektor allerdings längst nicht nur der »Erhaltung des etablierten Herrschaftssystems«.[57] Zwar darf man in der Medienberichterstattung keine Hinterfragung in Bezug auf die Erschließung Westsibiriens sowie keine grundsätzliche Kritik an planwirtschaftlichen, wachstumsorientierten Paradigmen erwarten, dennoch griffen die Medien verschiedene wirtschaftliche, soziale und sogar ökologische Themen auf.[58] Besonders die Printmedien wie die *Pravda* (*Wahrheit*) waren mehr als

56 Ein Viertel der Konsumenten erhielt jedoch kommunale Lieferungen von Feuerholz, und ein Fünftel der sowjetischen Haushalte versorgte sich sogar selbst mit Energie. Leider wird keine genaue Angabe zum Zeitpunkt gemacht, in: Dienes/Shabad: The Soviet Energy System, S. 21. Eine detaillierte Übersicht zur sowjetischen Energieproduktion und -nutzung findet sich bei Campbell: Soviet Energy Balances, S. 4–8. Daraus geht hervor, dass sich 1950 ca. ein Zentel der Bevölkerung selbst mit Energie versorgte. Dieser Anteil sank bis 1975 auf 1 Prozent.

57 Roisko, Pekka: Gralshüter eines untergehenden Systems. Zensur der Massenmedien in der UdSSR 1981–1991, Köln 2015, S. 75.

58 Leider beschränken sich sowohl ältere als auch jüngere Publikationen zumeist auf eine Kritik der Zensur und Parteitreue der Medien. Die meisten Untersuchungen stammen aus dem Zeitraum der Perestrojka. Siehe hierzu u. a.: Roxburgh, Agnus: Pravda. Inside the Soviet News Machine, London 1987, S. 43–49; Graffy, Julian/Hosking Geoffrey A. (Hg.): Culture ans the Media in the USSR Today, New York 1989; McNair, Brian: Glasnost, Perestroika and the Soviet Media, London 1991; Roth-Ey, Kristin: Moscow Prime Time. How the Soviet Union built the Media Empire that lost the Cultural Cold War, Ithaca NY 2011; Roisko: Gralshüter eines untergehenden Systems.

nur ein reines Sprachrohr der politischen Führung. So wurden energiepolitische Debatten von Experten aus Wirtschaft und Wissenschaft auch öffentlich in den Medien geführt sowie bisweilen soziale und umweltpolitische Probleme beleuchtet.[59] Die Experten nahmen dabei Einfluss auf Medienrezipienten und gestalteten die politische Debatte sowie die Vermittlung von energiepolitischen Entscheidungen maßgeblich mit. Daher greift die vorliegende Arbeit immer wieder auf die Medienberichterstattungen zurück, um die politischen Prozesse in der sowjetischen Energiepolitik sichtbar zu machen.

Der Blick auf innersowjetische Prozesse wird schließlich in einem unabdingbaren dritten Themenkomplex vervollständigt, welcher sich mit den von der sowjetischen Führung anvisierten internationalen Großprojekten im Erdöl- und insbesondere im Erdgassektor beschäftigt. Denn wachsende Bedürfnisse nach Energieversorgungssicherheit in zahlreichen Ländern führten zu wechselseitigen Energiebeziehungen im globalen Energiehandel, an dem vielfältige staatliche, politische und (privat)wirtschaftliche Akteure beteiligt waren. Die Sowjetunion nahm an diesem globalen energiepolitischen Gefüge mit Akteuren aus der Regierung, den Ministerien und Außenhandelsorganisationen als staatlicher Akteur teil.[60] Zu den Geschäften mit den westlichen Ländern gehörten die Gas-Röhren-Abkommen, wie sie 1968 zum ersten Mal von Österreich abgeschlossen wurden. Die Bundesrepublik Deutschland folgte 1970 mit einem Abkommen. Die Geschäfte umfassten den Erwerb von westlicher Technik, beispielsweise der Pipelinegroßröhren der Firma Mannesmann, durch die Sowjetunion. Als Kompensation erhielten westliche Energieversorger langfristig Erdgas aus der Sowjetunion. In diesen Gesprächen mit den (künftigen) Geschäftspartnern offenbarte sich der Wunsch einiger Akteure aus der sowjetischen Führung, neben dem Export von Rohstoffen auch im großen Umfang verarbeitete Güter und Waren an die kapitalistischen Partner zu liefern. Die vorliegende Arbeit zeigt in der Analyse, warum die Sowjetunion von diesen ursprünglichen Exportplänen abrückte beziehungsweise abrücken musste und mit der Erdgasstrategie Anfang der 1980er zu derjenigen globalen Rohstoffexportmacht wurde, die sie bis heute geblieben ist. Dazu wird einerseits der ausschlaggebende Aufstieg Westsibiriens zur größten Energieprovinz mit dem Blick auch auf die Versorgung des europäischen Kontinents mit russischen Energieträgern beleuchtet. Anderseits wird der

59 Bahro, Gundula: Umwelt- und Tierschutz in der modernen russischen Literatur (Osteuropaforschung 18), Berlin 1986, S. 19–24, hier besonders S. 22.

60 Siehe hierzu auch: Karpov, V.P.: Ėnergetika i geopolitika. Tjumenskij faktor, in: Vestnik Tjumenskogo gosudarstvennogo universiteta (2014) 2, S. 84–91, online verfügbar unter: https://vestnik.utmn.ru/humanitates/vypuski-arhiv/history/2014/111241/[03.12.2018].

gescheiterte Versuch der UdSSR, mit den USA die weltweit größte Flüssigerdgaskooperation aufzubauen, in den Blick genommen. Den Kern dieses Teils der Analyse bilden Wechselprozesse in der internationalen Politik, die die Art und Weise der energetischen Einbindung der Sowjetunion in globale Energiemärkte maßgeblich mitgestalteten. Die vorliegende Arbeit fokussiert hierzu auf die Debatten im politischen Machtzentrum der UdSSR, das in Wechselbeziehungen mit diversen Akteuren im In- und Ausland die sowjetische Energiestrategie formte. Gleichzeitig wird der Frage nachgegangen, wie die sowjetische Führung ihre energiepolitischen Entscheidungen auf dem globalen Energiemarkt in der innersowjetischen Energiedebatte darlegte und kommunizierte. Die historische Analyse des Beginns der Energiebeziehungen zwischen der Sowjetunion und den europäischen Ländern erleichtert zudem das Verständnis der heutigen Debatte über Energielieferungen aus Russland um ein Vielfaches.

So gelingt es der vorliegenden Arbeit, in ständigem Bezug auf die drei Themenbereiche aufzuzeigen, warum die Sowjetunion in den 1960er bis 1980er Jahren zur globalen Gasmacht aufstieg.

1.3 Quellen und Vorgehen

Der Geschichte des sowjetischen Erdöl- und Erdgassektors haftet auch heute noch eine politische Brisanz an, was bei der Arbeit in den Archiven deutlich zu spüren war. Dies erschwerte insbesondere den Zugang ins RGANI (Rossijskij Gosudarstvennyj Archiv Novejšej Istorii), wo Dokumente zur sowjetischen Energiepolitik erwähnt, jedoch in den Aktenlistungen nicht mehr aufgeführt werden. Problemlos konnte hingegen Einsicht in die Akten des Ministerrats im GARF (Gosudarstevnnyj Archiv Rossijskoj Federacii) und der Ministerien sowie des Gosplan (Gosudarstvennyj Plan oder Gosudarstvennyj Planovyj Komitet, davor auch Gosudarstvennaja Planovaja Komissija mit demselben Akronym) im RGAĖ (Rossijskij Gosudarstvennyj Archiv Ėkonomiki) genommen werden, wobei in Letzteren sowohl die Dokumente der Zentralapparate als auch – allerdings in einem geringeren Umfang – die Akten der Außenhandelsorganisationen gesichtet werden konnten. Zudem wurden kurze Recherchen im Tjumen'er Regionalarchiv GASPITO (Gosurdarstvennyj Archiv Social'no-Političeskoj Istorii Tjumen'skoj Oblasti), im ARAN (Archiv Rossijskoj Akademii Nauk) sowie in der Außenstelle des RGASPI (Rossijskij Gosudarstvennyj Archiv Social'no-Političeskoj Istorii) durchgeführt, in welchem Dokumente über die Arbeit des Komsomol in Westsibirien einzusehen sind. Da der

Fokus jedoch nicht auf der Einbeziehung der Akademie der Wissenschaften der UdSSR (Akademija Nauk SSSR, kurz AN SSSR) in die Energiepolitik lag, wurden hier ausschließlich punktuelle Recherchen durchgeführt. Damit basiert die vorliegende Arbeit insgesamt zu einem großen Teil auf Regierungs- und Wirtschaftsdokumenten der Zentral- und Regionalarchive. Wermutstropfen ist dabei, dass die energetischen Diskussionen innerhalb der Partei nicht nachvollzogen werden konnten, da diese im für energiepolitische Belange unzugänglichen RGANI liegen. Nichtsdestotrotz liefern die Quellen eine breite Basis für eine Bestandsaufnahme energiepolitischer Entscheidungsmechanismen unter Leonid Brežnev, von der Partizipation diverser Akteure und dem politischen Handeln und Habitus der damaligen Zeit.

In Ergänzung erwiesen sich bereits publizierte Quellen als hilfreich, so unter anderem zwei Quellenbände zu den Akten der Tjumen'er Regionalarchive und mit zahlreichen Artikeln der regionalen *Pravda.*[61] Diese enthalten nicht nur Auszüge aus energiepolitischen Beschlüssen, sondern auch Auszüge von Reden zahlreicher Politiker und Wirtschaftsfunktionäre sowie Artikel aus wissenschaftlichen Konferenzen, die einen tieferen Einblick in das Vorgehen in Westsibirien, die Arbeitskräfteproblematik und die Vorstellungen über die Zukunft Sibiriens geben. Des Weiteren wurde eine 2006 erschienene Quellensammlung aus dem Archiv des Außenministeriums verwendet, welches für ausländische Wissenschaftler normalerweise kaum zugänglich ist.[62] Hierin finden sich Reden und Diskussionen, in denen sich Brežnev unter anderem zur Energiepolitik äussert. Darüber hinaus wurden publizierte Quellen genutzt, die Reden Brežnevs und Kosygins sowie Regierungs- sowie Ministerialentscheide enthalten, welche die Archivrecherchen in sinnvoller Weise zu ergänzen vermochten.[63] Zudem lässt sich die sowjetische Position auch aus im Internet publizierten Dokumenten des amerikanischen Foreign Office sowie aus veröffentlichten Dokumenten des bundesdeutschen Auslandsamts eruieren.

Eine wichtige und spannende Quelle waren die Tagebuchaufzeichnungen und Memoiren von Parteifunktionären, Wirtschaftsmanagern, Wissenschaftlern

61 Smorodinskov, D. A. (Hg.): Neft' i gaz Tjumeni v dokumentach. 1966–1970, Bd. 2, Sverdlovsk 1973; Smorodinskov, D. A. (Hg.): Neft' i gaz Tjumeni v dokumentach. 1971–1975, Bd. 3, Sverdlovsk 1979; ein weiterer Band erschien mit Dokumenten speziell zur Oblast Tomsk, wurde aber nicht ausführlich berücksichtigt: Akačenok, A. P./Odineckij, A. V. (Hg.): Neft' i gaz Tomskoj Oblasti. Sbornik dokumentov i materialov, Tomsk 1988.

62 General'nyj sekretar' L.I. Brežnev, 1964–1982. Vestnik archiva prezidenta. Special'noe izdanie, Moskva 2006.

63 Diverse Bände: Brežnev, Leonid Il'ič: Leninskim kursom. Reči i stat'i, Moskva 1970–1976.

und Journalisten, die für die vorliegende Arbeit ausgewertet wurden.[64] Sie liefern wertvolle Antworten auf die politische Formierung jenseits formeller Mechanismen, beleuchten persönliche Allianzen, gewähren Einblick in die Arbeits- und Lebenswelten der Neftjaniki und Gazoviki und zeigen persönliche Motive und Gedanken zum industriellen Großprojekt in der Tundra auf. In den Memoiren lassen sich im grossen Umfang Beschreibungen Sibiriens, der sibirischen Landschaften, Industrie und der in Sibirien lebenden Menschen ausfindig machen. Diese Beschreibungen lassen Rückschlüsse auf den Status Sibiriens in der Wahrnehmung der Wirtschaftsmanager, Fachkräften und Journalisten zu. Gleichzeitig musste die Auswertung von Zeitzeugenberichten und Memoiren behutsam vorgenommen werden. In diesem Zusammenhang zeigt die Untersuchung eines russischen Historikers auf, welche psychologischen Motive dem Verfassen von derartigen Berichten zugrunde lagen.[65] Darüber hinaus geben unter anderem auch die Tagebuchaufzeichnungen des sowjetischen Politikberaters und Regierungsmitglieds Anatolij Černjaev einen lebendigen Eindruck von Motiven und Zielen sowjetischer Politik jenseits der Energiedebatte, so dass sie die energiepolitischen Archivdokumente, Memoiren usw. zu ausgewählten Zeitpunkten positiv bereichern konnten.

Die russischen Archive wurden für die vorliegende Arbeit stets auf der Suche nach Dokumenten durchforstet, die mehr über die innerpolitischen Diskussionen in der Energiepolitik zwischen 1964 und 1982 verraten würden. Dass der Amtsantritt Leonid Brežnevs zusammenfiel mit den ersten Arbeiten zur industriellen Erschließung Westsibiriens Mitte der 1960er Jahre, die den Ausgangspunkt der vorliegenden Untersuchung darstellen, ist in gewisser Hinsicht

64 Bakhilov, V.V.: Doroga k nefte, Sverdlovsk 1975; Bajbakov, Nikolaj K.: Delo žizni. Zapiski neftjanika, Moskva 1984; Salmanov, F.K.: Sibir'. Sud'ba moja, Moskva 1988; Bajbakov, Nikolaj K.: Sorok let v pravitel'stve. Moskva 1993; Tchurilov, Lev: Lifeblood of empire. A Personal History of the Rise and Fall of the Soviet Oil Industry, New York 1996; Trofimuk, Andrej A.: Sorok let borenija za razvitije neftegazodobyvajuščej promyšlennosti Sibiri, Novosibirisk 1997; Velikopol'skij, Sergej Dmitrievič: Vysota. Kniga vospominanij o Viktore Ivanovice Muravlenko, Tjumen' 1997; Bajbakov, Nikolaj K.: Ot Stalina do El'cin, Moskva 1998; Ėrv'e, Ju.G.: Sibirskie gorizonty, Jekaterinburg 1999; Velikopol'skij, Sergej Dmitrievič: V plameni žizni. Kniga vospominanij o Borise Evdokimovič Ščerbine, Tjumen' 1999; Kubšinov, Aleksej: Neftjanye gorizonty. Vspominanija geologa, Tjumen' 2000; Salmin, Vladimir D.: Gorod na zare. O tech, kto sozdaval Nižnevartovsk i proslavil ego, Tjumen' 2000; Gajdar, Egor T.: Russia. A long view, Cambridge, MA 2012; Dnevniki Anatolii Černjaeva, online verfügbar unter: https://nsarchive2.gwu.edu//rus/Chernyaev.html [05.07.2018]. In der vorliegenden Arbeit wurde die deutsche Übersetzung des Buchs »Delo žizni« von Bajbakov verwendet: Baibakow, Nikolai: Sache des Lebens. Aufzeichnungen eines Erdölarbeiters, Berlin 1985.

65 Stafeev, Oleg N.: Memuary kak istočnik po istorii neftegazogo kompleksa Zapadnoj Sibiri, Surgut 2007.

ein Zufall. Denn die vorliegende Arbeit setzt gleichfalls zu jenem Zeitpunkt ein, als bereits einige westsibirische Öl- und Gasfelder entdeckt und deren industrielle Vorbereitung in den frühen 1960er Jahren beschlossen worden waren, jedoch das weitere Vorgehen in der Region und die Richtung einer Energiestrategie trotz ersten Beschlüssen unter einem großen Fragezeichen standen. Die vorliegende Arbeit endet mit dem Jahr 1982. Kurz zuvor war der Erdgassektor zu einem der wichtigsten Wirtschaftzweige der UdSSR erklärt und das bis dato größte internationale Pipelineprojekt abgeschlossen worden, durch welches die Sowjetunion zu einer in internationale Versorgungsnetze eingebundenen Gasmacht geworden war. Mit dem Tod Brežnevs endete auch die Ära der Lancierung großangelegter Mobilisierungsprojekte in Sibirien.

Bei der vorliegenden Arbeit handelt es sich um eine Längsschnittanalyse, die Schlüsselmomenten detailreiche Schilderungen der energiepolitischen Entscheidungsfindung vornimmt, um ihre Hauptfrage zu beantworten. Die vorliegende Arbeit betrachtet im Zeitraum von den ersten Funden in Westsibirien bis zur transnationalen Anbindung Westsibiriens durch die Großpipeline Urengoj–Westeuropa detailliert die energiepolitischen Diskussionen in der politischen Führung ebenso wie diejenigen in den verschiedenen Institutionen des Upstream- und Downstreamsektors[66] sowie in den Planungs- und Wissenschaftsinstitutionen, die zum vorläufigen Entscheid über den Umfang der sibirischen Erschließung führten. Diese inhaltliche Tiefe ist notwendig, um die Prozesse in der sowjetischen Energiepolitik und damit den Aufstieg der Sowjetunion zur internationalen Gasmacht nachvollziehen zu können.

Innenpolitische Debatten und außenpolitische Ereignisse werden dazu in ihren Wechselwirkungen dargestellt, die immer wieder auch das Scheitern einzelner Ideen und beschrittener Wege nach sich zogen. In der vorliegenden Arbeit wird jedoch auf eine reine Darstellung politischer Geschichte verzichtet. Stattdessen stellt sie sinnvolle Querbezüge zur Wirtschafts, Sozial- und Kulturgeschichte her, die beispielsweise durch das Beleuchten wirtschaftlicher und sozialer Aspekte der Erschließung Westsibiriens zum Verständnis innersowjetischer Entscheidungen in der Energiepolitik maßgeblich beitragen. So gelingt es der vorliegenden Arbeit letztlich, Fragen nach der sowjetischen Energieversorgungssicherheit und Modernisierung, nach energiepolitischen

66 Der Upstreamsektor umfasst die geologische Erkundung und Produktion von Erdöl und Erdgas. Der Downstreamsektor umfasst die Verarbeitung der Rohstoffe zu weiteren Produkten, den Transport des Erdöls/Erdgases oder seiner Produkte zu den Verbrauchern, inklusive Marketing usw.

Prozessen und internationalen Wechselwirkungen detailliert und umfassend zu beantworten.

1.4 Erdöl und Erdgas in der sowjetischen Wirtschaftsgeographie

Als flächengrößtes Land der Welt war die Geographie seiner Industrie- und Rohstoffregionen ausschlaggebend für das Funktionieren der Wirtschaft. Parameter wie die Bevölkerungsdichte und klimatisch-geographische Begebenheiten spielten eine wichtige Rolle für die wirtschaftlichen Möglichkeiten einzelner Regionen. Das Vorhandensein von verschiedenen Energieträgern ist ausschlaggebend für das Wirtschaftswachstum einzelner Regionen und für das Wohlergehen ihrer Bevölkerung, denn auch Infrastrukturen können nur mit Energie unterhalten werden.

Traditionell waren Kohle, Torf und Holz vor dem Zweiten Weltkrieg die wichtigsten Energieträger in der UdSSR; große Kohlevorkommen fanden sich im Donezker Kohlebecken (Doneckij Bassejn, kurz Donbass) in der Ukrainischen SSR und im Kusnezker Kohlebecken (Kuzneckij Bassejn, kurz Kuzbass) in Südsibirien. Diese Regionen belieferten die westlichen und zentralen Regionen sowie die Industriebetriebe des Ural, wo traditionell große Mengen der dortigen Metallerze verarbeitet wurden. Torf- und Holzvorkommen waren über die gesamte Sowjetunion verteilt, diese Ressourcen konnten flexibel genutzt werden, waren allerdings energetisch wenig ergiebig.[67] Doch schon Lenin wollte die Produktion von Elektrostrom unter anderem durch den Bau von Wasserkraftwerken fördern; diese Strategie lag dem sowjetische GOĖLRO-Plan (Gosudarstvennyj Plan Ėlektrifikacii Rossii, Staatsplan zur Elektrifizierung Russlands) zugrunde. Während Stalins Regierungsperiode begann die Regierung zunächst im westlichen Landesteil an den großen Flüssen der Russischen SSR, die Wasserkraft auszubauen; später wurden auch an den sibirischen Flüssen große Projekte ins Leben gerufen, bei denen gigantische und leistungsstarke Wasserkraftwerke in der Nähe von großen Rohstoffvorkommen wie Aluminium errichtet wurden, so in Krasnojarsk, Bratsk und in der Sajan-Region.[68]

67 Zur Verteilung und zum Abbau von Ressourcen in der UdSSR im Untersuchungszeitraum siehe: Shabad, Theodore: The Soviet Potential in Natural Resources. An Overview, in: Jensen, Robert G.: Soviet natural resources in the world economy, Chicago 1983, S. 251–274; eine Übersicht zum Prozentsatz der Energieträger östlich des Urals findet sich bei Josephson: Red Atom, S. 297.

68 Siehe hierzu: Gestwa: Die Stalinschen Großbauten des Kommunismus.

Die erste große Förderregion von Erdöl vor dem Zweiten Weltkrieg lag an der Ostküste des Kaspischen Meers – im aserbaidschanischen Baku – im klimatisch warmen und dichtbesiedelten Süden der Sowjetunion. Das Erdöl wurde jedoch auch in den zentralen Landesteil, die Region um Moskau, und den gesamten westlichen Landesteil der Russischen Unionsrepublik, der bis zu den Industriestädten des Ural reichte, geleitet. Diese Region war, wie alle westlichen Republiken der UdSSR – die Ukrainische SSR, die Belarussische SSR, die Moldawische SSR, die baltischen Sowjetrepubliken und die Kaukasusregion –, verhältnismäßig dicht besiedelt; hier fanden sich auch große Landwirtschaftsflächen und viele Industriebetriebe. Während des Zweiten Weltkriegs wurde die Erdölindustrie zum größten Teil in das Volga-Ural-Gebiet verlegt, das sich entlang der Volga bis zu den Westhängen des Ural erstreckte. So konnten die traditionellen Industrieregionen im zentralen Landesteil und im Ural weiterhin mit Erdöl und seinen Produkten versorgt werden.

Nach dem Zweiten Weltkrieg wurde das Erdöl als Energieträger und chemischer Rohstoff immer wichtiger. Nicht nur Kerosin, Diesel und Benzin für den Automobil, Last- und Flugverkehr stellte man aus Rohöl her, sondern auch Heizöl. Weitere Produkte waren Kunststoffe, Düngemittel und andere Petroprodukte, die in zahlreichen Wirtschaftssektoren eingesetzt werden konnten. Die größten wirtschaftsgeographischen Herausforderungen ergaben sich in den 1960er Jahren: Während die Förderung im Volga-Ural-Gebiet zwar weiter anwuchs, lagen die meisten neu entdeckten Öllagerstätten jenseits des Ural, in Westsibirien und in Zentralasien. Westsibirien, welches sich im Laufe der Zeit als wichtigste Förderregion mit den größten Vorkommen herausstellte, reicht als geographische Region von den Osthängen des Ural im Westen bis zum Fluss Jenisej im Osten; im Süden wird die Region von den kasachischen Hochebenen und den südsibirischen Gebirgen begrenzt, im Norden reicht sie bis an die polare Karasee.

Die größten Städte in Westsibirien sind Novosibirsk, Omsk, weitere Großstädte sind Kurgan, Tjumen', Barnaul, Kemerovo, Tomsk und Novokuzneck. Diese liegen alle im südlichen Teil Westsibiriens, zumeist entlang der transsibirischen Eisenbahn beziehungsweise in der Nähe von wichtigen Rohstoffvorkommen. Der Erdöl- und Erdgaskomplex befindet sich im Nordwesten der großen Region in der Oblast Tjumen', zu der administrativ auch zwei seit der Verfassung 1977 als autonome Kreise (*avtonomnye okrugi*) bezeichnete Staatssubjekte gehörten: der Autonome Kreis der Chanten und Mansen (Chanty-Mansijskij Avtonomnyj Okrug) und der Autonome Kreis der Jamal-Nenzen (Jamalo-Neneckij Avtonomnyj Okrug). Das Verwaltungszentrum der Region ist Tjumen'. Die Erdölvorkommen und städte befinden sich weiter im Norden am Mittellauf des Flusses Ob' im Autonomen Kreis der Chanten und Mansen. Hier wuchsen um die Lagerstätten die Städte Surgut, Nižnevartovsk und Neftejugansk; die Stadt Chanty-Mansijsk hat vor allem historische Bedeutung und ist die regionale Kreisstadt. Die Erdgaslagerstätten befinden sich weiter im Norden: Sie liegen im Autonomen Kreis der Jamal-Nenzen, wo die Orte Novyj Urengoj, Labytnangi, Nadym und die Kreisstadt Salechard entstanden bzw. anwuchsen.[69] Im Folgenden werden die Bezeichnungen »Westsibirien« (Zapadnaja Sibir') und »Tjumen'« in Bezug auf den Erdöl- und Erdgaskomplex synonym verwendet; dies ist auch im russischen Sprachgebrauch ähnlich. Auch die Erdöl- und Erdgaslagerstätten in der Region Tomsk gehören noch zum westsibirischen Komplex, auch wenn diese unter administrativen Gesichtspunkten nicht in dieser Region liegen.

Die Herausforderung bei der Förderung der Ressourcen bestand vor allem in der abgelegenen geographischen Lage in den subpolaren beziehungsweise polaren Gebieten Sibiriens, die dünn besiedelt und kaum erschlossen waren. Zudem waren die Industriebetriebe und Verbraucherzentren des Ural und des zentralen, westlichen und südlichen Landesteils weit entfernt. Der Neubau der Infrastruktur und der Anschluss an die Infrastruktur im Süden Sibiriens sowie die Ansiedlung von Arbeitskräften waren sehr kostenintensiv. Die Bezeichnung »Westsibirischer Erdöl- und Erdgaskomplex« (Zapadno-Sibirskij Neftegazovyj kompleks) wurde offiziell ab Ende der 1960er Jahre benutzt; hinzu kam auch die Bezeichnung »Westsibirischer territorialer Produktionskomplex« (Zapadno-Sibirskij Territorial'no-proizvodstvennyj kompleks), die synonym verwendet wurde und der eine wirtschaftsgeographische Definition zugrunde lag. Die TPK galten als wirtschaftsgeographische Einheiten, die für die Optimierung der Wirtschaftsproduktion verantwortlich waren und auf Parametern wie Energieproduktion und verfügbarkeit, Verfügbarkeit von Rohstoffen, Verkehrsparametern und Produktionsmöglichkeiten beruhten.[70]

69 Koleva: Zapadno-sibirskij neftegazogo kompleksa, Bd. 2, S. 59.
70 Vgl. Fußnote 16 in Kapitel 1.

2. Präludium: Erdgas für Chruščevs Chemieprojekt bis 1964

Im September 1959 besuchte Nikita Chruščev auf Einladung von Präsident Eisenhower als erster sowjetischer Staatschef die USA. Mit einer gewaltigen Rede trat er auf dem Höhepunkt seiner Macht während dieses Besuchs vor dem New Yorker Wirtschaftsforum auf. Bei dieser Gelegenheit konnte Chruščev nicht widerstehen, den sowjetischen Gassektor als ein Paradebeispiel dafür anzuführen, wie der sowjetische Kommunismus die Wirtschaftskraft des amerikanischen Kapitalismus bald überholen werde: »Bisher nimmt Amerika den ersten Platz in der weltweiten Gasproduktion und den erwiesenen Reserven ein, aber in den kommenden Jahren werden auch wir zu einem wachsenden Teil Erdgas nutzen. Unsere Geologen haben derart immense Ressourcen entdeckt, dass sie für Dekaden reichen werden. Das gibt uns die Möglichkeit, unsere Produktion und den Verbrauch sogar noch mehr zu steigern, und euch auch in dieser Hinsicht zu überholen.«[1] Mit dieser Aussage machte Chruščev nur allzu deutlich, dass er das Erdgas als legitimes Mittel im Systemwettbewerb zwischen dem Kommunismus und dem Kapitalismus betrachtete, den die Sowjetunion in Zukunft zweifelsohne gewinnen werde.

Doch tatsächlich war der Erdgassektor nur der Pfeiler eines gigantischen Industrieprojekts, von welchem Chruščev träumte: Er wähnte die Zeichen der Zeit in einer fortschrittlichen Chemieindustrie – in der Massenproduktion von Kunststoff und Düngemitteln – und wollte dementsprechend die Sowjetunion zu einer neuen Chemiemacht emporheben. Als Chemiemacht, so erhoffte es sich Chruščev, könne die Sowjetunion nicht nur ihre eigenen landwirtschaftlichen Probleme lösen, sondern darüber hinaus zu einer globalen Exportmacht für chemische Produkte werden. Grundlage dieser vor allem auf Polymeren basierenden Industrie waren die Kohlenwasserstoffe des Erdöl- und Erdgases, von denen die Sowjetunion bereits in den 1950 Jahren gigantische Vorräte hatte und in den 1960er Jahren weitere, noch größere Vorkommen entdecken sollte. So kristallisierten sich Chruščevs Ambitionen im Industrieprojekt der »Gro-

1 Das Zitat findet sich an mehreren Stellen, hier aus dem Englischen übersetzt von: Högselius: Red Gas, S. 18–19; auf Russisch: Kortunov, A.: Gazovaja promyšlennost' nakanune XXII s''ezda KPSS, in: Gazovaja Promyšlennost' (1961) 10, S. 1–7, hier S. 2.

ßen Chemie« (*Bol'šaja Chimija*) heraus. Besonders das Erdgas erhielt auf dem Höhepunkt von Chruščevs Regierungsperiode den Status eines neuen chemischen Rohstoffs.

2.1 Chruščev und die »Große Chemie«: Energetische Signale nach innen

Die Lage im Erdöl- und Erdgassektor stellte sich für Nikita Chruščev Ende der 1950er Jahre durchaus positiv dar. Das zwischenzeitliche Weltkriegstief hatte schon 1949 mit der Förderung im Volga-Ural-Gebiet ausgeglichen werden können, so dass das Vorkriegsniveau von 31,1 Millionen Tonnen 1940 mit 33,4 Millionen Tonnen 1949 überholt werden konnte.[2] 1948 entdeckten die Geologen das gigantische Ölfeld Romaškino in Tatarstan, welches 1955 an das Pipelinenetz der UdSSR angeschlossen wurde. Nur ein Jahr später ließ Tatarstan mit der Erdölproduktion in Romaškino die bis dato stärkste Förderregion, Baschkortostan, hinter sich zurück.[3] Das Volga-Ural-Gebiet erlebte mit Tatarstan und Baschkortostan einen wahrhaften Erdölrausch. Nachdem die Sowjetunion in den Nachkriegsjahren auch Erdöl aus Österreich und Rumänien als Reparaturzahlung und mit weiteren Importen aus Ländern wie dem Iran sogar zu einem Nettoimporteur geworden war, weitete sie nun auf der Welle der Ölschwemme ihre Exporttätigkeit wieder aus. Das sowjetische Erdöl gelangte nun in die sozialistischen Länder Mittel- und Südosteuropas und auch in kleine nord- und westeuropäische Länder wie Finnland, Schweden und Island.[4]

Doch der profitable Export, mit welchem die Sowjetunion den größten Teil ihrer Devisen erwarb, hatte für die Energieversorgung des eigenen Landes ebenfalls Folgen. So blieb die Kohle mit einem sinkenden Anteil von 62,5 Prozent zunächst auf dem ersten Platz der Energieträger im sowjetischen Energiemix, gefolgt vom Erdöl mit 21 Prozent, Holz mit 6,7 Prozent und Torf mit 4,3 Prozent.[5] Um trotz der steigenden Ölförderung ausreichend Erdöl für andere Bedürfnisse freizustellen und dennoch den Anteil der nun als archaisch geltenden festen Brennstoffe wie Kohle, Holz und Torf zu senken, trieb die sowjetische Führung

2 Zum Vorkriegsniveau siehe: GOLDMAN: Das Oel-Imperium, S. 17.
3 KARPOV/GAVRILOVA: Očerki istorii, S. 57–58.
4 Der sowjetische Nettohandel mit Erdöl betrug 1955 3,6 Millionen Tonnen und schon 1960 26 Millionen Tonnen. Ebel gibt an, dass ungefähr die Hälfte der Exporte in »die freie Welt« gegangen seien. EBEL: The Petroleum Industry of the Soviet Union, S. 154–157.
5 ELLIOT: The Soviet Energy Balance, S. 7.

nun die Produktion eines neuen Energieträgers voran: des Erdgases. Das Erdgas sollte dabei als Primärenergiequelle für die Strom- und Wärmeproduktion in der sowjetischen Energieversorgung genutzt werden und zugleich – gemeinsam mit dem Erdöl[6] – eine erfolgreiche Durchführung von Chruščevs Chemieprojekt gewährleisten. Eine derartige Aufmerksamkeit hatte die Erdgasindustrie in der sowjetischen und russischen Geschichte noch nie zuvor erhalten.

Die Erdgasindustrie hatte lange ein Schattendasein gefristet und erlebte erst nach dem Zweiten Weltkrieg einen Boom. Westliche Experten vermuteten, dass dies schlicht an der »Ignoranz«[7] der politischen Akteure lag, die schon in der Vorkriegszeit den immensen Potenzialen des »Stiefkindes der Ölindustrie«[8] zu wenig Beachtung geschenkt hatten. Stattdessen hatte die sowjetische Energiewirtschaft die Förderung von Erdöl für den lukrativen Außenhandel und einen wachsenden Binnenmarkt sowie die bisher ebenfalls genutzten Energieträger Kohle, Torf und Masut forciert.[9] Zudem hatte das Gas aus finanzieller und technischer Sicht einen weiteren Nachteil: Anders als andere Energieträger war es auf den Transport durch ein fest installiertes Pipelinesystem angewiesen, welches schon allein aus Kostengründen keinerlei Konjunkturdenken zuließ, so dass dem Erdgas ein unflexibles Image anhaftete.[10] So hielten die hohen technologischen und materiellen Anforderungen die politische Führung der Sowjetunion bis zum Zweiten Weltkrieg davon ab, eine Nutzung des Erdgases überhaupt in Erwägung zu ziehen.

6 U. a. schwebte Chruščev der Aufbau einer Chemieindustrie im Fernen Osten auf der Grundlage des Erdöls von Sachalin vor. Die Chemieprodukte sollten nach den Plänen Chruščevs im Pazifikraum exportiert werden, in: Stennografische Mitschrift der Sitzung des Präsidiums des ZK vom 23. Dezember 1963, in: Fursenko (Hg.): Prezidium CK KPSS. 1954–1964, Bd. 1, S. 783–816, hier S. 783–786.

7 Campbell: The Economics of Soviet Oil and Gas, Baltimore 1968, S. 13. Eine Bagatellisierung des Rohstoffes ist vermeintlich auch darin zu erkennen, dass Zahlen für den Umfang der sowjetischen Gasressourcen veröffentlicht wurden, wohingegen jegliche Informationen über den Umfang des sowjetischen Öls aus strategischen Gründen strengster Geheimhaltung unterlagen.

8 Yergin: Der Preis, S. 541; Gustafson: Crises amid plenty, S. 138.

9 Die Kohleindustrie der Sowjetunion war in den frühen 1950er Jahren mit 66 Prozent der größte Energielieferant; ebenfalls wichtige Energielieferanten waren zu dieser Zeit andere feste Brennstoffe aus diversen Regionen der Sowjetunion. Dienes/Shabad: The Soviet Energy System, S. 103.

10 Dies galt auch für Länder wie die USA, wo zwar Privatfirmen das Gasnetz betrieben, aufgrund von Befürchtungen vor zu großer Konkurrenz allerdings staatliche Regulationen wünschten, in: Grossman, Peter Z.: U.S. Energy Policy and the Persuit of Failure, Cambridge 2013, S. 94–95; Zur Geschichte des Pipelinebaus in den USA siehe: Jones, Christopher F.: Routes of Power. Energy and Modern America, Cambridge MA 2014, S. 123–160.

Erst die Kriegsbestrebungen der Sowjetunion führten dazu, dass das Erdgas von den Machthabern als möglicher Energieträger wahrgenommen wurde, dessen Produktion man nun erstmalig kennenlernte. Denn 1939 eroberte die Sowjetunion das westukrainische Dašava-Feld, welches bis dato zu Polen gehört hatte und das bereits seit den 1920er Jahren natürliches Erdgas produzierte.[11] Schon in den letzten Kriegsjahren plädierten Ölkommissar Ivan Sedin und sein Stellvertreter Nikolaj Konstantinovič Bajbakov für die energetische Versorgung Kievs mit dem Gas aus Dašava, die 1948 endlich anlief und die turbulente Energiesituation im Nachkriegskiev zu lösen versuchte und ab 1951 auch das entferntere Moskau mit Gas versorgte.[12] Der wachsende Bedarf an Brenn- und Treibstoffen ließ sowjetische Planer zudem in anderen Regionen nach Alternativen zur bisherigen Energiebeschaffung suchen. Insbesondere in der Region Saratov und Kujbyšev, wo die Rüstungsindustrie angesiedelt war, wurden nicht nur die Erdölfelder des Volga-Ural-Gebiets ausgebeutet, sondern auch die umliegenden Erdgasfelder zur Energieproduktion genutzt. Dies erlaubte eine Freistellung des wichtigen Erdöls für die kriegsrelevante Benzinproduktion. Eine überregionale Bedeutung erlangte erstmalig das Erdgas aus der Volgaregion, als 1947 die Erdgaspipeline Saratov–Moskau in Betrieb genommen wurde.[13] Als Folge wurde die Region Moskau seit 1946 über eine Pipeline mit Gas aus Saratov versorgt, die damit 1,5 Millionen Tonnen an Holz, Kohle, Masut und Kerosin zur Versorgung der Region einsparte. Zusätzliche Energie erhielt man durch die Förderung von Erdölbegleitgas, einem Nebenprodukt der Erdölförderung: Vor dem Zweiten Weltkrieg stellte die Begleitgasförderung 87 Prozent,[14] nach dem Krieg immerhin noch fast ein Drittel der gesamten Gasproduktion[15].

Die Verlegung großer Industrieanlagen während des Zweiten Weltkriegs gen Osten machte vor der Erdgasindustrie nicht Halt: Während des Kriegs war eine Kondensatraffinerie aus dem nördlichen Kaukasus in die Nähe von Uchta in der Autonomen Sowjetrepublik Komi (Komi Avtonomnaja Sovetskaja Socialističeskaja Respublika, kurz Komi ASSR) verlegt worden und wertete die im europäischen Landesteil gelegene Polarregion mit ihren Ölfeldern über Nacht zur neuen Energieregion auf. Diese produzierte schließlich in der Nachkriegszeit die Hälfte des gesamten Gaskondensats der Sowjetunion.[16] Doch blieb die

11 Dienes/Shabad: The Soviet Energy System, S. 68–74.
12 Högselius: Red gas, S. 13–14.
13 Lwow, M. S.: Das Erdgas in der Sowjetunion, Essen 2003, S. 21.
14 Kuvakov, R. Š.: Očerki neftjanoj i gazovoj promyšlennosti Rossii, Orenburg 2007, S. 161.
15 Stern: Soviet Natural Gas Development to 1990, S. 26–27.
16 Tabelle bei Lwow: Das Erdgas in der Sowjetunion, S. 22–25.

Erdgasproduktion weitestgehend eine Angelegenheit des dichtbesiedelten und industrialisierten europäischen Landesteils, in welchem sich ein Erdgasnetz leichter aufbauen ließ. So war die im technologischen Umgang mit dem Gas erfahrene Ukrainische SSR bis in die 1950er Jahre der größte Produzent natürlichen Erdgases in der Sowjetunion.[17]

Nach dem Zweiten Weltkrieg übernahm das 1956 in Produktion gegangene Feld Šebelinskoe in der östlichen Ukraine die führende Position. Auch im Kaukasus versorgten weitere Felder die Region, unter anderem das Karadag-Feld südwestlich von Baku, welches seit 1956 ausgebeutet wurde. Das Karadag-Feld belieferte die transkaukasischen Städte Tbilisi und Jerevan mit Erdgas. Das größte Feld im nördlichen Kaukasus war das Stavropol-Feld, ein 1951 entdeckter früher Supergigant, der 1956 mit der Produktion begann und nun auch die Entwicklung einer von der Erdölindustrie abgekoppelten Gasindustrie begünstigte. Das Stavropol-Feld blieb jedoch der einzige Gasgigant der Kaukasusregion, der nur noch durch einige Felder mittlerer Größe ergänzt werden konnte.[18] Dabei kündigte sich bald ein Wechsel zwischen den Produktionsfeldern der ersten und der zweiten Generation an: Denn während die Erdgasproduktion in der Westukraine, im Nordkaukasus und in Aserbaidschan sank, stieg sie im Volgagebiet zusehends.[19]

Doch über die Bedeutung als regionale Alternative zu den festen Brennstoffen kam das Erdgas damals noch nicht hinaus.[20] Dabei hatte die sowjetische Gasindustrie schon begonnen, ihre Potenziale zu zeigen. Mit stetigem Blick auf die USA hatten sich zahlreiche sowjetische Enthusiasten für die Konsolidierung der Branche eingesetzt. Zu den größten Lobbyisten gehörten neben dem leitenden Neftjanik Bajbakov, der schon unter Stalin als Vorsitzender des Volkskommissariats für Erdölindustrie (Narkomneft') Karriere gemacht hatte, auch die späteren Gasminister Aleksej Kirrilovič Kortunov und Julij Il'ič Bokserman.[21] Doch nicht nur der persönliche Einsatz vehementer Befürworter verhalf der

17 Siehe Tabelle bei Stern: Soviet Natural Gas Development to 1990, S. 24.

18 Dienes/Shabad: The Soviet Energy System, S. 68–74.

19 Lwow: Das Erdgas in der Sowjetunion, S. 23.

20 Der Anteil der Kohle in der sowjetischen Energiebalance sollte von 62,5 Prozent 1955 auf 52,1 Prozent 1960 sinken, der Anteil des Torfes von 4,3 Prozent und der Anteil des Holzes von 6,7 Prozent im selben Zeitraum auf 2,8 Prozent bzw. 4,0 Prozent. Erdöl und Erdgas legten von 21,0 Prozent auf 29,5 Prozent bzw. von 2,3 Prozent auf 7,3 Prozent zu. Damit hatte sich der Anteil des Erdgases am sowjetischen Energiemix in nur fünf Jahren verdreifacht, in: Elliot: The Soviet Energy Balance, S. 7. Etwas andere Zahlen bei SLAVKINA: Trijumf i tragedija, S. 13.

21 Slavkina: Triumf i tragedija, S. 34–37.

Gasindustrie zu weiterem Auftrieb. Chruščevs förderte den Wohnungsbau für die sowjetischen Bürger; dies hatte eine größere Nachfrage nach Heizenergie zur Folge.[22] Das Erdgas bot sich dabei mehr als andere Energieträger zur energetischen Versorgung auch der sowjetischen Städte an, da es als sauberer galt.[23] Auf dem 20. Parteitag der KPdSU im Jahr 1956 wurde aus diesem Grund die beschleunigte Entwicklung der Gasindustrie beschlossen, und zwar mit der Hoffnung, auch die sowjetische Öffentlichkeit für den neuen politischen Kurs zu gewinnen.[24] In einer Rede bei einer Festsitzung des Smolensker Regionalkomitees am 13. August 1958 hob Chruščev deshalb die strategische Bedeutung von Erdöl und Erdgas im wirtschaftlichen Wettrennen des Kalten Kriegs und den Rückstand der Sowjetunion bei der Produktion hervor.[25] Auch in seinem Bericht auf dem außerordentlichen 21. Parteitag der KPdSU zu den »Kontrollziffern der Entwicklung der Volkswirtschaft in den Jahren 1959–1965« ließ Chruščev 1959 verlautbaren, dass ein »entschiedener Kurs auf die vorrangige Verarbeitung von Erdöl und Erdgas genommen« und der Anteil der Kohle in der Brennstoffindustrie zugunsten des Erdöls und Erdgases zurückgehen sollte.[26] In Zukunft plante man besonders die großen Zentren der Schwerindustrie im Ural mit Erdgas aus der Usbekischen Unionsrepublik, der autonomen Komi-Republik und aus den Volgagebieten zu beliefern und die städtische Versorgung von Moskau mit Erdgas auszubauen. Die Bereitstellung von Erdgas für diese Bedürfnisse sollte von 4 Milliarden Kubikmeter 1959 auf 13 Milliarden Kubikmeter am Ende des Siebenjahresplans 1965 angehoben werden, während der Kohleverbrauch im selben Zeitraum von 6 Millionen Tonnen auf 700.000 Tonnen jährlich zurückgeschraubt werden sollte.

---

22 Auszug aus dem Beschluss des ZK der KPdSU und des Ministerrates »Über die weitere Entwicklung der Gasindustrie und der Gasversorgung der Betriebe und Städte der UdSSR« vom 15. August 1958, in: Černenko, K.U./Smirtjukov, M.S.: Rešenija partii i pravitel'stva, t. 4: 1953–1961 gody, Moskva 1968, S. 442–455, hier S. 444.

23 Rede von S.A. Orudžev »Das Gas des sibirischen Nordens« gesendet an API am 5. September 1978, in: RGAĖ fond (f.) 458, opis' (op.) 1, delo (d.) 4525, hier list' (l.) 62; dabei sprach man vom besseren »sanitären Zustand der Städte« im Zusammenhang mit der Erdgasnutzung, in: Bericht des Mingazprom zum Zustand des technischen Niveaus im Industriezweig, 1972, in: RGAĖ, f. 9480, op. 9, d. 1624, l. 71.

24 Vasil'ev, V.G.: Syr'evaja baza gazovoj promyšlennosti i perspektivy eë rassirenija, in: Gazovaja Promyšlennost' (1970) 4, S. 8–13, hier S. 8.

25 Slavkina: Triumf i tragedija, S. 14–15.

26 Die Kontrollziffern zur Entwicklung der Volkswirtschaft in den Jahren 1959–1965 – Bericht N.S. Chruschtschows auf dem Außerordentlichen XXI. Parteitag der Kommunistischen Partei der Sowjetunion, S. 9.

2.2 Die Konsolidierung der Erdgasbranche

Um eine bessere interne Organisation der wachsenden Erdgasindustrie zu gewährleisten und nach außen an politischer Schlagkraft zu gewinnen, erkämpfte sich die Erdgasindustrie Mitte der 1950er Jahre ihre eigene Körperschaft: So wurde 1956 die Hauptverwaltung für die Erdgasindustrie am Ministerrat (Glavnoe upravlenie gazovoj promyšlennosti pri Sovete Ministrov, kurz Glavgaz SSSR) gegründet. Mit der Entkoppelung von der Erdölindustrie erhielt die Gasindustrie nun eine eigene Organisationsstruktur und endlich die lang ersehnte Eigenständigkeit, die ihr zu materieller und finanzieller Unabhängigkeit verhelfen sollte. Diese war jedoch immer noch eingeschränkt, denn ein damals großer Teil der Erdgasförderung, nämlich des Erdölbegleitgases, blieb weiter in den Händen der Ölindustrie. Vorsitzender der neuen Körperschaft wurde Aleksej Tichonovič Šmarev, der zuvor Vorsitzender der damals größten Erdölvereinigung Tatneft' gewesen war und ein Jahrzehnt später mit seinem schriftlichenVorstoss an den Ministerratsvorsitzenden Kosygin 1969 auch zu einem der größten Befürworter einer komplexen Erschließung Westsibiriens werden sollte.[27]

Die Gasindustrie erlebte jedoch schon 1957 einen Rückschlag, als Glavgaz infolge der landesweiten Administrativreform vom Mai 1957 aufgelöst und in die dezentralisierten Volkswirtschaftsräte (*sovnarchozy*)[28] als regionaler Wirtschaftszweig eingeordnet wurde. Dies hatte schwerwiegende Folgen für die Entwicklung der Gasindustrie: Die Organisationsweise in den Volkswirtschaftsräten bedeutete, dass der gerade begonnene Ausbau des Pipelinesystems dezentralisiert und damit deutlich verlangsamt wurde. Dies war insbesondere ein Rückschlag für die Gasindustrie, die auf ein überregionales einheitliches System der Gasversorgung (Edinaja Sistema Gazosnabženija, kurz ESG) weitaus mehr als andere Industriezweige angewiesen war, und ließ auch die »Entregionalisierung« der Erdgasversorgung wieder in eine entfernte Zukunft rücken. Doch den Befürwortern einer eigenen zentralen Körperschaft gelang erneut

27 Zur Biographie von Aleksej T. Šmarev: Slavkina: Velikie pobedy – opuščenye vozmožnosti, S. 161.

28 Im Zuge der Wirtschaftsreform vom 10. Mai 1957 wurden fast sämtliche Wirtschaftsfachministerien in Moskau aufgelöst und in über 100 regionale Wirtschaftsverwaltungsbezirke aufgeteilt, an deren Spitze die Volkswirtschaftsräte standen. Die Betriebe waren den Volkswirtschaftsräten unterstellt und diese wiederum den Ministerräten der Unionsrepubliken. Das neue Wirtschaftssystem schuf eine Flut an Koordinierungsproblemen, so dass die Wirtschaftsverwaltung 1962/1963 erneut vollständig reorganisiert wurde, in: Altrichter, Helmut: Kleine Geschichte der Sowjetunion 1917–1990, München 2013, S. 140.

die Konsolidierung: Die langjährigen Mitarbeiter der Öl- und Gasindustrie, Bokserman und Bajbakov, der zum Vorsitzenden des Gosplan der russischen Föderationsrepublik (Gosplan Rossijskoj Socialističeskoj Federativnoj Sovetskoj Respubliki, kurz Gosplan RSFSR), ernannt worden war, erreichten mit einem politischen Vorstoß das Präsidium des Zentralkomitees der KPdSU (Centralnyj komitet KPSS, kurz CK KPSS, im Deutschen kurz ZK der KPdSU), und Chruščev persönlich. Am 6. Dezember 1957 wurde die zentrale Hauptverwaltung Glavgaz wiedereingerichtet.[29]

2.3 Chruščevs großes Chemieprojekt

Das Jahr 1958 bescherte der Sowjetunion eine überaus gute Ernte, und die von Chruščev im Jahr 1956 verabschiedeten Investitionen in den Siebenjahresplan zahlten sich aus. Parteisekretär Chruščev schwamm auf einer Welle des Erfolgs: Im Oktober 1957 hatte die Sowjetunion noch vor den USA den Satelliten Sputnik in die Erdumlaufbahn gebracht und es sah danach aus, als würde die Sowjetunion die USA im Wettlauf um die Raumfahrt tatsächlich überholen. Auch hatte die Sowjetunion neue Verbündete in Asien, in Indien und im Mittleren Osten finden können. In der Erdöl- und Erdgasindustrie zeigte man sich lediglich besorgt um die künftigen Reserven. Grundsätzlich hatte das Erdöl im Jahr 1957 bei Chruščev großes Ansehen genossen.[30] Daher hatte man im Siebenjahresplan eine massive Ausweitung der Explorationsbohrungen festgelegt, und das mit Erfolg: Zum ersten Mal in der sowjetischen Geschichte überragten die Bohrmeter der Geologen die der Produktionsbohrungen.[31] Zeitgleich stiegen die Investitionen in die Erdöl- und Erdgasindustrie gegenüber der vorherigen Siebenjahresperiode prozentual: Die Erdölindustrie erhielt mit 130,2 Milliarden Rubel 35 Prozent der gesamten Investitionen in den Energiesektor, von 1952 bis 1958 waren es nur 62,7 Milliarden Rubel und 30,1 Prozent gewesen. Die Erdgasindustrie erhielt im Siebenjahresplan 41,3 Milliarden Rubel, was einen Anteil von 11 Prozent ausmachte, von 1952 bis 1958 waren es nur 9,5 Milliarden Rubel oder 4,6 Prozent gewesen. Die beiden großen Verlierer der Investitions-

29 Slavkina: Triumf i tragedija, S. 33–34.

30 Siehe hierzu: Sitzungsprotokoll No 64 der Sitzung vom 13. Dezember 1956 über die Kontrollziffern des 6. Fünfjahresplans für die Entwicklung der Volkswirtschaft der UdSSR (1956–1960), in: Fursenko, Aleksandr A. (Hg.): Prezidium CK KPSS 1954–1964. Černovye protokol'nye zapisi zasedanij, stenogrammy, Bd. 1, Moskva 2003, S. 214–215, hier 214.

31 Consinde/Kerr: The Russian Oil Economy, S. 74.

politik im Siebenjahresplan waren hingegen die Elektrizitäts- und die Kohlewirtschaft.[32] Des Weiteren entschied sich der Ministerrat, dem seit März 1958 ebenfalls Nikita Chruščev vorstand, zu einer Initiative, die die energetische Versorgung der Städte zentralisieren und verbessern sollte: Im August 1958 erließ er einen Beschluss zur weiteren Entwicklung der Gasindustrie und der Gasversorgung der Industrie und der Städte in der UdSSR. Dieses Dokument legte ein hohes Tempo für das Wachstum der Gasindustrie fest und führte nun auch andere Gründe wie die Verbesserung der Luftqualität für die Nutzung von Erdgas in den Städten an.[33]

Auf der Höhe seines Erfolgs läutete Nikita Chruščev im Januar 1959 den 21. außerordentlichen Parteitag der KPdSU ein, um nicht nur zu verlautbaren, dass die UdSSR 1970 die USA in der Konsumgüterproduktion überholen werde, sondern auch um sein großes Chemieprojekt anzukündigen. Im Zuge dieses Projekts wollte Chruščev bis 1965 140 neue Chemiewerke entstehen lassen und den Umbau von 130 bestehenden Werken gewährleisten. Diesem Unterfangen sowie dem Maschinenbau der Chemieindustrie und zu Forschungszwecken wurden insgesamt 100 Milliarden Rubel zur Verfügung gestellt.[34]

Den neuen Enthusiasmus der politischen Führung gegenüber der Gasindustrie machte sich der Vorsitzende von Glavgaz, Kortunov, zunutze, indem er seine eigenen ehrgeizigen Pläne umzusetzen suchte. In einem Schreiben berichtete Kortunov über die Lage im Gassektor und über die Erfüllung des oben erwähnten Regierungsbeschlusses »Zur weiteren Entwicklung der Gasindustrie und der Gasversorgung der Industriewerke und Bevölkerung«,[35] den die Parteizentrale, das ZK, und der Ministerrat am 15. August 1958 erlassen hatten. Gleichzeitig bat Kortunov in dem Schreiben auch um Unterstützung,

32 Die Kohleindustrie erhielt 1952–1958 29,4 Prozent aller Investitionen und 1959–1965 20,2 Prozent; die Elektrizitätswirtschaft (Wasserkraft) erhielt 1952–1958 36,1 Prozent und 1959–1965 33,5 Prozent. Insgesamt stiegen die Investitionen in die Energiewirtschaft von 208,5 Milliarden Rubel auf 371,5 Milliarden Rubel 1959–1965, in: Ebel: The Petroleum Industry of the Soviet Union, S. 8.

33 Auszug aus dem Beschluss des ZK der KPdSU und des Ministerrates »Über die weitere Entwicklung der Gasindustrie und der Gasversorgung der Betriebe und Städte der UdSSR« vom 15. August 1958, in: Černenko,/Smirtjukov: Rešenija partii i pravitel'stva, t. 4: 1953–1961 gody, S. 442–455, hier S. 442.

34 Nekrasov, Viacheslav: Decision-Making in the Soviet Energy Sector in Post-Stalinist Times. The Failure of Khrushchev's Economic Modernization Strategy, hier S. 170.

35 Auszug aus dem Beschluss des ZK der KPdSU und des Ministerrates »Über die weitere Entwicklung der Gasindustrie und der Gasversorgung der Betriebe und Städte der UdSSR« vom 15. August 1958, in: Černenko/Smirtjukov: Rešenija partii i pravitel'stva, t. 4: 1953–1961 gody, S. 442–455.

denn bisher hatten das Finanzbudget und die materiellen Zuteilungen an Glavgaz nicht ausgereicht, um den Vorgaben Chruščevs Folge zu leisten. Die Gasindustrie kämpfte stattdessen mit gewaltigen Problemen, die Erschließung der Gasvorkommen zu beschleunigen sowie eine ausreichende Infrastruktur für den Abtransport des Erdgases und Wohnraum für die Arbeitskräfte einzurichten. So war der durchaus ambitionierte Wirtschaftszweig bisher hinter den Staatsplänen zurückgeblieben, ein Umstand, den der Glavgaz-Vorsitzende Kortunov in einem Schreiben an die staatliche Planungsbehörde Gosplan bedauerte.[36] Seiner Meinung nach lag dies insbesondere auch an der Haltung des ZK und des Ministerrats, sich neben der Industrie immer noch auf die Energieversorgung der Haushalte im dichtbesiedelten europäischen Landesteil zu beschränken und lediglich die Entstehung einer neuen Förderregion im nördlichen Kaukasus zu befürworteten. Da der Aufbau neuer Pipelinesysteme als aufwändig und kostspielig galt, bevorzugte man die Gasproduktion an wenig ergiebigen Lagerstätten in der Nähe bereits bestehender Pipelinenetze und verzichtete auf neue Tiefenbohrungen in bisher unerschlossenen Regionen, auch wenn diese weitere Gasfelder zum Vorschein gebracht hätten.[37]

Doch der ambitionierte Aleksej Kortunov hatte ganz andere Ziele vor Augen. Die Explorationsarbeiten führten besonders in Zentralasien zu guten Ergebnissen. Schon 1956 hatte man neben weiteren Feldern das vielversprechende usbekische Gasvorkommen Gazli entdeckt, dessen beträchtliche Vorräte man auf 600 Milliarden Kubikmeter schätzte.[38] Im westsibirischen Berezovo hingegen hatte man, nach Meinung Kortunovs, auf Druck der örtlichen Organe unvorsichtig schnell gehandelt. Längst war der Bau einer Pipeline beschlossen, die 100–120 Milliarden Kubikmeter Erdgas in den nördlichen Ural leiten sollte, aber in der Lagerstätte Berezovo, von der aus man das Gas transportieren wollte, waren nur 28 Milliarden Kubikmeter an industriell förderbarem Gas nachgewiesen, obwohl eine Lagerstätte für den Betrieb einer Pipeline mindestens 100–120 Milliarden Kubikmeter aufweisen sollte. Überhaupt empfand Kortunov die Investitionspolitik in der Gasindustrie als verfehlt. Entweder vernachlässigte die Wirtschaftsführung die geologischen Erkundungsarbeiten wie in der Ukraine oder investierte in die abschließende Erkundung in den alten Förderregionen. Doch Letzteres war in der Regel lediglich eine Maßnahme, um

36 Schreiben von A. Kortunov an den Vorsitzenden des Gosplan M.V. Chruničev vom 12. März 1960, in: RGAĖ, f. 4372, op. 62, d. 544, ll. 58–77.

37 Schreiben von A. Kortunov an den Vorsitzenden des Gosplan M.V. Chruničev vom 12. März 1960 RGAĖ, f. 4372, op. 62, d. 544, ll. 58–77.

38 Dienes/Shabad: The Soviet Energy System, S. 79.

die vom Staatsplan vorgegebenen Bohrzahlen mit einem möglichst geringen finanziellen und materiellen Aufwand abzuarbeiten, indem man weitere Bohrungen in der Nähe von bereits bekannten Feldern setzte. Eine Erkundung der kaspischen Tiefebene hingegen war trotz einer Anordnung des Ministerrats, laut Kortunov, nicht im ausreichenden Umfang geschehen. Positiv war lediglich, dass die UdSSR schon 1959 über Gasreserven im Umfang von 1,5 Trillionen Kubikmeter Gas verfügte und dass nun immer mehr Industriezentren mit Erdgas versorgt wurden, so die Großstadt Leningrad oder Städte im ukrainischen Kohlerevier Donbass. Doch die Gasindustrie hatte bereits so viele Rückstände zu beklagen, dass das Planziel für den Siebenjahresplan nach nur zwei Jahren um 900 Millionen Kubikmeter hatte herunterkorrigiert werden müssen, wobei der Plan ursprünglich 41.100 Millionen Kubikmeter vorgesehen hatte. Gleichzeitig hatte sich aufgrund von fehlenden Materiallieferungen eine grassierende Korruption ausgebildet, die auch vor der Gasindustrie nicht Halt gemacht hatte und jetzt beklagt wurde.[39]

Die Umstellung auf Erdgas in der Industrie lief nur schleppend, denn die Betriebe wollten keine zusätzlichen Kosten für die Umstellung auf sich nehmen. Oft genug wurde unsauberes Gaskondensat in die Pipelines eingespeist, das deren Durchleitungskapazität belastete. Die Verdichterstationen wurden so überbeansprucht, dass ihr Betrieb von mehr Arbeitskräften gesichert werden musste.[40] Auch Kortunov hatte mit seiner Kritik der fehlenden Unterstützung zunächst vor allem den Aufbau der gesamten Gasindustrie gemeint, die zu einem wesentlich größeren Anteil auch von einem funktionierenden von Pipelinesystemen, Gasspeichern etc. geprägten Downstreamsektor abhängig war. Regionen wie das von den Industriezentren des sowjetischen Westens weit entfernte Westsibirien lagen deshalb für den Vorsitzenden von Glavgaz immer noch am Rand des Geschehens.

39 Der Beschluss vom 3. Mai 1962, den der Ministerrat herausgab, gab an, dass die Erdölproduktion zwar angestiegen, es bei der Produktion von Erdölprodukten allerdings zu einer ineffektiven Nutzung insbesondere bei Diesel und Benzin gekommen sei. Immer wieder verwende man diese an Stelle von Masut, zudem komme es auch zu illegalem Tauschhandel von Treibstoffen durch einige Betriebe. Damit lag der Vorwurf der Korruption in der Luft. Die Leiter verschiedener Betriebe wurden beschuldigt, unter der Hand selbst ihre Brennstoffe zu organisieren, anstatt die staatlich geplanten Treibstoffzuteilungen abzuwarten. Auch klagte die Regierung an, dass die Nutzung von Brennstoffen in der Landwirtschaft, ineffizient und zu wenig nachhaltig sei, in: Beschluss des Ministerrats »Über die ordnungsgemässe Nutzung von Erdölprodukten in der Volkswirtschaft, 3. Mai 1962, in: Rešenija Partii i Pravitel'stva po porjadočnym voprosam (1917–1967gg.), t. 4: 1953–1961 gody, S. 71–75.

40 Schreiben von A. Kortunov an den Vorsitzenden des Gosplan M.V. Chruničev vom 12. März 1960, in: RGAĖ, f. 4372, op. 62, d. 544, ll. 58–77.

Die Engpässe bei der Produktion von Pipelines waren auch in Regierungskreisen bekannt.[41] Nachdem ein weiteres Mal auch 1960 der Förderplan von 58.800 auf 53.180 Millionen Kubikmeter hatte herunterkorrigiert werden müssen, bat Kortunov in einem komprimierten Siebenpunkteprogramm um eine neue Mobilisierung der Gasindustrie und die Lösung der dringendsten Probleme.[42] Das Programm sah in einem Punkt eine Ausweitung der Gasversorgung unter anderem in der Ostukraine vor. Darüber hinaus wollte man auch eine unerlässliche technische Leistungssteigerung und Modernisierung, die insbesondere die für die Gasdurchleitungskapazität notwendigen Verdichterstationen in den Pipelines betraf. Doch die technische Modernisierung war für die Sowjetunion keinesfalls einfach zu erlangen. So mussten und sollten im Rahmen des Programms beispielsweise Turbinen der Flugzeugindustrie in die Verdichterstationen eingebaut werden, um deren Leistung zu steigern. Gleichzeitig wollte man 325.000 Tonnen Röhren mit einem Durchmesser von 1020 Millimeter aus der Bundesrepublik Deutschland importieren, die in der UdSSR bisher noch nicht produziert werden konnten. Dies lag vor allem an den Rückständen bei der Produktion der Verdichterstationen. Ein weiterer Punkt sah die Durchführung von Erkundungsarbeiten in Baschkortostan, Orenburg und Tjumen' sowie in der Volgaregion und im kaspischen Tiefland vor. Doch wollte man nun auch die eigene Maschinenbauindustrie und deren Standbein in Gorkij unter Druck setzen und forderte höhere technische Ansprüche. In einem nächsten Punkt wurde angeordnet, endlich auch einen staatlichen Qualitätsstandard (Gosudarstvennyj standard, kurz GOST) festzulegen, damit das Pipelinesystem nicht mehr länger durch aggressives schwefelhaltiges Gas belastet wurde, welches die Produzenten aus Kostengründen meist ungesäubert in die Pipelines einspeisten. Ein weiterer Vorschlag zur Lösung dieses Problems sah den Bau von nichtmetallischen Röhren vor. Abschließend forderte Kortunov die Einberufung einer Sondersitzung im ZK mit den betroffenen Wirtschaftsverantwortlichen, um die Wichtigkeit des Anliegens vorzutragen.[43] Damit hatte Kortunov auch eine Beachtung der massiven Produktions- und Betriebsprobleme der Branche in der höchsten politischen Instanz eingefordert.

41 Protokoll No. 188 zur Sitzung vom 23. Oktober 1958 »zum Projekt über die Kontrollziffern zur Entwicklung der Volkswirtschaft der UdSSR für 1959–1965«, in: Fursenko (Hg.): Prezidium CK KPSS. 1954–1964, Bd. 1, S. 335–336, hier S. 335.

42 Schreiben von A. Kortunov an den Vorsitzenden des Gosplan M.V. Chruničev vom 12. März 1960, in: RGAĖ, f. 4372, op. 62, d. 544, ll. 58–77.

43 Schreiben von A. Kortunov an den Vorsitzenden des Gosplan M.V. Chruničev vom 12. März 1960, in: RGAĖ, f. 4372, op. 62, d. 544, ll. 74–77.

Das Chemieprojekt nahm jedoch nicht an Fahrt auf, so dass das Thema auf dem 22. Parteitag der KPdSU vom 31. Oktober 1961 gemeinsam mit der Erdöl- und Erdgasbranche weitestgehend vermieden wurde. Zwar sprach Nikita Chruščev von einer Entwicklung der Industrie östlich des Ural und ebnete den weiteren Weg für die Ansiedlung energieintensiver Wirtschaftszweige in Sibirien und Zentralasien. Doch bei der Erschließung des sibirischen Erdöls hielt sich Chruščev bedeckt und nannte dieses nur unter vielen Rohstoffen. Stattdessen erwähnte Chruščev andere Basen der Erdöl- und Erdgasindustrie: »An der Volga, im Ural, im Nordkaukasus und in Mittelasien sind die Energiewirtschaft, die Erdöl- und Gasgewinnung sowie die chemische Industrie schnell zu entwickeln, die dortigen Erzvorkommen sind zu erschließen.«[44]

Vielmehr sprach Chruščev von neuen Basen der Hüttenindustrie. Neben Sibirien als Basis der Hüttenindustrie sollten Industriestandorte in Kasachstan und um die Kursker Magnetanomalie hinzukommen. Für Sibirien wollte Chruščev den Davydov-Plan umsetzen. Diese Projekt sah vor, die großen sibirischen Ströme in die Steppen- und Wüstenregionen Zentralasiens umzuleiten, um unter anderem die dortigen Baumwollfelder zu bewässern: »Der Sowjetmensch wird die kühnen Pläne verwirklichen können, mehrere nördliche Ströme in anderer Richtung fließen zu lassen und ihren Wasserhaushalt zu regulieren, damit ihre großen Wassermengen dazu verwendet werden können, Dürregebiete zu bewässern und mit Wasserläufen zu versehen.«[45] Als zukünftige Energiequellen hob Chruščev insbesondere die Elektrizitätswirtschaft und die Atomkraft hervor, über die er – im Gegensatz zu anderen Energieträgern – ausführlich referierte.[46] Doch schon damals stieß Chruščev auf eine Opposition zum Projekt der Umleitung sibirischer Flüsse. Die Opponenten befürchteten eine Vergrößerung

44 Programm der Kommunistischen Partei der Sowjetunion. Beschlossen vom XXII. Parteitag der KPdSU am 31. Oktober 1961, hg. von Kommunističeskaja Partija Sovetskogo Sojuza, Moskau 1961, S. 86.

45 Programm der Kommunistischen Partei der Sowjetunion. Beschlossen vom XXII. Parteitag der KPdSU am 31. Oktober 1961, hg. von Kommunističeskaja Partija Sovetskogo Sojuza, Moskau 1961, S. 86–87.

46 Programm der Kommunistischen Partei der Sowjetunion. Beschlossen vom XXII. Parteitag der KPdSU am 31. Oktober 1961, S. 47–50. Der Davydov-Plan existierte seit Ende der 1940er Jahre und sah die Umleitung der wasserreichen sibirischen Ströme in die trockenen Regionen Zentralasiens vor. Damit sollten Landwirtschaft und Baumwollproduktion versorgt werden. Das Projekt schaffte es trotz seiner für die Umsetzung veranschlagten Kosten von 100 Milliarde Rubel in die Wirtschaftspläne und wurde erst in den 1980er Jahren aufgrund der wachsenden gesellschaftlichen Proteste von Michajl Gorbačev ad acta gelegt, in: Gestwa, Klaus: Energetische Brücken und Klimafabriken. Das energetische Weltbild der Sowjetunion, Osteuropa 54 (2004) 9–10, S. 14–38, hier S. 36.

der Eismenge in der Arktis und in der Folge eine Einschränkung der Schifffahrt im Polarmeer[47], so dass das Projekt letztlich nie durchgeführt wurde.

Sein Chemieprojekt wollte Nikita Chruščev zu diesem Zeitpunkt keinesfalls aufgeben. Die Gegner zu diesem Projekt wähnte er im Gosplan, wo er eine starke Metallurgielobby um den damaligen Vorsitzenden und späteren Stellvertreter Kosygins, Vladimir Nikolaevič Novikov, vermutete. Nach Chruščevs Ansicht verhinderte diese Lobby Investitionen in die Chemieindustrie systematisch. Einen weiteren Schuldigen für das bisherige Scheitern fand er in der Gasindustrie, die wie viele andere Branchen dauerhaft hinter den Vorgaben zurückblieb. Tatsächlich war es lediglich die Erdölindustrie, die die Produktionsziele des Siebenjahresplans erreichen sollte. Noch verärgerter wurde Chruščev, als er 1963 über Pläne zum Bau einer 4000 Kilometer langen Pipeline aus Buchara in den Ural informiert wurde.[48]

2.4 Richtungsentscheidungen der Gasindustrie

Gasminister Kortunov spielte als Leiter und Lobbyist der Gasindustrie eine wichtige Rolle, wenn es um die Durchsetzung von Gasprojekten in Moskau ging. Die Projekte spiegelten seine eigenen ambitionierten Pläne zum Ausbau der Gasindustrie wider, beispielsweise wenn er dem »Rohstoff des Kommunismus«[49] in einem derart aufwändigen Projekt wie der Bucharapipeline zu neuem Ansehen verhelfen wollte. Denn die Pipeline von Buchara in den Ural sollte die dort ansässige Metallurgie, insbesondere die Stahlindustrie, Metallverarbeitung, Chemieindustrie etc., statt wie bisher mit Kohle aus dem westsibirischen Kuzbass und Karaganda künftig mit Erdgas als Brennstoff versorgen. Für die Umsetzung des neuen Großprojekts scheute man sich nicht, 12.000 Arbeitskräfte aus der Koksindustrie abzuziehen und in den sich neu auftuenden Industriezweigen einzusetzen.[50] Neben dieser Versorgung des Urals mit zentralasiatischem Gas plante man ebenfalls, die oben bereits genannte, als Erstes entdeckte Erdgaslagerstätte im westsibirischen Berezovo schnell zu erschließen und mit der 350 Kilo-

47 Zacharov U.F./E'rve, Ju.G.: Osvoenie severnych rajonov Zapadnoj Sibiri i posledstvija sooruženija Nižne-Obskoj GĖS, in: Izvestija SO AN SSSR (1970) 6, S. 100–108.

48 Nekrasov: Decision-making, S. 176.

49 Ohne Autor: 45 let velikogo oktobrja, Gazovaja Promyšlennost' (1968) 11, S. 1–4.

50 Smirnov, K.K.: Gazovyj magistral' Buchara-Ural, Gazovaja Promyšlennost' 8, 1962, S. 1–3. Zur Nutzung in der Stahlindustrie siehe: Rafalovič, I.M.: Izpol'zovanie prirodnogo gaza v promyšlennosti, Gazovaja Promyšlennost' (1962) 5, S. 2–4.

meter entfernten Stadt Serov im Ural durch eine Pipeline zu verbinden. Diese sollte anschließend nach Baschkortostan verlängert werden, obwohl das Feld in Berezovo nur 4 Milliarden Kubikmeter Gas enthielt und damit zu den kleineren Feldern gehörte. Doch diese Pläne wurden fallen gelassen, nachdem man 1959–1961 größere Felder in der Igrim- und der Punga-Region Westsibiriens entdeckt hatte. Mitte der 1960er Jahre wurde das größere Punga-Feld mit einer Pipeline an den Ural angeschlossen.[51] Damit wurde das Erdgas Westsibiriens noch vor dem eigentlich relevanteren Erdöl abtransportiert.

Mit der Losung »Von jedem nach den Fähigkeiten, für jeden nach den Bedürfnissen«[52] legte Kortunov seinen Plan für die Gasindustrie Anfang 1962 dar. Dieser stellte eine Steigerung der Gasproduktion von 47 Milliarden Kubikmeter 1960 auf 720 Milliarden Kubikmeter 1980 in Aussicht, von der vor allem die Chemieindustrie profitieren sollte. Mit den mittlerweile nachgewiesenen weltweit größten Reserven strebte Kortunov für das Jahr 1980 einen Anteil der Gasindustrie von 30 Prozent im Energiemix an, mit dem Erdöl zusammen sollten die Kohlenwasserstoffe 69 Prozent am Energiemix halten und damit die Kohle weit hinter sich lassen. Eine »kolossale Rolle« würden die Gasressourcen in Zentralasien spielen, insbesondere die »einzigartige Lagerstätte Gazli«. Auch die »bedeutsamen Reserven Westsibiriens« nannte Kortunov, diese würden jedoch in dem Maß erschlossen werden, »wie auch die Industriezentren in diesen Regionen«;[53] dies war eine klare Absage an das schnelle Produktionswachstum in Westsibirien seitens des Gasministers und eine Zusage für das zentralasiatische Gas. In der kommenden Zeit lägen die Förderbasen der Gasindustrie immer noch im Ural, in der Volgaregion, im Nordkaukasus, in der Ukraine und in Zentralasien. Mangyšlak sollte eines der neuen Gaszentren am Kaspischen Meer werden. Sibirien und der Ferne Osten sollten nur einen Anteil von 10 Prozent an der Gasproduktion der gesamten RSFSR stellen, wobei man vordergründig an den Aufbau von Produktionsstandorten in Jakutien und Irkutsk dachte. Zweitgrößter Gaslieferant sollte die Ukrainische SSR sein, auch in Aserbaidschan sollte die Gasproduktion stark ansteigen. Für die kommenden Jahre plante Kortunov die Nutzung des Erdölbegleitgases und des Gaskondensats ebenso wie eine umfassende Erweiterung des Pipelinenetzes, das die dauerhafte Gesamtversorgung der Sowjetunion mit Erdgas in den Blick nahm, um in

51 Zum genauen Zeitpunkt für die Umsetzung dieser Pläne äußern sich die Autoren nicht, in: Dienes/Shabad: The Soviet Energy System, S. 88.

52 Kortunov, A.: Gazovaja promyšlennost' na novom etape svoego razvitija, Gazovaja Promyšlennost' (1962) 1, S. 1–3, S. 1.

53 Alle Zitate: Ders., S. 2.

zwanzig Jahren eine Versorgung von 60 Prozent der Bevölkerung zu erreichen. Vorrangig würden daher in Zukunft Großröhrenpipelines mit einem Durchmesser von 1000 Millimeter, 1200 Millimeter oder 1400 Millimeter für den Aufbau des Pipelinesystems verwendet werden. Ein Schwerpunkt werde daher auf dem Ausbau eines einheitlichen Gasnetzes liegen, der Anschluss Zentralasiens sollte durch den Bau einer dreisträngigen Pipeline aus der Turkmenischen SSR gewährleistet werden.[54] An die zentrale Gasversorgung sollten 60 Prozent der sowjetischen Bevölkerung angeschlossen werden, doch die Gasversorgung werde nur 10 Prozent an der gesamten Gasproduktion ausmachen, »der restliche Teil wird für die chemische Verarbeitung weitergeleitet und befriedigt die technologischen Bedürfnisse der Metallurgie, Zementindustrie, des Maschinenbaus und anderer Industriezweige«.[55]

Ein weiterer Befürworter derartig umfassender Pläne für Zentralasien und den europäischen Landesteil fand sich in Bokserman, dem langjährigen Vorsitzenden der Verwaltung der Erdgas- und Brennstoffindustrie (Glavgaztopprom) unter Stalin. Dieser vertrat die Ziele des Gassektors in einem Artikel der Fachzeitschrift *Gazovaja Promyšlennost'* (*Die Gasindustrie*). Darin hieß es, dass nicht nur das usbekische Gazli erschlossen werden sollte, sondern in Zentralasien auch ein aufwändiges System für die Verteilung von Flüssigerdgas über die Schiene in die peripheren Regionen errichtet werden und damit die lokale Energieversorgung der sich in der Industrialisierung befindlichen Region gewährleistet werden sollte. Als ein weiteres Beispiel gab Bokserman

54 Mit der Fertigstellung der Pipeline aus dem westukrainischen Dašava in Richtung Norden wurden gleich drei Hauptstädte von Unionsrepubliken mit Erdgas versorgt: Minsk, Vilnius und Riga. Auch sämtliche Ortschaften entlang der Trassen wurden gasifiziert. Die Stadt Gomel hingegen wurde aus einer Abzweigung der Pipeline Kiev–Brjansk–Moskau versorgt. Dies galt immer noch der Elektrifizierung des Landes, der Wärme- und Elektrizitätsversorgung, in: Smirnov, K.K.: Gazoprovod Dašava-Riga, in: Gazovaja Promyšlennost' (1962) 10, S. 1–3.

55 Die Versorgungsströme stellte Kortunov im Detail wie folgt dar: Aus der Region Povolže sollten 40 Milliarden Kubikmeter ins Zentrum, an die mittlere und obere Volga geliefert werden; aus dem Nordkaukasus ins Zentrum, ins Donbass und die Region Zakavkaze sollten 40–50 Milliarden Kubikmeter geliefert werden; aus der Ukraine in den europäischen Teil der RSFSR sollten mehr als 30 Milliarden Kubikmeter gelangen; Moldawien, Belarus, Litauen, Lettland sollten aus der Ukraine 20 Milliarden Kubikmeter erhalten; aus der Region Komi sollten mehr als 6 Milliarden Kubikmeter ins Zentrum geleitet werden und in den Ural zusätzlich ungefähr 11 Milliarden Kubikmeter; der europäische Teil der UdSSR sollte aus Zentralasien mehr als 50 Milliarden Kubikmeter erhalten, ebenso der Ural und Sibirien; aus Kasachstan würden im europäischen Landesteil der UdSSR ungefähr 40 Milliarden Kubikmeter Gas eintreffen; aus der Tjumen'er Oblast sollte der Gasstrom in den Ural geleitet werden; das jakutische Gas sollte die Regionen Ostsibirien und den Fernen Osten versorgen, in: Kortunov, A.: Gazovaja promyšlennost' na novom etape svoego razvitija, in: Gazovaja Promyšlennost' (1962) 1, S. 1–3.

auch die Ukrainische SSR an, wo das Gas immer häufiger die Kokskohle und das Erdölprodukt Masut ersetzte.[56] Vom Gasexport war in diesem Zusammenhang allerdings nicht die Rede.

Besonders in Wissenschafts- und Industriekreisen führten die Projekte aufgrund ihres technischen, aber auch ihres politischen Anspruchs zu Machbarkeitsdiskussionen. Längst nicht alle nahmen die Projekte mit großer Begeisterung an und warnten stattdessen davor, die Standortwahl mit der dauerhaften Installierung komplexer technischer Systeme mit der ausreichenden Umsicht zu treffen. Wohl nicht auch zuletzt, um ein finanzielles und technisches Desaster beim Aufbau eines weitreichenden Pipelinesystems – im Raum standen 40.000–50.000 Kilometer aus Großröhren[57] – zu verhindern, befürworteten die Kritiker einen Verbleib der Gasindustrie im westlichen Landesteil. Der Erdölindustrie wurden im Rahmen dieser Industriekonzepte zwar Standorte in Sibirien zugestanden, jedoch sollten diese nur die lokale Versorgung Sibiriens übernehmen. Zur eigentlichen energetischen Versorgung, so die Argumentation, solle man in Sibirien man unbedingt die örtliche Kohle nutzen, die nach planwirtschaftlichen Berechnungen als günstig galt. Die RSFSR sollte über 50 Prozent des Gases fördern, die Ukrainische SSR 17 Prozent, Zentralasien insgesamt 24,5 Prozent. In Sibirien sollten insgesamt nur 10,5 Prozent gefördert werden, wobei hier der größte Teil auf Jakutien und die Oblast Irkutsk entfalle.[58] In dieser als konservierend zu bezeichnenden Sichtweise werde die Erdgasförderung in Westsibirien auch in den kommenden zwanzig Jahren marginal bleiben, obwohl der gesamte Anteil Sibiriens an der Gasförderung im Verhältnis ansteige. Dennoch beharrten die Gasexperten zu diesem Zeitpunkt darauf, dass die Entfernung zum Verbraucher und die »schwierigen klimatischen Bedingungen«[59] einen zu großen Nachteil darstellten, und schienen sogar

56 Bokserman, Ju.: Za dal'nejšee uluščenie ispolzovanija prirodnogo gaza v narodnom chozjajstvie, in: Gazovaja Promyšlennost' (1962) 3, S. 1–3. Dass man auf lange Sicht immer bessere technische Lösungen brauchen werde, lag auf der Hand. Schon so früh war die Rede von einer wissenschaftlichen Untersuchung einer Gasförderung bei minus 50–70 Grad, vom Aufbau eines Ringsystems im europäischen Landesteil, von einer Prüfung der Wirtschaftlichkeit des Systems, in: Ohne Autor: Zadači nauki v oblasti gazovoj promyšlennosti v svete rešenii XXII sjezda KPSS, in: Gazovaja Promyšlennost' (1962) 2, S. 1–5.

57 Kortunov, A.: Gazovaja promyšlennost' na novom etape svoego razvitija, in: Gazovaja Promyšlennost' (1962) 1, hier S. 2.

58 Vasil'ev, V.G./Erofeev, N.S.: General'naja perspektiva razvitija dobyči prirodnogo gaza na 20 let, Gazovaja Promyšlennost' (1962) 1, S. 4–8; hier S. 4; Kortunov, A.: Gazovaja promyšlennost' na novom etape svoego razvitija, in: Gazovaja Promyšlennost' (1962) 1, hier S. 2.

59 Vasil'ev, V.G./Erofeev, N.S.: General'naja perspektiva razvitija dobyči prirodnogo gaza na 20 let, in: Gazovaja Promyšlennost' (1962) 1, hier S. 8.

Explorationsbohrungen unter 7 Kilometer in den älteren Förderregionen und im kaspischen Raum zu bevorzugen.

Die Wissenschaftler hatten das Projekt der »Großen Chemie«[60] mit regem Interesse aufgegriffen und propagierten weiterhin ein Modell, in welchem die Gasindustrie die grundlegenden Rohstoffe in wachsendem Umfang liefern würde. Gelobt wurden 1964 auch die bisherigen Erfolge, insbesondere die Düngemittelproduktion. So fand das Erdgas in der chemischen Industrie bereits breite Verarbeitung und war schon vor Beginn der 1960er Jahre für 40 Prozent des in der UdSSR hergestellten Ammoniaks die Grundlage: Es war Grundstoff für Nitrogen und Methanol, die wiederum ebenfalls für die Düngemittelproduktion genutzt wurden.[61] Der Landwirtschaft wurde damit ein Rohstoff geliefert, »dessen Nutzung nicht nur die Selbstkosten und Kapitalinvestitionen senkt, sondern für die Volkswirtschaft Millionen Tonnen von Kohle und Nahrungsmitteln befreit«.[62] Seit man die Chemiekombinate nach dem Maiplenum 1963 auf Gas umgestellt hatte, hatte sich nach Angaben der Fachzeitschrift *Gazovaja Promyšlennost'* die Produktion von Ammoniak als Düngemittel deutlich vergünstigt, da die Synthese technisch verbessert werden konnte. Mit der Hoffnung auf den Aufbau einer breitaufgestellten Chemieindustrie verband man auch einen stetigen Fortschritt in Bezug auf technologische Verfahren in dieser Industrie und strebte eine Verbesserung der sanitären Bedingungen beispielsweise in den Städten an.[63] Insgesamt wurde die »Große Chemie« auch 1964, kurz vor Chruščevs Absetzung, noch dafür genutzt, die Lösung des Landwirtschaftsdefizits, die umfassende Bodendüngung und die Steigerung der Weizen, Milch- und Fleischerträge zu propagieren. Die Standortwahl der Erdgasindustrie als Rohstoffbasis für das Projekt der »Großen Chemie« blieb ein bestimmendes Thema in den Fachkreisen.[64]

---

60 Dies war der gepräuchliche Terminus für das Projekt, siehe u. a.: Ohne Autor, Gaszovaja Promyšlennost' – moščnaja baza razvitija Bol'šoj Chimii«, in: Gazovaja Promyšlennost' 81964) 1, S. 1–4.

61 Gazovaja Promyšlennost' k 46-j godovščine Velikogo Oktobrja, in: Gazovaja Promyšlennost' (1963) 11, S. 1–4.

62 Bokserman, Ju.: Za dal'nejšee uluščenie ispol'zovanija prirodnogo gaza v narodnom chozjajstvie, in: Gazovaja Promyšlennost' (1962) 3, S. 1–3.

63 Ohne Autor, Prirodnyj gaz – syr'e dlja chimičeskoj promyšlennosti, Gazovaja Promyšlennost' (1963) 5, S. 1–2. Siehe auch: Auszug aus dem Beschluss des ZK der KPdSU und des Ministerrates »Über die weitere Entwicklung der Gasindustrie und der Gasversorgung der Betriebe und Städte der UdSSR« vom 15. August 1958, in: Černenko/Smirtjukov: Rešenija partii i pravitel'stva, t. 4: 1953–1961 gody, S. 442–455, hier S. 442.

64 Ohne Autor, Gaszovaja Promyšlennost' – moščnaja baza razvitija Bol'šoj Chimii«, in: Gazovaja Promyšlennost' 81964) 1, S. 1–4.

Gleichzeitig klagte die Gazoviki immer lauter, dass die Gasindustrie nicht ausreichend entwickelt werde. Im April 1964 beklagte der Wissenschaftler Evgenij Markovič Minskij, dass die Bestätigung für die Förderung an den neuen Lagerstätten zu aufwändig sei und zu lange dauern werde. Er selbst wollte eine schnelle Erschließung der Reserven ohne eine administrative Abklärung des Umfangs und der Beschaffenheit der Lagerstätten durch die Staatskommission für die Reserven von Bodenschätzen (Gosudarstvennaja Komissija po zapasam poleznych izkopaemych, kurz GKZ), wie es bisher üblich gewesen war.[65] Als Beispiel führte er das ostukrainische Šebelinskoe-Feld an, an welchem bereits 200 Brunnen gebohrt worden, die Abklärungen der Umfänge jedoch immer noch nicht abgeschlossen waren. Stattdessen forderte Minskij eine dynamische Entwicklung der Industrie ohne administrative Hürden. Da die Sowjetunion jedoch bereits über ein großes Pipelinesystem verfüge, könne man bereits entdeckte Lagerstätten nun viel schneller und günstiger anschließen als vormals, wo es nur vereinzelte Gasregionen gegeben habe. Schnelle und gute Prognosen sowie ein standardisiertes Vorgehen bei den Arbeiten sollten ausreichen. Dafür sollte man die Daten der Gasdynamik der einzelnen Bohrbrunnen als Grundlage benutzen, nicht die Umfänge der Lagerstätten, und mit diesen »mutige Entscheidungen« treffen.[66] Die Ausbeutung und vor allem der Abtransport der Ressourcen (Breite der Pipelines usw.) sollte von der angenommenen Größe der ganzen Region bestimmt werden.

Auch andere Stimmen forderten ein schnelleres und beherzteres Vorgehen. Die Reserven der Sowjetunion betrugen mittlerweile 3,1 Trillionen Kubikmeter, aber zum Unmut einiger Akteure war das Tempo der Neuentdeckungen gesunken. Laut der Skeptiker waren die in der UdSSR geltenden Parameter für die Bestimmung der Effizienz von Bohrungen das größte Defizit. Obwohl man in der UdSSR mehr Gas pro Bohrmeter fand, waren die Arbeiten in den USA im Verhältnis intensiver und wesentlich effizienter. In der UdSSR machten es die extensiven Parameter der sowjetischen Planwirtschaft wie etwa Angaben über

65 Die GKZ bestimmte die Reserven in einer genau standardisierten Prozendur, die sich in ihren geologischen Details nicht wesentlich von den Prozeduren in nichtkommunistischen Ländern unterschied. Dabei untersuchten verschiedene Expertenteams die Wirtschaftlichkeit einer Förderung an eben jenen Lagerstätten. Die Erdölreserven unterlagen seit 1947 der Geheimhaltung, und die Prozeduren waren aus politisch-strategischen Gründen aufwändiger. Bei den Gasreserven wurden weniger strenge Standards angewandt, in: Meyerhoff, Arthur A.: Soviet Petroleum: Technology, Geology, Reserves, Potential and Policy, in: Jensen, Robert G.: Soviet natural resources in the world economy, Chicago 1983, S. 306–362, hier S. 327.

66 Minskij, E.M.: Ob uskorenii projektierovanija razrabotki gazovych mestoroždenii, in: Gazovaja Promyšlennost' (1964) 4, S. 1–3.

das gefundene Gas pro Bohrmeter aufgrund der riesigen Lagerstätten möglich, die Ineffizienz bei der Planung und Durchführung von Bohrungen und die tatsächliche Wirtschaftlichkeit der Gasproduktion an der einen oder anderen Gaslagerstätte zu verschleiern.[67]

In Wissenschafts- und Industriekreisen vermutete man, dass das langsame Wachstum der Reserven damit zusammenhing, dass die genutzte Technik nicht ausreichte und neue Methoden kaum implementiert wurden. Die Bürokratisierung der planwirtschaftlichen Erschliessung wurde in diesen Kreisen stark kritisiert; anstatt auf Bohrmeter und andere Planzahlen wollten die Wissenschaftler und Industriellen lieber auf technologische Parameter wie den Schichtdruck zurückgreifen. Die Repräsentanten der Gasindustrie forderten weiter, dass die Lagerstätten östlich und südlich des Ural erschlossen werden sollten, besonders die Regionen Zentralasiens. Der Kritik schloss sich auch Bokserman an. Scharf kritisierte er die alleinige Planerfüllung der Bohrzahlen und das Verbleiben der Industrie in bereits bestehenden Förderregionen mit ihren Pipelinenetzen. Stattdessen forderte er, auch das Anreizsystem bei der Entlöhnung der Arbeitskräfte zu überdenken. So sollten die Gasmänner künftig nicht mehr nach Bohrmeter, sondern nach Zuwachsraten und Zeitdauer bezahlt werden. Die sowjetische Stahlröhrenindustrie sollte sich in Zukunft verstärkt auf die Großröhrenproduktion konzentrieren. Dabei müssten die Herausforderungen in den Polarregionen berücksichtigt werden.[68] Mit ihren Vorschlägen erhofften sich die Kritiker, bald eine effizientere und moderne Gaswirtschaft aufzubauen.

Immer häufiger forderten Wissenschaftler und Industriemanager aber nun, sich von den alten Regionen abzuwenden und sich auf neue Regionen im ganzen Land zu fokussieren. So tauchten die Lagerstätten Tjumen's neuerdings auch als mögliche Quelle für die Gasversorgung Sibiriens und der industrialisierten Polarregionen wie der Stadt Norilsk auf, wo die Kupferindustrie große Energiemengen benötigte.[69] Diese Pläne zur Versorgung von Norilsk wurden erst später verworfen, als sich der Pipelinebau in der Polarregion als zu kosten-

67 Mehr zu den Stufen der Bohrungen in: Gustafson: Crises amid plenty, S. 70–75.

68 Bokserman, Ju. I.: 47 let velikoj otrjaberskoj revolucii, Gazovaja Promyšlennost' (1964) 11, S. 1–3.

69 Schon im November 1964 widerrief Jurij Bokserman diese Aussage, da sich der Bau einer Pipeline in der Permafrostregion und über die langen Distanzen und topographischen Begebenheiten hinweg als schwierig erwiesen hatte. Die Begründung lautete, dass die Technik noch nicht ausgereift sei, in: Bokserman, Ju. I.: 47 let velikoj otrjaberskoj revolucii, in: Gazovaja Promyšlennost' (1964) 11, S. 1–3.

intensiv und aufwändig erwies; das Neue war jedoch die Bedeutung, die man den westsibirischen Energieträgern für die Energieversorgung der Industrien und Haushalte in Sibirien zuschrieb. Die Diskussion um die mögliche und rentable Erschließung Westsibiriens, die vor Ort und in Moskau bereits mit den ersten Entdeckungen begonnen hatte, spitzte sich immer weiter zu. Die wesentlichen Streitpunkte betrafen den als günstig eingeschätzten Verbleib der Gasindustrie in der Nähe der großen Industriezentren im europäischen Landesteil, mögliche Tiefenbohrungen[70] sowie die aufwändige Erschließung neuer Produktionsstätten jenseits des Ural.

2.5 Energetische Pläne für Westsibirien

Die in Westsibirien gemachten Funde spielten in der Wahrnehmung der Politiker und Wirtschaftsmanager nur eine marginale Rolle. Dass sich in den entlegenen Tundraregionen Tjumen's große Vorkommen befanden, war Mitte der 1960er Jahre noch nicht bekannt.[71] Die Region, die landschaftlich zum größten Teil aus Sumpfgebieten um die Flüsse Ob' und Jenisej und polarer Tundra im Norden bestand, hatte in der vorsowjetischen Zeit kaum Aufmerksamkeit auf sich gezogen. Vielmehr wurde Westsibirien als »Königreich aus Eis und Schnee«[72] wahrgenommen, in welchem nur wenige Menschen in kleinen Ansiedlungen wie Surgut lebten. In den 1940er Jahren rückte die Region kurzfristig in den Fokus von Stalin, der durch den Norden der Region eine mehrere 100 Kilometer lange Bahnstrecke aus dem Ort Vorkuta zu einem neu zu bauenden Hochseehafen an der Karasee und weiter nach Norilsk bauen wollte; doch der Bau der Bahn wurde nach dem Tod Stalins 1953 eingestellt.[73] So galt für die harschen Polarregionen Westsibiriens per se das Argument der Unwirtschaftlichkeit, und sie fanden in Moskaus Führungseliten kein Interesse.

70 Offshoretiefenbohrungen, die in der Kaspischen Senke offshore durchgeführt werden mussten, waren bis in die 1970er Jahre selten. Insgesamt standen nur fünf Plattformen für Offshorebohrungen zur Verfügung. Keine von diesen Plattformen war technisch dazu in der Lage, die Strukturen unter 7 Kilometer Tiefe vollständig zu untersuchen, in: Meyerhoff, Arthur A.: Soviet Petroleum: Technology, Geology, Reserves, Potential and Policy, in: Jensen, Robert G.: Soviet natural resources in the world economy, hier S. 335.

71 Bis 1967 waren Erdölfelder in den Regionen Šaim sowie die größeren Felder Ust-Balyk und Megion am am mittleren Flusslauf des Ob'entdeckt worden, in: Dienes/Shabad: The Soviet Energy System, S. 57–58.

72 Zavališin, Ippolit I.: Opisanie Zapadnoj Sibiri, Moskva 1862, S. 273.

73 Mildenberger: Mertvaya Doroga, S. 49–54.

Daher waren die ersten Erdöl- und Erdgasfunde in Westsibirien durch die Geologen erkämpft worden. Obwohl anerkannte Geologen wie Ivan Michailovič Gubkin bereits vor dem Zweiten Weltkrieg von möglichen Öl- und Gasreserven jenseits des Ural gesprochen hatten, waren die Explorationsarbeiten aufgrund pessimistischerer Stimmen und fehlender Technik sporadisch und unorganisiert geblieben. Zudem befürchtete man schon damals bei erfolgreichen Funden zu hohe Erschließungskosten.[74] Der Zweite Weltkrieg hingegen hatte Ängste vor einem Treibstoff- und Energiedefizit in der politischen Führung geschürt, so dass man bereits 1946 planmäßige Erkundungsarbeiten nach Erdöl und Erdgas anordnete. Dazu wurde 1946 eigens ein Ministerium für Geologie eingerichtet,[75] das mit diesen Aufgaben und anderen Erkundungsaufgaben, z. B. nach Metallen im großen Umfang, beauftragt wurde. Besonders die Erdöl- und Erdgasbranche, unter anderem der schon seit Stalin politisch aktive Erdölingenieur Bajbakov, suchte die Erweiterung ihrer Reserven und unterstützte die Arbeiten östlich des Ural. In Westsibirien wurden die Arbeiten zunächst auf den klimatisch milderen und in der Nähe von Ballungsräumen liegenden Süden konzentriert, bis sich einige Geologen über das »Horten« von Bohrern und anderer Ausrüstung trotz fehlender Funde beschwerten und in die nördlicheren Gebiete ausströmen wollten. Doch die Arbeiten im Norden genossen kaum größere Unterstützung. Im Nachhinein äußerten Geologen wie Andrej Alekseevič Trofimuk, dass die Fontäne von Berezovo 1953 noch gerade rechtzeitig in die Höhe geschossen sei; ansonsten wäre ein weiteres leeres Bohrloch womöglich das Ende der geologischen Arbeiten in Westsibirien gewesen. Doch es war letztlich erst das mehr oder weniger zufällig gefundene Gas, das auch den Explorationsarbeiten um Erdöl wieder Auftrieb verlieh.[76]

Der Mangel an eindeutig wirtschaftlichem Interesse insbesondere auch durch die eigene Branche bewirkte, dass sich vorerst andere Interessengruppen in der Region konsolidieren konnten. Die weitere industrielle Entwicklung West-

74 Baibakow: Sache des Lebens, S. 318–332. In den 1920er und 1930er Jahren hatte das Erdöl aus politischen und wirtschaftlichen Gründen in der UdSSR einen geringeren Status als in anderen großen Wirtschaftsnationen. Die Kohleindustrie genoss ein weitaus höheres gesellschaftspolitisches Ansehen und wurde aktiv gefördert. Auch die Torfindustrie wurde aus gesellschaftspolitischen Gründen weiterentwickelt, da die dort tätigen Bauern in den offiziellen Statistiken als Proletariat und Arbeiter aufgeführt werden konnten; eine solche Politik ließ immer mehr Bauern aus den offiziellen Statistiken verschwinden, in: Igolkin, Aleksandr A.: Neftjanaja promyšlennost' SSSR (1929–1950-e gg.), Moskva 2011, S. 10.

75 Komgort: Zapadno-Sibirskaja neftegazonosnaja provincija, S. 61.

76 Zur Geschichte der westsibirischen Öl- und Gasfunde seit den 1930er Jahren siehe u. a. Komgort: Zapadno-Sibirskaja neftegazonosnaja provincija, S. 16–50.

sibiriens wurde damit auch von der sowjetischen Gigantomanie zum Wasserkraftwerksbau überschattet, unter dessen Ägide auch der Kraftwerksbau in Bratsk und Krasnojarsk in den 1950er Jahren beschlossen worden war. Die ambitionierten Projekte aus dem östlichen Sibirien riefen Nachahmer in Westsibirien auf den Plan: So favorisierte das Lokalkomitee in Tjumen' Ende der 1950er Jahre zunächst den Bau eines gigantischen Wasserkraftwerks am mittleren Ob', welches weite Regionen in den potenziellen Erdölregionen überflutet hätte. Die Wasserkraftlobby gab an, dass das Energiedefizit im westlichen Teil der UdSSR und im Ural nur durch die Nižne-Obskaja GĖS behoben werden könne; falls die nicht gebaut werde, müsse man verstärkt auf Energie aus Wasserkraft und Heizkraftwerken, die mit der Kohle aus dem Kuzbass, Donbass und Ėkibastuz betrieben würden, zurückgreifen.[77]

1957 wurde das vom Moskauer Projektierungsinstitut Gidroprojekt vorangetriebene Staudammprojekt 150 Kilometer südlich von Salechard auf einer Sitzung des Lokalkomitees vorgestellt. Der Hauptingenieur der so genannten Nižne-Obskaja GĖS legte verschiedene Varianten für den Kraftwerksbau dar. Insbesondere die Überflutung eines Territoriums von 113.000 Quadratmetern, welches reich an Ressourcen der Holz- und Landwirtschaft war, wurde als Problem diskutiert. Trotz des großen Protests der Geologen wurde auf der Sitzung der Bau des Kraftwerks beschlossen. Dies soll vor allem dem regionalen ersten Parteisekretär Vasilij Vladimirovič Kosov zu verdanken gewesen sein, der das Projekt befürwortete. Doch schon 1958 änderte sich die Planung. Der Erste Sekretär des Tjumen'er Lokalkomitees (Tjumen'skij Oblastnoj Komitet, kurz Tjumen'skij Obkom) wurde nach Vorwürfen von Amtsmissbrauch durch Aleksandr Konstantinovič Protozanov ersetzt. Die neue Führung mit Protozanov und Boris Evdokimovič Ščerbina setzte auf die Erschließung der Erdgasressourcen vor allem durch die 1960 in Šaim entdeckten Erdölquellen der Region, obwohl Ščerbina eigentlich für die Umsetzung von Wasserkraftprojekten in Sibirien bekannt war.[78]

Hinter der lokalen Parteiführung um Ščerbina standen auch zahlreiche Wissenschaftler der Sibirischen Abteilung der Akademie der Wissenschaften (Sibirskoe Otdelenie Akademii Nauk SSSR, kurz SO AN SSSR) im Novosibirsker Akademgorodok.[79] Unter ihnen war der Geologe Trofimuk. Trofimuk war

77 Ėrv'e, Ju./Mežlumov, O./Rovnin, L./Slepjan, A./Bogomjakov G.: Razumno ispolzovat' prirodnye bogatstva Sibiri, Pravda, 23.06.1964, S. 2.

78 Komgort: Zapadno-Sibirskaja neftegazonosnaja provincija, S. 140; Andrijanov/Čirskov: Boris Ščerbina, S. 100–141.

79 Mehr zur Sibirischen Abteilung siehe Kapitel 3. Konovalov, A.B.: Partijnaja nomenklatura Sibiri v sisteme regional'noj vlasti (1945–1991), Kemerovo 2006, S. 384–385.

seit den 1930er Jahren als Geologe für die Erdölindustrie tätig, zunächst in der Volgaregion. Seit 1953 war er Korrespondentmitglied der Wissenschaftsakademie. Schon früh versprach Trofimuk dem Obkom in Tjumen' Hilfe bei der Interessenvertretung: »Ich werde meinen Einfluss nutzen, und Sie haben einen bemerkenswerten Chef in dieser Angelegenheit, den Genossen Aristov. Sie haben die Aufgabe, diese Entdeckung erfolgreich weiterzuentwickeln, zu zeigen, dass diese Lagerstätte groß ist, weitere Fördertürme aufstellen zu lassen und neue Lagerstätten zu suchen.«[80]

Am 10. Mai 1960 genehmigte der Ministerrat die Bitte von Aleksej Kosygin, dem frischernannten Ersten Stellvertretenden Vorsitzenden des Ministerrats, und von Averkij Borisovič Aristov, einem Mitglied des ZK, um die Erschließung der Gaslagerstätte Berezovo in der Oblast Tjumen'. Dafür sollte die Transportstruktur ausgeweitet und eine Bahnlinie gebaut werden. Das Projekt sollte schließlich ins ZK eingebracht werden, und es war bereits von Nikita Chruščev persönlich unterzeichnet worden,[81] der dabei womöglich mit Blick auf sein Chemieprojekt gehandelt hatte. In einem Brief an den Ministerrat war nun die Rede davon, dass der Ural künftig mit Erdgas aus Usbekistan, Baschkortostan, Orenburg und eben aus den westsibirischen Berezovo-Feldern versorgt werden sollte. Bis 1963 wollte man Berezovo weiter erkunden, um hier eine industrielle Förderung aufzubauen, und man einigte sich auf den Bau der Pipeline Igrim–Serov. Die Pipeline sollte einen Durchmesser von 820 Millimeter haben. Um den Ural zu versorgen, sollte ein einheitliches Gassystem aufgebaut werden.[82]

Aleksej Kortunov erachtete den Bau einer Pipeline aus Westsibirien in den Ural jedoch als verfrüht. Stattdessen begeisterten Kortunov die 1959 in den zentralen Regionen, der Ukraine, im Kaukasus und in Zentralasien entdeckten 18 neuen Lagerstätten. Trotzdem hatten die Pläne für den Reservezuwachs erneut nicht erfüllt werden können, obwohl die Geologen in der Ukrainischen SSR, in

80 Zitat aus: Konovalov: Partijnaja nomenklatura Sibiri v sisteme regional'noj vlasti, S. 384. Averkij Aristov war unter Stalin Mitglied und Vorsitzender diverser lokaler Parteiorganisationen im Ural und in Westsibirien. In dieser Zeit kam er mit Fragen der Energie- und Schwerindustrie in Kontakt. Unter Stalin und Chruščev war er Mitglied des Obersten Sowjets und seit 1957 auch Präsidiumsmitglied des ZK der KPdSU. Im ZK war er mit Fragen der Wirtschaftsleitung der RSFSR betraut, in: Eintrag »Aristow, Awerkij B.« in Munzinger Online/Personen – Internationales Biographisches Archiv, online verfügbar über die Zentralbibliothek Zürich unter: http://www.munzinger.de/document/00000019052 [17.12.2018].

81 Protokoll des Ministerrats der UdSSR »Über die Nutzung des Erdgases aus Berezovo« unterzeichnet durch N. Chruščev vom 10. Mai 1960, in: RGAĖ, f. 4372, op. 62, d. 544, l. 163.

82 Schreiben von Kosygin und Aristov an den Ministerrat vom 29. April 1960, in: RGAĖ, f. 4372, op. 62, d. 544, ll. 164–165.

der RSFSR und vor allem in der Kirgisischen und Tadschikischen SSR Erdgasvorkommen ausfindig gemacht hatten. In der Turkmenischen SSR waren sie trotz der vom Gosplan gesteckten Planvorgaben nicht fündig geworden.[83] Einerseits wurde dem Tjumen'er Erdgas damit lediglich eine regionale Rolle zugesprochen, während die ersten Förderungen von Erdöl am mittleren Ob' begannen und mit dem Beschluss »Über die Maßnahmen zur weiteren Entwicklung der Erdölindustrie in der Tjumen'er Oblast 1966–1970«[84] vom 17. Februar 1966 ein deutliches Zeichen für den Aufbau einer industriellen Ölförderung in Westsibirien gesetzt worden war. Die Gasförderung an den ersten Fundstätten von Igrim hingegen war nur auf einem regionalen Niveau zur Versorgung der umliegenden Ortschaften angelaufen. Andererseits sollte in der Zukunft das Gas durchaus als Brennstoff für die energieaufwändige Schwerindustrie des Ural genutzt werden – und nicht nur für die städtische Gasversorgung. Zu diesem Zeitpunkt, 1960, sollte das Tjumen'er Gas die energieaufwändige Schwerindustrie des Ural versorgen. Zusätzlich sollte der Ural Gaslieferungen aus der Usbekischen SSR, Baschkortostan und Orenburg erhalten. Die Unterzeichner plädierten für eine schnelle Entwicklung der Tjumen'er Gasfelder und insbesondere die schnelle Errichtung der Pipeline Igrim–Serov, die die metallurgische und chemische Industrie des Ural versorgen sollte. Schließlich sollte diese mit der Pipeline Gazli–Sverdlovsk für die Versorgung des Ural vereinigt werden.[85] In einer Sitzung am 10. Mai 1960 entschied das Präsidium des Ministerrats endgültig über die Nutzung des Gases.[86]

Die Positionen in der Erdölindustrie gegenüber Westsibirien blieben jedoch insgesamt ambivalent, insbesondere im Gosplan gab es starke Lobbys um andere Industriezweige und auch die anderen Erdölregionen kämpften um finanzielle Mittel. Während die Eliten in den alten Erdölregionen um ihren Status und vor allem um Investitionen in ihre örtlichen Unternehmen fürchteten,[87] unterstützten die regionalen Lobbyisten des Lokalkomitees und die Wissenschaftler der Sibirischen Abteilung nach einer Konferenz im Juni 1961 in Tjumen' das Staatliche Geologische Komitee (Gosudarstvennyj Geologičeskij Komitet, kurz

83 Schreiben von A. Kortunov an den Vorsitzenden des Gosplan M. V. Chruničev vom 12. März 1960 RGAĖ, f. 4372, op. 62, d. 544, ll. 58–77.

84 Koleva: Zapadno-sibirskij neftegazogo kompleksa, Bd. 1, S. 67; Auszug aus dem Erlass auch in: Smorodinskov: Neft' i gaz Tjumeni v dokumentach, Bd. 2, S. 29–32.

85 Brief von A. Aristov und A. Kosygin an den Ministerrat vom 29. April 1960, RGAĖ, f. 4372, op. 62, d. 544, ll. 164–165.

86 Mitschrift aus dem Protokoll des Ministerratspräsidiums »Über die Nutzung des Erdgases aus Berezovo«, uz. N. Chruščev, vom 10. Mai 1960, in: RGAĖ, f. 4372, op. 62, d. 544, l. 163.

87 Karpov/Gavrilova: Očerki istorii, S. 61.

Gosgeolkom). Die Vorsitzenden des Staatlichen Geologischen Komitees schätzten die Möglichkeiten in Westsibirien sehr hoch ein, indem sie aussagten, dass die Region mindestens ein Drittel der gesamten Vorräte des Landes berge. Gleichzeitig äußerten dieselben Leute, dass man vor allem die Ressourcen des europäischen Landesteils erschließen solle. Das Vorgehen könne so sein, dass man sich einerseits auf den europäischen Landesteil konzentriere und gleichzeitig langsam die Rohstoffe Westsibiriens dem Land zur Verfügung stellen solle. Auch die Erdölwirtschaft insgesamt vertrat eine ähnliche Position, bei der sie Westsibirien in einer langfristigen Perspektive als Retter der Branche wähnte, die schrittweise aufgebaut werden sollte. Denn die Erschließung Westsibiriens war auch aus Sicht der Erdölindustrie mit großen Investitionen verbunden, die kaum für den Moment zu erbringen waren. Stattdessen werde der Aufbau der Infrastruktur nur langsam erfolgen können. Bajbakovs vertrat mit diesem Standpunkt denjenigen verschiedener Institutionen, nämlich dass Westsibirien sich im 8. Fünfjahresplan im Stadium der Vorbereitung befinden werde. Dennoch plante der Gosplan eigentlich, dass die Gasförderung in Westsibirien erst jenseits des Jahres 1970 signifikant ansteigen werde. Parallel werde man die vollständige Erschließung der alten Territorien forcieren.[88]

Der Elektrifizierung kam auch beim 22. Parteitag der KPdSU immer noch eine große Rolle zu. Chruščev zitierte dabei Lenin, der den Kommunismus als »Sowjetmacht plus Elektrifizierung«[89] bezeichnet hatte. In seinen Ausführungen zur Wirtschaftsentwicklung nannte Chruščev die Elektroenergieproduktion gleich zu Beginn, indem er auch auf die Leistungsreserven im Osten hinwies und kurz danach seine Ausführungen zur Atomkraft folgen ließ. Wie man dabei mit energetischen Potenzialen Westsibiriens verfahren wollte, dazu äußerte sich Chruščev in diesem Fall nicht konkret.[90]

Im Oktober 1962 kam eine erste Kommission von Glavgaz nach Westsibirien, um die Möglichkeiten des Pipelinebaus abzuklären. Ihr Bericht fiel wenig optimistisch aus, denn die Trasse würde mitten durch die sumpfige Tundralandschaft verlaufen müssen. Dennoch beschloss die Kommission den Bau einer Pipeline mit einem mittleren Durchmesser von 1020 Millimeter über eine Strecke von 735 Kilometer bis nach Serov im Norden der Oblast Sverdlovsk. In einem weiteren Schritt sollte ein zweiter Strang bis in die Oblast Perm' verlegt wer-

88 Nekrasov/Stafeev/Chromov: Neftegazovyj kompleks SSSR, S. 45–50.

89 Rede vom 21. November 1920 auf der Moskauer Gebietskonferenz in: Lenin, Vladimir Il'ič: Pol'noe sobranie sočinenij, t. 42. Nojabr' 1920–mart 1921, Moskva 1970, S. 17–38, hier S. 30.

90 Programm der Kommunistischen Partei der Sowjetunion. Beschlossen vom XXII. Parteitag der KPdSU am 31. Oktober 1961, S. 80–89.

den. Mit den Projektierungsarbeiten für die Lagerstätten, Pipelines und Verdichterstationen wurden diverse Projektierungsbüros in Leningrad, Saratov und Kiev betraut. Die Bauarbeiten übernahm das Bauunternehmen Tatnefteprovodstroj, das bereits mit der Errichtung der internationalen »Družba«-Pipeline betraut war. Die Arbeiten gingen nur schleppend voran und waren gefährlich für Mensch und Technik.[91] Daher scheint es kaum verwunderlich, dass sich das Mingazprom erst mit den großen Entdeckungen im Tjumen'er Norden Ende der 1960er Jahre ernsthaft für die Region zu interessieren begann.

Mit dem Misserfolg des Chemieprojekts hatte auch die westsibirische Öl- und Gaslobby einen auffällig schwierigeren Stand in Moskau. Der Regierungsbeschluss vom 19. Mai 1962 »Über Maßnahmen zur Verstärkung der geologischen Erkundungsarbeiten nach Erdöl und Erdgas in Westsibirien«[92] war deshalb nicht mehr als ein Aufschub für eine gewichtigere Standortbestimmung, was die künftige Nutzung der Region anging. Zwar legte der Beschluss fest, dass die Funde von Kohlenwasserstoffen in der Region die Möglichkeit zur Organisation einer neuen »großen Basis« (*»krupnaja baza«*)[93] der Erdöl- und Erdgasindustrie im Osten des Landes genutzt werden sollten. Er kritisierte jedoch auch, dass die geologischen Arbeiten, die dafür notwendig waren, bisher nur in »äußerst unzureichenden Umfang«[94] durchgeführt worden waren. Drei Lagerstätten, Megion, Ust-Balyk und Šaim, sollten für den Probebetrieb bereitgestellt und deren Umfang in den Jahren 1964/1965 von der GKZ bestätigt werden. Gleichzeitig legte der Beschluss fest, dass die Produktion in Westsibirien erst ab 1966 Fahrt aufnehmen sollte und bis 1970 auf 5 Millionen Tonnen Rohöl und 10 Milliarden Kubikmeter Gas angehoben würde. Schon im kommenden Jahr 1963 sollten dafür 8 Millionen Rubel bereitgestellt werden. Die RSFSR wurde damit beauftragt, aus ihrem Budget die Projektierung und den Aufbau einer rudimentären Infrastruktur, unter anderem mit Wohnwagen für die Arbeitskräfte, für die weiteren Explorationsarbeiten zu finanzieren. Der Ausbau von Berezovo und die Installation von dessen Infrastruktur und Technik wurde

91 Koleva: Zapadno-sibirskij neftegazogo kompleksa, Bd. 1, S. 84–86.

92 Beschluss des Ministerrats der SSSR Über die Maßnahmen zur Verstärkung der geologischen Maßnahmen nach Erdöl und Erdgas in den Regionen Westsibirien vom 19. Mai 1962, in: Černenko, K.U./Smirtjukov, M.S.: Rešenija Partii i Pravitel'stva po chozjajstvennym voprosam, Bd. 5: 1962–1965 gody, Moskau 1968, S. 87–90.

93 Beschluss des Ministerrats der SSSR Über die Maßnahmen zur Verstärkung der geologischen Maßnahmen nach Erdöl und Erdgas in den Regionen Westsibirien vom 19. Mai 1962, in: Černenko/Smirtjukov: Rešenija Partii i Pravitel'stva po chozjajstvennym voprosam, Bd. 5: 1962–1965 gody, S. 87–90, hier Zitat S. 87.

94 Dies., S. 88.

auf Glavgaz übertragen. Der Ministerrat der SSSR wurde mit der Koordination der wissenschaftlichen Arbeiten beauftragt, die auch die Explorationsschemata umfassten und von den Erdölinstituten erarbeitet werden sollten. Die Geologen der geologischen Verwaltungen (*geologičeskie upravlenija*) in Novosibirsk und Tjumen' erhielten Materialien und unter anderem Röhren für 6 Millionen Rubel, die durch den Ministerrat der RSFSR zugeteilt werden sollten, sowie Transportmittel. Somit hatten die Arbeiten bereits begonnen, ohne die langwierige Einschätzung der GKZ abzuwarten.[95]

Dem ersten Regierungsbeschluss von 1962 folgte bald schon ein zweiter im Mai 1963, der »die Organisation von vorbereitenden Maßnahmen für die industrielle Erschließung von entdeckten Erdöl- und Erdgaslagerstätten und über die weitere Entwicklung von geologischen Erkundungsarbeiten in der Tjumen'er Oblast« konkretisieren sollte.[96] Doch auch dieser konnte eine Abkehr vom großen Wasserkraftwerk immer noch nicht erwirken. Stattdessen kristallisierte sich um eine Gruppe von Fachleuten eine dritte Herangehensweise für Westsibirien heraus, die beide Varianten zu einer einzigen verbinden wollte. Sie schlugen vor, zunächst ein Wasserkraftwerk in der Region zu bauen und anschließend mit Rückgriff auf Wissen und Techniken der Erdölförderung im Kaspischen Meer auch eine Erdölförderung in der Region aufzubauen. Die Fläche des überfluteten Territoriums sollte zusätzlich möglichst klein gehalten werden, ein Vorschlag, der besonders von Ingenieur Čjomin vertreten wurde.[97]

Der zweite Regierungsbeschluss vom Dezember 1963 ging dann so weit, dass man die Förderung des Erdöls in Westsibirien auf 10 Millionen Tonnen verdoppeln wollte – an Stelle der ursprünglich geplanten 5 Millionen – und die Erdgasförderung in den kleineren Lagerstätten auf 14 Milliarden Kubikmeter festlegte. Dabei sollten allerdings nur diejenigen Flächen für die industrielle Erschließung und den Städtebau ausgesucht werden, die am Flusssystem des mittleren Ob' über 30 Meter hoch lagen, ein deutlicher Hinweis darauf, dass man zu diesem Zeitpunkt eine Überschwemmung der Gebiete durch den Bau eines Wasserkraftwerks immer noch fürchtete, obwohl die industrielle Förde-

95 Dies., S. 87–90.

96 Entscheidung des Ministerrats vom 4. Dezember 1963: Über die Organisation von vorbereitenden Maßnahmen zur Erschließung der entdeckten Erdöl- und Erdgaslagerstätten und über die weitere Entwicklung der geologischen Erkundungsarbeiten in der Oblast Tjumen, in: Koleva, Galina Ju.: Strategija razvitijazapadno-sibirskogo neftegazogo kompleksa (1960–1980-e gg.)in: Vestnik Tomskogo gosudarstvennogo universiteta (2007) 1, 95–102, hier S. 97.

97 Ėrv'e, Ju./Mežlumov, O./Rovnin, L./Slepjan, A./Bogomjakov G.: Razumno ispolzovat' prirodnye bogatstva S. 2.

rung von Erdöl bereits beschlossen worden war. Auch was den Pipelinebau und damit den Abtransport der Ressourcen zu den Konsumenten betraf, wurde man nun konkreter. So verlautbarte der Beschluss vom Mai 1963 die Errichtung einer ersten Pipeline aus Megion, Ust-Balyk und Surgut in die Raffinerie nach Omsk. Auch der Flussverkehr auf dem Ob sollte für den Materialtransport organisiert werden, eine Eisenbahnlinie und sichere Energieversorgung waren bereits in Planung. Mit dem Bau der Infrastruktur und der Pipeline wurde das Mingazprom beauftragt, die Geologen der Abteilung Erdöl und Erdgas sollten mit 13 Millionen Rubel ausgestattet werden, davon sollte über die Hälfte für den Wohnungsbau genutzt werden. Der Beschluss sah vor, dass 1964 mit einer Komplexplanung für die Region begonnen werden sollte, die ein Administrativorgan innerhalb des Volkswirtschaftsrats der RSFSR (Sovet Narodnogo Chozjajstva RSFSR, kurz SNCH RSFSR) mit zwanzig Festangestellten übernehmen würde. Zusätzlich sollte ein Industrieinstitut in Tjumen' gegründet werden.[98]

Obwohl der Erdöl- und Erdgaslobby damit deutliche Unterstützung zugesagt worden war, bekamen die Kritiker aus Führungskreisen und einige Wissenschaftler Mitte des Jahres 1963 eine bessere Plattform, so beispielsweise das Korrespondenzmitglied der AN SSSR, Zinovij Fjodorovič Čuchanov, der von einem »irrationalen«[99] Umgang mit dem Erdgas sprach. Auf diese Linie schwenkte Staatschef Chruščev ein, der in einem Schreiben an das ZK darlegte, dass die mögliche Ausweitung der Gasindustrie ein Fehler sein könne und das Erdgas besser für die kommenden Generationen bewahrt und lediglich für die Versorgung von Haushalten und die Bedürfnisse der Chemieindustrie verwendet werden solle.[100] Daraufhin wurde der bereits begonnene Bau einiger Objekte und Gaspipelines abgebrochen.

Die Erdöl- und Erdgaslobby wollte sich den Kritikern keineswegs geschlagen geben. Eine Lobbygruppe erreichte mit ihrem Anliegen nun auch den einflussreichen Dmitrij Fëdorovič Ustinov,[101] den damaligen Vorsitzenden des Hohen

98 Beschluss des Ministerrates der UdSSR »Über die Organisation von vorbereitenden Arbeiten für die industrielle Erschließung der entdeckten Erdöl- und Erdgaslagerstätten und über die weitere Entwicklung der geologischen Erkundungsarbeiten in der Oblast Tjumen«, in: Černenko, K.U./Smirtjukov, M.S.: Rešenija Partii i Pravitel'stva po chozjajstvennym voprosam, Bd. 5: 1962–1965 gody, Moskau 1968, S. 427–433.

99 Slavkina: Triumf i tragedija, S. 15.

100 Das genaue Datum dieses Schreibens konnte nicht eruiert werden, Marija Slavkina spricht in diesem Kontext von der Mitte des Jahres 1963. Siehe: Slavkina: Triumf i tragedija, S. 15.

101 Seit den 1930er Jahren war Ustinov als Ingenieur in der Rüstungsindustrie tätig und schaffte während des Zweiten Weltkriegs auch den politischen Aufstieg als Volkskommissar für Rüstung. Er wurde Mitglied des Obersten Sowjets und des ZK der KPdSU, und 1963 schließlich

Wirtschaftsrats und späteren Verteidigungsminister, um die Gasindustrie gegen die mächtige Kohlelobby im Land zu verteidigen. Doch dieser empfahl der Gruppe, zunächst die Unterschrift anderer Offizieller einzuholen, um sich dem Vorwurf eines Branchenvorhabens zu erwehren. So bekräftigten der Chemiespezialist Tichomirov, der damalige Vorsitzende des Staatskomitees für Chemie, Bajbakov, und der Vorsitzende des Ministeriums für Geologie als Vertreter der Geologen das Schreiben mit ihrer Unterschrift. Ustinov selbst sicherte mündlich seine Unterstützung zu, unterschrieb das Dokument aber nicht.[102]

Im Sommer 1964 gelang es der Tjumen'er Erdöllobby, einen großen Artikel über den Konflikt zwischen der Erdölindustrie und den Kraftwerkbefürwortern im Parteiorgan *Pravda* zu platzieren.[103] Hierin focht die westsibirische Erdöllobby, vertreten durch Jurij Georgievič Ėrv'e (auch Raul'-Jurij Ėrv'e), Gennadij Pavlovič Bogomjakov[104] und andere Spezialisten, das Projekt einer »Doppelnutzung« scharf an. Zu den wichtigsten Argumenten der Lobby zählten die durch eine Kommission angeführte energiewirtschaftliche Effizienz von Erdöl und Erdgas, die Erschwerung des Flussverkehrs durch ein Wasserkraftwerk, eine gefährliche Veränderung des Mikroklimas durch die großen Wasseransammlungen sowie die großflächige Vernichtung landwirtschaftlicher Flächen. Die Erdöllobby sprach sich jedoch nicht vollkommen gegen den Bau eines Wasserkraftwerks aus, sondern befürwortete eine Höhe des Stausees von maximal 15–20 Metern, da so ein kleineres Gebiet überschwemmt werde und der Nutzung anderer Energieträger nichts im Wege stehe. Sie zeigten sich beunruhigt durch das Vorgehen von Gidroprojekt, das bereits die Institute Giprobum und Giprolesprom über die Projektierung eines 30 Meter angehobenen Wasserspiegels informiert habe.[105] Das Thema der Nižne-Obskaja GĖS (Gidroėlektrostancija, kurz GĖS) war also noch nicht vom Tisch.

Erster Stellvertretender Ministerpräsident. Im ZK war er für Fragen der Sicherheit und Verteidigung zuständig, 1976 wurde er zum Verteidigungsminister ernannt. Dieses Amt behielt er bis zu seinem Tod 1984, in: Eintrag »Ustinow, Dmitrij F.« in: Munzinger Online/Personen – Internationales Biographisches Archiv, online verfügbar über die Zentralbibliothek Zürich unter: http://www.munzinger.de/document/00000008404 [13.12.2018].

102 Čirskov, Vladimir: Žizn' na operežеnie, Moskau 2004, S. 93–94.

103 Razumno izpol'zovat' prirodnye bogastva Sibiri, in: Pravda, 23.06.1964, S. 2.

104 Gennadij Bogomjakov war einer der wenigen späteren Parteikader und Tjumen-Lobbyisten, der aus der Region stammte. Er kam aus der Oblast Kemerovo und hatte in Tomsk Geologie studiert. Seit 1952 arbeitete er in den geologischen Organisationen in Westsibirien und hatte von dort aus auch seine Karriere in der Partei begonnen. Ab 1973 war er Vorsitzender des Lokalkomitees in Tjumen. Konovalov: Partijnaja nomenklatura Sibiri v sisteme regional'noj vlasti, S. 628.

105 Ėrv'e, Ju./Mežlumov, O./Rovnin, L./Slepjan, A./Bogomjakov G.: Razumno ispolzovat' prirodnye bogatstva, S. 2.

Auch 1966 wurde das Thema der Nižne-Obskaja GĖS noch diskutiert. So forderte der lokale Parteivorsitzende Ščerbina immer noch eine breitere Veröffentlichung der Fortschritte im Bereich der Öl- und Gasförderung, um die Diskussion um das Wasserkraftwerk endlich zu beenden.[106] Die Ölmänner standen dabei immer noch sehr unter Druck, die aufwändige und teure westsibirische Erdölförderung, die die Anwerbung von Tausenden Arbeitskräften erforderte, überhaupt zu legitimieren. Damit nutzte die Öllobby auch das Argument der Ansiedlung und Betreibung zahlreicher Industriezweige in der Region in der zweiten Hälfte der 1960er Jahre und das des Exports.[107] Erst die Einrichtung eines Wärmekraftwerks auf der Basis von Erdgas in der Region Salechard, wie es 1970 gefordert wurde, sollte einen Schlussstrich unter den Bau eines Wasserkraftwerks ziehen.[108]

Chruščevs reformfreudige Wirtschaftspolitik stand jedoch bereits 1963 in der Kritik seiner Mitstreiter, denn zu diesem Zeitpunkt wies die sowjetische Wirtschaft die geringsten Wachstumsraten seit dem Zweiten Weltkrieg auf. Die Schuld an diesem politischen Fiasko wollte Chruščev 1963 dem Gosplan anlasten, indem er ihm einen »exzessiven Konservatismus« vorwarf. Doch die Mitstreiter waren nicht länger gewillt, weiteren Reformen wie der von Chruščev angekündigten Landwirtschaftsreform zu folgen, denn bereits das Chemieprojekt war mit den geplanten hohen Wachstumsraten von 300 Prozent über das Ziel hinausgeschossen.[109] So wurde Chruščev Mitte Oktober mit einem Hinweis auf seinen Gesundheitszustand von allen Partei- und Staatsämtern entbunden und in den Ruhestand versetzt. Um die Chemieindustrie wurde es damit deutlich stiller, und der Weg öffnete sich für eine auf dem Rohstoffexport basierende Politik unter Nachfolger Leonid Breženv.

Abschließend zur Regierungszeit Chruščevs und den Kohlenwasserstoffen ist daher festzustellen, dass sich Mitte der 1960er Jahre in Tjumen' eine Wirtschaftspolitik formierte, die den Schwerpunkt bei der Erdöl- und Erdgasindustrie setzen wollte. Diese formative Phase einer geeinten Erdöllobby in Tjumen' war für die späte politische Interessenvertretung von großer Wichtigkeit. Das Erdgas,

106 Intensivno osvaivat' novyj rajon« Artikel von B.E. Ščerbina aus der Pravda vom 27. Mai 1966, in: Smorodinskov (Hg.): Neft' i gaz Tjumeni, Bd. 2, S. 53–63, hier S. 53.

107 U.a. Aus den Direktiven des 23. Parteitag der KPdSU für den Fünfjahresplan 1966–1970, über Westsibirien und die Oblast Tjumen, vom 8. April 1966, in: Smorodinskov (Hg.): Neft' i gaz Tjumeni, Bd. 2, S. 46–47.

108 «Neue Meilensteine der Tjumen'er Neftjaniki« aus dem Artikel des ersten Sekreters des Lokalkomitees in Tjumen, B.E. Ščerbina in der Ėkonomičeskaja gazeta, Februar 1970, in: Smorodinskov (Hg.): Neft' i gaz Tjumeni, Bd. 2, S. 264.

109 Considine/Kerr: The Russian Oil Industry, S. 85.

welches man in begrenzten Mengen bereits 1953 gefunden hatte, genoss in der ersten Hälfte der 1950er Jahre kaum das Prestige, um gegen die Wasserkraft als Energieträger zu bestehen, auch wenn sich beide Energieträger fern von den Industriezentren befanden. Chruščevs politische Intentionen hatten jedoch großen Einfluss auf die Richtungsentscheidung, denn es war offensichtlich, dass der Energiebedarf in der Sowjetunion weiter steigen würde. Chruščevs politische Programme basierten auf einem relativ guten Zugang zu den Kohlenwasserstoffen, zumal das sowjetische Staatsoberhaupt auf die Etablierung der Sowjetunion als einer Macht für verarbeitete Güter und der Chemie träumte. Dass die Sowjetunion dafür auf eine stabile Erdöl- und Erdgasbasis zurückgreifen konnte, war maßgeblich für die Umsetzung des Projekts. Doch als die geologischen Explorationsarbeiten zu Tage förderten, dass die Zukunft des Erdölsektors entgegen aller Hoffnungen im Fernen Norden liegen würde, mussten grundlegend neue Entscheidungen getroffen werden. Diese kreisten um die fragwürdige Wirtschaftlichkeit von Industrieprojekten in der Arktis, welche mit hohen Kosten verbunden waren.[110] Der Abtransport des Erdöls und die weite Entfernung zu Weiter- und Endverbrauchern waren dabei wesentliche Diskussionspunkte. Des Weiteren waren aber auch propagandistische Ideen des »schnellen Öls« und der Sowjetunion als einer globalen Erdölmacht und der zu erwartenden materiellen Gewinne Teile der Debatte, ebenso die Möglichkeiten zur Energiegewinnung auf der Basis etablierter und neuerer Energielieferanten wie der Kohle und der Atomkraft.

Insgesamt waren die Wirtschaftsakteure viel zu unsicher, ob eine Erschließung Westsibiriens überhaupt mit einem finanziell tragbaren Aufwand gelingen würde: Zwar wurden die Förderzahlen veröffentlicht, aber die Erschließung Westsibiriens blieb zu diesem Zeitpunkt nur ein Jugendprojekt des Komsomol. In den Massenmedien wurde das Projekt nur verhalten erwähnt. Ein koordinierender Plan wurde für die Region bis weit in die 1970er Jahre nicht erstellt, was den rohstoffzentrierten Charakter des Projekts und einen Fokus auf dem reinen Ressourcenabbau und abtransport zementierte. Die Beschlüsse wurden nach langem Abwägen getroffen und erst wichtige Offensiven der lokalen oder externen Lobbyisten bewirkten Entwicklungsschübe. Zudem wurden in den 1960er Jahren immer mehr Stimmen laut, die ein Energiedefizit im industrialisierten westlichen Landesteil befürchteten, welches die alten Förder-

110 Siehe hierzu u. a.: Schreiben des GKNT an den Ministerrat der UdSSR vom 7. Mai 1969, in: GARF, f. 5446, op. 104, d. 449, l. 16; Vortrag auf der wissenschaftlich-technischen Konferenz zu Problemen des Städtebaus in den Erdöl- und Erdgasregionen der Tjumen'er Oblast durch das Institut Bašnefteproekt, Ufa 1966, in: GASPITO, f. 124, op. 1., d. 4745, ll. 1–22, hier l. 3.

regionen nicht auffangen könnten.[111] Mit der Absetzung Chruščevs fand eine grundlegende Umdeutung der Öl- und Gasbranche statt. So wurden Erdöl und Erdgas weniger häufig in den Kontext eines großangelegten Chemieprojekts gestellt und stattdessen besonders beim Erdgas die Qualität des Rohstoffs für die Energieerzeugung unterstrichen.

2.6 Resümee

Das Erdöl und besonders das Erdgas erlebten in den 1950er Jahren eine Veränderung in ihrer Wahrnehmung als Energieträger und Rohstoffe. Das Erdöl genoss in seiner Nutzung als Exportgut sowie Brenn- und Treibstoff bereits in der Nachkriegszeit immer größeren Zuspruch. Das Erdgas erhielt diese Beförderung von einem regionalen Energielieferanten zu einem wichtigen Rohstoff und Energieträger über regionale Bedürfnisse hinaus erst mit Chruščevs Chemieprojekt und durch den steigenden Energiebedarf unter anderem während der Wohnungsbaukampagne. Dabei äußerte Chruščev den Wunsch, chemisch verarbeitete Erdöl- und Erdgasprodukte auf dem internationalen Markt im großen Stil an die kapitalistischen Länder zu verkaufen. Die Aufwertung des Erdgases drückte sich in der Einrichtung einer eigenen Körperschaft der Gasindustrie, Glavgaz, aus, die damit aus dem Schatten der Erdölindustrie herausgetreten war. Glavgaz machte den Weg für einen stärkeren Lobbyismus der Gasindustrie in der sowjetischen Energiedebatte frei.

Zu einem der prominentesten Lobbyisten wurde der Glavgaz-Vorsitzende und spätere Gasminister Kortunov, der immer wieder große Gasprojekte in der sowjetischen Energiestrategie zu verankern suchte. Kortunovs größtes Augenmerk lag zu diesem Zeitpunkt auf der energetischen Erschließung des zentralasiatischen Gases, welches in der Petrochemie und der Energieversorgung der zentralen Landesteile genutzt werden sollte; die als Erstes entdeckte, relativ kleine westsibirische Lagerstätte Berezovo wurde zunächst wohl nur deshalb schnell erschlossen, um den großen Energiebedarf des Ural auch aus dieser Richtung zu decken. Zudem setzte sich Kortunov mit anderen Lobbyisten für die Einrichtung eines einheitlichen Gassystems in der UdSSR ein, das den Grund-

111 Bajbakov allerdings galt als Gegner einer schnellen Erschließung, die schon in der zweiten Hälfte der 1960er Jahre beginnen sollte. Als Grundlage für diese Position wird der Auftritt Baibakovs auf der Allunionskonferenz der Geologen im Februar 1965 gesehen, auf der Bajbakov für Westsibirien das Stadium der »Vorbereitung« nannte, in: Komgort: Zapadno-Sibirskaja neftegazonosnaja provincija, S. 132.

stein für das bis heute weitläufigste einheitliche Netz aus Pipelines, Verdichterstationen und Gasspeichern legte. Die Implementierung einer umfassenden Gasstrategie in der UdSSR bedeutete dies jedoch nicht. Die Beeinflussung der politischen Führung durch die sich neu formierende Gasindustrie hielt sich bis weit in die 1960er Jahre in Grenzen, denn auch andere Energiequellen wie die Kohle, die Wasserkraft und die Atomenergie genossen in der politischen Elite unter Chruščev zumindest in Bezug auf die Energieversorgung großen Zuspruch. Im entlegenen Westsibirien, in welchem man erst in den 1960er Jahren weitere Öl- und Gasquellen fand, formierte sich deshalb zunächst eine Lobby, die den Bau eines Wasserkraftwerks durchzusetzen versuchte. Erst weitere Erdölfunde in Westsibirien in den 1960er Jahren konnten die Region langsam als neue vielversprechende Erdöl- und Erdgasprovinz aufwerten. Die neuen Funde überzeugten nicht nur die neue regionale Parteiführung und die sibirische Wissenschaftselite, sondern auch immer mehr Vertreter des Wirtschafsapparates und der Landesführung in Moskau. Dieser Prozess schritt jedoch erst in den 1960er Jahren weiter fort.

3. Mehr als Bürokraten – Akteure und Institutionen der Energiepolitik unter Brežnev

Die Wirtschaftsordnung, welcher der Erste Sekretär der Kommunistischen Partei der Sowjetunion (Kommunističeskaja Partija Sovetskogo Sojuza, kurz KPSS), Leonid I. Brežnev, mit seinem Amtsantritt im Oktober 1964 indirekt vorstand, war ein hochdifferenzierter Apparat, in welchem Politik und Wirtschaft auf das Engste miteinander verzahnt waren. Das zentralisierte Planungssystem dirigierte dabei auf der Grundlage von Fünfjahresplänen und Direktiven, die von den zentralen Institutionen, dem Politbüro des ZK der KPdSU in Moskau und dem Ministerrat beziehungsweise dem ihm vorstehenden Präsidium, herausgegeben wurden, sämtliche wirtschaftliche Aktivitäten in allen Unionsrepubliken. Leonid Brežnev und Aleksej Kosygin waren als Parteioberhaupt und Premierminister Hauptverantwortliche dieser Wirtschaftsordnung, die der Wirtschaftswissenschaftler Alec Nove als »größte Firma der Welt« oder auch »UdSSR GmbH« bezeichnete.[1]

Dieses Wirtschaftssystem hatte sich seit seiner Entstehung zwischen 1929 und 1932 unter der Ägide seiner jeweiligen politischen Führung und im globalpolitischen Wandel zwar nicht grundlegend, aber in Teilbereichen doch verändert. Nach der Absetzung seines Vorgängers Nikita Chruščev musste Leonid Brežnev die neue Führung legitimieren und Wirtschaft und Gesellschaft zu weiterem Wohlstand führen, ohne jedoch die von Chruščev zahlreichen »demokratisierenden« Reformen der Wirtschaft und des Arbeitslebens derart in den Vordergrund zu stellen. Die Energiepolitik war in dieser Anordnung das maßgebliche Mittel, die Versorgungssicherheit der sowjetischen Wirtschaft und Bevölkerung mit Energie über einen langen Zeitraum zu gewährleisten sowie durch lukrativen Energie- und Rohstoffhandel mit Erdöl- und Erdgas die sowjetische Wirtschaft mit Devisen zu speisen, um dabei wiederum Wirtschaftsaktivität und Wohlstand hervorzubringen. Es war Ziel der politischen Führungselite, die in der Planwirtschaft aufgewachsen war, innerhalb des bestehenden Wirtschaftssystems eine stetige Modernisierung und Rationalisierung der Industrie und der Verwaltungsstrukturen und folglich deren Legitimation zu gewährleisten, um jedweder ökonomischen Krise oder gar einer Abschaffung dieses

1 Nove, Alek: Das sowjetische Wirtschaftssystem, Baden-Baden 1980, S. 24.

Systems zu entgehen. Damit ging die Sowjetunion einen anderen Weg als die Volksrepublik China unter Deng Xiaoping, die sich unter der Beteuerung, das zentralistische Wirtschaftssystem nicht abzuschaffen, an einigen Orten der kapitalistischen Wirtschaftsweise öffnete.[2]

Die politischen Ideen der sowjetischen Führung entstammten dabei nicht selten den eigenen Biographien der Akteure und einem tiefen Patriotismus. Dabei war es nicht einfach, Veränderungen in der Strukturorganisation oder auch im Status und Image der Sowjetunion durchzusetzen. Doch besonders dieses Image war die politische Führung und vorangehend Leonid Breźnev mit allen Kräften zu pflegen bemüht. So setzte Ende der 1960er Jahre, nachdem Breźnev einige Jahre im Amt war, auch eine Periode ein, in der Breźnev während öffentlicher Auftritte und in Reden im In- und Ausland sowie in der Medienberichterstattung das Image der Sowjetunion bewusster zu formen begann. In Bezug auf die Energiepolitik bedeutete dies, dass die energetischen Ressourcen Sibiriens mehr Aufmerksamkeit erhielten und diese im Ausland im Rahmen von internationalen Kooperationen angeboten wurden.

3.1 Die Sowjetunion und Breźnevs Regierungsantritt

Als Leonid Breźnev am 14. Oktober 1964 die politische Führung mit dem Amt des Ersten Sekretärs der Staatspartei übernahm, hofften er und seine Mitstreiter, den breitspurigen Reformkurs seines Vorgängers Chruščev in ruhigere Fahrwasser überführen zu können; die Anhebung des Lebensstandards und die Ausweitung des Konsums blieben dabei die erklärten Ziele. Doch die Wirtschaftsprobleme hatten durch den Reformkurs der 1960er Jahre nicht beseitigt werden können; stattdessen war es zu Missernten gekommen, die die Sowjetunion zum Import von Weizen im Wert von 493,62 Millionen Dollar zwangen. Zwar fokussierte Breźnev auf größere Investitionen in die Landwirtschaft und wollte durch verschiedene Maßnahmen die Arbeitsproduktivität in diesem Bereich steigern, u. a. durch Mechanisierungs-, Meliorations- und Düngemittelprogramme.[3] Doch das Hilfs- und Unterstützungsprogramm legte dem Staat eine hohe finanzielle Bürde auf, so dass das Ergebnis trotz positiver Zuwachs-

2 Die unter Deng Xiaoping Ende der 1970er Jahre in einigen chinesischen Städten eingerichteten Sonderwirtschaftszone profitierten von den »westlichen Standards« Hongkongs und von der Befugnis, hier eine privatwirtschaftliche Tätigkeit zu erlauben. Siehe auch: VOGEL, EZRA: Deng Xiaoping and the Transformation of China, Cambridge MA 2011, S. 394–422.

3 Angabe bei SLAVKINA: Triumf i tragedija, S. 136–138.

raten disproportional blieb. Auch in den Wirtschaftsbetrieben sollten Reformversuche unternommen werden, die die Planerfüllung, die Einführung neuer Technik und die Verbesserung der Qualität von Produkten für die Betriebe attraktiver gestalten sollten. Die Reform, die die Wirtschaftsleitung erheblich dezentralisiert hätte, versandete jedoch in den späten 1960er Jahren, und das Wirtschaftswachstum blieb mit durchschnittlich 1,6 Prozent zwischen 1970 und 1985 geringer als in zahlreichen kapitalistischen Ländern. Deshalb blieben die proklamierte »friedliche Koexistenz« (*mirnoe sosuščestvovanie*) der beiden großen Wirtschafts- und Gesellschaftssysteme und die Verhinderung eines thermonuklearen Kriegs Ziele mit oberster Priorität, um die Sowjetunion nicht durch globale Konflikte von außen zu schwächen.[4]

Da der politische Kurs Chruščevs, die nicht nur dem Wettlauf der Systeme, sondern auch dem Wohnungsbau und dem Konsumsektor galt, hatte ihre Wirkung bei der sowjetischen Bevölkerung nicht verfehlt, der Lebensstandard begann sich tatsächlich langsam zu bessern.[5] Der soziale Wohnungsbau und weitere Initiativen, die Chruščev in einem Parteiprogramm seit 1954 verfolgt hatte, zeigten Erfolg: Viele sowjetische Bürger lebten seit den 1960er Jahren immer häufiger in eigenen – wenn auch sehr einfachen und kleinen – Wohnungen statt in den Kommunalwohnungen (*kommunalki*), die Anzahl der Haushalts- und Elektrogeräte nahm stetig zu. Die Datscha war das beliebte Ausflugsziel am Wochenende und diente nicht nur der Selbstversorgung, sondern auch der Erholung. Bildung und Gesundheitsversorgung waren kostenlos.[6] Der Blick in die westlichen Nachkriegsgesellschaften, aber auch der Kauf von hochwertigen Gütern aus den sozialistischen Bruderstaaten ließ bei vielen Sowjetbürgern den Wunsch nach noch mehr und noch besseren Konsumgütern aufkommen. Der stetige Blick auf die kapitalistische Konkurrenz im Westen, der nicht zuletzt auch als Mechanismus für die Generierung einer größeren sozialistischen Arbeitsproduktivität eingesetzt wurde, beherrschte die Gedanken vieler Funktionäre. Unter diesen Umständen war für Leonid Brežnev eine Kursänderung in Bezug auf den Lebensstandard nicht denkbar, wenn der neue Machthaber seine Legitimität nicht verlieren wollte. Mit diesem gesellschaftspolitischen

4 Plaggenborg, Stefan: »Entwickelter Sozialismus« und Supermacht 1964–1985, in: Altrichter, Helmut/Plaggenborg, Stefan (Hg.): 1945–1991. Vom Ende des Zweiten Weltkrieg bis zum Zusammenbruch der Sowjetunion (Handbuch der Geschichte Russlands, Band 5/1), Stuttgart 2001, S. 319–489, hier S. 333–349, S. 371 und S. 388.

5 Siehe hierzu u. a. auch: Chernyshova: Soviet consumer culture during Brezhnev era; Raleigh, Donald J.: Soviet baby boomers. Oral history of Russia's Col War generation, Oxford 2012.

6 Siehe hierzu auch: Goehrke: Russischer Alltag, S. 332–385.

Ziel vor Augen wurde die politische Linie Chruščevs unter Einführung neuer Begriffe grundlegend fortgesetzt.

Sein Image als Staatsmann und Parteivorsitzender, der sich seiner neuen Aufgaben eindeutig gewachsen sah, pflegte Brežnev beflissentlich. Brežnev stammte aus einfachen Verhältnissen und war ausgebildeter Ingenieur der Metallurgie. Nach den Stalin'schen Säuberungen hatte er schnell Karriere gemacht und war noch vor dem Zweiten Weltkrieg zum Politoffizier und Parteisekretär für Propaganda und Rüstungsindustrie in der Oblast Dnjepropetrowsk aufgestiegen. Während des Zweiten Weltkriegs lernte Brežnev auch Nikita Chruščev kennen; der Krieg brachte ihm den Rang eines Generalmajors ein. In der Nachkriegszeit machte Brežnev, gefördert von Chruščev, weiter Karriere als Erster Sekretär in verschiedenen Gebiets- und Republikparteiorganen in der westlichen Sowjetunion. Seit 1957 war er Mitglied des Parteipräsidiums in Moskau und hatte seit 1960 den Vorsitz im Präsidium des Obersten Sowjets inne. Auf seinem neuen Posten wurde ihm nachgesagt, dass Brežnev die »Rolle eines Maklers« einnehme, der in Beratungen alle zu Wort kommen lasse und erst nach langen Diskussionen Entscheidungen fälle.[7] Während Chruščev regierte, waren Brežnev und Nikolaj Viktorovič Podgornyj, zwischen 1965 und 1977 Vorsitzender des Präsidiums des Obersten Sowjet, zwei seiner engsten Mitarbeiter. Doch Mitte der 1960er Jahre wurden immer mehr Mitglieder des ZK unzufrieden mit Chruščevs Reformpolitik. Bevor dieser zu weiteren Reformen im Herbst 1964 ausholen konnte, wurde er von seinen ehemals engsten Mitarbeitern und anderen Mitgliedern des ZK abgewählt. Der neue Erste Sekretär war Brežnev, der den Umsturz selbst maßgeblich vorbereitet hatte, der zunächst an die Inhalte seines Vorgängers anknüpfte, jedoch andere Führungsprinzipien nach außen vertrat. »Konsens, Konsolidierung, Berechenbarkeit, Regelhaftigkeit und Professionalisierung« sollten nun die neuen Führungsprinzipien sein.[8]

Das Image von Leonid Brežnev war geprägt von seinem persönlichen Engagement in der Entspannungs- und Abrüstungspolitik Ende der 1960er Jahre. Aufgrund seiner Erlebnisse im Zweiten Weltkrieg setzte der erste Sekretär alles daran, einen neuen Krieg zu vermeiden. Der Prager Frühling 1968 war eine Gefahr für die politische Karriere Brežnevs. Auf der einen Seite galt es für die sowjetische Staatsführung, die militärische Einflußsphäre in der wirtschafts-

7 Altrichter, Helmut: Kleine Geschichte der Sowjetunion, S. 152; von der Perestrojka beeinflusste Beurteilungen von Brežnevs Herrschaft sprachen dem Generalsekretär seine politischen Führungsqualitäten ab, in: Thatcher, Ian D.: Brezhnev as Leader, in: Bacon, Edwin/Sandle, Mark (Hg.): Brezhnev Reconsidered, Houndmill 2002, S. 22–37, S. 23.

8 Plaggenborg: »Entwickelter Sozialismus«, S. 326.

strategisch wichtigen Tschechoslowakei zu wahren. Gleichzeitig schien Brežnev lange eine militärische Intervention vermeiden zu wollen.[9]

Zunächst hielt er sich bei internationalen Gesprächen zurück und ließ diese von Premierminister Kosygin oder dem Vorsitzenden des Obersten Sowjet, Podgornyj, führen. Da sich Brežnev in der Zeit kurz nach seinem Amtsantritt als Staatsoberhaupt noch unsicher fühlte, ließ er sich von Andrej Aleksandrov-Agentov, seinem Berater in internationalen Angelegenheiten, unterstützen.[10] So erinnert sich der damalige sowjetische Botschafter in den USA, Anatolyj Dobrynin, an eine Unterredung mit Brežnev. Nachdem Dobrynin um »Anweisungen für die Zukunft« gebeten hatte, antwortete Brežnev ihm: »Welche Anweisungen soll ich dir schon geben? Du weißt besser als ich, wie man die Angelegenheiten mit den Amerikanern führt. Die Hauptsache ist, dass Frieden herrscht.«[11]

Das eigentliche Ziel der Friedensbemühungen waren denn auch die USA, mit denen die Sowjetunion 1969 in Verhandlungen zur strategischen Waffenbegrenzung eintrat.[12] Ein weiteres Anliegen Brežnevs war der Frieden mit den westeuropäischen Nachbarn. Gespräche mit Vertretern des geteilten Deutschland, aber auch der langfristig geplante Energie- und Technologiehandel mit zahlreichen westeuropäischen Ländern sollten wichtige Mittel zur Erlangung eines dauerhaften Friedens werden. Auch in der Bundesrepublik Deutschland schien sich das Bild Brežnevs als eines Mannes, der »anderen den Mut zum Argumentieren nimmt«,[13] langsam in das eines umgänglichen Staatsmanns zu wandeln: »Er mag schnelle Autos. [...] Er trägt Maßanzüge und tanzt gern und gut. Frauen gegenüber gibt er sich galant. [...] Denn derselbe Mann, dessen Prag-Schlag 1968 im Westen neue Bolschewisten-Angst weckte, verfolgt drei Jahre später eine konsequente Politik des Ausgleichs mit dem Westen, deren

9 Zubok, Vladislav M.: A Failed Empire. The Soviet Union in the Cold War from Stalin to Gorbachev, Chapell Hill 2007, S. 202 und S. 207–208.

10 Mlečin: Brežnev, 391. Auch aus den Memoiren von Anatolij Černjaev geht dieses enge Verhältnis hervor, u. a. in: Dnevniki Anatolii Černjaeva, 1972, S. 50 (Tagebucheintrag vom 30. Dezember 1972).

11 Mlečin: Brežnev, S. 336.

12 Mehr zu den SALT-Verhandlungen, siehe: Dietl, Ralph: Equal Security. Europe and the SALT Process, 1969–1976, Stuttgart 2013; Kieninger, Stephan: Dynamic Détente. The United States and Europe, 1964–1975, lanham 2016, S. 103–130. Leider spielen auch in neuen Publikationen wirtschaftliche Fragen kaum eine Rolle, siehe: Bange, Oliver/Villaume, Poul: The Long Détente. Changing Concepts of Security and Cooperation in Europe, 1950–1980s, Budapest 2017; Moss, Richard A.: Nixon's Back Channel to Moscow. Confidental Diplomacy and Détente, Lexington KY 2017; Dietl Ralph L.: Beyond Parity. Europe and the SALT Process in the Carter Era, 1977–1981, Stuttgart 2016.

13 »Zwei Verwalter unter dem Roten Stern«, in: Der Spiegel 47, 14.11.1966, S. 129–130, hier S. 130.

letzte Folgen vor allem für ihn selbst und sein Land noch kaum absehbar sind. [...] Die von Breschnew verfolgte Entspannungspolitik ist im Augenblick motiviert und schlüssig. Und: Leonid Breschnew, der Russe, der Lebemann, der Machtmensch, der Diplomat ist trotz allem Anschein kein Mann mit mehreren Gesichtern, sondern aus einem Guß: meist ruhig, offenbar selbstbewußt, deutlich ehrgeizig, nüchtern und geschickt – modern. Frankreichs *Le Figaro* schätzte ihn treffend ein: mehr ›Manager-Direktor als Diktator‹.«[14]

Auch die Amerikaner sahen einen offensichtlichen Unterschied zwischen Leonid Brežnev und seinem Vorgänger Chruščev. In einer ausführlichen Personenbeschreibung der sowjetischen Führungskader von Berater Henry Kissinger, die an Präsident Richard Nixon gerichtet war, führte Kissinger aus, dass Brežnev »wie viele Russen [...] eine Mischung aus Rohheit und Wärme« sei. Kissinger sprach ebenfalls von Brežnevs eloquentem Auftreten, seinem Stilbewusstsein bei öffentlichen Präsentationen und seinem Selbstbewusstsein: »Kurzum, er hat einige Charakteristiken eines Emporkömmlings und Neureichen.« Mehrmals wiesen Kissingers Berichte auf Brežnevs Redegewandtheit, Intelligenz und Humor sowie den Stolz auf seine proletarische Herkunft hin, verschwiegen jedoch auch nicht, dass Brežnev bereits von Alkohol- und Tabakkonsum, einem Herzinfarkt und dem täglichen Druck, den seine Position auf ihn ausübte, gezeichnet sei: »Aber er meistert offensichtlich die wichtigen Themen und versteht die sowjetischen Interessen.« Nach außen hin vertrat Brežnev – nach Ansicht der Amerikaner – die im Kollektiv getroffenen Positionen, fügte dabei eigene Nuancen hinzu und zog sich zu Beratungen mit seinen Vertrauten zurück, wenn die Verhandlungen es verlangten: »Gleichzeitig scheint es, dass, wenn Brežnev glaubt, dass eine bestimmte Änderung der Position notwendig ist, dass er die Autorität besitzt, das Politbüro zu einer Zustimmung zu überzeugen.« Gegen Ende seiner Regierungszeit war Brežnevs Gesundheitszustand zusehends schlechter geworden, was im In- und Ausland niemandem entging. So soll Leonid Brežnev unter anderem bei einer Reise in der Bundesrepublik Deutschland und Treffen mit Helmut Schmidt gesundheitlich derart angeschlagen gewesen sein, dass er die wichtigen Staatsgespräche nicht ohne Hilfe seiner Begleiter führen konnte.[15]

Auch stellte Kissinger einen Vergleich an zwischen dem chinesischen Premierminister Chou En-lai und Brežnev, wobei er Chou als kultiviert, subtil,

---

14 Leonid Breschnew – kann man ihm trauen? in: Der Spiegel 51, 13.12.1971, S. 86–100, hier S. 86–87.

15 Dnevniki Anatolii Černjaeva, 1978, S. 13 (Tagebucheintrag vom 8. Mai 1975).

korrekt und distanziert beschrieb, Brežnev hingegen als durchschaubar, offenherzig und direkt.[16] Brežnevs antichinesische Haltung war den Amerikanern bestens bekannt – »Rassismus« sei »natürlich ein starkes Element im sinosowjetischen Konflikt«.[17] Dass die Amerikaner den Kopf der politischen Führung hingegen weniger mochten als sein chinesisches Pendant, verliehen sie in internen Gesprächen durchaus Ausdruck: »Während eures Besuchs werden sie [die sowjetische Seite] mit allen Mitteln die Unterschiede zwischen der westlichen und der östlichen [orientalen] Kultur unterstreichen.«[18]

Das deutsche Urteil über den Generalsekretär fiel hingegen milder aus. Trotz Unsicherheiten und Ambivalenz porträtierte man Brežnev als »friedenssuchend in der Außenpolitik, machtkonsolidierend, höflich und offenherzig bei internationalen Meetings«: »Ein Staatschef, der das Reisen und schnelle Autos liebte, jedoch mit den Veränderungen in Prag nicht hatte umgehen können. Er konsolidierte Macht und erschuf einen Kult um seine Person, indem er die Medien nutzte. Dabei stimmte er Kosygins Kurs zu und bevorzugte die Konsumgüterindustrie zuungunsten des Militärs. Der Kurs der Détente diente denn auch dahingehend, dass die chinesische Grenze das einzige Problem bleiben sollte.«[19]

In der Wirtschaftspolitik war Brežnev besonders zu Beginn darum bemüht, sich möglichst von seinem Vorgänger, dem reformfreudigen Chruščev, abzugrenzen. So wurden die Formulierungen von der »größeren Rationalität« und von realistischen Planzielen zu einem Credo gegenüber der Chruščev'schen »Ausbeutung unendlicher Ressourcen«. Ebenso verschwand der propagandistische Leitsatz der »Errichtung des vollkommenen Kommunismus« aus den Reden des Chruščev-Nachfolgers innerhalb weniger Jahre, die wirtschaftlichen Ziele wurden nun im Rahmen des kommenden Fünfjahresplans präsentiert und betrafen kaum noch die entfernte Zukunft. Dafür hoben Brežnev und Premierminister Aleksej Kosygin nun den technologischen Fortschritt und die Entwicklung derjenigen Industriezweige hervor, die Konsumgüter herstellten.[20]

16 Memorandum des Präsidentenberaters für nationale Sicherheitspolitik, Kissinger, an Präsident Nixon, undatiert, in: FRUS, Foreign Relations of the United States, 1969–1976, Volume XIV, Soviet Union October 1971–May 1972, S. 870–877.

17 Paper für die Mitglieder des National Security Council, Washington, unbekanntes Datum, in: FRUS, Foreign Relations of the United States, 1969–1976, Volume XIV, Soviet Union October 1971–May 1972, S. 908–915, S. 913.

18 Paper für die Mitglieder des National Security Council, Washington, unbekanntes Datum, in: FRUS, Foreign Relations of the United States, 1969–1976, Volume XIV, Soviet Union October 1971–May 1972, S. 908–915, S. 913.

19 Leonid Breschnew – Kann man ihm trauen, in: Der Spiegel 51, 13.12.1971, S. 86–100.

20 Breslauer: Khrushchev and Brezhnev as Leaders, S. 137–140.

Seine Vorstellungen des Verhältnisses zur Wirtschaftsleitung charakterisierte Breznev gleich zu Beginn seiner Regierung: »Ich sage euch, viele Genossen haben jetzt den bekannten Geschmack angenommen. Und auch die Republiken denken, dass sie jetzt autonom sind, dass sie jetzt die Industrie leiten; oft sagen regionale Führungskräfte, dass sie [die Wirtschaft] leiten. Ich, beispielsweise, halte mich an meine eigene Meinung in Bezug auf dieses Thema: Ich war 22 Jahre lang der Sekretär eines Lokalkomitees und des ZK zweier Republiken, ich habe so eine Etappe erlebt, wie den Aufbau von sehr großen Industrieregionen in der Oblast Zaporož'e und Dnepropetrovsk, die die größten in der Ukraine in der Metallurgie und bei den Erzen sind, und ich habe niemals gesagt und auch jetzt erlaube ich es mir nicht zu sagen, dass ich die Industrie geleitet habe. [...] Ich habe tatsächlich aktiv und leidenschaftlich meine Pflicht als Parteivorsitzender erfüllt, aber die Industrie leiten und lenken können nur diejenigen Leute, die diesen Industriezweig kennen.«[21]

Für das Erdöl als Ressource interessierte sich Breznev bereits kurz nach seinem Amtsantritt, obwohl die Energiepolitik vorerst kein Schwerpunkt seiner Innenpolitik war. In einer Rede vor Industriellen in Leningrad griff er die Suche nach einer geeigneten Wirtschaftsstrategie auf, unter anderem auch nach einer gelungenen Erdölpolitik.[22] Engpässe bei der Energieversorgung der westsowjetischen Industriezentren befürchtete Breznev in den 1960er Jahren allerdings noch nicht, die Kohlenwasserstoffe waren zu diesem Zeitpunkt auch im westlichen Landesteil noch ausreichend vorhanden und diese »alten Regionen« sollten im 8. Fünfjahresplan weiter ausgebaut werden.[23]

In Sibirien wurden zudem viele Regionen mit Wasserkraft versorgt, in Krasnojarsk sollte im 8. Fünfjahresplan das weltweit größte Wasserkraftwerk Energie produzieren, und nach dem Bau erster kommerzieller Atomkraftwerke tauchte am Horizont die Vision einer sauberen, unerschöpflichen Energiequelle auf, von der sich die Energiearbeiter (auf Russisch Energetiki) aller Branchen eine zukunftsfähige Lösung für den stetig steigenden Energiebedarf erhofften.[24] Die

21 Stenogramm des Auftritts von L.I. Breznev auf dem Treffen mit den Leitern der regionalen Parteikomitees, der sowjetischen Organe und der größten Betriebe in der Stadt Leningrad, vom 12. Juli 1965, in: Vestnik Archiva Prezidenta: General'nyj sekretar' L.I. Breznev, S. 37–38.

22 Stenogramm des Auftritts von L.I. Breznev auf dem Treffen mit den Leitern der regionalen Parteikomitees, der sowjetischen Organe und der größten Betriebe in der Stadt Leningrad, vom 12. Juli 1965, in: Vestnik Archiva Prezidenta: General'nyj sekretar' L.I. Breznev, S. 37–38.

23 Dienes/Shabad: The Soviet Energy System, S. 31.

24 Kossygin, A.: Direktiven für den Fünfjahrplan der Entwicklung der Volkswirtschaft der UdSSR in den Jahren 1966 bis 1970, Moskau 1966, S. 36–17. Die erste Einheit des Wasserkraftwerkes in Krasnojarsk ging 1967 ans Netz, die letzte 1971, in: Dienes/Shabad: The Soviet Energy System, S. 143.

Leitung der Energiewirtschaft fiel allerdings zu einem großen Teil Ministerratspräsident Kosygin zu, der die Wirtschaftsbeschlüsse unterzeichnete. Brežnev war zu diesem Zeitpunkt damit beschäftigt, ein loyales Team an Mitarbeitern und Beratern aufzubauen und seine Herrschaft zu legitimieren.[25]

Als Berater in Fragen der Erdöl- und Erdgaspolitik schätzte Brežnev vor allem Bajbakov, dessen knappe Darlegungen er den ausufernden Diskussionen mit den regionalen Wirtschaftsmanagern der Erdölindustrie deutlich vorzog: »Sie haben Bajbakov das Wort gegeben, er hat 40 Minuten geredet. Ich sage euch, ich habe es sogar laut gesagt, dass ich Freude hatte, weil er die Lage mit den Reserven im Land der Regierung und dem ZK in 40 Minuten dargelegt hat; wo welche Reserven sind, welche Erdölqualität, wie viel Investitionen und Metall notwendig sind […]. Wenn nicht Bajbakov [wäre], dann muss man sie alle einbestellen: Azneft' einbestellen, Gur'evneft', Kasachneft', Belorusneft', Ukrainneft', Baškirneft', Tatneft', Sibirneft' Sachalinneft', und jeder wird, selbstverständlich nur für sich sprechen: Unser Öl ist besser, bei uns ist dieser Parameter besser; und wieder einer nimmt einen anderen Parameter, der ihm besser passt. Das ist wie auf dem Basar.«[26] Bei dieser Gelegenheit gab Brežnev auch zu, dass es für Außenstehende schwierig sei, einen stimmigen Überblick über die wirtschaftliche Situation der Erdölindustrie zu erhalten. Dennoch wäre es falsch, dem Generalsekretär fehlendes Verständnis für seine Führungsaufgaben zu unterstellen.

Brežnev bereitete das sinkende Wirtschaftswachstum Kopfschmerzen, denn der wirtschaftliche Aufschwung der Nachkriegsjahre war vorbei und das Gerücht der Ineffizienz der Planwirtschaft schien sich zu verbreiten. Die politischen Programme, die Brežnev auf seinem ersten, dem 23. Parteitag der KPdSU 1966 äußerte, galten daher zunächst der Landwirtschaft, einer Achillesferse der sowjetischen Wirtschaft,[27] der Ausweitung des inoffiziellen Gesellschaftsvertrags sowie einer von Kosygin lancierten Wirtschaftsreform, die die Wirtschaft wiederum zentralisieren sollte. Die Umsetzung von politischen und wirtschaftlichen Entscheidungen blieb auch unter Generalsekretär Brežnev eng an die Rahmen-

25 Bacon/Sandle: Brežnev Reconsidered, S. 28.

26 Vestnik Archiva Prezidenta: General'nyj sekretar' L.I. Brežnev, S. 37.

27 Die Sowjetunion war vor und nach der Revolution 1917 ein Weizenexporteur gewesen und erhielt über diesen Export einen großen Teil ihrer Deviseneinnahmen, für die sie wiederum Technologien im Ausland erwarb. Stalin stellte die Bedürfnisse der Landwirtschaft jedoch zurück, so dass die Entwicklung der Landwirtschaft stark zurückging und das Modernisierungsdefizit nicht mehr aufholen konnte, obwohl Chruščev und Brežnev die Landwirtschaft wieder unterstützten, in: Porter, Roger B.: The U.S.–U.S.S.R. grain agreement, Cambridge MA 1984, S. 7.

bedingungen der Planwirtschaft gebunden.[28] So suchte Brežnev in wirtschaftlichen Großprojekten in den 1970er Jahren eine Mobilisierungswirkung, von der er hoffte, dass sie die gesamte sowjetische Gesellschaft erfassen würde. In den 1970er Jahren schien Brežnev mit dem Bau der Baikal-Amur-Magistrale und dem Lastkraftwagenprojekt KamAZ (Kamskij Avtomobil'nyj Zavod) in Naberežnye Čelnyj unter anderem geradezu ein Faible für Großprojekte zu entwickeln, die die Partei in großen Reden immer wieder ankündigte. Diese ordnete er in den Kontext der Neulandkampagne Chruščevs ein.[29]

Das Verhältnis zum obersten Verantwortlichen des Wirtschaftsapparats, dem Ministerratsvorsitzenden Aleksej Kosygin, der die wichtigste Schnittstelle zwischen der politischen Führung und den Managern der Planwirtschaft bildete, blieb dabei zeitlebens angespannt. Brežnev, der in den ersten Jahren noch im »Triumvirat« mit Kosygin und Podgornyj auftrat, inszenierte sich zusehends durch einen Personenkult als alleiniges Oberhaupt. In Energiefragen gelang dies bis in die 1970er Jahre jedoch nur bedingt: Zu gewichtig war die Position, die das Ministerratspräsidium in der Energiepolitik genoss.

3.2 Die Schaltstellen der Erdöl- und Erdgasindustrie in Moskau

Die sowjetische Wirtschaft umfasste in den 1960er bis 1980er Jahren ein äußerst ausdifferenziertes Ministerial- und Verwaltungswesen mit zahlreichen regionalen Strukturen und Produktionsstandorten. Diesem stand Aleksej Kosygin als Erster Vorsitzender des Ministerrates vor. Kosygin war ursprünglich ein Ingenieur aus der Textilindustrie, der ähnlich wie Leonid Brežnev von den politischen Säuberungen der 1930er Jahre profitiert hatte. Seine politische Karriere hatte Kosygin wie auch Leonid Brežnev bereits vor dem Zweiten Weltkrieg begonnen, wobei er bis zur Übernahme des Vorsitzes des Ministerrats zahlreiche prestigeträchtige Posten innehatte: Er war Bürgermeister von Leningrad, Mitglied des ZK seit 1939, Textilminister und Minister für Konsumgüter sowie Vorsitzender des Gosplan und Stellvertretender Ministerpräsident. Damit hatte Kosygin »einen ›fast‹ linearen Aufstieg in der Wirtschaftsadministration« voll-

28 Breshnew, Leonid: Rechenschaftsbericht des Zentralkomitees der Kommunistischen Partei der Sowjetunion an den XXIII. Parteitag der KPdSU, Moskau 1966, S. 76.

29 Veliki podvig partii i naroda, Rede von Leonid Brežnev im Dvorec im. Lenina in Alma-Ata, 15. März 1974, in: Brežnev, L. I.: Leninskim kursom, Bd. 4, Moskau 1974, S. 436–461. Siehe Hierzu auch: Grützmacher: Die Baikal-Amur-Magistrale, S. 56–57.

zogen.[30] Im Politbüro war er das einzige Mitglied, das seit Stalins Regierung einen Sitz innehatte.[31]

Das Bild, das man in Wirtschaftskreisen, aber auch im Ausland von Aleksej Kosygin hatte, war das eines gefassten und bisweilen reservierten Mannes. Der Vorsitzende der Planungsbehörde Gosplan, Bajbakov, beschrieb Kosygin als einen Menschen, der gegenüber anderen nicht grob wurde und stets eine professionelle Distanz wahrte. Weder Bajbakov noch andere Stellvertreter lud Kosygin jemals zu sich nach Hause ein, obwohl sie im selben Haus an der Worobjowsker Chaussee wohnten. Nur in seinen letzten Lebensjahren verweilten andere Führungskräfte aus dem Staatsapparat auf Kosygins Datscha, wo er nach »einem oder zwei Gläschen Kognak« einen gelasseneren Eindruck machte.[32] Der sibirischen Ölindustrie und ihren Managern gab der fachfremde Kosygin eine gewisse Autonomie in ihren Entscheidungen. Die Wahrnehmung der sibirischen Manager war, dass Kosygin gerne eine weitere Dezentralisierung gefördert hätte, jedoch soll er unter der damaligen Mentalität in der Staatsbürokratie, insbesondere der des Gosplan und des Erdölministers, davon abgehalten worden sein.[33] Im Ausland nahm man Kosygin ebenfalls als besonnen wahr: »Abgesehen von einer gewissen Schüchternheit bei öffentlichen Auftritten, wirkt Kosygin umgänglicher als Breschnew. Mit seinen traurigen blauen Augen schaut er sein Gegenüber direkt an und spricht mit sanfter Eindringlichkeit und Überzeugung. Seine Reden sind beispiellos langweilig, in der Unterhaltung aber ist er gewandt, oft macht er in fast jungenhafter Art auch witzige Zwischenbemerkungen.«[34]

So war Kosygin denn auch von Beginn an im Ausland aufgetreten. Unter anderem vermittelte er 1964 und 1965 auf dem internationalen Parkett im Konflikt zwischen Indien und Pakistan, er führte Gespräche mit Mao. Sein Verhältnis zu den USA blieb jedoch angespannt, und er vertrat den Chruščev'schen Standard, dass die UdSSR erst einmal auf die gleiche Stufe in der Reichweite der offensiv strategischen Waffen gelangen sollte. Seit 1967 interessierte sich allerdings auch der Generalsekretär persönlich immer stärker für Außenpolitik.[35] Gegenüber China hatte Brežnev dabei, nach ersten Erfahrungen, eine äußerst ablehnende Haltung und überließ die Verhandlungen weiterhin

30 Rigby, Thomas H.: Political Elites in the USSR. Central leaders and local cadres vom Lenin to Gorbachev, Aldershot 1990, S. 186.
31 Rigby: Political Elites in the USSR, S. 169–170.
32 Baibakow, Nikolai K.: Von Stalin bis Jelzin. Moskau 1999, S. 158.
33 Tchurilov: Lifeblood of empire, S. 65.
34 »Zwei Verwalter unter dem Roten Stern«, in: Der Spiegel 47, 14.11.1966, S. 129–130, hier S. 130.
35 Zubok: Failed Empire, S. 198–204.

Premier Kosygin.[36] war Kosygin jedoch weitaus vorsichtiger als Brežnev. In den ersten Gesprächen mit den Westdeutschen signalisierte er, dass man die »Schützengräben des Kalten Krieges« verlassen wolle, auch wenn Kosygin in den Gesprächen der Anfangszeit des Gashandels mit der Bundesrepublik Deutschland deutliche Ressentiments zeigte, was eine »Wiederholung der Vergangenheit« anging.[37] Schon kurze Zeit später ging er einen Schritt weiter und forderte gegenüber politischen Größen der Bundesrepublik Deutschland eine Verbesserung der deutsch-sowjetischen Beziehungen.[38] Kosygin lobte stets und in allen Belangen, sei es Außen- oder Wirtschaftspolitik, das eigenständige, aber dennoch informierende Handeln einzelner Akteure.[39] Ebenso legte er Wert auf die Einhaltung von Gesten und Habitus. In seiner Außenpolitisch Gesinnung war er ein überzeugter Patriot und vertrat dies auch nach außen, er galt als sachorientiert und formell.[40]

In der Energiepolitik bildete zu dieser Zeit der Ministerrat dasjenige Gremium, welches mit seinen Beschlüssen die Zukunft des Sektors zu einem großen Teil mitbestimmte. Die exekutive Funktion des Ministerrats hatte sich 1957 mit der Wirtschaftsreform unter Chruščev ausgebildet. Der Ministerrat bekam damals die »volle exekutive Autorität« über den Gosplan.[41] Zumindest auf dem Papier war der Ministerrat zwar dem legislativen Obersten Sowjet (Verchovnyj Sovet), verpflichtet, konnte aber de facto Regierungsbeschlüsse (*postanovlenija*) erlassen, in die sich der Oberste Sowjet kaum einmischte.[42] Eben diese Unterteilung war auf den einzelnen Unionsebenen anzutreffen. Um den Ministerrat trotz einer wachsenden Anzahl von Ministerien und Mitarbeitern handlungsfähig zu halten, wurde das Präsidium des Ministerrats (ehemals Büro des Ministerrats) gegründet, welches vom Vorsitzenden und Ersten Stellvertreter geleitet wurde.[43] Diesem Präsidium des Ministerrats stand Kosygin als eine

36 Mlečin: Brežnev, S. 331–336; Zubok: Failed Empire, S. 210.

37 Botschafter Allert, aus Moskau an das Auswärtige Amt vom 29. September 1969, in: Eibl, Franz/Blasius, Rainer A. (Hg.): Akten zur Auswärtigen Politik der Bundesrepublik Deutschland, Bd. 1: 1. Juli bis 31. Dezember 1969, München 2000, S. 244.

38 Falin: Politische Erinnerungen, München 1993, S. 56–57.

39 Ders., S. 73.

40 Ders., S. 113–114.

41 In: Considine/Kerr: The Soviet Oil Economy, S. 71.

42 Der Ministerrat (Sovet Ministrov) war 1946 aus dem Rat der Volkskommissare (Sovet Narodnych Kommissarov) entstanden, in: Nove: Das sowjetische Wirtschaftssystem, S. 20–21; Tomson, Edgar: Der Ministerrat der UdSSR (politologische Studien 16), Berlin 1980, S. 69.

43 Die Herstellung einer starken Verwaltungshierarchie und die Einrichtung leistungsstarker Exekutiv- und Legislativorgane waren laut Klaus Gestwa zentrale politische Nachkriegsmotive gewesen, in: Gestwa: Die Stalinschen Großbauten, S. 113.

Art »Supermanager« vor.[44] Die Sitzungen wurden im Ministerrat einberufen, zu ihnen wurden die wichtigsten Akteure der Energiepolitik sowie Referenten, Berater und leitende Funktionäre eingeladen. Nach einer Beschreibung des Staatsplaners Bajbakov trafen sich alle in der »Aufwärmhalle«, wo die Sitzungen vorbesprochen und alle Fragen erörtert wurden. Hier mussten Referenten, Berater und Funktionäre, Bericht erstatten.[45] Zu den Sitzungen im Präsidium berief Kosygin laut der Protokolle, die zwar nicht in ihren Inhalten, jedoch in ihrer Besetzung heute einsehbar sind, nur direkt beteiligte Minister, einen Abgeordneten des Gosplan, meist dessen Vorsitzenden Bajbakov, und ausgewählte Wissenschaftler ein.[46]

Zu Beginn der Regierungsperiode Brežnevs und auch in den ersten Erschließungsjahren des späteren Westsibirischen Erdöl- und Erdgaskomplexes spielten vorerst noch der Oberste Rat der Volkswirtschaft (Verchovnyj Sovet Narodnogo Chozjajstva, kurz VSNH) und sein Vorsitzender Novikov eine entscheidende Rolle. So erstatteten das Komitee für Partei- und Staatskontrolle und der Ministerrat nach einem »Kontrollbesuch vor Ort« in der Oblast Tjumen' Novikov Bericht über die Erschließung der Erdöl- und Erdgaslagerstätten und unterbreiteten ihm Lösungsvorschläge, die weiterer Finanzierung bedurften. Diese sandte der Oberste Rat für die Volkswirtschaft an die Bank für Bauwesen (Strojbank SSSR), die dann eine Antwort gab. Für die Koordination der Wirtschaft war der Gosplan zuständig und die ihm unterstellten Komitees für die Erdölwirtschaft (Komitet neftjanoj promyšlennosti pri Gosplane), Erdgaswirtschaft (Komitet gazovoj promyšlennosti pri Gosplane) und andere.[47]

Als Ministerratsvorsitzender war Kosygin der Kopf eines immensen Wirtschaftsapparats, der seine exekutive Funktion zumindest theoretisch bis tief in die Wirtschaftssektoren hinein ausüben konnte. Denn mit der Wirtschaftsreform 1965 war Chruščevs Reform von 1957 sofort rückgängig gemacht und die alten Ministerien wiedereingerichtet worden. Immer noch war der Gosplan zuständig für die Planung aller Wirtschaftsaktivitäten, mit der Wiedererrichtung der Ministerien hatte man allerdings das Element der Territorialregierung in den

44 Zwar schreibt Nove den Status des »Supermanagement« der »UdSSR GmbH« dem Politikbüro der KPdSU und damit Leonid Brežnev zu, aber Kosygin füllte diese Rolle als Ministerratsvorsitzender ebenfalls aus. Nove: Das sowjetische Wirtschaftssystem, S. 24.

45 Baibakow: Von Stalin bis Jelzin, S. 158–159.

46 Ein Beispiel hierfür ist: Auszug aus dem Sitzungsprotokoll des Präsidiums des Ministerrats der UdSSR vom 20. Juli 1976, in: GARF, f. 5446, op. 110, d. 451, ll. 10–11.

47 Das Schreiben von Bajbakov an V. Novikov vom April 1965 legt dies offen, in: GARF f. 5446, op. 100, d. 441, l. 1.

Sovnarchosen aufgegeben und stärkte damit die Branchenplanung sowie auch interessen in Moskau deutlich. Kosygins Reform zielte dabei auf eine Modernisierung der Planwirtschaft ab: Neue Preisberechnungen für die Produktion sollten letztlich stärker konsumentenorientierte Informationen über die Qualität liefern und zu einem System übergehen, welches tatsächlich diejenigen Waren produzierte, welche gebraucht wurden.[48]

Im Zuge der Reform wurden drei für die Erdöl- und Erdgaswirtschaft wichtige Ministerien (wieder)eingerichtet: das Erdölministerium (Ministerstvo neftjanoj promyšlennosti, kurz Minnefteprom), das Erdgasministerium (Ministerstvo gazovoj promyšlennosti, kurz Mingazprom) und das Ministerium für Geologie (Ministerstvo geologii, kurz Mingeo). Obwohl jedes Ministerium entsprechend des ihm unterstellten Industriezweigs seinen Aufgabenbereich hatte, überschnitten sich diese Zuständigkeiten. So war das Mingeo beispielsweise für die anfänglichen Erkundungsarbeiten zuständig, jedoch übernahmen auch die beiden anderen Ministerien die Erkundungsarbeiten einer späteren Phase. Das Minnefteprom war im Untersuchungszeitraum für die Förderung des Erdölbegleitgases zuständig, während das Mingazprom bis 1972 den gesamten Pipelinebau – auch den der Erdölindustrie – übernahm.[49] Allerdings ergaben sich auch spezifische Funktionen und Qualitäten der Ministerien, die im Folgenden erläutert werden sollen.

Das Minnefteprom in Moskau war die Leitungsstelle der gesamten Erdölindustrie und hatte eine Experten- und Mittlerfunktion zwischen der politisch-wirtschaftlichen Führung des Landes, den Staatsplanern und den lokalen Erdölorganisationen inne. Zu diesen großen Organisationen gehörten die regionalen Produktionsvereinigungen (Glavnoe upravlenie, kurz Glavki), die in den einzelnen Regionen tätig waren und als Wirtschaftsunternehmen verstanden werden können. Diese Glavki bestanden wiederum aus einzelnen lokalen Produktionsorganisationen innerhalb der Regionen dieser Glavki. So hatte die westsibirische Produktionsvereinigung Glavtjumenneftegaz (Glavnoe upravlenie Tjumenskoj neftjanoj i gazovoj promyšlennosti) zahlreiche Unterorganisationen wie

48 Die Wirtschaftsreform 1957 sollte die Wirtschaftsführung durch einen größeren regionalen und interministeriellen Fokus effizienter gestalten, hatte aber auch einen politischen Aspekt: Sie sollte den Einflussbereich einiger mächtiger Ministerien sowie den Einfluss politischer Gegner schwächen. 1964 wurde die Dezentralisierung rückgängig gemacht, die Republikebene wurde seither häufiger bei Wirtschaftsentscheidungen übergangen, in: Nove: Das sowjetische Wirtschaftssystem, S. 80–81.

49 Zu den Zuständigkeitsbereichen der Ministerien siehe: Klüter: Die territorialen Produktionskomplexe, S. 119–122, 130–132.

Surgutneft', Nižnevartovskneft' oder Juganskneft', die auf bestimmten Erdölfeldern die Erdölproduktion organisierten und betrieben. Die ministerielle Führung in Moskau leitete die regionale Glavki, indem sie die Anweisungen aus den Beschlüssen der Partei und des Ministerrats gegenüber den einzelnen Produktionsvereinigungen vertrat und umgekehrt die Anliegen der Erdölindustrie beziehungsweise diejenigen einzelner Regionen in die energiepolitischen Diskussionen in Moskau einbrachte.

Das Minnefteprom hatte im Inland die Leitungsfunktion über die Förderung von Erdöl und Begleitgas. Seine Aufgaben waren »die Sicherstellung einer gleichmäßigen Entwicklung der Erdölindustrie als einem integralen Teil der Volkswirtschaft des Landes, hoher Tempi für die Produktionsentwicklung und des Wachstums der Arbeitsproduktivität auf der Basis des wissenschaftlich-technischen Fortschritts, mit dem Ziel der möglichst vollen Befriedigung der Volkswirtschaftsbedürfnisse und der Landesverteidigung mit Erdöl«.[50] Die einzelnen regionalen Produktionsvereinigungen standen dabei in einer ausgeprägten Konkurrenz um finanzielle Mittel und Material.[51]

Neben dem Aufbau und Betrieb der von ihnen vertretenen Industriebranche oblag den Ministerien auch der Aufbau der Infrastruktur wie der Arbeitersiedlungen oder Kantinen. In den 1960er bis 1970er Jahren kristallisierte sich dabei eine Sparpolitik aufgrund der Erfahrungen im Volga-Ural-Gebiet heraus, wo man mit dem Bau der Arbeitersiedlungen so lange gewartet hatte, dass zahlreiche Felder ihren Förderzenit bereits überschritten hatten und sich schon in der sinkenden Produktion befanden, als die Siedlungen für die Arbeiter endlich vollständig fertiggestellt waren; in Westsibirien implementierte man ein Schichtsystem auf den Ölfeldern, in dessen Rahmen die Arbeitskräfte nicht dauerhaft in der Nähe der Produktionsstätten lebten, sondern in den zahlreichen Polarstädten, so dass die Streuung von weitläufigen Infrastrukturen weitestgehend vermieden wurde.[52]

Das Mingazprom war mit der Zustimmung von Brežnev und Kosygin aus Glavgaz hervorgegangen, als im Zuge der Wirtschaftsreform 1965 die Ministerien wiedereingerichtet wurden.[53] Die Gasindustrie hatte damit ihre institutionelle Eigenständigkeit wahren können. Unter anderem war das Mingazprom neben

50 Statut (*položenie*) des Ministeriums der erdölfördernden Industrie der UdSSR, bestätigt durch den Beschluss des Ministerrats von 1968 (hier Vorlage ohne Datum), in: RGAĖ, f. 9480, op. 9, d. 592, l. 17.

51 Vestnik Archiva Prezidenta: General'nyj sekretar' L.I. Brežnev, S. 37.

52 Gustafson: Crises amid plenty, S. 175.

53 Högselius: Red Gas, S. 40.

dem Ausbau und Betrieb der Erdgasindustrie auch für den Bau von Pipelines für die Erdölindustrie zuständig, eine Aufgabe, die es aufgrund seiner beschränkten Mittel jedoch nur unzureichend wahrnahm. Die Aufteilung hatte vorwiegend historische Gründe, denn bis zur Reform vom 1957 war das Minnefteprom selbst für den Pipelinebau zuständig gewesen; nach 1957 ging der Pipelinebau an den Gosplan, und zwar an das Staatliche Geologische Komitee und an Glavgaz.[54] Auch nach der Wiedereinrichtung der Ministerien war das Mingazprom weiter für den Pipelinebau zuständig und baute im Auftrag des Minnefteprom ebenfalls diejenigen Pipelines, die Erdöl zu den Verbrauchern und in die Raffinerien transportierten. Der Grund für eine derartige Aufteilung der Zuständigkeiten lag möglicherweise darin, dass das Mingazprom zu einem größeren Teil vom Bau der Pipelines abhängig war als das Minnefteprom, welches den Rohstoff auch über die Schiene oder die Schifffahrt abtransportieren konnte. Deshalb hatte sich das Mingazprom im Besonderen auf den Pipelinebau spezialisiert.

Die geologische Erkundung von Erdgas übernahmen bis 1971 das Minnefteprom oder Mingeo, erst 1971 richtete das Mingazprom seinen eigenen geologischen Dienst ein. Doch auch hier waren die Kompetenzen nicht immer eindeutig, zumal es an einzelnen Personen lag, wie sehr die Arbeiten einer anderen Einheit geschätzt wurden.[55]

Das Mingeo war zuständig für alle Arbeiten der geologischen Erkundung in der UdSSR und übernahm die geologischen Einschätzungen über die Perspektivität einzelner Erdöl- beziehungsweise Erdgasregion. Dafür wurden Bohrungen gesetzt und geophysikalische Untersuchungen durchgeführt.[56] Die Suchbohrungen (*poiskovoe burenie*) untersuchten die geologischen Stukturen einer Lagerstätte, die Erkundungsbohrungen (*razvedočnoe burenie*) waren eine Vorstufe der industriellen Förderung und sollten diese vorbereiten. Wie von Ėrv'e, dem Vorsitzenden der westsibirischen Geologieorganisation Glavneftegeologija, festgehalten, hatte das Mingeo einen langen Weg hinter sich. Von einem ehemals kleinen Komitee innerhalb der AN SSSR war es zu einer eigenständigen Körperschaft gewachsen, in der in den 1960er Jahren ca. 500.000 Menschen arbeiteten. Geologen waren aber auch für die geologischen Dienste anderer Ministerien oder in Projektierungsinstituten tätig.[57]

Die Geologie genoss als Branche wenig Ansehen in der Gesamtheit der Wirtschaftszweige. Sie war kein Extraktionszweig und wurde deshalb mit

54 Tchurilov: Lifeblood of empire, S. 37–38.
55 Gustafson: Crises amid plenty, S. 70.
56 Ders., S. 300.
57 Ėrv'e: Sibirskie Gorizonty, S. 24.

deutlich weniger finanziellen Mitteln ausgestattet als die Förderindustrien. Doch es gehörte zum Berufsethos der Geologen, die schwierigen Arbeiten im unbekannten Terrain zu übernehmen, und so fanden sich unter ihnen zahlreiche Lobbyisten für die westsibirischen Energieressourcen, unter anderem Ėrv'e, aber auch in anderen Regionen tätige Geologen. Die Prognose, im westlichen Landesteil noch größere Ölfunde zu machen, teilten auch die Geologen nicht. Deshalb sollten die geologischen Arbeiten in diesem Teil des Landes an das Minnefteprom übertragen werden, welches ohnehin schon in der Förderung tätig war. Dabei wurden in der Regel auch Spezialisten des Ministeriums für Geologie abgeworben. Doch die überzeugten Geologen blieben in Sibirien, um die »unglaublichen Weiten, riesigen Perspektiven«[58] zu erkunden.[59]

Um die Konkurrenz im Anlagenbau zu überwinden, die industrielle Unterfangen aufzuhalten drohte, kam 1972 ein weiteres Ministerium zu den drei genannten hinzu: das Ministerium für den Anlagenbau der Erdöl- und Erdgasindustrie (Ministerstvo neftjanogo i gazogo strojtel'stva, kurz Minneftegazstroj), welches ebenfalls in Moskau ansässig war. Es übernahm nun den aufwändigen Pipelinebau des Mingazprom sowie den Bau weiterer Anlagen. Erster Vorsitzender wurde zunächst Aleksej Kortunov und nach dessen Tod folgte nur kurze Zeit später Ščerbina. Mit dem Sibirienenthusiasten als Vorsitzendem entwickelte sich das Ministerium aber »beinahe zur einer westsibirischen Regionalorganisation«.[60] Das Erdöl- und Mingazprom waren nun an das Minneftegazstroj und die rechtzeitige Fertigstellung der Objekte gebunden, denn das Minneftegazstroj arbeitete jeweils für die beiden Ministerien, indem es die Installation der Anlagen übernahm. Seine Ressourcen erhielt es direkt vom Gosplan und den an den Gosplan angebundenen Staatskomitees. Für die Lieferung der notwendigen Anlagen für die Erdöl- und Erdgasindustrie waren jedoch Zulieferindustrien wie der Maschinenbau zuständig, die von eigenen Ministerien angeleitet und koordiniert wurden. Der große Apparat der staatlichen Industrieplanung war bisweilen derart unübersichtlich, dass den Staatsplanern eine erfolgreiche Koordination von Lieferungen an die über das ganze Land verteilten Industriestandorte nicht gelang. Das hatte zur Folge, dass die Lieferungen von Maschinen, aber auch von Baumaterialien und Fahrzeugen zu spät oder überhaupt nicht eintrafen. Diejenigen Sektoren, die scheinbar nur

58 Ders., S. 28.

59 Zu den regionalen Grabenkämpfen zwischen Geologen, ihren Organisationen und Wissenschaftsinstituten sowie zum Einflussbereich der eigenen Institutionen siehe auch: Gustafson: Crises amid plenty, S. 312–313.

60 Klüter: Die territorialen Produktionskomplexe, S. 120–121, Zitat S. 121.

wenig zu den Wirtschaftszielen der Sowjetunion beitrugen, erhielten weniger Mittel und Materialien, was zu Engpässen führte. Dies bremste den Aufbau der gesamtsowjetischen Wirtschaft regelrecht aus, so beispielsweise die Entwicklung des Leichtmaschinensektor. Das wirtschaftspolitische System der Planwirtschaft, welches immer noch die Schwerindustrie und die Ausstattung des Militärs am meisten begünstigte, schuf in vielen Sektoren einen blühenden Schwarzmarkt für die Defizitprodukte, die Kombinatsleiter auch für die Erdöl- und Erdgasindustrie »unter der Hand« erstanden.[61]

Ungeachtet der Konkurrenz untereinander wurden die Ministerien in der Region Tjumen' zu einflussreichen Größen, die 70 Prozent des gesamten Investments hielten. So konnten sie auch dem Druck des Lokalkomitees ausweichen, den dieses insbesondere in sozial- und kommunalpolitischer Hinsicht wie beispielsweise beim Infrastruktur- und Wohnungsbau ausübte. Die Ministerien fokussierten, so wie es für sie opportun war, so gut es ging lediglich auf die Produktion der Energieträger.[62]

Einen sehr wichtigen Einfluss auf die Energiepolitik übte das Staatskomitee für Wissenschaft und Technik (Gosudarstvennyj komitet po nauke i technike, kurz GKNT) in Zusammenarbeit mit der Akademie der Wissenschaft in Moskau aus. Das GKNT, welches dem Ministerrat untergeordnet war, war offiziell in beratender Funktion tätig. In dieser Funktion gelang ihm immer wieder die strategische Einflussnahme auf die Energiepolitik in den 1960er bis 1980er Jahren, insbesondere auch auf Ministerpräsident Kosygin. Seine Aufgabe war es, neue Richtungen technischer Entwicklungen, die eine staatstragende Relevanz besaßen, aufzuzeigen und ihre Umsetzung zu prüfen. Das GKNT nahm an ausgewählten Sitzungen teil, ebenso wie Vertreter der AN SSSR. So bildete das GKNT gemeinsam mit der AN SSSR in Moskau mehrmals in den 1960er und 1970er Jahren eine vorläufige Expertenkommission (Vremmenaja Komissija) für Prognosen »Über die Entwicklung der Brennstoffindustrie und die rationale Nutzung von Brennstoff- und Energieressourcen in der UdSSR im Zeitraum bis zum Jahr 2000« unter der Leitung des Wissenschaftlers Nikolaj Vasil'evič Mel'nikov.[63]

61 Gustafson: Crises amid plenty, S. 300–301.

62 Ders., S. 312.

63 Schreiben von V. Kirillin und M. Keldyš an den Ministerrat vom 20. März 1970, in RGAĖ, f. 9480, op. 9, d. 1035, ll. 1–2. Die »rationale« Nutzung der Ressourcen ist auch beherrschendes Thema in den Darstellungen von Aleksej Kortunov zu diesem Zeitpunkt. Siehe hierzu: Technisch-wirtschaftliche Begründung der optimalen Varianten für die Niveaus der Gasförderung […], vorgelegt von Aleksej Kortunov vom 31.12.1970, in: ARAN, f. 2, op. 1, d. 86, ll. 3–14, hier l. 7.

Diese Prognosen, an der namhafte Wissenschaftler – unter anderem auch der Gazovik Bokserman – beteiligt waren, waren weitaus umfassender als diejenigen der einzelnen Branchen. Sie sollten »aktive und bekannte neue Tendenzen der Entwicklung der Energetik, der aufgedeckten möglichen Disproportionen in der Entwicklung der Energetik und von Maßnahmen für ihre rechtzeitige Beseitigung; die Korrektur der technischen Politik, der Pläne und Projekte zur Entwicklung der Brennstoff- und Energiewirtschaft in der Periode der nächsten 10–15 Jahre« darlegen.[64] Die Ausrichtung dieser Berichte auf die Energetik und die Kohleindustrie war unter dem Vorsitz Mel'nikovs unverkennbar. Mel'nikov hatte eine Berufsausbildung als Ingenieur für die Kohleindustrie absolviert, bevor er die Karriereleiter erklomm. Seit 1961 war er Vorsitzender des Staatskomitees für die Brennstoffindustrie im Ministerrat und seit 1966 gehörte er dem Präsidium der AN SSSR an und leitete die Kommission für die Erforschung der Produktionskräfte und der natürlichen Ressourcen an der Akademie der UdSSR.[65] Als Vorsitzender des Brennstoffkomitees verfasste Mel'nikov eine Note, die mögliche große Erdöl- und Gasvorkommen in Westsibirien bestätigte, und forderte die Vorbereitung einer Probeförderung.[66]

Der Einfluss der Berichte und Aussagen Mel'nikovs beziehungsweise anderer Wissenschaftler des GKNT, unter anderem seines Vorsitzenden Vladimir Alekseevič Kirillin, und der Akademie der Wissenschaften auf die Energiepolitik ist offensichtlich. Besonders Mitte der 1970er Jahre schwenkte Kosygin auf diese politische Linie ein. Dennoch war Kosygin kein Gegner einer westsibirischen Entwicklung. Er flog mehrere Male persönlich nach Sibirien, auch als es um die Trassenverlegung von Westsibirien in den Westteil ging, die er als Ministerratsvorsitzender maßgeblich mitentscheiden sollte.[67] Er soll zudem eine Direktverbindung mit den wichtigsten Einrichtungen in Westsibirien unterhalten haben, die die Bauarbeiten sowie die Erkundungen und die Erdöl- und Erdgasförderung ausführten.[68] Tatsächlich war es die Aufgabe Kosygins, die zahlreichen Wirtschaftsebenen im Sinne einer erfolgreichen gesamtwirtschaftlichen Politik zu lenken, und dies tat er ebenso wie andere Führungskader. Seine

64 Bericht der vorläufigen wissenschaftlich-technischen Kommission »Über die Entwicklung der Brennstoffindustrie und die rationale Nutzung von Brennstoff- und Energieressourcen in der UdSSR im Zeitraum bis zum Jahr 2000«, Moskau 1969, in: RGAĖ f. 9480, op. 9, d. 1035, hier ll. 3–36.

65 Mel'nikov, Nikolaj Vasil'evič – Biografičeskaja spravka, online verfügbar unter: http://isaran.ru/?q=ru/person&guid=8FA42C8E-4D91-DCA2-CBDA-ED00241DB5C1 [05.12.2018].

66 Koleva: Zapadno-sibirskij neftegazovyj kompleks, Bd. 1, S. 58.

67 Baibakow: Von Stalin bis Jelzin, S. 157.

68 Baibakow: Sache des Lebens, S. 253.

Rolle als Premierminister ist kaum zu unterschätzen, und die Gespräche im Präsidium des Ministerrats unter Kosygin waren sowohl bindend für die gesamte Entwicklung der Industrie als auch in Absprache mit dem ZK bestimmend für die grundlegende energiepolitische Linie der Sowjetunion. Doch ebenso wie Leonid Breznev traf Kosygin seine Entscheidungen nach Absprache mit Spezialisten in Moskau und vor Ort und wurde dabei zu einem Mittler der sowjetischen Interessen, in der innersowjetischen Führung wie auch in der Außenpolitik, in der er zahlreiche Gespräche persönlich leitete.[69]

3.3 Die Planungsstrategen und Wissenschaftselite in Moskau

Die staatliche Planungsbehörde Gosplan war seit der Gründung der Sowjetunion diejenige Behörde, die alle Wirtschaftsaktivitäten im Land projektierte und koordinierte. Sie legte jeweils in Abstimmung mit der Parteispitze die Fünfjahrespläne vor. Sämtliche Aktivitäten der Ministerien als Wirtschaftseinheiten wurden ebenfalls im Gosplan koordiniert, ebenso Materialzuweisungen und Finanzmittel, die dann vom Finanzministerium erteilt wurden: Somit war es eine grundlegende Funktion des Gosplan, als spezieller Ratgeber der Ministerien zu fungieren und ebenso für das ZK. Der Gosplan war dabei bemüht, das »Gesamtmaß an Forderungen auf ein Realistisches zu reduzieren«.[70] In der Leitung der Wirtschaftseinheiten war er nicht tätig, hatte aber Befugnisse in der Allokation von Produktionsstandorten. Die Produktionseinheiten blieben daher in der Hand der Ministerien, der Gosplan bildete lediglich das Zentrum aller Produktions- und Materialforderungen der Planwirtschaft, die er abwog und zuteilte. Für die Umsetzung der staatlichen Pläne der Materialverteilung war das Staatskomitee für die materiell-technische Versorgung (Gosudarstvennyj komitet po material'no-techničeskomu snabženiju, kurz Gossnab) zuständig. Überdies verfügten die Ministerien über eigene Güter, die sie selbst produzierten. Das Staatliche Baukomitee (Gossudarstvennyj strojtel'nyj komitet SSSR, kurz Gosstroj) übernahm die Leitung der Bauaufgaben in der UdSSR. Zudem hatte der zentrale Gosplan regionale Unterorganisationen in allen Unionsrepubliken. Die Fülle der zu treffenden Entscheidungen war dabei mit ein Grund dafür, dass die Ministerien in einem erheblichen Umfang mitentschieden und Interessengruppen

69 1966 befahl Kosygin in einem Entscheid die Gesprächsaufnahme mit der italienischen ENI zum Zweck des Gasexports, in: Högselius: Red Gas, S. 42.

70 Nove: Das sowjetische Wirtschaftssystem, S. 40.

bildeten. Die Energieversorgung und damit auch die staatliche Energieversorgungssicherheit waren ebenfalls Aufgabe des Gosplan, da diese an die Wirtschaftsleistung einzelner Standorte und des ganzen Landes gekoppelt waren.[71]

Der Gosplan hatte die Aufgabe, die Auswahl und Koordinierung von Vorschlägen zur Energiegewinnung und Energieversorgung vorzunehmen, welche die Ministerien und deren Unterabteilungen stellten, und diese in die Fünfjahrespläne mit einzubauen. Er arbeitete auch die wichtigsten Projekte zu den territorialen Produktionskomplexen aus. Im Gosplan selbst gab es ein Department für Öl und Gas, hinzu kamen beratende Gremien wie der Rat zur Lehre über die Produktionskräfte (Sovet po izučeniju proizvodstvennych sil', kurz SOPS), das Institut für komplexe Brennstoff- und Energieprobleme oder die staatliche Expertenkommission, die in den 1960er und 1970er Jahren ausführliche Berichte zum Vorgehen im Energiesektor verfasste. 1980 wurde zusätzlich eine territoriale Kommission zur Entwicklung Westsibiriens eingerichtet, nachdem der Öl- und Gaskomplex schon über ein Jahrzehnt Ressourcen gefördert hatte.[72] Grundsätzlich war der Gosplan keine besonders flexible Organisation und mit den vielen Anträgen, die die Ministerien für die Bestellungen von Produktionsmitteln an den Gosplan verfassten, zwangsläufig überfordert. Der Gosplan war kaum in der Lage, diese Flut zu beherrschen, zumal auf einzelne Anträge, zum Beispiel zur Bereitstellung von mehr Öl für den Export, jeweils zahlreiche Anträge für Mittel für Bohrungen, Pipelineröhren oder Raffinieren folgten. Dies war für die Mitarbeiter und Entscheidungsträger im Gosplan durchaus absehbar, führte aber zu einer gewissen Trägheit und eingeschränkten Manövrierfähigkeit.[73]

Bei zahlreichen Anliegen in der Energiepolitik war der Gosplan diejenige Instanz, die das Projekt überprüfte. So wandten sich die Ministerien mit ihren Projektvorschlägen und Anliegen zur Planabänderung in der Regel an Ministerpräsident Kosygin. Diese leitete der Ministerrat, meist in Person von Aleksej Kosygin, an den Gosplan und seine Komitees wie etwa den Gosstroj zur Überprüfung weiter. Der Gosplan gab seine Empfehlungen dann an den Ministerrat zurück.[74] Dabei bestimmte der Gosplan auch die Höhe der Gelder, die ein

71 Siehe u. a. das Sitzungsprotokoll des Ministerratspräsidiums vom 20. Oktober 1976, in: RGAĖ, f. 4372, op. 67, d. 1112, l. 21.

72 Chung: Interest representation, S. 17.

73 Nove: Das sowjetische Wirtschaftssystem, S. 39.

74 Ein Beispiel ist hier das »Schreiben über das technische Projekt zum Ausbau der Gaslagerstätte Urengoj […]« vom Stellvertretenden Vorsitzenden des Gosplan, A.M. Lalajanc, und dem Stellvertretenden Vorsitzenden von Gosstroj, A.A. Borovoj, vom 25. November 1977, in: RGAĖ, f. 4372, op. 67, d. 1114, l. 27.

Ministerium für die verschiedenen Tätigkeitsbereiche erhalten würde.[75] Die Pläne mussten allerdings von allen Instanzen, auch dem Obersten Sowjet und dem Politbüro, abgesegnet werden. Dabei lauteten die Vorwürfe seitens der Ministerien nicht selten, dass der Gosplan seine Pläne wesentlich zu hoch veranschlage und unter dem Druck des Politbüros so viel Erdöl produzieren wolle wie möglich. So kam es häufig zu einem regelrechten Auflauf der Ministerialbürokraten, die ihre Forderungen in Moskau mit Nachdruck durchzusetzen versuchten. Dabei »pilgerten sie durch die Gänge des Gosplan, Gossnab und Finanzministeriums, um weitere Mittel zu erbetteln«.[76]

Zudem entwarf der Gosplan die Langzeitpläne für die Erdöl- und Erdgasindustrie bis 1990. Damit wurde er auch zum Entwickler einer langfristigen Strategie, ebenso wie bei der Herausgabe von Schemata für die Ansiedlung der Produktionskräfte und die damit verbundenen Schemata für die Energieversorgung und produktion des gesamten Landes und mit allen Brennstoffen.[77] Dabei hatte der Gosplan die Aufgabe des Koordinators der verschiedenen Energiezweige, war damit aber schon seit der Zeit Chruščevs auch dem Ministerrat verpflichtet, der den Gosplan und seine Unterkomitees damit beauftragen konnte, diese Aufgaben in konkreten Fällen wahrzunehmen.[78] Auch richteten der Gosplan und das GKNT im Jahr 1978 eine gemeinsame Kommission ein, welche ein wissenschaftliches Programm für die Nutzung von Erdöl und Erdgas aufstellen sollte. Diesen Beschluss verabschiedeten beide Körperschaften gemeinsam.[79]

Der Planung des westsibirischen Komplexes wandte sich der Gosplan nach den Debatten der Anfangsjahre schliesslich zu Beginn der 1970er Jahre mit der Erschließung des »Erdölgiganten« Samotlor begeistert zu, in der Hoffnung, dass sich das Projekt schnell refinanzieren würde. 1974 richtete der Gosplan das Institut für integrierte Studien von Brennstoff- und Energieproblemen ein. Mitte

75 Auszug aus dem Fünfjahresplan 1976–1980 für das Gasministerium, erteilt durch den Gosplan vom 1. Januar 1976 in: RGAÈ, f. 4372, op. 67, d. 108, l. 8–25.

76 Tchurilov: Lifeblood of empire, S. 107.

77 Zur langfristigen Strategie siehe: Projekt über die grundlegenden Entwicklungsrichtungen der Erdölindustrie 1976–1990, RGAÈ, f. 4372, op. 66, d. 6072, l. 5–19; zu den Schemata siehe: Verbesserung der Ansiedlung der Produktionskräfte im System der Maßnahmen effektiver Formierung des Brennstoff- und Energiekomplexes, in: RGAÈ, f. 4372, op. 67, d. 130, hier ll. 13–21.

78 Beschluss des Höheren Rats für die Volkswirtschaft der UdSSR des Ministerrats der UdSSR, vom 1964, in: GARF, f. 5446, op. 98, d. 106, l. 1–7.

79 Beschluss »Über die Einrichtung einer Kommission […]« durch den Gosplan und das GKNT vom 20. Februar 1978, in: RGAÈ, f. 4372, op. 67, d. 1424, ll. 252–255.

der 1970er Jahre bewegte sich der Gosplan kurzfristig auf eine Energiestrategie mit einem Kohle- und Atomkraftprogramm zu, die von Kosygin und dem GKNT vertreten wurde, und gab dann Ende der 1970er Jahre wieder eigene Studien in Auftrag. Diese zeigten auf, dass der Gasexport aus Westsibirien günstiger sein würde als die Energieherstellung durch Kohle und die Errichtung eines leistungsstarken Hochspannungsnetzes. Der Gosplan hatte ein eigenes Department für Öl und Gas, dem seit 1976 Vladimir Filanovskij vorstand.[80] Nach Kosygins Tod wurde in den Jahren 1980–1981 ein regionales Büro in Tjumen' eingerichtet. Dies war die erste lokale Filiale in der Geschichte des Gosplan.[81]

Es beeinflusste die Zuwendung des Gosplan zur Erdölindustrie maßgeblich, dass er mit Bajbakov einen Neftjanik aus Baku an seiner Spitze hatte. Immer wieder machte Bajbakov seine Rolle als ehemaliger Volkskommissar für Erdöl, welcher er bereits unter Stalin gewesen war, geltend. Als Vorsitzender des Gosplan entschied Bajbakov durch den Umfang materieller und finanzieller Zuwendungen über die Erschließung Westsibiriens mit. Auch wenn die entscheidenden Gespräche in der Regel bei Ministerpräsident Kosygin stattfanden, war Bajbakov stets als Chefplaner anwesend.[82] Zeitzeugen wollen jedoch große Spannungen zwischen den beiden hohen Staatsmännern gespürt haben: Während Bajbakov in seinen Memoiren davon berichtet, dass es Aleksej Kosygin gewesen sei, der ihn nach Moskau zurückgeholt habe,[83] beschreiben Offizielle aus den Ministerien oder auch der sowjetische Botschafter Valentin Michailovič Falin, dass es Differenzen zwischen Kosygin und Bajbakov gegeben habe. Dies mochte sich schon nach der versuchten Wirtschaftsreform von 1965 abgezeichnet haben, als Kosygin eine gewisse Dezentralisierung befürwortete. Der Grund für die von Falin und anderen wahrgenommenen Missstimmungen mag gewesen sein, dass der Gosplan nicht bereit war, einen Teil seiner Entscheidungsgewalt über die Wirtschaftsplanungen abzugeben. Dies mündete in einen Konflikt mit den Wirtschaftsmanagern vor Ort, welche die in Moskau beschlossenen Wirtschaftsziele für ihre Region als unzumutbar empfanden. Obwohl sie am Planungsprozess offiziell beteiligt wurden, empfanden sie ihren Einfluss auf die vom Gosplan, Politbüro und Obersten Sowjet beschlossenen Wirtschaftspläne als zu gering. Wirtschaftsmanagers Lev Čurilov, der Bajbakov als »frustrierten Neftjanik« bezeichnete, vermutete in

80 Gustafson: Crises amid plenty, S. 294.

81 Ders., S. 302.

82 U. a. Auszug aus dem Sitzungsprotokoll des Ministerratspräsidium der UdSSR vom 8. Dezember 1971, in: GARF, f. 5446, op. 105, d. 278, l. 92.

83 Baibakov: Von Stalin bis Jelzin, S. 162.

seinen Memoiren, dass es den Moskauer Machthabern darum ging, die immer mächtigere Ölindustrie unter der Kontrolle des Moskauer Machtzentrums zu halten.[84] Die lokalen Wirtschaftsmanager, die von den Moskauer Funktionären regelmäßig vor Ort Besuch erhielten, nutzten diese Gelegenheiten häufig, um direkt ihre Beanstandungen vorzutragen. Dies führte nicht selten zu lokalen Stoßprojekten, z. B. als Kosygin nach einem seiner Besuche persönlich die örtlichen Konstruktionsbrigaden von Glavtjumenneftegazstroj beauftragte, die desolaten Wohnheime zu renovieren.[85] Diese Projekte konnten jedoch keine größeren Mängel vor Ort beheben.

Dieses persönliche Bild von Bajbakov wird zudem davon ergänzt, dass Bajbakov als ein loyaler Neftjanik ein durchaus hohes Ansehen genoss. So fuhr Bajbakov nach Mexiko, um sich dort über die Erdölförderung in Sumpfgebieten zu informieren, um dieses Wissen anschließend in Westsibirien anzuwenden. Gleichzeitig hielt Bajbakov Kontakt zu lokalen Wirtschaftsmanagern und setzte sich in Moskau persönlich für Belange der Erdölindustrie wie den Pipelinebau ein. In den Augen des Generalsekretärs Breżnev genoss Bajbakov durchaus hohes Ansehen,[86] obwohl ihn dieser nach Bajbakovs eigenen Angaben »als einen ›aus der Riege von Kossygin‹ betrachtete«.[87] Bajbakov begeisterten viele Technikprojekte und forschungen, so unter anderem auch eine Technologie der 1970er Jahre, bei der Erdgas in einem schneeähnlichen Zustand in eine Kapsel gepresst wurde. Gleichzeitig wurde auch geplant, die Jamal-Halbinsel zu erschließen und das Gas als Flüssigerdgas (Liquified Natural Gas, kurz LNG) abzutransportieren.[88] In den Anfangsjahren der Entstehung des Erdöl- und Ergaskomplexes fuhr Bajbakov oftmals persönlich nach Tjumen'.

Mit Nikolaj Nikolaevič Nekrasov, in Irkutsk ausgebildeter Wissenschaftler und Vorsitzender des SOPS, hatte das Projekt einen weiteren Unterstützer in der Hauptstadt. Die Wissenschaftler organisierten fachübergreifende Konferenzen in Novosibirsk, welche die an der Entwicklung Westsibiriens interessierten Wirtschaftsmanager, Lokalfunktionäre, Planungsstrategen und in den Feldern arbeitende Geologen an einen Tisch brachten.

84 Ders., S. 107–108.
85 Tchurilov: Lifeblood of Empire, S. 70.
86 Vestnik Archiva Prezidenta: General'nyj sekretar' L.I. Breżnev, S. 37.
87 Baibakow: Von Stalin bis Jelzin, S. 158.
88 Gustafson: Crises amid plenty, S. 145.

3.4 Die regionale Erdöllobby in Tjumen'

Eine regionale Erdöl- und Erdgaslobby formierte sich in Tjumen' bereits im Zusammenhang mit den Funden in den 1950er Jahren. Ihre Akteure stammten aus verschiedenen Sphären: der lokalen Parteiorganisation (Oblastnoj Komitet, kurz Obkom) in Tjumen', den in der Region tätigen ministeriellen Produktionsvereinigungen diverser Ministerien, die den gesamten Upstreamsektor bedienten, den Projektierungsbüros in Tjumen'. Hinzu kamen Wissenschaftler von der Sibirischen Abteilung der Akademie der Wissenschaften der UdSSR. Die Lobbyisten hatten entsprechend ihrem Hintergrund bisweilen unterschiedliche Ansichten, waren sich jedoch in Bezug auf die Perspektiven in Westsibirien recht einig und sollten besonders in der Anfangszeit zu einem der wichtigsten Motoren werden.

Das Obkom in Tjumen' gehörte zu den frühen Lobbyisten einer wirtschaftlichen Erschließung Westsibiriens, denn bis weit in die 1950er Jahre gab es in der Region lediglich etwas Forst, Fisch- und Viehwirtschaft. So erwartete das Lokalkomitee sehnsüchtig jeden industriellen Fortschritt, der die latente Abwanderung der Bevölkerung stoppen würde. Den Vorsitz im Obkom hatte bis 1958 Kosov, der das Wasserkraftwerk am Ob' befürwortete. Doch schon 1958 änderte sich die Planung. Der Erste Sekretär des Tjumen'er Obkom wurde wegen des Vorwurfs von Amtsmissbrauch durch den bereits erwähnten Protozanov ersetzt. Die neue Führung mit Protozanov und seit 1961 auch Ščerbina befürwortete die Erschließung der Erdöl- und Erdgasressourcen der Region.[89]

Ščerbina war aus Irkutsk nach Tjumen' versetzt worden: In Irkutsk hatte er den Posten des Zweiten Sekretärs innegehabt und dort die Fertigstellung der Irkutsker GĖS, den Bau der Bratsker GĖS und den der Raffinerie an der Angara in Irkutsk mitgestaltet, wodurch er einige Erfahrung bei der Begleitung von industriellen Großprojekten vorweisen konnte. Obwohl Ščerbina in Tjumen' zunächst für Landwirtschaftsfragen zuständig sein sollte, zogen die Erdölfunde die Führung des Obkom sofort in ihren Bann. Protozanov, der zuvor als Parteisekretär im udmurtischen Lokalkomitee tätig gewesen war, begeisterte sich für diese ebenso wie Boris Ščerbina. Letzterer unterzeichnete zahlreiche Dokumente zum Aufbau der Erdölindustrie, des Downstreamsektors und der Infrastruktur, bis er schließlich 1973 nach Moskau berufen wurde und dort

89 Karpov/Gavrilova: Očerki istorii otečestvennoj neftjanoj i gazovoj promyšlenosti, S. 69; zu den regionalen Eliten siehe auch: Nekrasov/Stafeev/Chromov: Neftegazovyj kompleks SSSR, S. 30–43.

den Vorsitz des neu gegründeten Minneftegazstroj übernahm.[90] Wie auch die Parteiorgane auf oberster Ebene setzten die lokalen Parteiorgane sich für die Mobilisierung bei den großen Vorhaben ein; so wurden etwa regionale Zeitungen wie etwa die Zeitschrift *Vpered* (*Vorwärts*) herausgegeben, die mit einer Auflage von 1500 Exemplaren den Bau der Erdölpipeline Ust-Balyk–Omsk begleiten sollte.[91] Als langer Arm der Institutionen in Moskau setzte Ščerbina auch die Direktiven der KPdSU auf regionaler Ebene durch, »nahm die Fragen auseinander« und erklärte sie zur »Angelegenheit des kommunistischen Aufbaus«, wobei sein persönlicher Enthusiasmus unverkennbar war.[92] Auch in der *Pravda* kam Ščerbina regelmäßig zu Wort, sowohl in der Funktion als lokaler Parteisekretär als auch später als Vorsitzender des Ministeriums für den Anlagenbau der Erdöl- und Erdgasindustrie.[93]

Protozanov, der von 1958 bis 1964 auf wechselnden Posten im Obkom in Tjumen' tätig war, galt ebenfalls als Antreiber der Erdöl- und Erdgasindustrie. Wenn es darum ging, die Interessen Tjumen's in Moskau zu vertreten, gelang es Protozanov, »die dicksten Holztüren«[94] zu durchdringen. Wie andere Parteioffizielle ließ er sich per Radio über den Fortgang von Expeditionen informieren und brachte diesen geschickt in den Gesprächen mit Bajbakov und dem Erdölminister Valentin Dmitrievič Šašin[95] ein. Er hatte gemeinsam mit Aristov und Kosygin eines der ersten Schreiben nach Moskau verfasst und in diesem schon 1960 für den Aufbau einer Erdölindustrie plädiert. Nach internen Kämpfen mit Ščerbina, der vom ZK aus Moskau auf seinen Posten berufen worden war, wurde Protozanov jedoch nur zum Zweiten Sekretär gewählt. Damit unzufrieden, wurde er nur wenige Zeit später nach Ust-Kamenogorsk in Kasachstan versetzt, wo er den Posten als Erster Sekretär übernahm.

Die regionale Führungselite in den Erdöl- und Erdgasregionen Westsibiriens spielte eine wichtige Rolle in der Promotion energiepolitischer Belange. Nach

90 U.a. Aus einem Beschluss des Büros des Tjumen'er Obkoms […] vom 2. Februar 1966, in: Smorodinskov (Hg.): Neft' i gaz Tjumeni, Bd. 2, S. 25–27.

91 Aus dem Beschluss des Obkoms in Tjumen unterzeichnet durch B.E. Ščerbina vom 22. Februar 1966, in: Smorodinskov (Hg.): Neft' i gaz Tjumeni, Bd. 2, S. 33.

92 Aus dem Vortrag B. E. Ščerbinas über die Direktiven zum Fünfjahresplan 1966–70 vom 20. April 1920, in: Smorodinskov (Hg.): Neft' i gaz Tjumeni, Bd. 2, S. 48–50.

93 Intensivno osvaivat novyj rajon« Artikel von B.E. Ščerbina aus der *Pravda* vom 27. Mai 1966, in: Smorodinskov (Hg.): Neft' i gaz Tjumeni, Bd. 2, S. 53–63, hier S. 53.

94 Tchurilov: Lifeblood of Empire, S. 86–89.

95 Valentin Šašin hatte eine Ausbildung als Ingenieur. Er arbeitete bei Bašnefterazvedka und später bei Tatneft', wo er aufstieg. Zwischen 1965 und 1977 war er Minister der Erdölindustrie. Biographie von Valentin D. Šašin, online verfügbar unter: https://www.gubkin.ru/gallery/portrait/detail.php?ID=1133 [30.12.2018].

der Ernennung Ščerbinas zum Minister rückte Bogomjakov auf diesen Posten auf. Bogomjakov war einer der wenigen Kader, die selbst aus der Region stammten. Er war zuvor Direktor der Projektierungsorganisation ZapSibNIGNI gewesen, die das Tjumen'-Projekt maßgeblich mitgestaltete, und ein ebensolcher Fürsprecher für die Erdölindustrie. In Tomsk war es der politisch erfolgreiche Egor Kuz'mič Ligačev, der später zum Mitglied im Politbüro des ZK in Moskau gewählt werden sollte. Auch der Vorsitzende der Parteiorganisationen in Surgut und Nižnevartovsk, Vasilij Vasil'evič Bachilov, formte die politische Linie in der Region mit. Er hatte eine geisteswissenschaftliche Ausbildung abgeschlossen, setzte sich jedoch für die Belange der Erdöl- und Erdgasindustrie aktiv ein. Er war der einzige Parteioffizielle, der die stürmischen Anfangsjahre überlebte und bis in die 1980er Jahre im Norden der Region tätig war.

Die Parteisekretäre beider Regionen, Tjumen' und Tomsk, standen hinter dem Aufbau einer mächtigen Ölindustrie in der Region, schienen sie doch die Chance auf einen Bedeutungszuwachs der Region gewittert zu haben. Doch die Arbeit und Einmischung der lokalen Parteikomitees fand bei den Führungskadern der Erdölindustrie kaum Begeisterung. Die Ölbranche war zunächst unzufrieden damit, dass in der Lokalpolitik keine Ölmänner zu finden waren, die die Branche kannten. Das Verhältnis zwischen den Neftjaniki und den Parteikadern blieb somit ambivalent, wie der Vorsitzende von Juganskneft' in einer Episode seiner Memoiren über Ščerbina zu berichten wusste: »[...] wie viele unserer Führungskader in dieser Zeit, war ihm die Macht zu Kopf gestiegen, und er war dabei in Gefahr den Kontakt damit zu verlieren, wie das Leben in der Sowjetunion damals wirklich war.«[96] Nichtsdestotrotz bildeten sich bereits während der ersten Konsolidierungsphase Bekanntschaften innerhalb der Interessengruppen, die sich in den 1970er Jahren in erfolgreiche Tandems zwischen der regionalen Parteiführung und den Ministern der jeweils entscheidenden Wirtschaftszweige verwandelten. In Tjumen' bestand ein solches Tandem in der Zeit von 1973 bis 1984 aus dem Gespann Ščerbina, der seit 1973 Minister für den Betriebsbau von Erdöl- und Erdgasindustrie war, und dem Ersten Sekretär des Tjumen'er Obkom, Bogomjakov. Die Obkoms waren in jedem Fall ein unabdingbarer Faktor in der industriellen Entwicklung der Region, da sie sich unter anderem maßgeblich für den Aufbau einer kommunalen Infrastruktur einsetzten.[97]

Neben den Parteikadern fanden sich viele Tjumen'-Enthusiasten unter den Geologen. Zu ihnen gehörte auch der 1931 in Aserbaidschan geborene Farman

96 Ders., S. 90.
97 Karpov/Gavrilova: Očerki istorii, S. 69.

Kurbanovič Salmanov. Seinen Aufstieg als Geologe in Westsibirien verdankte er – nach eigenen Angaben – Bajbakov, den er bereits aus Schulzeiten kannte. Salmanov, der in seinen Memoiren von den Erzählungen seines Großvaters über Sibirien berichtete, bat später bei Bajbakov persönlich um seine Versetzung dorthin. Allerdings war Salmanov nicht begeistert davon, dass die geologische Organisation Zapsibneftegeologija nur in Südsibirien beziehungsweise im Vorural nach Öl suchte, obwohl seiner persönlichen Einschätzung nach Öl wesentlich eher am mittleren Ob' gefunden werden könne. Salmanov, der oftmals als Mensch mit resolutem Charakter beschrieben wurde, gelang es, Mitstreiter zu finden, die eigenmächtig mit ihm im mittleren Westsibirien nach Erdöl suchen würden. 1966 wurde Farman Salmanov für seine tatsächlich erfolgreichen Funde zum »Helden der sozialistischen Arbeit« erklärt, 1970 erhielt er den Lenin-Preis. Mit seinem bekanntermaßen starken Charakter diente er vielen als Paradebeispiel eines »Helden der sozialistischen Arbeit« und bekam regelmäßig die Möglichkeit, sich an prominenter Stelle, beispielsweise in der *Pravda*, zu äußern.[98]

Die erste westsibirische Förderorganisation war die noch zu Chruščevs Regierungszeiten 1964 gegründete Produktionsvereinigung Tjumenneftegaz, die ihren Sitz in der Regionshauptstadt Tjumen' hatte.[99] Bereits im Mai 1965 kam das dem Minnefteprom zugehörige Unternehmen Glavtjumenneftegaz hinzu; dieses wurde von der Förderorganisation Tatneft' unterstützt, von welcher aus Offizielle und Spezialisten nach Tjumen' versetzt wurden, um dort die Ölindustrie aufzubauen. Ebenfalls wurden führende Kader von Tjumenneftegaz in die neue Produktionsvereinigung versetzt; Tjumenneftegaz hingegen wurde nach Surgut verlegt, um dort die Erdölförderung vorzubereiten. Weitere Spezialisten kamen jeweils für eine Saison nach Tjumen', um eine industrielle Förderung aufzubauen. Der Fokus wurde auf die Extraktion der Rohstoffe gelegt. Doch vorerst gab es ein großes Problem für den Abtransport des Erdöls, weshalb Gidrotruboprovodstroj mit der Planung von Pipelines beauftragt wurde. Glavtjumenneftegaz war darüber hinaus auch für die Förderung von Erdöl in der benachbarten Region Tomsk zuständig.[100] Zum Direktor von Glavtjumenneftegaz wurde Viktor Ivanovič Muravlenko ernannt. Dieser war vormals aus Kujbyšev nach Sachalin versetzt worden, weil seine Bohreinheit die erforderlichen Sicherheitsstandards nicht eingehalten hatte. Nur aufgrund des persön-

98 Biographie von Farman K. Salmanov, online verfügbar unter: http://www.warheroes.ru/hero/hero.asp?Hero_id=9264 [05.12.2018].

99 Siehe hierzu auch: Alekperov, Vagit: Oil of Russia. Past, present and future, Minneapolis MN 2011.

100 Koleva: Zapadno-sibirskij neftegazogo kompleksa, Bd. 1, S. 58–69.

lichen Einsatzes Bajbakovs war er wieder in das Volga-Ural-Gebiet zurückgeholt worden. 1965 ernannte Bajbakov ihn zum Chef von Glavtjumenneftegaz, auf einen Posten, den er zeitlebens innehaben sollte.[101] Damit bekam der leitende Ölarbeiter Muravlenko eine zweite Chance in Westsibirien.

Der Machtwechsel von Chruščev zu Breznev strahlte bis in die Provinz aus. Durch die in Surgut und damit näher an den Erdölfeldern ansässige neue Produktionsvereinigung Glavtjumenneftegaz hatte die ältere Produktionsvereinigung Tjumenneftegaz deutliche Konkurrenz bekommen. Tjumenneftegaz hatte vor Ort zwar erfahrene Spezialisten, doch ihre Leitung war noch zu Zeiten Chruščevs eingesetzt worden, weshalb sie nach dem Machtwechsel unter genauer Beobachtung der neuen Regierung in Moskau stand.[102] Der neue Gosplan hingegen dürfte Glavtjumenneftegaz favorisiert haben, denn deren Vorsitzender Muravlenko war mit Bajbakov persönlich befreundet. Muravlenko befürwortete dabei ähnlich wie Bajbakov eine gemäßigte Ölförderung in Tjumen' und wollte sowohl einen zu großen Enthusiasmus als auch den vorschnellen Start bei der Erschließung Westsibiriens verhindern.[103] Wohl nicht zuletzt aufgrund der doppelten finanziellen Belastung musste Tjumenneftegaz 1969 letztlich weichen; ihre regionalen Produktionseinheiten von Tjumenneftegaz wie Surgutneft', Megionneft' wurden in der Folge von Glavtjumenneftegaz übernommen.[104]

Die Kontinuität des Personals zwischen Tjumenneftegaz und Glavtjumenneftegaz war nur teilweise gegeben.[105] Die Positionen in dem neuen Glavka besetzte Muravlenko mit Mitstreitern, die seine Ideen teilten, so dass er sich als Vorgesetzter und Mittler zwischen den verschiedenen Industriezweigen, den Arbeitskräften in den Brigaden und der Moskauer Führungselite etablieren konnte. Das Bohrequipment bestellte Glavtjumenneftegaz bei den Fabriken Uralmaš und bei Barrikady in Volgograd.[106] Glavtjumenneftegaz sollte von den 1960er Jahren bis in die 1980er Jahre die weitaus größte Förderorganisation blei-

101 Tchurilov: Lifeblood of Empire, S. 75.

102 Koleva: Zapadno-sibirskij neftegazogo kompleksa, Bd. 1, S. 58–69.

103 Velikopol'skij, S.D.: Istorija Glavtjumenneftegaza. 40letnjaja istorija Glavki v svidedel'stvach očevidcev, vspominanijach, dokumentach I fotografijach, Tjumen' 2005, S. 8–9.

104 Koleva: Zapadno-sibirskij neftegazogo kompleksa, Bd. 1, S. 83.

105 Velikopol'skij: Istorija Glavtjumenneftegaza, S. 9.

106 Die Anlagenindustrie hatte während des Zweiten Weltkriegs aufgrund der kriegsrelevanten Produktion große Veränderungen erfahren, die auch die Erdöl- und Erdgasindustrie betrafen. Nach dem Zweiten Weltkrieg waren die Fabriken Uralmaš und Barrikady sowie Motovilič in Perm' und kleinere Fabriken mit anderen Produktionsschwerpunkten zuständig. Uralmaš produzierte dabei Equipment der Schwerindustrie, Barrikady Equipment der Leichtmetallindustrie, Motovilič die Turbobohrer, in: Igolkin: Neftjanaja promyšlennost' SSSR, S. 308–314.

ben. Glavtjumenneftegaz vereinigte sämtliche Förder, Bohr, Explorations, Bau- und andere Organisationen unter seinem Dach. Es scheint daher naheliegend, dass hier Zentralisierungsbestrebungen die Grundlage waren, um ein weiteres Tauziehen um Aufträge zu vermeiden. Für den Bau von technischen Anlagen war das Ministerium des Öl- und Chemiemaschinenbaus zuständig. Die regionale Werft in Surgut bekam den Auftrag, Tanker für die Ölindustrie zu bauen. Um den Sozialbau kümmerten sich die drei großen Ministerien – das Minnefteprom, das Mingazprom und das Geologieministerium – zunächst selbst. Sie wollten ein Pionierlager, Sanitärschulen und ein Erholungsheim für ihre Arbeitskräfte bauen lassen. 1968 erbat das Minnefteprom 1968 eine Erhöhung der Finanzierung beim Ministerrat, welcher stattgegeben wurde. Die Investitionen wurden um das 2,3-Fache angehoben. 1970 umfasste Glavtjumenneftegaz schon 112 Organisationen.[107]

Die AN SSSR stand an der Spitze der Forschung in Moskau.[108] Die Akademie war abhängig vom ZK, denn die Partei entschied mit, welche Schwerpunkte in der Akademie gesetzt wurden, und bestimmte auch deren Präsidenten. Der Akademie untergeordnet waren zahlreiche regionale Akademien, die sich mit der wissenschaftlichen Forschung allgemein, aber auch der Forschung zu Spezialgebieten innerhalb der Regionen befasste. Die Sibirische Abteilung der Akademie der Wissenschaften wurde nach jahrelangem Ringen als Zweigstelle der Akademie in Moskau 1957 gegründet, um die Entwicklung Sibiriens und den als Ferner Osten (*Dal'nyj Vostok*) bezeichneten nordöstlichen Zipfel Russlands und Asiens wissenschaftlich zu unterstützen. Sie hatte ihren Sitz in Akademgorodok, einem eigens für die Wissenschaft erbauten Stadtteil außerhalb von Novosibirsk. Weitere Institute befanden sich in den sibirischen Großstädten weiter östlich, in Tomsk, Krasnojarsk, Irkutsk und Jakutsk.[109] In Akademgorodok sammelten sich Lobbyisten der Erschließung Westsibiriens, so der Geologe Trofimuk, aber auch der Wirtschafts- und Gesellschaftswissenschaftler Abel Gezevič Aganbegjan, der mit seinen Publikationen den Ruf als Ver-

107 Koleva: Zapadno-sibirskij neftegazogo kompleksa, Bd. 1, S. 68–83.

108 Gesamtdarstellungen zur sowjetischen Wissenschafts- und Forschungslandschaft finden sich u. a. bei: Josephson, Paul R.: Totalitarian Science and Technology in the Soviet Union, New Jersey NJ 1996; Graham, Loren R.: Science in Russia and the Soviet Union. A short history, Cambridge 1993.

109 Mick, Christoph: Wissenschaft und Technologie, in: Plaggenborg, Stefan (Hg.): Handbuch der Geschichte Russlands, Band 5/2 1945–1991. Vom Ende des Zweiten Weltkriegs bis zum Zusammenbruch der Sowjetunion, Stuttgart 2002, S. 907–970, hier S. 952; siehe auch: Fortescue, Stephen: Science Policy in the Soviet Union, London 1990.

fechter der komplexen und branchenübergreifenden Wirtschaftsentwicklung der Region erworben hatte.

Trofimuk stammte aus einer Bauernfamilie und hatte eine höhere technische Bildung erhalten. Er vertrat die Dogmen seiner Zeit, die Nutzbarmachung der Natur für die Bedürfnisse des Menschen und eine möglichst schnelle Entwicklung der sibirischen Erdöl- und Erdgasressourcen. Weil seine eigene geophysikalische Tätigkeit nicht zu großen Funden führte, tat er sich immer häufiger als Organisator der geologischen und geophysikalischen Forschungen in Novosibirsk hervor und wurde zum Sprachrohr einer energischen Erdöl- und Erdgaswirtschaft, die unter anderem mit Techniken wie der Wassereinspeisung in einem möglichst kurzen Zeitraum hohe Produktionsraten erlangte. In Moskau und bei Generalsekretär Brežnev war Trofimuk allerdings vor allem für seine Bemühungen zum Schutz des Baikalsees bekannt.[110]

Aganbegjan, der führende Kopf einer Wirtschaftsstrategie für Sibirien auf der regionalen Ebene, stammte ursprünglich aus Tbilisi und hatte seine akademische Ausbildung in Moskau absolviert. Bis 1961 war er im Ministerrat mit Lohn- und Arbeitsfragen beschäftigt. Im November 1961 ging er nach Novosibirsk, wo er die Anfangsjahre der Sibirischen Abteilung mit anderen Wissenschaftlern mitgestaltete. Aganbegjan, der für interdisziplinäre Ansätze eintrat, baute in Novosibirsk das Institut für Wirtschaft und die Organisation der Industrieproduktion (Institut ėkonomiki i organizacii promyšlennogo proizvodstva, kurz IĖOPP) auf, welches auf mathematische und soziologische Methoden zurückgriff. Trotz der neuen Ansätze und der Weisungen des Präsidenten der Akademie der Wissenschaften in Moskau, Michail Alekseevič Lavrent'ev, alle Wissenschaftszweige unter der Mathematikwissenschaft zu vereinen und gleichwertig zu behandeln, wurden die Wirtschafts- und Sozialwissenschaften auch im Akademgorodok kaum ernst genommen. Ihr Forschungsgebäude wurde als eines der letzten überhaupt errichtet und zum beliebten neuen Rechenzentrum erhielten sie nur zwischen 3 und 5 Uhr morgens Zutritt.

In den 1960er und 1970er Jahren allerdings erlebten die Wirtschafts- und Sozialwissenschaften eine Öffnung: Von engen Fragestellungen zur Effizienz in Wirtschaftsbetrieben und in den Arbeitsabläufen integrierten die Sozial- und Wirtschaftswissenschaften nun auch soziologische Aspekte der sowjetischen Arbeitswelt in ihre Forschung. Solche Methoden wählte u. a. die im Akadem-

110 Josephson, Paul: New Atlantis Revisited. Akademgorodok, the Siberian city of science, Princeton NJ 1997, S. 165–167 sowie S. 178–179.

gorodok tätige Soziologin Tatjana Ivanovna Zaslavskaja[111] in großangelegten Untersuchungen unter den Arbeitern in Sibirien. Obwohl offene und persönliche Meinungsumfragen für die Bevölkerung noch ungewohnt waren, trug Zaslavskaja seit ihrer Ankunft im Novosibirsker Akademgorodok 1962 bis in die frühen 1980er Jahre so ein großes Wissen über die Arbeitskräftemigration in Sibirien zusammen. Zaslavskaja vertrat dabei den in Moskau unpopulären Ansatz, dass die große Emigration aus Sibirien der niedrigen Lebensqualität in den entlegenen Regionen sowie den hohen Löhnen geschuldet seien, die eine Wirtschaftsmigration befeuerten.[112]

Doch die neuen wissenschaftlichen Vorgehensweisen kollidierten oftmals mit den in Moskau festgelegten Forschungsfragen, die fester Bestandteil der Fünfjahrespläne waren, so dass die Sibirische Abteilung erst dem Wirtschaftsprogramms mit dem Namen »Sibir'« (»Sibirien«) wichtige Aufgaben wie die Erstellung wissenschaftlicher und technologischer Rapporte, von Planungs- und Managementdokumenten oder Begutachtungen zu Umweltthemen erhielt.[113] Insgesamt führte die wissenschaftliche Konkurrenz dabei zu einer gewissen Ineffizienz: So waren in der Region bisweilen fünfzig Forschungsinstitute gleichzeitig tätig.[114]

Eine weitere Art wissenschaftlich-technischer Institutionen waren die Projektierungsinstitute der Ministerien (Naučno-issledovatelskij institut, kurz NII) sowie die Universitäten, Technischen Hochschulen und Berufsschulen. In der Anfangszeit waren diverse Projektierungsinstitute mit dem Aufbau einer Erdgasindustrie in der Lagerstätte Berezovo beauftragt: Das Leningrader Institut Giprospecgaz projektierte die Pipelines, das Institut Vostokgiprogaz in Saratov die Erschließung der Lagerstätte, das Kiever Institut Ukrgiprogaz die Verdichterstationen entlang der Trasse. Später bestimmten die Ministerien die Auftragnehmer für die Projektierungsarbeiten.[115] Problematisch dürfte dabei die

111 Tatjana I. Zaslavskaja schloss 1950 das Wirtschaftsstudium an der Lomonossow-Universität in Moskau ab, promovierte 1956 und habilitierte 1966. Zwischen 1950 und 1960 arbeitete sie am Wirtschaftsinstitut der Akademie der Wissenschaften und wurde schließlich auf Einladung von Abel Aganbegjan 1963 an das Institut für Wirtschaft und die Organisation der Industrieproduktion in den Novosibirsker Akademgorodok berufen, in: Biographie von Tatjana I. Zaslavskaja, online verfügbar unter: http://isaran.ru/?q=ru/person&guid=7FFC9D91-E6E9-8544-9483-D1D169C41F81 [17.12.2018].

112 Josephson: New Atlantis Revisited, S. 232–249.

113 Ders., S. 227–229.

114 Chung: Interest representation, S. 18–20.

115 Leider gibt Koleva nicht an, welche Projektierer dies waren, in: Koleva: Zapadno-sibirskij neftegazovyj kompleks, Bd. 1, S. 95.

Anzahl der beteiligten Institute gewesen sein: So berichtete der Vorsitzende des Tjumen'er Lokalkomitees, Ščerbina, stolz, dass in der Region Tjumen' zwanzig Projektierungs- und Forschungsinstitute tätig seien.[116]

Trotz des stetigen Eingriffs Moskaus und des Beharrens auf einem bürokratischen Zugang (*vedomstvennyj podhod*) bildete sich in den 1970er Jahren eine Forschung heraus, die besonders die Entstehung von Territorialkomplexen sowie der Industriezweige außerhalb der Extraktionsindustrie begutachtete und begleitete. Zudem organisierten die Wissenschaftler interdisziplinäre Konferenzen unter anderem auch zur Entwicklung Westsibiriens in Novosibirsk, die Lokalfunktionäre, Wirtschaftsmanager, Planungsstrategen und Spezialisten der Expeditionen und Bohrtrupps an einen Tisch brachten. Die Ergebnisse der wissenschaftlichen Konferenzen der Entscheidungsjahre 1966, 1968 und 1969 in Tjumen' und Tomsk fanden Eingang in die Diskussionen des ZK und des Gosplan.[117] Problematisch blieb in der Regierungszeit Breżnevs, die auch mit der Initialperiode des Aufbaus eines Erdöl- und Erdgaskomplexes in Westsibirien einherging, die Koordination der Arbeiten. Bis weit in die 1980er Jahre hatten die Arbeiten einen Charakter, der lediglich auf die Ressourcenextraktion fokussierte und ein darüber hinaus gehendes Engagement in der Region auf einen möglichst geringen – wenn auch in der Realität immer noch immensen – Aufwand beschränken wollte. Erst in den späten 1970er Jahren kamen Bestrebungen auf, die industrielle Erschließung Sibiriens generell und dann auch im Westsibirischen Erdöl- und Erdgaskomplex von einer vollumfänglich zuständigen Körperschaft abdecken zu lassen.[118] Im Ministerrat wurden nun Schritte in Richtung der Schaffung einer interministeriellen Kommission mit Sitz in Tjumen' unternommen, auch der Gosplan eröffnete eine Filiale in Tjumen'.[119] Ein solches Vorgehen war jedoch erst möglich, nachdem die höchste politische Führung beschlossen hatte, das Projekt auch vollumfänglich zu realisieren.

116 Aus der Rede des Ersten Sekretärs des Obkom in Tjumen, B. E. Ščerbina, auf dem 8. Plenum des Obkom, vom 20. Januar 1970, in: Smorodinskov (Hg.): Neft' i gaz Tjumeni, Bd. 2, S. 235–239, hier S. 236.

117 Karpov/Gavrilova: Očerki istorii, S. 69.

118 Chung: Interest representation, S. 18–20.

119 Ob dies mit dem Tod von Kosygin zusammenhängt, ist fraglich, aber nicht ganz unwahrscheinlich. Oben in: Karpov/Gavrilova: Očerki istorii, S. 75.

3.5 Resümee

Die UdSSR wurde wie eine einzige Wirtschaftseinheit geleitet und gelenkt. Nach innen und außen war Leonid Breznev als Parteivorsitzender des ZK der KPdSU der wichtigste Entscheidungsträger, der politische Wege legitimieren musste. Auch Premier Kosygin hatte in diesem Wirtschaftsgefüge einen herausragenden Posten inne. Beide Entscheidungsträger waren sich der Komplexität eines solchen Wirtschaftsgefüges durchaus bewusst. Deshalb griffen sie auf ein weites Netz von Vertrauten, Beratern, verschiedenen Wirtschaftsverantwortlichen, Planungsstrategen, Lokalfunktionären und Wissenschaftlern zurück, wenn es um grundlegende politische Entscheidungen ging. Die Erdöl- und die Erdgasindustrie waren in diesem Gefüge zwei immens wichtige Säulen, denn sie waren sowohl mit der Energieversorgung und sicherheit des gesamten Landes als auch mit dem lukrativen Außenhandel betraut. Deshalb wurden für Entscheidungen eines solch maßgeblichen Energiezweiges immer auch die Beraternetze genutzt und Entscheidungen nicht nur von der politischen Elite beeinflusst. So spiegelten sich in der Energiepolitik zahlreiche Positionen diverser Akteure aus Wirtschaft, Wissenschaft und Politik wider. Es kamen nicht nur die Wirtschaftsverantwortlichen in Moskau, sondern auch regionale Branchenverantwortliche, Funktionäre, Geologen und andere Wissenschaftler zu Wort. Aus diesem Gemisch an Interessen konnte sich nicht nur eine Energiestrategie entwickeln, sondern auch eine Regionalpolitik, die mit mehr oder weniger Erfolg regionale und kommunale Interessen durchzusetzen suchte.

4. Von der »Großen Chemie« zum Erdölprojekt unter Breżnev, 1964–1971

Schon kurz nach seinem Regierungsantritt nahm Leonid Brežnev das Erdöl als eine der wichtigsten Grundlagen der sowjetischen Wirtschaft wahr und erwähnte im Jahr nach seinem Amtsantritt, dass er sich über die Entwicklung der Erdölbranche bei Bajbakov informiert habe.[1] Dennoch war der Erdölsektor nicht das Hauptaugenmerk von Brežnev. Seine ganz eigene Vorstellung einer starken, bereits industrialisierten Wirtschaftsmacht war die, dass es einen herausragenden spezialisierten Sektor geben sollte und nicht dieselbe geringe Unterstützung für alle Sektoren: »Zu seiner Zeit war die Aufgabe die Industrialisierung des Landes [...]. Die Kohle haben sie voll aufgedreht, das Erdöl haben sie voll aufgedreht, die Metallurgie, man brauchte Metall für die Entwicklung der Basis des Maschinenbaus und überhaupt der ganzen Volkswirtschaft. Deshalb haben wir die Gürtel enger geschnallt, haben keine Wohnungen gebaut, sondern Baracken, bauten das und das nicht, sondern drehten die Metallurgie voll auf, die Kohle, das Öl und bauten auf dieser Basis. Das war eine Idee. Aber wenn wir allen 20 Kopeken geben, dann gibt es keine Idee.«[2] Brežnevs ›Idee‹ für den 8. Fünfjahresplan bestand vor allem in der Unterstützung der regelmäßig von Missernten heimgesuchten Landwirtschaft und in der flächendeckenden Bewässerung wasserarmer Landwirtschaftsregionen, »damit man im Land fühlen kann: Das Brotproblem, das Viehzuchtproblem gibt es im Land nicht mehr, sie sind gelöst«.[3] So erhoffte sich Brežnev, die Versorgung der Bevölkerung mit Nahrungsmitteln bald vollständig aus eigener Kraft gewährleisten zu können und nicht länger Devisen für die horrenden Weizen- und Fleischimporte aus den USA aufwenden zu müssen.

Der Energie sollte daher, obwohl Brežnev sie mehrmals einen der Grundpfeiler des nationalen Einkommens nannte, im 8. Fünfjahresplan seitens der Partei eine geringere Rolle zukommen. Diese Haltung Brežnevs war jedoch nicht

1 Stenogramm des Auftritts von L.I. Brežnev auf dem Treffen mit den Leitern der regionalen Parteikomitees, der sowjetischen Organe und der größten Betriebe in der Stadt Leningrad, vom 12. Juli 1965, in: Vestnik Archiva Prezidenta: General'nyj sekretar' L.I. Brežnev, S. 32–51, hier S. 37.

2 Ders., S. 43.

3 Ders., S. 43.

verwunderlich: Mitte der 1960er Jahre war der Anteil der Kohle am Energiemix weiter zurückgegangen und betrug nun 41,2 Prozent, während das Erdöl und das Erdgas 34,6 Prozent beziehungsweise 15 Prozent ausmachten. Das Erdöl war zudem der meistexportierte Energieträger, mehr als 25 Prozent der gesamten Produktion gelangten ins Ausland.[4] Gleichzeitig importierte die Sowjetunion Erdöl aus dem Iran.[5] Die Produktion im Erdöltrust Tatneft' war mit dem »Giganten« Romaškino die größte im Land, die Region stellte 72–73 Prozent der gesamten Erdölförderung. Mit den großen Feldern in den Regionen Tatarstan, Baschkortostan und Kujbyšev hatte die Sowjetunion auch im internationalen Vergleich Venezuela 1961 hinter sich gelassen und befand sich nach den USA auf dem zweiten Platz der weltweiten Erdölproduktion. Große perspektivenreiche Felder hatte man Anfang der 1960er Jahre gefunden, eine frühe Schätzung ging davon aus, dass man hier bald 15 Millionen Tonnen Erdöl fördern könnte. Das perspektivenreichste kasachische Vorkommen war Uzen'. Die Region befindet sich auf einem ähnlichen Längengrad wie das Volga-Ural-Gebiet und Tjumen' und bot damit eine vergleichbare Entfernung für den Abtransport. Das Erdöl von Mangyšlak sollte in den kommenden Jahren zu einem stetigen Konkurrenten für das Tjumen'er Erdöl werden, glaubte man doch, dass die Ressourcen Westsibiriens und Westkasachstans grundsätzlich denselben Umfang hätten, die westkasachischen Ressourcen jedoch aufgrund der klimatisch warmen Verhältnisse einfacher zu erschließen seien. Erst im weiteren Verlauf sollte sich dies als Trugschluss erweisen.[6] Die Lage im Energiesektor schien damit keinesfalls beunruhigend zu sein, und so waren die Entwicklungen vor allem an Premierminister Kosygin und Staatsplaner Bajbakov delegiert, die sich in der zweiten Hälfte der 1960er Jahre immer stärker für die Erschließung der westsibirischen Energieträger einsetzen sollten, welche den immensen Rohstoffreichtum der Sowjetunion später begründeten.

4 Dienes/Shabad: The Soviet energy system, S. 30–34.

5 Der Import von Rohöl und Erdgas, der mit der Nationalisierung der Erdölquellen 1951–1954 als politische Unterstützung dieser Länder innerhalb von Barter-Abkommen begann, diente unter anderem auch dazu, die sinkende Erdölförderung im Kaukasus auszugleichen. Klinghoffer, Arthur J.: The Soviet Union & International Oil Politics, New York 1977, S. 21.

6 Das kasachische Erdöl hatte einen hohen Paraphinanteil und eine hohe Viskosität, was die Förderung und den Transport deutlich erschwerte. Auch der Umfang der Ressourcen sollte sich als wesentlich geringer herausstellen als der in Tjumen. Dienes/Shabad: The Soviet energy system, S. 34 und S. 52.

4.1 Bajbakovs Kampf um das westsibirische Erdöl

Die Region Westsibirien konnte in der ersten Hälfte der 1960er Jahre mit einer Konzentration am mittleren Ob' schon einige wichtige Erdölfunde aufweisen. Zu ihnen gehörten die Felder Megion (entdeckt 1961), Ust-Balyk (entdeckt ebenfalls 1961) und das bereits erwähnte Erdölfeld in Šaim (entdeckt 1960). Die neuen Entdeckungen forderten nach Abklärung des Ressourcenumfangs schließlich auch eine politische Entscheidung heraus, die den Umgang mit den neuen Funden betraf. Allerdings hatten die beiden Beschlüsse von 1962 und 1963, die noch unter Chruščev getroffen worden waren, es noch weitestgehend offengelassen, wie man in der Region Tjumen' weiter vorgehen wollte, und vorerst nur eine Förderung von 5–10 Millionen Tonnen beziehungsweise von stabilen 10 Millionen Tonnen festgelegt, was in Anbetracht einer sowjetischen Gesamtförderung von damals 206,1 Millionen Tonnen (1963) gering war.[7] Daher waren die Tjumen'er Lobbyisten bemüht, bei der neuen politischen Führung weiter für ihre Angelegenheit zu werben. Dabei nutzten sie die seit Jahren deutlichen Tendenzen in Richtung des Ausbaus der Erdölindustrie. Bajbakov war einer der Ersten aus der Moskauer Wirtschaftsadministration, der 1963 nach Tjumen' kam, um sich vor Ort zu informieren. Im Januar 1964 besuchte Bajbakov die Region, in der die Geologen auf Hochtouren an weiteren Entdeckungen für die Ölbranche arbeiteten, ein weiteres Mal.[8] Bajbakov schien von den Fortschritten, die man seit den beiden noch zurückhaltenden Beschlüssen von 1962 und 1963 gemacht hatte, überzeugt zu sein. Am 25. Januar 1964 sandte er an Kosygin in Moskau ein Telegramm, in welchem er gemeinsam mit zwei Tjumen'er Lokalfunktionären um eine zusätzliche Startbasis für die Region von 26 Millionen Rubel aus dem Budget der RSFSR und von weiteren 21 Millionen Rubel durch Glavgaz bat.[9] Doch Kosygin veranschlagte in einer Anordnung nur 21 Millionen Rubel durch die RSFSR für den Aufbau einer Erdölindustrieinfrastruktur und veranlasste Glavgaz, 5 Millionen Rubel aus dem eigenen Budget zu investieren.

7 Zu den Beschlüssen: Russische Wissenschaftler machen unterschiedliche Aussagen über den Beginn der eigentlichen Erschließung Westsibiriens. Während Galina Koleva die beiden Beschlüsse von 1962 und 1963 bereits als Anfang der Erschließung nennt, setzt Karpov den Startpunkt beim Beschluss von 1969, in: Koleva, G. Ju.: Strategija razvitija Zapadno-Sibirskogo neftegazogo kompleksa (1960gg–1980gg), in: Vestnik Tomskogo gosudarstvennogo universiteta (2007) 1, S. 95–102, hier S. 97.

8 Baibakow: Von Stalin bis Jelzin, S. 264.

9 Telegramm von Bajbakov, Kubkin und Protozanov aus Tjumen' an Kosygin vom 25. Januar 1964, in: GARF, f. 5446, op. 98, d. 614 l. 2.

Verteidigungsminister Ustinov hingegen wurde beauftragt, für die Region Soldaten aus der Reserve als kostengünstige Arbeitskräfte bereitzustellen.[10]

Da das Projekt nun auch in der politischen Führung weitaus weniger Anklang gefunden hatte als erhofft, arbeitete die Tjumen'-Lobby nun an positiven Argumenten für ihren Standort, indem sie die Ansiedlung weiterer Industriezweige vor Ort befürwortete, um so wichtige Parameter der Arbeitsproduktivität (*proizvoditel'nost' truda*) anzuheben, die nur dann gewährleistet war, wenn günstige Materiallieferungen und ausreichend Arbeitskräfte vorhanden waren. Dies war zumindest bisher nicht der Fall gewesen, denn Material und Maschinen für die Industrien wurden aus dem westlichen Landesteil geliefert, ebenso wie die anschließend produzierten Energieträger wieder in die weiterverarbeitenden Industrieanlagen des sowjetischen Westens gelangten. In Anlehnung an Chruščevs Vorschlag von 1963, »einen Plan zu erarbeiten, der solche Maschinenbaufabriken, deren Produktion vor allem in den östlichen Regionen genutzt wird, auch in den östlichen Regionen des Landes anzusiedeln«,[11] griffen die Wissenschaftler der Sibirischen Abteilung der AN SSSR diese Idee einer Stärkung und großen Selbstständigkeit Sibiriens als Wirtschaftsraum dankbar auf. Um »das sinkende Tempo der Ansiedlung anderer Industriezweige aufzuhalten«, schlug die wissenschaftliche Tjumen'-Lobby vor, die energieaufwändigen Energiezweige (Schwerindustrie usw.) nach gründlicher Auswahl und unter Berücksichtigung sämtlicher geographischer, historischer und natürlicher Bedingungen an konkreten Standorten in Sibirien anzusiedeln.[12] So wollten sie in gewisser Hinsicht einen komplexen Wirtschaftsraum aufbauen, der sowohl auf Grundlage örtlicher Materialien den Erdöl- und Erdgassektor sowie die Städte und Infrastruktur errichtete und die im Erdöl- und Erdgassektor produzierten Energieträger in weiterverarbeitenden Anlagen beziehungsweise energetisch aufwändigen Industriezweige nutzte, die zu diesem Zweck in Sibirien entstehen sollten. Die Wissenschaftler standen dabei auch noch unter dem Eindruck von Chruščevs Chemiekampagne, die das latente Agrarproblem der Sowjetunion durch eine gesteigerte Düngemittelproduktion und Mobilisierung durch Transportfahrzeuge auch für Sibirien hätte lösen sollen. So schlugen sie zur Wirtschaftsentwicklung Westsibiriens vor, dass die Öl- und Gasfunde für den Aufbau einer

10 Anordnung des Ministerrats vom 16. März 1964, unterzeichnet durch Kosygin, in: GARF, f. 5446, op. 98, d. 614 ll. 13, 16; Anordnung des Ministerrates vom 26. März 1964, unterzeichnet durch Ustinov, in: GARF, f. 5446, op. 98, d. 614, l. 92.

11 Gorbunov, Ė. P.: K voprosu o vyravnivanii urovnej ėkonomičeskogo razvitija rajonov SSSR, in: Izvestija SO AN SSSR (1964) 1, S. 45–55, hier S. 54.

12 Ders., S. 55.

lokalen Petrochemieindustrie in Sibirien dienen könnten. Das Erschließungstempo der westsibirischen Kohlenwasserstoffe würde allerdings grundlegend davon abhängen, welche Maschinen und welches Equipment der aufstrebenden Öl- und Gasindustrie seitens der Staatsplaner und Regierung in Moskau zur Verfügung gestellt würde. Mit einem Argument konnte die Erdöllobby in Tjumen' überzeugen: Die Rohstoffbasis für die Petrochemie in Westsibirien galt als äußerst vorteilhaft, denn das Erdöl hatte einen geringen Schwefelgehalt und galt damit als qualitativ hochwertig: »Das alles zeugt davon, dass Westsibirien über große potenzielle Möglichkeiten für die Entwicklung eines Industriezweiges zur Förderung von Öl, Begleit- und Erdgas, zur Erdölverarbeitung, zur Produktion von Synthetikkautschuk und anderen Produkten [...] verfügt«.[13]

Im Anschluss an seine Dienstreisen nach Tjumen' versuchte Bajbakov, damals in der Funktion als Vorsitzender des Komitees für die Chemie- und Erdölindustrie im Gosplan, im Juni 1964 durch die Übernahme von Zuständigkeiten den Erdölsektor gegenüber dem Mingeo und dem Mingazprom zu konsolidieren und den Ausbau der Industrie voranzutreiben. Bisher, und dies war auch dem Ministerrat bewusst, hatte eine gewisse Vagheit die Moskauer Entscheidungen in Bezug auf die westsibirischen Energieträger dominiert, so dass die Zukunft der neuen Förderregionen unklar blieb.[14] Bajbakov suchte den Konflikt nun zu lösen, indem er sich gegen das Staatskomitee für Geologie unter der Leitung des Geologen Aleksandr Vasil'ev Sidorenko[15] positionierte. Bajbakov forderte, dass die geologischen Arbeiten, die bisher vom Staatskomitee für Geologie übernommen worden waren, vollständig an das Staatskomitee der Erdölindustrie im Gosplan übergeben werden sollten. Durch diese Position sollte insbesondere die Novosibirsker Filiale, die bisher vergebens in Südsibirien nach Erdöl gesucht hatte, weniger Aufträge bekommen und weiter unter Druck gesetzt werden. Doch Bajbakov musste den vehementen Widerstand Sidorenkos hinnehmen, der die umfangreichen geologischen Arbeiten in Sibirien und West-

13 Die Petrochemie war Mitte der 1960er Jahre vorerst ein Industriezweig unter vielen, u. a. der Buntmetallindustrie in Krasnojarsk und der Kohleindustrie im Kuzbass und in Kansk-Ačinsk, in: Utrobin, E.N.: Nekotorye problemy razvitija narodnogo chozjajstva Zapadnoj Sibrii, in: Izvestija SO AN SSSR (1965) 1, S. 3–9.

14 Zitat: Bescheinigung zur Frage des Komitees für die erdölfördernde Industrie, 3. Tagesordnungspunkt, in: GARF f. 5446, op. 100, d. 442, l. 20.

15 Aleksandr Sidorenko war seit 1962 Minister für Geologie, in den Jahren 1963–1965 Vorsitzender des Staatskomitees für Geologie und Schutz der Lagerstätten, ab 1975 war er Vizepräsident der Akademie der Wissenschaften der UdSSR, in: Biographie von Aleksandr V. Sidorenko, online verfügbar unter: http://isaran.ru/?q=ru/fund&guid=0FDB6D11-4E3D-66A1-5876-9D8806E0680E&ida=1 [06.12.2018].

kasachstan keineswegs aufgeben wollte. Geologieminister Sidorenko fürchtete, dass die geologischen Arbeiten schnell ins Hintertreffen geraten würden, wenn man sie der auf die Extraktion fokussierten Erdölindustrie übertrug. Damit standen Bajbakovs Hoffnungen auf eine Dynamisierung der Exploration in Sibirien im offensichtlichen Kontrast zur konservativen Auffassung Sidorenkos. Bajbakov wollte sich mit dem Konservatismus nicht zufriedengeben und machte seinen Einfluss vollends geltend, indem er das von ihm geleitete Komitee der Erdölindustrie Förderzahlen für Tjumen' höher ansetzte als die für das von vielen favorisierte Westkasachstan. 1970, so das Schreiben von Bajbakov, könne die Förderung in Westsibirien bereits 30 Millionen Tonnen betragen, 1975 sogar 100–120 Millionen Tonnen, während in Westkasachstan nur 20 Millionen respektive 50 Millionen Tonnen Rohöl gefördert werden sollten.[16] Kosygin gab in seiner damaligen Funktion als Stellvertretender Premier dem Anliegen des Ölingenieurs Bajbakov nur teilweise statt: Für einen Beschluss kündigte er an, dass die geologischen Arbeiten in Tjumen' und Westkasachstan künftig von der Erdölindustrie übernommen würden; die geologischen Regionalorganisationen, auch diejenige in Novosibirsk, würden demnächst nach Tjumen' verlegt.[17] Doch den Vorschlag Bajbakovs einer schnellen Anhebung zur Förderung in Tjumen' wies Kosygin vorerst zurück: »In seinem Schreiben gab Genosse Bajbakov [...] keine ausreichende Grundlage für die angegebenen Förderumfänge für Erdöl in der Oblast Tjumen' und auf der Halbinsel Mangyšlak an«.[18] Grund dafür war, laut Kosygin, auch die in Westsibirien bisher kaum organisierte Gasindustrie, die für die Übernahme von Bauaufgaben, wie unter anderem den Pipelinebau und andere Infrastrukturnetze, zuständig war. Bisher wurden diese Aufgaben immer noch von tatarischen und baschkirischen Organisationen erledigt, die Einheiten ihrer eigenen Erdöl- und Erdgasindustrie für kurze Projekte nach Westsibirien entsandten. Damit war Bajbakovs Vorschlag um eine Anhebung der Erdölförderung in Tjumen' vorerst abgeschmettert beziehungsweise auf eine entferntere Zukunft vertagt worden.

Gleichzeitig hatte Kosygin, damals noch Erster Stellvertreter von Premierminister Chruščev, nun den Gosplan und die Komitees der Erdöl- und Erdgasindustrie sowie der Schwarz- und Buntmetallurgie um die Ausarbeitung

16 Schreiben des Staatskomitees für die Erdölindustrie an den Ministerrat vom 8. Juni 1964 unterzeichnet durch Kosygin, in: GARF, f. 5446, op. 100, d. 442, ll. 1–2.

17 Bescheinigung zur Frage des Komitees für die erdölfördernde Industrie, 3. Tagesordnungspunkt, in: GARF, f. 5446, op. 100, d. 442, l. 19.

18 Beleg »zur Frage des Komitees der erdölfördernden Industrie« aus der Sitzung bei Aleksej Kosygin vom 22. Juni 1964, in: GARF, f. 5446, op. 100, d. 442, l. 19–21, hier l. 21.

eines Förderplans für die Industriezweige in der Periode 1966–1970 »auf der Grundlage des Projekts für die Brennstoff- und Energiebalance für 1966–1070«[19] gebeten, um die Bedürfnisse und auch die Energieversorgung der Metallurgie langfristig abzuklären. Am 9. Januar 1965 sandte der Gosplan im Namen seines Stellvertretenden Vorsitzenden, Aleksandr Jakovlevič Rjabenko, einen Vorschlag für die Erdöl- und Erdgasförderung an den Ministerrat, der ganz offensichtlich von Bajbakov beeinflusst worden war und dessen vorangegangene Forderung wiederholte. Darin hieß es, dass 1970 650 Millionen Tonnen Kohle, 360 Millionen Tonnen Öl und 260 Milliarden Kubikmeter Gas gefördert werden sollten, um die eigenen energetischen Bedürfnisse, die Bedürfnisse der erdölverarbeitenden Industrie und die des Exports decken zu können. Damit wäre der Anteil der Kohlenwasserstoffe am sowjetischen Energiemix von 53,1 Prozent auf 62,4 Prozent gestiegen. Ob bei den optimistischen Planzielen des Gosplan für die Erdölindustrie ein blinder Zukunftsglaube Bajbakovs mitspielte, ist schwer zu sagen, denn immerhin sollten 30 Millionen Tonnen Erdöl aus bisher nicht entdeckten Lagerstätten die Produktionssteigerung möglich machen, was fast genauso viel ausmachte wie die geplante Förderung von 20 Millionen Tonnen in Tjumen' und 15 Millionen Tonnen auf der westkasachischen Halbinsel Mangyšlak zusammen. Vielmehr sorgte sich der Gosplan um das künftige Potenzial der Gasindustrie, da nicht genügend Reserven entdeckt worden waren.[20] Kontroverse Diskussionen über die Erschließung Westsibiriens auf einer Geologenkonferenz vom 24. bis 26. Februar 1965 hinterließen beim ebenfalls an der Konferenz teilnehmenden Bajbakov ihre Spuren. Einige der Geologen forderten auf dieser Konferenz einen Fokus auf den europäischen Landesteil, um die Energieträger möglichst nah an den Industrieregionen abzubauen, um damit sowohl Erschließungs- als auch Transportkosten möglichst gering zu halten. Die Volgaregion, der Kaukasus, aber auch das seit Beginn der 1960er Jahre angeschlossene Zentralasien lagen bei vielen Geologen und Neftjaniki hoch im Kurs und erhielten einen entsprechenden Zuspruch in den

19 Sitzungsprotokoll beim ersten Stellvertreter des Ministerrats, A. Kosygin, vom 22. Juni 1964, in: GARF, f. 5446, op. 100, d. 442, l. 12.

20 Schreiben des Gosplan an den Ministerrat der UdSSR »Über die Ausarbeitung von Maßnahmen zur Entwicklung der Erdöl- und Erdgasindustrie 1966–70« vom 9. Januar 1965, in: GARF, f. 5446, op. 100, d. 442, ll. 31–33. Über die Konferenz berichtet auch der Geologe. So sollen an dieser Konferenz ein letztes Mal die Geologen aller Industriezweige gemeinsam teilgenommen haben, später wurden diese Konferenzen wieder nach Branchen aufgeteilt. Viele Geologen waren der Meinung, dass man das westsibirische Erdöl kaum in der näheren Zukunft fördern werde, in: Kubšinov: Neftjanye gorizonty, S. 124.

Debatten.[21] Verunsichert setzte Bajbakov im April 1965 die für Tjumen' vorgesehenen Förderzahlen wieder herab, jedoch nicht ohne die Geologen aufzufordern, dass sie möglichst große Lagerstätten entdecken sollten, damit man in Zukunft mit minimalen Ausgaben und einer möglichst geringen Anzahl von Förderbrunnen die vom Staatskomitee für Erdölwirtschaft geplanten Förderniveaus erreichen könne.

Doch Bajbakov wollte sich mit dem Gebaren der »Konservativen«, die die Erdölindustrie im dichtbesiedelten westlichen Landesteil belassen wollten, nicht zufriedengeben. Im April 1965 sandte er einen Entwurf für einen Regierungsbeschluss des Ministerrats an den Vorsitzenden des Obersten Sowjet der Volkswirtschaft (Verchovnyj Sovet Narodnogo Chozjajstva, kurz VSNH), Novikov, in welchem es wieder um eine beschleunigte Entwicklung der Erdölindustrie in Westsibirien ging.[22] Darin legte Bajbakov einen 35 Punkte umfassenden, detaillierten Vorschlag für die weiteren Entwicklungsrichtungen für die Erdöl- und Erdgasindustrie in der Polarregion Tjumen's vor, der bis zu einer detaillierten Auflistung gewünschter Maschinen- und Materiallieferungen reichte. Unter anderem schlug Bajbakov vor, in technologischer Hinsicht zunächst zwar behutsam vorzugehen, bei Bohr- und Fördererfolgen in den subpolaren Regionen aber sofort alle Kräfte in eine serielle Produktion derjenigen Anlagen und Maschinen zu lenken, die sich unter den klimatischen Bedingungen als brauchbar erwiesen hatten. Das Projekt sah dabei die Organisation der Förderung, aber auch den Aufbau der Infrastruktur und weitere Details wie die Bereitstellung von spezieller Arbeitskleidung und die Abstimmung der Lohnhöhen vor.[23] Bajbakov forderte für das Projekt einen Betrag von 1,497 Milliarden Rubel, der für die Industrie und den Industriebau eingesetzt werden sollte, sowie die Bereitstellung von 236.000 Tonnen Pipelineröhren. Seinen Vorschlag sandte er an die Leitung des Gosplan (Genosse Lomako), den Ministerrat der RSFSR (Genosse Jasnov), den Sowjet der Volkswirtschaft (Genosse Dymšic)[24] und das Staats-

21 Nekrasov/Stafeev/Chromov: Neftegazovyj kompleks SSSR, S. 44–46.

22 Schreiben des Vorsitzenden des Staatskomitees für die erdölfördernde Industrie, N. K. Bajbakov, an den Vorsitzenden des VSNH, V.N. Novikov, vom April 1965, in: GARF, f. 5446, op. 100, d. 441, l. 1.

23 Projekt für einen Beschluss Über die Maßnahmen für die weitere Entwicklung der erdölfördernden Industrie in Westsibirien für 1966–1970, versandt im April 1965, in: GARF, f. 5446, op. 100, d. 441, ll. 2–14.

24 Gemeint ist hier Veniamin Emmanuilovič Dymšic, der von 1962 bis 1985 Stellvertreter des Ministerratsvorsitzenden war. Zwischen 1965 und 1976 war er Vorsitzender des Gossnab, ab 1981 leitete er eine Behörde zur Erschließung des westsibirischen Erdöls und Erdgases. In: Eintrag »Dymschiz, Wenjamin« in Munzinger Online/Personen – Internationales Bio-

komitee für das Bauwesen (Gosstroj, Genosse Novikov)[25] mit der Bitte, dies mit den »interessierten Organisationen«[26] durchzusehen. Damit hatte Bajbakov auch den Ministerrat der RSFSR weiter unter Druck gesetzt, der schon längst einen Bericht für die Ansiedlung von Produktionskräften in der Oblast für den Gosplan hätte vorlegen sollen. Bajbakovs Interesse galt – wie auch aus einer Zusammenfassung seines Schreibens hervorging – nur der Erdölindustrie; die Gasindustrie, die Holzindustrie und andere Industriezweige waren von Bajbakov schlicht ignoriert worden.

Damit war in der Zusammenfassung von Bajbakovs Bericht auf ein grundlegendes Problem hingewiesen worden, welches durch das Engagement einer Industrieorganisation in einer Region nicht gelöst werden konnte: die fehlende Kooperation und Koordination in Bezug auf die Einrichtung einer kommunalen Infrastruktur zwischen und außerhalb der Industriekomplexe. So kritisierte das Komitee der Partei- und Staatskontrolle des ZK, der KPdSU und des Ministerrats der UdSSR vor allem den fehlenden Zivilbau in der Region, der in den bisherigen Plänen weitestgehend ausgelassen worden war. Nur 30 Millionen Rubel waren für »Objekte der Produktion und des Kulturalltags«[27] vorgesehen, zudem gelang es nicht, die Bauvorhaben einzelner Branchen und den Aufbau einer kommunalen Infrastruktur miteinander zu koordinieren. Das Komitee für Partei- und Staatskontrolle forderte nun vom SOPS, gegen eine solche Investitionspolitik vorzugehen, denn »der Zugang über die sektorale Bürokratie [vedomstvennost'] und das Fehlen von Koordination des Vorgehens bei der Erschließung der Region richtet großen Schaden an«.[28] Das Transportproblem wurde als ein Beispiel angeführt, denn bisher habe man es nicht geschafft, den

graphisches Archiv, online verfügbar über die Zentralbibliothek Zürich unter: http://www.munzinger.de.ezproxy.uzh.ch/document/00000009925 [29.11.2018].

25 Ignatij Trofimovič Novikov war zwischen 1962 und 1983 Vorsitzender des Gosstroj. Vormals war er Minister für Energetik gewesen und hatte aktiv beim Bau von Elektrokraftwerken mitgewirkt. Die ganze Biographie ist zu finden unter: Ivkin, Vladimir Ivanovič: Gosudarstvennaja vlast' SSSR. Vysšie organy vlasti i upravlenija SSSR i ich rukovoditeli 1923–1991 gg. Istoriko-biografičeskij spravočnik, Moskva 1998, S. 443.

26 Kurze Zusammenfassung, gesandt an den Gosplan UdSSR, Ministerrat der RSFSR, Volkswirtschaftsrat UdSSR, Gosstroj UdSSR und Komitee für die Erdölindustrie vom April 1965, in: GARF, f. 5446, op. 1, d. 441, ll. 25+25ob.

27 Schreiben zur Durchsicht im Büro des VSNH, N. Novikov, Ministerrat, unterzeichnet vom Stellvertreter des Komitees für Partei- und Staatskontrolle, V. Zalužnyj, vom 22. Mai 1965, in: GARF, f. 5446, op. 100, d. 441, ll. 45–51, hier l. 45.

28 Schreiben zur Durchsicht im Büro des VSNH, N. Novikov, Ministerrat, unterzeichnet vom Stellvertreter des Komitees für Partei- und Staatskontrolle, V. Zalužnyj, vom 22. Mai 1965, in: GARF, f. 5446, op. 100, d. 441, hier l. 46.

Aufbau einer Infrastruktur zu gewährleisten, die der gesamten Region und verschiedenen Industriezweigen gedient hätte; so wurde etwa die Bahnlinie Ivdel'–Ob' und Tavda–Sotnik lediglich für die Forstindustrie ausgestattet, »ohne das Einbeziehen einer Möglichkeit [...] für die Bedürfnisse der erdölfördernden Industrie«.[29] Auch der Flussverkehr werde vollkommen unzureichend ausgebaut. Das Vorgehen trage einen nur saisonalen Charakter. Industrielle wie kommunale Bedürfnisse, wie etwa die regionale Stromproduktion und versorgung von Anlagen und Siedlungen, blieben ebenfalls auf der Strecke.

Nachdem die Administrativreform 1965 abgeschlossen und die Staatskomitees in Ministerien umgewandelt worden waren, wurde das Projekt des Gosplan unter dem neuen Vorsitzenden Bajbakov für die Entwicklung der Oblast Tjumen' für den 8. Fünfjahresplan 1966–1970 weiterbearbeitet. Doch die ursprünglichen Absichten einer langsam beginnenden Förderung von Erdöl bei zeitgleich weiterer Erkundung des Gebiets hatten sich nun geändert. Stattdessen schlug Bajbakov eine Förderung von 20 Millionen Tonnen Erdöl statt der ursprünglich geplanten 15 Millionen Tonnen vor, kürzte aber die Explorationsbohrungen deutlich.[30] Damit verschob sich das Gleichgewicht der Investitionspolitik in Richtung einer extensiven Ausschlachtung der Ressourcen. Im November 1965 gab Aleksej Kosygin bekannt, dass sich der Ministerrat weitestgehend an die Vorschläge des Gosplan und seines neuen Vorsitzenden Bajbakov halten wollte, und ordnete eine Ausarbeitung für einen Regierungsbeschluss »in der letzten Redaktion« innerhalb von zwei Wochen an. Dabei sollte man sich auch insbesondere um die Entlohnung der Arbeitskräfte Gedanken machen und diese mit den beteiligten Organen abstimmen.[31]

Gegen die skeptische Haltung in Moskau wetterte im Dezember 1965 die Tjumen'er Projektierungsorganisation Giprotjumen'neft', die sich den Großauftrag der Projektierung der Erdölförderung in Tjumen' nicht entgehen lassen wollte. Die regionale Projektierungsbehörde argumentierte in der sowjetischen Tageszeitung *Pravda* scharf gegen die Ansicht derjenigen, die Westsibirien als eine Reservezone oder lediglich einen »Zusatz« zu den traditionellen Förderregionen

29 Schreiben zur Durchsicht im Büro des VSNH, N. Novikov, Ministerrat, unterzeichnet vom Stellvertreter des Komitees für Partei- und Staatskontrolle, V. Zalužnyj, vom 22. Mai 1965, in: GARF, f. 5446, op. 100, d. 441, hier l. 46.

30 Den Notizen auf dem Blatt ist zu entnehmen, dass man darüber im Ministerrat nicht einig war, in: Punkt 3 der Tagesordnung »zur Frage über Maßnahmen der weiteren Entwicklung der erdölfördernden Industrie in der Oblast Tjumen für 1966–1970«, in: GARF, f. 5446, op. 100, d. 441, l. 137.

31 Auszug aus dem Protokoll der Sitzung im Präsidium des Ministerrats vom 24. November 1965, uz. A. Kosygin, in: GARF, f. 5446, op. 100, d. 441, ll. 149–150.

wahrnahmen. Vielmehr, so der Vorsitzende von Giprotjumen'neft', solle man Fragen der Versorgungssicherheit und des wachsenden Energiebedarfs in die Analysen der sowjetischen Energiestrategie miteinbeziehen. Der Standortfaktor Sibirien, so die Argumentation, entlaste den europäischen Landesteil langfristig, wenn man die Treibstoffproduktion nach Sibirien verlege. Bei möglichen Überschüssen von Treibstoff in Sibirien ergebe sich sogar die Möglichkeit, den Treibstoff entgegen der bisherigen Richtung – bisher wurde der Treibstoff von West nach Ost transportiert – in den westlichen Landesteil zu leiten. Mit dem polaren Erdgas könne man den Ural, das Kuzbass und die Region Leningrad versorgen. Eine Erdölpipeline in die Raffinerie nach Omsk sei bereits geplant, weitere Pipelines würden folgen, ebenso der Bau einer Bahnlinie von Tjumen' in die neue Erdölstadt Surgut bis 1970. Giprotjumen'neft' stellte sogar den Ausbau einer weiteren Raffinerie in Tjumen' in Aussicht, die die eigene Region mit Erdölprodukten versorgen sollte. Zusätzlich sollten die Verbindungsstraßen zwischen den Industrien ausgebaut werden und eine weitere Bahnlinie für den Werkverkehr zwischen den Anlagen entstehen. Nebenbei könne man auch noch die Forstwirtschaft unterstützen. Um die Arbeiten zu koordinieren, wünschten sich die Industriellen eine dauerhafte Vertretung in Form einer Kommission für die Erschließung Westsibiriens im Gosplan, ebenso wie eine Veränderung der – ihrer Meinung nach subjektiven – Einstellung in der Erdölindustrie, dass die Region schon aus klimatischen Bedingungen nicht zu erschließen sei.[32]

Dass zu diesem Zeitpunkt, Ende 1965, bald ein deutlicherer Regierungsbeschluss über die Entwicklung Westsibiriens erlassen werden musste, machte ein Vorfall im Dezember 1965 deutlich. So hiess es in einer Beschwerde des stellvertretenden Erdölministers Sabit Ataevič Orudžev, dass die im Ural ansässigen Organisationen sich trotz einer Finanzierung weigerten, die Aufträge in Tjumen', mit denen sie in der Anfangsphase über ihr eigentliches Aufgabenfeld hinaus beauftragt worden waren, weiterhin zu übernehmen. Daher verlangte Orudžev, diese Arbeiten mitsamt den finanziellen Mitteln an das Minnefteprom zu übergeben.[33]

32 Karjagin, I.: Okean Sibirskoj nefte, in: Pravda 343, 19.12.1965, S. 3. Autor ist der Stellvertretende Direktor von Giprotjumenneftegaz und Professor der Wirtschaftswissenschaften.

33 Schreiben von S. Orudžev an Basilov und Burmistenko vom 24. Dezember 1965, in: RGAĖ, f. 70, op. 1, d. 7, l. 113. UralTiZiS lehnte die Übernahme von Erschließungsarbeiten in Westsibirien ab, woraufhin Orudžev an Gosstroj im Dezember 1965 eine Beschwerde sandte. Das Erdölministerium verpflichtete daraufhin Spezialisten unter dem Dach von Giprotjumenneftegaz. Deshalb wollte Orudžev erwirken, dass die für UralTiZiS eingeplanten Gelder nun an das Erdölministerium gingen.

Die Reorganisation der Wirtschaft und das nachhaltige Werben der Tjumen'-Befürworter zeigten schließlich in Moskau Erfolg und mündeten in den längst überfälligen Regierungsbeschluss. Der Beschluss, erlassen am 3. Februar 1966, ging letztlich nicht nur auf den ursprünglichen Vorschlag Bajbakovs ein, sondern sah gar eine Förderung von 20–25 Millionen Tonnen Erdöl vor, was nun nochmals über den ursprünglichen Zielen Bajbakovs lag, der ein Jahr zuvor eine Förderung von 20 Millionen Tonnen eingefordert hatte. Dem Minnefteprom wurden 15,3 Millionen Rubel für den Objektbau zugesprochen, von denen 7,5 Millionen Rubel in die Verkehrs- und Siedlungsinfrastruktur, die Stromversorgung sowie die Schifffahrt fließen sollten. Zahlreiche Ministerien waren nun in das Projekt, zumindest in Teilbereichen, involviert. Glavtjumenneftegaz, die 1965 gegründete Produktionsvereinigung des Minnefteprom in Westsibirien, sollte hingegen insgesamt 125,38 Millionen Rubel erhalten, von denen 92,88 Millionen in den Industriebau, 20 Millionen in den Zivilbau, 4,5 Millionen in den Kommunalbau und 5 Millionen in den Freizeit- und Kulturbereich sowie 3 Millionen Rubel in die Gesundheitsversorgung investiert werden sollten. Die beteiligten Ministerien erhielten durch den Beschluss jeweils eine Aufzählung der von ihnen in Betrieb zu nehmenden Objekte sowie eine genaue Auflistung der ihnen dafür zur Verfügung stehenden Maschinen, Automobile (LKWs) und Materialien.[34] Neben der Erdölindustrie sollte auch eine regionale Baumaterialindustrie aufgebaut werden, so dass man bald keine teuren Materialtransporte aus dem westlichen Landesteil nach Sibirien mehr benötigen würde.[35] Mit dem Beschluss war aus Sicht der Befürworter ein wichtiger Schritt in Richtung Aufbau einer mächtigen Erdölindustrie am mittleren Ob' in Westsibirien gelungen.[36] Allerdings hingen die Pläne für die Entwicklung der Erdölindustrie 1966–1970 auch damit zusammen, dass sich Mitte der 1960er Jahre ein tiefer geographisch-wirtschaftlicher Riss durch die Karte der Sowjetunion zog, bei dem die starken Industriekombinate im westlichen Landesteil und die für die Industrie benötigten Energieträger und Rohstoffe im östlichen Landesteil jenseits des Ural lagen. So drängte sich beim 23. Parteitag der KPdSU, der vom 29. März bis 8. April 1966 in Moskau stattfand, die Frage nach der Nutzung der im großen Umfang östlich des Ural vorhandenen Ressourcen und einer dafür geeigneten Besiedlungs- und Sozialpolitik für Sibirien auf. Um eine solche Politik erfolgreich durchzuführen, reisten sowjetische Delegierte unter anderem

34 Ziffer für die Explorationsarbeiten auf Kopie nicht zu erkennen.

35 Beschluss des Ministerrats vom 3. Februar 1966, in: GARF, f. 5446, op. 100, d. 441, ll. 215–225.

36 Vom politischen Rückhalt für die Erdölindustrie zeugt auch ein Artikel in der *Pravda* vom Dezember 1965. Siehe: Neftjanoj industrii – Vysokie tempy rosta, in: Pravda 336, 02.12.1965, S. 1.

auch nach Kanada, um sich über die dortige arktische Erdölindustrie und deren Methoden zu informieren. Der Erfahrungsschatz der Kanadier beeindruckte, wie später noch aufgezeigt wird, besonders die sibirische Wissenschaftselite. Doch auch in den Ministerien in Moskau war man um die Suche nach einer geeigneten Ressourcenstrategie für Westsibirien bemüht, wie der persönliche Besuch von Erdölminister Šašin und anderen Funktionären in der Oblast Tjumen' Ende 1966 zeigte.[37]

4.2 Der 23. Parteitag der KPdSU und die (west-)sibirische Sozial- und Umweltpolitik

Die »Zweiteilung« des Landes betraf jedoch nicht nur die vorhandenen Ressourcen und Reserven östlich sowie die Industriestandorte westlich des Ural, sondern auch die Verfügbarkeit von Arbeitskräften. In wirtschaftlicher Hinsicht hatte der 23. Parteitag der KPdSU für Sibirien ein ehrgeiziges Programm aufgestellt. In Sibirien erhoffte sich die Parteiführung nun den zügigen Ausbau der Energieindustrie (Kohle, Erdöl, Erdgas, Wasserkraft), ebenso in der Buntmetallurgie, der Chemieindustrie und der Zellulose- und Holzindustrie. Endlich sollte auch das größte Wasserkraftwerk der Welt in Krasnojarsk ans Netz gehen und der Bau von Hochspannungsleitungen forciert werden, die den Strom aus Krasnojarsk bis in den zentralen Landesteil leiten sollten. Für Westsibirien hatte man die Förderzahlen bei den im Regierungsbeschluss angeordneten Umfang von 20–25 Millionen Tonnen Erdöl belassen, plus der geforderten 16–26 Milliarden Kubikmeter Erdgas. Die Erdölfelder Ust-Balyk und Šaim sollten über eine Abzweigung an die transsibirische Pipeline[38] angeschlossen werden, die bisher Erdöl aus dem Volgagebiet nach Sibirien gebracht hatte; von einer Verlängerung der Pipeline in den Hafen von Nachodka war im Rahmen einer internationalen Kooperation mit den am Import von sowjetischem Erdöl äußerst interessierten Japanern ebenfalls die Rede.[39]

Über die transsibirische Pipeline sollte das westsibirische Erdöl zumindest aber in die Raffinerien in Omsk und Irkutsk geliefert werden, falls ein Geschäft

37 Čirskov: Žizn' na opereženie, S. 87.

38 Die Pipeline war 3700 Kilometer lang und hatte einen Durchmesser von 720 Millimeter. Bis 1965 sollte parallel zur Transsibirischen Pipeline eine Pipeline für Erdölprodukte entstehen, die bis nach Čita reichte. Eventuell wollte man diese bis China verlängern. In Ebel: The Petroleum Industry in the Soviet Union, S. 152.

39 Klinghoffer: The Soviet Union & International Oil Politics, S. 253–262.

mit den Japanern vorerst nicht zustande kommen sollte. Auch im Gassektor wurden West- und Ostsibirien immer wichtiger: Eine Gaspipeline aus Westsibirien in die sowjetischen Zentralregionen war in Planung, und die Erschließung von Erdgasfeldern in Jakutien stand ebenfalls zur Debatte. Nun sprach man auch intensiv über Möglichkeiten, die schon Chruščev zur Diskussion gestellt hatte: die Ansiedlung großer Metallurgiekombinate und anderer energieaufwändiger Industrien in Sibirien, die mit den sibirischen Energieträgern betrieben werden konnten, an Stelle des bisherigen Abtransports des Öls und Gases aus der Region. Um den Material- und Warenfluss in Sibirien zu erhöhen, wollte die Partei diverse Eisenbahnlinien, unter anderem auch eine von Tjumen' nach Surgut, einrichten.[40] Die Tjumen'er Lokalzeitung *Tjumen'skaja Pravda* jubelte über den Erfolg, der sich in den 5 Milliarden Rubel niederschlug, die die Region für den Ausbau in den kommenden Jahren erhalten sollte.[41]

Doch hatte der 23. Parteitag der KPdSU auch als erklärtes Ziel, nicht nur die Wirtschaft und Technisierung zu fördern, sondern den Lebensstandard der sowjetischen Bevölkerung zu verbessern.[42] Besonders die Mobilisierung von qualifizierten Arbeitskräften und der Aufbau einer angemessenen Infrastruktur stellten im Erdöl- und Erdgaskomplex Westsibiriens wie auch in zahlreichen anderen entlegenen Regionen Sibiriens die Partei und Planungsstrategen vor eine große Aufgabe. Bereits in der Anfangsphase der Erschließung offenbarte sich, dass die Industriezweige und Institutionen wie die Strojbank nicht bereit waren, für bestimmte Objekte des Kommunal- und Industriebaus weitere Finanzmittel freizustellen. Stattdessen sollten die Kosten in der offiziellen Preiskalkulation (*projektno-smetnaja dokumentacija*) angegeben werden.[43] Dies führte bei zusätzlichen Investitionen in die Industrie vor allem dazu, dass die Baustruktur um die Industrieanlagen, aber auch die kommunale Infrastruktur kaum mit der Rohstoff- und Extraktionsindustrie mitwuchsen.

Und so begannen sich die sozialen Probleme in Westsibirien zu häufen, nicht zuletzt auch wegen der schnell wachsenden Städte wie beispielsweise

40 Starodubskij, L.V.: XXIII sjezd KPSS o razvitii proizvodvstennych sil' Sibiri i Dalnego Vostoka v novoj pjatiletke, in: Izvestija SO AN SSSR (1966) 5, S. 3–8.

41 1965 waren dies nur 1,3 Prozent des gesamten Budgets der russischen Unionsrepublik, während die größten Beträge in die etablierten Ölregionen flossen. Siehe Tabelle in: Considine/Kerr: The Russian Oil Economy, S. 96.

42 Breshnew: Rechenschaftsbericht des Zentralkomitees der Kommunistischen Partei der Sowjetunion an den XXIII. Parteitag der KPdSU, S. 105.

43 Schreiben der Strojbank SSSR an den Obersten Rat der Volkswirtschaft »Über die Erschließung neuer Erdöl- und Erdgaslagerstätten in der Oblast Tjumen« vom Mai 1965, uz. S. Ginsburg, in: GARF, 5446, op. 100, d. 441, ll. 52–53.

im Falle des ehemaligen Dorfs Uraj, welches seine Einwohnerzahl aufgrund der zugezogenen Neftjaniki in kurzer Zeit von 4000 auf 16.000 Bewohner vervierfachte.[44] Die Sozialpolitik drohte auf der Basis des verhältnismäßig großen Bevölkerungsandrangs stets zu entgleisen. Denn bisher war Westsibirien wie andere Regionen östlich des Ural eine dünnbesiedelte Region gewesen, die mit Tjumen' und Tobolsk nur Städte im südlichen Teil Westsibiriens aufzuweisen hatte. Die bisherigen Bewohner der nördlichen Gebiete waren Indigene sowie Angehörige diverser sowjetischer Nationalitäten, die relativ unbehelligt von sowjetischen Industrieutopien von der Tierhaltung, der Landwirtschaft und dem Fischfang lebten und entgegen den kulturpolitischen Bestrebungen der Sowjetmacht oftmals auch traditionelle Kulturtechniken noch nicht abgelegt hatten. So musste die Moskauer Führung in den turbulenten Anfangszeiten auf die staatlichen Lenkungssysteme für Arbeitskräfte zurückgreifen, um Menschen für den entstehenden Industriekomplex in Westsibirien zu mobilisieren. Neben zahlreichen Armeereservisten waren so im Sommer 1965 auch Mitglieder des Komsomol eingetroffen, die beim Aufbau einer kommunalen Infrastruktur mithalfen, nachdem Tjumen' zu einer Allunionsbaustelle (*Vsesojuznaja udarnaja strojka*) erklärt worden war.[45]

Auch im Jahr 1966 trafen unter der Losung »Das dritte Semester für das Erdöl« weitere Studentenbrigaden in Tjumen' ein, die sowohl in den Industrien selbst als auch in der Bauindustrie beschäftigt wurden; in den Jahren 1965–1969 waren dies bereits Zehntausende junge Menschen, die unter anderem aus den Instituten der Ukraine stammten.[46] Doch blieb es eine der größten Herausforderungen, qualifizierte Kader für die Region anzuwerben, die bereits in anderen Regionen in der Erdöl, Erdgas- oder Bauindustrie tätig waren. Viele dieser ersten Spezialisten wurden aus den etablierten Regionen und den Fördervereinigungen wie Tatneft' für die Arbeit in Westsibirien abgestellt, nachdem ihre Vorgesetzten, »lange, erzieherische Gespräche« mit ihnen geführt hatten.[47] Tatsächlich warnten viele Vorgesetzte ihre Schützlinge davor, nach Westsibirien zu gehen, denn der plötzliche Bevölkerungsansturm führte dazu, dass

44 Schreiben zur Durchsicht im Büro des VSNH, N. Novikov, Ministerrat, unterzeichnet vom Stellvertreter des Komitees für Partei- und Staatskontrolle, V. Zalužnyj, vom 22. Mai 1965, in: GARF, f. 5446, op. 100, d. 441, ll. 45–51.

45 Aus dem Beschluss des Sekretariats des ZK des VLKMS »Über die Arbeit der Studentischen Baubrigaden in den Regionen der Erdöl- und Erdgaslagerstätten Westsibiriens 1965 und die Fortsetzung der Arbeiten 1966«, vom 7. Januar 1966, in: Smorodinskov (Hg.): Neft' i gaz Tjumeni, Bd. 2, S. 17–19.

46 Koleva: Zapadno-sibirskij neftegazovyj kompleks, Bd. 2, S. 71.

47 Èrv'e: Sibirskie Gorizonty, S. 28–30.

es kaum oder nur sehr schlechte Wohnungen gab, und um den Aufbau einer kommunalen Infrastruktur mit Trinkwasserversorgung und Kanalisation war es derart schlecht bestellt, dass sich Krankheiten wie Typhus und Dysenterie schnell ausbreiteten. Auf die ministeriellen Industriezweige war beim Bau der Kommunalstrukturen dabei nur eingeschränkt zu hoffen, denn diese befassten sich mit dem Ausbau der Produktionsanlagen und kamen lediglich den staatlich erteilten infrastrukturellen Bauaufgaben für die Arbeitskräfte der eigenen Betriebe nach, anstatt sich umfassend um die Region zu sorgen. Bis Mitte der 1970er Jahre sollten einige soziale Probleme weniger prekär werden, doch die Frage der Mobilisierung blieb, wie das Kapitel 9 später aufzeigen wird.

Diese Problematik hatte die Erschließung von Beginn an begleitet und schnell wurden die Stimmen lauter, die verlangten, die Angelegenheit rechtzeitig unter Kontrolle zu bringen. Der Gosplan sah sich in der kommenden Zeit einer harschen Kritik ausgesetzt, die »die unbegründeten Ausgaben von staatlichen Mitteln«[48] anprangerte. Zudem kritisierte der Ministerrat den Gosplan, der den Anordnungen aus dem Regierungsbeschluss vom 4. Dezember 1963 für die Verteilung von Finanzmitteln für den Zivilbau – Schulen, Krankenhäuser, Kanalisation usw. – nicht nachgekommen war. Was nun folgte, war die Verteilung der Pflichten auf zahlreiche Schultern. So wurde das Staatskomitee für die Erdölförderung schon 1965 dazu aufgefordert, den Kommunal- und Zivilbau in Westsibirien zu koordinieren. Die RSFSR und die staatliche Baubehörde Gosstroj sollten sich des umfassenden Zivilbaus annehmen. Auch die Republikebene des Ministerrats, also der Ministerrat der RSFSR, und das Komitee für die Gasindustrie wurden dazu aufgefordert, sich um den Aufbau einer Lebensmittelversorgung und einer Baumaterialindustrie zu kümmern. Für die Jahre 1965/1966 wurden materielle Sofortmaßnahmen gewährt, die helfen sollten, die Infrastruktur schnell zu errichten. Auch das Problem der Energieversorgung sollte gelöst werden. Für die Periode 1966–1970 sollten Bajbakov, Kortunov und der Vorsitzende des Ministerrats der RSFSR ein Projekt für die Abstimmung im Büro des Rats der Volkswirtschaft vorlegen.[49] Damit auch

48 Punkt 4 der Tagesordnung Bescheinigung über das Schreiben des Komitees für die Partei- und Staatskontrolle des ZK und des Ministerrats über Unzulänglichkeiten während der Erschließung der neuen Erdöl- und Erdgaslagerstätten in der Oblast Tjumen, in: GARF, f. 5446, op. 100, d. 441, hier l. 61.

49 Punkt 4 der Tagesordnung Bescheinigung über das Schreiben des Komitees für die Partei- und Staatskontrolle des ZK und des Ministerrats über Unzulänglichkeiten während der Erschließung der neuen Erdöl- und Erdgaslagerstätten in der Oblast Tjumen, in: GARF, f. 5446, op. 100, d. 441, ll. 61–64. Klüter weist darauf hin, dass der Städtebau vom Industriebauministerium übernommen werden sollte. in: KLÜTER: Die territorialen Produktionskomplexe, S. 132.

Industriezweige jenseits der Erdölindustrie und der Kommunalbau größere Unterstützung erhielten, forderte Lokalparteisekretär Ščerbina, dass der Gosplan innerhalb des Komitees für die Verteilung der Produktion ein Koordinationszentrum einrichten solle.[50]

Immerhin schaltete sich bereits 1965 das Komitee für Parteikontrolle in die Angelegenheit ein. Zur Lösung des Zivilbauproblems forderte das Komitee den Einsatz von Spezialisten für das Bauwesen aus den alten Erdölregionen Tatarstan, Baschkortostan und Kujbyšev, die einen Schwerpunkt auf den Zivil- und Industriebau der Förderindustrie legen sollten.[51] Im bereits oben erwähnten Beschluss des Ministerrats »Über die Maßnahmen zur weiteren Entwicklung der erdölfördernden Industrie in der Oblast Tjumen' 1966–70«[52] vom Februar 1966 folgte eine Präzisierung der vorangegangenen Beschlüsse. Diese Präzisierungen zielten ebenso wie die Forderungen des Komitees für Parteikontrolle auf den Weiterbau der Infrastruktur ab, die nicht direkt der Förderindustrie untergeordnet war. Dem Wohnungsbauproblem wollte man nun zu Leibe rücken, indem man den Bau von Planstädten in der Tundra organisierte. Zu den neuen Polarstädten gehörten das alte Surgut, aber auch ganz neue Städte wie Nižnevartovsk, Nadym und Novyj Urengoj. Zwischen den Städten und Siedlungen in der Polarregion sollte eine Hierarchie entstehen: In der regionalen Hauptstadt Tjumen' wurden die Vertretungen zahlreicher Institutionen sowie später Ausbildungsstätten angesiedelt; sie bot einen relativ hohen Lebensstandard. Die Tundrastädte mittlerer Größenordnung dienten als Basis für die Arbeitskräfte, die an den entlegenen Bohrlöchern im Schichtdienst arbeiteten. In der Nähe der Bohrlöcher wurden rudimentäre Wagonsiedlungen für die Arbeitskräfte aus den weiter entfernten Polarstädten eingerichtet.[53] Um diese prekären Lebensbedingungen zu verbessern, sollten zusätzliche 15 Millionen Rubel für nichtindustrielle Bauten bereitgestellt werden. Die Infrastruktur und das Schichtsystem, in welchem viele Arbeitskräfte tätig waren, sollten verbessert und neue materielle Anreize für die Fachkräfte, beispielsweise am Schwarzen Meer ein Sanatorium für die Tjumen'er Neftjaniki eingerichtet werden.

---

50 Intensivno osvaivat novyj rajon« Artikel von B.E. Ščerbina aus der *Pravda* vom 27. Mai 1966, in: Smorodinskov (Hg.): Neft' i gaz Tjumeni, Bd. 2, S. 53–63, hier S. 63.

51 Schreiben zur Durchsicht im Büro des VSNH, N. Novikov, Ministerrat, unterzeichnet vom Stellvertreter des Komitees für Partei- und Staatskontrolle, V. Zalužnyj, vom 22. Mai 1965, in: GARF, f. 5446, op. 100, d. 441, ll. 45–51.

52 Zum Beschluss: Aus dem Beschluss Nr. 96 des Erdölministeriums »Über die Maßnahmen über die weitere Entwicklung der Erdölindustrie in der Oblast Tjumen' 1966–1970«, 17. Februar 1966, in: Smorodinskov (Hg.): Neft' i gaz Tjumeni, Bd. 2, S. 29–32.

53 Hill/Gaddy: The Siberian Curse, S. 91.

Aufgrund der in zahlreichen Regionen Sibiriens sich verschlechternden Lebensbedingungen war die Regierung angehalten, Abhilfe zu beschaffen. Premier Kosygin sprach auf dem 23. Parteitag der KPdSU nicht nur von den Problemen in Tjumen, als er sich zu einer neuen Arbeitskräfte- und Lohnpolitik äußerte, sondern von ganz Sibirien. Dabei redete Kosygin offen über den Riss (*razryv*, der sich entlang des Ural zwischen Ballungsräumen im Westen und dem bevölkerungsarmen und rohstoffreichen Sibirien im Osten aufgetan hatte. Um den zukünftigen Herausforderungen gerecht zu werden, legte Breznev dar: »Zur schnelleren Entwicklung Sibiriens und des Fernen Ostens müssen im neuen Planjahrfünft sozial-ökonomische Maßnahmen getroffen werden, die namentlich dazu beitragen sollen, die dort tätigen Kader auf die Dauer sesshaft zu machen und neue Kräfte für diese Gebiete zu gewinnen. Das ist eine wichtige Aufgabe der Partei und des Staates.«[54] Alle Arbeitskräfte sollten nun mittels des Koeffizientensystems entlohnt werden, nach welchem der Lohn nach der Höhe des Breitengrads ausbezahlt wurde, so dass der Lohn der Arbeitskräfte in den Polarregionen Sibiriens höher ausfiel als derjenige der Arbeitskräfte im Süden des Landes. Auch sollte es zusätzliche Vergünstigungen und Anreize (*lgoty*) für die Arbeit in Sibirien geben, wobei die Arbeit im Fernen Norden des Fernen Ostens (*Krajnyj Sever Dal'nego Vostoka*) mit einem doppelt so hohen Lohn wie in den zentralen Regionen bezahlt werden sollte.[55]

Dennoch blieben diese Mobilisierungsbestrebungen der Moskauer Zentrale ein Tropfen auf dem heißen Stein und lösten keinesfalls die sozialen und ökologischen Probleme, die sich in den südlichen Städten Sibirien schon lange offenbarten und nun auch auf die Polarregionen überzugreifen drohten. In Moskau, so kritisierten Wissenschaftler der Sibirischen Abteilung der Akademie der Wissenschaften, ging es vor allem um eine schnelle Produktionssteigerung. Denn bei der Ansiedlung von Industrien in Westsibirien würde man vor allem mit der Produktionsvergünstigung werben und dabei das Risiko einer allzu großen Belastung für Mensch und Umwelt durch fehlende Schutzmaßnahmen außer Acht lassen. Beispiele dafür gebe es in der sibirischen Vergangenheit bereits genügend. So seien sibirische Großstädte wie Krasnojarsk und Kemerovo planlos und ohne die Zustimmung aller Ministerien erweitert

54 Breshnew: Rechenschaftsbericht des Zentralkomitees der Kommunistischen Partei der Sowjetunion an den XXIII. Parteitag der KPdSU, S. 85–86; siehe auch: Starodubskij.: XXIII s"jezd KPSS o razvitii proizvodvstennych sil Sibiri i Dalnego Vostoka v novoj pjatiletke, hier S. 6.

55 Die Löhne in Westsibirien waren um 70 Prozent höher als im europäischen Landesteil, in: Dahlmann, Dittmar: Sibirien vom 16. Jahrhundert bis zur Gegenwart, Paderborn 2009, S. 275.

worden, was die Städte in »äußerst unsystematische Bebauung« verwandelt habe. Auch sei die Luftbelastung durch Aerosole in den Städten sehr hoch. Unter den teilweise geplanten »Superkomplexen« wie dem sibirischen Kohlekomplex um Ačinsk würden aufgrund der Verschmutzung letztlich Mensch und Umwelt leiden. Die Orientierung an Westeuropa und den USA, wo es – der Ansicht einiger Wissenschaftler nach – zu einer »Ultra-Urbanisierung und dem Bau von Agglomerationen« gekommen sei, hinterfragten diese umso mehr.[56] Mit ihren Thesen wurden einige Wissenschaftler zu umweltpolitischen Hardlinern. Ihre Positionen unterschieden sich deutlich von denjenigen der grundsätzlich wirtschaftsfreundlichen Wissenschaftler, die lediglich einige Aspekte des Vorgehens kritisierten. Zu Letzteren gehörte beispielsweise der Wissenschaftler Nekrasov, der beispielsweise die großflächigen Rodungen entlang der Bahntrassen und um die Tajgastädte anprangerte, bei denen seit nunmehr vierzig Jahren beispielsweise Rohstoffe wie das Holz schlichtweg vernichtet worden waren. Weitere Schäden waren in der Vergangenheit auch durch Waldbrände, Bodenerosion und die extensive Kohleförderung entstanden.[57] Doch ging es Nekrasov anders als den Hardlinern der Umweltbewegung lediglich um einen nachhaltigen Ressourcenabbau, während die radikalen Kritiker eine industrielle Erschließung Sibiriens weitestgehend verhindern wollten.[58]

Die politische Führung beschäftigte Umweltbelange kaum. Auch um die sozialen und gesundheitlichen Probleme in den schnell wachsenden Industriestädten und siedlungen kümmerten sich Regierende und Staatsplaner selten. Die Protokolle der Diskussionen und Regierungsbeschlüsse lassen nicht erkennen, dass man diesen Themen überhaupt einen Stellenwert zuschrieb. Lediglich der Baikalsee, das größte Süßwasserreservoir der Welt, erlangte als Prestigeobjekt eine gewisse Aufmerksamkeit. Stattdessen stand die Versorgungssicherheit, die man durch möglichst hohe Produktionsausstöße und einen im sowjetischen Preissystem errechneten geringen Selbstpreis der Rohstoffe und Güter gewährleistet sah, an allererster Stelle jedweder Überlegungen.

56 Basil'ev, P.V.: Ob osobennostjach osvoenija prirodnych bogatstva Sibiri, in: Izvestija SO AN SSSR (1966) 5, S. 9–14.

57 Ders.

58 Zu den radikalen Kritikern zählten oft Literaten und Intellektuelle. Siehe u. a.: Bahro: Umwelt- und Tierschutz in der modernen russischen Literatur. In Bezug auf den Westsibirischen Erdöl- und Erdgaskomplex wird der Erfolg von Umweltschützern allerdings gering eingeordnet. Siehe hierzu: Roxo, Valentina: Missing Green in the Black Gold- Environment in the Public Debate on West Siberian Oil Production from the 1970s to the Present, in: Möllers, Nina/ Zachmann, Karin (Hg.): Past and Present Energy Societies. How Energy Connects Politics, Technologies and Cultures, Bielefeld 2012, S. 249–275, hier S. 249.

4.3 Westsibirien und neue Chancen für die sowjetische Versorgungssicherheit

Es scheint fast abstrus, dass sich in einem Land mit derart großen Energieressourcen wie in der Sowjetunion die Angst vor einem Energiedefizit in den Führungsetagen einschlich. Grund für diese Befürchtungen waren die aufwändigen, langwierigen Arbeiten in Sibirien und der Anspruch an eine immer größere Produktion der Energieträger, die mit inneren Bedürfnissen der Industrien und Handelsvereinbarungen nach außen einhergingen. Zudem argwöhnten auch ausländische Quellen immer häufiger, dass sich Energieproduktion und verbrauch in nicht allzu ferner Zukunft angleichen würden. Die sowjetische Antwort war eine Strategie zwischen dem Ziel einer kurz- bis mittelfristigen Anhebung der Erdölproduktion in perspektivreichen kleineren Regionen bei einer weiteren Fortentwicklung der Erdölfelder am mittleren Ob'. Gleichzeitig weitete die Sowjetunion ihre Suche nach Handelskooperationen aus. Dabei drohten die Verstrickungen in diese Kooperationen immer größer zu werden.

Die Arbeiten in Westsibirien versuchte man zu fördern, wo es nur ging, und schloss bald auch eine erste mediale Kampagne an. 1966 liefen die Arbeiten der Produktionsvereinigung Jugansknefť auf dem Erdölfeld Ust-Balyk auf Hochtouren.[59] Der Bau einer Pipeline von Ust-Balyk in die Raffinerie nach Omsk wurde durch das Mingazprom umgesetzt. Ebenso sah eine Anordnung von Gasminister Kortunov vor, dass die Siedlungen Uraj, Surgut, Jugansk, Nižnevartovsk und Megion nun mit einer Trinkwasserversorgung und Kanalisation ausgestattet werden sollten.[60] Doch eine weitere Entdeckung ließ das Potenzial und den möglichen Beitrag Westsibiriens zur sowjetischen Versorgungssicherheit in einem vollkommen neuen Licht erscheinen. 1965 wurde am mittleren Ob' 15 Kilometer nördlich von Nižnevartovsk das bis dato größte Erdölfeld entdeckt. Das Samotlor-Feld, welches sich unter einem gleichnamigen See befand, änderte die Vorzeichen des gesamten geologischen Vorgehens in Westsibirien. Bis zu diesen Tagen hatte man eine Strategie verfolgt, die die geologische Erkundung auf die Umgebung der bereits entdeckten Felder, unter anderem des Felds Ust-Balyk bei Surgut, beschränkte, um so die Explorationskosten möglichst gering

59 Aus dem Erlass Nr. 68 von Glavtjumenneftegaz über die Organisation von NPU Jugansknefť, uz. V. Muravlenko, 24. Januar 1966, in: Smorodinskov (Hg.): Nefť i gaz Tjumeni, Bd. 2, S. 21–22.

60 Aus dem Erlass des Gasministers A. Kortunov über »Maßnahmen zur Verstärkung der Arbeiten beim Ausbau der Erdöl- und Erdgaslagerstätten in der Oblast Tjumen' und den Bau der Pipeline Ust-Balyk – Omsk«, in: Smorodinskov (Hg.): Nefť i gaz Tjumeni, Bd. 2, S. 22–24.

zu halten. Doch als sich in den späten 1960er Jahren herausstellte, dass Samotlor das gigantischste Erdölfeld Westsibiriens war, intensivierte dies die Diskussion um eine Erschließung Westsibiriens parallel zu den immer genaueren Prognosen der Geologen über die Größe Samotlors.

Auch die Presse machte jetzt mobil und veröffentliche Artikel und literarische Werke, die nicht selten an (militärische) Heldengesänge des sowjetischen »mobilisierenden Kulturmodells«[61] erinnerten: Am 12. Februar 1966 erschien in der Zeitung *Izvestija* (*Nachrichten*) ein Artikel über das Tjumen'er Öl, welche den sich neu bildenden Industriestandort sowie die neue Besiedlung Westsibiriens lobte.[62] Ein Artikel in der *Pravda*, verfasst vom Vorsitzenden des Lokalkomitees Ščerbina, sprach im Mai 1966 sogar davon, dass Westsibirien in den wichtigsten Energiestandort des Landes verwandelt werden solle. Besonders positiv hob Ščerbina den Bau der ersten Pipeline von Šaim nach Tjumen' in Rekordzeit hervor.[63] Es stellte sich jedoch in der Folgezeit heraus, dass besonders das Transportproblem bestehen blieb. Die meisten Erdölfelder lagen in unzugänglichen Sumpfgebieten, welche die Transportarterien der Infrastruktursysteme nur schwerlich durchdringen konnten. Auch eine lokale Bauindustrie hatte in der Region noch nicht aufgebaut werden können, die meisten Materialien stammten aus anderen Regionen der Sowjetunion. Sie erreichten die Ortschaften und jungen Industriekomplexe über den Fluss Ob' im Sommer per Schiff und über die Winterstraßen (*zimniki*) auf den zugefrorenen Flüssen im Winter, zudem nutzte man den Flugverkehr. 1967 kam die Idee auf, eine eigene Fluggesellschaft für die Ölindustrie zu eröffnen, die auf die Bedürfnisse des Industriezweigs und den in den vergangenen Jahren angestiegenen Flugverkehr angepasst war. Doch schnell wurde die Idee abgelehnt mit der einfachen Begründung, »dass dies eine zusätzliche Prüfung bedeutete«,[64] die offensichtlich nicht gewollt war. Es stellte sich jedoch heraus, dass auch der Downstreamsektor, also derjenige Sektor, der für den Abtransport der Ressourcen in die Raffinerien und zu den Verbrauchern zuständig war, eines weiteren Ausbaus bedurfte. Die Raffineriekapazitäten in Sibirien wuchsen vorerst nicht mit und blieben über die Jahre ohne eine Erweiterung der Anlagen beschränkt. Deshalb wurde diskutiert, ob

61 Gestwa: Die Stalinschen Großbauten, S. 256.

62 Pjatiletka Tjumenskoj nefti, in: Izvestija (1966) 37, 12.02.1966, S. 2; siehe auch: Conolly, Violet: Siberia today and tomorrow. A study of economic resources, problems and achievements, London 1975, S. 66.

63 »Die neue Region intensiv erschließen« Artikel aus der Pravda von B.E. Ščerbina vom 27. Mai 1966, in: Smorodinskov (Hg.): Neft' i gaz Tjumeni, Bd. 2, S. 53–63, hier S. 53.

64 Tchurilov: Lifeblood of empire, S. 79–80.

man eine weitere Raffinerie in Krasnojarsk erbauen oder die Ressourcen gar gleich in den westlichen Landesteil leiten sollte.[65]

Zeitgleich mit den großen Entdeckungen kam es immer häufiger zu Mutmaßungen aus dem Ausland, die der Sowjetunion ein kommendes Erdöldefizit durch die sinkende Förderung im europäischen Landesteil attestierten.[66] Damit war derjenige Landesteil betroffen, der die geringsten Aussichten auf eine Erweiterung der lokalen Energieproduktion hatte, jedoch die größten Industrieregionen versorgte. Der Unterschied zwischen dem östlichen Landesteil, der große unerschlossene Kohle, Öl- und Gasvorkommen sowie riesige Mengen an Energie aus Wasserkraft zu bieten hatte, und dem westlichen schien in der Wahrnehmung der Regierenden immer bedrohlicher zu werden, da dies eine vermeintliche Umstrukturierung bisheriger Rohstoff- und Güterwege und der gewachsenen Wirtschafts- und Besiedlungsstruktur bedeutete. Die Reaktion der politischen Führung auf ein mögliches Energiedefizit kristallisierte sich in einer Strategie heraus, die Förderung derjenigen Regionen anzuheben, in denen ein vereinfachter Zugang zum Transportnetz bestand. Dazu gehörte eine Fokussierung auf die alten Förderregionen im westlichen Landesteil, die Ölförderung am Kaspischen Meer und auf der Halbinsel Mangyšlak, wo man bis in die späten 1960er Jahre ebenfalls große Ressourcen vermutet hatte. Darüber hinaus forcierte die Strategie die Förderung in Zentralasien, und in einem Beschluss vom 4. Februar 1966 wurden sogar Investitionen in die unbedeutende Erdölindustrie der Belarussischen Unionsrepublik beschlossen,[67] obwohl in Regierungskreisen bekannt war, dass hier kaum große Fördererträge zu erzielen waren. In Turkmenistan sollten die Raffineriekapazitäten, bisher bestehend aus einer Raffinerie bei Krasnovodsk, die im Kriegsjahr 1943 erbaut worden war, erweitert werden, damit sich die Regionen Zentralasiens unabhängig vom industriellen Zentrum mit Erdölprodukten wie Benzin versorgen konnten. Auch der Abtransport des minderwertigen Erdöls aus Mangyšlak wurde nun so organisiert, dass dies nach Kujbyšev geleitet und dort mit höherwertigem Erdöl für

65 L.I. Gramoteeva/V.I. Komarova: Rol' vostočnoj Sibiri v razvitii syr'evoj bazy chimičeskoj promyšlennosti, in: Izvestija SO AN SSSR (1967) 1, S. 28–33. Die Raffinerie in Omsk wurde mit dem Erdöl aus Romaškino versorgt, welches durch die Transsibirische Pipeline dorthin gelangte.

66 Depesche von J.G.B. Weait, Oil Department des Foreign Office, an S.N.P. Hemans, HM Embassy in Moskau, vom 16. Februar 1968, in: Burdett, A.L.P.: Oil resources in Eastern Europe and the Caucasus – British Documents 1885–1978, Bd. 8, Cambridge 2012, S. 80–81.

67 Sitzungsprotokoll des Ministerratspräsidiums zum Fünfjahresplan 1966–1970 vom 4. Februar 1966, in: GARF, 5446, op. 100, d. 442, l. 35.

die Weiterleitung beziehungsweise für die Raffinerie gemischt wurde.[68] Obwohl dies zumindest im Zusammenhang mit der Erdöl- und Erdgasindustrie nicht offen angesprochen wurde, mehrte sich im sowjetischem Machtzentrum möglicherweise die Befürchtung, dass die Peripherien des riesigen sowjetischen Imperiums nicht ausreichend industrialisiert und versorgt werden konnten, obwohl die sowjetische Moderne diesen Anspruch durchaus hatte.[69] Eine Antwort darauf mochte der weiterhin energisch propagierte Ausbau der Infrastruktursysteme gewesen sein, dessen Realisierung aber von wirtschaftlichen Dissonanzen geprägt war.

Hinzu kamen ausländische Prognosen westlicher Regierungsorganisationen und Firmen, die der Sowjetunion zwar kein Produktionsdefizit, aber eine Angleichung von Produktion und Verbrauch im Energiesektor attestierten. Dabei wurden die sowjetischen Erdöllieferungen an Kuba als ein Zeichen dafür interpretiert, dass sich die Sowjetunion selbst nicht in einem Produktionsdefizit befinde.[70] Man vermutete aber dennoch, dass bald weniger Öl für den Export zur Verfügung stehe, weshalb neben den bereits seit langer Zeit von der Sowjetunion aus dem Iran getätigten Gasimporten nun auch Öl aus Iran importiert und in die Satellitenstaaten Osteuropas, die die Sowjetunion seit den 1950er Jahren mit immer größeren Mengen an Rohöl belieferte, weitergeleitet werden sollte.[71]

Im Kapitel 6 der vorliegenden Arbeit wird noch ausführlicher über die internationalen Handelskooperationen berichtet, die die UdSSR insbesondere mit den westlichen Ländern in der Entspannungspolitik seit 1969 suchte. Dass dies auch eine Diskussion darüber entspann, welche Art der Kooperation die UdSSR als wünschenswert betrachtete, wird später noch dargestellt. Denn seit ihrer Entstehung in den 1920er Jahren war die Sowjetunion darum bemüht gewesen,

68 Dienes/Shabad: The Soviet Energy System, S. 52–55.

69 Zur Modernität und ihren Ansprüchen siehe auch: Gestwa: Die Stalinschen Großbauten des Kommunismus, S. 45–47.

70 Die Sowjetunion lieferte seit 1960 zu geringen Preisen Erdöl an Kuba und erhielt dafür einen Teil der Zuckerproduktion Kubas, die 80 Prozent des kubanischen Exportvolumens ausmachte. Aus politischen Gründen – die Kubaner verweigerten bei einigen Gelegenheiten die politische Loyalität mit der Sowjetunion – wurden die Erdöllieferungen zunächst gedrosselt. Nachdem Kuba 1968 die Militärintervention in der Tschechoslowakei unterstützt hatte, weitete die Sowjetunion ihre Rohölexporte an Kuba wieder aus, in: Klinghoffer: The Soviet Union & International Oil Politics, S. 201–209.

71 Depesche von J.G.B. Weait, Oil Department des Foreign Office, an S.N.P. Hemans, HM Embassy in Moskau, vom 16. Februar 1968, in: Burdett: Oil Resources in Eastern Europe and the Caucasus, Bd. 8, S. 80–81; Depesche von W.F. Marshall, Oil Department des Foreign Office, an J.L. Bullard, HM Embassy, vom 29. Februar 1968, in: Burdett: Oil Resources in Eastern Europe and the Caucasus, Bd. 8, S. 84.

internationale Firmen und damit deren technisches Knowhow aus der Sowjetunion fernzuhalten. Lediglich in Situationen, in denen sich die Staatsführung gezwungen sah, die Erdölförderung durch technisches Knowhow zu stabilisieren, lud sie ausländische Firmen zur Teilhabe an der staatlichen Förderung ein. Dieser Firmen entledigte sie sich so schnell wie möglich wieder.[72] So fußte das Handelsmodell der Sowjetunion weitestgehend auf einem als Bartergeschäft[73] bezeichneten Tauschhandel, in welchem Güter gegen Güter getauscht wurden. Die Sowjetunion unterhielt ein weites Netz an bilateralen Beziehungen, in denen sie Bartergeschäfte zu verschiedenen Zwecken anbot. Diese konnte Allianzen und Entwicklungshilfe signalisieren, jedoch erwarb die Sowjetunion über die Bartergeschäfte auch fehlende Konsumgüter und innovative technische Anlagen. Darüber hinaus waren Erdölverkäufe eine wichtige Einnahmequelle für Devisen, die in Geschäften mit anderen Partnern wiederum für den Erwerb von Gütern genutzt wurden.[74] Im Rahmen solcher Verträge schien sich die Sowjetunion in der zweiten Hälfte der 1960er Jahre tatsächlich nach weiteren internationalen Energiekooperationen umzusehen, die Hilfestellung für die aufwändige Erschließung Westsibiriens Hilfe leisten würden und dafür im Gegenzug vom immensen Erdölreichtum der Region profitieren sollten. Dabei visierte sie auch die osteuropäischen Staaten an, die bereits beim Bau der »Družba« -Pipeline in den Jahren 1959–1964 jeweils den Bau großer Streckenabschnitte finanziell und materiell übernommen hatten und Ende 1968 einen weiteren Strang der Erdölpipeline fertigstellen wollten.[75] Nun hofften die sowjetischen Staatsplaner, dass die Felder Westsibiriens auf eine ähnliche Art und Weise erschlossen werden könnten. 1967 kam Bajbakov in Begleitung zahl-

72 Perović, Jeronim: Russlands Aufstieg zur Energiegroßmacht, in: Osteuropa 63 (2013) 7, S. 5–28, hier S. 6–8.

73 Bei Bartergeschäften handelt es sich um die reine Form des Kompensationsgeschäfts, bei dem zwischen zwei Partnern die Abwicklung von Warenlieferungen im gleichen Wert ohne Geldzahlungen erfolgt, in: Bestmann, Uwe (Hg.): Börsen- und Finanzlexikon. Rund 4000 Begriffe für Studium und Praxis, München 2013, S. 90.

74 Klinghoffer: The Soviet Union & International Oil Politics, S. 29–30.

75 Zum Bau der »Družba«-Pipeline: Flade, Falk: Creating a Common Energy Space. The Building of the Druzhba Oil Pipeline, in: Perović, Jeronim (Hg.): Cold War Energy. A Transnational History of a Soviet Oil and Gas, Cham 2017, S. 321–344.Zur Energiesituation in den Staaten des RGW siehe ebenfalls: Dietz, Raimund: Die Energiewirtschaft in Osteuropa und der UdSSR (Studien über Wirtschafts- und Systemvergleiche 11), Wien 1984; Bethkenhagen, Jochen: Die Energiewirtschaft in den kleineren Mitgliedstaaten des Rates für Gegenseitige Wirtschaftshilfe. Entwicklungstendenzen in den achtziger Jahren, Berlin 1990; Balmeceda, Margarita M.: Der Weg in die Abhängigkeit. Ostmitteleuropa am Energietropf der UdSSR, in: Osteuropa 54 (2004) 9–10, S. 162–179.

reicher Planer aus den sozialistischen Bruderstaaten nach Surgut, um diesen die schwierigen Bedingungen, die fehlende Infrastruktur und den hohen Aufwand zu erläutern, den die Ölförderung in Sibirien mit sich brachte.[76] Die politische Führung war somit zu jenem Zeitpunkt auf die politische und wirtschaftliche Chance, welche die Tjumen'er Ressourcen boten, aufmerksam geworden.

Man hoffte, diese auf dem internationalen Markt anbieten zu können; idealerweise in Bartergeschäften zum Tausch gegen Technologien aus den westlichen Ländern und spezialisierten Arbeitskräften aus den Mitgliedstaaten des Rates für Gegenseitige Wirtschaftshilfe (kurz RGW; russisch Sovet Ėkonomičeskoj Vsaimopomošči, kurz SĖV)

Dieser Verkauf von immer größeren Mengen an Erdöl war für die Sowjetunion Mitte der 1960er Jahre schon zu einer Notwendigkeit geworden. Über den Rohölexport in die kapitalistischen westlichen Länder erwarb die Sowjetunion, wie im Übrigen auch alle anderen Ölexporteure, für den Staatshaushalt lebenswichtige konvertierbare Devisen – die so genannten Petrodollar –, für die sie im Ausland weitere Einkäufe tätigte. Dazu gehörten unter anderem Weizeneinkäufe beim Kontrahenten USA, die sich im Jahr 1972 bereits im Bereich von 1,1 Milliarden Dollar bewegten.[77]

Doch wurden die Importe von Konsumprodukten und Nahrungsmitteln nur selten in den direkten Kontext der Entwicklung der Erdölindustrie gestellt, obwohl die sowjetische Führung nun immer häufiger auch in der Öffentlichkeit auf diese Zusammenhänge hinwies. Im Januar 1968 versammelte sich die Landesführung in Erdöl- und Erdgasfragen in Tjumen', um die Prognosen für die Region zu prüfen. Neben Kosygin nahmen auch Bajbakov, der Stellvertretende Vorsitzende des Ministerrats, Michail Timofeevič Efremov, und Gasminister Kortunov, Erdölminister Šašin und der Minister für Petrochemie an der Reise teil.[78] Kosygin bekräftigte in einer Rede vor den lokalen Parteiführern und Industrieleitern in Tjumen' den Wert des Tjumen'er Erdöls für den Außenhandel und zur Begleichung der wachsenden Rechnung für Weizeneinkäufe.[79] Kosygin informierte sich auch über die Möglichkeiten für die Petrochemie in der Region sowie über den Zustand der Infrastruktur, die Wohnsituation sowie

76 Slavkina: Bajbakov, S. 168.

77 Goldman, Marshall I.: Détente and Dollars. Doing business with the Soviets, New York 1975, S. 36.

78 »Genosse A.N. Kosygin in der Oblast Tjumen« – Information der Zeitung Tjumenskaja Pravda vom 6. Januar 1968 und 7. Januar 1968, in: Smorodinskov: Neft' i gaz Tjumeni, Bd. 2, S. 135–136, hier S. 135.

79 Tchurilov: Lifeblood of empire, S. 72.

zu Arbeitskräftefragen.[80] Welche Industriezweige den finanziellen Zuschlag für die bedeutungsschweren Projekte und in diesem Rahmen unter anderem für den Pipelinebau erhalten sollten, darüber gerieten ihre Vorsitzenden während der Reise Kosygins nach Westsibirien allerdings in Streit. Die Frage nach dem Bau der Pipelines hatte sich bereits lange aufgedrängt. Doch das Mingazprom genoss bei den Neftjaniki den äußerst schlechten Ruf, dass seine Pipelines zu störanfällig seien und kaum fristgerecht in Betrieb gehen würden. Die Beschwerde des Erdölministers Šašin an Kosygin war von Erfolg gekrönt, auch wenn die Fristverzögerungen in den Gasindustriezentren eigentlich den Zuliefer kombinaten der Pipelineindustrie geschuldet waren.[81]

Kurze Zeit später ging der Zuschlag Moskaus für den Anlagenbau samt notwendigen Mitteln an das Minnefteprom.[82] Nach dem Aufenthalt von Kosygin und Bajbakov in Tjumen' wurde Ėrv'e als Vorsitzender von Glavtjumen'geologija vom Mingeo der RSFSR aufgefordert, die Kader bei gesteigerter Produktivität zu verkleinern,[83] wohl um Geld für weitere Investitionen freizustellen. Damit waren die geologischen Arbeiten zugunsten der Produktion zurückgefahren worden. Kurze Zeit nach der Konferenz im Januar 1968 in Tjumen' weilte Bajbakov in Japan, da er von einflussreichen japanischen Geschäftskreisen eingeladen worden war,[84] nicht zuletzt wohl auch, um weitere Projekte auf der internationalen Ebene voranzutreiben (siehe Kapitel 5 und 7).

Bajbakovs Reise nach Japan und die Zurückhaltung Kosygins nach seinem Besuch in Westsibirien deuten darauf hin, dass die beiden langjährigen Führungskader große Zweifel an der schnellen Erschließung Westsibiriens hegten und sich deshalb nach einer möglichen Zusammenarbeit mit dem westlichen Ausland, welches über weitaus bessere Technologien verfügte, umsahen. Der Anlagenbau für den Erdöl- und Erdgassektor, insbesondere der Großröhren in den Betrieben Čeljabinskij Truboprokatnyj Zavod, Nevskij Zavod in St. Petersburg und Barrykady, war stets ein Problem gewesen.[85] Kosygin und andere Offi-

80 »Genosse A.N. Kosygin in der Oblast Tjumen« – Information der Zeitung Tjumenskaja Pravda vom 6. Januar 1968 und 7. Januar 1968, in: Smorodinskov (Hg.): Neft' i gaz Tjumeni, Bd. 2, S. 135–136.

81 Campbell: Soviet Energy Technology, S. 204–209.

82 Tchurilov: Lifeblood of empire, S. 71.

83 Protokoll der Kollegiensitzung des Ministeriums vom 16. Januar 1968, in: Smorodinskov (Hg.): Neft' i gaz Tjumeni, Bd. 2, S. 137.

84 Slavkina: Bajbakov, S. 171.

85 Die Sowjetunion hatte nach dem Zweiten Weltkrieg bei westlichen Herstellern in den USA und Westeuropa die für den Pipelinebau benötigten Großröhren gekauft, u. a. während des 7. Fünfjahresplans zu 80 Prozent in der Bundesrepublik Deutschland. Doch der Mauerbau in

zielle aus Moskau schienen zu diesem Zeitpunkt dennoch nicht vollkommen von den Möglichkeiten in Tjumen' überzeugt, zumal die als Investitionen geplanten 400 Millionen Rubel bald nicht mehr ausreichen würden, um die benötigte hochwertige Infrastruktur für die Polarregion sowie eine ausreichende Anzahl von qualifizierten Arbeitskräften bereitzustellen.[86]

Die geringe Berichterstattung lässt darauf schließen, dass die Entwicklung des Produktionsstandorts Westsibirien vorerst in eine Phase der intensiven Überprüfung ging. Der Abschlussbericht der Regionalkonferenz des Tjumen'er Lokalkomitees im Februar 1968 drückte ebenfalls Zweifel aus. Zwar lobte der Bericht die Geologen und den Bau der Pipeline Ust-Balyk–Omsk, blieb jedoch vage, was die Prognosen und die zukünftige Bedeutung der Region anging. Vielmehr rügte der Bericht die regionale Produktionsvereinigung Glavtjumenneftegaz und ihren Vorsitzenden Muravlenko, dessen Projektdokumentationen die inner- und ausländischen Erfahrungen (*opyt*) außer Acht lassen würden. Aus dem Bericht ging auch hervor, dass die Erschließung nur langsam vorwärts ging und meist primitive Methoden angewandt wurden, wodurch die Erschließungskosten für das Erdöl anstiegen.[87] Dass die Arbeitsfortschritte tagtäglich durch verschiedene Faktoren behindert wurden, legte des Weiteren die Rede eines Bohrmeisters nahe. Sie zeigte auf, dass die Bohrungen aufgrund der natürlichen Begebenheiten äußerst schwierig zu bewerkstelligen waren, der Materialtrans-

---

Berlin und die Kuba-Krise schienen den Amerikanern genug Evidenz dafür zu sein, dass die Sowjetunion ihren Machtbereich weiter ausbauen wolle und ihr dies durch die Fertigstellung der Erdölpipeline »Družba« aus dem Volga-Ural-Gebiet in die RGW-Staaten, die unter anderem auch die Bundesrepublik Deutschland mit Erdöl beliefern sollte, auch gelinge. Daher beschlossen die USA 1962, die Lieferung von Großröhren zu unterbinden. Siehe: Wörmann, Claudia: Osthandel als Problem der Atlantischen Allianz. Erfahrungen aus dem Erdgas-Röhren-Geschäft mit der UdSSR, Bonn 1986, S. 26–36. In der Sowjetunion selbst waren u. a. die Betriebe Čeljabinskij Truboprokatnyj Zavod, Nevskij Zavod in St. Petersburg und Barrykady zuständig, deren Anlagen jedoch anfälliger für Störungen waren, weil die seltenen hochwertigen Materialien mit Vorzug für die Rüstungsindustrie verwendet wurden, in: Andrijanov: Kosygin, S. 235. Die Pumpen wurden beispielsweise in einer Fabrik in Sumsk gebaut, in: Tchurilov: Lifeblood of Empire, S. 68. Die sowjetischen Maschinenbauer schienen jedoch schlicht nicht in der Lage zu sein, eine der ausländischen Produktion gleichwertige Ausrüstung herzustellen oder aber auch die ausländische Ausrüstung schlicht zu kopieren. So wurde beispielsweise die Ausstattung von Samotlor zu einem finanziellen Mammutprojekt, in: Ders.: Lifeblood of Empire, S. 104.

86 Angabe bei Chung: Interest Representation, S. 88–89.

87 Aus dem Abschlussbericht auf der 13. Tjumen'er Parteikonferenz »Über die Entwicklung der Erdöl- und Erdgasindustrie in der Oblast« vom 15. Februar 1968, in: Smorodinskov: Neft' i gaz Tjumeni, Bd. 2, S. 143–149.

port von einem Bohrloch zum anderen einen ernomren Zeitaufwand bedeutete und es darüber hinaus an fähigen Arbeitskräften mangelte.[88]

Andere Akteure erhöhten hingegen den politischen Druck auf Moskau. Bereits im Januar 1968 hatte der Vorsitzende von Glavjumen'geologija, Ėrv'e, eine intensivierte Prospektion in Samotlor gefordert, obwohl die offiziellen Pläne des Mingeo für das Jahr 1968 dies noch nicht vorgesehen hatten. Doch erst im Juni 1968 kam das Mingeo, nachdem es vom Minneftegazprom ebenfalls um eine Intensivierung der geologischen Arbeiten geben worden war, dieser Bitte nach.[89] Im April konnte, wohl insbesondere auf Drängen von Viktor Muravlenko, dem Vorsitzende von Glavtjumenneftegaz, der erste industriell produzierende Erdölbrunnen errichtet werden[90], bevor der Umfang der Reserven offiziell bestätigt worden war.[91]

Im Sommer 1968 schien die pessimistische Sichtweise, die noch im Febuar 1968 in der lokalen Parteiführung geherrscht hatte, überwunden zu sein. Lokalsekretär Boris Ščerbina erließ am 21. Juni einen Beschluss »Über die Maßnahmen zur beschleunigten Erschließung und zur Einleitung des Abbaus des Erdölfelds Samotlor«,[92] der das Vorgehen zur wichtigsten Aufgabe der in der Region tätigen Glavki erklärte und neben den genauen Anordnungen für die Zuständigkeiten auch die regionalen Medien erwähnte, die die Ausbeutung begleiten sollten.

So kam in jenem Sommer wieder Bewegung in die westsibirische Angelegenheit, nicht nur in der Tjumen'er Oblast, sondern auch in der Region Tomsk, die mit ihren kleinen Erdölfeldern vorerst nur einen Nebenschauplatz Tjumen's bildete und aufgrund ihrer geringen Größe auch von den Erdölproduktionsvereinigungen Westsibiriens ausgebeutet wurde. Im Juli 1968 fand in der Wissenschaftsstadt Tomsk ein weiteres Mal nach 1966 eine Konferenz zur möglichen Entwicklung der Provinz zwischen 1971 und 1975 statt.[93] Bei dieser Gelegenheit trat Nekrasov, damals der Vorsitzender des SOPS im Gosplan und korres-

88 Aus dem Auftritt des Bohrmeister des Bohrkontors Šaim A. D. Šakšin auf der 13. Tjumen'er Parteikonferenz »Über die Arbeit der Bohrbrigaden« vom 15. Februar 1968, in: Smorodinskov: Neft' i gaz Tjumeni, Bd. 2, S. 150–152, hier S. 150.

89 Brief von Geologieminister Sidorenko an Erdölminister Šašin 14. Juni 1968, in: Smorodinskov: Neft' i gaz Tjumeni, Bd. 2, S. 152–153.

90 Goldman: Enigma of Soviet Petroleum, S. 35; Salmanov: Sibir', S. 32.

91 Erste Ergebnisse aus dem südlichen Teil von Samotlor sollten der GKZ SSSR im Januar 1969 vorgestellt werden, in: Brief von Geologieminister Sidorenko an Erdölminister Šašin 14. Juni 1968, in: Smorodinskov: Neft' i gaz Tjumeni, Bd. 2, S. 153.

92 Beschluss des Büros des Tjumen'er Obkoms »Über Maßnahmen zur beschleunigten Erkundung und Inbetriebnahme der Erdöllagerstätte Samotlor« vom 21. Juni 1968, uz. Ščerbina, in: Smorodinskov: Neft' i gaz Tjumeni, Bd. 2, S. 153–154.

93 Siehe hierzu Karpov/Gavrilova: Očerki istorii, S. 69.

pondierendes Mitglied der AN SSSR, auf und nannte 30–32 Milliarden Rubel, die zwischen 1971 und 1980 in die Erdöl- und Erdgasindustrie Westsibiriens investiert werden sollten.[94] Gleichzeitig wurden hier wie auch auf anderen Konferenzen grundlegende Fragen wie die Entwicklung der Elektroenergetik, die Lieferung von adäquater Technik in ihrer nördlichen Ausführung (*severnoe ispolnenie*), die unter anderem mit Speziallegierungen usw. auch in den klimatisch schwierigen Verhältnissen der Polarregion reibungslos funktionierte, die Erschließung des Tjumen'er Gases, der Abtransport der Ressourcen und die Einrichtung eines einzigen Koordinierungszentrums für den Westsibirischen Erdöl- und Erdgaskomplex debattiert.[95] Am 31. August 1968 konnten der Geologe Trofimuk und der Leiter der Abteilung für Erdöl- und Erdgasindustrie des Lokalkomitees, Bogomjakov, einen Artikel in der *Pravda* platzieren, der eine von Experten nicht mehr bezweifelte Möglichkeit der Produktion von 400–500 Millionen Tonnen Erdöl und 500–600 Milliarden Kubikmeter Erdgas pro Jahr für Westsibirien hervorhob. Doch gleichzeitig erwähnten die beiden Tjumen'-Befürworter sowohl die fehlenden Investitionen als auch den Ressortegoismus der Industriebranchen, der durch die schlichte Erfüllung einzelner Planvorgaben immer noch den branchenübergreifenden Bau von wichtiger Infrastruktur unterband. Darüber hinaus sprach der Artikel weitere Theman an, so die bisher verpasste Planung für eine Gasversorgung jenseits des Ural, insbesondere des südlichen Westsibiriens und Nordkasachstans. Die geologischen Arbeiten seien ins Hintertreffen geraten. Ohne einen konkreten Schuldigen zu benennen, erklärten die Autoren des Artikels, dass die Erschließungsarbeiten ohne Weitsicht durchgeführt würden. Doch müsse man bereits jetzt ein konkretes Vorgehen und eine Abfolge der zu erledigenden Aufgaben in dem weitläufigen Territorium planen, innerindustrielle Verbindungen und städtische Verkehrswege schaffen, die Förderperspektiven für die Mitte der 1970er Jahre festlegen und die Planungen unter diesen Gesichtspunkten vorantreiben. Beide Tjumen'-Befürworter sprachen sich auch für das Vorgehen aus, zunächst nur die großen Lagerstätten in Betrieb zu nehmen und so die offiziellen Selbstkosten (*sebestoimost'*) zu senken; ein Argument, welches auch in politischen Kreisen überzeugen konnte.[96]

Westsibirien hatte damit in der Wahrnehmung der Führungsspitze um Kosygin eine deutliche Veränderung erfahren: Je weiter bekannt wurde, in

94 Chung: Interest representation, S. 90.
95 Karpov/Gavrilova: Očerki istorii, S. 69.
96 Trofimuk, A./Bogomjakov, G.: Neft' Sibiri, Pravda 244, 31.08.1968, S. 2.

welchen großen Mengen Erdöl in Sibirien vorhanden war, umso signifikanter wurde Westsibiriens möglicher Beitrag zur sowjetischen Versorgungssicherheit beurteilt. Eine besondere Herausforderung stellte die geographische Lage der Ressourcen dar, die eine eindeutige Entscheidung für ein arktisches Wirtschaftsprojekt von der Führungsspitze forderte.

4.4 Das »große Öl«: Der Durchbruch sibirischen Erdöls zur Nationalressource 1969

Die krisenähnliche Lage um die Erschließung der gigantischen Vorräte des polaren Westsibirien hatte sich bis zum Januar 1969 weiter zugespitzt. Dabei hatte sich zumindest die Tjumen'-Lobby schon Anfang 1968 Gedanken um eine Ausweitung der Förderung in der Oblast gemacht, die alles Bisherige in den Schatten stellte: »In den bis zum heutigen Tag bekannten Lagerstätten kann man die Förderung auf 300 Milliarden Kubikmeter Gas und 150 Millionen Tonnen Erdöl pro Jahr anheben, aber die potenziellen Fördermöglichkeiten schätzt man auf 400–500 Milliarden Kubikmeter Gas und 400–500 Millionen Tonnen Öl pro Jahr. Das ist ein Vielfaches dessen, was das Land bisher jetzt fördert.«[97] Auch in den Förderplänen waren die Zahlen für Tjumen' für das Jahr 1970 nach oben korrigiert worden, und zwar von 25 Millionen Tonnen 1966 auf bis zu 30 Millionen Tonnen 1969, für das Jahr 1975 plante man immer noch eine Förderung von 150 Millionen Tonnen ein. Wie aus dem vorherigen Kapitel dieser Arbeit hervorgeht, waren die Weichen für eine große Zukunft der Erdölindustrie am mittleren Ob' längst noch nicht gestellt worden. Zu viele Bereiche des Aufbaus einer polaren Industrie jenseits der Extraktion waren bisher nicht beachtet worden, auch hatte sich niemand wirklich um ein wirtschaftliches Programm für den entstehenden Komplex bemüht. Alle Forderungen nach einer einheitlichen Koordinationsstelle waren ins Leere gelaufen. Schon während seiner Reise hatte sich Kosygin aus allen detaillierten Fragen zurückziehen wollen und verlautbart, dass er nur bei großen Fragen in die Angelegenheit einbezogen werden wollte.[98]

Doch die durchaus verständliche Position des Premierministers hatte zur Folge, dass der Startschuss für ein koordiniertes Vorgehen nicht fiel. Stattdessen taten sich für die sibirische Energieversorgung weitere Quellen auf, die schnel-

97 Aus dem Abschlussreferat der 8. Parteikonferenz des Tjumen'er Lokalkomitees vom 15. Februar 1968, in: Smorodinskov: Neft' i gaz Tjumeni, Bd. 2, S. 143–149, hier S. 144.

98 Tchurilov: Lifeblood of empire, S. 68.

lere und wesentlich günstigere Energieflüsse zur Behebung des vermuteten Energiedefizits versprachen: Im nordkasachischen Ėkibastuz an der Grenze zum südlichen Sibirien hatte man stark aschehaltige Steinkohle gefunden, die seit den 1960er Jahren zwei große Wärmekraftwerke im Ural versorgte; die minderqualitative Kohle war dabei als ausreichend befunden worden, das Energiedefizit in den Schwerindustrien des Ural zu bekämpfen, die große Mengen an Energie verbrauchten. Die Kohle aus Ėkibastuz hatte zwar einen niedrigen Brennwert, jedoch lag sie dicht unter der Erdoberfläche, was ihre Produktionskosten senkte. Zudem befanden sich diese Vorkommen an der südlichen Trasse der transsibirischen Eisenbahn, so dass der Abtransport der Kohle in den nahegelegenen Ural gewährleistet war. 1970 waren bereits drei Sektionen Tagebau in einem Umfang von 20 Millionen Tonnen in Betrieb, im selben Jahr kam eine weitere Sektion im Umfang von 5 Millionen Tonnen hinzu. Weiter im Osten hatte man ebenfalls Kohle gefunden: Entlang der transsibirischen Eisenbahn wurde zwischen den Städten Kansk und Ačinsk dicht unter der Oberfläche ebenfalls Kohle gefunden, von der 1970 bereits 18,3 Millionen Tonnen gefördert wurden.[99] Dass man diese Kohle dicht unter der Erdoberfläche entdeckt hatte und im Tagebau abbauen konnte, hatte es der Kohlelobby erlaubt, ihre neuen Projekte in Sibirien und Nordkasachstan schnell durchzusetzen. Dies schuf eine bedeutende Konkurrenz zur Erdölindustrie Westsibiriens, zumindest was die Energieversorgung innerhalb der UdSSR anbelangte. Zwar hatte der Primat der Kohle das letzte Mal vor dem Zweiten Weltkrieg gegolten, doch der wirtschaftliche Druck, unter dem die Sowjetunion mit ihrer Wachstumsideologie stand, sorgte dafür, dass die Suche nach günstigen Energieträgern auch ein Revival der Kohle andeutete. Wenn die westsibirische Erdöllobby folglich ihre eigenen Belange durchsetzen wollte, musste sie ein Projekt von großer politischer Schlagkraft entwickeln.

Ein Projekt, dem in Moskau diese benötigte Schlagkraft zugeschrieben wurde, stammte aus der Feder Aleksej Tichonovič Šmarevs, eines tatarischen Neftjanik und Geologen und Wirtschaftsmanagers aus dem Kreis der Erdölbranche. Šmarev war in Moskau nicht unbekannt: Er hatte von 1950 bis 1955 die bis zu diesem Zeitpunkt erfolgreichste sowjetische Produktionsvereinigung Tatneft' geleitet und den Aufbau der Erdölgewinnung in Romaškino begleitet. 1956 wurde er zum Vorsitzenden von Glavgaz ernannt, nach der von Nikita Chruščev durchgesetzten Administrativreform 1957 leitete er zunächst den tatarischen regionalen Volkswirtschaftsrat (Sovet narodnogo chozjajstva, kurz Sovnarchoz),

99 Dienes/Shabad: The Soviet Energy System, S. 110–119.

die nach der Wirtschaftsreform gängigen regionalen branchenübergreifenden Wirtschaftseinheiten und anschließend den regionalen Volkswirtschaftsrat an der en Volga.[100]

In seinem an den Ministerratsvorsitzenden Kosygin am 24. April 1969 gerichteten Schreiben mit dem Titel »Zur Frage der Brennstoff- und Energiebalance«[101] schlug Šmarev eine Offensive vor, die nicht weniger als die komplexe elektroenergetische Erschließung Westsibiriens in bisher ungeahnten Maßstäben anstrebte. Anstatt, wie bisher geplant, das für die 1970er Jahre vorausgesagte Energiedefizit von lediglich 70–80 Prozent des erwarteten tatsächlichen Bedarfs im Ural und im europäischen Landesteil durch eine größere Kohleförderung im offenen Tagebau in Kansk-Ačinsk und Ėkibastuz zu kompensieren, plädierte Šmarev für die Errichtung eines gigantischen Energiekomplexes im Fernen Norden. Er entwarf die phantastische Vision einer automatisierten Energieproduktion im polaren Westsibirien mit schwimmenden Atomstationen und der Errichtung von Gaskraftwerken und Tausende Kilometer überbrückenden Hochspannungsleitungen, die den Strom aus den Gaskraftwerken sogar bis nach Westeuropa transportieren würden. Damit kreierte er eine Alternative zum Wasserkraftwerksbau, die Strom aus Erdgas generieren und damit den energetischen Aufstieg einer ganzen Region bewerkstelligen sollte. Im Rahmen des Projekts sollte die Erdölproduktion in Westsibirien auf 150 Millionen Tonnen angehoben werden, eine Produktionshöhe, die auch in Regierungskreisen und der örtlichen Tjumen'-Lobby kursierte, jedoch vom Minnefteprom nicht unterstützt wurde. Das Minnefteprom hingegen hatte bisher lediglich eine Förderung von 80 Millionen Tonnen angegeben. Mit solch signifikanten Produktionsausstößen in Tjumen', so der Ölingenieur Šmarev, könne auch die gesamtsowjetische Produktion auf 480–500 Millionen Tonnen erhöht werden. Der westsibirische Hauptproduzent sollte das gigantische Erdölfeld Samotlor werden. Auch die Gasförderung könne um ein Vielfaches ausgebaut werden, nicht nur in Westsibirien, sondern auch in Zentralasien, Orenburg und Jakutien. Ein solches Vorgehen könne zudem die Belastung des ohnehin schon durch den Kohletransport vollkommen überbeanspruchten Schienennetzes mindern. Auch Šmarev schlug nicht weniger als ein Bartergeschäft vor, als er kundgab, den erhöhten Bedarf an Hochspannungsleitungen und Röhren teilweise mithilfe der Staaten des RGW und Westeuropas decken zu wollen, die dafür Elektroenergie aus Westsibirien

100 Slavkina: Triumf i tragedija, S. 23–24.

101 Schreiben von Genosse Šmarev an Aleksej Kosygin »Über die Frage der Brennstoff- und Energiebalance« vom 24. April 1969, in: GARF, f. 5446, op. 104, d. 449, ll. 1–5.

importieren könnten. Der wirtschaftlichen Führung hingegen warf er dabei eine Kurzsichtigkeit in Fragen der Energieversorgungssicherheit vor: Wenn die wirtschaftliche Führung entscheiden würde, von den 3 Milliarden Tonnen nachgewiesenen industriell erschließbaren Vorräten im Jahr 1975 nur 60 Millionen anstatt der von Šmarev vorgeschlagenen 130–150 Millionen Tonnen zu fördern, dann würden die Pläne der Ministerien »praktisch einer Konservierung der riesigen Vorkommen Sibiriens bei einem extremen Energiedefizit« gleichkommen.[102]

Stattdessen sollten Sibirien und das Volga-Ural-Gebiet im großen Stil auf eine Gasversorgung umgestellt werden, indem man in den Regionen am Ob' und an der Volga Wärmekraftwerke mit Erdgas betrieb. Um die Regierung und vor allem Premier Kosygin von dem Projekt zu überzeugen, führte Šmarev an, dass das Projekt die ohnehin defizitären Pipelinegroßröhren einsparen würde, weil die Energie vor Ort genutzt beziehungsweise in Elektrizität umgewandelt würde. Šmarev verheimlichte nicht, dass die Ministerien seine Offensive bisher abgelehnt und für den kommenden Fünfjahresplan nur eine Förderung von 450 Millionen Tonnen Erdöl und 370 Millionen Kubikmeter Erdgas in der ganzen Sowjetunion festgelegt hatten. Die Ministerien planten laut Šmarev ein, die fehlende Energie durch den oben erwähnten Abbau von Kohle in Ėkibastuz und Kansk-Ačinsk zu kompensieren, was jedoch den Bahnverkehr schwer belastete.

Wie Kosygin persönlich den Vorschlag aufnahm, bleibt ungewiss. Trotz seiner offensichtlich visionären Züge legte der Ministerratsvorsitzende den Vorschlag den Ministerien, dem Staatskomitee für Wissenschaft und Technik und dem Gosplan zur Überprüfung vor, die insbesondere die Wirtschaftlichkeit einer westsibirischen Ölförderung zuungunsten der Förderung im Volga-Ural-Gebiet und eine erhebliche Neuverteilung finanzieller Mittel prüfen sollten. Direkt griff der Vorschlag auch den Gosplan an, der das errechnete Energiedefizit im europäischen Landesteil durch die Kohle aus dem offenen Tagebau in Kansk-Ačinsk und Ėkibastuz kompensieren wollte.[103]

Doch die Antwort der Ministerien, Beratungs- und Planungsorgane zum Projekt des Erdölingenieurs Šmarev, die die Ministerien usw. an Kosygin sendeten, fielen vernichtend aus. Als »wirtschaftlich infundiert«[104] sowie gar »völlig

102 Schreiben von Genosse Šmarev an Aleksej Kosygin »Über die Frage der Brennstoff- und Energiebalance« vom 24. April 1969, in: GARF, f. 5446, op. 104, d. 449, hier Zitat l. 1.

103 Entwurf eines Schreibens über das Schreiben von Genosse Šmarev über die Brennstoff- und Energiebalance vom April 1969: GARF, f. 5446, op. 104, d. 449, 12–14, hier l. 13.

104 Dabei ging es um die Produktion von Elektroenergie auf Gasbasis, die Vorschläge in Bezug auf die Erdölindustrie wurden angenommen, in: Schreiben des Ministers für Energetik und Elektrifizierung, P. Neporožnyj, an den Ministerrat der UdSSR vom Mai 1969, in: GARF, f. 5446, op. 104, d. 449, ll. 18–20, hier l. 18.

sinnlos«[105] und »jeder realen Grundlage entbehrend«[106] wurden die einzelnen Projekte beurteilt. Doppelt so teuer und zu aufwändig sei der Bau von Wärmekraftwerken im Fernen Norden, lautete die Meinung des Staatskomitees für Wissenschaft und Technik. Laut eines ausführlichen Schreibens an Kosygin von den geachteten Energieexperten Kirillin, Mel'nikov und Michail Adol'fovič Styrikovič[107] war die Unterhaltung von Hochspannungstrassen über derartige Entfernungen teurer als der Bau von Großröhrenpipelines, die die Rohstoffe an Stelle der Elektroenergie nach Westen transportieren sollten. Jedwede Ratschläge über die energetische Zukunft Westsibiriens wollte das GKNT ohnehin erst dann erteilen, wenn ausreichende Einschätzungen und Berichte vorlagen.[108]

Das Ministerium für Energetik und Elektrifizierung erwies sich als hartnäckiger Kontrahent von Šmarevs Vorschlag. Im Namen seines Vorsitzenden, des Ministers Pëtr Stepanovič Neporožnyj, gab das Ministerium an, dass die Anhebung der Fördermenge auf 130–150 Millionen Tonnen Erdöl durchaus »Aufmerksamkeit verdiene«.[109] Aber insgesamt war das Ministerium der Meinung, dass für den Ural und die östliche Sowjetunion die Verwendung von Kohle deutlich günstiger und der Betrieb von Hochspannungsleitungen über derartige Distanzen nicht ohne große energetische Verluste möglich sei. Zudem waren ausreichend Kraftwerke im westlichen Landesteil vorhanden, die spätestens mit der sinkenden Förderung in den alten Regionen mit den Energieträgern der neuen Regionen ausgelastet werden könnten, so dass hier bis 1980 keinerlei neue Kraftwerke in Betrieb genommen werden müssten, sofern man das Öl und das Gas Sibiriens nutze. Lediglich im westlichen Landesteil müssten drei neue, mit der Kohle aus dem ukrainischen Kohlerevier Donbass betriebene

105 Dabei ging es um die Leitung von Erdgas in Ekibaztus-Revier, in: Schreiben des GKNT an den Ministerrat der UdSSR vom 7. Mai 1969, in: GARF, f. 5446, op. 104, d. 449, ll. 15–17, hier l. 15.

106 Schreiben des Ministers für Energetik und Elektrifizierung, P. Neporožnyj, an den Ministerrat der UdSSR vom Mai 1969, in: GARF, f. 5446, op. 104, d. 449, ll. 18–20, hier l. 18.

107 Michail A. Styrikovič hatte in den 1920er Jahren sein Studium am Technologischen Institut in Leningrad abgeschlossen. Danach arbeitete er in der Turbinenforschung. Von 1939 bis 1971 lehrte er am Moskauer Energieinstitut und war ab den 1930er Jahren auch an Instituten der Akademie der Wissenschaften beschäftigt; ab 1964 war er Wissenschaftssekretär in der Abteilung für physisch-technische Probleme der Energetik an der Wissenschaftsakademie und ab 1980 Mitglied ihres Präsidiums. Siehe hierzu: Biographie von Michail A. Styrikovič, online verfügbar unter: https://bigenc.ru/technology_and_technique/text/4170417 [10.12.2018].

108 Schreiben vom Staatskomitee für Wissenschaft und Technik an den Ministerrat vom 7. Mai 1969, unterzeichnet von V. Kirillin, N. Mel'nikov, M. Styrikovič, D. Žimerin, in: GARF, f. 5446, op. 104, d. 449, ll. 15–17 hier l. 17.

109 Schreiben des Ministers für Energetik und Elektrifizierung, P. Neporožnyj, an den Ministerrat der UdSSR vom Mai 1969, in: GARF, f. 5446, op. 104, d. 449, hier l. 18.

Kraftwerke gebaut werden. Energie- und Elektrizitätsminister Neporožnyj argumentierte von seinem eigenen Standort aus, als er Šmarev vorwarf, dass dieser die sowjetische Wirtschaft auf alleiniger Basis von Gas betreiben wolle und andere Energieträger wie Wasserkraft, Atomenergie und die Kohle bei seinen Berechnungen kaum einbeziehe.[110]

Das Minnefteprom lehnte die von Šmarev vorgeschlagene Höhe einer Erdölförderung von 150 Millionen Tonnen vehement ab. Zu teuer sei die bisherige Ölförderung unter den klimatischen Bedingungen Westsibiriens und an eine Steigerung der Förderung in den alten Förderregionen angesichts deren baldiger Erschöpfung nicht zu denken; den Produktionszenit des bisherigen Erdöleldorados Tatarstan wähnte Ölminister Šašin bereits im Jahr 1970 gekommen. Ein Ausbau der Erdölförderung komme also nicht in Frage. Als Begründung führte Šašin diverse Berichte über die Energieplanung der Sowjetunion von den Akademiemitgliedern Mel'nikov, Nikolaj Prokof'evič Fedorenko und einem Projektierungsinstitut an. Das Institut Giprotjumenneftegaz schätzte eine reale Förderung von Erdöl in Tjumen' für das Jahr 1975 auf maximal 75–80 Millionen Tonnen. In einem Schreiben informierte das Ministerium, dass der Gosplan bereits Maßnahmen für den Abtransport und die Verarbeitung von 80 Millionen Tonnen erarbeite, die die klimatischen Bedingungen einbezögen. Schemata für den Aufbau einer Ölindustrie unter den polaren Bedingungen seien bereits entworfen worden. Doch die bisherigen Arbeiten seien nicht ausreichend und wissenschaftliche Untersuchungen würden die von Šmarev angeführten Daten zur möglichen Förderung nicht bestätigen. Die Gründe dafür seien finanzieller Natur: Für die Anhebung des Förderniveaus auf 75–80 Millionen Tonnen allein in Westsibirien würden Kapitalinvestitionen von 5,1 Milliarden Rubel nötig sein, für ein Förderniveau von 150 Millionen Tonnen seien zusätzliche 3,1 Milliarden Rubel notwendig. Für die gesamte Ölindustrie in allen Landesteilen sollten aus dem Staatsbudget 7,2 Milliarden Rubel zur Verfügung gestellt werden, wovon 3,1 Milliarden Rubel, also 47 Prozent, für Westsibirien bestimmt waren. Dennoch sollte das meiste Erdöl auch im Fünfjahresplan 1971–1975 aus den alten Förderregionen stammen, obwohl ihnen gemeinsam nur die restlichen 4,1 Milliarden Rubel zur Verfügung stehen sollten. Daher füge man der Erdölindustrie großen Schaden zu, wenn man ausschließlich Geld in Westsibirien investiere. Auch könne das Öl wohl kaum abtransportiert werden, da die heimische Pipelineproduktion nicht genügend Röhren aus eigener Produktion

110 Schreiben des Ministers für Energetik und Elektrifizierung, P. Neporožnyj, an den Ministerrat der UdSSR vom Mai 1969, in: GARF, f. 5446, op. 104, d. 449, List 18–20, hier l. 18.

anfertigen könne beziehungsweise nur auf Kosten der Gasröhrenproduktion, der dann wiederum für die Erweiterung des eigenen Netzes nicht ausreichend Röhren zur Verfügung stehen würden. Alternativ müssten die Röhren aus der teuren »ausländischer Produktion« importiert werden. Außerdem sei es unmöglich, Westsibirien im angegebenen Zeitraum auch infrastrukturell zu erschließen. Eine Fördermenge von 150 Millionen Tonnen Öl in Westsibirien würde daher »jeder realen Grundlage entbehren«.[111] Das Ministerium für Petrochemie hingegen hieß den Vorschlag Šmarevs gut, widersprach jedoch dessen Aussage, dass die Verarbeitung des hochqualitativen westsibirischen Öls gegenüber dem Erdöl aus dem Volga-Ural-Gebiet große Vorteile mit sich bringe.

Die Erdölindustrie war zum Zeitpunkt von Šmarevs Schreiben an den Ministerratsvorsitzenden einer von vielen Teilbereichen, die um das Staatsbudget konkurrierten.[112] Die Förderung anderer Energieträger oder Quellen war damit aufs Engste verbunden: Jede Freistellung von Öl für die Exportbedürfnisse musste mit dem »rationalen« Einsatz anderer Energieträger kompensiert werden; dass Westsibirien über riesige Mengen an Erdöl und Erdgas verfügte, musste schon allein deshalb ein Punkt auf der Tagesordnung der großen Politik bleiben. Folglich kam das Thema Tjumen' in einer weiteren Diskussion im Ministerrat am 14. Mai 1969 erneut auf den Tisch. Der Bau von sechs Gaskraftwerken, wie ihn Šmarev vorgeschlagen hatte, wurde bei der Sitzung auf 22–23 Milliarden Rubel beziffert, ungefähr die Hälfte des Budgets für die gesamte Energiebranche im 9. Fünfjahresplan. Obwohl diese Angabe unkommentiert blieb, war eine Umsetzung eines solchen Projekts angesichts des exorbitanten Investitionsumfangs unwahrscheinlich. Bei dieser Gelegenheit wurde wiederholt darauf hingewiesen, dass das Defizit mit Kohle aus dem offenen Tagebau behoben werden sollte. Um die Förderung in Samotlor auf 100–120 Millionen Tonnen anzuheben, würde man ca. 400 Millionen Rubel investieren müssen (weniger als 20 Prozent der Kapitalinvestitionen). Während der Sitzung fielen grobe Anschuldigungen gegenüber dem Minnefteprom, welches angeklagt wurde, den durchschnittlichen Ertrag der Brunnen vorsätzlich

111 Schreiben des Ministers für die Erdölindustrie, V. Šašin, an den Ministerrat der UdSSR vom 8. Mai 1969, in: GARF, f. 5446, op. 104, d. 449, ll. 21–25. Schreiben des Ministers der Erdölverarbeitenden und Petrochemischen Industrie, V. Fedorov, an den Ministerrat des UdSSR vom 3. Mai 1969 »Über die Energiebalance« in: GARF, f. 5446, op. 104, d. 449, l. 26.

112 Die gesamten sowjetischen Investitionen betrugen im Fünfjahresplan 1966–1970 306,3 Milliarden Rubel. Von diesen wurden 119,7 Milliarden in die Industrie investiert, wovon wiederum 42 Milliarden an die Energieindustrie gingen. Von diesen erhielt die Erdölindustrie 9,3 Milliarden und die Erdgasindustrie 3,9 Milliarden. In: Considine/Kerr: The Russian Oil Economy, S. 93.

auf 80 Tonnen pro Tag zu begrenzen, statt eine mögliche Förderung von durchschnittlich 170–200 in Samotlor Tonnen und 200–250 Tonnen in Westsibirien zu gewährleisten und diese große Menge des vorteilhaften schwefelarmen Öls in den westlichen Landesteil weiterzuleiten und der sowjetischen Wirtschaft damit einen Gewinn von 1 Milliarden Rubel einzufahren. Lediglich das Komitee für Wissenschaft und Technik zweifelte die von Šmarev angeführten Daten an, stimmte jedoch zu, dass eine Förderung von Gas in Urengoj und von Öl am mittleren Ob' grundsätzlich der weiteren Aufmerksamkeit bedürfe. Immerhin hatte Šmarev damit einen partiellen Erfolg, falls man dies so nennen kann, erlangt: Auf der Sitzung wurde beschlossen, dass eine Erhöhung des Öl- und Gasanteils am Energiehaushalt der Sowjetunion nochmals als langjährige Perspektive geprüft werden sollte. Zudem sollte eine Kommission bestehend aus Erdölminister Šašin, Erdgasminister Kortunov und dem Stellvertretenden Gosplan-Vorsitzenden Rjabenko wiederum in der Wintersaison nach Westsibirien fahren, um die Optionen einer bedeutenden Erhöhung der Ölförderung zu prüfen.[113]

Der Bericht Šmarevs hatte einen Stein ins Rollen gebracht, der kaum noch aufzuhalten war. Zwar engagierte sich die politische Führung um den Stellvertretenden Vorsitzenden des Ministerrats Efremov weiterhin in den Erdölindustrien Kasachstans und Zentralasiens, wo nach einer Sitzung vom 20. bis 22. Mai 1969 in den Erdöllagerstätten Uzen' im westlichen Kasachstan und Nebit-Dag in der Turkmenischen SSR weitere Maßnahmen zum Aufbau einer für die Ausbeutung des westkasachischen Erdöls speziell benötigten Infrastruktur zur Aufrechterhaltung der Viskosität sowie zur technisch hochwertigen Ausbeutung der Lagerstätte Uzen' ergriffen werden sollten.[114] Jedoch hatte der Ministerrat in den Sommermonaten auch den Vorschlag für ein Tjumen'-Projekt an sämtliche betroffenen Organisationen gesendet und damit neue Überprüfungen und Maßnahmen verlangt. Ende September 1969 meldete die staatliche Bauorganisation Gosstroj an den Stellvertretenden Ministerratsvorsitzenden Efremov, dass sie nun die Projektierung der Polarstädte unter diversen Projektierungsinstituten aufgeteilt hätten. Besondere Aufmerksamkeit werde der Stadt Tobolsk zuteil, wo in Zukunft ein Zentrum für die Holzindustrie und ein petrochemischer Komplex entstehen sollten. Bereits einen Tag später beantragten der Gosplan und Gosstroj eine Aufschiebung des Aufbaus einer Baumaterialbranche im nördlichen Westsibirien, welches bisher aus anderen Regionen mit Baumaterialien

113 Beleg über die Note von A. T. Šmarev über die Brennstoff- und Energiebalance, in: GARF, f. 5446, op. 104, d. 449, ll. 27–32.

114 Protokoll einer Sitzung beim Stellvertretenden Ministerratsvorsitzenden M.T. Efremov vom 20. bis 22. Mai 1969 in Uzen' und Nebit Dag, in: GARF, f. 5446, op. 104, d. 462, ll. 1–3.

versorgt worden war. Dabei hieß es, dass der Umfang der angeordneten Arbeiten zu groß sei und eine technisch-wirtschaftliche Grundlage für den Aufbau fehle. Stattdessen sollte die für die Infrastruktur zuständige Gasindustrie im Januar einen technisch-wirtschaftlichen Grundlagenbericht (Techničeskoe-ėkonomičeskoe obosnovanie, kurz TĖO) vorlegen, der den Ausbau der Region für die Erdöl- und Erdgasindustrie weiter begründen sollte.[115]

Immerhin schien sich nun die politische Führung sicher genug über die wirtschaftliche Perspektive zu sein, welche die westsibirischen Ressourcen der Sowjetunion boten, so dass sie nun auch mit dem »Erdölgiganten« Samotlor offiziell an die Presse ging. Die offizielle Berichterstattung über die Erdöl- und Erdgasindustrie Westsibiriens nahm nun diejenige Manier an, die sie bis zu Brežnevs Tod beibehalten sollte und die aus einer Mischung aus militärisch anmutenden Eroberungsphantasien der westsibirischen Bodenschätze und der Region überhaupt bestanden sowie aus einer in den Tageszeitungen offen geäußerten Kritik des Unterfangens, falls die anvisierten Pläne nicht umgesetzt werden konnten. Die Berichterstattung war damit immer noch um die Schaffung einer »sozialromantischen und technikgläubigen Ersatzreligion« bemüht, die, wie schon unter Stalin, immer noch die Legitimation der sowjetischen Macht suchte.[116] Eine weitere Komponente trat hinzu: die Mobilisierung von Arbeitskräften und von Vorhaben, die den Ministerien auferlegt waren. Denn die Widrigkeiten des sozialen Engagements und der technischen Aufrüstung sollten in Westsibirien besonders hervorstechen; die Tageszeitung *Pravda* stellte in dieser Hinsicht ein Erziehungsmittel dar. Sie legte dar, dass man nun endlich den »Schlüssel zu Samotlor«[117] gefunden habe, nachdem die Lagerstätten Šaim und Ust-Balyk bereits für die Raffinerien produzierten. Die *Pravda* druckte die Geschichte des »jungen Öls von Tjumen'« von der erfolgreichen Erkundung über den großen Fund von Samotlor 1965 bis zum Anschluss an die Pipeline Nižnvevartovsk–Ust-Balyk–Omsk auf ihren Seiten ab und erwähnte dabei »die acht mächtigen Ölschichten«, sich in der Lagerstätte fanden. Dass eine Förderung unter den subpolaren Bedingungen am mittleren Ob' nur mit sowjetischer Ausrüstung nicht gelungen wäre und nur durch importierte Anlagen aus dem Westen umgesetzt werden konnte, verschwieg der Artikel nicht. Dennoch hatten zu diesem Zeitpunkt noch nicht alle Anlagen installiert werden können, unter anderem solche, die das Erdöl noch vor Ort reinigten und weiterverarbeiteten.

115 Kurze Inhaltszusammenfassung des Schreibens, unterzeichnet von M.T. Efremov am 3. November 1969, in: GARF, f. 5446, op. 104, d. 463, l. 10.

116 Gestwa: Die Stalinschen Großbauten des Kommunismus, S. 252.

117 Kiselev, E./Titov, I.: Ključi Samotlora, in: Pravda 245, 02.09.1969, S. 2.

Nichtsdestotrotz lobte sogar der Vorsitzende von Glavtjumenneftegaz, der regionalen Produktionsvereinigung des Minnefteprom, Muravlenko, im November 1969 den »Sturm auf Samotlor«, auf die »Perle Westsibiriens«. In der Tageszeitung *Pravda* glorifizierte Muravlenko die Entwicklung Westsibiriens entgegen bekannter negativer Tatsachen und bescheinigte der Partei, dass sie trotz der schwierigen geographischen Lage Samotlors alles richtig gemacht habe. Denn auf dem 23. Parteitag der KPdSU sei beschlossen worden, die Förderung in einer kurzen Zeit anzuheben. 1967 seien in Westsibirien schon 4 Prozent der Landesförderung produziert worden. Die Unterstützung des ZK und der Regierung habe der Region zu Fortschritten verholfen, ebenso wie der Volkswirtschaftsrat des Volga-Ural-Gebiets, der die Technik bereitgestellt hatte. Glavtjumenneftegaz habe bereits wichtige Arbeiten geleistet, unter anderem die Nutzung von Grundwasser zur Aufrechterhaltung des Schichtdrucks und Ähnliches. Die Bohrbrigaden würden gute Resultate liefern. Für eine Verbilligung der Selbstkosten und die Annäherung der Kosten an den Landesdurchschnitt sorge vor allem Samotlor. Die Bezwingung des Sumpfs sei das Schwierigste gewesen, doch man habe den Sturm auf Samotlor vorbereitet und durchgeführt. Besonders wichtig sei der Einsatz von möglichst wenig Arbeitskräften und stattdessen an deren Stelle die Automatisierung der Anlagen, für welche die Projektierungsinstitute Sorge tragen sollten. Doch auch der Bau des regionalen Surguter Wärmekraftwerks (Gosudarstvennaja rajonnaja ėlektrostancija, kurz GRĖS) sei in Verzug, die Industrie sei daher noch immer nicht vollständig elektrifiziert.[118] Dass die Region, die praktisch auf der größten Menge an Energieträgern saß, bisher keinerlei eigene zentrale Energieversorgung hatte, kam einem Fauxpas gleich.

Um das Projekt zu beschleunigen, gab die Regierung nun die Losung heraus, dass der westsibirische Komplex »vom ganzen Land gebaut« werde;[119] dieselbe Losung mit einer »integrativen Funktion«[120] war kein Novum und war als mobilisierendes Element schon beim Bau der Moskauer Metro in den 1930er Jahren und beim Bau der BAM verwendet worden. Zu derartigen medialen Propagandaparolen passte es nicht, die Bedürfnisse der Arbeitskräfte außer Acht zu lassen, auch wenn diese im sowjetischen Alltag bereits viel gewohnt waren. So empfahl die Sibirische Abteilung der Akademie der Wissenschaften eine angemessene Sozialpolitik in der Region Tjumen'. Damit diese realisiert werden

118 Muravlenko, V.: Ne imeet ravnych, in: Pravda 334, 30. November 1969, S. 3; Auszug aus einem Schreiben des Tjumen'er Obkom des Komsomol an das ZK des Komsomol vom 27. September 1970, in: Smorodinskov: Neft' i gaz Tjumeni, Bd. 2, S. 287–293.

119 Muravlenko, V.: Ne imeet ravnych, in: Pravda 334, 30. November 1969, S. 3.

120 Grützmacher: Die Baikal-Amur-Magistrale, S. 271.

könne, sei es notwendig, dass nur 32–35 Prozent der Kapitalinvestitionen für den unmittelbaren Aufbau der Ölindustrie bereitgestellt würden, weitere 25–30 Prozent hingegen in den Aufbau von Städten und Siedlungen, und 8–10 Prozent in den Aufbau einer lokalen Bauindustrie flössen. Das Kontingent an Arbeitskräften sollte stark erhöht werden, und zwar auf 500.000 Menschen, und für diese annehmbare Lebensbedingungen schaffen.[121] Der Glaube an mathematische Modelle erfreute sich in dieser Hinsicht zumindest in den Wissenschaftskreisen einer großen Beliebtheit; mit ihrer Hilfe sollten schließlich die besten Schemata für die Energie- und Wasserversorgung berechnet werden.

Das ZK der KPdSU ließ sich bis Dezember 1969 Zeit mit einer Entscheidung, legte dann aber kurz vor Jahresende nach: Am 11. Dezember 1969 erließ es eine Anhebung der sibirischen Förderung und den Bau von Kraftwerken auf Basis von Erdgas in diversen Regionen, die bereits in einem Vorschlag zu den »Maßnahmen zur schnelleren Entwicklung der erdölfördernden Industrie in Westsibirien«[122] seit dem 23. September 1969 diskutiert und vom Ministerratspräsidium am 24. September angenommen worden waren. Der Beschluss sah vor, die Förderung in Samotlor auf 150–500 Tonnen pro Tag und für Westsibirien insgesamt auf 100–120 Millionen Tonnen 1975 anzuheben. 1980 sollten jährlich 230–260 Millionen Tonnen, davon in Samotlor 60 Millionen Tonnen jährlich produziert werden. Um dieses Ziel zu erreichen, legte der Beschluss fest, dass nur die größten Erdölfelder ausgebeutet werden sollten, indem sich die Erdölindustrie allein auf die bisher gefundenen Erdöllagerstätten konzentrieren sollte, die »mit den neuesten Errungenschaften der Wissenschaft und Technik«[123] zu erschließen seien. Des Weiteren verfügte der Beschluss die Weiterverarbeitung vor Ort und das Auffangen des wertvollen Erdölbegleitgases, das bisher zumeist verbrannt worden war, welches man in Zukunft aber zu nutzen gedachte. Für den Abtransport des Erdöls sollten Großröhren installiert und die regionale Infrastruktur im großen Umfang ausgebaut werden. Wie sehr der Ministerrat und das ZK der Partei die Erschließung Westsibiriens nun ernst nahmen, machte

121 Alekseev, M.A./Movsesjan, Ju.T./Sevast'janov, L.I.: Dinamičeskaja model' razvitija i razmeščenija neftedobyvajuščej promyšlennosti, stroitel'noj bazy i gorodov v rajonach zapadno-sibirskogo nizmennosti, in: Izvestija SO AN SSSR (1969) 11, S. 21–27.

122 Schreiben an den Ministerrat zu den Vorschlägen von Šmarev, unterzeichnet von N. Bajbakov und V. Kirrillin vom Dezember 1969, in: GARF, f. 5446, op. 104, d. 449, ll. 34–40, hier l. 38.

123 Beschluss des ZK der KPdSU und des Ministerrats der UdSSR vom 11. Dezember 1969 »Über die Maßnahmen für die beschleunigte Entwicklung der erdölfördernden Industrie in Westsibirien« (Auszug), in: Černenko, K.U./Smirtjukov, M.S.: Rešenija Partii i Pravitel'stva po chozjajstvennym voprosam, Bd. 7: 1962–1965 gody, Moskau 1968, S. 579–582.

eine Formulierung zur »großen volkswirtschaftlichen Bedeutung der weiteren Entwicklung der neuen Erdölbasis in Westsibirien« deutlich.[124]

Mit dem Beschluss vom Dezember 1969 über die Steigerung der Ölförderung rückte das große, unter Nikita Chruščev favorisierte Staudammprojekt der Nižne-Obskaja GĖS in den Hintergrund. Ende der 1960er, Anfang der 1970er Jahre begehrten die Befürworter des Staudamms jedoch noch einmal lautstark auf. Trotz der bereits begonnenen Erdölförderung setzte die Wasserkraftlobby im Mai 1969 mit dem Vorschlag ihres Projekts beziehungsweise mit einem Doppelprojekt zur Erdölförderung und zu einem Staudammprojekt ein letztes Mal an. Bei einer Wissenschaftskonferenz in Novosibirsk im Mai 1969 war der Bau der GĖS ein weiteres Mal scharf diskutiert, jedoch auch schon die Idee geäußert worden, das Verbot zum Bau von Städten unter der 30-Meter-Marke am Fluss Ob' aufzuheben. Würde man der Aufhebung des Städtebaus unter der 30-Meter-Marke nachkommen, hieß das, dass keinerlei Überflutung auf dem Gebiet stattfinden würde, was eine endgültige Absage des Staudammbaus bedeutete. Die Kritiker des Staudammprojekts, die unter anderem bei einer Konferenz in Tjumen' auftraten, hatten es unter der Regierung Leonid Brežnevs einfach, ein konjunkturelles Gegenargument für den Wasserkraftwerksbau zu finden: die Überflutung einer Landwirtschaftsfläche von 55.000 Quadratkilometern in einem Land, dessen offensichtlichstes Problem die Versorgung der Bevölkerung mit Konsumprodukten war. Den Erdölenthusiasten spielte die neue Gesetzgebung der UdSSR in die Hände, die dazu aufforderte, mit den Flächen des Landes sehr vorsichtig umzugehen und deren Nutzung nicht auszuschließen. Zudem führte man nun die großen Folgekosten und ein unübersichtliches Risikomanagement für die Umsiedlung von Städten und Dörfern, Uferbefestigungen, plötzliche Überflutungen und Veränderungen im Mikroklima jenseits einer Planungsmarke von zehn Jahren an, um das Projekt eines Wasserkraftwerks in der Region endgültig zu stoppen.[125]

---

124 Schreiben an den Ministerrat zu den Vorschlägen von Šmarev, unterzeichnet von N. Bajbakov und V. Kirrillin vom Dezember 1969, in: GARF, f. 5446, op. 104, d. 449, ll. 34–40; Beschluss des ZK der KPdSU und des Ministerrates der UdSSR vom 11. Dezember 1969 »Über die Maßnahmen für die beschleunigte Entwicklung der erdölfördernden Industrie in Westsibirien« (Auszug), in: Černenko/Smirtjukov: Rešenija Partii i Pravitel'stva po chozjajstvennym voprosam, Bd. 7: 1962–1965 gody, S. 579–582.

125 Zacharov, Ju.F./E'rve, Ju.G.: Osvoenie severnych rajonov zapadnoj Sibiri i posledstvija sooruženija Nižne-Obskoj GĖS, in: Izvestija SO AN SSSR (1970) 6, S. 100–108. Zacharov war schon Autor des Artikels zur Wasserflutung gewesen, die der schnelleren Herauspressung des Erdöls aus den Schichten diente. Er vertrat den Standpunkt, dass alle Industrieprojekte in der Region schwierig seien. Die Befürworter des Wasserkraftprojekts wollten die GĖS, weil es

Die auf dem 35 Kilometer langen Ölfeld Samotlor entstehende Industrie verlangte eine völlig neue Herangehensweise, die der sowjetische Maschinenbau damals nicht bereitstellen konnte. So griff man beim in Samotlor installierten Equipment vollständig und »bis zum letzten Ventil«[126] auf Importe zurück. Die hohen Kosten setzten die Erdölindustrie unter enormen finanziellen Druck, dem man mit Einsparungen bei der Anzahl der Beschäftigten begegnen wollte. Die kostspieligen Arbeitsplätze der Ingenieure sollten der Automatisierung weiterer Komplexe weichen, ein Konzept, welches in den 1970er Jahren weiteren Auftrieb gewann. Von diesen Ideen, die Industriebetriebe einfacher und rationaler zu führen, war die sowjetische Erdölindustrie in den späten 1960er Jahren erfasst worden. Sie gingen von Ölminister Šašin aus, der 1968 mit der ersten sowjetischen Delegation die US-Ölfirmen besucht hatte. Unter den gesammelten Eindrücken stehend, wollte Šašin die Anzahl der in der sowjetischen Ölindustrie Beschäftigten senken, was gerade in den Nordgebieten eine finanzielle Erleichterung bringen sollte. Die amerikanische Ölindustrie beeindruckte Šašin wohl auch deshalb, weil sie zahlreiche spezialisierte Dienstleister ausgegliederte. Sein Einblick in die wirtschaftliche Vorgehensweise einer westlichen Industriestrategie veranlasste Šašin, die Auslagerungen von Dienstleistungen sowie die Rationalisierung der Arbeit trotz des Anspruchs von Vollbeschäftigung in der sowjetischen Planwirtschaft zu testen. Als Versuchsobjekt diente die tatarische Produktionsvereinigung Kujbyševneft', die mit einer neuen Struktur ausgestattet nun 20 Prozent weniger Ingenieure und Techniker beschäftigen sollte. Nach einem Treffen in Moskau im Dezember 1969 setzte das Minnefteprom die Reorganisation der eigenen Institution um und splittete die bisher als territoriale Organisationen agierenden Produktionsvereinigungen in diverse Tätigkeitsbereiche auf. Diese neu geschaffenen Strukturen blieben bis zur Auflösung des sowjetischen Minnefteprom 1991 bestehen.[127] Im Mai 1970 erfolgte eine zusätzliche Verschlankung des Zentralapparats im Minnefteprom.[128]

Die neuen Modelle der Automatisierung von Industriebetrieben in den Polarregionen stellten dabei eine radikale Abkehr von den Ideen der Vollbeschäftigung

---

die Produktion günstiger Elektroenergie erlaube, deren Aufbau man schon in kürzester Frist zurückkaufen könne.

126 Tchurilov: Lifeblood of empire, S. 104.

127 Ders., S. 104–105.

128 Beschluss des ZK der KPdSU und des Ministerrats der UdSSR über die Vervollkommnung der Leitungsorganisation der Erdölindustrie vom 28. Mai 1970, in: Černenko, K.U./Smirtjukov, M.S.: Rešenija Partii i Pravitel'stva po chozjajstvennym voprosam, Bd. 8: 1970 g. – fevral' 1972 g., Moskau 1972, S. 130.

dar, wie sie in den 1960er und 1980er Jahren immer noch vorherrschte. Dies mochte bisweilen zu einer »Übervollbeschäftigung«[129] geführt haben, die keinen Sowjetbürger trotz der voranschreitenden Technisierung länger als einen Monat in der Arbeitslosigkeit beließ. Tatsächlich wurden immer mehr Menschen freigestellt, weil ihre Arbeitsplätze automatisiert worden waren;[130] in Tjumen' lagen die Dinge jedoch anders. Hier war eine Automatisierung von Nöten, um Investitionen in die teure Ansiedlung von Arbeitskräften zu sparen. Diese konnte aber zunächst nicht ausreichend umgesetzt werden.

Der Regierungsbeschluss von 1969 gilt in der Retrospektive also als der wirkliche Ausgangspunkt einer großflächigen Erschließung des Tjumen'er Erdöls und Erdgases, vor allem aber des Erdöls. Der ursprüngliche Vorschlag Šmarevs an Premier Kosygin über ein Projekt, welches die Produktion von Elektroenergie in Gaskraftwerken und deren Weiterleitung bis nach Europa hatte aufbauen wollen, war zwar abgelehnt worden, dennoch war dies der Anfang einer großen sibirischen Erdölförderung. Und war es in den 1940er Jahren noch die Vorherrschaft der Kohle gewesen, die kaum angefochten wurde, waren die Energieträger Öl und Gas nun auf der wirtschaftspolitischen Bühne der Sowjetunion – wie auch auf der ganzen Welt bereits geschehen – vollends angekommen. Damit war die Diskussion um die Energiestrategie auf einer weiteren Stufe angelangt. Sie nahm in Zukunft auch Generalsekretär Brežnev und Premier Kosygin stärker in Anspruch nahm und die längst nicht mehr nur die kommenden Jahrespläne beinhaltete, sondern eine langfristige Planung bis zum Jahr 1990 und später bis zum Jahr 2000. Was den großen Entscheidungen hätte folgen müssen, war eine überlegte Investitionspolitik. Dennoch sank der Anteil der Investitionen in den Erdölsektor von 9,2 Prozent aller industriellen Investitionen im 8. Fünfjahresplan noch auf 9,1 Prozent im 9. Fünfjahresplan.[131] Damit geriet der Erdölsektor Mitte der 1970er Jahre in tiefe Schwierigkeiten, wie das Kapitel 7 dieser Arbeit noch aufzeigen wird.

---

129 Cook: Social Contract, S. 25.

130 Pietsch, Anna Jutta: Displacement by Technological Progress in the USSR. Social and Educational Problems and their Treatment, in: Adam, Jan (Hg.): Employment Policies in the Soviet Union and Eastern Europe, Basingstoke 1987, S. 26–51.

131 Im 9. Fünfjahresplan 1971–1975 wurden insgesamt 13 Milliarden Rubel in den Westsibirischen Erdöl- und Erdgaskomplex investiert. Die Investitionen stiegen für den 10. Fünfjahresplan auf 25 Milliarden und im 11. Fünfjahresplan bereits auf über 50 Milliarden Rubel, in: Klüter: Die territorialen Produktionskomplexe, S. 122; andere Publikationen legen dar, dass Westsibirien 1970 einen Anteil von 5,2 Prozent von allen Investitionen in die Erdölindustrie der UdSSR erhielt, 1975 waren es schon 12,5 Prozent und 1980 48,7 Prozent. Noch 1965 hatte Westsibirien nur 1,3 Prozent der Investitionen erhalten. In: Considine/Kerr: The Russian Oil Economy, S. 96.

4.5 Versuchslabor einer modernen Polarwirtschaft? Der Bruch mit den Wissenschaftlern

Was »das Kind des gegenwärtigen 8. Fünfjahresplans«,[132] die Erdölförderung in Westsibirien, betraf, beklagten die prosibirischen Wissenschaftler im Novosibirsker Akademgorodok und die Sibirienenthusiasten in Moskau die Lethargie in einigen Moskauer Zentralen. Dafür nutzten sie unter anderem die Presse als Medium, um ihren Anliegen auf einer öffentlichen Plattform Nachdruck zu verleihen und sich durchzusetzen. Der Konflikt, der sich in den 1970er Jahren abzeichnete, war ein Paradigmenwechsel bezüglich der ökonomischen Aktivitäten und Vorgehensweisen in Sibirien, die die Wissenschaftler in der sibirischen Peripherie gegenüber ihren Kollegen im europäischen Landesteil, gegenüber Wirtschaftsmanagern und dem politischen Establishment erwirken wollten. Die sibirischen Wissenschaftler wähnten nach den ersten positiven Entscheidungen die Möglichkeit, die Einrichtung von spezialisierten, technisierten und eng vernetzten Industrieknotenpunkten umzusetzen.

Eines der von Wissenschaftlern der Sibirischen Abteilung der Akademie der Wissenschaften geforderten Projekte war ein wirtschaftlich ausgewogenes Aktionsprogramm durch die Zentralorgane in Moskau, welches die Bildung von industriellen Knotenpunkten in Form von TPK und eine zielgerichtete Anwerbung von Arbeitskräften verlangte. Die neuen Industriekomplexe sollten nicht nur den Abbau einer oder weniger Ressourcen bewerkstelligen, sondern große industrielle Knotenpunkten sein, die gleich mehrere Industriezweige miteinander verbanden und unter Umständen die Rohstoffe vor Ort weiterverarbeiteten und verwendeten. Sie umfassten damit auch größere Städte und Ansiedlungen und somit Möglichkeiten, die Bevölkerung in verschiedenen Industrien zu beschäftigen. Tatsächlich waren, wie der Novosibirsker Wirtschaftswissenschaftler Boris Orlov in seiner Argumentation anführte, die staatlichen Investitionen in Sibirien seit den letzten Jahren der Regierung Chruščevs im Gegensatz zu denen in Zentralasien immer weiter gesunken. In historischer Perspektive sei dies ein Präzedenzfall, denn seit den ersten Tagen der Sowjetunion habe Sibirien immer 1–2 Prozent mehr Kapitalinvestitionen erhalten als Kasachstan und Zentralasien. Das habe sich in den Jahren, 1959–1965, geändert, denn nun erhielten letztere Regionen 1 Milliarde Rubel mehr; eine

132 Aus der Rede des ersten Sekretärs des Obkoms in Tjumen, B. E. Ščerbina, auf dem 8. Plenum des Obkoms, vom 20. Januar 1970, in: Smorodinskov: Neft' i gaz Tjumeni, Bd. 2, S. 235–239, hier S. 235.

Summe, von der wohl Wirtschaftszweige Zentralasiens profitiert hatten. Die sibirischen Wissenschaftler forderten ein Umdenken, indem sie auf den wachsenden Energiebedarf der Metallurgieindustrie hinwiesen, deren Kapazitäten in den 1970er Jahren um das 2,5-Fache ansteigen sollten, sowie auf den Bau einer Automobilfabrik in Sibirien. Nicht zuletzt war Orlovs Vorschlag für die Einrichtung eines Territorialkomplexes auch ein Projekt, welches die Lösung sozialer Probleme mit einbezog. So erhoffte sich Orlov, die Abwanderung qualifizierter Arbeitskräfte zu verhindern und das Lebensniveau dem in den europäischen Regionen anzugleichen: Über ein Mehr an Energie sollten Lebensmittel- und Versorgungsengpässe aufgelöst, das Bildungsniveau angehoben und mehr Wohnraum eingerichtet werden.[133] Doch die politische Führung um Kosygin blieb vorerst zurückhaltend, was eine komplexe Territorialplanung anging, und orientierte sich weiterhin am Ressourcenabbau.

Besonders von den Wissenschaftlern wurde nun das Bild einer effizienten sibirischen Energieprovinz gezeichnet, die über leistungsfähige Wasserkraftwerke und zahlreiche andere Energieträger verfügte – unter anderem über leicht zu förderndes Erdöl (es gab achtmal weniger Brunnen als in Romaškino, mit wesentlich höherer Durchflussrate). Das TPK-Modell widersprach dabei schon in seinen Grundzügen einem reinen Abtransport der Energieträger in die Industrieregionen im westlichen Landesteil. Stattdessen forderten Wissenschaftler wie Nekrasov – der selbst in Moskau tätig war – oder Boris Orlov, dass man den »Koeffizienten der Unwirtschaftlichkeit«[134] in Moskau ein Ende setzte, indem man die in Moskau vorherrschenden alten Überzeugungen der extensiven Bewirtschaftung mit einem erheblichen Arbeitskräfteaufwand, wie es in den besiedelten Regionen der Fall sei, endlich überwand. Die sibirischen Wissenschaftler hingegen forderten eine schnelle Modernisierung und Technisierung sibirischer Industrien, den erleichterten Einsatz von technischen Speziallösungen und eine hohe Eigenständigkeit der sibirischen Wirtschaft, die nicht mehr nur von Moskau gesteuert wurde.

Was die Arbeitskräfte anging, hatten die Wissenschaftler jedoch unterschiedliche Vorstellungen. Während sie kritisierten, dass man in Moskau auf jegliche Maßnahmen wie die staatlich organisierte Anwerbung verzichtete und allein auf die Urbanisierung und Landflucht in Westsibirien setzte, die unquali-

---

133 Orlov, B. P.: Tendencii ekonomičeskogo razvitija Sibiii i povyšenie ee roli v obščesojuznom proizvodstve, in: Izvestija SO AN SSSR (1969) 1, S. 3–17.

134 Orlov zitiert hier aus einem Artikel von N. Nekrasov in der Literaturnaja Gazeta vom 1967, in: Orlov, B. P.: O masštabach i metodach osvoenija prirodnych resursov Sibirii, Izvestija SO AN SSSR (1971) 1, S. 16–28, hier S. 19.

fizierte Arbeitskräfte in die entstehenden Industrien Westsibirien schwemmte, wähnten sie gleichzeitig große Probleme bei der dauerhaften Anwerbung von Arbeitskräften, die pro Ansiedlung einer Arbeitskraft mit einem Kostenpunkt von 20.000 Rubel eine eklatante Belastung darstellten. Doch langfristig biete die Urbanisierung Westsibiriens keine ausreichende Perspektive.[135] Andere Wissenschaftler gingen dabei noch weiter: Angesichts des unkoordinierten Vorgehens, welches bereits in der frühen Phase der Industrialisierung eine ungenutzte willkürliche Infrastruktur mit leeren Brunnen usw. hinterlasse, forderten sie einen im Gleichschritt mit dem Ressourcenabbau vorangehenden Ausbau der Infrastruktur sowie die rationale Überprüfung und Umnutzung derjenigen Betriebskapazitäten, die eine geringe Arbeitsauslastung hatten. Ganz im Gegenteil zu ihren wissenschaftlichen Kollegen verlangten sie eine Senkung der Arbeitskräftekosten, indem man auf die teure, staatliche Organisierte Anwerbung (Organizacionnyj nabor, kurz Orgnabor) verzichtete und stattdessen auf Saisonkräfte und Akkordarbeit zurückgriff.[136]

Unter den prosibirischen Wissenschaftlern in Novosibirsk und in Moskau herrschte weitestgehend Konsens darüber, dass das gegenwärtige ministerielle Wirtschaftsmodell zumindest für Sibirien nicht länger sinnvoll war. Denn das Fehlen einer langfristigen Planung und tatsächlich auch eines Koordinators hatte bisher dazu geführt, dass der gesamte Downstreamsektor hinter der Förderung nicht mehr hinterherkam. Doch in Moskau würde man kaum etwas für neue gedankliche Ansätze in dieser Hinsicht tun, so der Vorwurf der sibirischen Wissenschaftler. Nach wie vor würden die Ministerien keine speziellen Projekte für Sibirien entwickeln, die Branchen seien immer noch zu wenig vernetzt.[137] Ihre Vorbilder suchten die Wissenschaftler deshalb wiederum im kapitalistischen Ausland, so unter anderem im klimatisch vergleichbaren Kanada, wo es ein Programm mit dem Namen »Wege zu den Ressourcen« gebe, das erst

135 Orlov, B. P.: O masštabach i metodach osvoenija prirodnych resursov Sibirii, in: Izvestija SO AN SSSR (1971) 1, S. 16–28. Aus einem anderen Artikel geht hervor, dass in Westsibirien besonders auch die Verarbeitung des Erdöls und die Produktion von Erdölprodukten vorangetrieben werden sollte. Die Umsetzung des Vorhabens gestaltete sich jedoch vorerst schwierig, da die Raffineriekapazitäten beschränkt blieben und der Transport der Erdölprodukte einen erheblichen Kostenfaktor darstellte. In: Movsesjan, Ju.T./Parchomenko, R.S.: Nekotorych voprosov razvitija neftegazogo chozjajstva Zapadnoj Sibiri, in: Izvestija SO AN SSSR (1970) 11, S. 97–101.

136 Kin A.A.: O vybore racional'nych metodov chozjastevnnogo osvoenija Severa Zapadnoj Sibiri, in: Izvestija SO AN SSSR (1971) 6, S. 41–49.

137 Orlov, B.P.: O masštabach i metodach osvoenija prirodnych resursov Sibirii, Izvestija SO AN SSSR (1971) 1, S. 16–28.

den Aufbau der Infrastruktur und dann die Förderung vornehme und damit die üblichen sowjetischen Probleme des Abtransports und der schlecht ausgebauten Infrastruktur erst gar nicht entstehen lasse. Führend sei Kanada auch in der Gestaltung einer regionalen Wirtschafts- und Wissenschaftspolitik, die sich an den natürlichen Begebenheiten ausrichte. Tatsächlich sahen die Wissenschaftler auch im eigenen Land zwei positive Beispiele für den Aufbau und die Finanzierung von Polarkomplexen, nämlich in der Polarstadt Norilsk und in der Rohstoffregion entlang des Flusses Kolyma im Nordosten der Sowjetunion, die durch eine branchenübergreifenden Planung und durch einen einzigen Finanzierungskanal errichtet worden waren. Dass es sich dabei um ehemalige Strafgefangenenkomplexe des stalinschen GULag-Systems handelte, die unter Zwangsarbeit und mit Inkaufnahme des Verlustes unzähliger Menschenleben aufgebaut worden waren, unterschlugen die Wissenschaftler.[138] Trotz der zweifelhaften Beispiele traf die Forderung der Wissenschaftler den Nagel auf den Kopf: das Ablegen des Ressortdenkens, welches eine selbstständige Umsetzung komplexer Projekte bisher weitestgehend behinderte, da den Ministerien Anreize für die Kooperation fehlten. Statt der vielen zuständigen Auftraggeber in den Ministerien, die in Westsibirien an einzelnen Teilen des Komplexes arbeiteten, forderten die Wissenschaftler eine Kumulation der dem Komplex zugeteilten Investitionen, die durch einen einzigen zentralen Auftraggeber eingesetzt werden sollten. Diese Investitionen in den westsibirischen Energiekomplex sollten mindestens 20 Prozent der Sibirien zugedachten Investitionen betragen. Dieses Vorgehen sollte letztlich auch die »psychologische Barriere« innerhalb der Branchen brechen, die bisher um die Finanzspritzen aus Moskau gebuhlt und das Projekt als Gesamtvorhaben schlecht umgesetzt hatten. An Stelle des Branchenzugangs forderten die Wissenschaftler eine koordinierte und verknüpfte Vorgehensweise, wie sie ihrer Meinung in Norilsk und beim Bau der Krasnojarsker GĖS stattgefunden hatte.[139]

Weiterhin kritisierte man nun auch das Fehlen von Forschungseinrichtungen, die sich mit den Problemen des Fernen Nordens eingehend beschäftigen würden und sich dem Aufbau einer leistungsfähigen Polarindustrie in der Pra-

138 Im Jahr 1936 wurde Norillag als Komplex als Teil des GULag errichtet, in welchem der Abbau von Kohle mit dem von Nickel und Kobalt sowie deren Weiterverarbeitung kombiniert werden sollten, in: Goehrke, Carsten: Lebenswelten Sibiriens. Aus Natur und Geschichte des Jenissei-Stromlandes, Zürich 2016, S. 376–379.

139 Orlov, B.P.: O masštabach i metodach osvoenija prirodnych resursov Sibirii, Izvestija SO AN SSSR (1971) 1, S. 16–28; Orlov gibt auch an, dass die Kapitalinvestitionen jetzt jährlich allein in Westsibirien so hoch seien, wie zu Beginn der 1960er Jahre im ganzen Land.

xis gewachsen sahen. Vorbilder wähnten die Wissenschaftler wiederum im Ausland: in Ländern wie Grönland, Kanada, Australien, den USA und Norwegen hatte man spezielle Institute eingerichtet, die sich mit der Besiedlung und Industrialisierung unter den schwierigen klimatischen Bedingungen der Polarregionen auseinandersetzten.[140] Im Übrigen erhielten die Novosibirsker Wissenschaftler dabei Unterstützung von der Gaswirtschaft, die dies längst forderte: »Unsere Maschinenbauer sollten eine auf den Norden spezialisierte Ausrüstung entwerfen lernen [im Original osvoit'- sich aneignen, nutzbar machen, beherrschen], die Metallurgen spezielle Röhren. Mit anderen Worten sollten uns viele Ressorts helfen, das heißt die Frage danach, dass die Angelegenheit der Erschließung des Gasnorden eine Angelegenheit der gesamten Volkswirtschaft wird.«[141] Doch nur in den wenigsten Fällen komme dies auch bei den Verantwortlichen an. Stattdessen, so die sibirischen Wissenschaftler, bevorzugten viele Verantwortliche ein »vorschnelles Vorgehen« bei der industriellen Ausbeutung der Ressourcen ohne die Eruierung des notwendigen Fachwissens für die Erdölförderung im arktischen Klima. Das gelte insbesondere auch für Samotlor, wo man mit der Probeförderung begonnen habe, bevor man Details über die Lagerstätte gesammelt habe. Falls man doch für Produktionsvereinigungen wie Glavtjumenneftegaz wissenschaftliche Untersuchungen durchgeführt habe, seien letztlich nur 20–30 Prozent aller Fälle »von wirklich praktischem Interesse«.[142] Die Forderung der Wissenschaftler blieb dabei einfach: Sie wollten den Permafrostinstituten und Fakultäten in Jakutien und Moskau wieder aktiv in die Planungen der polaren Erdöl- und Erdgasindustrie mit einbeziehen.

Ganz konkret legten die Wissenschaftler mit ihrer Vehemenz den Grundstein für das Modell der territorialen Produktionskomplexe in Sibirien. Die Aussage des russischen Wissenschaftlers Lomonossov »Die russische Machtstellung wird mit Sibirien wachsen«[143] wurde Ende der 1960er Jahre ein geflügeltes Wort, wenn man über die Komplexentwicklung Sibiriens sprach. Für Tjumen' plante man dabei ein Komplexprogramm, das neben der Erdölindustrie auch die Ausbeutung der »fast unendlichen« Rohstoffquelle des sibirischen Waldes und ein Torfprojekt sowie parallel den nicht unerheblichen Aufbau eines

140 Kin A.A.: O vybore racional'nych metodov chozjastevnnogo osvoenija Severa Zapadnoj Sibiri, in: Izvestija SO AN SSSR (1971) 6, S. 41–49.

141 Aus der Rede des Stellvertretenden Gasminister Julij Bokserman auf dem 8. Plenum des Tjumen'er Obkoms vom 20. Januar 1970, in: Smorodinskov (Hg.): Neft' i gaz Tjumeni, Bd. 2, 243–245, hier S. 245.

142 Belov, V./Ostryj, G.: Neft' i merzlota, in: Pravda 232, 20.08.1969, S. 3.

143 Kistanov, V./Tokarev, S.: Kakie zavody stroit' v Sibiri, in: Pravda 288, 15.10.1969, S. 2.

Straßen, Eisenbahn, Schifffahrt- und Pipelinenetzes vorsah, um das baschkirische Erdöl, welches in die sibirischen Raffinerien gelangte, möglichst schnell durch Tjumen'er Erdöl zu ersetzen.[144] Was Westsibirien anging, war dabei die Rede von einem Wirtschaftskomplex über mehr als 2 Millionen Quadratkilometer und von einer jährlichen Förderung von 500 Millionen Tonnen Erdöl und 600–700 Kubikmeter Erdgas. Doch dies war nur ein kleiner Ausschnitt eines visionären wissenschaftlichen Wirtschafts- und Sozialprojekts in Sibirien, welches der Moskauer Wissenschaftler Nekrasov verfolgte. In einem Artikel vom 6. Juli 1969 legte Nekrasov, der gleichzeitig auch Vorsitzender von SOPS war, dar, dass Sibiriens zahlreiche Metalle, Diamanten und Brennstoffe endlich »mehr Arbeit anziehen würden«,[145] wodurch neue Komplexe für die Metallurgie, den Maschinenbau und die Holzindustrie entstehen könnten. Im Gegensatz zum Erdölingenieur Šmarev war Nekrasov der Meinung, dass die weiterverarbeitenden Industrien nach Sibirien ziehen und nicht – wie von Šmarev geplant – die Rohstoffe beziehungsweise der Strom abtransportiert werden sollten. Die neuen Vorkommen könnten, so Nekrasov, auch die bestehenden Kapazitäten der Petrochemie und der Synthetikproduktion versorgen und möglicherweise auch erweitert werden. Dazu sollten Nekrasov zufolge auch energieaufwändige Betriebe vom europäischen Teil nach Sibirien umgesiedelt werden. Nekrasov gab seiner Hoffnung Ausdruck, dass davon in der Perspektive nicht nur der Süden, sondern auch der Norden profitieren werde. Man müsse dafür in ganz Sibirien moderne Industrien errichten, die verschiedenste Waren für den Landesteil selbst produzieren könnten, neue wirtschaftsplanerische Schemata für die Regionalaufteilung (*rajonirovanie*) erstellen und die klimatischen und natürlichen sowie soziale und wirtschaftliche Kennzeichen bewusst mit einbeziehen.

Die Pläne zielten darauf ab, die sibirische Industriemacht auch in der langfristigen Perspektive bis ins Jahr 2000 herzustellen, was die Entwicklung zahlreicher Zweige wie die Schwarzmetallurgie, den Maschinenbau und die Chemieindustrie umfasste. Dabei rechneten die Befürworter einer großen Sibirienstrategie auch mit einer einfacheren und günstigeren Anwerbung und dauerhaften Ansiedlung der Arbeitskräfte, *zakreplenie* genannt, wenn der wirtschaftliche Aufschwung des peripheren und vernachlässigten Sibiriens erstmals erreicht sei. Diese Ansiedlung der energieaufwändigen Industrien, von der

144 Sidorov, A.P.: Transportnoe osvoenie Zapadno-sibirskoj nizmennosti, in: Izvestija SO AN SSSR (1966) 5, S. 21–28.

145 Nekrasov, N.: Kraj nesmetnych sokorovišč, in: Pravda 187, 06.07.1969, S. 2.

SOPS als »Wirtschaftsprotektionismus« bezeichnet, schaffe endlich die ersehnte gesamtwirtschaftliche Stimulierung.[146]

Doch das (west)sibirische Großprojekt hatte in Moskau nach wie vor einen schwierigen Stand. So schien es den Moskauer Regierungs- und Planungsfunktionären kaum möglich, auf die umfassenden Forderungen der Wissenschaftler einzugehen. So wollte man vorerst die Nutzung und den Abtransport der Ressourcen gewährleisten, die man immer noch für die Energieversorgungssicherheit der westlichen Sowjetunion zur Verfügung stellen wollte. Doch schon der Aufbau minimaler Kapazitäten sowohl auf regionaler als auch auf transregionaler Ebene erwies sich als große Herausforderung, so unter anderem der Bau des Surguter Wärmekraftwerks, welches aus dem örtlichen Erdölbegleitgas Strom produzieren sollte. Hierbei empfahl man, wieder unter großem Einsatz des Komsomol, immerhin die Errichtung einer lokalen Maschinenbauindustrie, die die für die Region notwendige polare Ausrüstung würde herstellen können, z. B. Fahrzeuge, die in den Sumpf- und Schneegebieten einsetzbar wären.[147] So beschloss man auf dem 24. Parteitag der KPdSU im Februar/März 1971, in Westsibirien die Förderung auf 120–125 Millionen Tonnen Erdöl anzuheben und zugleich Anlagen für die Verarbeitung von 5–6 Milliarden Kubikmeter Begleitgas einzurichten. In Tomsk und Tobolsk sollten große Chemiekomplexe entstehen, die mit den Ressourcen aus Westsibirien produzieren sollten, zudem sollten die wichtigsten Industrieobjekte – die Surguter GRĖS, die Bahnlinie Tjumen'–Tobolsk–Surgut, die Häfen in Tobolsk und Surgut sowie andere Infrastrukturobjekte – endlich in Betrieb genommen werden.[148] Mit den Plänen des Parteitags hatte die politische Führung das Projekt nochmals bestätigt. Offene Fragen – wie der Ausbau der Infrastruktur jenseits der Industrien oder die Anwerbung von Arbeitskräften und deren Ansiedlung – blieben immer noch ungeklärt und hatten fatale Folgen, wie in den Kapiteln 7 und 9 noch ausführlich beschrieben werden wird.

146 Kistanov, V./Tokarev, S.: Kakie zavody stroit' v Sibiri, in: Pravda 288, 15.10.1969, S. 2.

147 Aus den Noten des Tjumen'er Komsomol-Lokalkomitees an das Komsomol-Zentalkomitee vom 27. September 1970, in: Smorodinskov (Hg.): Neft' i gaz Tjumeni, Bd. 2, S. 289–293.

148 Auszug aus den Direktiven zum 24. Parteitag der KPdSU über den Fünfjahresplan für die Volkswirtschaft 1971–75 über die Gründung einer Basis für die Erdölindustrie in Westsibirien, in: Smorodinskov (Hg.): Neft' i gaz Tjumeni, Bd. 3, S. 43–44.

4.6 Resümee

Das Augenmerk des neuen sowjetischen Staatsoberhauptes Brežnev lag kurz nach dessen Amtsantritt weiterhin auf der sowjetischen Landwirtschaft und dem Konsumsektor. Brežnev war sich der Wichtigkeit des Energiesektors durchaus bewusst, doch galt dieser aufgrund der steigenden Produktion zu diesem Zeitpunkt nicht als offensichtliches Sorgenkind. Zudem waren in den frühen 1960er Jahren zahlreiche Erdöl- und Erdgaslagerstätten in verschiedenen Regionen entdeckt waren, so dass sich die Wirtschaftsführung des Landes in der Lage sah, zwischen den produktivsten von ihnen auszuwählen. Die in Westsibirien bis dato entdeckten Lagerstätten waren dabei keineswegs der einzige Favorit. Konkurrenz machten ihnen die in Zentralasien und Orenburg sondierten Felder. So bedurfte es immer wieder des Nachdrucks und der Unterstützung und des guten Willens einzelner Akteure wie des Gosplan-Vorsitzenden und früheren Erdölministers Bajbakov, des Premierminister Kosygin oder regionalen Lobbyisten, die sich für eine Produktion in Westsibirien einsetzten. Mit einem Beschluss aus dem Jahr 1966 gelang ein erster Schritt.

Der 23. Parteitag widerspiegelte diese Prioritäten insgesamt. Dem Erdöl- und Erdgassektor kam dabei eine wichtige Rolle, jedoch keinesfalls die wichtigste zu. Bezüglich der Erschließung ergaben sich nach einem positiven Entscheid zu einem ersten Schritt allerdings weitere Probleme. So waren die Ansiedlung von Arbeitskräften und der Kommunalbau Schwierigkeiten, die es zu bewältigen galt, wenn man in Westsibirien kein soziales Fiasko erleben wollte. Durch den Fokus auf die Erschließung und den Abtransport der Ressourcen konnten diese Schwierigkeiten vorerst nur unzureichend gelöst werden, zumal es an einer zentralen Koordination bislang fehlte.

Hinzu kamen in der zweiten Hälfte der 1960er Jahre Befürchtungen, dass die Versorgungssicherheit der Industrieregionen im westlichen Landesteil gefährdet sei. Das Thema wurde zum festen Bestandteil der energiepolitischen Agenda, ohne dass die politische Führung dafür eine Lösung fand. Das in Westsibirien 1966 entdeckte gigantische Erdölfeld Samotlor erschien im Kontext dieser ungelösten Problematik der geographischen Ressourcenverteilung und im Hinblick auf die sowjetische Energieversorgungssicherheit als Segen und Fluch zugleich. Obwohl die politische Führung ambivalent bezüglich einer rentablen Erschließung von Energieträgern im entlegenen Sibirien blieb, wurden diejenigen Stimmen lauter, die das Wagnis der Erschließung derart gigantischer Vorkommen eingehen wollten. Der politische Vorstoß des Neftjanik Šmarev 1969 führte schließlich dazu, dass der Ministerrat den Ausbau der Erdölförderung in

Westsibirien beschloss. Damit wurde die Erschließung von Samotlor besiegelt, die in der Retrospektive den Aufstieg Westsibiriens zur wichtigsten Erdöl- und Erdgasbasis begründete.

Obwohl die Frage der Finanzierung eines solchen Unternehmens mit einem Beschluss vorerst geklärt schien, stellte dies die sowjetische Führung vor längerfristige Herausforderungen. Das Unternehmen war finanziell außerordentlich aufwändig und konnte nicht ohne die aus dem Westen importierten Anlagen verwirklicht werden. So begünstigte das Projekt die Diskussionen über zukünftige Wirtschaftsstrategien in Sibirien und der Sowjetunion allgemein, zu denen auch der Außenhandel mit dem westsibirischen Erdöl gehörte. So suchte die Sowjetunion weiterhin Kooperationspartner für Erdölgeschäfte in den westlichen Ländern, die ihr den Erwerb von Devisen und damit die technische und wirtschaftliche Modernisierung verschiedener Industriezweige sicherten.

5. Der neue »Gasnorden« – Das sibirische Erdgas bis 1971

Wie bereits im Kapitel 2 erläutert, hatte der Breżnev-Vorgänger Nikita Chruščev ein großes Chemieprojekt geplant, welches neben dem Rohstoff Erdöl auch auf dem Rohstoff Erdgas basieren sollte. Mit der Absetzung Chruščevs war das Chemieprojekt zu einem großen Teil aus dem Blickfeld geraten. Der Energieträger Erdgas erlebte zwar Jahr für Jahr einen Förderzuwachs, und sein Anteil am Energiemix der UdSSR wuchs weiter. Dennoch hatte das Erdgas an Popularität eingebüßt, vor allem auch deshalb, da es aufgrund seines zwangsläufigen Transports durch Pipelines als weitaus aufwändigerer Energieträger als das Erdöl galt. Erdöl hingegen konnte flexibel über die Schiene aus den Förderregionen abtransportiert werden. Diese Flexibilität wurde sehr geschätzt, verlangte sie doch weniger definitive politische Entscheidungen als der konkrete und immense Aufbau eines einheitlichen Pipelinesystems. Gerne nutzte man in der Sowjetunion das Erdgas als Energiequelle für Kraftwerke und Haushalte, auch in den Peripherien. In den Randregionen tendierte die sowjetische Führung allerdings dazu, das Erdgas aus den sowjetischen Nachbarländern Iran und Afghanistan zu importieren, obwohl sie selbst über ausreichend Erdgas verfügte. Doch gelang es so, mehrere Fliegen mit einer Klappe zu schlagen: Das Mingazprom entging dem teuren Bau von Gaspipelines über Langdistanzen, gleichzeitig verdiente sie an diesen Geschäften mit dem Iran und Afghanistan sehr gut, indem sie den Europäern eigenes Erdgas teurer weiterverkaufte.[1] Zudem gelang es ihr, Länder an den sowjetischen Außengrenzen politisch an sich zu binden und sich so geostrategisch abzusichern.

Darüber hinaus öffneten immense Gasfunde östlich des Ural in den 1960er Jahren zumindest theoretisch ganz neue Perspektiven. Diese neuen Perspektiven hatten jedoch – wie schon bei der Erdölindustrie – den wirtschaftlich brisanten Nachteil, dass sie in klimatisch widrigen Verhältnissen, in den zentralasiatischen Wüsten und den Polarregionen Tjumen's lagen. Daher zeichnete sich bezüglich der sowjetischen Energiestrategie beim Erdgas eine ähnliche Tendenz ab wie zeitgleich in der Erdölindustrie, nämlich die Erschließung des polaren Erdgases vorerst zu vermeiden. Das betraf die Erdgasindustrie sogar in einem noch grö-

1 Klinghoffer: The Soviet Union & International Oil Politics, S. 78–79.

ßeren Umfang als die Erdölindustrie, denn aus den oben erklärten Gründen war konjunkturelles politisches Denken unmöglich. Mit ihrer fest installierten Infrastruktur in Form großer Pipelinesysteme und Speicher war die Gasindustrie wenig flexibel, was die belieferten Verbraucher – seien es Betriebe, Haushalte, ganze Städte, Regionen oder sogar Länder – betraf. Das machte kurzfristige Rückgriffe auf die Ressourcen unmöglich und schuf weitaus größere Netzwerke und Abhängigkeiten zwischen Produzenten und Verbrauchern. Der Vorteil dieser starken Verbindungen war jedoch die dafür notwendige Konsolidierung, die dazu beitrug, dauerhaft stabile Strukturen im Gassystem herauszubilden. Ein solcher Fokus fehlte, was die polaren Erdgasvorkommen in Westsibirien anging, bis in die frühen 1970er Jahre und war auch dann nur wenig ausgeprägt. In der Wahrnehmung der politischen Führung und sogar in der Gasindustrie selbst wurde das Erdgas zu einem »Brückenrohstoff« zwischen einer Ölvergangenheit und einer als glorreich erträumten Energiezukunft im Zeichen der Atomenergie.[2]

Parallel zur Fortentwicklung änderte sich das Image des Erdgases, welches als »sauberer« Energieträger besser in die moderne Welt passte als die schwer in der Luft hängende Kohle, die Städte und ihre Bewohner geradezu verrußte. So war es dank des stetigen Wachstums der Branche in der Sowjetunion gelungen, eine moderne Gasindustrie aufzubauen, die an ihren Aufgaben langsam wuchs. Mit dem steigenden Interesse der kapitalistischen Länder an Erdgas begannen in der Sowjetunion der Rohstoffreichtum Sibiriens und der Devisenerwerb mit diesen Rohstoffen eine immer größer werdende Rolle zu spielen. Dabei war der Schritt der Erdölindustrie in den subarktischen Raum Westsibiriens indirekt auch der Startpunkt für ein Unterfangen der Erdgasindustrie im arktischen Norden. Vielen Akteuren war es bei der Erschließung des Fernen Nordens durch die Erdgasindustrie wichtig, auf ein schnelles, unbürokratisches Vorgehen zu setzen, welches sich durch baldige Fördererfolge auszeichnete. Dabei wollte man die Fehler, die man in den Augen vieler unter anderem mit dem zögerlichen Vorgehen in der subpolaren Erdölindustrie gemacht hatte, nicht wiederholen.[3] Die Überzeugung setzte sich mit der Zeit – trotz späterer Rückschläge – auch in der großen Politik durch: Schon 1965 wollte Premier Kosygins die Erdgasproduktion um 80 Prozent anheben, während die Erdölindustrie gleichzeitig nur um 45 Prozent wachsen sollte. In das Wachstum eingeschlossen waren

2 Gustafson: Crises amid plenty, S. 137.

3 Osnovnye itogi poiskovo-razvedočnych rabot na gaz v 1959–1965 gg. i bližajšie zadačy, in: Gazovaja Promyšlennost' (1966) 4, S. 1–5.

auch die Erdgasfelder im Norden Tjumen's, die von Kosygin eindeutig als die wichtigste Region benannt wurden. Insbesondere war es nun auch Gasminister Kortunov, dessen Behörde Glavgaz im Zuge des Reformpakets von 1965 in ein Ministerium umgewandelt wurde, der die Möglichkeiten zum Bau eines großen Pipelinessystems aus dem nördlichen Westsibirien in Richtung Leningrads, des Baltikums und Belarus prüfen liess. Bereits im Dezember 1965 legte er einen Vorschlag vor. Indess blieb insbesondere der Gosplan skeptisch gegenüber dem Gasprojekt in der Arktis und wollte die Förderung weiterhin entlang der bestehenden Pipelinenetze fördern.[4]

5.1 Möglichkeiten und Chancen - Die Konsolidierung der Gasbranche unter Brežnev

Bis in die 1960er Jahre spielte das Erdgas nur eine Nebenrolle in der Brennstoffbilanz der Sowjetunion, obwohl die Sowjetunion schon 1960 auf dem weltweit ersten Platz bezüglich der erwiesenen Gasreserven angelangt war.[5] In zahlreichen Regionen, insbesondere östlich des Ural, waren riesige Lagerstätten entdeckt worden, deren Umfang von 2,3 Milliarden Kubikmeter 1961 auf 12,1 Milliarden Kubikmeter 1970 anstieg und deren industrielle Nutzung grundsätzlich möglich war.[6] In der Region Tjumen' hatte man zwischen 1959 und 1961 die Igrim-Felder an den Westhängen des Ural entdeckt, 1961 folgte das Punga-Feld, welches nachfolgend von den Wirtschaftsmanagern für die industrielle Nutzung priorisiert wurde. Zum Leidwesen der Angehörigen der Gasbranche kamen jedoch zusehends schlechte Nachrichten aus den westlich des Ural gelegenen Regionen, in denen die Gasförderung bereits gut angelaufen und mit einer umfangreichen Infrastruktur etabliert war – im Nordkaukasus, der Ost- und Westukraine, in den Regionen Polvolže und Baschkortostan sowie im südkaukasischen Aserbaidschan. Die Explorationsarbeiten hatten nur kleine

4 Högselius: Red Gas, S. 40–41.

5 Kortunov, A.: Gazovaja promyšlennost' nakanune XXII s"ezda KPSS, in: Gazovaja Promyšlennost' (1961) 10, S. 1–7, hier S. 3.

6 Elliot: The Soviet Energy Balance, S. 24. Stern gibt folgende Zahlen auf der Grundlage eines CIA-Papers an: Usbekistan produzierte 1960 544,2 Milliarden Kubikmeter und 1971 769,8 Milliarden Kubikmeter Erdgas. Die turkmenische Produktion betrug aber schon doppelt so viel wie die usbekische Produktion; sie war von 13,1 Milliarden Kubikmeter 1960 auf 1522,3 Milliarden Kubikmeter 1971 gestiegen. Tjumen' hatte die usbekische Produktion Ende der 1960er Jahre um ein Vielfaches überholt mit 1960 50,2 Milliarden Kubikmeter und 1971 9252,3 Milliarden Kubikmeter, in: Stern: Soviet Natural Gas Development to 1990, S. 24.

beziehungsweise überhaupt keine neuen Lagerstätten zu Tage fördern können. Befürchtet wurde, dass die Exploration in diesen gut ausgebauten, industrialisierten und dichter besiedelten traditionellen Förderregionen im europäischen Landesteil technisch aufwändiger und damit auch deutlich teurer würde, da die perspektivenreichen Schichten mittlerweile deutlich tiefer lagen als noch in den frühen Nachkriegsjahren.

Dass die Reserven in den Gasfeldern des europäischen Landesteils merklich sanken, lag nicht nur an den vorhandenen Mengen, sondern auch an den extensiven und kurzsichtigen Methoden, die eine schnelle Anhebung der Extraktion erlaubt hatten, dabei jedoch große Schäden in den Gasregionen hinterließen. Der Ministerrat und das ZK waren bereits Anfang der 1960er Jahre über die alarmierenden Umstände informiert worden und wollten weitere Vorsichtsmaßnahmen einleiten, besonders in den neuen Feldern in Zentralasien, in der Komi ASSR und in Westsibirien, in denen die Förderung erst begonnen hatte und noch Eingriffe zuließ. So erließ die politische Führung bereits am 28. April 1962 einen Beschluss, in welchem der Gasindustrie Versagen attestiert wurde, da die Lagerstätten meist zu unvorbereitet in Betrieb genommen worden seien. Mitunter hatte man Bohrungen im europäischen Landesteil ganz unterlassen; eine Tatsache, die der Ministerrat in Zukunft ändern wollte. Daher ordnete er in dem Beschluss an, unter der Bereitstellung von mehr Mitteln für die europäischen Ressourcen diese unter allen Umständen mehr zu fördern.[7] Eine solche Entscheidung, die zunächst die meisten Mittel für die bereits bestehenden Förderstätten im dichtbesiedelten und industriell erschlossenen Landesteil bereitstellen wollte – eine aus ökonomischen Gesichtspunkten durchaus verständliche Position, die durch die Nähe zu den Endverbrauchern den teuren Ausbau der Infrastruktur vorerst vermeiden wollte –, blieb nicht ohne Folgen für den Aufbau der peripheren Gasindustrien. Mit einer gewissen Weitsichtigkeit wurden allerdings auch die Explorationsarbeiten in den entlegeneren Regionen weitergeführt, um eine Rohstoffbasis auch in Zukunft sicherzustellen. Die periphere Lage neuer, großer Vorkommen brachte der politischen Führung keineswegs dieselbe ersehnte energiestrategische Erleichterung, wie es Ressourcen im europäischen Landesteil getan hätten.

Es scheint also nicht verwunderlich, dass die politische Führung zunächst die Gasfelder im polaren Nordtjumen' umging und sich auf diejenigen Förder-

7 Beschluss des Ministerrats der UdSSR »Über Maßnahmen für die Regulierung der Ausbeutung von Gas- und Gaskondensatlagerstätten vom 28. April 1962«, in: Černenko/Smirtjukov: Rešenija Partii i Pravitel'stva po chozjajstvennym voprosam, Bd. 5: 1962–1965 gody, S. 68–71.

regionen konzentrierte, die ihr leichter zu erschließen schienen. Dazu gehörten Zentralasien, die Komi ASSR und die Gasfelder in der Region Orenburg. Zwar hatten die Gasquellen in diesen Regionen ebenfalls verschiedene Nachteile, aber das Kriterium der Zugänglichkeit schlug hier viele Brücken. Denn außergewöhnliche klimatische Bedingungen hatte es auch in den Wüsten Zentralasiens gegeben, doch die zu Beginn der 1960er Jahre in Zentralasien entdeckten Vorkommen konnten immerhin an eine bereits vorhandene, wenn auch geringe Infrastruktur der Gasindustrie angeschlossen werden. Zwar hatten bis dato nur kleine Felder im Osten des Fergana-Tals die energetische Versorgung der Baumwollfelder übernommen. Doch die zentralasiatischen Felder sollten bald eine nationale Bedeutung erlangen, nachdem immense Vorkommen weiter westlich im Land an der Grenze zu Turkmenistan entdeckt wurden. In kolonialistischer Manier hatte der Ministerrat hier den Bau einer Großröhrenpipelinestrecke mit zwei Strängen von Buchara in den Ural und Richtung Zentrum beschlossen, die zwischen 1963 und 1965 mit dem qualitativ hochwertigen Gas des Gazli ans Netz gehen sollte, während die kleinen minderqualitativen Mubarak-Felder weiterhin zentralasiatische Städte mit Gas versorgten. Die turkmenischen Gasfelder wurden unter ähnlichen Vorzeichen »Supergiganten« ausgebeutet; die größten Mengen gingen in die russische Unionsrepublik, um dort Engpässen bei der Erdgasproduktion in den westlichen Feldern vorzubeugen. Die Pipelines wurden zudem für den Import von afghanischem Erdgas genutzt, welches zur Entlastung der westlichen Förderregionen ab 1967 ins sowjetische Netz eingespeist wurde. Mit der Pipeline aus dem Ural, die 1970 19 Milliarden Kubikmeter Gas in den Ural und 3 Milliarden Kubikmeter in den europäischen Landesteil leitete, hatten sich die Hoffnungen in die Gasindustrie gemehrt.[8] So hieß es im Januar 1965 seitens des Gosplan, dass das Erdgas »mit den maximal möglichen Tempi« gefördert werden sollte.[9]

Große Hoffnungen setzten Wirtschaft und Politik nach der Entdeckung des Gasfelds in Vuktyl 1964 in die Gasindustrie der Komi ASSR. Die Region war schon in der Nachkriegszeit ein großer Produzent von Gaskondensat gewesen und neben Erdgas fanden sich in der Region große Ölfelder. Deren Ausbeutung wurde im Laufe der 1960er Jahre zuungunsten der westsibirischen Felder intensiviert. Zwar lag die Region ähnlich weit im Norden wie das Tjumen'er Gasfeld, jedoch immer noch westlich des Ural, und so sparte man sich weitere

8 Dienes/Shabad: Soviet Energy Systems, S. 79–85.

9 Schreiben des Gosplan an den Ministerrat der UdSSR »Über die Ausarbeitung von Maßnahmen zur Entwicklung der Erdöl- und Erdgasindustrie für die Periode 1966–1970« vom 9. Januar 1965, in: GARF, f. 5446, op. 100, d. 442, ll. 31–33.

Tausende Kilometer an Pipelineröhren, die zur Versorgung des energiearmen Nordwestens der Sowjetunion, der Region Leningrad und des Baltikums, aus der Komi ASSR gen Westen verlegt wurden. Zudem galt die Komi ASSR ausdrücklich als Testlabor für den Materialeinsatz von Technologie zur Verflüssigung von Erdgas sowie für den Materialeinsatz unter polaren Bedingungen.[10]

Als 1966 ein Gasgigant in Orenburg südwestlich des Ural im europäischen Landesteil entdeckt wurde, schien das die Lösung für die in näherer Zukunft stagnierende Gasproduktion in der Ukraine und im Nordkaukasus zu sein, da diese Gasfelder noch verhätnismäßig nah an den westlichen Regionen lagen. Doch neben dem Vorteil der Nähe zum Endverbraucher hatte das Orenburger Gas vor allem einen Nachteil: seine Qualität. Es hatte einen hohen Gehalt korrosiven Schwefels und Kondensats, der erst entfernt werden musste, bevor das Gas in die Pipelines gespeist wurde. Damit wurde auch dieses Gasprojekt, dessen Entschwefelungskomplex aus importierten Anlagen bestand, zu einem finanziell aufwändigen Projekt, für das die politische Führung die Devisen zur Beschaffung der nötigen Anlagen bereithalten musste. Doch tatsächlich ließ erst die Aussicht auf internationale Zusammenarbeit im Gassektor das Orenburger Gas in einem wirtschaftlich günstigeren Licht erscheinen. So wurde das Gas in den Verhandlungen sowohl den sozialistischen Bruderstaaten als auch den Westeuropäern angeboten. Ein solches internationales Projekt war der Bau der Gaspipeline mit dem zwischen 1975 und 1979 fertiggestellt wurde.[11] Das Projekt sollte ein Erfolgsmodell der RGW-Integration werden, ließ sich jedoch nicht wie geplant verwirklichen. Da die sozialistischen Abnehmerländer nicht in der Lage waren, genügend spezialisierte Arbeitskräfte für den Bau der Großröhrenpipelines zu stellen, musste die Sowjetunion eigene Spezialisten aufbieten. Die sozialistischen Länder wurden daraufhin zu höheren Krediten und größeren Materiallieferungen verpflichtet, die der Sowjetunion sehr entgegenkamen. Denn die Material- und technischen Engpässe waren so groß, dass die Sowjetunion auf Röhren aus Deutschland und Japan, auf eine

10 Stern, Jonathan: Soviet Natural Gas in the World Economy, in: Jensen Robert G.: Soviet natural resources in the world economy, S. 363–384, hier S. 369.

11 Der Bau der Orenburg-Užgorod-Pipeline basierte auf einem multilateralen Abkommen zwischen der Sowjetunion, der Tschechoslowakei, Ungarn, Polen, Bulgarien und der DDR. Bei vollem Betrieb sollte die Pipeline 28 Milliarden Kubikmeter Gas transportieren, von denen 11,2 Milliarden an die Blockstaaten gingen, während weiteres Gas nach Westeuropa weitergeleitet wurde. Die Gaslieferungen sollten dabei auch längerfristig einer Erhöhung von Öllieferungen vorbeugen, die die Sowjetunion so sehr fürchtete, in: Dienes/Shabad: Soviet Energy Systems, S. 78. Siehe hierzu auch: Ščerbina, Boris E.: »Sojuz«. Trassa družby, Moskva 1984.

Entschwefelungsanlage aus Frankreich und Verdichterstationen aus den USA und Italien zurückgreifen musste.[12]

Obwohl die Gasindustrie über gigantische Reserven verfügte, musste sie immer noch um ihr Dasein fürchten. Besonders Anfang der 1960er Jahre hatte es die Gasindustrie in der UdSSR trotz des Wachstums nicht einfach, besonders im Vergleich zur boomenden Erdölindustrie, die für einen großen Teil der Staatseinnahmen verantwortlich war. Der Vorsitzende der bis 1965 existierenden Glavgaz, Aleksej Kortunov, kannte die in Moskau verbreiteten Zweifel an der Gasindustrie nur zu gut und wollte einer erneuten Auflösung seiner Institution, wie es im Zuge der Wirtschaftsreform 1957 schon einmal geschehen war, entgehen.[13] Ebenso war er sich bewusst, dass die Abhängigkeit von Importanlagen und dem Zustandekommen von internationalen Projekten eine teure Angelegenheit würde. In einem Schreiben an den Ministerratsvorsitzenden Aleksej Kosygin im August 1965 ging Kortunov daher in die Offensive, zumal er sich weitere Unterstützung durch die Erhaltung eigener Organisationsstrukturen erhoffte, um die Gasindustrie der USA, Kanadas, Frankreichs und Italiens endlich einzuholen.[14] Dabei argumentierte er, dass erst mit dem Aufbau eigener starker Bauorganisationen in der Gasindustrie überhaupt eine erfolgreichere Entwicklung möglich gewesen sei. Wenn es also nun um die Zukunft der Gasindustrie gehe, so seien die Organisationsstrukturen ausschlaggebend. Dazu sei es wichtig, dass Glavgaz auch in ein Ministerium umgewandelt werde, dem die Ausbeutung der größten Gasfelder übertragen werden müsse. Doch besonders technische Probleme der von der Infrastruktur abhängigen Branche würden bisher nur unzureichend gelöst. Zwingend notwendig für den Erfolg der Gasindustrie sei ein einheitliches System der Gasversorgung von den Lagerstätten bis zu den Endnutzern, welches Kortunov flexibler als bisher zu gestalten hoffte: »Damit darf man sich nicht zufriedengeben, und deshalb wird zum Ziel der Erlangung von Kontinuität und Flexibilität bei der Gasversorgung der Verbraucher ein einheitliches Ringsystem aus Magistralpipelines und Gaslagerstätten geschaffen, die Ausstattung mit Automatik und Wärmemanagement aller Unternehmen der Gasindustrie.«[15] Dass man »künstliche Barrieren inter-

12 Stern: Soviet Natural Gas in the World Economy, S. 373–374.

13 Tchurilov: Lifeblood of empire, S. 67.

14 Brief des Staatlichen Produktionskomitees der Gasindustrie an den Vorsitzenden des Ministerrats der UdSSR, A. Kosygin, vom 3. August 1965, uz. A. Kortunov, in: GARF, f. 5446, op. 99, d. 621, ll. 2–6, hier l. 2.

15 Brief des Staatlichen Produktionskomitees der Gasindustrie an den Vorsitzenden des Ministerrats der UdSSR, A. Kosygin, vom 3. August 1965, uz. A. Kortunov, in: GARF, f. 5446, op. 99, d. 621, hier l. 5.

ministerieller Art« schaffe, die die Förderung von Gas und den Transport zum Verbraucher trennen würden, hemmte laut Kortunov die Gasifizierung des Landes. Das Mingazprom sollte als verantwortliche Körperschaft die oben genannten Aufgaben übernehmen, es sollte »verantwortlich sein für die gesamte Entwicklung der Gasindustrie im Land, primären Gas- und Gaskondensatlagerstätten, die bereits in Betrieb oder im Endstadium der Explorationsarbeiten« seien.[16] Die Explorationsarbeiten hingegen sollten weiterhin im Aufgabenbereich der geologischen Organisationen liegen und Explorationsbohrungen sollten auf einzelne Organisationen der Erdölindustrie gelegt werden können.

Mit der Wirtschaftsreform, die Premierminister Aleksej Kosygin auf dem Septemberplenum 1965 verkündete, wurden die Allunionsministerien mit Sitz in Moskau wiedereingerichtet. Obwohl die Wirtschaftsmanager vor Ort größeren Freiraum erhielten, welcher unter anderem die Herstellung qualitativ hochwertiger Produkte garantieren sollte, fielen die Ministerialstufen auf Republikebene nun weg. Die »wirtschaftliche Effizienz« wurde zu einem neuen Schlagwort in der rezentralisierten Planwirtschaft.[17] Auch die Erdgasindustrie erhielt im Zuge der Reform eine eigene Körperschaft, was besonders ihren Vorsitzenden Kortunov in seinem jahrelangen Ringen um die politische Etablierung und wirtschaftliche Stabilität bestätigte. Die Gründung eines Allunionsministeriums, welches mit weitreichenden Aufgaben im Unterhalt der gesamten Gasindustrie sowie auch dem Anlagenbau für die Erdölindustrie beauftragt war, wurde von Kortunov als »Anerkennung dafür, dass unsere Gasindustrie jetzt einen der führenden Industriezweige darstelle«, empfunden.[18] Im Zuge der Reform wurde das Mingazprom mit einer ähnlichen Struktur wie auch die anderen Ministerien ausgestattet. Es hatte regionale Organisationen, die für verschiedene Aufgabenbereiche, unter anderem die Exploration, den Anlagen- und Infrastrukturbau, zuständig waren, sowie ein Projektierungsbüro, das Allunions-Wissenschafts- und Forschungsinstitut für Erdgase (Vsesojuznyj Naučno-Issledovatel'skij Institut Prirodnych Gazov, kurz VNIIGaz), das die technische und wirtschaftliche Umsetzung von Projekten prüfte.[19] Doch das Mingazprom

16 Brief des Staatlichen Produktionskomitees der Gasindustrie an den Vorsitzenden des Ministerrats der UdSSR, A. Kosygin, vom 3. August 1965, uz. A. Kortunov, in: GARF, f. 5446, op. 99, d. 621, hier ll. 3–6.

17 Considine/Kerr: The Russian Oil Economy, S. 88–89.

18 Kortunov, A.K.: Gazovaja promyšlennost' na novom ètape, in: Gazovaja Promyšlennost' (1966) 1, S. 1–4, hier S. 1.

19 Projektierungsorganisationen wie VNIIGaz waren mit vorbereitenden Arbeiten für die Erschließung des polaren Gases beauftragt. Eine Tjumen'er Filiale des Instituts wurde im Februar 1966 eingerichtet. Koleva: Zapadno-Sibirskij Neftegazovyj kompleks, Bd. 1, S. 88.

hatte bei der Lösung technischer Fragen noch nicht so weit überzeugen können, dass sich die politische Führung zu einer vollen Unterstützung der Gasindustrie entschied. Dies galt schließlich als ein Grund dafür, dass die Produktion 1972 hinter den Planzielen zurückblieb. Hinzu kam, dass die Reserven im westlichen Landesteil viel schneller als ursprünglich geplant aufgebraucht wurden und die Errichtung von Pipelines und Verdichterstationen ebenfalls hinter den Plänen zurückblieb.[20]

Als die Ministerien im September 1965 wiedereingerichtet waren und die Gasbranche ein eigenes Ministerium unter dem Vorsitz von Aleksej Kortunov erhalten hatte, war eine wichtige Hürde genommen. Der Weg für eine Neuorientierung wurde auch für Gasminister Kortunov frei. So konnte man Mitte der 1960er Jahre feststellen, dass die neuen Erdgasfelder, die in den frühen 1960er Jahren gefunden wurden, langsam einen Imagewechsel des Erdgases bewirken. Mittlerweile wurde vom Potenzial des Erdgases immer häufiger gesprochen und es setzte sich die Überzeugung durch, dass das Erdgas einen fundamentalen Beitrag zum sowjetischen Energiemix leisten konnte. Doch viele Fragen blieben noch offen: Wie viel Erdgas würde man künftig fördern? Und inwiefern war es überhaupt wirtschaftlich günstig, die polaren Erdgasressourcen Westsibiriens zu erschließen?

5.2 Kortunovs Westsibirienkampagne und der 23. Parteitag der KPdSU

Es war besonders Aleksej Kortunov, der Minister für Gasindustrie, der sich in dieser Phase weiter nach Osten zu orientieren begann. Kortunov hatte sich bereits aktiv für die Gasindustrie in Zentralasien eingesetzt, besonders für den Bau der Pipeline aus Buchara in den Ural, und befürwortete bereits Anfang des Jahres 1965, noch vor der Gründung der Ministerien, den Ausbau der Regionen östlich des Ural. Kortunovs Vorgehen war dabei zutiefst geprägt von der Konkurrenz mit der amerikanischen Gasindustrie. Kortunov war davon überzeugt, dass die UdSSR, die über ein Drittel der weltweiten Erdgasvorkommen verfügte, eine starke Gasindustrie aufbauen könne, die das Potenzial der amerikanischen Gasindustrie bei weitem überrage. Den Vorteil der UdSSR sah er auch im politisch-wirtschaftlichen System: So war Kortunov der Überzeugung, dass die zentralistische Planwirtschaft besonders dazu geeignet sei, ein einheit-

20 Russell, Jeremy: Energy as a factor in Soviet foreign Policy, Farnborough 1976, S. 63–64.

liches und effizientes Versorgungsnetzwerk aufzubauen. In den USA hingegen wurde die Gaswirtschaft von Privatfirmen unterhalten, die jeweils ihre eigenen Netze betrieben. Doch wollte Kortunov in den kommenden Jahren nicht nur das Pipelinesystem ausbauen, er stimmte auch für die weitflächige Versorgung der landwirtschaftlichen Regionen Kasachstans, die Versorgung der Chemieindustrie mit Erdgas als technologischem Rohstoff – und nicht nur als hochkalorischem Energieträger – und für eine Politik, die den Anschluss der großen Felder sowie der kleinen Felder entlang der Trassen vorsah.[21]

In welch großem Umfang sich Kortunov nach der Konsolidierung der Branche im September 1965 für die Erschließung Westsibiriens einsetzte, war neu. Denn unter Nikita Chruščev hatte Kortunov eine Erschließung des sibirischen Erdgases als wirtschaftlich unsinnig abgetan und sich lieber auf den Gassektor in Zentralasien konzentriert. Diese Meinung änderte der Gasminister in der zweiten Hälfte der 1960er Jahre mit den gigantischen Gasfunden in Nordtjumen' zusehends. Denn obwohl die größten Reserven der RSFSR immer noch in Krasnodar lagen, in welchem ein submediterranes Klima herrscht, sowie auch in der Ukrainischen Unionsrepublik, hatten die Regionen Zentralasiens, insbesondere die Usbekische SSR, sowie Tjumen' für ihre weitere Entwicklung gute Prognosen erhalten. In der Oblast Tjumen' waren Ende des Jahres 1965 bereits 400 Milliarden Kubikmeter Erdgasreserven nachgewiesen worden, zudem hatte man das Vorkommen Zapoljarnoe entdeckt, dessen Reserven – wie später bestätigt wurde – 2 Trillionen Kubikmeter betrugen.[22] Mit den Entdeckungen der großen Erdgasvorkommen in Nordtjumen', die man zu diesem Zeitpunkt zwar noch nicht offiziell als solche bestätigt hatte, war diese Region auch bei der in quantitativen Zahlen gemessenen Erfüllung des Fünfjahresplans die erfolgreichste gewesen, gefolgt von Turkmenistan. Dass aufgrund der Ressourcenlage eine Zweiteilung der Sowjetunion in einen produzierenden Landesteil und einen verbrauchenden Landesteil Realität würde, das gestand sich nun auch Gasminister Kortunov ein. In Zukunft würde sich diese Aufteilung, wie auch schon bei der Erdölindustrie, ohnehin auf der gesamtwirtschaftlichen Ebene widerspiegeln. Zudem konnte die Gasindustrie auf beträchtliche Erfolge zurückblicken. 60 Prozent der sowjetischen Wärmekraftwerke nutzten Erdgas als Brennstoff. Besonders in den traditionellen Förderregionen wie der Ukraine war Erdgas als Energieträger weit verbreitet. Das Pipelinesystem war Ende 1965,

21 Kortunov, A.K.: Zaveršajuščij god semiletki gazovoj promyšlenosti, Gazovaja Promyšlennost' (1965) 1, S. 1–4.

22 Dienes/Shabad: The Soviet Energy System, S. 69 und 87.

nach Angaben Kortunovs, schon auf eine Länge von über 42.000 Kilometer angewachsen.[23]

Dennoch hatte Kortunov bisher die südlichen Ressourcen deutlich vor den nördlichen favorisiert, so dass die Gasindustrie in Zentralasien bereits beachtliche Erfolge aufweisen konnte. An den Rändern des Sowjetimperiums verzichteten die Planungsstrategen allerdings auf festinstallierte Energieversorgungsnetze. Zwar schloss man die Ortschaften entlang der Gastrassen und auch die Großstädte Moskau und Leningrad in immer größerem Umfang an die Erdgasnetze an, in den peripheren Regionen Kirgistans, Turkmenistans und Moldawiens nutzte man jedoch vor allem Flüssigerdgas, da die Gaskartuschen keine festinstallierte Infrastruktur brauchten. Auch die Neulandgebiete in Kasachstan, die unter Chruščev und Breżnev urbar gemachten Steppenlandschaften, hatte man gasifiziert, allerdings mit Anschluss in Häuser. In Verzug geraten war der Bau von unterirdischen Gasspeichern, die in den Wintermonaten den erhöhten periodischen Bedarf an Brennstoffen deckten. Dies auch im großen und notwendigen Maßstab umzusetzen, war allerdings bisher an der unzureichenden Zusammenarbeit zwischen dem Ministerium und den Kommunalverwaltungen gescheitert.[24]

Betrachtet man jedoch die erzielten Erfolge, so scheint es nicht verwunderlich, dass sich die Gasindustrie zum jährlichen Jubiläum der Oktoberrevolution 1965 selbst in Szene setzte, indem sie eine neue Offensive auf die bisher erwiesenen 8–9 Trillionen Kubikmeter Gas in Tjumen' und die Installation eines Großröhrenpipelinesystems mit Durchmessern bis zu 1020 Millimeter aus Tjumen' in andere Regionen ankündigte. Die Gründung des Mingazproms hätte dabei die »künstliche Grenze zwischen der Erdgasförderung und seinem Transport zum Verbraucher« liquidiert.[25] Im Dezember 1965 legte Kortunov einen ambitionierten Plan für ein neues Pipelinesystem vor, welches sich über den ganzen Nordwesten der UdSSR bis nach Westeuropa erstrecken und in nur wenigen Jahren Erdgas bis nach Europa exportieren sollte. Der Plan basierte auf Forschungsergebnissen einer Spezialistengruppe von Giprosecgaz, dem wichtigsten Planungsinstitut der Erdgasindustrie, die Kortunov im Herbst 1965 zu Erkundungen über einen möglichen Trassenverlauf für das Pipelinesystem in die

23 Kortunov, A.K.: Gazovaja promyšlennost' na novom ètape, in: Gazovaja Promyšlennost' (1966) 1, S. 1–4, hier S. 1.

24 Talyzin, N.N.: Razvitie gazifikacii gorodov i sel v 1966–1970gg., in: Gazovaja Promyšlennost' (1966) 10, S. 1–3.

25 Ohne Autor: Gazovaja Promyšlennost' k 48j, godovščine Velikogo Oktobrja, in: Gazovaja Promyšlennost' (1965) 11, S. 1–3.

Polarregion entsendet hatte. Vehemente Gegener eines arktischen Gasprojekts waren der Gosplanvorsitzende Bajbakov und sein Stellvertreter Rjabenko; sie forderten die »maximale Ausnutzung« der bestehenden Pipelinesystme.[26]

Ungeachtet dessen fuhr Kortunov zu Beginn des Jahres eine große Kampagne für die Erdgasindustrie. Mit diversen Beschlüssen versuchte er, den Aufbau der bisher kleinen Erdgasindustrie in Tjumen' zu beschleunigen. Im Januar 1966 war eine Pipeline vom westsibirischen Punga bis nach Serov im Ural fast fertiggestellt und Kortunov berief eine Kommission ein, um einen Testlauf an der neuen Trasse zu überwachen.[27] Kurze Zeit später, am 19. Januar 1966, trat Kortunov vor den Komsomolzen in Tjumen' auf, in welcher er über die glorreiche Zukunft, die die Region in der energetischen Versorgung des Landes spielen werde, referierte, und die Rolle der jungen Arbeitskräfte des Komsomol hervorhob: »Wir befinden uns, was die Erdöl- und Erdgasförderung angeht, auf einem der besten Plätze weltweit. Vor uns sind nur die USA – und wir holen sie sicher ein. [...] Jetzt setzen wir zur Aufrüstung der unerschöpflichen Quellen des unterirdischen Treibstoffs Westsibiriens an. [...] Die Menschen, die an diesen Orten arbeiten, sind ein Beispiel für die Bezwingung des unterirdischen Neulands. Wir wollen, dass auch der Komsomol an der Vorfront des Kampfs um Erdöl und Erdgas teilnimmt.«[28] Doch forderte Kortunov dazu auf, dass die Partei die Kontrolle über die Erdgasindustrie und deren Fortschritte übernehmen sollte. Er ging ebenfalls davon aus, dass sich die Erdölindustrie immer noch weiter nach Osten verschieben würde: »Bisher kommen die Kader von außerhalb. Ein Bespiel dafür ist Anatolij Kašaev. Zuerst hat er an den Trassen in Čerepoviec und der Pipeline Moskau–Leningrad gebaut. Jetzt hat er sich in Punga niedergelassen. Aber ihr werdet nicht immer von solchen ›Geschenken‹ leben können. Ich bin überzeugt, dass wir in 5–7 Jahren aus euren Reihen Spezialisten für die Erschließung neuer Regionen nehmen werden, die weiter im Osten liegen.«[29]

Kurz nach seiner Rede ordnete Kortunov am 31. Januar 1966 weitere Maßnahmen für die Erschließung Tjumen's an, nachdem das Staatskomitee für

---

26 Högselius: Red Gas, S. 40–41.

27 Erlass des Ministers der Erdgasindustrie, Aleksej Kortunov, über die Ernennung einer Kommission für den Versuchsdurchlauf der Pipeline Punga–Serov, 16. Januar 1966, in: Smorodinskov (Hg.): Neft' i gaz Tjumeni, Bd. 2, S. 19–20.

28 Auftritt des Ministers für Erdgasindustrie auf der 12. Konferenz des Allunionskomsomol der UdSSR in der Oblast Tjumen', vom 19. Januar 1969, in: Smorodinskov (Hg.): Neft' i gaz Tjumeni, Bd. 2, S. 20–21.

29 Auftritt des Ministers für Erdgasindustrie auf der 12. Konferenz des Allunionskomsomol der UdSSR in der Oblast Tjumen', vom 19. Januar 1969, in: Smorodinskov (Hg.): Neft' i gaz Tjumeni, Bd. 2, hier S. 21.

Wissenschaft und Technik bereit am 29. Januar 1966 über die Einrichtung einer Tjumen'er Filiale des Projektierungsbüros VNIIGaz entschieden hatte.[30] Zu den von Kortunov verlangten Maßnahmen gehörten der Bau vieler Objekte der Erdölindustrie sowie – nach der Probeexploitation – die Inbetriebnahme von Brunnen in Šaim, Ust-Balyk, Megion und Aleksandrovskoe, für die das Mingazprom zuständig war. Nach dem Bau der Gaspipeline Igrim–Serov, eine Verlängerung der Punga-Serov-Pipeline gen Norden, wurde auch der Bau einer Erdölpipeline vom Mingazprom weiterverfolgt. Die Konstruktion von industrieller und kommunaler Infrastruktur sowie von Wohnraum sollte von der regionalen Baueinheit Glavtjumenneftegazstroj übernommen werden. Kortunov entsandte weitere Projektierungsbrigaden in die Polarregionen des Autonomen Kreises der Jamal-Nenzen, die den Aufbau einer Gasindustrie und deren Infrastruktur auskundschaften sollten. Dabei war das Motto auch weiterhin, bei der Erschließung so sparsam wie möglich zu sein. So war es bei diesen Aufträgen um den Zivilbau ähnlich bestellt wie bei der Erdölindustrie, auch hier war nur der Bau von einer »minimal notwendigen Anzahl von Wohn- und Industriegebäuden« geplant.[31] Immerhin wurde im März 1966 die Gasifizierung der Oblast Tjumen' mit dem Gas aus Berezovo beschlossen, welches man 1953 als Erste von allen Lagerstätten entdeckt hatte. Mit diesem Gas sollten 20.000 Wohnungen beliefert und unterirdische Gasspeicher befüllt werden, wie Kortunov es bereits in seiner Rede auf dem Komsomol-Kongress erwähnt hatte.[32]

Während der Gosplan den Ambitionen Kortunovs gegenüber äusserst skeptisch blieb, gelang es diesem, die politische Führung um Kosygin und Brežnev für seine Pläne zu gewinnen. Auf dem 23. Parteitag der KPdSU im März/April 1966 erklärte Premierminister Kosygin die Erdgasindustrie der Arktis zu einer der wichtigsten Grundlagen der künftigen Energieversorgungssicherheit im westlichen Landesteil: »Das Netz der Gasmagistralen wird um das 1,5-Fache wachsen. Der Gasfluss wird durch die Anwendung von Großröhren stark angehoben. [...] Im kommenden Fünfjahresplan werden Gasmagistralen aus Usbekistan,

---

30 Erlass Nr. 145 des Erdgasministers Aleksej Kortunov über eine Einrichtung einer Filiale von VNIIGaz in Tjumen' vom 3. Februar 1966, in: Smorodinskov (Hg.): Neft' i gaz Tjumeni, Bd. 2, S. 28.

31 Aus dem Erlass Nr. 126 des Ministers für Erdgasindustrie, A. Kortunov, über die Verstärkung der Maßnahmen für den Aufbau der Erdöl- und Erdgaslagerstätten in der Oblast Tjumen' und den Bau der Erdölpipeline Ust-Balyk–Omsk, 31. Januar 1966, in: Smorodinskov (Hg.): Neft' i gaz Tjumeni, Bd. 2, S. 22–24, hier S. 23.

32 Aus dem Erlass Nr. 232 über die Gasifizierung der Oblast Tjumen' unterzeichnet durch Erdgasminister A. Kortunov vom 21. März 1966, in: Smorodinskov (Hg.): Neft' i gaz Tjumeni, Bd. 2, S. 41.

Turkmenistan und der Oblast Tjumen' in die zentralen Regionen verlegt, hier wird eine beständige Versorgung der industriellen und kommunalen Bedürfnisse hergestellt.«[33]

Von den westsibirischen Lokalfunktionären wurde das neue Vorhaben enthusiatisch unterstützt. Kurz nach dem 23. Parteitag schwärmte Lokalfunktionär Boris Ščerbina in einem Vortrag vom Aufbau einer »neuen gigantischen Erdöl und Erdgas produzierenden Region«[34]. Tjumen' sollte als »größerer Gaslieferanten für die zentralen und nordwestlichen Regionen« der UdSSR fungieren.[35] An prominenter Stelle äußerte Ščerbina in der *Pravda* kurze Zeit später moderate Produktionsziele von 16–26 Milliarden Kubikmeter Erdgas für das Jahr 1970 und hoffte auf die »intensive Erschließung der neuen Region«. Statt wie bisher nur den »engen Weg einer reinen Extraktion von Rohstoffen« zu verfolgen, schlug Ščerbina eine komplexe Entwicklung der Region mit einer Einbeziehung weiterer Industriezweige wie der Holzindustrie vor. Durch den Aufbau einer großen Industrielandschaft, von Siedlungen und der Anwerbung von Arbeitskräften erhoffte sich Ščerbina den Zeitraum der Revalierung, also der Investitionsschulden, zu verkürzen.[36] Zeitgleich zu den neuen Plänen veröffentlichte die *Gazovaja Promyšlennost* einen Artikel, welcher der Gasindustrie im westlichen Landesteil schlechte Prognosen attestierte, da sich dort die »Tektonik« als schwierig erwiesen hätte oder die Erdgasschichten tiefer lägen als vormals angenommen. Viele der Bohrungen, so der Artikel, seien ohnehin ins Leere gelaufen.[37] So verwundert es nicht, dass das Geologieministerium eine Ausweitung der Prospektion im Fernen Norden vornehmen wollte.[38]

Doch schnell wurde klar, dass diesen Enthusiasmus längst nicht alle teilten. Auch in den Ausführungen des Tjumen'er Lokalparteichefs spielte die Erdgas-

33 Aus dem Vortrag des Ministerratsvorsitzenden Aleksej Kosygin auf dem 23. Parteitag der KPdSU zu den Direktiven [...] zum Fünfjahresplan [...] 1966–1970 vom 5. April 1966, in: Smorodinskov (Hg.): Neft' i gaz Tjumeni, Bd. 2, S. 45–46. Zur Zustimmung Kosygins und Brežnevs siehe auch: Högselius: Red Gas, S. 41.

34 Aus dem Vortrag des Ersten Sekretärs der KPdSU in der Oblast Tjumen, B. Ščerbina auf einer Parteiversammlung vom 20. April 1966, in: Smorodinskov (Hg.): Neft' i gaz Tjumeni, Bd. 2, S. 50.

35 Ders., hier S. 48–49.

36 »Intensivno osvaivat novyj rajon« Artikel von B.E. Ščerbina aus der *Pravda* vom 27. Mai 1966, in: Smorodinskov (Hg.): Neft' i gaz Tjumeni, Bd. 2, S. 53–63, hier S. 62.

37 Osnovnye itogi poiskovo-razvedochnych rabot na gaz v 1959–1965 gg. i bližajščie zadačy, in: Gazovaja Promyšlennost' (1966) 4, S. 1–5.

38 Aus dem Erlass Nr. 420 des Ministeriums für Geologie der UdSSR »[...] und über die Erschließung der im Norden gefundenen Gaslagerstätten im Norden der Oblast Tjumen« vom 22. August 1966, in: Smorodinskov (Hg.): Neft' i gaz Tjumeni, Bd. 2, S. 68–70.

industrie immer noch eine marginale Rolle, da selbst die Erdölindustrie, die in ihrer Transportstruktur noch deutlich flexibler war und immer noch bevorzugt wurde, mit finanziellen und materiellen Engpässen zu kämpfen hatte. Auch das Ministerium für Energetik und Elektrifizierung vertagte seine Entscheidung über die komplexe Energieversorgung der Region Tjumen' wohl noch aus Gründen der alten Rivalität um das (im Kapitel 2 ausführlich erläuterte) Wasserkraftprojekt ans Ende des Fünfjahresplans, denn schließlich hatte das Ministerium mit dem abgelehnten Bau eines solchen Kraftwerks einen herben Rückschlag hinnehmen müssen.[39] Eine Bewegung hin zum Erdgas Tjumen's war damit sichtbar geworden, jedoch war diese immer noch verschwommen und undeutlich. Den großen Reden folgten nur wenige Taten, mit dem Ausbau tat man sich weiterhin schwer. In der zweiten Hälfte der 1960er Jahre kamen jedoch weitere gigantische Gasfunde hinzu, die das Rohstoffpotenzial der Sowjetunion abermals veränderten.

5.3 Fragliche Wunschträume von einer arktischen Erdgasindustrie

Die Träume der Tjumen'er Gasmänner bekamen mit den Neuentdeckungen 1965 und 1966 großen Aufwind: Das Feld Zapoljarnoe war 1965 entdeckt worden, 1966 folgten die großen Funde der Vorkommen in Medvež'e mit 1,55 Trillionen Kubikmeter Erdgas und Urengoj mit 3,9 Trillionen Kubikmeter, und im Jahr 1969 schließlich Jamburg mit 2,5 Trillionen Kubikmeter. Mit den fortschreitenden geologischen Explorationsarbeiten waren die Vorräte der Provinz Tjumen' in den Kategorien A, B und C1 damit von 400 Milliarden Kubikmeter 1965 auf ganze 9,25 Trillionen Kubikmeter 1970 und bis 1973 sogar auf 13,8 Trillionen Kubikmeter angestiegen.[40]

39 »Intensivno osvaivat novyj rajon« Artikel von B.E. Ščerbina aus der Pravda vom 27. Mai 1966, in: Smorodinskov (Hg.): Neft' i gaz Tjumeni, Bd. 2, S. 62.

40 Dienes/Shabad: The Soviet Energy System, S. 69. In der Sowjetunion war die Angabe von Kategorien A, B, C1 und C2 üblich; vor 1971 gab es eine Kategorie D1 und D2, die später auch mit »prognostiziert« angegeben wurde. Die Kategorie A war die höchste, hier waren alle fundamentalen Parameter einer Lagerstätte bereits detailliert bekannt und die Produktion war angelaufen; in der B Kategorie wurde hingegen trotz eines hohen Bekanntheitsgrads noch nicht produziert. In Lagerstätten der Kategorien C1 und C2 waren bereits Untersuchungen durchgeführt worden, jedoch war ein Großteil der Reserven erst prognostiziert worden und die bekannten Daten waren wesentlich geringer und weniger gesichert als bei den Kategorien A und B, in: Meyerhoff, Arthur A.: Soviet Petroleum: Technology, Geology, Reserves, Potential and Policy, S. 328–329.

Auch wenn der vollständige Umfang der entdeckten Felder den Wirtschaftsmanagern und Funktionären in der zweiten Hälfte der 1960er Jahre noch nicht bekannt war, so veränderten schon die erfolgreichen Explorationsarbeiten die Wahrnehmung des Erdgases beziehungsweise des Erdgasreichtums in der Sowjetunion. Daher gab sich Bokserman, der damalige Stellvertretende Gasminister, optimistisch, was die Gasförderung in den kommenden Jahren anging. Bis Ende 1968 hatte das GKZ die Umfänge von Urengoj im zentralen und südlichen Teil belegen können, auch die Reserven von Zapoljarnoe, Tazovskoe und Gubkinskoe hatte das GKZ bereits bestätigt. Lediglich Medvež'e war vom GKZ noch nicht genehmigt worden. Doch Bokserman wies darauf hin, dass sich das Tempo der Inbetriebnahme neuer Lagerstätten in den letzten Jahren erhöht habe: Waren es beim ukrainischen Šebelinskoe in den 1950er Jahren noch fünf bis sieben Jahre, waren es in Zentralasien und Komi nur noch zwei Jahre gewesen.[41] Mit der Unterstreichung der potenziellen Vorteile Westsibiriens – die verhältnismäßig nahe beieinander liegenden Lagerstätten, ihr energetisches und qualitatives Vermögen und ihre gute Zugänglichkeit durch die geringen Teufen– plädierten Kortunov und der Lokalfunktionär Ščerbina nunmehr neben dem reinen Abtransport des Gases in Richtung des europäischen Landesteils und in den Ural für eine komplexe Erschließung und die Errichtung von Energiekraftwerken in der Nähe der Gasfelder. Dies wirke sich positiv auf die »rationale Nutzung verschiedener Brennstoffe in der näheren Perspektive« aus.[42] Dabei sprach man von neuen Methoden, einer Arbeitskapazität von 3–5 Millionen Kubikmeter pro Tag sowie von »Höchstleistungsgasbetrieben« (*sverchmoščnye promysla*). Insgesamt blieben die Pläne jedoch recht unpräzis.[43]

Hinderlich war für die Errichtung einer polaren Gasindustrie zudem, dass das Mingazprom ebenfalls für den Pipelinebau der Erdölindustrie in Westsibirien zuständig war. Da der Finanzrahmen von Projekten wie der dem Mingazprom auferlegten Erdölpipeline Ust-Balyk–Omsk,[44] die dafür vorhandenen

41 Bokserman, Ju.I.: Gazovaja Promyšlennost' na novom etape, Gazovaja Promyšlennost' (1968) 11, S. 1–3.

42 Aus dem Brief von A. Kortunov und B. Ščerbina an das ZK der KPdSU »Über die Nutzung der Gaslagerstätte der Oblast Tjumen« vom 27. Juli 1967, in: Smorodinskov (Hg.): Neft' i gaz Tjumeni, Bd. 2, S. 111–112.

43 Aus dem Erlass Nr. 374 von Gas-Minister A. Kortunov »Über den Aufbau von leistungsstarken Brunnen in der Gaslagerstätte Urengoj« vom 4. August 1967, in: Smorodinskov (Hg.): Neft' i gaz Tjumeni, Bd. 2, S. 112–113.

44 Aus dem Erlass Nr. 480 des Ministers der Erdgasindustrie A.K. Kortunov »Über die Organisation der Inbetriebnahme der Erdölpipeline Ust-Balyk–Omsk, 19. Oktober 1967, in: Smorodinskov (Hg.): Neft' i gaz Tjumeni, Bd. 2, S. 117.

Mittel im Ministerium nach eigenen Angaben bei weitem überschritt, erfüllte das Ministerium häufig die Pläne für den Objektbau der Erdölindustrie nicht. Sogar auf Drängen Kosygins und zum Missmut der Neftjaniki wurden die Aufträge für die Erdölindustrie auch nach Monaten nicht fertig gestellt.[45]

Anstatt auf die Objekte der Erdölindustrie legte Kortunov seinen Fokus lieber auf die Ausweitung des schon 42.000 Kilometer umfassenden Pipelinenetzes für die Erdgasindustrie. Um das Erdgas aus Westsibirien in möglichst großen Volumina abtransportieren zu können, wollte die neuen Pipelines mit Großröhren gebaut werden. Der Einsatz solcher Röhren mit dem Durchmesser von 1220 Millimeter sollte im nördlichen System bei der Verlängerung der »Polarlicht«-Pipeline (*gazoprovod Severnoe Sijanie*) aus der Komi ASSR gen Westsibirien erprobt werden, ebenso war ein Anschluss weiterer Stränge aus Zentralasien an die Pipelines vom Ural ins Zentrum mit Großröhren geplant; der Einsatz von Großröhrenpipelines stellte ein weltweites Novum dar, denn die größten Pipelines hatten bisher einen Durchmesser von 1020 Millimetern gehabt.[46]

Weitere Informationen aus Westsibirien ließen Kortunov auf die Erschließung der arktischen Gasvorkommen pochen. Zum einen waren die Ergebnisse geologischer Prospektionen in Zapoljarnoe und im südlichen Urengoj von einer Staatskommission bestätigt worden, was den nördlichen Teil Westsibiriens zur größten Gasprovinz des Landes machte.[47] Zum anderen wurde bekannt, dass die Erdgasgewinnung in den zuerst erschlossenen südlichen Gasfeldern in Westsibirien bereits wieder sank. Diese Information sandte Tjumen'gazprom im März 1968 an Kortunov. Für den Gasminister ergab sich daraus die Notwendigkeit, eine Erschließung der weiter im Norden befindlichen polaren Felder zu wagen, welche die sinkende Produktion schnell ausgleichen sollte. Der Ministerrat reagierte umgehend, als er den Beschluss »Über Maßnahmen zur Vorbereitung des Baus von leistungsfähigen Gasindustrien und Gaspipelines«

45 Tchurilov: Lifeblood of empire, S. 67.

46 Kortunov, A.K.: Zadači gazovoj promyšlennosti v 1967 godu, in: Gazovaja Promyšlennost' (1967) 1, S. 1–3. Ende der 1960er Jahre begann der massive Ausbau des Pipelinesystems mit Großröhren: Bis 1960 waren die größten Pipelinedurchmesser bis 1020 Millimeter gewesen, in der UdSSR wurden jetzt auch Pipelines mit dem Durchmesser von 1220 Millimeter eingesetzt, die in anderen Ländern bisher nicht zum Einsatz kamen und die großen Mengen an westsibirischem Gas abtransportieren sollten, in: Campbell, Robert Wellington: Trends in the Soviet Oil and Gas Industry, Baltimore 1976, S. 57–60.

47 Aus dem Beschluss der 7. Konferenz des Jamalo-Neneckij Kreiskomitees »Über die Entwicklung der geologischen Arbeiten« vom 9. Februar 1968, in: Smorodinskov (Hg.): Neft' i gaz Tjumeni, Bd. 2, S. 140–141.

am 17. Mai 1968 herausgab, mit dem die schnellere Erschließung der großen Polarlagerstätten angeordnet wurde. Nur zwei Monate später, am 26. Juli 1968, gab der Stellvertretende Gasminister Julij Bokserman die Erschließung des Erdgasfelds Medvež'e in den Jahren 1968/1969 und den Bau einer Pipeline aus Medvež'e nach Punga bekannt, wo das Polargas in die bereits bestehende Pipeline nach Serov eingespeist werden sollte, um den Produktionsabfall in der Region zu kompensieren.[48]

Dass man zunächst das kleinere Medvež'e anstatt des großen Urengoj favorisierte, wurde mit technischen Argumenten begründet. Das größere Gasfeld Urengoj, dessen Ressourcen in einer geringen Tiefe von 1,2 Kilometer zu finden waren, sollte erst als zweite Lagerstätte erschlossen werden, da Medvež'e leichter zu erreichen war. Beide Lagerstätten sollten künftig, wie auch schon die großen Vorkommen Zentralasiens und der Komi ASSR, den Ural und das Zentrum des europäischen Landesteils mit Erdgas versorgen. Das Projektierungsinstitut VNIIgaz und seine Salecharder Expedition hatten erste Probeschemen erstellt und dabei ein neues System bei der Anordnung der Brunnen empfohlen sowie den Abtransport des Erdgases über Großröhrenpipelines. Bokserman veranlasste dies zu großen Ankündigungen: »Es ist vollkommen offensichtlich, dass wir uns am Anfang der Ausarbeitung progressiver Projekte befinden, die eine Gasförderung von 100 Milliarden Kubikmeter Gas jährlich umfassen.«[49] Doch war sich Bokserman auch bewusst, dass die inländische Röhrenindustrie insbesondere bei der Isolierung der Rohre und der Qualität des Materials bisher keineswegs einen ausreichenden technischen Stand erreicht hatte.

Doch trotz den von Bokserman verkündeten Plänen blieb es verdächtig still um deren Umsetzung, wenn man diese mit der Erschließung Samotlors vergleicht. Dies lag nicht zuletzt auch an den eigenen Befürchtungen, die Gasminister Kortunov auf der Gaskonferenz, die im Sommer 1968 in Moskau stattfand, äußerte. Auch wenn die Gasindustrie innerhalb von nur einem Jahr große Fortschritte gemacht hatte – die Anzahl der versorgten Haushalte war von 25 Millionen auf 75 Millionen gestiegen, an weiteren elf Feldern wurde Erdgas gewonnen, 8500 Kilometer Pipelines hatten ihren Betrieb aufnehmen können und trotz des kalten Winters war der Gasfluss nicht unterbrochen gewesen –, war ihre Entwicklung »mitnichten eine unverminderte Erfolgsgeschichte«.[50] Sogar

48 Koleva: Zapadno-sibirskij neftegazogo kompleksa, Bd. 1, S. 92–93.

49 Bokserman, Ju. I.: Gazovaja Promyšlennost' na novom etape, in: Gazovaja Promyšlennost' (1968) 11, S. 1–3.

50 Auszug aus dem Artikel »Soviet gas achievements« der Petrol Times vom 8. November 1968, in: Burdett: Oil Resources in Eastern Europe and the Caucasus, Bd. 8, S. 105–106, hier S. 105.

in der Anwesenheit internationaler Delegationen erläuterte Kortunov während eines Vortrages in Moskau, dass das Potenzial der sowjetischen Ressourcen bei weitem noch nicht ausgenutzt werde. Denn weder würden die Gasbrunnen vollumfänglich genutzt noch habe man die geplante Anzahl an Bohrbrunnen fertiggestellt. Einige Städte hätten zu wenig Gas gehabt, Weil die Zulieferung des Gases mangelhaft blieb und es immer noch zu wenig Automatisierung gebe. Eine andere Zwangslage habe man aufgrund der immer noch geringen Kapazitäten der Untergrundspeicher. Doch stelle Kortunov dem internationalen Publikum auch die Fortschritte der Erdgasindustrie vor: Das Ministerium habe eine Organisation für die Konstruktion von Erdgasanlagen gegründet. Die Reserven hätten sich seit dem letzten Jahr verdoppelt, die größten Gasregionen nach den Reserven seien nun Tjumen' und Zentralasien sowie die Komi ASSR. Bald sollten 25 neue Lagerstätten in Produktion gebracht werden, neue Pipelines, die unter polaren Bedingungen funktionieren sollten, würden im kommenden Jahr im Norden Westsibiriens getestet werden. Das bereits bestehende Pipelinesystem sollte durch mehr Verdichterstationen und Automatisierung noch effizienter gemacht werden.

Die Tjumen'-Lobby beharrte trotz des offensichtlichen Zögerns in Moskau auf dem Aufbau einer polaren Industrie. Am 14. Januar 1969 erschien in der *Tjumen'skaja Pravda* ein Artikel über »die erste Experimentelle«, eine Pipeline von Gaz-Sale nach Tasovskoe, die von Jamalgazstroj gebaut worden war. Sie war nur 13 Kilometer lang und sollte ein Testprojekt für den Pipelinebetrieb unter den klimatischen Bedingungen des Fernen Nordens sein. Als ein Nebeneffekt versorgte sie die Arbeitersiedlung Tazovskoe mit »billigem Brennstoff«.[51]

Vom 15. bis 18. April 1969 fand in Tjumen' eine Konferenz zur Entwicklung und Produktionsansiedlung der Tjumen'er Oblast statt.[52] Auf der Konferenz wurde ein nordsibirisches Großprojekt ausgearbeitet, welches nicht nur den Aufbau der polaren Gasindustrie, sondern auch die Förderung von diversen Metallen im Nordural, von Kohlevorkommen im Severo-Sos'vinskij Bassejn sowie von Torf und Baumaterialien umfasste. Mit der Verknüpfung dieser Industrieprojekte hoffte man, die Attraktivität eines Polarkomplexes für die Volkswirtschaft durch die Produktion gleich mehrerer wichtiger Rohstoffe zu erhöhen: »Wenn man die hohe wirtschaftliche Effektivität der Erschließung der einzigartigen Gas-

51 »Die erste Experimentelle« Information aus der Tjumenskaja Pravda vom 14. Januar 1969, in: Smorodinskov (Hg.): Neft' i gaz Tjumeni, Bd. 2, S. 172–173.

52 Erlass Nr. 306 des Ministers für Geologie, A. V. Sidorenko, »Über die weitere Verstärkung der geologischen Arbeiten in der Oblast Tjumen'« vom 23. Juni 1969, in: Smorodinskov (Hg.): Neft' i gaz Tjumeni, Bd. 2, S. 205.

ressourcen in der Oblast Tjumen' bedenkt, dann besteht die Möglichkeit, mit ihnen das größte volkswirtschaftliche Problem - die Deckung des Brennstoffdefizits der europäischen Regionen der UdSSR, des Ural, des Südwestens - zu lösen. Die wichtigste Aufgabe sollte die schnelle Erschließung der entdeckten Erdgaslagerstätten sein, die Entstehung von Hochleistungsanlagen in Medvež'e, Urengoj und anderen Lagerstätten. Der Ausbau der Gaspipeline Medvež'e–Punga soll 1969 begonnen und Anfang 1971 soll die Pipeline in Betrieb genommen werden.«[53] Der Pipelinebau mit den Großröhren sollte jedoch in den Jahren 1970 und 1971 zunächst geplant und seine Ergebnisse im TEO für den 9. Fünfjahresplan festgelegt werden (siehe Kapitel 5.4). Es sollten Großröhren mit einem Durchmesser von 1220–2500 Millimeter zum Einsatz kommen, falls deren Anwendung nach einschlägigen Untersuchungen unter den klimatischen Bedingungen des fernen Nordens möglich sein sollte. Neben den wichtigen Pipelines, die in Richtung des westlichen Landesteils verlegt wurden, sollte auch eine Gaspipeline aus dem Gebiet der Flüsse Vyngapur und Varjogan über Surgut, Tobolsk und Tjumen' gegen Osten hin errichtet werden, welche die Surguter GRĖS und die Tobolsker Industriebetriebe, das Chemiekombinat sowie die Holzindustrie mit Gas versorgen sollte.[54] Zudem sollten das Mingazprom und seine Projektierungsbüros einen Entwicklungsplan für die nächsten 15–20 Jahre vorlegen. Als Folge der Konferenz schwebte dem Lokalparteichef Boris Ščerbina nun schon eine Gasförderung von 600 bis 700 Milliarden Kubikmeter pro Jahr vor;[55] das war mehr als das Doppelte der vom Mingazprom geplanten Menge. Die Möglichkeit zur Schaffung einer mehrere Ressourcen umfassenden polaren Industrieregion, die nicht nur die Errichtung von lokalen Wärmekraftwerken beinhaltete, sondern zugleich noch die energetische Versorgung zum Abbau von Rohstoffen im Nordural gewährleisten würde, erwähnte Ščerbina erneut auf einer Konferenz vor der Wissenschaftsakademie im Novosibirsker Akademgorodok.[56] Während Šmarev

53 Aus dem Beschluss der Konferenz über die Probleme der Entwicklung und Ansiedlung von Produktionskräften in der Oblast Tjumen' vom 18. April 1969, in: Smorodinskov (Hg.): Neft' i gaz Tjumeni, Bd. 2, S. 180–187, hier Zitat bei S. 185.

54 In Tobolsk wurde neben Holzverarbeitungsbetrieben auch ein petrochemischer Komplex angesiedelt. Roos: Sibirien zwischen Ökonomie und Politik, S. 61.

55 Aus dem Vortrag des Ersten Sekretär des Lokalkomitees der Oblast Tjumen' B. E. Ščerbina auf der wissenschaftlichen Konferenz der Sibirischen Abteilung der Akademie der Wissenschaften der UdSSR über die Entwicklung der Produktionskräfte Sibiriens vom 20. Mai 1969, in: Smorodinskov (Hg.): Neft' i gaz Tjumeni, Bd. 2, S. 189.

56 Aus dem Vortrag B. E. Ščerbina auf der wissenschaftlichen Konferenz der Sibirischen Abteilung der Akademie der Wissenschaften der UdSSR in Novosibirsk »Über die Wirtschaftsentwicklung der Oblast« vom 20. Mai 1969, in: Smorodinskov (Hg.): Neft' i gaz Tjumeni, Bd. 2, S. 187–200, hier S. 190–191.

im April 1969 mit seinem Brief an Premier Kosygin eine Tjumen'-Offensive lanciert hatte, die auch das polare Erdgas umfasste, suchten die lokalen Tjumen'-Enthusiasten vor Ort ebenfalls aktiv nach einer wirtschaftlichen Strategie.

Die Erschließung von Medvež'e wurde nun schon im Sommer 1969 mit dem Einsatz des Komsomol eingeleitet, der den ersten Teil der aufwändigen Arbeiten übernehmen sollte. Mit einem Beschluss vom 8. Juli 1969 wurden Organisationen des Komsomol aus den südlicheren Gasfeldern in den Norden verlegt, um die anfängliche Aufschließung von Medvež'e sowie den Bau der Polarstadt Nadym voranzutreiben.[57]

Die Gewinnung des Erdgases in Medvež'e wurde im November 1969 von der geologischen Organisation Jamalneftegazrazvedka schließlich an die Produktionsvereinigung Tjumen'gazprom übergeben.[58] Mit der Planung für die Erdgasförderung für den Fünfjahresplan 1971–1975 begann man bereits Ende der 1960er Jahre. Auf einen Erlass des Ministerrats vom 6. Januar 1968 hin wurde der Gosplan angewiesen, einen Gasförderplan für die Tjumen'er Oblast für diese Jahre aufzustellen. Am 18. September 1969 erreichte den Ministerrat ein erster Entwurf. Darin hieß es, dass die Gesamtförderung auf 310–330 Milliarden Kubikmeter angehoben werden sollte, nachdem der Gosplan und auch der Stellvertretende Ministerratsvorsitzende Michail Efremov 325 Milliarden Kubikmeter vorgeschlagen hatten. Dabei war die Rede von einer Förderanhebung von 9,6 Milliarden Kubikmeter auf 51–71 Milliarden Kubikmeter für die Oblast Tjumen': »Allerdings hängen das geplante Wachstum der Gasindustrie im Osten des Landes direkt von den Möglichkeiten ab, die Gasindustrie mit Pipelineröhren und Baumaterial zu versorgen.«[59]

Diese Versorgung mit großen Pipelineröhren und anderem Equipment schätzte der Gosplan für die kommende Zeit negativ ein. Würde man jedoch nicht ausreichend Großröhren zur Verfügung haben, hätte dies ein Gasdefizit im westlichen Landesteil zur Folge, da das Gas Sibiriens und Zentralasiens durch kleine Pipelinesysteme nicht dorthin geliefert werden könnte. Daher würde zunächst die Erschließung von der Gaslagerstätte Vuktyl in der Komi ASSR und

57 Aus dem Erlass Nr. 117 über die Komsomol-Einheit Glavtjumenneftegazstroj über die Bildung von Severgazstroj und Tjumen'gazmontaž vom 8. Juli 1969, in: Smorodinskov (Hg.): Neft' i gaz Tjumeni, Bd. 2, S. 207–208.

58 Erlass von Glavtjumen'geologija und der Leitung von »Über die Übergabe der Lagerstätte Medvež'e zur Exploitation« vom 17. November 1969, in: Smorodinskov (Hg.): Neft' i gaz Tjumeni, Bd. 2, S. 214–215.

59 Kurzzusammenfassung des Schreibens von A. Rjabenko, Datum erste Ziffer unkenntlich (wahrscheinlich 1. Oktober 1969), uz. M. Efremov, in: GARF, f. 5446, op. 105, d. 465, l. 6.

Orenburg forciert werden müssen, die wesentlich näher an den Verbrauchern im westlichen Landesteil lagen: »Für die Lagerstätte Orenburg zahlen wir den Preis für die beschleunigte Inbetriebnahme mit dem Abweichen von richtigen technischen Entscheidungen, weil in den ersten Jahren das Gas dieser Lagerstätte nicht vom Schwefel gereinigt werden soll, sondern im ungereinigten Zustand transportiert und in den Kraftwerken verbrannt werden wird.«[60] Auch in Vuktyl könne man laut einer Expertenkommission nicht mehr als 40 Milliarden Kubikmeter jährlich fördern, ohne dabei »diesen wertvollen Rohstoff« zu verlieren. So musste der Gosplan feststellen: »Der […] genannte unbefriedigende Zustand der Vorbereitung von Gasreserven in den europäischen Regionen des Landes, eine Ausschöpfung der Lagerstätten und ernsthafte Schwierigkeiten bei der Erschließung und Entwicklung der Gasförderung an der Vuktyler und Orenburger Lagerstätte stellen die Gasindustrie vor ein großes volkswirtschaftliches Problem der Förderorganisation und des Gastransports aus den neuen Lagerstätten in Sibirien, aus den zentralasiatischen Republiken und Kasachstan.«[61] Für den Aufbau eines sicheren Gasnetzes brauchte es daher auch eine Modernisierung des Anlagenbaus für die Gasindustrie, unter anderem den schnellen Aufbau von modernen Stahlproduktionszechen, die hochwertigen Stahl für dünnwandige Röhren produzieren konnten. Die Sowjetunion suchte nach Möglichkeiten zum schnellen Aufbau dieser und anderer Betriebe, um die neuen Bedürfnisse rasch zu decken.[62] Da dies kaum gelang, musste die Sowjetunion diese Technik aus Westeuropa und Japan akquirieren (siehe Kapitel 5).

Erst am 20. Januar 1970 äußerte sich einer der Initianten, Bokserman, über die neuen Fortschritte. Seine Auftritte und Reden hätten zuvor den Charakter von Prognosen und Perspektiven gehabt. Erst in der letzten Zeit seien ernsthaftere Arbeiten zum Aufbau einer Gasregion unternommen worden: »Daher ist die Aufgabe einer beschleunigten Entwicklung zur Erschließung der Erdöl- und Erdgasindustrie in der Oblast Tjumen' dringend und grandios. Darüber hinaus kann man ohne Übertreibung sagen, dass ohne die Nutzung dieser Reichtümer die weitere Entwicklung der Wirtschaft unseres Staats undenk-

60 Schreiben des Gosplan »Über die Entwicklung der Erdgasindustrie in der Oblast Tjumen'« an den Ministerrat der UdSSR vom 18. September 1969, uz. Stelltervertreter des Vorsitzenden am Gosplan, A. Rjabenko, in: GARF, f. 5446, op. 105, d. 465, l. 1–5, hier l. 3.

61 Schreiben des Gosplan »Über die Entwicklung der Erdgasindustrie in der Oblast Tjumen'« an den Ministerrat der UdSSR vom 18. September 1969, uz. Stelltervertreter des Vorsitzenden am Gosplan, A. Rjabenko, in: GARF, f. 5446, op. 105, d. 465, l. 1–5, hier l. 3.

62 Siehe auch: Kurzzusammenfassung des Schreibens von A. Rjabenko, Datum erste Ziffer unkenntlich (wahrscheinlich 1. Oktober 1969), uz. M. Efremov, in: GARF, f. 5446, op. 105, d. 465, l. 6.

bar ist.«[63] Weiter führte Bokserman aus, dass man zunächst die Selbstkosten des Gases aus Medvež'e auf 20 Kopeken für 1 Tonne senken könnte. Dies alles würde erst jetzt den Aufbau eines Gasindustrie im Fernen Norden erlauben. Dennoch zeigte sich auch Bokserman nicht vollends zufrieden. Dies mag unter anderem auch daran gelegen haben, dass die Gasindustrie nach dem Erlass von 1969 über die beschleunigte Entwicklung des Tjumen'er Erdöls vorerst hatte zurückstecken müssen.

Doch die Bemühungen der Tjumen'er fanden in Moskau kaum Anklang. So wurde der Beschluss über die Erdölförderung in Tjumen' vom Dezember 1969 ohne jegliche Berücksichtigung der Gasressourcen durchgesetzt. Es schien, dass das Erdgas in Tjumen' trotz seiner guten Qualität einen niedrigeren Stellenwert besaß. Das lag möglicherweise auch daran, dass für den Aufbau einer Polargasindustrie in der Region das Material für die Technik einer Sonderanfertigung bedurfte, was einen zusätzlichen Kostenaufwand bedeutete.[64] Von Tjumen' war auch im Mingazprom Anfang 1970 kaum noch die Rede, vielmehr verweigerte man sich dem Thema aktiv. Das Mingazprom schätzte die Möglichkeit der Erdgasförderung in der Region Tjumen' durchaus real ein, sah sich aber mit materiellen, finanziellen und personellen Schwierigkeiten konfrontiert und wich daher einer vollumfänglichen Erschließung zunächst aus.[65]

Stattdessen gab Gasminister Kortunov in der Fachzeitschrift *Gazovja Promyšlennost'* bekannt, dass man die alten Förderregionen in Stavropol und im Nordkaukasus so schnell wie möglich wieder ausbauen wollte. Auch das Pipelinenetz sollte entlang bereits bestehender Gasflüsse erweitert werden; so plante das Ministerium Erweiterungen entlang der vorhandenen Pipelinetrassen aus der Komi ASSR und Zentralasien in Richtung des Zentrums. Auch die Anlagen für die verarbeitende Industrie schienen nur im europäischen Landesteil (in Perm' und Neftekumskij) auf die projektierte Auslastung angehoben zu werden. In Šebelinskoe wollte das Mingazprom eine vollautomatisierte Anlage einrichten.[66] Im April 1970 ging Kortunov noch weiter. Er sprach offen davon, dass die Atomenergie die Energie der Zukunft sei, jedoch in der Sowjetunion

63 Aus dem Vortrag des Stellvertretenden Ministers für Gasindustrie Ju. I. Bokserman auf dem 8. Plenum des Tjumen'er Lokalkomitees »Über die Entwicklung der Erdöl- und Erdgasindustrie« vom 20. Januar 1970, in: Smorodinskov (Hg.): Neft' i gaz Tjumeni, Bd. 2, S. 243–245.

64 Beschluss des ZK der KPdSU und des Ministerrats der UdSSR »Über die Maßnahmen für eine beschleunigte Entwicklung der Erdölindustrie in Westsibirien« (Auszug) vom 11. Dezember 1969, in: Smorodinskov (Hg.): Neft' i gaz Tjumeni, Bd. 2, S. 215–218.

65 Čirskov: Žizn' na opereženie, S. 101.

66 Kortunov, A. K.: Gazovaja promyšlennost' v 1970 godu, in: Gazovaja Promyšlennost' (1970) 1, S. 1–2, hier S. 2; Koleva: Zapadno-sibirskij neftegazogo kompleksa, Bd. 1, S. 93.

nur eingeschränkt genutzt werde, weshalb das Gas gut als »Übergangsbrennstoff« fungieren könne, und er nannte bei dieser Gelegenheit auch die großen Vorkommen in Westsibirien.[67] Was Westsibirien anging, blieb man zurückhaltend: Vorerst sollte nur die Lagerstätte Medvež'e – trotz ihres geringeren Ressourcenumfangs – als Testfeld erschlossen werden.[68]

Dass die sowjetische Erdgasindustrie in Westsibirien wesentlich langsamer aufgebaut wurde als die Erdölindustrie, lag, so kann man abschließend feststellen, vor allem an der defizitären Großröhrenproduktion. Der Umfang der polaren Ressourcen, der weltweit größten Gasfelder, sprach für sich, doch die Sowjetunion konnte diese nicht vollumfänglich erschließen, bevor sie das Pipeline-Defizit gelöst hatte.

5.4 Erdgasarterien

Die Bedeutung der sowjetischen Pipelines ging weit über deren Nutzung als Transportsysteme für Brennstoffe hinaus. Die Tendenz, bei der Extraktionspolitik besonders auf die Nähe der Felder zu den industriellen Verbrauchern zu setzen,[69] war eine Folge einer wirtschaftlichen Taktik, die aus Kostengründen und aufgrund von Materialengpässen den Ausbau des sowjetischen Pipelinesystems so gering wie möglich halten wollte. Dabei hatte sich auch ein Wettbewerb zwischen dem Ausbau der Gaspipelines und der Ölpipelines ergeben. So war seit Ende des Zweiten Weltkriegs kein Jahresplan für den Weiterbau des Erdölpipelinesystems erfüllt worden. Der inländische Bedarf besonders an Großröhren blieb konstant um 20 bis 30 Prozent höher als die Produktion; auch der Import von Röhren aus den kapitalistischen Staaten konnte den eigentlichen Bedarf nicht mehr decken. Bereits zwischen 1961 und 1965 importierte die Sowjetunion 240.000 Tonnen Großröhren aus Italien, 135.000 Tonnen aus Schweden und 150.000 Tonnen aus Großbritannien, denn diese Länder nahmen am Röhrenembargo der USA nicht teil.[70] Ein zusätzliches Problem blieb der Betrieb der Pipelines, für den auch die

67 Kortunov, A.K.: Gazovaja promyšlennost' Sovetskogo Sojuza k 100-letiju so dnja rozhdenija V.I. Lenina, in: Gazovaja Promyšlennost' (1970) 4, S. 2–7, hier S. 2.

68 Aus dem Vortrag des Ersten Sekretär des Lokalkomitees der Oblast Tjumen B.E. Ščerbina auf der wissenschaftlichen Konferenz der Sibirischen Abteilung der Akademie der Wissenschaften der UdSSR über die Entwicklung der Produktionskräfte Sibiriens vom 20. Mai 1969, in: Smorodinskov (Hg.): Neft' i gaz Tjumeni, Bd. 2, S. 189.

69 Elliot: The Soviet Energy Balance, S. 36.

70 Wörmann: Osthandel als Problem der Atlantischen Allianz, S. 35–36.

notwendigen Pump- und Verdichterstationen nicht in ausreichender Zahl eingebaut werden konnten; dies schränkte die Durchflussmenge ein.[71]

Spätestens mit dem Bau der zentralasiatischen Pipeline Buchara–Ural wurden Pipelinesysteme mit einer symbolischen Bedeutung aufgeladen, die die dauerhafte Bindung zwischen den peripheren Unionsrepubliken, den sozialistischen Bruderstaaten oder den westlichen Ländern sowie eine technische Überwindung weiter Distanzen widerspiegeln sollte.[72] Insbesondere die Pipelinesysteme zwischen der Sowjetunion und den Staaten des RGW erhielten symbolträchtige Namen wie »Freundschaft« (»Družba«), »Union« (»Sojuz«), »Brüderschaft« (»Bratstvo«) und »Fortschritt« (»Progress«). Ein zweiter Grund für die Benennung der Pipelines war das Hervorheben der Verwirklichung technischer Großprojekten in der Arktis, die eine besondere technische Herausforderung darstellten. So erhielt die erste arktische Langstreckenpipeline der UdSSR den Namen »Polarlicht«. Damit transportierte die Sowjetunion längst nicht mehr nur Rohstoffe, sondern auch politische Ideen und Herrschaftsansprüche gegenüber ihren Handelspartnern und der eigenen Bevölkerung in der Namensgebung ihrer großangelegten Infrastrukturprojekte.

Die »Družba«-Pipeline war das erste große transnationale Pipelineprojekt der 1960er Jahre gewesen, das große internationale Aufmerksamkeit auf sich gezogen hatte. Die Pipeline sollte die RGW-Staaten Polen, Ungarn, die DDR und die Tschechoslowakei mit Rohöl aus dem tatarischen Romaškino versorgen, damit diese unter anderem auch ihre Chemieprogramme intensivieren konnten. Dabei lieferten die Stahlfabriken dieser Länder, aber auch westdeutsche Firmen wie Mannesmann einen großen Teil der dafür notwendigen Röhren im Rahmen von Bartergeschäften, die Länder des RGW verkauften die Petroprodukte wiederum gegen Devisen auf dem Weltmarkt. Schon damals wollten sich die USA gegen die zusätzlichen Lieferungen von Großröhren aus der Bundesrepublik Deutschland stellen, die nach Meinung der USA die termingerechte Fertigstellung der »Družba«-Pipeline erlaubten. Deshalb sprachen die USA ein Embargo auf die Lieferung von Großröhren aus. Dennoch wurde die Pipeline mit Bauverzögerungen im sowjetischen Sektor im Oktober 1964 – etwas später als ursprünglich geplant – fertiggestellt.[73]

Das erste große Gaspipelineprojekt dieser Art war die Pipeline »Zentralasien–Zentrum«, welche Erdgas aus dem usbekischen Gasfeld Gazli ins Zen-

71 Ebel: The Petroleum Industry of the Soviet Union, S. 142–149.

72 Smirnov, K.K.: Gazovyj magistral' Buchara-Ural, in: Gazovaja Promyšlennost' (1962) 8, S. 1–3.

73 Flade: Creating a Common Energy Space, S. 334.

trum der UdSSR lieferte. Die früher als geplant fertiggestellte Pipeline wurde dem Zeitgeist entsprechend als »Symbol der unverbrüchlichen Brüderschaft und Freundschaft der Völker der Sowjetunion«[74] gefeiert. Es handelte sich um eine Pipeline, die durch den Sand diverser Wüsten und Steppen gebaut wurde und damit auch als ein technischer Sieg über die natürlichen Bedingungen galt. Gerade der bewegliche Untergrund des Wüstensands hatte die Bauleute herausgefordert, ebenso aber auch die Entfernung der Trassen von Verkehrspunkten und besiedelten Gebieten. Wie schon beim Bau des Vorgängerprojekts Buchara-Ural wurden vor allem Komsomolzen, junge Ingenieure und Techniker in dem Bauprojekt beschäftigt.[75] Trotz der propagandistischen Ausschlachtung der Projekte blieb deren Erfolg bisweilen hinter den Plänen zurück: So wurde der Weiterbau am zentralen Pipelinesystem auf Kosten der zentralasiatischen Pipelines immer noch bevorzugt.[76]

Die ersten erfolgreichen Pipelineprojekte ließen den Wunsch nach noch gigantischeren Transportsystemen aufkommen. So kam in Politik, Wirtschaft und Wissenschaft bald eine Diskussion über den Einsatz von Röhren mit einem Durchmesser von 2000 Millimetern in den arktischen Regionen auf. Argumentiert wurde unter anderem damit, dass der Einsatz von derart großen Röhren die Kosten noch schneller amortisiere. Den Einsatz von Großröhren hatte man schon beim Bau der Pipeline aus Zentralasien geplant, jedoch hatte man schließlich zugeben müssen, dass die Röhren mit 2000 Millimeter beziehungsweise sogar 2500 Millimeter Durchmesser keineswegs ausreichend getestet worden waren. Deshalb wurde zunächst der Bau des Strangs mit 1220 Millimetern Durchmesser beschlossen, der sich bereits bewährt hatte.[77]

Dennoch rückte man keineswegs ab von der Vorstellung, diese Röhren in Zukunft produzieren zu können, denn die Fabriken in Čeljabinsk und Novo-Moskovskoe stellten bereits seit dem Bau der »Družba« und dem Embargo auf Pipelines Großröhren mit Durchmesser 1020 Millimeter seriell her.[78] Mit der

---

74 Smirnov, K.K.: Transkontinental'nyj gazoprovod Srednjaja Azija – Centr, in: Gazovaja Promyšlennost' (1967) 11, S. 5–7, hier S. 6.

75 Beim Bau der Pipeline Buchara-Ural waren mehr als 10.000 junge Menschen beschäftigt worden, die solche Projekte weit in die Gesellschaft tragen sollten, in: Leninskomu Komsomolu 50 let, in: Gazovaja Promyšlennost' (1968) 10, S. 1–2.

76 Högselius: Red gas, S. 24.

77 Smirnov, K.K.: Transkontnental'nyj gazoprovod Srednjaja Azija – Centr, in: Gazovaja Promyšlennost' (1967) 11, S. 5–7.

78 Für den Bau der »Družba« waren Großröhren in der Bundesrepublik Deutschland bestellt worden, die aufgrund des Embargos nicht geliefert werden durften. Kortunov stellt dies so dar, dass diese Aktion für die FRG und ihre amerikanischen Verbündeten ein totales Fiasko

Anwendung in den Gassystemen Westsibiriens und Jakutiens erhofften sich die Gazoviki immer noch, eine Hochleistungsgasindustrie errichten zu können. Zudem planten sie, sämtliche Verbraucher entlang der Trassen anzuschließen. Die neuen Großröhren sollten bis zu 100 Milliarden Kubikmeter Erdgas transportieren können, was in Hinblick auf die landesweite Energieversorgung und den gleichzeitigen Export eine attraktive Möglichkeit zu sein schien.[79]

Während der Weltenergiekonferenz in Moskau vom 20 bis 24. August 1968 stellte Bokserman die sowjetischen Ambitionen sogar im Forum der Konferenz auf dem Kreml-Platz vor den Besuchern aus aller Welt vor. Dass der Bau der neuen Großröhre einen horrenden Metallverbrauch und eine technische Anpassung aller bisherigen Systeme an die größeren Röhren bedeutete,[80] ließ die Produktion der Großröhren jedoch in einem anderen Licht erscheinen. Zudem erwies sich das Projekt als technisch ineffizient. Die Pipelines mit den Durchmessern von 2000 bis 2500 Millimeter kamen daher nie zum Einsatz. Dennoch hatte die technische Machbarkeitsdiskussion die Erwartungen an den Pipelinebau so weit in die Höhe getrieben, dass in Westsibirien nun sicher Großröhren mit einem Durchmesser von 1440 Millimeter eingesetzt werden sollten.

Aufgrund seiner langjährigen Erfahrung war sich Premierminister Aleksej Kosygin bewusst, dass die Produktion von Großröhren die sowjetische Stahlindustrie auf eine harte Probe stellte und sich das Projekt wohl kaum einfach umsetzen lassen würde.[81] Hinlänglich war bekannt, dass die defizitäre Großröhrenproduktion der Sowjetunion die Errichtung des weitläufigen sowjetischen Pipelinesystems immer wieder ausgebremst hatte. Zwar hatte die sowjetische Produktion in den vergangenen Jahren ihre Kapazitäten ausgebaut, unter anderem deshalb, weil man den Röhrenbau für die »Družba« nach der Aussprache des Embargos gegen die europäische Produktion aus eigenen Kräften hatte

---

gewesen sei, in: Kortunov, A.K.: Gazovaja promyšlennost' k 50-letiju Velikogo Oktjabrja, in: Gazovaja Promyšlennost' (1967) 10, S. 1–4, hier S. 3.

79 Margulov, G.D.: Razvitie proektnogo dela v gazovoj promyšlennosti, Gazovaja Promyšlennost', 1967, No. 8, 1–3; Ohne Autor: Gazovaja Promyšlennost' v 1968 godu, Gazovaja Promyšlennost' (1968) 1, S. 1–2. Im November 1968 erwähnte Bokserman sogar, dass bereits in zwei Fabriken im Donbass Teströhren mit dem Durchmesser 2500 Millimeter hergestellt worden seien und sich in der Testphase auf einem dafür ausgelegten Gelände befänden. In Čeljabinsk würden Ingenieure allerdings zeitgleich an einer anderen Röhrenkonstruktion arbeiten, in: Bokserman, Ju. I.: Gazovaja Promyšlennost' na novom etape, Gazovaja Promyšlennost' 11, 1968, hier S. 2.

80 VII mirovaja energetičeskaja konferencija. Moskva 20–24 avgusta 1968 g., in: Gazovaja Promyšlennost' (1968) 8, S. 1–4.

81 Andrijanov: Kosygin, S. 235.

stemmen müssen, was die innersowjetische Produktion ankurbelte.[82] Doch der sowjetische Röhrenhersteller Čeljabinskij Truboprokatnyj Zavod konnte immer noch nicht genügend Röhren herstellen, weil unter anderem seltene Legierungen weitestgehend der sowjetischen Rüstungsindustrie zugeteilt wurden.[83] Ähnlich sah es bei der Herstellung von leistungsfähigen Gasturbinen für die Pipelines aus, welche der Nevskij Zavod in St. Petersburg anfertigte.[84] So wurde schon im späten Dezember 1966 wieder mit Gesprächen begonnen, die den Import von Gasröhren und anderem Equipment für die Gasindustrie aus westeuropäischen Ländern zum Ziel hatten, wobei der Sowjetunion die Lieferung von 520.000 Tonnen Stahlröhren im Wert von 100 Millionen Dollar von den deutschen Firmen Mannesmann und Thyssen und der österreichischen VOEST ab 1969 für die Anbindung Westsibiriens an das zentrale Pipelinesystem in Aussicht gestellt wurden.[85] Die erste Lieferung von Großröhren mit Durchmesser von 1440 Millimeter, wie sie die UdSSR gewünscht hatte, konnte jedoch erst 1972 realisiert werden, weshalb das Sibirienprojekt vorerst nur langsam voranschritt.[86]

Nur unter dem Aspekt der defizitären Röhrenproduktion ist auch die innersowjetische Debatte um die Routen der Gaspipelines aus Westsibirien zu verstehen, die sich über ein Jahr um den Bau der ersten Pipelines in Richtung des europäischen Landesteils hinzog. In dieser Debatte ging es darum, ob die ersten Pipelines über einen nördlichen oder einen südlichen Weg in den europäischen Landesteil führen sollten. Dabei spielten die Baubedingungen, die Länge der Trassen und auch die möglichen Schemata für die Gewährleistung der sowjetischen Energieversorgungssicherheit eine wichtige Rolle.

Am 31. Dezember 1970 legte das Mingazprom das von der politischen Führung verlangte technisch-wirtschaftliche Grundlagenpapier vor, welches die Förderung in Tjumen', Orenburg und der Turkmenischen SSR, die langfristigen Gasströme und diverse geographische Varianten der Pipelineverlegung analysierte. In einem ersten Kapitel »Über den Zustand und die Perspektiven der Erdgasindustrie« äußerte sich die Gaswirtschaft besorgt über die »niedrigen Resultate« bei den Explorationsarbeiten in den alten Förderregionen in der Ukrainischen SSR, der Usbekischen SSR und den Regionen Stavropol und Kras-

82 Wörmann, Claudia: Osthandel als Problem der Atlantischen Allianz, S. 26–36.
83 Andrijanov: Kosygin, S. 235.
84 Kuznecov, L.A./Krinskij, A.A.: Sozdanie gazovych turbin dlja magistral'nych gazoprovodov, in: Gazovaja Promyšlennost' (1967) 12, S. 1–4.
85 Högselius: Red Gas, S. 55–65.
86 Gustafson: Crises amid plenty, S. 144.

nodar.[87] Darüber hinaus war den Verfassern des Grundlagenberichts bewusst, dass die Gasressourcen im westlichen Landesteil und in Usbekistan bald ihren Produktionszenit erreichen würden. Die neu gefundenen Gasfelder in Westsibirien, Orenburg, Turkmenistan und Komi seien jedoch vielversprechend, und aufgrund dieser Ressourcen verfüge die sowjetische Wirtschaft über die Möglichkeit einer »rationalen« Auswahl ihrer Energiequellen für einzele Standorte und die Brennstoffbilanz insgesamt.[88]

Dennoch schlug das Mingazprom mit 310 Milliarden Kubikmetern im Jahr 1975 eine Gasförderung vor, die weit unter den 600 Milliarden Kubikmetern lag, die der Lokalparteisekretär Boris Ščerbina und sein Erster Stellvertreter Bokserman in ihrem Tjumen'-Gasprojekt gefordert hatten. Zudem wollte man auf dem europäischen Gasmarkt Fuß fassen und den Gasexport auf 18–20 Milliarden Kubikmeter steigern sowie den Ausbau der Verwertung des Netz- und Flüssigerdgases in der kommunalwirtschaftlichen Versorgung fördern. Die mit Erdgas belieferte Bevölkerung sollte von 94–96 Millionen Menschen im Jahr 1970 auf 160–170 Millionen Menschen im Jahr 1975 ansteigen. Kortunov plante, die Hälfte des sowjetischen Gases, 150–152 Milliarden Kubikmeter, der Industrie zur Verfügung zu stellen, weitere 98–100 Milliarden Kubikmeter sollten in den Elektrizitätskraftwerken in Strom umgewandelt werden und die energiedefizitären Regionen im Zentrum, Ural, Nordwesten und Westen versorgen. Am schwersten wog jedoch, dass die Gasindustrie sich von ihren alten Vorhaben zurückzog, nämlich die Produktion in Medvež'e, Urengoj und Jubilejnyj prozentual am meisten ansteigen zu lassen. So sah die vom Mingazprom vorgestellte neue Planung nur noch eine Förderung von 60 Milliarden Kubikmeter Erdgas für 1975 vor. Besonders die vermuteten Kosten für den Aufbau eines polaren Gasförderkomplexes in Medvež'e in der nördlichen Ausführung von mehr als 30 Millionen Dollar fürchtete Kortunov. Stattdessen wollte er die Gasindustrie im neu entdeckte Šechitli-Feld in Turkmenistan etablieren, das laut Angaben des Ministeriums durch die bereits in Zentralasien installierte Infrastruktur über gute Erschließungsbedingungen verfügte, obwohl die abschließende Preiskalkulation für die Erdgasgewinnung in Šechitili und die Pipelineanschlüsse

87 Technisch-wirtschaftliche Begründung der optimalen Varianten für die Niveaus der Gasförderung […], vorgelegt von Aleksej Kortunov vom 31.12.1970, in: ARAN, f. 2, op. 1, d. 86, ll. 3–14 hier ll. 4–6. Auch Thane Gustafson belegt, dass besonders die Bohrtiefen in dem Zeitraum stiegen: Gustafson: Crises amid plenty, S. 76.

88 Technisch-wirtschaftliche Begründung der optimalen Varianten für die Niveaus der Gasförderung […], vorgelegt von Aleksej Kortunov vom 31.12.1970, in: ARAN, f. 2, op. 1, d. 86, ll. 3–14, hier l. 7.

aus dem Feld noch ausstand. Ebenfalls favorisierte Erdgasminister Kortunov eine Förderung des minderwertigen Gases in Orenburg, obwohl dies neben der noch ausstehenden Errichtung von zwei inländischen Gassäuberungskomplexen auch den teuren Import von großen Anlagen zur Gasreinigung aus Japan nach sich zog.[89] Seine Förderplanung begründete das Mingazprom unter Leitung von Kortunov mit der Nähe zu bereits bestehenden Infrastrukturnetzen der Gasindustrie und der Nähe zu den Verbrauchern. Dem Ministerium würden für andere Pläne zu wenig Großröhren zur Verfügung stehen, denn es werde im 9. Fünfjahresplan zwischen 1971 und 1975 nur 9,3 Millionen Tonnen Pipelineröhren zugeteilt bekommen, weitere 1,8 Millionen Tonnen aus dem Ausland sollten noch hinzukommen.[90] Die geplante Förderung an allen anderen Standorten änderte das Mingazprom entsprechend dieser Begründung nicht ab: Damit entfiel der größte Produktionsanteil auch Anfang der 1970er Jahre mit zwei Dritteln immer noch auf den europäischen Landesteil.[91]

Den großen Schritt des Aufbaus einer polaren Gasindustrie wollte Kortunov also langsam vollziehen. So geht aus dem zweiten Kapitel des technisch-wirtschaftlichen Grundlagenpapiers »Zum rationalen Bedarf an Erdgas im Jahr 1975« und den Planungen zum Ausbau des Pipelinenetzes hervor, dass die bisher größten Nutznießer des Gasreichtums – die Ukraine, das Zentrum und der Ural – weiterhin von den interregionalen Gasströmen aus der Peripherie profitieren sollten. So plante Kortunov zunächst die Verlängerung der »Polarlicht«-Pipeline nach Westsibirien, also die Erweiterung eines bereits bestehenden Anschlusses an die energiedefizitären Regionen des sowjetischen Nordwestens. Eine zweite Pipeline in den Ural sollte zunächst nur einen Durchmesser von 1220 Millimeter haben – bei dieser war der Metallverbrauch geringer – und erst gegen Ende des Fünfjahresplans bevorzugte Kortunov eine größere Pipeline von 1420 Millimeter Durchmesser in den Ural. Schließlich sollte eine weitere Trasse in der nördlichen Variante gebaut werden. Dem westsibirischen Gas

89 Technisch-wirtschaftliche Begründung der optimalen Varianten für die Niveaus der Gasförderung […], vorgelegt von Aleksej Kortunov vom 31.12.1970, in: ARAN, f. 2, op. 1, d. 86, ll. 3–14.

90 Das mit der Bundesrepublik Deutschland abgeschlossene Gasröhrengeschäft sah den Import von leistungsfähigen Großröhren der Firmen Mannesmann und Thyssen im Wert von 1,2 Milliarden DM vor, welches mit einem Kredit über 1,1 Milliarden D-Mark bedient wurde, in: Anmerkung zu den Aufzeichnungen von Ministerialdirektor Herbst vom 26. Januar 1970, AAPD, 1970, Bd. 1, S. 86.

91 Technisch-wirtschaftliche Begründung der optimalen Varianten für die Niveaus der Gasförderung […], vorgelegt von Aleksej Kortunov vom 31.12.1970, in: ARAN, f. 2, op. 1, d. 86, ll. 3–14, hier ll. 9–10.

sprach Kortunov damit die Rolle zu, das verlangsamte Ansteigen beziehungsweise den Einbruch der Gasförderung im westlichen Landesteil auszugleichen, während der Ural vorrangig mit zentralasiatischem Gas versorgt werden sollte.[92] Er hatte sich daher kaum von seiner energiepolitischen Linie Anfang der 1960er Jahre entfernt.

Der Grundlagenbericht löste im Ministerrat, besonders bei seinem Stellvertretenden Vorsitzenden Efremov und bei den führenden Wissenschaftlern eine Debatte über die strategische Planung der zukünftigen Gasströme aus dem polaren Westsibirien und über die Durchführung eines solchen Großprojektes aus. Dabei wurden zwei Varianten der Trassenführung erörtert: eine nördliche Variante über die Komi ASSR, die Kortunov bevorzugte, und eine südliche Variante über den Ural. Ende November 1970 fuhren Kortunov, Lalajanc und einige andere Vertreter verschiedener Ministerien nach Nordtjumen', um sich über die Gasförderung und die erstmalige Verlegung von Großröhrenpipelines »ausländischer« Produktion vor Ort zu informieren. Der Geologe Ėrv'e stellte der Moskauer Delegation die Perspektiven der Gasproduktion in der Region vor. Bisher hatten die Geologen die Prognose aufgestellt, dass Tjumen' 40 Trillionen Kubikmeter Gas beherberge. Produziert werden könnten im Durchschnitt 3 Millionen Kubikmeter pro Tag, die Explorationskosten in Tjumen' waren nach Angaben und nach den Parametern der Geologen die günstigsten. Der Stellvertretende Ministerratsvorsitzende Efremov jedoch plädierte in einem Schreiben vom 8. Dezember 1970 für eine südliche Trassenführung über den Ural. Efremov lehnte die nördliche Trasse mit der Begründung ab, dass sie durch das unwegsame Gelände des Fernen Nordens verlaufen würde, welches durch Permafrostboden und sumpfige Tundralandschaft mit großen Flusssystemen gekennzeichnet sei. Dies mache den Aufbau von Infrastruktur und von Verkehrssystemen und die Zulieferung von Material äußerst schwierig, hinzu kämen lange Wintermonate, die die Arbeitsbedingungen schwierig gestalteten.

Zudem könne sich die Erdgasindustrie bei einer südlichen Trassenführung gleich auf die Förderung größerer Mengen Erdgas konzentrieren. Denn nach einer ersten Hochrechnung des Projektierungsbüros würde die Erschließung von Medvež'e und der Pipelinebau über eine nördliche Route in das im zentralen Landesteil gelegene Toržok in der Oblast Twer 2,4 Milliarden Rubel kosten. Gespräche mit Experten und die Einsichtnahme in die Pläne und die

92 Technisch-wirtschaftliche Begründung der optimalen Varianten für die Niveaus der Gasförderung [...], vorgelegt von Aleksej Kortunov vom 31.12.1970, in: ARAN, f. 2, op. 1, d. 86, ll. 20–34.

wirtschaftlichen Kapazitäten des Mingazprom ließen ihn zu der festen Überzeugung kommen, dass der Bau einer nördlichen Trasse zu hohe Investitionen bedeuten würde, zudem würde ein Defizitgut, nämlich die Importröhren und andere Ausrüstung, verwendet werden müssen, so dass der Ausbau längere Zeit in Anspruch nehmen würde. In den ersten Jahren könnten nur 16 Milliarden Kubikmeter Gas jährlich durch die Pipeline fließen, erst nach drei bis vier Jahren würde die projektierte Menge erreicht werden. Auch würde sich der Bau einer südlichen Trasse aus weiteren Gründen stärker rentieren: Entlang der Trasse säßen mehr Abnehmer, die Trasse würde nicht auf Permafrostboden verlaufen, es würden signifikant weniger Importröhren verwendet werden müssen, die Trasse könnte schneller gebaut werden, die Frage der Energieversorgung wäre besser gelöst, da die Trasse näher an Regionen mit einer entwickelten Elektroenergetik verlaufen und schließlich auch mit den Trassen aus Zentralasien zusammengeführt werden könnte. Dass dabei Ängste vor einem Krieg eine große Rolle spielten, besonders bei derjenigen Generation, die den Zweiten Weltkrieg erlebt hatte, wurde in den Ausführungen Efremovs deutlich: Die Pipeline könne mit der zweiten leistungsstarken Pipeline aus Zentralasien im industriestarken Ural zusammengeführt werden, was »überaus wichtig sei, sowohl in Friedens- als auch in Kriegszeiten«.[93] Dass auch die südliche Trasse bereits durch unwegsames Gelände laufen würde, gab Efremov zu, er wollte jedoch auch hier einen Trassenanschluss an die bereits aus Berezovo nach Sverdlowsk verlaufende Trasse gewährleisten, weil die Förderung in Berezovo ohnehin bereits wieder zu sinken begann. Die eingesparten Devisen könnten für den Bau einer dritten Trasse aus Turkmenistan verwendet werden.[94]

93 Schreiben »Über die Richtungen der Pipeline-Verlegung der Gasmagistralen bei der Erschließung der Gaslagerstätten im Norden der Oblast Tjumen« vom Ministerrat der UdSSR an M.V. Keldyš, unterzeichnet durch M. Efremov am 2. Dezember 1970, in: ARAN, f. 2, op. 1, d. 86, ll. 51–54, hier l 53; siehe auch GARF, f. 5446, op. 105, d. 465, ll. 7–10, hier l. 9.

94 Siehe dazu auch Bulatov, V.S.: O vozmožnyh napravlenijach transportirovki Tjumenskogo Gaza, in: Izvestija Sibiskogo Otdelenija Akademii Nauk, Serija Obščestvennych Nauk, 1971, S. 37–43. Auch im Jahr 1971 verfolgte der Wissenschaftler V.S. Bulatov die Pipelinevariante durch den Ural. Nach seinen Berechnungen verkürze der Gastransport in verschiedene Zielorte über den Ural die Länge der Pipelines. Hier rechnete man auch Leningrad und Riga gegen Minsk und Kiev auf. Bulatov argumentierte, dass die »Polarlicht« -Pipeline nicht durch die Industrieregionen laufe, weshalb es zu wenig Abnehmer entlang der Trasse gäbe. In die Leningrader Region könne das Gas weiterhin durch die Pipeline Serpuchov–Leningrad geleitet werden. Zudem sei die Leitung des Gases gerade zu Exportzwecken in Richtung der Ukraine die deutlich sinnvollere Richtung. So rechnete das Institut mit Italien, Österreich und Frankreich als wichtigsten Gasabnehmern und möglicherweise auch mit einem steigenden Export in die Tschechoslowakei, Ungarn, Bulgarien und Jugoslawien. Die eigene Gasproduktion der RGW-Staaten stieg von 1965 bis 1973 um 11 Prozent. Dennoch waren zum einen zusätzliche

Das Gesuch Efremovs hatte Erfolg: Am 5. Januar 1971 bildete der Gosplan eine staatliche Expertenkommission zur Untersuchung der optimalen Gasfördermengen in Nordtjumen', Orenburg und Šechitlinskij von 1971 bis 1975 und der optimalen Trassenverlegung. Am 6. Januar beschloss das Präsidium des Ministerrats zusätzlich, die Gasförderung in den alten Regionen der Ukraine, im Nordkaukasus und in anderen europäischen Landesteilen zu untersuchen. Am 7. Januar 1971 kam die Kommission unter dem Vorsitz von Bajbakov zusammen.[95] Als Vertreter des Ministerrats nahmen Efremov, Kirillin und Novikov teil, als Vertreter der Ministerien Kortunov, Sidorenko und Šašin. Hinzu kam der Präsident der AN SSSR Mstislav Vsevolodovič Keldyš, der Stellvertreter des Gosplan-Vorsitzenden Rjabenko, der Stellvertreter des Gossnab und Gosstroj sowie ein Stellvertreter des Staatskomitees für Wissenschaft und Technik. Federführende Wissenschaftler bei der Expertise waren neben dem Vorsitzenden Georgij Vladimirovič Krasnikovskij die Akademiker Aleksandr Petrovič Krylov[96] sowie Mel'nikov, Nekrasov und Styrikovič.[97] Bis zum 1. Februar 1971 sollte die Expertenkommission ihren Bericht vorlegen, der nochmals alle Optionen für eine künftige Gasstrategie und den Ausbau des Pipelinenetzes prüfen sollte.[98]

Am 1. Februar 1971 lag die Schlussfolgerung der Expertenkommission des Gosplan vor. Dass die alten Regionen die wachsenden Bedürfnisse der Gasindustrie nicht würden abdecken können, drückte der Bericht klar aus. Doch anders als das Gasministerium sah die Expertenkommission die nahe Zukunft der Gasindustrie durchaus in Westsibirien. Für Medvež'e gebe es bereits ein solches Projekt, für welches man bereits Anlagen importiert habe, die eine Förderung von 40 Milliarden Kubikmeter Gas pro Jahr erlauben würden, zusätzlich

Importe notwendig, zum anderen sollte das Erdgas eine Alternative zum stetig steigenden Ölexport bieten. Siehe: Klinghoffer: The Soviet Union & International Oil Politics, S. 209–211. Siehe auch Tabelle bei Dietz: Energiewirtschaft in Osteuropa, S. 63.

95 Grundlegende interregionale Gasflüsse und die technisch-wirtschaftlichen Parameter des Transports für 1971–1975 in: RGAĖ, f. 458, op. 1, d. 2548, ll. 124–126.

96 Aleksandr P. Krylov war seit 1953 Korrespondentmitglied, seit 1968 auch ordentliches Mitglied der AN SSSR. Seit 1971 war er Vorsitzender des Wissenschaftsrats für die Ausbeutung von Erdöllagerstätten an der AN SSSR. Aleksandr P. Krylov, online verfügbar unter: http://www.ras.ru/win/db/show_per.asp?P=.id-50936.ln-ru.dl-.pr-inf.uk-12 [05.12.2018].

97 Beurteilung der Staatlichen Expertenkommission am Gosplan unter dem Vorsitz von G.V. Krasnikovskij zur technisch-wirtschaftlichen Begründung über das Niveau der Gasförderung in den Jahren 1971–1975 und die Richtungen der Pipeline-Verlegung vom 1. Februar 1971, in: ARAN, f. 2, op. 1, d. 86, ll. 55–87.

98 Protokoll der Kommissionssitzung, die am Präsidium des Ministerrats gebildet wurde, unter Vorsitz von N.K. Bajbakov, vom 6. Januar 1971, in: ARAN, f. 2, op. 1, d. 86, ll. 134–136.

sei weitere Ausrüstung beim Ministerium für den Maschinenbau der Petrochemie (Ministerstvo neftjanogo i chimičeskogo mašinostrojenija, kurz Minneftechimmaš) bestellt worden. Dazu hieß es: »In den nördlichen Regionen der Oblast Tjumen' determiniert die Anzahl der einmaligen Gaslagerstätten die Zweckhaftigkeit einer größtmöglichen Forcierung der Erschließung dieser reichen Gasregion.«[99]

Ein Novum war auch, dass die Expertenkommission bereits im laufenden Fünfjahresplan den Beginn der Vorarbeiten zur Ausbeutung von Urengoj sowie eine größere regionale Erdgasnutzung in Westsibirien befürwortete. Insbesondere im 10. Fünfjahresplan 1976–1980 sollte durch Urengoj ein noch größerer Zuwachs ermöglicht werden, der 35 Milliarden Kubikmeter pro Jahr betragen sollte. Insgesamt plante die Expertise, dass Tjumen' im 10. Fünfjahrplan 1976–1980 60 Prozent der gesamten Gasförderung beisteuerte. Auch brachte die Expertenkommission nochmals den Bau von Großröhrenpipelines mit einem Durchmesser von 2020 Millimeter ins Spiel, die nach Konstruktionsplänen von VNIIMetmaš in der Novomoskovsker Fabrik hergestellt werden sollten. Die von der Expertenkommission empfohlene Strategie sollte auf Kosten des zentralasiatischen Gases gefahren werden. Eine Nutzung des gering gesäuberten Gases von Orenburg sah die Kommission durchaus als eine kurzfristige Maßnahme bis 1975 vor. Den Gesamtbedarf an Erdgas gab der Bericht der Expertenkommission des Gosplan mit 324 Milliarden Kubikmeter im Jahr 1975 an, davon sollten 20 Milliarden Kubikmeter für den Export[100] bestimmt sein und 3 Milliarden in Gasspeicher eingespeist werden. In ihrer Schlussfolgerung fasste die Expertenkommission zusammen, dass die Rohstoffbasis der Gasindustrie »vollkommen ausreichend« zur Befriedigung der volkswirtschaftlichen Bedürfnisse sei.[101]

99 Beurteilung der Staatlichen Expertenkommission am Gosplan unter dem Vorsitz von G.V. Krasnikovskij zur technisch-wirtschaftlichen Begründung über das Niveau der Gasförderung in den Jahren 1971–1975 und die Richtungen der Pipeline-Verlegung vom 1. Februar 1971, in: ARAN, f. 2, op. 1, d. 86, ll. 55–87, hier l. 63–64.

100 In der technisch-wirtschaftlichen Begründung war zuvor angegeben worden, dass man den Gasexport von 3,3 Milliarden Kubikmeter 1970 (vorläufig angenommene Menge) auf 19, 5 Milliarden Kubikmeter 1975 anheben wolle. Dafür waren 1975 12 Milliarden für die sozialistischen Länder bestimmt. Gleichzeitig wollte die Sowjetunion auch 1975 noch 12,5 Milliarden Kubikmeter Erdgas importieren, in: Technisch-wirtschaftliche Begründung der optimalen Varianten für die Niveaus der Gasförderung […], vorgelegt von Aleksej Kortunov vom 31.12.1970, in: ARAN, f. 2, op. 1, d. 86, l. 17.

101 Beurteilung der Staatlichen Expertenkommission am Gosplan unter dem Vorsitz von G.V. Krasnikovskij zur technisch-wirtschaftlichen Begründung über das Niveau der Gasförderung in den Jahren 1971–1975 und die Richtungen der Pipeline-Verlegung vom 1. Februar 1971, in: ARAN, f. 2, op. 1, d. 86, ll. 55–87, hier l. 84.

Dass der Bericht auch unter den Experten kontrovers diskutiert wurde, belegen die handschriftlichen Aufzeichnungen des Akademikers Styrikovič, der durchaus Verständnis für Explorations- und Förderbemühungen in den klimatisch milderen Regionen äußerte.[102]

Die Zusammenfassung der Expertenkommission, die an den Gosplan-Vorsitzenden Bajbakov gerichtet war,[103] sollte nun erneut in den Ministerien diskutiert werden. Das Gasministerium beharrte dabei auf der nördlichen Trassenführung für die Gasfelder Westsibiriens, was eine geringe Fördermenge impliziert hätte. Doch am 19. April 1971 wies die staatliche Expertenkommission unter der Leitung von Akademiemitglied Styrikovič den überarbeiteten Vorschlag des Mingazprom über die Pipelinevarianten vom 23. März 1971 zurück.[104] So beschloss die Kommission letztlich zunächst den Bau einer Pipeline entlang der südlichen Variante, die 1972 Medvež'e mit dem Ural und 1974 dann auch mit Perm' und Moskau verband und 40 Milliarden Kubikmeter Gas transportieren konnte. Damit war eine Polarerschließung über die Route der »Polarlicht«-Pipeline und ein Anschluss des Nordural an Verbundnetze vorerst gescheitert. Die »Polarlicht«-Pipeline wurde daraufhin erst 1976 fertiggestellt; sie verlief nun auf einer südlicheren Route als ursprünglich geplant und nicht entlang der ehemaligen Polareisenbahn zwischen den Polarsiedlungen Labytnangi und Vorkuta. Damit war die geplante Trasse sogar teurer geworden, nur um ein großes Permafrostgebiet im Fernen Norden zu umgehen.[105]

Die intensiven Diskussionen offenbaren, dass die sowjetischen Gasressourcen bis in die 1970er Jahre kaum im gewünschten Umfang erschlossen werden konnten. Anders als in der Erdölindustrie wagte die Gasindustrie den Schritt nach Westsibirien nicht im gleichen Umfang. Ein Grund dafür blieb die Abhängigkeit der Gasindustrie von Infrastrukturen wie dem Pipelinesystem, welches unter enormem materiellen und finanziellen Aufwand im polaren Norden hätte installiert werden müssen. So wundert es kaum, dass Gasminister Kortunov in einem neuen Fünfjahresplan vom Juni 1971 erläuterte, dass er bei einer landesweiten Förderung von 300–320 Milliarden Kubikmetern den größten Förder-

102 Handschriftliche Einschätzung von Styrikovič zum Bericht der Kommission, verfasst vermutlich Anfang 1971 (genaues Datum nicht ersichtlich), in: ARAN, f. 2, op. 1, d. 86, ll. 120–129.

103 Schreiben an den Vorsitzenden des Gosplan, N. Bajbakov vom Vorsitzenden der staatlichen Expertenkommission, G. Krasnikovskij, vom 2. Februar 1971, in: ARAN, f. 2, op. 1, d. 86, ll. 90–91.

104 Beleg an die Staatliche Expertenkommission des Gosplan vom 19. April 1971, uz. Styrikovič u. a., in: GARF, f. 5446, op. 105, d. 465, ll. 142–144.

105 Dienes/Shabad: The Soviet Energy system, S. 90.

zuwachs immer noch in Zentralasien erreichen wollte. Die Begründung für die immer noch weitestgehend zurückhaltende Gaspolitik lieferte Kortunov selbst: »Und wenn man bedenkt, dass es in solchen Regionen wie dem Nordkaukasus, der Ukraine und Powolže fertige, verzweigte Gaspipelinenetze gibt und die Kapitalinvestitionen in ihre Erweiterung minimal sein werden, dann wird die wirtschaftliche Zweckmäßigkeit einer größtmöglichen Forcierung von Explorationsarbeiten nach Gas in den alten traditionellen Gasprovinzen vollkommen offensichtlich.«[106]

5.5 Resümee

Das Erdgas, welches bis in die 1950er Jahre weitestgehend unbeachtet blieb, erhielt durch Chruščev's Chemieprojekt eine neue Popularität als chemischer Rohstoff. Auch wurde das Erdgas als Energieträger für die sowjetischen Städte und die Industrie entdeckt. Schon 1960 war die Sowjetunion weltweit auf den ersten Platz vorgerückt, was ihre Erdgasreserven betraf. In den 1960er Jahren kamen weitere große Erdgasfunde in verschiedenen Regionen hinzu. Doch verschiedene Faktoren behinderten eine schnelle Etablierung des Erdgases als Energieträger: Die Funde wurden zumeist in den von den industriellen Ballungszentren entfernten Regionen im Norden, in Sibirien und Zentralasien gemacht. Das Erdgas war zusätzlich an ein weitläufiges Netz aus Pipelines, Verdichterstationen und Gasspeichern gebunden und damit in Bezug auf den Transport unflexibler als andere Energieträger, die per Zug und Schiff transportiert werden konnten. Dies führte bei den energiepolitischen Entscheidungen der sowjetischen Führung dazu, dass die Entfernung der Lagerstätten zu den Endverbrauchern ein wichtiges Kriterium für deren Erschließung wurde. Daher wurde die Erschließung des westsibirischen Erdgases – trotz der zunehmenden Akzeptanz als Energierohstoff – nur zögerlich in Angriff genommen.

Der 23. Parteitag, der auf die wirtschaftliche Entwicklung Sibiriens fokussierte, weckte besonders bei der lokalen Führung Hoffnungen in Bezug auf das westsibirische Erdgas. Doch auch Erdgasminister Kortunov, der das zentralasiatische Gas favorisierte, wandte sich nun öffentlich durchaus auch Westsibirien und seinen energetischen Potenzialen zu. Dass die großen Vorkommen in Zapoljarnoe, Medvež'e, Urengoj und Jamburg nicht sofort erschloßen wur-

106 Schreiben des Ministers für die Gasindustrie an den Ministerrat und den Gosplan vom Juni 1971, in: GARF, f. 5446, op. 105, d. 459, ll. 1–44, hier l. 23.

den, lag vor allem an dem hohen Kostenaufwand und auch an dem materiellen und technischen Unvermögen, eine polare Gasindustrie in den entlegensten Regionen Westsibiriens aufzubauen. Zwar wurde in den späten 1960er Jahren beschlossen, mit der industrielle Gasförderung in Medvež'e zu beginnen, andere große Lagerstätten blieben allerdings vorerst aus der Gasstrategie ausgeschlossen. Die Gründe hierfür offenbaren die wirtschaftlichen und technischen Diskussionen der frühen 1970er Jahre: Befürchtet wurde ein gigantischer finanzieller und technischer Aufwand für die Erschließung des polaren Gases, welches längst noch nicht das Prestige des Erdöls genoss. Dennoch kamen zögerlich auch Ideen auf, das Erdgas auch regional zu nutzen, um die Lebens- und Arbeitsbedingungen in der Region positiver zu gestalten und eine lokale Industrie mit günstiger Energie zu beliefern. Dies ebnete schließlich den Weg für die innersowjetische Gasstrategie der späten 1970er Jahre und stellte damit eine weitläufige infrastrukturelle Erschließung der Polarregion wieder zur Debatte.

6. Die Entstehung von Energiekooperationen bis 1973

Wer die Geschichte des russischen Erdölhandels erzählt, der beginnt in der Regel bei der industriellen Erschließung der ersten Ölfelder in der Region Baku, wo einflussreiche Unternehmer vor der Revolution auf der Grundlage von Konzessionen eine Erdölförderung aufgebaut hatten. Für die Bolschewiki war das Erdöl nach der Revolution Mittel zum Zweck für die industrielle Weiterentwicklung, insbesondere die Treibstoffproduktion, aber kein umfassendes Wirtschaftsprogramm. Die Zukunft der Sowjetunion sahen sie in der Förderung der Elektrizität. Auch der Kohlesektor, vertreten durch eine starke Lobby, erhielt wesentlich mehr Investitionen.

Um den Erdölsektor zu modernisieren, erlaubten die Bolschewiki Konzessionen in der Erdölförderung, drängten die Firmen jedoch wieder aus dem Land hinaus, nachdem eine stabile Erdölförderung aufgebaut worden war. Das Erdöl wurde zudem – neben Nutzholz und Getreide – ein wichtiges Exportgut, welches in zahlreiche Länder Europas geliefert wurde, sogar an die britische und französische Marine und die späteren Kriegsgegner Deutschland und Italien. Das sowjetische Erdgas wurde bei den Importeuren keinesfalls als Bedrohung wahrgenommen.[1]

Die Sowjetunion hatte die deutsche Wehrmacht bis zum Angriff auf ihr Land im Juni 1941 mit Weizen und Erdöl(produkten) versorgt. Infolgedessen erkannte die sowjetische Führung bald, dass die Deutschen keineswegs über ausreichend eigene Treibstoffquellen verfügten und deshalb in ihrer späteren Kriegsführung dem Erdöl des Kaukasus einen gewissen Wert beimaßen. Die Verteidigung und der Schutz der kaukasischen Erdölfelder wurde somit 1941 Teil der sowjetischen Strategie, um den Eigenbedarf an Treibstoff zu sichern und langfristig Plünderungsversuche der Deutschen abwehren zu können. Dies nötigte die sowjetische Führung, insbesondere das Erdöl im Volga-Ural-Gebiet zu erschließen; diese Region war schon vor dem Krieg als weitere Erdölbasis anvisiert worden, da sie weiter bin Hinterland lag und somit als strategisch sicher galt. Dennoch gelang der Aufbau einer funktionierenden Erdölindustrie in der Vorkriegszeit

---

1 Perović: Russlands Aufstieg zur Energiegroßmacht, S. 6–8; Goldman: Oel-Imperium, S. 34–62.

nicht. Während des Kriegsjahres 1942 wurde entschieden, Equipment sowie Fach- und Arbeitskräfte aus Kaukasusregion ins Volga-Ural-Gebiet zu evakuieren. Dennoch blieb die Kaukasusregion das wichtigste Standbein der Erdölindustrie. Erst in den Nachkriegsjahren konnte sich aufgrund der veränderten Bewertung des Erdöls als Treib- und Brennstoff die Erdölindustrie östlich der Volga wirklich etablieren. Schliesslich gelang es – unter anderem auch auf den Rückgriff von Erdöltechnologien aus dem Ausland, die die UdSSR durch das Lend-Lease-Programm oder innerhalb von Reparaturzahlungen erhalten hatte – sowjetische Erdölproduktion so weit über das Vorkriegsniveau ansteigen zu lassen, das auch der Erdölexport intensiviert werden konnte.[2]

Die RGW-Staaten bezogen nun neben der Nutzung eigener Rohstoffe immer größere Mengen an subventioniertem Erdöl aus der Sowjetunion. Dass die Sowjetunion das Erdöl subventionierte und weit unter dem weltweiten Erdölpreis an die Staaten des RGW verkaufte, hatte politische Gründe. Die UdSSR war auf diese Weise bemüht, die sozialistischen Bruderstaaten dauerhaft an sich zu binden und die westlichen Firmen, die ein nicht unerhebliches Interesse an einem osteuropäischen Absatzmarkt hatten, aus diesen Ländern fernzuhalten. In diesem Interesse manifestiert sich auf anschauliche Weise das Verhältnis von Energie und Macht: Der Herrschaftsanspruch des sozialistischen Systems blieb in den Bündnisstaaten so lange gewährleistet, wie günstige Energielieferungen aufrechterhalten werden konnten. Doch auch europäische Länder wie Finnland und Island, die selbst kaum über Rohstoffe verfügten, deckten ihren Rohölbedarf fast ausschließlich aus sowjetischen Quellen. Parallel dazu warnten die USA immer häufiger vor einer gefährdeten Energieversorgungssicherheit in Europa, wenn die europäischen Ländern zu sehr von sowjetischen Energielieferungen abhängig wären. Dies hielt jedoch die im Gegensatz zur USA geographisch nah an der Sowjetunion liegenden Länder Europas nicht davon ab, weiterhin sowjetisches Erdöl zur Diversifizierung ihrer Bezüge zu importieren. Dabei wurde das Erdöl bereits zu dieser Zeit in Bartergeschäften gegen Technologien getauscht, die den Transport der Ressourcen erlaubten, unter anderem gegen Tanker aus Japan und Stahlrohre aus Schweden.[3] Auch gegenüber anderen Staaten verfolgte die Sowjetunion eine solche Politik, unter anderem in Barter-

2 Siehe hierzu: Rehschuh: Aufstieg zur Energiemacht, S. 93–97, 117–122, 135–147, 210–214; Goldman: Oel-Imperium, S. 17; siehe ebenfalls: Rehschuh, Felix: From Crises to Plenty. The Soviet »Oil Campaign« under Stalin, in: Perović, Jeronim (Hg.): Cold War Energy. A Transnational History of Soviet Oil and Gas, Cham 2017, S. 47–77.

3 Klinghoffer: The Soviet Union & International Oil Politics, S. 60.

geschäften mit dem Iran, unter umgekehrten Vorzeichen: Hier bezog die UdSSR Erdöl und Erdgas, während sie ihre eigenen Technologien an den Iran lieferte.

In den 1960er Jahren wuchs auch das Bedürfnis nach einem zweiten Energieträger weiter, der den weiterhin steigenden Energiebedarf decken sollte. So interessierten sich die westeuropäischen Länder zusehends auch für Importe von Erdgas aus der Sowjetunion. Derartige Exportmöglichkeiten sowie eine Ausweitung des Barterhandels mit dem Westen brachten das Thema Gasexport zurück auf die Tagesordnung. So erhoffte sich die sowjetische Führung eine Ausweitung der Gasexporte. Dafür könnten die westlichen Länder die benötigten Anlagen wie die Pipelineröhren liefern, anschließend würde die Sowjetunion über Jahrzehnte ihr Erdgas als Kompensation sowie gegen Devisen ins westliche Ausland verkaufen. Gleichzeitig würden es die Devisen erlauben, weitere fehlende Konsumprodukte sowie Technologien zu erwerben.[4] Der Handel sollte jedoch weitaus mehr bieten als nur ein einträgliches Geschäft. Von einer erfolgreichen sowjetischen Außenpolitik erhoffte sich Leonid Brežnev, der den Zeiten Weltkrieg erlebt hatte, dass sie einen dauerhaften Frieden sichern könnte. Das Ziel dieser Bemühungen war der Gegner Nr. 1, die USA, jedoch auch die Länder Westeuropas, unter anderem die Bundesrepublik Deutschland, mit der in politischen Fragen in vielen Punkten Dissens herrschte, sowie Japan. Dabei blieben aus sowjetischer Sicht Wirtschaft, Politik und Macht aufs Engste miteinander verzahnt: So erhoffte sich die UdSSR erleichterte Handelsbedingungen durch Zoll- und Einfuhrvergünstigungen mit den USA, wie sie der *most-favoured-nation*-Status[5] den politischen Alliierten bereits zusicherte. Somit hoffte die Sowjetunion nicht nur auf langfristige Kooperationen durch die fest installierte Infrastruktur der Gasindustrie, sondern auch darauf, selbst zu einer modernen globalen Handelsmacht aufzusteigen, die nicht nur Rohstoffe, sondern auch hochwertige Fertiggüter exportierten könnte. Die daraus entstehende wirtschaftliche Stabilität sollte in der Folge zur langfristigen Friedenssicherung und zur politischen Stabilität beitragen.

---

4 U. a. in Zentralasien war man dabei weit hinter den Plänen zurückgeblieben. Högselius: Red Gas, S. 24.

5 Der *most-favoured-nation*-Status (MFN, deutsch: Meistbegünstigungsklausel) ist ein handelspolitischer Grundsatz, dem zufolge allen WTO-Mitgliedern dieselben Vorteile eingeräumt werden müssen. Zollunionen und Freihandelszonen sind dabei ausgenommen. Als wirtschaftspolitisches Druckmittel kann der MFN-Status also nur gegenüber WTO-Nichtmitgliedern ausgespielt werden, in: Bartz, Dietmar: Wirtschaft von A bis Z. Kompakt, aktuell, übersichtlich, Frankfurt am Main 2002, S. 303.

6.1 Exportprodukte für den Westen – Rohstoffe für den Osten?

Die Sowjetunion war bereits vor dem Zweiten Weltkrieg ein großer Energieexporteur gewesen, deren Erdöllieferungen im 1932 ein Maximum von 6,1 Millionen Tonnen erreichten.[6] Doch durch das Vorrücken der deutschen Truppen in den Kaukasus und die Evakuierung der Anlagen in das Volga-Ural-Gebiet war die sowjetische Erdölindustrie so stark getroffen worden, dass es fast ein Jahrzehnt in Anspruch nahm, bis die Sowjetunion wieder mehr Erdöl exportierte als importierte. Ende der 1950er Jahre war die Rohölproduktion so stark gewachsen, dass besonders die westlichen Ölfirmen eine Konkurrenz des billigen sowjetischen Öls auf dem Weltmarkt fürchteten. Deshalb wollten beispielsweise die britischen Ölkonzerne verhindern, dass britische Firmen sowjetisches Erdöl importierten. Daraufhin entspann sich ein komplexer politisch-wirtschaftlicher Disput, in welchem unter anderem eine zu hohe Wettbewerbsfähigkeit britischer Firmen gegenüber anderen europäischen Ländern sowie eine Verärgerung amerikanischer Ölfirmen und der Erdölförderländer im Nahen Osten durch die sowjetischen Erdölbezüge befürchtet wurden.[7]

Die USA wollten vor allem den immer größer werdenden Rohstoff- und Technologiehandel zwischen den Europäern und der Sowjetunion eindämmen, unter anderem auch die Röhrenexporte der Briten und der Bundesrepublik Deutschland, die maßgeblich zur Fertigstellung der Exportpipeline »Družba« in die RGW-Staaten beigetragen hätten. Die USA sprach daraufhin ein Embargo auf Pipelineröhren aus, welches die Lieferung der Großröhren unterbinden sollte.[8] Dabei wiesen sie auf eine zu große Abhängigkeit von sowjetischen Energielieferungen hin, wie sie die kleineren europäischen Länder Finnland und Island aus Sicht der Amerikaner bereits auf sich genommen hätten, indem sie den größten Teil ihres Energiebedarfs aus sowjetischen Quellen deckten.[9] Die USA hoben das Embargo jedoch 1966 wieder auf. Auch hatte sich die Wahrnehmung der Sowjetunion als einer Energiemacht in den späten 1960er Jahren stark verändert.

---

6 Goldman: Oel-Imperium, S. 17.

7 Jensen-Eriksen, Niklas: »Red Oil« and Western Reactions. The Case of Britain, in: Perović, Jeronim (Hg.): Cold War Energy. A Transnational History of Soviet Oil and Gas, Cham 2017, S. 105–130.

8 Goldman: The Enigma of Soviet Petroleum, S. 57–76; Wörmann: Osthandel, S. 26–36; zur Diversifizierung arabischer Ölimporte nach den Auseinandersetzungen im Nahen Osten siehe: Yergin: Der Preis, S. 599–618 und S. 674–680.

9 Anhang zu einem Paper der interministeriellen Arbeitsgruppe über die Sicherheit von Erdöllieferungen vom 23. Januar 1968, in: Burdett: Oil Resources in Eastern Europe and the Caucasus, Bd. 8, S. 59.

Die sowjetische Erdöloffensive nach dem Zweiten Weltkrieg hatte besonders die etablierten Ölfirmen erzittern lassen, da sie durch eine Schwemme von billigem sowjetischen Öl auf dem Weltmarkt um ihre hohen Profite fürchteten und sich in deutlicher Konkurrenz zu einem Land sahen, das selbst wie eine einzige Ölfirma auf dem Weltmarkt agierte. Man nahm die Sowjetunion damals als eine Energiemacht wahr, die für die kapitalistischen Länder eine immense Konkurrenz bedeutete.

Doch der Ruf der UdSSR als Energiemacht war in den späten 1960er Jahren bereits beschädigt. Die Regierungen und Geheimdienste des Westens hatten beobachtet, dass die Schwemme billigen »roten Öls« auf den Weltmarkt ausgeblieben war, und auch Firmen wie BP fürchteten eine Konkurrenz auf den heimischen Märkten immer weniger. Stattdessen war man im Westen der Meinung, dass der Anteil der Sowjetunion am Weltmarkt in Bezug auf das Erdöl sinken würde.[10] Man vertraute bei diesen Aussagen sogar auf die zurückhaltenden und bisweilen kritischen Aussagen sowjetischer Offizieller wie unter anderem des Vorsitzenden von Glavtjumenneftegaz, Viktor Muravlenko, zum Output und zu den Produktionsschwierigkeiten in der neuen Erdöl- und Erdgasprovinz Tjumen'. Auf der internationalen Bühne hatte sich die Sowjetunion bezüglich ihrer Energievorkommen bisher sehr zurückgehalten. Die Briten glaubten, dass die Sowjetunion ihre Exportzahlen herunterspiele, um die Araber nicht mit einer Erdölschwemme zu ängstigen. Die Sowjetunion erwarb zu dieser Zeit sogar arabisches Erdöl, welches sie an blockfreie Staaten verkaufte. Zeitgleich war die Sowjetunion, so nahm man es jedenfalls im Ausland wahr, äusserst bemüht, nicht den Eindruck eines allzu starken Rohstoffexporteurs zu vermitteln.[11] Doch angesichts der geringen Gefahr einer »roten Erdölschwemme« in den späten 1960er Jahren überlegte man sogar in Großbritannien, das Embargo auf sowjetisches Öl aufzuheben und in Milford Haven einen Tankerplatz sowie ein Ölkraftwerk zu bauen, welches mit sowjetischem Öl betrieben werden könnte.[12]

---

10 Schreiben des Ministeriums für Technologie über das Embargo auf russisches Erdöl vom 4. November 1969, in: Burdett: Oil Resources in Eastern Europe and the Caucasus, Bd. 8, S. 139.

11 Der Anteil des Öls an der Energiebilanz Osteuropas lag nur bei einem Viertel, während es in Westeuropa zwei Fünftel waren. Es gab keine Anzeichen dafür, dass der Ölkonsum in Osteuropa massiv ansteigen werde, in: Mitschrift eines Gesprächs bei der Konferenz über den sowjetischen Handel und Technologie an der London School of Economics, Dezember 1969, in: Burdett: Oil Resources in Eastern Europe and the Caucasus, Bd. 8, S. 99–101.

12 Schreiben von W. A. Phillips, dem Direktor der Stratton Shipping Company Ltd, an Georg Brown, Staatssekretär des Foreign Office vom 27. Januar 1967, in: Burdett: Oil Resources in Eastern Europe and the Caucasus, Bd. 8, S. 6.

In den osteuropäischen Satellitenstaaten verfolgte die Sowjetunion eine andere Politik. Die Länder des Warschauer Pakts exportierten nach dem Zweiten Weltkrieg Primärenergie an die Sowjetunion. Dies änderte sich in den 1960er Jahren mit dem Verkauf von subventioniertem sowjetischen Rohöl an die Staaten des RGW. Schon Chruščev hatte die Länder Mittelosteuropas als Vorposten seines Petrochemieprojekt betrachtet und den Export von sowjetischem Öl an polnische, tschechoslowakische, ungarische und ostdeutsche Raffinerien unterstützt. Diese großen internationalen Pipelineprojekte zwischen den Staaten des RGW ließen sich propagandistisch ausschlachten. So erhielten die Pipelines symbolträchtige Namen wie »Družba« oder »Bratstvo«. Der Bau der »Družba« wurde schon 1958 beschlossen, um die steigende Nachfrage nach Energieträgern in den Staaten des RGW zu befriedigen sowie den Aufbau großer Chemieprojekte in Ostmitteleuropa auf der Basis sowjetischen Rohöls zu unterstützen. Zudem sollten auch die Armeen der Bündnispartner mit Erdöl beziehungsweise Petroprodukten aus der UdSSR versorgt werden. Die Pipeline wurde im Oktober 1964 in Betrieb genommen, obwohl sie eigentlich schon 1963 fertiggestellt sein sollte. Sie versorgte die Raffinerien in Polen und der DDR sowie durch einen zweiten Strang weitere Raffinerien in der Tschechoslowakei und in Ungarn.[13] Im Januar 1968 wurde der baltische Strang der »Družba« fertiggestellt. 1964 wurde ein nördlicher Strang der Erdölleitung nach Polock – das heutige Polazk – in Belarus verlegt, wodurch über den lettischen Hafen Ventpils 15 Millionen Tonnen Öl an die Käufer sowjetischen Öls – unter anderem die Bundesrepublik Deutschland, Finnland und Frankreich – leichter geliefert werden konnten.[14] 1968 wurde der erste Streckenabschritt der Erdgaspipeline »Bratstvo« zwischen der Ukrainischen SSR und der Tschechoslowakei eröffnet, die schließlich die Tschechoslowakei mit sowjetischem Erdgas versorgte. In den 1970er Jahren wurden Abzweigungen der »Bratstvo«-Pipeline Richtung DDR, Ungarn und Bulgarien verlegt. Dabei handelten die Länder zumeist bilaterale Verträge über die subventionierten Energielieferungen aus; ein multilaterales Abkommen konnte nur bei einem Atomenergieprojekt abgeschlossen werden.[15] Durch den Energiehandel mit den Staaten des RGW

13 Siehe hierzu: Flade, Falk: Creating a Common Energy Space. The Building of the Druzhba Oil Pipeline, in: Perović, Jeronim (Hg.): Cold War Energy. A Transnational History of Soviet Oil and Gas, Cham 2017, S. 321–344.

14 Auszug aus dem Intelligence Digest vom Dezember1967/Januar 1968 über die Fertigstellung der »Družba« -Pipeline, in: Burdett: Oil Resources in Eastern Europe and the Caucasus, Bd. 8, S. 77.

15 Balmeceda: Der Weg in die Abhängigkeit, hier S. 164.

ergaben sich starke wechselseitige Abhängigkeiten: Die Sowjetunion forcierte den subventionierten Export von Kohlenwasserstoffen unter anderem deshalb, um die mittelosteuropäischen Länder im Bündnissystem zu halten. Im Gegenzug war sie dauerhaft daran gebunden, günstiges Erdöl an die Staaten des RGW zu liefern. Erdgaslieferungen sollten die Erdöllieferungen in der kommenden Zeit ergänzen, um dem wachsenden Energiebedarf der RGW-Staaten gerecht zu werden.[16] Doch im Ausland schätzte man die Situation weitaus weniger dramatisch ein: Zwar hatte der sowjetische Außenminister Nikolaj Semjonovič Patoličev bei Verhandlungsgesprächen 1964 betont, dass die Sowjetunion keinen Erdölüberschuss für den Handel mit den kapitalistischen Ländern habe, da die osteuropäischen Volkswirtschaften ihre Raffineriekapazitäten ausgebaut hätten und die Sowjetunion diese beliefern würde. Die Briten hielten dies allerdings schon 1967 für unwahrscheinlich und sagten der Sowjetunion einen großen Rohölüberschuss für die kommenden Jahre voraus.[17] Letztlich mögen es diese Befürchtungen der sowjetischen Führung gewesen sein, die den Gashandel mit den kapitalistischen Ländern ankurbelten. Im Folgenden werden die USA, Japan und die Bundesrepublik Deutschland in den Fokus genommen.

6.2 Der Beginn des Gashandels mit den Deutschen und den Japanern

Die späten 1960er Jahre läuteten eine neue Ära in der sowjetischen Außenhandelspolitik ein: Im Rahmen der politischen Entspannungspolitik wurden die ersten Abkommen über den Export von Erdgas in die Länder Westeuropas unterzeichnet. Dass die westlichen Demokratien neben dem Erdöl zur Diversifizierung ihres Energiemixes nun auch sowjetisches Gas importieren wollten, kam der Sowjetunion aufgrund der technischen Mängel im Erdölsektor und ihrer ohnehin schon beträchtlichen Exportverpflichtungen an das kapitalistische und sozialistische Ausland sehr entgegen. Dabei knüpften die neuen Abkommen an die Bartergeschäfte an, bei denen Pipelineröhren, Technik für Verdichterstationen usw. mit Hilfe von Krediten erworben wurden, die dann durch den Rohstoffexport zurückbezahlt werden konnten. Mit den über den Export erworbenen Petrodollar – also den aus dem Erdölexport verdienten

16 Dienes/Shabad: Soviet Energy Systems, S. 78.

17 Depesche von G. J. MacMahon vom Board of Trade, an J.A. Beckett, Department of Trade and Industry vom 28. November 1967, in: Burdett: Oil Resources in Eastern Europe and the Caucasus, Bd. 8, S. 24.

Devisen – kaufte die Sowjetunion Getreide oder Fleisch und andere Waren, um eigene Missernten und fehlende Düngemittel auszugleichen.[18] Von allen westeuropäischen Ländern war Österreich das erste Land, welches sowjetisches Gas über die »Bratstvo«-Pipeline aus der Tschechoslowakei importierte. Dem sowjetisch-österreichischen Vertrag folgten 1969 weitere Verträge mit Italien und Frankreich sowie 1970 mit Deutschland[19] Im Zuge der Détente richtete die Sowjetunion ihren Fokus auf Energiekooperationen grundlegend neu aus. Trotz Verhandlungen mit vielen Ländern favourisierte sie drei große Kooperationspartner: die USA, die über die Nordachse, das Polarmeer beziehungsweise den Pazifikraum mit Erdgas beliefert werden sollte, die Japaner, mit denen man mehrere Industrieprojekte in Sibirien verwirklichen wollte, um dadurch die Handelsmacht im Pazifik zu vergrößern, sowie die Bundesrepublik Deutschland westlich der sowjetischen Landesgrenzen, mit der man sich vor allem große Röhrenprojekte erhoffte. Jedoch sah die Sowjetunion mit dem Rohstoffhandel nicht nur die Möglichkeit zum Devisenerwerb, sondern wollte in den Verhandlungen auch stets eine Veränderung in ihrer Wahrnehmung als Handelspartner erreichen, die darauf abzielte, auch als Exporteur von verarbeiteten Gütern anerkannt zu werden. Die Verhandlungen mit den westlichen Ländern wurden dabei zusehends von Generalsekretär Leonid Brežnev persönlich mitgetragen, nachdem vormals Kosygin und Podgornyj außenpolitische Auftritte übernommen hatten.[20]

Die Westdeutschen und die Sowjetunion näherten sich in den späten 1960er Jahren trotz der politischen Krisen um West-Berlin und die Anerkennung der DDR auf einem handelspolitischen Weg langsam wieder an.[21] Beide Seiten hatten dabei mit politischen Haltungen der jeweils anderen Seite zu kämpfen: In der Bundesrepublik Deutschland war die politische Haltung gegenüber der Sowjetunion vom Grundsatz »Erst Wiedervereinigung, dann Wirtschafts-

18 Mehr zum Mangel an Konsumprodukten in der Sowjetunion Slavkina: Triumf i tragedija, S. 134–153.

19 Högselius: Red Gas, S. 3.

20 Mlečin: Brežnev, S. 335–336.

21 Siehe hierzu: Krempin, Dunja: Rise of Western Siberia and the Soviet–West German Energy Relationship During the 1970s, in: Perović, Jeronim (Hg.): Cold War Energy. A Transnational History of Soviet Oil and Gas, Cham 2017, S. 253–281, hier S. 257–262. Siehe auch: Hohensee, Jens: Der erste Ölpreisschock 1973/74. Die politischen und gesellschaftlichen Auswirkungen der arabischen Erdölpolitik auf die Bundesrepublik Deutschland und Westeuropa, Stuttgart 1996. Zu den Berlinkrisen und den völkerrechtlichen Auseinandersetzungen zwischen West- und Ostdeutschland, siehe auch: Lemke, Michael: Die Berlinkrisen von 1948/49 und 1958 bis 1963, in: Greiner, Bernd/Müller, Christian Th./Walter, Dierk (Hg.): Krisen im Kalten Krieg (Studien zum Kalten Krieg Band 2), Hamburg 2008, S. 204–243.

beziehungen« geprägt.[22] Vielen Vertretern der sowjetischen Führung waren die Gräueltaten der Wehrmacht im Zweiten Weltkriegs noch allzu präsent, was sie deutliche Ressentiments gegenüber ihren deutschen Verhandlungspartnern zeigen ließ.[23]

Doch die handelspolitischen Optionen wogen in Zeiten der Rezession auf beiden Seiten stärker. Zunächst schloss sich das Bundesland Bayern im Alleingang den Verhandlungen der Österreicher und Italiener an, um sowjetische Erdgasimporte zu erhalten, die als mögliche Alternative zur teurer werdenden Ruhrkohle und zum niederländischen Slochteren-Gas galten.[24] Nach dem Scheitern der Teilnahme der Bayern näherten sich die Bundesregierung und westdeutsche Wirtschaftskreise an die Sowjetunion an. Eine Alternative zu einem rein wirtschaftlich ausgerichteten Geschäft schienen umfassende Verhandlungen zu sein, bei denen auch politische Fragen eine Rolle spielten. Als Eisbrecher gegenüber den Westdeutschen diente der Austausch an Fachmessen; bei diesen Gelegenheiten wurden ein Wirtschaftsabkommen sowie wirtschaftliche Kooperationsprojekte angedacht.[25] Die Sowjetunion zeigte sich, nachdem Verhandlungen über die Verlängerung der Erdölpipeline »Družba« vom Tisch waren, besonders interessiert an den Gasröhren der deutschen Firmen Mannes-

22 Wörmann: Osthandel, S. 19.

23 Kosygin zeigte bei mehreren Gelegenheiten seine Ressentiments, u. a.: Schreiben des Botschafter Allardt, Moskau an das Auswärtige Amt vom 21. Juli 1968, in: Lindemann, Mechthild/Blasius, Rainer A. (Hg.): Akten zur Auswärtigen Politik der Bundesrepublik Deutschland, Bd. 2: 1. Juli bis 31. Dezember 1968, München 1999, S. 907; Schreiben des Botschafter Allardt, Moskau, an das Auswärtige Amt vom 24. Juli 1969, in: Eibl, Franz/Blasius, Rainer A. (Hg.): Akten zur Auswärtigen Politik der Bundesrepublik Deutschland, Bd. 2: 1. Juli bis 31. Dezember 1969, München 2000, S. 851.

24 Gespräch von Staatssekretär Duckwitz mit dem sowjetischen Botschafter Zarapkin am 8. April 1969, in: Eibl, Franz/Blasius, Rainer A. (Hg.): Akten zur Auswärtigen Politik der Bundesrepublik Deutschland, Bd. 1: 1. Januar bis 30. Juni 1969, München 2000, S. 454; die Bayern schlossen sich den Verhandlungen zwischen Österreich, Italien und der Sowjetunion an. Sie favorisierten dabei eine Pipelineroute entlang der bereits bestehenden TAL-Pipeline, in: Högselius: Red gas, S. 70. Aufzeichnung des Ministerialdirektors Herbst vom 27. Juni 1969, Akten zur Auswärtigen Politik der Bundesrepublik Deutschland, Bd. 1: 1. Januar 1969 bis 30. Juni 1969, S. 740–741. 1965 trug das Erdgas nur 2 Prozent zur westdeutschen Primärenergie bei. Österreich und Italien importierten zu diesem Zeitpunkt weitaus mehr Gas. Die geplanten Geschäfte hätten den Anteil des sowjetischen Gases in der Bundesrepublik Deutschland auf 20 Prozent erhöht, in: Högselius: Red gas, S. 68.

25 Anmerkung zum Gespräch von Staatssekretär Duckwitz und dem sowjetischen Botschafter Zarapkin vom 8. April 1969, in: AAPD, 1969, Bd. 1, S. 454; Zum Wirtschaftsabkommen: Aufzeichnungen des Ministerialdirektors Herbst vom 27. Juni 1969, in: AAPD, 1969, Bd. 1, S. 741.

mann und Thyssen, die weltweit einen guten Ruf genossen.[26] Gleichzeitig schlug sie den Export von sowjetischem Erdgas vor. Generalsekretär Brežnev besuchte mit einer Delegation den deutschen Stand während einer Maschinenmesse und zeigte so sein persönliches Wohlwollen gegenüber den Kompensationsgeschäften. Als erster westlicher Industrienation bot die Sowjetunion nun bei Gesprächen eine großangelegte Erdgaskooperation an, die, so Premier Kosygin einer »Revolution« gleichkomme, falls sie erfolgreich sei.[27] Die Fortschritte, die westdeutsche Wirtschaftsvertreter mit sowjetischen Führungskadern dabei erreichen konnten, waren im Jahr 1969 erheblich.

Im September 1970 äusserte Außenminister Patoličev die Hoffnung, dass die politischen Differenzen wie in der Berlin-Frage nun nicht mehr zu einer »Frage des Prestiges«[28] gemacht würden, hinter welcher die Geschäfte zurückstanden. Bei keiner Gelegenheit ließen Premier Kosygin und andere Offizielle die Möglichkeit aus, auf den sowjetischen Rohstoffreichtum hinzuweisen, während sie gleichzeitig die Abhängigkeit der Europäer von teurem niederländischem und norwegischem Gas erwähnten. Gleichzeitig legte die Sowjetunion in den vertraulichen Gesprächen immer häufiger offen, dass sie Probleme habe, den Rohstoffreichtum insbesondere in Sibirien aus eigener Kraft zu erschließen, und bot damit mehr oder weniger an, die Bundesrepublik Deutschland daran teilhaben zu lassen.[29] Allerdings bescherten die sich anbahnenden Geschäfte den Beteiligten auf beiden Seiten einige schlaflose Nächte: Für die Westdeutschen waren es die allzu günstigen Kreditkonditionen, welche die Sowjets verlangten,[30] den sowjetischen Regierungszirkel hingegen belastete die neue Art der dauerhaften Geschäfte mit der Bundesrepublik Deutschland und weiteren europäi-

26 Zu ersten Gesprächen kam es in Wien am 20. und 21. Juni 1969. Bei diesem Treffen wurde ein Kredit der Deutschen Bank über 1,5 Mrd. DM und mit einer Laufzeit von drei Jahren ins Auge gefasst, welcher dem Kauf von Großröhren zur Ausstattung des sowjetischen Pipelinenetzes dienen sollte, in: Pohl, Manfred: Geschäft und Politik. Deutsch-russische/sowjetische Wirtschaftsbeziehungen 1850–1988, Mainz 1988, S. 150–151.

27 Bericht des Botschafters Allardt aus Moskau an das Auswärtige Amt vom 25. Juli 1969, in: Eibl, Franz/Blasius Rainer A. (Hg.): Akten zur Auswärtigen Politik der Bundesrepublik Deutschland, Bd. 2: 1. Juli bis 31. Dezember 1969, München 2000, S. 855.

28 Aufzeichnungen des Ministerialdirektors Bahr vom 25. Juli 1969, in: AAPD, 1969, Bd. 2, S. 857–858, hier S. 857.

29 Die Gaskraftwerke würden effizient arbeiten, aber man habe Probleme, den Norden mit Großröhren auszustatten. Man kam damit explizit auf die Röhren zu sprechen, was bei anderen Gesprächen nicht der Fall war. In: Gespräch zwischen Bundesminister Schiller mit Ministerpräsident Kossygin in Moskau vom 26. September 1970, in: AAPD, 1970, Bd. 3, S. 1645.

30 Aufzeichnung des Ministerialdirektors Herbst vom 26. Januar 1970, in: Pautsch, Ilse Dorothee/Blasius, Rainer A. (Hg.): Akten zur Auswärtigen Politik der Bundesrepublik Deutschland 1970, Bd. 1: 1. Januar 1970 bis 30. April 1970, München 2001, S. 86–88.

schen Ländern, auf die sich die politische Führung um Brežnev und Kosygin einlassen wollten[31]. Komplementiert wurden die Gespräche über die wirtschaftliche Zusammenarbeit durch die Unterzeichnung eines Wirtschaftsabkommens am 1. Februar 1970, mit dem nach langen Verhandlungen nun alle Seiten zufrieden waren. Die schnellen Annäherungen auf der wirtschaftlichen Ebene wurden jedoch bald von den sowjetischen Forderungen überschattet, die auf die Geschäfte nur dann eingehen wollte, wenn sie auch Fertigprodukte in die Bundesrepublik Deutschland liefern dürfe. Denn weitere Rohstofflieferungen schienen die Sowjetunion von ihrem forcierten Image als Industriemacht immer weiter zu entfernen. Stattdessen wollte man die Deutschen wie auch andere Geschäftspartner dazu bewegen, in die Fertigungsanlagen der Sowjetunion zu investieren und anschließend die dort gefertigten Produkte abzunehmen. Die Sowjetunion wollte jedoch vorerst keine Konsumprodukte aus der Bundesrepublik Deutschland importieren. Bei einem Besuch des deutschen Staatssekretärs Egon Bahr in Moskau im Februar 1970 kam dieser in einem Gespräch mit Kosygin darauf zu sprechen. Die deutsche Seite – sehr begeistert über so viel »guten Willen« angesichts der ungeklärten Fragen auf politischer Ebene – unterstützte die Bestrebungen und bot der Sowjetunion mehrere Möglichkeiten zu Präsentationen auf Wirtschaftsmessen an.[32] Die wirtschaftliche Annäherung führte auch dazu, dass sich auf politischer Ebene Erfolg und Entgegenkommen einstellten. Am 3. Juni 1972 trat schließlich das Viermächteabkommen in Kraft, welches die Berlin-Frage, die so lange auf der Agenda der beiden Länder gestanden hatte, löste.

Auch Japan war ein traditioneller Handelspartner der UdSSR. Im Rahmen von Bartergeschäften erhielt die Sowjetunion beispielsweise japanische Tanker gegen Erdöl, welches aufgrund der schlechten Erschließung des Fernen Ostens von den Schwarzmeerhäfen aus nach Japan gelangte. Weiteres Erdöl bekam Japan über die Schiene geliefert oder es stammte aus Tauschgeschäften mit dem Mittleren Osten. Bei diesen so genannten Switchgeschäften[33] importierte die Sowjetunion Energieträger aus dem Mittleren Osten und leitete eine äqui-

31 Aufzeichnungen des Ministerialdirektors Bahr vom 25. Juli 1969, in: AAPD, 1969, Bd. 2, S. 857.

32 Bei dem Besuch zeigte Kosygin ein detailliertes Wissen über den deutschen Markt, in: Staatssekretär Bahr Bundeskanzleramt, z. Z. in Moskau, an Bundesminister Scheel vom 10. Februar 1970, in: AAPD, 1970, Bd. 1, S. 202–204.

33 Bei Switchgeschäften handelt es sich um Finanzgeschäfte oder aber auch um Barter- oder Kompensationsgeschäfte, die unter Einbeziehung Dritter entstehen. Ein Warenswitchgeschäft bezeichnet man auch als derivatives Switchgeschäft; sie werden ohne Finanztransaktionen getätigt. Bei den Geschäften können Waren oder Finanzen über einen Dritten umgeleitet werden. Weitere Informationen siehe: Bestmann: Börsen- und Finanzlexikon, S. 692–693.

valente Menge an Energierohstoffen weiter.[34] Sowohl die Sowjetunion als auch Japan hatten daher ein großes Interesse daran, den Handel und die Infrastrukturen in Ostsibirien und im Fernen Osten auszuweiten. Schon auf dem ersten Treffen des sowjetisch-japanischen Wirtschaftskomitees hatten die beiden Länder eine gemeinsame Ausbeutung des in Tjumen' gefundenen Rohöls besprochen, welches Japan schon zuvor in kleinen Mengen über das Schienennetz importiert hatte. Das Projekt mit den Japanern umfasste die Verlängerung der transsibirischen Ölpipeline von Irkutsk bis in den Hafen von Nachodka um 4700 Kilometer und würde die Japaner eine Beteiligung von 3 Milliarden Dollar für den Ausbau der Tjumen'er Ölfelder und den Pipelinebau kosten. Für die Japaner schien ein derartiges Projekt zunächst sehr profitabel, denn es hätte den bisherigen aufwändigen Export sowjetischen Öls aus den Schwarzmeerhäfen nach Japan durch einen direkteren Handelsweg ersetzt.[35]

Dafür bot die Sowjetunion zunächst 10–12 Millionen Tonnen Rohöl an, doch die Japaner beharrten auf Mengen von bis zu 50 Millionen Tonnen pro Jahr. Komplementiert wurden die Angebote von weiteren Offerten zur gemeinsamen Erschließung von verschiedenen Rohstoffen Sibiriens durch Premier Kosygin im Februar 1970. Dazu gehörten neben dem Tjumen'er Öl der Bau einer Gaspipeline aus jakutischen Gasfeldern nach Magadan, Holz- und Kohleprojekte in Ostsibirien sowie die Exploration von Öl- und Gasvorkommen auf Sachalin. Dass die Sowjetunion dabei keineswegs auf Japan als alleinigen Handelspartner fokussiert war, zeigt der Grundgedanke der Projekte, die Häfen im Fernen Osten auszubauen und unter anderem in Magadan ein Terminal für die Verflüssigung von Erdgas (LNG-Terminal) zu bauen, was der Sowjetunion eine große Flexibilität bei den Verkäufen an andere potenzielle Handelspartner erlaubt hätte.[36] Während der Verhandlungen des Tjumen'-Projekts zeigte die Sowjetunion ein bis dato unbekanntes Entgegenkommen, was den langjährigen Territorialstreit um die Kurilen-Inseln anging, die beide Länder für sich beanspruchten und die seit Jahrzehnten der größte Streitpunkt waren.[37] So hatte sich Sowjetunion seit den

34 Zur Praxis der Switchgeschäfte mit der Sowjetunion, siehe: Klinghoffer: The Soviet Union & International Oil politics, S. 29–30.

35 Zu den Erdöllieferungen nach Japan: Klinghoffer: The Soviet Union & International Oil politics, S. 53.

36 Klinghoffer: The Soviet Union & International Oil politics, S. 242–262.

37 Die politischen Beziehungen zwischen Japan und der Sowjetunion waren aufgrund eines Territorialkonfliktes um die Kurilen-Inseln bisher sehr unterkühlt gewesen. Nach der Kapitulation Japans hatte die Sowjetunion das südliche Sachalin sowie Inseln der Habomai-Gruppe und Shitokan besetzt. Während Japan auf die Souveränität über Sachalin verzichtete, werden die Inseln der südlichen Kurilen bis heute von Japan beansprucht. Dies führte zu einem poli-

späten 1960er Jahren über die Energieprojekte an die Länder Westeuropas und Japan angenährt und zeigte sich bereit, politische und strategische Interessen dafür teilweise hintanzustellen. Als großer Kooperationspartner für ein Energieprojekt wurden in den frühen 1970er Jahren schließlich die USA anvisiert.

6.3 Kooperation statt Koexistenz im »North-Star«-Projekt

Schon Nikita Chruščev hatte seit den 1950er Jahren den außenpolitischen Kurs einer »friedlichen Koexistenz« gefahren, der zwei grundverschiedenen, aber gleichwertigen Gesellschaftssystemen die Existenz sichern sollte. Dennoch hatte das Prinzip der Gleichwertigkeit vor allem zu einem Wettrüsten geführt, welches die beiden Weltmächte zu hochgerüsteten Nuklearmächten machte. Brežnev hingegen, der in seinen Reden ebenfalls von der »friedlichen Koexistenz« sprach,[38] hatte eine weitaus größere Annäherung der beiden Weltmächte durch wirtschaftliche Kooperation zum Ziel anstatt nur einer Koexistenz der Systeme. Schon während seines ersten Treffens mit dem langjährigen sowjetischen Botschafter in den USA, Anatolij Dobrynin, hatte Brežnev erklärt, dass »der Frieden das Wichtigste ist«;[39] der »Frieden«, den er immer wieder erlangen wollte, war ein sehr persönliches Anliegen Brežnevs und basierte auf seinen persönlichen Erfahrungen aus dem Zweiten Weltkrieg. Mit Präsident Nixon suchte der sowjetische Generalsekretär schon von Anfang an das Gespräch, wohl auch deshalb, weil es ihm nicht gelang, mit der Volkrepublik China gute diplomatische Beziehungen herzustellen. Die Absichten Brežnevs begrüßte auch eine *pro-trader*-Gruppe im amerikanischen Kongress, die hoffte, dass sich zwischen den beiden großen Industrienationen ein reger Handel entwickeln würde.[40]

Mit der Entspannungspolitik, die noch vor dem Amtsantritt Nixons zur Unterzeichnung eines Atomwaffensperrvertrags 1968 führte und vom neuen Präsidenten fortgesetzt wurde, erfuhren auch die Handelsbeziehungen neuen

tischen Konflikt, der die Unterzeichnung eines Friedensvertrags bis in die Gegenwart verhindert, in: Roos: Sibirien zwischen Ökonomie und Politik, S. 129–132.

38 Otčetnyj doklad Central'nogo Komiteta KPSS XXIV s«ezdu Kommunističeskoj Partii Sovetskogo Sojuza. Doklad General'nogo sekretarja CK tovarišča L.I. Brežneva, in: Pravda 90, 31.03.1971, S. 2.

39 Dobrynin, Anatoly: In Confidence. Moscow's Ambassador to America's Six Cold War Presidents (1962–1986), New York 1995, S. 130–131.

40 Wörmann: Osthandel, S. 41.

Auftrieb.[41] Dabei begünstigte die politische Entspannung auch die wirtschaftliche Annährung. Teil der neuen Beziehungen sollte auch das »North-Star«-Projekt sein, welches den Transport von Gas aus dem westsibirischen Urengoj-Feld in den Hafen von Murmansk und die dortige Verflüssigung und Verschiffung in die USA vorsah. Der Vertrag war für 25 Jahre vorgesehen und die Lieferungen sollten 20 Milliarden Kubikmeter Erdgas betragen; sein Abschluss wurde besonders von den sowjetischen Vertretern forciert.[42] Im Gegenzug hoffte die politische Führung um Brežnev auf den *most-favoured-nation*-Status, der der Sowjetunion die Gleichberechtigung im Außenhandel gewährt hätte.[43]

Doch schon bei ersten internen Gesprächen in der amerikanischen Führungsspitze über die von der Sowjetunion angebotene Energiekooperation befürchteten die USA im November 1971, dass es sich bei einer solchen Zusammenarbeit auch um einen politischen Akt handle, da Geschäfte abgeschlossen würden, die in keinem Fall »kleine Kartoffeln«[44] seien. Somit behandelten die USA diese Kooperationen mit Vorsicht, zumal sich die amerikanische Führungselite nicht sicher war, ob der Handel mit der Sowjetunion für die USA überhaupt attraktiv wäre. Zwar würde die amerikanische Wirtschaft von den sowjetischen Technologiekäufen in einem großen Umfang profitieren, doch würden die USA im Gegensatz zu den Geschäften mit Rumänien und Jugoslawien nicht direkt an den Profiten des Erdölgeschäfts beteiligt werden.[45]

---

41 Im Jahr 1960 exportierten die USA Güter im Wert von 40 Millionen Dollar in die UdSSR, 1969 waren es Güter im Wert von 106 Millionen Dollar und nach dem Weizenabkommen im Jahr 1972 im darauffolgenden Jahr 1973 bereits Güter im Wert von 1,202 Milliarden Dollar. Im Vergleich dazu exportierte die Bundesrepublik Deutschland 1960 Güter im Wert von 184 Millionen Dollar, 1969 im Wert von 406 Millionen Dollar und 1973 im Wert von 1,184 Milliarden Dollar. Die Sowjetunion exportierte ebenfalls in die westlichen Länder, der Umfang ihres Exports blieb jedoch meist geringer. Eine Ausnahme war Island, welches große Mengen an Erdöl aus der Sowjetunion importierte. Übersicht über die Zahlen in: Parrot: Trade, Technology, and Soviet-American Relations, S. 374–384.

42 Stern: Soviet Natural Gas in the World economy, S. 375.

43 Siehe hierzu u. a.: Gesprächsmemorandum, Moskau, 24. Mai 1972, in: Keefer, Edward C. (Hg.): Soviet American Relations. The Detente Years, 1969–1972, Washington D.C. 2007, S. 880–886, hier S. 880–881.

44 Gespräch zwischen Präsident Nixon, Wirtschaftssekretär Stans, Staatssekretär Rogers und dem Stellvertretenden Sekretär des Präsidenten für Nationale Sicherheit Haig am 15. November 1971 in Washington, in: FRUS, Foreign Relations of the United States, 1969–1976, Volume XIV, Soviet Union October 1971–May 1972, S. 37–46, hier S. 40.

45 Gespräch zwischen Präsident Nixon, Wirtschaftssekretär Stans, Staatssekretär Rogers und dem Stellvertretenden Sekretär des Präsidenten für Nationale Sicherheit Haig am 15. November 1971 in Washington, in: FRUS, Foreign Relations of the United States, 1969–1976, Volume XIV, Soviet Union October 1971–May 1972, S. 37–46, hier S. 39–40.

Die Mitglieder des Politbüros hingegen erwarteten den Besuch Nixons im späten Mai 1972 mit Spannung und bereitete ihn intensiv vor. Brežnev orientierte sich unter anderem am Besuch Nixons in China im Februar desselben Jahres, der zu deutlichen Verbesserung der amerikanisch-chinesischen Beziehungen geführt hatte und für die Sowjetunion ein großer Affront gewesen war, da die sowjetisch-chinesichen Beziehungen sehr angespannt waren. Der Generalsekretär beteiligte sich sorgfältig an der Detailplanung des Besuchs, schliesslich habe Nixon in China sogar die bekannte Chinesische Mauer besucht – nun sollte ihm auch in der Sowjetunion ein möglichst angenehmer Aufenthalt geboten werden.[46] Auf die üblichen Begrüßungsrituale am Flughafen, die aus winkenden Massen, »Freundschaft«-Rufen und dem Aufmarsch der Armee bestanden, wollte Brežnev diesmal verzichten. Stattdessen wurden zum Leidwesen einiger hochrangiger Politiker wie Podgornyj, der auch eine machtpolitische Demonstration der Armee am Flughafen gerne gesehen hätte, die außenpolitischen Themen wie die angestrebte Energiekooperation akribisch vorbereitet. Laut Tagebuchaufzeichnungen von Anatolij Černjaev, der seit 1961 Mitglied in der Internationalen Abteilung des ZK war, wurden bei den Vorbereitungen des Nixon-Besuchs die politische Kluft zwischen Nikolaj Podgornyj, dem Vorsitzenden des Obersten Sowjet, und dem Generalsekretär in Bezug auf die sowjetische Außenpolitik und das Image der Sowjetunion nur allzu deutlich. Bei einer Diskussion im Politbüro am 8. April 1972 im Vorfeld des Nixon-Besuchs kritisierte Podgornyj die Vorschläge Bajbakovs und Patoličevs scharf: »Es gehört sich nicht für uns, diesen Geschäften zum Gas, zum Bau der Ölpipelines zuzustimmen. Es sieht so aus, als würden wir ganz Sibirien verkaufen, und auch technisch sehen wir ganz hilflos aus. Können wir etwa nicht selbst etwas unternehmen, ohne ausländisches Kapital?«[47] Damit teilte Podgornyj die Auffassung vieler Akteure aus dem sowjetischen Establishment, die der plötzlichen Annäherung an die USA wie auch an die Westdeutschen skeptisch gegenüberstanden.[48]

Doch Bajbakov, engster Berater Brežnevs in Fragen zum Öl- und Gassektor, soll anschließend nach Aufforderung Brežnevs auf das Wort Podgornyjs das Podest betreten haben, wobei er ein ironisches Lächeln kaum unterdrücken konnte. Der Gosplan-Vorsitzende begann auszuführen, dass die Sowjetunion außer Wald und Zellulose nicht viel anderes habe, mit dem sie für die begehrten Fremdwährungen handeln könne. Die USA und die Japaner seien an

46 Dnevniki Anatolii Černjaeva, 1972, S. 20 (Tagebucheintrag vom 8. April 1972); Mlečin: Brežnev, S. 345.

47 Dnevniki Anatolii Černjaeva, 1972, S. 20 (Tagebucheintrag vom 8. April 1972).

48 Mlečin: Brežnev, S. 342.

Ölgeschäften und besser noch an Gasgeschäften mit der UdSSR interessiert. Der Verkauf von Gold sei bei der gegenwärtigen Valuta-Situation nicht angebracht und sogar gefährlich. Die USA würden immer weniger Energie aus eigenen Brennstoffvorkommen produzieren können, die Importe würden wachsen müssen, wobei die USA Flüssigerdgas vorzögen. Sie biete der Sowjetunion an, eine Pipeline aus Westsibirien nach Murmansk und dort ein LNG-Terminal zu bauen. Ein zweiter Vorschlag sehe eine Pipeline über das ostsibirische Wiljui-Becken in Jakutien nach Magadan vor, dieser sei für die Sowjetunion vorteilhafter, da sich die Trasse innerhalb von sieben Jahren amortisieren werde. Wenn ein solcher Deal nicht zustande komme, könne man nicht einmal in den kommenden dreißig Jahren an die Förderung verschiedener Rohstoffe im Viljuj-Becken denken. Technisch könne die Sowjetunion zwar eine Pipeline bauen, aber es fehle an Metall für die Röhren. Bajbakov erwähnte in diesem Zusammenhang auch das Projekt der Japaner auf Sachalin. Podgornyj ereiferte sich über die technische Umsetzung des Projekts, doch Bajbakov versuchte zu beschwichtigen.[49] Damit hatte Generalsekretär Leonid Brežnev die wirtschaftspolitische Linie vorgegeben, die er vom Politbüro trotz großer Widerstände in den eigenen Reihen verlangte.

Die intensiven Diskussionen und Vorbereitungen des Nixon-Besuchs, der Ende Mai 1972 stattfand, wurden für die sowjetische Regierung ein außerordentlicher Erfolg. Entgegen der sonstigen Gewohnheit, die Staatsgäste im überwachten und abgehörten Komplex für ausländische Gäste auf den Moskauer Lenin-Bergen (Leninskie Gory, heute Vorobiovyj Gory), wurde der amerikanische Präsident in Kreml selbst untergebracht. Beim Nixon-Besuch, der gerne als erster Sieg in den Abrüstungsverhandlungen durch die Unterzeichnung der ABM-Verträge der beiden Großmächte gefeiert wird, kam die Energieoperation jedoch nicht auf den Tisch, stattdessen gerieten Themen wie der Vietnamkrieg in den Fokus. Es war offensichtlich, dass Brežnev auch »protokoll- und programmwidrig« bemüht war, endlich Frieden zu erlangen und als gleichberechtigte Großmacht anerkannt zu werden.[50]

Nach Nixons Besuch in Moskau zeigte sich der amerikanische Außenhandelsvertreter Peterson im Namen des Präsidenten sehr offen für das »North-Star«-Gasprojekt. Dies sei nur »die Oberfläche dessen, was hinsichtlich einer wirtschaftlichen Kooperation möglich sei«,[51] hatte es schon vorher

49 Dnevniki Anatolii Černjaeva, 1972, S. 21 (Tagebucheintrag vom 8. April 1972).

50 Moskauer Gipfel. Was wird Bestand haben?, in: Der Spiegel 23, 29.05.1972, S. 86–88.

51 Brief von Präsident Nixon an Generalsekretär Brežnev vom 8. Juni 1972, in: FRUS, Foreign Relations of the United States, 1969–1976, Volume XV, Soviet Union June 1972–August 1974, S. 2–6, hier S. 4.

in einem Brief von Nixon an Brežnev geheißen. Auch hoffe die US-Regierung, die Umweltaktivisten, die keine eigene Förderung und keine Tiefwasserhäfen wollten, nach den Wahlen überstimmen zu können. In den höchsten Tönen lobte auch Generalsekretär Brežnev das angedachte Gasprojekt, welches er möglichst schnell umsetzen wollte. Die amerikanische Seite wies darauf hin, dass die Export-Import-Bank (kurz Exim-Bank), die das Kreditrisiko im Außenhandel übernahm, bisher kaum Kredite in diesen Größenordnungen vergeben hatte.[52] Brežnev ging jedoch auf diese Äußerung nicht ein. Stattdessen drängte er auf einen möglichst schnellen Abschluss der Geschäfte, denn heutzutage habe der Handel nicht nur wirtschaftliche, sondern auch politische Implikationen. In diesem Sinne habe der Gipfel in Moskau eine »kolossale Bedeutung«. In diesem Zusammenhang äußerte Brežnev auch offen, dass die UdSSR am *most-favoured-nation*-Status interessiert sei, und bot im Gegenzug erneut die »riesigen Reserven an Rohstoffen für Generationen« an, über die die Sowjetunion verfüge. Nun werde die Sowjetunion diese »riesigen Schätze« öffnen, um den Lebensstandard der Sowjetbürger anzuheben. Die beiden Weltmächte könnten gemeinsam ein »großes Geschäft« realisieren. Bisher habe die UdSSR mit den Ländern Ost- und Westeuropas gehandelt, doch die Zeiten dieser »konventionellen Geschäfte« sollten nun vorüber sein.[53] Die USA sollten nicht länger zögern, sie würden schließlich mehr Geld an anderen Orten vergeuden, womit er auf den Vietnamkrieg anspielte. Auch bot Brežnev bei dieser Gelegenheit an, das Projekt in den Fünfjahresplan zu integrieren und damit zu einem festen Bestandteil der sowjetischen Wirtschaftspläne zu machen.

Vom Erfolg der Geschäfte überzeugt, lancierte Leonid Brežnev im Frühjahr 1973 eine neue außenpolitische Offensive. Die Monate März und April des Jahres 1973 ließen den Paradigmenwechsel im Außenhandel nun auch in den innenpolitischen Formulierungen klar hervortreten. Der Besuch des amerikanischen Präsidenten in Moskau und der bevorstehende Besuch von Willy Brandt veranlassten den Generalsekretär nun über einen politischen Standortwechsel der Sowjetunion zu referieren. Zudem hatten amerikanische Firmen wie Occiden-

52 Ende des Jahres hieß es, dass die Exim-Bank ein Geschäft in einem solchen Umfang nicht handhaben könne, in: Notiz zum Memorandum von Helmut Sonnenfeldt an Kissinger vom 12. Dezember 1972, in: FRUS, Foreign Relations of the United States, 1969–1976, Volume XV, Soviet Union June 1972–August 1974, S. 239–241.

53 Notizen des Gesprächs zwischen Generalsekretär Brežnev und dem Staatssekretär für Finanzen, Peterson, auf der Krim am 30. Juli 1972, in: FRUS, Foreign Relations of the United States, 1969–1976, Volume XV, Soviet Union June 1972–August 1974, S. 51–59. Die amerikanische Seite befürwortete, dass vor allem die Privatfirmen sichtbar beteiligt blieben.

tal Petroleum und ihr Vorsitzender Armand Hammer schon lange ein großes Interesse daran, mit der Sowjetunion im Erdölsektor in Geschäfte einzusteigen.[54] Bei einer Sitzung zur Vorbesprechung der Inhalte des Aprilplenums, erörterte Brežnev nun mit Nachdruck und jenseits der offiziellen Rhetorik die möglichen neuen Handelskonzepte der Sowjetunion: »Bei der letzten Sitzung des Politbüros habe ich mich mit Nachdruck für die neuen Prinzipien im Bereich des Handels eingesetzt. Ich habe gesagt, dass wir nicht mit Jäckchen handeln dürfen. Wir sollten im großen Maßstab handeln. [...] Ich denke, dass wir die Situation, die wir gegenwärtig in der Welt haben, nutzen sollten. Das sind nicht die Konzessionen[55], auf die Lenin eingegangen ist. Werden wir etwa etwas verlieren?«[56] Bei dieser Gelegenheit kritisierte Brežnev die geringe Reaktion auf das Werben westlicher Firmen und Regierungen unter anderem aus Italien, der Bundesrepublik Deutschland und den USA: »Hammer [Armand Hammer, langjähriger Vorsitzender von Occidental Petroleum und Sohn jüdischer Auswanderer aus Odessa] kommt seit 5 Jahren [zu uns]. Ich habe ihn empfangen. Er war sehr offen zu mir und erzählte mir von seiner Herkunft [Armand Hammer war der Sohn jüdischer Migranten aus Odessa]. Er sagte, wenn er kommt, dann laufe alles gut,

54 Am 19. Juli 1972 soll Armand Hammer mit der sowjetischen Regierung ein fünfjähriges technisches Projekt unterzeichnet haben, das die amerikanische Beteiligung bei der Exploration und Produktion sowie dafür die Nutzung von Erdgas, Rohöl, Düngemitteln und anderer Güter zusicherte, in: FRUS, Foreign Relations of the United States, 1969–1976, Volume XV, Soviet Union June 1972–August 1974, S. 76.

55 Ab dem Jahr 1821 richtete das Russische Zarenreich ein Konzessionssystem in der Region Baku ein, welches Pachten für jeweils vier Jahre ohne Verlängerungsoption zuliess. Die kurzen Zeiträume dieser Pachtverhältnisse schreckten jedoch viele Investoren ab bzw. sorgten dafür, dass es den Pächtern nur um eine schnelle Förderung ging. Als 1873 ein System der öffentlichen Versteigerung eingeführt wurde, lockte dies etablierte Ölproduzenten an. Diese brachten neue Technologien und Kapital in die Region, was Produktion und Export stark anstiegen liess. Durch politische Unruhen kam es jedoch bald wieder zu Änderungen im Konzessionssystem und nach der Revolution 1917 zur Verstaatlichung, so dass die Erdölproduktion zwischen 1918 und 1921 erheblich sank. Schließlich genehmigte Lenin im Oktober 1921 wieder Konzessionen an ausländische Unternehmen, die die Produktion neu aufbauten. Als die Produktion Ende der 1920er Jahre das vorrevolutionäre Niveau erreichte, wurden die Konzessionen wieder eingezogen. In: Goldman: Das Oel-Imperium, S. 34–56.

56 Protokoll zur Sitzung über die Frage zur Vorbereitung von L. Brežnevs Vortrag auf dem Aprilplenum 1973 vom 30. März 1973: Vestnik Archiva Prezidenta: General'nyj sekretar' L.I. Brežnev, S. 130–138, hier S. 133. Gegenüber den Westdeutschen soll Brežnev bei seinem Besuch in der Bundesrepublik Deutschland im Mai gesagt haben, dass die Sowjetunion von ihrer selbst so bezeichneten »Politik der Autarkie« abweichen wolle, um ihr technologisches Defizit auszugleichen und ihre Rohstoffressourcen zu entwickeln, in: Bewertung des Nationalen Geheimdienstes, Washington, 1. Juni 1973, in: FRUS, Foreign Relations of the United States, 1969–1976, Volume XV, Soviet Union June 1972–August 1974, S. 467–474, hier S. 471.

und wenn er fährt, dann bleibe davon nichts übrig. Ich sehe die Gegensätze zu den kapitalistischen Ländern [...]. Ich wäge alles ab und sehe, dass sie [die Vertreter ausländischer Firmen] zu uns kommen [etwas von uns wollen].«[57] Dabei sei es besonders wichtig, Außenhandelsminister Patoličev zu unterstützen und die Behäbigkeit bürokratischer Prozeduren und Denkweisen zu überwinden.

Doch auch Anatolij Černjaev konnte einen ironischen Unterton nicht unterdrücken, als er die neuen politischen Leitsätze des Generalsekretärs und seiner Redenschreiber in seinem Tagebuch festhielt. Unterstützung fand Brežnev in Ponomarev, der die Rede Brežnevs auf dem Aprilplenum und die Reise in die Bundesrepublik Deutschland vorbereitete und nun das neue politische Leitbild für den weiteren außenpolitischen Kurs bekanntgab, den er auch von der Partei mitgetragen wissen wollte: »Wäre nicht die Tschechoslowakei gewesen [gewaltsame Niederschlagung des Prager Frühlings durch die sowjetischen Truppen 1968], gäbe es jetzt keine Détente, keine Entwaffnung. Nixon ist zu vertrauen. Und über Brandt ist zum ersten Mal zu sagen, dass die Deutschen nun einen Antifaschisten als Bundeskanzler haben, das ist ein psychologischer Durchbruch. Über den Weltmarkt sollte man nun nicht als »Basis der NATO« sprechen. Die Zusammenarbeit mit den westlichen Ländern, das sind unsere internationalen heißen Kohlen.«[58]

Dennoch sollte unterstrichen werden, dass es ohne eine politische Entspannung und die Umsetzung der Abrüstung keine wirtschaftliche Annährung gäbe. Die westdeutschen und amerikanischen Geschäftskreise seien einhellig positiv darzustellen, da sie ohne Rücksicht auf das politische Klima in Richtung einer Zusammenarbeit strebten. Besonders gegenüber den Westdeutschen solle man das Interesse der Sowjetunion am Außenhandel »für immer«. unterstreichen. Dazu stellte Brežnev klar: »Die wirtschaftlichen Beziehungen von uns und mit uns bedingen den Frieden, die Fünfjahrespläne und die gesamte sowjetische Wirtschaft berechnen den Außenhandel mit ein, und zwar langjährig, die Chinesen sind die Gefahr Nr. 1.«[59] Auf dem Aprilplenum machte Brežnev die neue Linie für den Außenhandel verbindlich: Dies seien nun keine »außenpolitischen Beziehungen« mehr, sondern »ein integraler Bestandteil in der Planung der gesamten Volkswirtschaft«.[60] Auch bei anderen Gelegenheiten machte

57 Protokoll zur Sitzung über die Frage zur Vorbereitung von L. Brežnevs Vortrag auf dem Aprilplenum 1973 vom 30. März 1973: Vestnik Archiva Prezidenta: General'nyj sekretar' L.I. Brežnev, S. 130–138, hier S. 133.

58 Zitat: Dnevniki Anatolii Černjaeva, 1976, S. 24 (Tagebucheintrag vom 16. April 1973).

59 Zitat: Ders., S. 24.

60 Zitat: Dnevniki Anatolii Černjaeva, 1973, S. 25 (Tagebucheintrag vom 29. April 1973).

Brežnev seinem Missmut gegenüber dem aufstrebenden China Luft, in dem er eine große Konkurrenz für die sowjetischen Geschäfte witterte: »Eine Milliarde Chinesen! Keine von unseren Atombomben ist in der Lage, eine solche Kraft aufzuhalten.«[61] Die Sowjetunion und China waren damit sowohl in politischer als auch wirtschaftsstrategischer Hinsicht zu größten Konkurrenten geworden.

Dass diejenigen Akteure der sowjetischen Führung, die den Energiekooperationen gegenüber positiv eingestellt waren, jedoch auch nicht auf jede Art von Geschäft eingehen wollten, zeigt eine Episode aus den Verhandlungen mit den Briten vom Frühjahr 1973. Die Briten wähnten schon in den späten 1960er Jahren eine Energiekrise in der Sowjetunion, so dass es immer mehr Sympathisanten für eine Aufhebung des Embargos auf sowjetisches Rohöl gab, welches 1959 aus Befürchtung vor einer zu großen Konkurrenz zu den eigenen Firmen BP und Royal Dutch Shell eingeführt worden war.[62] Stattdessen erhofften sich Firmen wie BP und Royal Dutch Shell tatsächlich, nun auch an der Ausbeutung der sibirischen Ressourcen direkt teilzuhaben, und wollten dafür eigene Geschäftsideen entwickeln. Deshalb sei ein Engagement der britischen Firmen jetzt wichtig, unter anderem indem Royal Dutch Shell gegenwärtig einen europäischen Plan für eine Kooperation um das sibirische Erdöl und Erdgas ausarbeitete, um damit in Konkurrenz zu amerikanischen Ölfirmen zu treten. Für die eigene, zu 51 Prozent in Staatsbesitz befindliche BP hingegen hatte man andere Pläne. Sie sollte Gosplan-Chef Bajbakov eine direkte Beteiligung an der Ausbeutung des sibirischen Öls vorschlagen. Ein Direktor von BP würde Moskau im Mai besuchen.[63] Mitte April trafen sich der britische Außenhandelsminister und Bajbakov in Moskau zu einem Gespräch. Bajbakov, der bei dieser Gelegenheit großen Wert auf die Außendarstellung der Sowjetunion als Handelsmacht legte, erkundigte sich bei den Briten vor allem nach dem Fortschritt bei Offshorebohrungen in Alaska.[64] Die Briten schlugen dabei

61 Dnevniki Anatolii Černjaeva, 1973, S. 5 (Tagebucheintrag vom 04. Februar 1973).

62 Depesche von A. R. M. Watts, Department of Trade and Industry, an J.L. Bullard, Eastern Europe and Soviet Department des Foreign Office, vom 16. Februar 1973. Burdett: Oil Resources in Eastern Europe and the Caucasus, Bd. 8, S. 277–296, hier S. 291–295.

63 Depesche Nr. EN 12/1 von D. Marshall, Petroleum Division vom Department of trade and Industry, an das Verteidigungsministerium mit einem Bericht über »Erdölimporte aus der Sowjetunion« vom April 1973, Burdett: Oil Resources in Eastern Europe and the Caucasus, Bd. 8, S. 303–316.

64 Bajbakov gab an, dass der Außenhandel der UdSSR nun 6 Prozent des Bruttosozialprodukts ausmache; dies war ebenso viel wie in den USA, in: Gespräch zwischen Nikolaj Bajbakov und Peter Walker, Secretary of State for Trade and Industry, in Moskau am 17. April 1973, in: Burdett: Oil Resources in Eastern Europe and the Caucasus, Bd. 8, S. 321–329.

auch zahlreiche kleinere Projekte über außerplanmäßige britische Hilfe bei Projekten zu Eisenpellets, Kupfer, Computertechnologie, Kopiermaschinen, Gasgeneratoren, Düngemittelfabriken und Maßnahmen zur Modernisierung der sowjetischen Stahlindustrie vor. Bajbakov eröffnete jedoch, dass man Öl und Gas auf einer Fläche von 200.000 Quadratkilometer gefunden habe, die erdölführenden Schichten jedoch auf dem Meeresboden der Karasee lägen, wo das Wintereis eine Dicke von 3 bis 12 Meter und die See eine Tiefe von 200 Meter habe. Die sowjetische Seite konnte die Gespräche allerdings für sich nicht erfolgreich beenden. Bajbakov manövrierte die Briten aus, indem er vorgab, die beidseitigen Vorteile der britischen Projektvorschläge nicht zu sehen, und er bot gleichzeitig an, dass die Sowjetunion Fertiggüter nach Großbritannien liefern oder Hilfe beim Bau von Wasserkraftwerken »jedweder Kapazität« in Großbritannien leisten könne.[65] Auch bei einem weiteren Gespräch am selben Tag zwischen dem Außenminister der UdSSR, Patoličev, seinem Stellvertreter sowie dem britischen Staatssekretär Peter Walker blieb das Klima eher unterkühlt,[66] wohl letztlich auch wegen des Embargos, welches immer noch bestand.[67]

Die Gespräche mit den Amerikanern, Japanern und die mit einigen europäischen Ländern abgeschlossenen Importgeschäfte offenbaren, dass die Sowjetunion große Kooperationen sowohl in Westeuropa als auch am Pazifik bzw. am Atlantik anvisierte. Jedoch schwebten der politischen Führung dabei keineswegs Geschäftsmodelle vor, die den westlichen Ölfirmen eine direkte Beteiligung eingebracht hätten. Stattdessen war die Sowjetunion bemüht, durch den Import von Maschinen und Technologien ihre eigene Wirtschaft zu modernisieren und zu vervollständigen. Die Rückzahlungen wollte sie über den Export von Fertiggütern in die westliche Welt tätigen; allerdings trat mit dem offensichtlichen Desinteresse der westlichen Welt am massenhaften Import von sowjetischen Produkten auch der Rohstoffreichtum selbst in den Vordergrund der geschäftlichen Beziehungen. Die politische Linie der 1970er Jahre hatte Breźnev damit vorgegeben.

65 Gespräch zwischen Nikolaj Bajbakov und Peter Walker, Secretary of State for Trade and Industry, in Moskau am 17. April 1973, in: Burdett: Oil Resources in Eastern Europe and the Caucasus, Bd. 8, S. 321–329.

66 Gespräch zwischen Patoličev, Kuzmin und Peter Walker, Secretary of State for Trade and Industry, 17. April 1973, in: Burdett: Oil Resources in Eastern Europe and the Caucasus, Bd. 8, S. 330–332.

67 BP lenkte bezüglich der Frage des Embargos auf sowjetisches Öl erst im Juni 1973 ein, in: Burdett: Oil Resources in Eastern Europe and the Caucasus, Bd. 8, S. 336.

6.4 Werben für das »große Gas«

Seinen ersten großen Auftritt mit der neuen politischen Ausrichtung hatte Brežnev in der Bundesrepublik Deutschland. Dieser wurde ebenso penibel vorbereitet wie die anderen Treffen auf dem internationalen Parkett. Brežnev bestand darauf, dass nicht seine Person im Vordergrund stehen sollte.[68] Dennoch nahm er wiederum persönlich Kurs auf die Umsetzung großangelegter Energiekooperationen mit den Bundesdeutschen. Er erklärte, dass die »vergangenen dreißig Jahre schlechten Willens« vorüber seien, und bot stattdessen eine Ausbeutung der »immensen sibirischen Rohstoffe« an: »Ganz Europa wartet auf Gas.«[69] Man habe bereits 8500 Kilometer Pipelines gebaut, Verträge mit Italien abgeschlossen, zudem kämen auch deutsche Röhren zum Einsatz. Der Generalsekretär bot an, die Kooperation in Westsibirien noch weiter auszubauen, man wolle noch mehr Gasquellen erschließen und biete lange Lieferzeiträume von bis zu vierzig Jahren an. Die Sowjetunion brauche solche Kooperationen sehr dringend, um die notwendigen Technologien dafür zu erwerben.[70] Brežnevs Besuch in der Bundesrepublik Deutschland wurde als historischer Moment inszeniert, der im Fernsehprogramm der UdSSR einen großen Platz einnahm, und einmal nicht als ideologische Propaganda des Kremls rezipiert, sondern als aufrichtige Versöhnung zwischen den Kriegsparteien verstanden wurde.[71]

Nach dem erfolgreichen Besuch in der Bundesrepublik Deutschland, der mit einem Kommuniqué über die Berlin-Frage endete, obwohl Generalsekretär Brežnev lieber die Gespräche auf die Wirtschaftskooperation beschränkt hätte,[72] versuchte Brežnev erneut, bei den Amerikanern an eine Energiekooperation anzuknüpfen. In einem Gespräch mit US-Außenminister Shultz machte er nochmals deutlich, dass die UdSSR an langfristigen Projekten interessiert sei, die weit über den üblichen kurzfristigen Handel hinausgingen und eine wirtschaftliche Kooperation beinhalteten, die sich auch über lange Zeit positiv auf das politische Klima auswirken sollte. Über das erneute Angebot zum Export des sibirischen Erdgases in die USA, der das gegenseitige Vertrauen und das Wirtschaftsniveau beider Länder anheben sollte, bezog sich Brežnev wiederum auf

68 Dnevniki Anatolii Černjaeva, 1976, S. 21–22 (Tagebucheintrag vom 7. April 1973).

69 Greifen sie zu!, in: Der Spiegel 22, 28.05.1973, S. 23–24, hier S. 23.

70 Gespräch des Bundeskanzlers Brandt mit dem Generalsekretär des ZK der KPdSU vom 18. Mai 1973 in: Pautsch, Ilse Dorothee/Peter, Mathias: Akten zur Auswärtigen Politik der Bundesrepublik Deutschland, Bd. 2: 1. Mai bis 30 September 1973, München 2002, S. 721.

71 Dnevniki Anatolii Černjaeva, 1973, S. 31–32 (Tagebucheintrag vom 19. Mai 1973).

72 Jetzt trinken wir, in: Der Spiegel 22, 28.05.1973, S. 20–21.

eine starke Allianz zwischen den beiden Weltmächten, die er anvisierte: Zahlreiche Länder seien am sowjetischen Gas interessiert, dennoch mache die Sowjetunion besonders den USA das Angebot, »diesen nationalen Schatz in einem bestimmten Umfang mit den USA zu teilen, als einem Weg, um unsere schon jetzt wohlwollenden Beziehungen noch stärker zu machen«[73], wobei er von Lieferungen über 1 Billion Kubikmeter Erdgas im Zeitraum von dreißig Jahren und länger sprach. Die Frage der wirtschaftlichen Zusammenarbeit sei epochal und könne für den Frieden auf der Welt sorgen; Brežnev verknüpfte dabei die wirtschaftliche Zusammenarbeit direkt mit der politischen Entspannung. Zudem werde die Kooperation noch ausgeweitet werden können, wenn sich die kürzlich von sibirischen Spezialisten gemachten Angaben über 20,5 Trillionen Kubikmeter Erdgas bestätigen würden. Gleichzeitig bot Brežnev bei dieser Gelegenheit weiterhin an, dass die USA ganze Fabriken und Betriebe in der Sowjetunion bauen könnten, die dann fertige Güter exportieren könnten: »Das Gas ist indes nicht der einzige Weg für eine mögliche Kooperation«, sagte Brežnev dazu. Eine andere Möglichkeit für die USA sei es, vollständige Fabriken für die Produktion von Düngemitteln, Zellulose, Erzen usw. zu liefern. Mit dem Konzept der industriellen Kooperation werde die Rückzahlung für diese Komplexe durch eine Lieferung des Produktionsausstoßes von 10–15 Prozent über einen langen Zeitraum von beispielsweise 20 Jahren erfolgen: »Er [Brežnev] könne zum Beispiel einen Vertrag mit Westdeutschland über den Aufbau eines Metallurgie-Kombinats für die Stahlproduktion [...] in der UdSSR anführen. Das Kombinat würde auf der Basis von sowjetischem Erdgas arbeiten und Westdeutschland würde als Bezahlung einen Teil des Produktionsausstoßes des Kombinats erhalten.« Seine Bestrebungen, in allen Richtungen den Frieden zu sichern, äußerte Brežnev auch in diesem Gespräch mit US-Außenminister Shultz: »Wenn man mit der Bundesrepublik Deutschland derartige Geschäfte eingeht, warum dann nicht auch mit den USA?«[74] Damit bot die UdSSR den USA letztlich nichts weniger an, als ein kostengünstiger Produktionsstandort für die Güterproduktion zu sein, der die US-Wirtschaft mit hochwertigen sowjetischen Produkten versorgen könnte.

Das erste Mal nach seinen neuen politischen Ankündigungen auf dem Aprilplenum 1973 bereiste Brežnev zu einer weiteren Kampagne die USA, wobei

73 Memorandum des Gesprächs zwischen Shultz und Brežnev in Moskau, 14. März 1973, in: FRUS, Foreign Relations of the United States, 1969–1976, Volume XV, Soviet Union June 1972–August 1974, S. 280–291, hier S. 282.

74 Memorandum des Gesprächs zwischen Shultz und Brežnev in Moskau, 14. März 1973, in: FRUS, Foreign Relations of the United States, 1969–1976, Volume XV, Soviet Union June 1972–August 1974, S. 280–291.

er Nixon im persönlichen Gespräch jetzt sogar 3 Trillionen Kubikmeter Gas anbot; auch mit den US-amerikanischen Senatoren traf sich Brežnev bei diesem USA-Besuch.[75] Wiederholt erwähnte Brežnev das mit Armond Hammer abgeschlossene Projekt der US-Firmen Occidental Petroleum und El Paso, welche mit dem sowjetischen Handelsministerium bereits ein Gasgeschäft über 25 Jahre und 10 Milliarden Kubikmeter Gas abgeschlossen haben sollten, sowie die Projekte mit den Japanern und der Bundesrepublik Deutschland über ein Hüttenwerk in Kursk.[76] In seinen Aussagen zeigte sich Brežnev äußerst entgegenkommend, erwähnte eine »gemeinsame Sprache«, die man gefunden habe. Doch die Amerikaner schreckten offensichtlich vor großen Zusagen zurück.[77] Gerade zu diesem Zeitpunkt war die Sowjetunion darum bemüht, ihr Image auch nach den ersten kleinen Krisen zu erhalten, indem sie den Amerikanern signalisierte, dass sie keinerlei Schritte unternehmen werde, die Ölbeziehungen zu beeinflussen. Brežnev gab gegenüber Sicherheitsberater Kissinger an, dass das Erdölgeschäft eine ausschließliche Angelegenheit der beteiligten Parteien – Frankreich, Großbritannien und den USA – sei und die Sowjetunion sich nicht einmischen werde. Ihr einziges Interesse sei der Frieden.[78] Die politische Annährung an die USA sollte durch Medienberichte unterstützt und propagiert werden. So berichtet Politikberater Černjaev in einem Tagebucheintrag, dass die sowjetische Presse voll sei von »wirtschaftlichen Umarmungen mit den USA«.[79]

Dem Projekt mit der Ölgesellschaft British Petroleum zur Erforschung von Ölfeldern in der Barentssee schien die Sowjetunion nach dem Besuch Brežnevs

75 Gesprächsmemorandum, Washington, 18. Juni 1973, 12.35–15.15 Uhr, in: FRUS, Foreign Relations of the United States, 1969–1976, Volume XV, Soviet Union June 1972–August 1974, S. 496–506.

76 Am 16. November 1972 unterzeichnete die Salzgitter AG und Korf-Stahl-AG mit der sowjetischen Handelsvertretung Metallurgimport eine Vereinbarung über den Bau eines integrierten Hüttenwerks in Kursk. Es konnte jedoch keine Einigung bezüglich der Finanzierung gefunden werden. Am 31. März 1977 erläuterte der Geschäftsführer der AG Kursk, Herbst, die UdSSR habe sich aus Kostengründen entschieden, die Koordinierung des Projekts selbst in die Hand zu nehmen. Am 23. März 1979 unterzeichnete die Friedrich Krupp GmbH mit Metallurgimport einen Vertrag über den Bau eines Elektroblockstahlwerks. Siehe: Anmerkung zu Gespräch zwischen Schmidt und Brežnev, in: Pautsch, Ilse Dorothee (Hg.): Akten zur Auswärtigen Politik der Bundesrepublik Deutschland, 1. Januar bis 30. Juni 1979, München 2010, S. 180–181. Sie auch: Pohl: Geschäft und Politik, S. 159.

77 Telegramm 111312 nach Moskau und Tokyo vom 8. Juni 1973, in: FRUS, Foreign Relations of the United States, 1969–1976, Volume XV, Soviet Union June 1972–August 1974, S. 503.

78 Gesprächsmemorandum, Zavidovo, 7. Mai 1973, 19.40–23.40 Uhr, in: FRUS, Foreign Relations of the United States, 1969–1976, Volume XV, Soviet Union June 1972–August 1974, S. 420–432.

79 Dnevniki Anatolii Černjaeva, 1973, S. 38 (Tagebucheintrag vom 16. Juni 1973).

in den USA nicht mehr viel Bedeutung beizumessen, was von den Briten als »übliche sowjetische Taktik, damit sich Ausländer klein fühlen«, interpretiert wurde. Dabei hätte das Angebot die seismische Erkundung in einer bisher untererforschten Region für 6 Millionen Pfund beinhaltet, die von beiden Seiten zu 50 Prozent getragen worden wäre. Doch die Sowjetunion machte deutlich, dass ihr die Erdölprospektion auf der Insel Sachalin wichtiger war als die Durchführung eines Erdölprojekts im nördlichen Polarmeer.[80]

Bei weiteren Gesprächen unter anderem zwischen dem Gosplan-Vorsitzenden Bajbakov und Vertretern der BP sowie der britischen Botschaft signalisierte die Sowjetunion kaum mehr Interesse an einem Projekt im Polarmeer. Viel lieber, so stellte es sich des Weiteren heraus, hätte die Sowjetunion das in der Nordsee erworbene Knowhow der British Petroleum im Ochotskischen Meer genutzt. So taktierte Dzandar A. Takoev, der Stellvertretende Minister der Erdölindustrie für den Bereich Außenhandel und technisch-wirtschaftliche Zusammenarbeit, geschickt: Man habe mehr als zwanzig Vorschläge von Firmen, unter anderem von der Gulf Oil Company. Außer der BP interessiere sich keiner für die Barentssee.[81] Während der britische Botschafter die BP noch rügte, dass sie einen »Techniker mit zu großem Fokus auf die Barentssee« zu ersten Verhandlungen nach Moskau geschickt habe, und für die zweite Runde eine Entsendung eines »weltgewandteren« Vertreters forderte,[82] glaubte man im Ausland das Lavieren der Russen zwischen den Angeboten verschiedener westlicher Länder zu spüren. Die Sowjetunion hatte dabei aus westlicher Sicht längst an Verhandlungsgeschick gewonnen und würde es den neuen Verhandlungspartnern nicht mehr einfach machen. Doch die Verlockungen von billiger sowjetischer Energie ließen die Verhandlungsparteien vorerst am Ball bleiben.[83] Die Sowjetunion hingegen hatte deutlich gemacht, dass sie mit den Energiekooperationen auch politische Hoffnungen verknüpfte: die Stärkung ihrer Vormachtstellung im pazifischen

80 Mitteilung von J.L. Bullard Eastern European and Soviet Department, für Sir T. Brimelow vom 17. Juli 1973, in: Burdett: Oil Resources in Eastern Europe and the Caucasus, Bd. 8, S. 343–344.

81 Mitschrift eines Treffens im Gosplan vom 31. Juli 1973, in: Burdett: Oil Resources in Eastern Europe and the Caucasus, Bd. 8, S. 345–347; Mitschrift eines Treffens im sowjetischen Erdölministerium vom 1. August 1973, in: Burdett: Oil Resources in Eastern Europe and the Caucasus, Bd. 8, S. 348–350.

82 Depesche von Sir J.E. Killick, britische Botschaft in Moskau, an P.S. Preston, Department of Trade and Industry, vom 9. August 1973, in: Burdett: Oil Resources in Eastern Europe and the Caucasus, Bd. 8, S. 352–355.

83 Depesche von W. O'Hara, Britsche Botschaft in Paris, an D.M.L. Fielder, Department of trade and Industry, vom 29. Oktober 1973, in: Burdett: Oil Resources in Eastern Europe and the Caucasus, Bd. 8, S. 357–360, hier S. 359.

Raum im Osten und ein Akquirieren modernster Technik zur Versorgung der Binnenwirtschaft und des Auslands.

Auf das selbstbewusste Gebaren der sowjetischen Vertreter folgten kritische Stimmen. Der britische Botschafter in Moskau mahnte an, die energetischen Möglichkeiten der Sowjetunion nicht zu überschätzen. Zwar habe die Sowjetunion die Krise um die weltweite Nachfrage nach Energie als politischen Hebel begriffen, sie könne der neuen Rolle als Energiemacht aber wahrscheinlich nicht gerecht werden. Aus Frankreich habe er Informationen über Lieferausfälle erhalten und die Konditionen für ein Geschäft mit den Japanern hätten sich zuungunsten Japans derart verschlechtert, dass diese am Zustandekommen eines Geschäfts zweifelten.[84]

Diese Entwicklungen schienen für westliche Beobachter eine klare Sprache zu sprechen: Die Liefermengen an die Länder des RGW waren im Laufe der Zeit nach oben geschnellt. Zudem konnte 1972 die geplante Förderung nicht erreicht werden, für das Jahr 1973 wurde der Plan bereits von 429 auf 424 Tonnen herunterkorrigiert. Die Nachfrage des Ostblocks nach arabischem Öl sei ein deutliches Zeichen für die angespannte Lage im sowjetischen Ölsektor. Nach außen verfestigte sich für den Botschafter der Eindruck, dass die Sowjetunion die angestrebten Kooperationen als langfristige Projekte anvisierte, was deren Ernsthaftigkeit unterstrich. Auch zu einem Zeitpunkt, als die Baikal-Amur-Magistrale noch nicht beschlossene Sache gewesen war, erhärtete sich beim britischen Botschafter der Eindruck, dass Kooperationen im Pazifikraum bevorzugt wurden, da man scheinbar auch Sibirien stärker besiedeln und wirtschaftlich aufbauen wolle. Zudem schien die Sowjetunion auf eine Exportrichtung gen Osten zu setzen, um größere Mengen an den Ostblock liefern zu können und nicht mit zusätzlichen Lieferungen an Westeuropa gebunden zu sein. Dass es der Sowjetunion gelungen sei, einen Absichtserklärung über das »North-Star«-Projekt zu unterzeichnen und die ersten Lieferungen für 1979 erwartet wurden, interpretierte man als ein deutliches Signal gegen europäische Projekte. So waren die Briten der Meinung, dass alle Entscheidungen, die in der nächsten Zeit getroffen würden, die weltweiten Energieflüsse in den 1980er Jahren bestimmen würden.[85]

84 Konzeptpapier des Foreign Office über »Sowjetisches Erdöl: die kommerziellen und industriellen Aspekte«, undatiert, wahrscheinlich Juli–September 1973, in: BURDETT: Oil Resources in Eastern Europe and the Caucasus, Bd. 8, S. 365–393, hier S. 394–396. Die Sowjetunion wollte 1973 an Japan nur noch 25 Millionen Tonnen Erdöl liefern, obwohl man noch 1972 von 40 Millionen Tonnen gesprochen hatte, in: KLINGHOFFER: The Soviet Union & International Oil Politics, S. 254.

85 Paper des Department of Trade and Industry über «die Perspektiven für Erdölexporte aus der Sowjetunion bis 1985, vom Oktober 1973, BURDETT: Oil Resources in Eastern Europe and the Caucasus, Bd. 8, S. 397–403.

Breżnevs Werben erfuhr auch in der Presse propagandistische Unterstützung. Von den Ölfeldern kam die Zusage, dass die Menschen die Außenpolitik der Sowjetunion unterstützten: »Wir wissen, dass die Macht und die Autorität unseres Heimatlands auf der globalen Arena davon abhängen, wie sich die Dinge im Land gestalten.«[86] Gemäß dem Fall, dass die Geschäfte mit der Ausland nicht verwirklicht werden sollten, demonstrierte die sowjetische Presse, dass man die Weiterentwicklung des Erdöl- und Erdgassektors sowie von Offshorebohrungen auch allein bewerkstelligen würde. Auf einer Konferenz in Baku, die Ende September 1973 stattfand, wurde die Stoßrichtung künftiger Offshorebohrungen in der Nähe der zentralen Industrieregionen bestimmt. Zunächst sollte im Kaspischen Meer begonnen werden, dann im Ochotskischen Meer, dann in der Barentssee. Die angewandte Technik sollte an Bulgarien, Kuba und Indien weitergegeben werden.[87] Damit signalisierte die Sowjetunion nicht zuletzt auch in Richtung der britischen BP, dass sie die Offshorebohrungen selbst vornehmen beziehungsweise nur diejenigen Angebote annehmen werde, die ihr opportun erschienen. Dies geschah im Licht des Aufbaus der Erdölindustrie im Fernen Norden, der die Verlegung von Tausenden Kilometern Pipelines erforderte.[88]

Der Oktober war jedoch bereits überschattet von den Ereignissen im Nahen Osten, die dem sowjetischen Engagement gegenüber dem Westen ein jähes Ende setzten. Die Auseinandersetzung im Nahen Osten, die Bündnispolitik und die Erdölpreiskrise ließen die alten Ressentiments wieder aufkeimen. Doch wurde die Sowjetunion nicht nur von außenpolitischen Komplikationen getroffen; vielmehr zeigten sich seit den frühen 1970er Jahren auch innersowjetische Befürchtungen bezüglich der Verfügbarkeit von Energieressourcen. Der Erdölsektor wurde nun zum Sorgenkind, um dessen Produktionsausstoß infolge der verpassten Modernisierung sich die Ministerien und die politische Führung im Laufe der 1970er Jahre ängstigten. In der angespannten Situation drohte der Aufbau einer Polarindustrie zugunsten anderer Energiesektoren – wie des Kohlesektors und der Atomenergie – an den Rand gedrängt zu werden. Das Scheitern einiger großer Erdgasgeschäfte mit den ausländischen Partnern Mitte der 1970er Jahre war dabei nur die Spitze des Eisbergs, wie in den folgenden Kapiteln aufgezeigt wird.

---

86 Aus der Rede des Bohrmeisters des Šaimer Bohrkontors, A. D. Šakšin auf der Sitzung des Aktivs der städtischen und regionalen Parteiorganisation »Über die Arbeit der Bohrbrigaden« vom 21. Dezember 1971, in: Smorodinskov (Hg.): Neft' i gaz Tjumeni, Bd. 3, S. 69–70.

87 Verkürzte Übersetzung eines sowjetischen Presseartikels »Angriffslinien für das Offshore-Erdöl« vom 28. September 1973, in: Burdett: Oil Resources in Eastern Europe and the Caucasus, Bd. 8, S. 410–411.

88 Glavnaja strojka neftjanoj promyšlennosti, in: Neftjanik (1973) 3, S. 6–7.

6.5 Resümee

Seit ihrer Entstehung unterhielt die Sowjetunion energetische Handelsbeziehungen und war über ein Gefüge von Geschäften in den globalen Markt eingebunden. Wichtigstes Exportgut war vor und nach dem Zweiten Weltkrieg der Erdölexport. Für die erworbenen Devisen kaufte die Sowjetunion neben Konsumgütern auch Technologien unter anderem für den Erdöl- und Erdgassektor, die sie selbst nicht herstellte beziehungsweise herstellen konnte. Das Wissen über die immensen Ressourcen (West)Sibiriens und die Fortschritte in der Entspannungspolitik mit dem Westen ließen bei der sowjetischen Führung neue Wünsche nach Handelskooperationen mit den kapitalistischen Ländern aufkommen. Mit diesen Kooperationen wollte die Sowjetunion politische und wirtschaftliche Ziele erreichen: die internationale Friedenssicherung über langfristige ökonomische Verbindungen und die Etablierung als Exportland für verarbeitete Güter und Halbfabrikate. Neu war, dass die Sowjetunion auch im großen Stil das in Sibirien entdeckte Erdgas als Exportgut anbot.

Ihr Angebot und ihre politisch-wirtschaftlichen Forderungen schnitten sie dabei auf den jeweiligen Verhandlungspartner zu. So wollte die sowjetische Führung in den Verhandlungen mit der amerikanischen Führung den *most-favoured-nation*-Status erreichen, wodurch der Sowjetunion Handelserleichterungen zugestanden hätten. Im Gegenzug bot sie den USA das weltweit größte Erdgasprojekt, das »North-Star«-Projekt an. Mit den Japanern verhandelte die Sowjetunion neben der Verlängerung der sibirischen Erdölpipeline bis an den Pazifik weitere gemeinsame Rohstoffprojekte. Der politisch aufgeheizte Konflikt um die Kurilen trat dabei deutlich in den Hintergrund.

In den Verhandlungen mit der Bundesrepublik Deutschland war die Sowjetunion besonders bemüht um den Großröhrenimport beziehungsweise den Gasexport. Gleichzeitig bot sich die Sowjetunion immer wieder als wichtige Fertigungsstätte für verarbeitete Güter und Halbfabrikate an. So wollte die Sowjetunion in aus Deutschland stammenden Fabrikanlagen ihre Rohstoffe zu Fertiggütern verarbeiten, um sie anschließend auf dem deutschen Markt zu verkaufen. Über die langfristigen Wirtschaftskooperationen sollten auch politisch brisante Themen wie die Berlin-Frage gelöst werden. Bei den Verhandlungen schwebten der sowjetischen Führung keineswegs Konzessionen vor, die den westlichen Erdölfirmen Profit eingebracht hätten, sondern langfristige Kooperationen, die der sowjetischen Wirtschaft zur Modernisierung verhelfen sollten. Es war Generalsekretär Brežnev persönlich, der das Projekt unterstützte und gegen Kritik aus den eigenen Reihen durchzusetzen suchte, wo man einen Ausverkauf der sowjetischen Ressourcen fürchtete. Damit gab der Generalsekretär die politische Leitlinie für die 1970er Jahre durch, die zu einer weiteren Annäherung an den kapitalistischen Westen führen sollte. Persönliche Ressentiments zeigte Brežnev vor allem gegenüber den wirtschaftlich aufsteigenden Chinesen. Während die Verhandlungen mit den Europäern schon seit den späten 1960er Jahren fruchtbar verliefen, nahmen die Gespräche mit den USA und Japan nicht den von der sowjetischen Führung gewünschten Verlauf.

7. Der Erdölsektor in Bedrängnis, 1971–1976

Für die politische Führung ergab sich in den frühen 1970er Jahren ein dichotomes Bild: Zum einen war die Sowjetunion seit den großen Funden in Westsibirien reich an Erdöl- und Erdgasvorkommen, gleichzeitig wurde die Energie im westlichen Landesteil benötigt, wo sich die großen Industriezentren befanden. Denn der größte Energieverbraucher war die Ukrainische SSR, gefolgt vom Zentrum und dem Nordkaukasus.[1] Der Gesamtverbrauch der Energieträger stieg, wie auch in den westlichen Gesellschaften, an; Energie war der Motor des industriellen Wachstums. Die meisten Energieträger wurden weiterverarbeitet und raffiniert; 1975 betrugen die verarbeiteten Produkte 80 Prozent. Die meisten Energieträger wurden 1970 für die Stromproduktion genutzt, es folgten die Industrie und die Haushalte. Doch die bisher verpasste Modernisierung von Industrieanlagen in verschiedenen Industriezweigen stellte ein außerordentliches Problem dar, da die Energieproduktion mit veralteten Anlagen viele Rohstoffe benötigte bzw. im Produktionsprozess zu Verlusten führte; diese Einbußen an Energie und Rohstoffen waren jeweils höher als in den Ländern Westeuropas und den USA.[2]

Der steigende Bedarf an Energieträgern setzte die politische Führung unter Druck und hatte bereits die Erschließung des Erdöls am subpolaren mittleren Ob' bedingt, die auf einem großen logistischen, sozialen und finanziellen Aufwand fußte. Die Kosten des Projekts waren sehr hoch und so rückten Themen wie die Modernisierung der sowjetischen Erdölindustrie durch die Automatisierung der Anlagen in den Vordergrund, um menschliche Arbeitskraft einzusparen. Doch das technische Defizit, welches bisher vorrangig mit dem Import ausländischer Anlagen kompensiert worden war, konnte nicht ausreichend behoben werden. So entschloss sich die Regierung neben dem Versuch der Modernisierung der Erdölindustrie und der Wirtschaftsführung auch dazu, eine Gasförderung in Sibirien aufzubauen. Diese hatte zwei Ziele: Sie sollte in der Energieproduktion

---

1 Zum wachsenden Unterschied in der Energieproduktion und konsumption zwischen dem östlichen und dem westlichen Landesteil der UdSSR siehe Tabelle bei: Campell: Trends in the Soviet Oil and Gas Industry, S. 94; siehe auch: Dienes/Shabad: The Soviet Energy System, S. 25–30.

2 Dienes/Shabad: The Soviet Energy System, S. 17–25.

des Landes als Ersatz für das Erdöl einspringen, welches man exportieren wollte. Zudem hoffte die politische Führung immer, dass internationale Kooperationen das Projekt unterstützen und einen erheblichen Teil des Erdgases als Primärenergie abnehmen würden.

In Moskau wollte man jedoch nicht wahrhaben, dass der Erdöl- und Erdgassektor noch weitaus mehr Aufmerksamkeit bedurfte, als er bekam. Die Investitionen wurden lediglich in die Produktion geleitet, die Modernisierung des gesamten Sektors und die geologischen Arbeiten wurden vernachlässigt: So wurden die Investitionen in Glavtjumen'geologija und damit in die geologischen Arbeiten in der Region seit 1968 stetig gesenkt, laut Vtorušin und Murzin wohl, weil »einige Repräsentanten der Ministerien für Geologie der UdSSR und der RSFSR sowie Angehörige des Gosplan glaubten, dass es sehr leicht sei, in der Region nach Öl und Gas zu suchen«.[3] Dies mündete 1973 in einen Beschluss, dass in der Tjumen'er Region nicht mehr nach Erdgas gesucht werden müsse, weil die bisher entdeckten Reserven für viele Jahre ausreichend seien. Gleichzeitig wuchs in Regierungskreisen und der Ministerialbürokratie die Angst, trotz ausreichender Ressourcen ein Energiedefizit zu erleiden. Diese latenten Befürchtungen sowie das Scheitern einiger Energiekooperationen Mitte der 1970er Jahre sorgten dafür, dass die sowjetische Führung nach eigenen politischen und wirtschaftlichen Auswegen suchte.

7.1 Energetische Engpässe trotz ausreichender Ressourcen?

Versorgungsengpässe in der sowjetischen Energieindustrie schienen in den 1970er Jahren, zumindest was die Menge der erwiesenen Energieträger betraf, unwahrscheinlich. 1970 hatte die Sowjetunion 535 Millionen Tonnen Rohöl produzieren können und die Förderung in Westsibirien war von 1 Million Tonnen 1965 auf 31,4 Millionen Tonnen 1970 angestiegen. Auch die Erdgasproduktion war von 128 Milliarden Kubikmeter 1965 auf 198 Milliarden Kubikmeter 1970 angestiegen. Damit hatte sowohl die Öl- als auch die Gasindustrie den 8. Fünfjahresplan mit einer höheren Produktion abschließen können. Das gigantische Erdölfeld Samotlor lieferte 1970, nur ein Jahr nach der Inbetriebnahme, bereits 10 Millionen Tonnen Rohöl.[4]

---

3 Vtorušin, S./Murzin, A.: Iskat' novye klady, in: Pravda 222, 10.08.1977, S. 2; siehe auch Gustafson zu sinkenden geologischen Arbeiten, in: Gustafson: Crisis amid plenty, S. 73.

4 Dienes/Shabad: The Soviet Energy System, S. 46–47, 58.

Doch Anfang der 1970er offenbarte sich für die Wirtschaftsplaner und Parteifunktionäre, dass sie nicht auf den Rohstoffreichtum würden bauen können, ohne weitreichende Entscheidungen für den gesamten Energiesektor zu treffen. Denn neben einem wachsenden Binnenverbrauch an Erdöl und einem höheren Energieverbrauch insgesamt waren sowohl die Kohleproduktion, die immer noch einen Anteil von 35 Prozent am sowjetischen Energiemix hatte,[5] als auch die Erdölproduktion im westlichen Landesteil nicht mehr ausreichend gesteigert worden. Die Kohleförderung im ukrainischen Donbass, eine der wichtigsten Energiebasen des Landes, erreichte ihren Produktionszenit 1976; die Ölfelder im Volga-Ural-Gebiet überschritten diesen nach Jahren des geringen Produktionswachstums bereits 1975, und der Kaukasus konnte auch mit einer schwierigen Offshoreförderung die stetig fallende Onshoreförderung in den 1970er Jahren nicht mehr ausgleichen. Die großen Probleme, die sich bis in die Mitte der 1970er Jahre immer offener zeigten, mündeten in eine Politik, die die Erschließung Sibiriens stärker gewichtete und die Grundlage für die spätere Gaskampagne bilden sollte.

Doch auch im zuletzt als Boomregion glorifizierten Westsibirien ergaben sich Schwierigkeiten bei der Einhaltung der Planziele in der Erdölwirtschaft; so sanken bereits kurz nach Produktionsbeginn die Anzahl der entdeckten Felder, die Durchflussrate der Brunnen und die Zuwachsrate der Ölmenge.[6] Zudem stiegen die internationalen Verpflichtungen im Export der Hydrocarbonate sowohl in die westlichen Länder als auch in die Staaten des RGW weiter an, was Politik und Wirtschaft zusätzlich unter Druck setzte.[7] Eine erneute Weichenstellung in der Energiepolitik nach der Entscheidung für die Energiegewinnung in Samotlors forderte ein größeres Engagement der politischen Führung in diesen Fragen. Auf der Suche nach einem Ausweg, der mal in internationalen Kooperationen, mal im Rückgriff auf Kohle, Atomkraft und Erdgas, mal in einer forcierten Wirtschaftsentwicklung Sibiriens gesucht und vermutet wurde, entzweiten sich die Parteien aus Politik, Wirtschaft und Forschung.

Im westlichen Ausland nahmen indes die Gerüchte zu, dass die Sowjetunion weit davon entfernt war, auch in Zukunft eine Energiemacht zu bleiben. Schon zu Beginn der 1970er Jahre argwöhnte man, dass die Zeit des großen Öls mit der sinkenden Förderung im industrialisierten Zentrum der Sowjetunion sich dem Ende zuneigte und die Sowjetunion ein Importeur von Erdöl werde, da die

5 Dies., S. 32.

6 Gustafson: Crises amid plenty, S. 27.

7 Dienes, Leslie: Soviet Energy Policy and the Fossil Fuels, in: Jensen Robert G.: Soviet natural resources in the world economy, S. 275–295, hier S. 279.

Erschließung der neuen polaren Lagerstätten aufgrund des hohen technischen und materiellen Aufwands nur langsam voranschreiten könne. Die befürchtete Schwemme von »rotem Rohöl« auf dem Weltmarkt, die noch Ende der 1950er Jahre die Köpfe beherrscht hatte, war bisher ausgeblieben. Stattdessen wollten westliche Beobachter feststellen, dass die Sowjetunion Schwierigkeiten hatte, den Lieferverträgen an ihre sozialistischen Satelliten in Osteuropa aus eigenen Quellen nachzukommen und dies stellenweise über Bartergeschäfte mit den arabischen Ländern kompensierte, bei denen sie das arabische Erdöl mit Gütern und Technik bezahlte und das Erdöl an die sozialistischen Staaten weiterleitete.[8] Fachkreise vermuteten, dass die künftige sowjetische Energieproduktion in einem großen Maße davon abhängen würde, ob und wie schnell man neue Ölquellen in Zentralasien und in Tjumen' erschließen würde. Dass die Sowjetunion dabei im Rahmen von internationalen Kooperationen zusehends auf Hilfe aus dem Ausland hoffte, hielten ausländische Regierungen und Geheimdienste im Interesse ihrer eigenen Sicherheitsstrategie in zahlreichen Berichten fest.[9]

Um das Vorgehen im sowjetischen Energiesektor zu bestimmen, hatte der bereits erwähnte sowjetische Energieexperte Mel'nikov im März 1970 einen ausführlichen Bericht zur möglichen Energiestrategie der Sowjetunion bis zur Jahrtausendwende vorgelegt. Mel'nikov war seit 1961 Vorsitzender des Staatskomitees für die Brennstoffwirtschaft im Ministerrat und stammte ursprünglich aus dem Bergbauwesen. Möglicherweise beeinflusst von den kritischen Berichten der ausländischen Geheimdienste, plädierte Mel'nikov bereits zu diesem Zeitpunkt für eine grundlegende Umorientierung in der Energieversorgung des Landes. Der Fokus, so der Wissenschaftler, solle zukünftig auf der Kohleindustrie in Sibirien, dem schnellen Ausbau der Atomenergie und der Verwendung von Erdgas als Brennstoff liegen. Sibirien bleibe dabei weiterhin Lieferant für Energieträger, die Stromproduktion vor Ort und der Bau von langen Transmissionsnetzen – wie sie der Erdölingenieur Šmarev vorgeschlagen hatte – seien zu aufwändig. Die Zukunft der Atomenergie sah Mel'nikov vor allem im westlichen Landesteil, wo diese bis zur Jahrtausendwende die Regression der anderen Energieträger ausgleichen sollte. Doch dieser Ausbau würde einige Zeit in Anspruch nehmen: Für 1980 plante man 2 Prozent der Energieproduktion

8 Die Sowjetunion importierte Erdöl aus dem Mittleren Osten sowie Erdgas aus Afghanistan und dem Iran, oftmals im Tausch gegen Güter. Dabei verkaufte sie seit den 1970er Jahren Erdgas zu Weltmarktpreisen an kapitalistische Partner. Mehr dazu: Van Oudenaren: The Urengoi Pipeline, S. 51.

9 Abhandlung mit Berichten im Anhang von Mr. A.R.M. Watts an Mr J. L. Bullard vom 16. Februar 1973, in: Burdett: Oil Resources in Eastern Europe and the Caucasus, Bd. 8, S. 277–279.

in Atomkraftwerken ein, für das Jahr 2000 hingegen schon 11–16 Prozent, ein Maximalwert ging sogar von 25 Prozent aus. Sibirien sollte nach Meinung des Wissenschaftlers mit günstiger Kohle aus dem offenen Tagebau im sibirischen Kansk-Ačinsk versorgt werden, denn den weitläufigen Landschaften Sibiriens könne man die Kohleemissionen weitaus leichter zumuten als dem besiedelten sowjetischen Westen. Das »saubere« Erdgas solle man aus Umweltschutzgründen hingegen eher in den Kraftwerken des europäischen Landesteils einsetzen. Das Erdöl solle man nun nur noch als chemischen Rohstoff und für die Herstellung von Treibstoffen nutzen. Sein Anteil am Energiemix sollte von 38 Prozent im Jahr 1980 auf 28 Prozent gegen Ende des Jahrtausends zurückgehen. Das Erdöl weiterhin auch als Brennstoff in den Kraftwerken zu nutzen, hielt der Energiewissenschaftler Mel'nikov für ineffizient, da auch die Förderung immer teurer werde. Doch insbesondere habe man die wirtschaftliche Effizienz von Atombrennstoffen gegenüber den fossilen Brennstoffen, Kohle aus dem offenen Tagebau und Erdgas sichtbar machen können.[10] Mit seinen Ausführungen beeinflusste Mel'nikov das GKNT, für welches er den Bericht angefertigt hatte. Das GKNT wurde mit der Zeit zu einem eindeutigen Fürsprecher einer Forcierung der ebenfalls teuren Atomenergie. Das Abwenden vom Erdölsektor stellte jedoch auch eine Bedrohung für die Exploration weiterer Ressourcen dar, die eine stabile künftige Erdölförderung erlauben würden.

Ob das Minnefteprom Mel'nikovs Bericht überhaupt rezipierte, bleibt unklar, dennoch bewies auch die im Vorfeld des Parteitags aufkeimende Diskussion um die Zukunft des Erdöl- und Erdgassektors, dass die Lage 1970 deutlich angespannter war als noch wenige Monate zuvor. Selbst die Erdölbranche war sich durchaus bewusst, dass man sich trotz der perspektivenreichen Ölfelder in den subpolaren Zonen Westsibiriens und ausreichender Ressourcen in Zentralasien in einer Umbuchsituation befand. Seit dem Beschluss von 1969 hatte das Credo zwar gelautet, dass man genügend Rohstoffe besaß, und die schnelle Steigerung der Produktion in Samotlor genoss die Aufmerksamkeit des ganzen Landes, was von der Propaganda eines sibirischen Öl- und Gasrauschs gestützt worden war, welche die »hellen Seiten der Geschichte der Ölindustrie« feierte.[11]

Doch schon im Vorfeld des 24. Parteitags der KPdSU, der im späten März 1971 beginnen sollte, zogen unheilvolle Schatten über der Ölindustrie auf. Es

10 Bericht »Über die Brennstoffindustrie, Energetik und rationale Nutzung der Energieressourcen in der UdSSR in der Perspektive bis 2000« vom März 1970, in: RGAĖ, f. 9480, op. 9, d. 1035, ll. 1–37ob.

11 Rede an die Bohrbrigaden von Glavtjumenneftegaz und Glavtjumen'geologija vom 2. Februar 1971, in: Smorodinskov (Hg.): Neft' i gaz Tjumeni, Bd. 3, S. 19.

stellte sich heraus, dass die Ölindustrie längst nicht mehr nur an den alten Förderregionen krankte, sondern die verpasste Technisierung und Automatisierung die Produktion in den neueren Regionen hemmte und die Kosten für die Arbeitskräfte durch den großen Anteil manueller Arbeiten in die Höhe trieb. Auf dem Lokalparteitag verkündete der Tjumen'er Lokalsekretär Boris Ščerbina, dass der einseitige Fokus auf das »schnelle Öl« Samotlors die Produktion in anderen Feldern Westsibiriens gefährde; eine deutliche Warnung an den Vorsitzenden von Glavtjumenneftegaz Viktor Muravlenko.[12] Um einem Produktionseinbruch in Westsibirien rechtzeitig vorzubeugen, befürwortete Ščerbina eine rechtzeitige Erschließung der am leichtesten zugänglichen Nachbarfelder, die einen weiteren Produktionsanstieg erlauben würden. Die finanziellen Mittel für den Ausbau, so hoffte es zumindest der Lokalsekretär, würden der Gosplan und das zuständige Ministerium in Moskau zur Verfügung stellen. Dabei sei es äußerst wichtig, die Produktionsvereinigung Glavtjumenneftegaz in Zukunft mit Mitteln für die Technisierung und Automatisierung der neuen Bohrunternehmen auszustatten, was ihr Vorsitzender Viktor Muravlenko bisher verpasst habe. Eine forcierte Automatisierung sollte in Zukunft manuelle Arbeiten weitestgehend abschaffen, so dass die Erschließungs- und Produktionskosten durch Arbeitskrafteinsparungen gesenkt werden könnten.[13]

Ščerbinas Befürchtungen gegenüber einer schnellen, aber wirtschaftlich nicht nachhaltigen und zudem teuren Strategie, erreichten im März 1971 auch Staatsplaner Bajbakov in Moskau. Das größte Problem, so offenbarte Lokalsekretär Ščerbina in einem Schreiben an den Gosplan-Vorsitzenden, sei der ausgebliebene Ausbau des Downstreamsektors in Tjumen'. Bisher war nicht nur der Trassenbau, für den ohnehin das Mingazprom zuständig war, vernachlässigt worden. Es fehlte auch an Möglichkeiten für die Weiterverarbeitung des Rohöls in Ostsibirien, denn die Raffinerien in Omsk und Angarsk (nahe Irkutsk) erwiesen sich als überlastet. Die neue Pipeline, die in Richtung der beiden Raffinerien verlief, konnte deshalb nur zu 40 Prozent ausgelastet werden.

12 Dabei übersahen die Verantwortlichen gerne, dass bereits die Förderung in Samotlor eine riesige technische und kostspielige Herausforderung war. Die Lagerstätte hatte zwar leicht zugängliche Flöze und ein hochwertiges Öl zu bieten, befand sich jedoch unter einem See. Um bei der Förderung bessere Fortschritte zu erreichen, musste im See eine Bohrinsel angelegt werden. Artikel »Insel auf Samotlor« in der Tjumenskaja Pravda, 13. Juni 1971, in: Smorodinskov (Hg.): Neft' i gaz Tjumeni, Bd. 3, S. 55.

13 Aus dem Abschlussreferat der 14. Tjumen'er Parteikonferenz vom 5. März 1971, in: Smorodinskov (Hg.): Neft' i gaz Tjumeni, Bd. 3, S. 37–38; Aus dem Abschlussreferat des Lokalparteikomitees im Jamal-Neneckij Okrug vom 13. Februar 1971, in: Smorodinskov (Hg.): Neft' i gaz Tjumeni, Bd. 3, S. 26.

Erleichterung in dieser angespannten Situation sollte durch die Fertigstellung der Pipeline in westlicher Richtung ins Volga-Ural-Gebiet und die Fertigstellung einer weiteren Pipeline in die europäischen Regionen, die spätestens 1976 in Betrieb gehen sollten, erlangt werden.[14]

Der bisher unzureichend organisierte Abtransport der Tjumen'er Ressourcen und fehlende Kalkulationen für die Raffinerien riefen die Eliten aus den alten Förderregionen westlich des Ural auf den Plan, in ihren Angelegenheiten aktiv zu werden. Im März 1971 veröffentlichte die *Pravda* einen Artikel von Nikolaj Alekseevič Mal'cev, dem Vorsitzenden von Perm'neft' und späterem Erdölminister. Der Autor unterstützte die Direktiven des 24. Parteitags der KPdSU, welche eine intensivierte Förderung in den alten ausgebauten Regionen vorsahen und die Konzentration auf Explorationsarbeiten im Norden des europäischen Landesteils sowie auf den westlichen Ural anordneten. Der Autor führte für eine solche Richtung der Arbeiten die altbekannten Argumente an. Dieses Vorgehen, so Mal'cev, sei richtig gewählt, da die Transportwege in die Weiterverarbeitungsanlagen kürzer und vor allem schon vorhanden seien. Der Nachteil an der Rohstoffgewinnung in diesen Regionen sei, dass man hier sehr tief bohren müsse, was wiederum sehr aufwändig sei.[15] Damit verfiel er in einen Tenor, den noch einige Manager der Erdölindustrie in der kommenden Zeit anstimmen sollten.

Ganz andere Töne ließ hingegen der Minister für Geologie vernehmen. Ungeachtet der technischen und materiellen Probleme erklärte Sidorenko Westsibirien zur größten Erdölbasis des Landes, wo 1980 so viel Öl gefördert werden könne wie 1971 im gesamten europäischen Teil. Wie auch die Westsibirienlobbyisten in Tjumen' entwarf der Geologe im Gegensatz zu den Strategien des Gosplan eine Energievision für den Norden Westsibiriens, die auf den noch unter dem polaren Erdgas zu entdeckenden Ölressourcen fußte. Das wertvolle Rohöl werde man über den nördlichen Seeweg abtransportieren können. Gleichzeitig sollte auch der weitere Norden genauer untersucht werden, man hoffte auf Metallfunde im Norden der angrenzenden Region Krasnojarsk, was eine energetische Verbindung mit dieser Region und die Umsetzung eines Komplexprogramms wahrscheinlich machen würden. Auch beim Erdgas befürwortete das Mingeo eine Ausbeutung des Gases in Nordsibirien und der Komi ASSR, da nach Ansicht des Geologieministers der hohe Sulfit-

14 Brief des Tjumen'er Lokalkomitees an den Vorsitzenden des Gosplan SSSR N. Bajbakov, 4. März 1971, in: Smorodinskov (Hg.): Neft' i gaz Tjumeni, Bd. 3, S. 35–36.

15 Mal'cev, N.: Neft' Prikam'ja, in: Pravda 75, 16.03.1971, S. 3.

gehalt des Erdgases die Produktion in Orenburg ohnehin ausbremse.[16] Sidorenkos Prognosen über das nordsibirische Erdöl sollten sich in Zukunft als falsch erweisen. Eine Unionskonferenz zu den Problemen griff die Idee eines umfassenden Rekognoszierungsprogramms 1971 auf. Die Teilnehmenden der Sitzung erachteten es als notwendig, schnellstens ein Komplexprogramm für Such- und Erkundungsarbeiten in Westsibirien aufzustellen. Daran mitarbeiten sollten Institute des Mingeo, der Akademie der Wissenschaften und des Ministeriums für Hoch- und Fachschulwesen der UdSSR. Ferner wurde beschlossen, beim Westsibirischen Forschungsinstitut für geologische Erdölerkundung einen wissenschaftlichen Rat zu gründen, in dem alle entsprechenden Einrichtungen vertreten sein und alle wissenschaftlichen Arbeiten koordiniert werden sollten.[17]

Die Regierung stand solchen Explorationsprogrammen kritisch gegenüber. Beeinflusst von den Äußerungen Mel'nikovs und des GKNT erwähnte Kosygin die Öl- und Gasindustrie auf dem 24. Parteitag der KPdSU, der vom 30. März bis zum 9. April 1971 in Moskau tagte, nur am Rande: »Die reichen Tjumen'er Lagerstätten versorgen vollständig die wachsende Wirtschaft Sibiriens und des Fernen Ostens mit Öl. Noch vor nicht allzu langer Zeit wurde das Öl aus dem Westen nach Sibirien geleitet, und jetzt leitet Sibirien selbst einen Teil seiner Erdölressourcen durch die Pipelines sowohl nach Westen als auch nach Osten.«[18]

Doch die ungewissen Aussichten der sowjetischen Öl- und Gasindustrie hatten den Premier bereits vorsichtig werden lassen, was große Verheißungen anging. Stattdessen folgte der Ministerratsvorsitzende Aleksej Kosygin den Beratern aus dem GKNT und verkündete für den 9. Fünfjahresplan ein neues Atomenergieprogramm, welches ebenfalls anlässlich des Parteitags der KPdSU am 6. April 1971 verlesen wurde. Neben den schon fast mantraartig wiederholten Worten, dass die Schwerindustrie immer noch die wirtschaftliche Macht darstelle, unterstrich Kosygin, dass die Atomkraftwerke 12 Prozent des Brennstoffzuwachses liefern sollten. Im 9. Fünfjahresplan werde das Land mit der Verwirklichung eines großangelegten Programms zur Errichtung von Atomkraftwerken mit einer Gesamtkapazität von 30 Millionen Kilowattstunden im europäischen Teil des Landes beginnen. Die neue Politik sollte zuungunsten der Kohleindustrie gefahren werden, deren Budget um 3 Milliarden Rubel sinken sollte, denn der Erdölexport war weiterhin das einträglichste Außenhandelsgeschäft, welches die Sowjetunion

16 Sidorenko, A.: Bogatsva nedr – na službu ėkonomike, in: Pravda 56, 25.02.1971, S. 3.
17 Zitat: Baibakow: Sache des Lebens, S. 394.
18 Aus dem Vortrag des Ministerratsvorsitzenden A. Kosygin auf dem 24. Parteitag vom 6. April 1971, in: Smorodinskov (Hg.): Neft' i gaz Tjumeni, Bd. 3, S. 43.

hatte.[19] Mittlerweile sei nun aber auch die Maschinenbauindustrie auf ein Atomprogramm vorbereitet worden. Abgesehen von der oben genannten Aussage hielt sich Kosygin bei der Erwähnung der Kohlenwasserstoffe offensichtlich zurück: Zwar sollten zur Ölgewinnung die neuen Vorkommen in Tjumen' und Mangyšlak erschlossen werden, jedoch entsteht der Eindruck, dass Tjumen' dabei eigentlich keinerlei besondere Priorität genoss. Auch bei der Gasförderung nannte Kosygin zunächst Orenburg und Komi und sprach erst an dritter Stelle von Tjumen'.[20]

Stattdessen äußerte sich Kosygin nun wieder zu den bereits erschlossenen Regionen, die maßgeblich für die Förderung der im Plan festgelegten 480–500 Millionen Tonnen Erdöl und 300–320 Milliarden Kubikmeter Erdgas verantwortlich sein sollten. Auch bei dem geplanten Einsatz von Großröhren wollte man sich im 9. Fünfjahresplan auf Durchmesser von 1400 Millimeter beschränken, da sich größere Durchmesser als unrentabel erwiesen hatten.[21]

Mit dem Schwerpunkt des 9. Fünfjahresplans auf den Reserven der alten Förderregionen im europäischen Landesteil war die Aufgabe des Westsibirienprojekts als eines Lückenbüßers für den Produktionseinbruch im Westen bestätigt worden. Doch schon im Sommer 1971 meldeten die Produktionsvereinigungen aus dem Volga-Ural-Gebiet, dass die Lage in den bisher boomenden Ölfeldern der Nachkriegsoffensive sehr angespannt sei. Für das Jahr 1971 könne die Förderung dort noch stabilisiert werden, jedoch nur unter Anhebung der Explorationsbohrungen und mit zusätzlichen Kapitalinvestitionen. Doch der stets forcierte Förderzuwachs werde trotz allfälliger Maßnahmen deutlich sinken; den Zuwachs im Industriezweig könnten dementsprechend nur die neuen Regionen – mit anderen Worten Westsibirien und Zentralasien – gewährleisten, indem sie 90 Prozent des Zuwachses stellten. Doch auch diese Planung schien exaltiert, denn ganze 29 Millionen Tonnen Öl sollten zusätzlich aus Beständen stammen, die noch nicht endgültig bestimmt worden waren. Die Ausführungen des Ministerrats bekräftigten diejenigen des Minnefteprom zum 9. Fünfjahresplan vom 25. September 1970.[22]

---

19 Beispielsweise verdiente die UdSSR mit dem Erdölexport 1974 2,6 Milliarden Dollar. Diese Einnahmen waren stark abhängig vom Erdölpreis, im Jahr 1974 profitierte die Sowjetunion vom hohen Erdölpreis, in: GOLDMAN: The enigma of Soviet petroleum, S. 93–96.

20 KOSSYGIN, A.N.: Die Direktiven des XXIV. Parteitags der KPdSU zum Fünfjahresplan für die Entwicklung der Volkswirtschaft der UdSSR in den Jahren 1971–1975, Moskau 1971, S. 30–33.

21 Beschluss des 24. Parteitags der KPdSU vom 9. April 1971, in: ČERNENKO, K.U./SMIRTJUKOV, M.S.: Rešenija Partii i Pravitel'stva po chozjajstvennym voprosam, Bd. 8: 1970 g. – fevral' 1972 g., Moskau 1972, S. 369.

22 »Über den Plan für die Entwicklung der Erdölwirtschaft 1971–1975 und für 1972« durch den Ministerrat vom 15. Juni 1971, in: GARF, f. 5446, op. 105, d. 433, ll. 1–4.

Die schlechten Nachrichten aus dem westlichen Landesteil nutzte der Tjumen'-Lobbyist Bogomjakov als Grundlage für eine Rede vor dem Obersten Rat. Er plädierte dabei für eine Aufstockung der Erdölförderung auf 400–500 Millionen Tonnen und eine Gasförderung auf 300–400 Milliarden Kubikmeter in den kommenden 12 bis 15 Jahren, ebenso wie für ein Standortprojekt für die Metallindustrie im Nordural, wo Metallvorkommen aufgespürt worden waren, die mithilfe des Erdgases und der Elektroenergie aus Westsibirien abgebaut werden könnten. Zudem sollten auch die wenig beachteten Industriezweige Westsibiriens – die Holz- und Lebensmittelindustrie – endlich größere Aufmerksamkeit erhalten, um das große Versorgungsproblem der neu ankommenden Arbeitskräfte zu lösen. Als Argument führte Bogomjakov an, dass sich die dafür notwendigen Investitionen am Anfang noch innerhalb von zwei Jahren und in der Zukunft innerhalb von einem Jahr amortisieren würden. Die Automatisierung der Polarindustrie erklärte Bogomjakov zur Priorität.[23]

Ungeachtet des anhaltenden Pessimismus der Spezialisten in den Ölfeldern wurden die Lobbyisten nicht müde, den angeblich bereits erreichten hohen Mechanisierungs- und Automatisierungsgrad von 70 Prozent sowie die komplexe Automatisierung der Ölfelder Ust-Balyk und Trechozernoe zu unterstreichen. Der bis dato entstandene Energiekomplex zeige nicht nur »beträchtliche« Arbeitsergebnisse, sondern biete auch »riesige Möglichkeiten und Reserven für eine noch schnellere Entwicklung der Erdöl, Erdgas- und Chemieindustrie«, wenn man endlich ebenjene Lagerstätten abbaue, die man schnell ans Netz bringen könne.[24]

Die angespannte Lage und die im Gegensatz dazu euphorischen Stimmen aus Tjumen' spitzten die Diskussionen in Moskau abermals zu und veranlassten die Planer dazu, Tjumen' als kurzfristigen Rettungsanker des laufenden Fünfjahresplans einzusetzen, ohne dabei aber eine komplexe Entwicklung der Region ernsthaft in Angriff zu nehmen. Als Staatsplaner Bajbakov darüber in Kenntnis gesetzt wurde, dass die Ölförderung in den alten Förderregionen im Kaukasus »äußerst unbefriedigend«[25] sei, meldete er im Mai 1972 an Premier Kosygin,

23 Aus der Rede des Stellvertretenden Vorsitzenden des Tjumen'er Lokalkomitees, G. P. Bogomjakov, im Obersten Sowjet der RSFSR, 30. Juli 1971, in: Smorodinskov (Hg.): Neft' i gaz Tjumeni, Bd. 3, S. 63–64.

24 Aus dem Referat des Ersten Lokalsekretärs B.E. Ščerbina auf dem dritten Plenum des Lokalkomitees der KPdSU, 24. Januar 1972, in: Smorodinskov (Hg.): Neft' i gaz Tjumeni, Bd. 3, S. 76–77.

25 Brief von N. Bajbakov vom Gosplan SSSR an den Ministerrat der Sowjetunion vom 12. Mai 1972, in: GARF, f. 5446, op. 106, d. 431, ll. 28–29, hier l. 28.

dass die schwächelnde Gewinnung von Rohöl in Baku nur durch eine Anhebung der westsibirischen Förderung ausgeglichen werden könne. In dem Schreiben beschuldigte Bajbakov darüber hinaus das Mingazprom, den ihm auferlegten Bau- und Montagearbeiten im Downstreamsektor der Gas- und Ölindustrie – wie auch schon im vergangenen Jahrzehnt – immer noch nicht gerecht zu werden. Stattdessen müssten immer wieder andere Bauorganisationen wie das Ministerium für den Industriebau (Ministerstvo promyšlennogo strojtel'stva, kurz Minpromstroj) oder Glavtjumenneftegaz diese übernehmen. Diese Kapazitäten fehlten in der Erdölindustrie an anderer Stelle und der Ausbau der Infrastruktur und die Inbetriebnahme neuer Ölfelder bleibe entsprechend zurück.

In der nun zwischen den Ministerien, dem Ministerrat und dem Gosplan folgenden Debatte weigerte sich das Unionsministerium Minpromstroj, weiterhin den kostspieligen Ausbau der Ölindustrie und deren weitläufigen Anlagen inner- und außerhalb der westsibirischen Ölfelder zu übernehmen. Auch das Transportministerium (Ministerstvo transporta, kurz Mintrans) zog nach. Es verlangte, die Eröffnung der Bahnlinie Tjumen'–Tobolsk–Surgut durch das Sumpfgebiet Westsibiriens auf 1976 zu vertagen. Doch der Gosplan beharrte darauf, dass die für den Öl- und Materialtransport äußerst wichtige Bahnstrecke – wie im 9. Fünfjahresplan vorgesehen – 1975 vollendet werde. In einer Anordnung wollte er die widerspenstigen Tendenzen der Ministerien bezüglich Tjumen' an der Wurzel packen und stellte sogar die Bedürfnisse des Außenhandels kurzfristig für die schnellere Erschließung Westsibiriens zurück: Zwei Verdichterstationen, die in Verhandlungen dem Iran, Syrien oder Ungarn in Aussicht gestellt worden waren, sollten dazu von den Listen des Außenhandelsministeriums entfernt werden und an Glavtjumenneftegaz gehen. Was nun folgte, war ein kurzes Investitionsprogramm in Westsibirien. Der Ministerrat erlegte dem Mingazprom auf, im Umfang von 128 Millionen Rubel in der Region Tjumen' zu investieren. Auch das Minpromstroj wurde aufgefordert, die Infrastruktur der Region Nižnevartovsk um das Ölfeld Samotlor mit mindestens 39 Millionen Rubeln zu unterstützen. Nur die Neueröffnung der Eisenbahnlinie Tjumen'–Tobolsk–Surgut erwähnte der Beschluss nicht, einzig die Eröffnung der Strecke Tobolsk zum Erdölfeld nach Južnyj-Balik für den Arbeitsverkehr im vierten Quartal des Jahres 1973 wurde genannt.[26]

Des Weiteren entschied man sich in Moskau nun, dem unterlassenen Ausbau des Downstreamsektors, der dem Mingazprom über Jahre hinweg angelastet

26 Anordnung des Ministerrats der UdSSR vom 4. Juli 1972, in: GARF, f. 5446, op. 106, d. 431, ll. 65–66.

worden war, durch die Gründung eines neuen Ministeriums zu begegnen. So beschloss der Ministerrat unter dem Vorsitz von Premier Kosygin am 22. September 1972 die Einrichtung des oben erwähnten Minneftegazstroj. Das Ministerium sollte – mit finanziellen Ressourcen ausgestattet – die vom Mingazprom bisher nur unzureichend geleisteten Bauvorhaben übernehmen und das Mingazprom damit entlasten. Der Hauptauftrag des Ministeriums war – neben weiteren Aufgaben – die Inbetriebnahme von Anlagen der Öl- und Gasindustrie unter »strenger Einhaltung der Staatsdisziplin«.[27] Dabei sollte endlich eine hohe Qualität der kommissionierten Anlagen gewährleistet und eine Senkung der Kosten vorgenommen werden.[28] Die Wahl der Vorsitzenden des Ministeriums beeinflusste die Energiepolitik der nachfolgenden Jahre. Zum Vorsitzenden des neuen Ministeriums wurde Aleksej Kortunov ernannt, der bisher diese Arbeiten für das Mingazprom geleitet hatte. Nach dessen Tod im November 1973 wurde der Posten schließlich mit dem bisherigen Lokalsekretär Boris Ščerbina besetzt, dessen persönliches Engagement für Westsibirien bekannt war.

Die vernachlässigten Explorationsarbeiten blieben auch weiterhin ein Thema mit oberster Priorität, doch war von Tjumen' dabei keine Rede. Im November 1972 entschied sich der Ministerrat noch einmal für eine Exploration des europäischen Landesteils zumindest in denjenigen Regionen, in denen man Rohstoffe in tieferen Schichten zu finden glaubte. Auf die Anfrage des Präsidiums des Ministerrats mussten die Ministerien Ende 1972 wiederholt erklären, warum sie die Explorationsarbeiten nicht erfolgreich hatten durchführen können. Als Gründe dafür gaben sie eine unzulängliche materielle und technische Basis, eine sich wenig entwickelnde Technik und auch die Fluktuation der Arbeitskräfte im Sektor an. Der Blick ging auch in dieser Hinsicht in Richtung der USA, die ihre Bohrungen schneller und effektiver setzten. Deshalb wollte die Sowjetunion weitere Bohrröhren aus dem Ausland importieren und sich um den infrastrukturellen Ausbau der Regionen kümmern, um die polaren Regionen Westsibiriens für die Arbeitskräfte attraktiver zu machen. Auch wurden das GKNT und der Gosplan gebeten, zu den negativen Entwicklungen Stellung zu nehmen, indem eine wissenschaftlich-technische Kommission gegründet wurde, der Erdölminister Šašin vorgestellt wurde. Die Kommission wurde damit beauftragt, die Gründe für eine zu geringe Auslastung der bestehenden Pipe-

27 Beschluss über die Status des Ministeriums für den Anlagenbau der Öl- und Gasindustrie durch den Ministerrat vom 27. Juli 1973, in: GARF, f. 5446, op. 107, d. 119, ll. 25–27ob.

28 Bescheid über die Frage der Approbation des Ministeriums für den Anlagenbau der Öl- und Gasindustrie, in: GARF, f. 5446, op. 107, d. 119, l. 24.

lines herauszuarbeiten und die Explorationsarbeiten im westlichen Landesteil erheblich auszuweiten.[29]

Die prekäre Lage in den alten Regionen wurde durch ebensolche Nachrichten aus Tjumen' komplementiert. Ein Beschluss des Büros des Tjumen'er Lokalkomitees attestierte den Explorationsarbeiten ein vollkommenes Versagen. Weder setze man moderne Methoden bei den Arbeiten ein noch führe man die Arbeiten an den richtigen Stellen durch. Harte Bodenschätze (*tverdye poleznye iskopaemye*) suche man kaum. Der Geologe Ėrv'e wurde damit beauftragt, ein Programm für die Explorationsarbeiten zu erstellen und dabei besonders diejenigen Ölfelder zu favorisieren, die in langfristiger Perspektive viel produzieren könnten, und diejenigen Lagerstätten, die leicht zu erschließen seien.[30]

Um sich von den Potenzialen der Region, vor allem aber von der Umsetzung des Pipelinebaus für die Erdölindustrie aus Westsibirien ins Zentrum zu überzeugen, die im westlichen Landesteil in die Phase der Regression eintrat, reiste Aleksej Kosygin ein weiteres Mal persönlich in die Region. Er besuchte die Öl- und Gasstädte Nižnevartovsk und Nadym, informierte sich über die Produktion in Samotlor und Medvež'e, besuchte die Surguter GRĖS. Begleitet wurde er von seinem Stellvertreter Venjamin Emmanuilovič Dymšic, den Ministern der Energieindustrie und dem Tjumen'er Lokalkomitee.[31] In seinen Memoiren erinnert sich Jurij Petrovič Batalin, der 1972 zum Ersten Stellvertreter des neuen Ministeriums für Anlagenbau ernannt wurde, dass der Grund für Kosygins Reise die sichere Eröffnung der neuen Ölpipeline gewesen sei, die 18 Millionen Tonnen Öl ins Zentrum liefern sollte: »Aleksej Nikolajevič [Kosygin] maß der neuen Pipeline eine riesige Bedeutung zu. Eine riesige! Warum? Weil dem Plan nach ab 1973 18 Millionen Tonnen Öl durch die Pipeline bereitgestellt werden sollten. Die Pipeline sollte im Juni in Betrieb genommen werden. [...] Ohne diese Pipeline wäre die ganze Brennstoffbilanz zusammengebrochen. Die Auf-

29 Bescheinigung zu den Vorträgen der Ministerien, in: GARF, f. 5446, op. 107, d. 433, ll. 151. Siehe hierzu auch: Sitzung des Präsidiums des Ministerrats vom 29. November 1972, in: RGAĖ, f. 9480, op. 9, d. 1882, ll. 2–3.

30 Beschluss des Tjumen'er Lokalkomitees »Über die Arbeit von Glavtjumen'geologija bei der Effizienz der Explorationsarbeiten«, 4. Oktober 1972, in: Smorodinskov (Hg.): Neft' i gaz Tjumeni, Bd. 3, S. 116–117.

31 Artikel »Aufenthalt des Genossen A.N. Kosygin in der Oblast Tjumen« in der Tjumenskaja Pravda vom 14. Januar 1973, in: Smorodinskov (Hg.): Neft' i gaz Tjumeni, Bd. 3, S. 134; Artikel »Genosse A.N. Kosygin in Tjumeni« in der Tjumenskaja Pravda vom 16. Januar 1973, in: Smorodinskov (Hg.): Neft' i gaz Tjumeni, Bd. 3, S. 134–135; Burdett: Oil Resources in Eastern Europe and the Caucasus, Bd. 8, S. 397–403.

gabe war – auf jeden Fall in Betrieb nehmen.«[32] Dass der Bau der Pipeline ins Hintertreffen geraten war, habe vor allem daran gelegen, so Batalin, dass sich die Gasförderung damals auf Zentralasien konzentriert und die Erdölindustrie in Westsibirien ebenfalls zu wenig Aufmerksamkeit erhalten habe.

Umso erstaunlicher ist es, dass die vielen Berichte zusammengenommen keine eindeutige Linie erkennen lassen und vorerst nur von der Vorsichtigkeit ihrer Initiatoren geprägt waren. Im Juni 1973 fasste ein Bericht über die Anhebung der Explorationsbohrungen die Lage und Strategie in Westsibirien so zusammen, dass zunächst die südlichen Ölfelder am mittleren Ob' erschlossen werden sollten. Mit dem Mingeo einigte sich der Gosplan auf eine Polarmission zur Ausweitung der Erkundungsarbeiten im Fernen Norden. Doch etwas änderte sich mit dem Bericht von 1973, nämlich die Pläne, den westlichen Landesteil weiter zu erkunden und aktiv zu fördern. 1975 sollten 135–145 Millionen Tonnen Öl gefördert werden, bis 1980 300 Millionen Tonnen. Jedoch, so der Bericht, würden diese Niveaus nur erreicht werden können, wenn man schrittweise auch die Förderung im Norden anhebe. Wichtig sei zu beachten, dass die Erdöl- und Erdgasgewinnung nach 1980 von den nördlichen Regionen getragen werde. Denn es hatte sich herausgestellt, so gaben Staatsplaner Bajbakov und Geologie-Minister Sidorenko zu, dass die Produktionssteigerung in Zentralasien nicht in dem Umfang möglich war, dass sie die sowjetische Öl- und Gasförderung über das Jahr 1980 hinaus hätte retten können. Eine notwendige Folge sollte sein, dass auch das Mingeo seine Explorationsarbeiten besonders an den Ufern der Karasee und in tieferen Schichten ausweiten sollte. Damit wurde es im Speziellen für die Erkundung des Nordens auserwählt. Über eine Anordnung des Ministerrats bekam das Mingeo für seine Arbeiten in der Polarregion mehr Equipment und finanzielle Mittel zugeteilt.[33]

Am selben Tag schloss sich das Mingeo den Forderungen teilweise an und deutete an, sich nun auf die Arbeiten in Sibirien, aber auch im Fernen Osten konzentrieren zu wollen. Den westlichen Landesteil habe man bereits genügend erforscht und man sei dort ohnehin nicht fündig geworden. In zahlreichen Regionen im westlichen Landesteil, unter anderem Moldawien und Lettland, wurden weitere Rekognoszierungen im Sommer 1973 kategorisch ausgeschlossen, um Ressourcen zu sparen. Stattdessen sollte die Lagerstätte

32 Andrijanov: Kosygin, S. 242–243.

33 Brief von N. Bajbakov und A. Sidorenko vom 14. Juni 1973 an den Ministerrat über Maßnahmen zur Ausweitung von der Ölexploration in der Oblast Tjumen, in: GARF, f. 5446, op. 107, d. 825, ll. 1–2.

Fedosovskoe in Westsibirien bis zum Ende erforscht werden. Zudem sollte die Erforschung der Meere nun eine größere Rolle spielen. [34]

Staatsplaner Bajbakov und der Stellvertretende Ministerpräsident Dymšic wollten sogar noch weiter gehen. Im August 1973 wurde der Ministerrat mit einer Anfrage seitens der beiden Staatsakteure konfrontiert, die bei den geologischen Kategorien der Lagerstätten eine Veränderung erwirken und deren beschleunigte Erschließung garantieren wollten. Bajbakov und Dymšic wollten nun eine schnellere Inbetriebnahme von kleinen Erdöllagerstätten der noch wenig prognostizierten Kategorie C1[35] mit einer Jahresproduktion von bis zu 25 Millionen Tonnen und Gaslagerstätten entlang bereits bestehender Trassen erwirken, die mit geringem Aufwand an bestehende Infrastruktur angeschlossen werden konnten. Das Projekt sollte die bürokratisch langwierigen Prozesse um die Prospektion von Lagerstätten verkürzen, die sich meist über Jahre hinzog und schon oftmals kritisiert worden war. In der Folge der beschleunigten Erkundungen sollten die Explorationskräfte des Mingeo flexibler eingesetzt werden und so auch zu schnelleren Entdeckungen in anderen Regionen führen.[36] Des Weiteren sollten auch die Arbeitskräfte des Minnefteprom wieder vermehrt für Explorationsarbeiten, die dann bereits während der industriellen Inbetriebnahme stattfanden, eingesetzt werden können.[37] Im folgenden Beschluss kam der Ministerrat diesen Wünschen nach.[38]

Die Bitten, insbesondere die um die Explorationen im Fernen Norden, schienen den Ministerrat grundsätzlich zu überzeugen und so bereitete er einen Entwurf für eine Anordnung der Regierung vor, die die bisherigen Pläne für 1974 kurzfristig abändern sollte. Der Entwurf sah tatsächlich vor, dass die Explorationen in zwei Regionen der westsibirischen Karasee ausgeweitet wer-

34 Stenogramm der Sektion für Öl- und Gasgeologie des Ministeriums für Geologie vom 19. Juni 1973, in: RGAĖ, f. 9571, op. 8. d. 2531, ll. 1–69. Zunächst wurde auf das Kaspische Meer fokussiert, zumal die Sowjetunion bei der Herstellung eigenen Offshore-Equipments scheiterte. In: Gustafson: Crises amid plenty, S. 213. Dies beobachtete man auch im Ausland. In: Konzeptpapier des Foreign Office über »Sowjetisches Erdöl: die kommerziellen und industriellen Aspekte«, undatiert, wahrscheinlich Juli–September 1973, in: Burdett: Oil Resources in Eastern Europe and the Caucasus, Bd. 8, S. 365–393, hier S. 384–388.

35 Zu den geologischen Kategorien siehe Kapitel 5.

36 Brief von Bajbakov und Dymšic an den Ministerrat vom 25. September 1973, in: GARF, f. 5446, op. 107, d. 282, ll. 1–2.

37 Zusammenfassung des Briefes an den Ministerrat vom 28. September 1973, in: GARF, f. 5446, op. 107, d. 828, ll. 5–6.

38 Beschluss des Ministerrats »Über Änderungen in der Ordnung zur Einführung in die industrielle Produktion von entdeckten Öl- und Gaslagerstätten«, in: GARF, f. 5446, op. 107, d. 282, l. 7.

den sollten, wo man sich weitere große Funde erhoffte.[39] Jedoch meldete sich das Minnefteprom kurze Zeit später zu Wort, nachdem es nach eigenen Angaben nicht um seine Meinung zu den neuen Aktivitäten in der Polarregion gebeten worden war. Es forderte, das Gaskondensat aus den Planungen auszuklammern, da dies einen zusätzlichen Aufwand bedeute. Ebenso kämpfte das Ministerium um die Senkung der Fördermengen im Namen seiner Projektierungsorganisationen und der Tjumen'er Produktionsvereinigung Glavtjumenneftegaz. Lediglich eine Förderung von 250 Millionen Tonnen Erdöl bis 1980 hielt das Ministerium unter den gegebenen Umständen noch für realistisch, wobei in diese schon die Förderung aus bisher nicht entdeckten Lagerstätten einberechnet war.[40] Auch im Ausland nahm man die Zweifel der Erdölindustrie an einem neuen Investitionsprogramm gerade in Sibirien deutlich wahr und gab auch hier zu bedenken, dass der Ausbau des Erdölsektors zweifelsohne große gesamtwirtschaftliche Folgen hätte, die sich negativ auf die Investitionen in andere Branchen auswirken könnten.[41]

Die Erdölindustrie hingegen suchte nun einen Ausweg, der weniger aufwändig zu sein versprach und dennoch die Versorgungssicherheit des westlichen Landesteils und die Zufriedenstellung der Exportvereinbarung zu erlauben schien. So versuchte das Minnefteprom eine Senkung der Planziffern in Tjumen' zu erreichen und sich auf einen anderen Standort zu fokussieren: die Komi ASSR. Nach mehreren großen Ölfunden hofften sowohl die lokalen Autoritäten als auch Verantwortliche des Minnefteprom und des Gosplan in Moskau die Polarregion westlich des Ural zu einem weiteren Erdöleldorado zu machen, wozu sie sogar Erdölingenieure aus Westsibirien abzogen und in die Komi ASSR versetzten, wie etwa den Neftjanik Lev Čurilov. Doch 1973, als Lev Čurilov zum Vorsitzenden der lokalen Produktionsorganisation Komineft' ernannt wurde, hatte diese die Planziele der vergangenen Jahre nicht erreicht und war daher finanziell geschwächt.[42]

---

39 Entwurf eines Beschlusses, in: GARF, f. 5446, op. 107, d. 825, ll. 3–4.

40 Brief des Stellvertretenden Ölminister Mal'cev an den Ministerrat vom 26. Juni 1973, in: GARF, f. 5446, op. 107, d. 825, ll. 9–10.

41 Konzeptpapier des Foreign Office über »Sowjetisches Erdöl: die kommerziellen und industriellen Aspekte«, undatiert, wahrscheinlich Juli–September 1973, in: Burdett: Oil Resources in Eastern Europe and the Caucasus, Bd. 8, S. 365–393, hier S. 376–377.

42 Die Mittel aus Moskau, so der Funktionär Tchurilov, wurden den Produktionsorganisationen entsprechend des Verhältnisses der tatsächlichen Produktion zu den Planvorgaben zugesprochen. Da die Produktionsvereinigung Komineft' seine Planziele in den vergangenen Jahren kaum erreicht hatte, war sein Budget entsprechend zurückgefahren worden. Tchurilov: Lifeblood of empire, S. 151.

Als Reaktion versuchten einige Funktionäre des Minnefteprom die – ihrer Meinung nach – unrealistischen Produktionsziele wieder zu senken. 1973 mussten die Produktionsmengen für Usinsk auch offiziell korrigiert werden, denn nach weiteren Bohrungen stellte sich heraus, dass die Lagerstätte sehr fraktioniert war. Doch die Geologieabteilung des Minnefteprom weigerte sich, die Zahlen offiziell zu korrigieren, in der Hoffnung, dass zwei neue Funde die überhöhten Planziele in Usinsk ausgleichen könnten. In den folgenden zwei Jahren gelang es erfolgreich, die unschönen Fakten vor der politischen Führung in Moskau zu vertuschen. Kurz vor einer Reise in die Komi ASSR mit den wichtigsten Persönlichkeiten der Energiepolitik hatte Kosygin für den 10. Fünfjahresplan einen Beschluss unterschrieben, dessen Produktionsziele diejenigen von 1973 um das Vierfache überstiegen. Das von einem ehemaligen GULag-Aufseher autoritär geführte Obkom der Komi ASSR hatte bisher jede Zurücknahme der hohen Produktionsziele verweigert und seine Lobbyisten hatten stattdessen damit geworben, in Zusammenhang mit der aufstrebenden Ölindustrie auch die Bauxitvorkommen in der Region abbauen zu können und so eine Unabhängigkeit von nigerianischen Importen zu erreichen. Doch in der folgenden Diskussion schlossen sich ranghohe Minister Čurilovs Ausführungen zur Senkung der Produktionsziele an. Kosygin, nun in einer schwierigen Position, deutete die Revision des von ihm unterzeichneten Beschlusses an.[43]

Besorgt um die Erfüllung des 9. Fünfjahresplans, die sich an allen Fronten als schwierig erwies, entsandte die Moskauer Parteispitze den ZK-Sekretär Dolgič im November 1973 zu einem Besuch nach Tjumen'. Der Lokalvorsitzende Boris Ščerbina präsentierte bei dieser Zusammenkunft ein wie gewohnt positives Bild der Region und mahnte lediglich an, neben dem Aufbau eines Wirtschaftskomplexes auch die Explorationsarbeiten nicht zu vergessen.[44] Die Wirtschaftsmanager präsentierten ein anderes Bild der Region. Aus einer Rede von Ėrv'e geht hervor, dass man den Erdölplan zwar übererfüllt, dass aber eigentlich nur die Gasressourcen einen wirklichen Zuwachs erlebt hatten.[45] Sehr viel konkreter wurde sein Kollege Jurij Borisovič Fain von Glavtjumenneftegaz. Er fasste zusammen, dass der große Anstieg der Tjumen'er Förderung vor allem deshalb stattgefunden hatte, weil man die größten und am einfachsten zugänglichen Lagerstätten erschlossen hatte. Doch die schnelle Anhebung der Förde-

43 Tchurilov: Lifeblood of empire, S. 149–154.

44 Aus dem Vortrag von Boris E. Ščerbina bei einer Sitzung am 22. November 1973, in: Smorodinskov (Hg.): Neft' i gaz Tjumeni, Bd. 3, S. 178–180.

45 Auftritt vom Vorsitzenden von Glavtjumengeologija, Ju. G. Ėrv'e, am 22. November 1973, in: Smorodinskov (Hg.): Neft' i gaz Tjumeni, Bd. 3, S. 180–182.

rung zeigte bereits jetzt ihre Folgen. Schon gegenwärtig habe die Förderung an sechs Lagerstätten ihr Produktionsmaximum erreicht und alle anderen bisher in Produktion gegangenen Lagerstätten würden zwischen 1976 und 1980 ihr Fördermaximum erreichen. Danach werde auch ihre »planmäßige Senkung der Förderung« eintreten. Damit Glavjumen'neftegaz überhaupt mit einem Förderzuwachs rechnen könne, müssten noch im 9. Fünfjahreplan, das heißt bis 1975, 3 weitere Lagerstätten in Produktion gehen, im kommenden Fünfjahresplan ganze 16 der bisher entdeckten und produktivsten. Zudem müssten weitere, wirklich produktive Lagerstätten entdeckt werden, um langfristig eine stabile Förderung zu garantieren. Er forderte von Glavtjumen'geologija nicht nur, wirtschaftlich relevante Lagerstätten hoher Kategorie zu erschließen, sondern auch die kaum prognostizierten Lagerstätten der Kategorie C2 an Glavjumen'neftegaz zu übergeben, damit diese schnell weiter sondiert werden könnten.[46]

In den letzten zwei Monaten des Jahres 1973 überschlugen sich die Ereignisse in Tjumen' fast. Im Beschluss des Surguter Stadtkomitee vom 28. November wurde verfügt, in der Region die größte Erdölbasis des Landes einzurichten und die Erdölgewinnung in drei »perspektivenreichen« Lagerstätten zu beginnen.[47] Das Mingeo zog nun vollständig nach: Mitte November 1973 entschied es sich endgültig für die Ausweitung der Explorationsarbeiten in Tjumen' bis 1980.[48] Nachdem am 7. Dezember 1973 die Regionalzeitung *Tjumen'skaja Pravda* verlautbarte hatte, das Westsibirien die Erdölförderung in Tatarstan überholt habe,[49] bestätigte auch Ölminister Šašin am 15. Dezember 1973 den Kurs der Partei bezüglich der energiepolitischen Richtung auf die Ölförderung. Der Ölminister hob ein weiteres Mal die Bedeutung einer breiten Aufstellung der Ölindustrie hervor, die in den vergangenen Jahren in einigen Regionen ausgebaut worden war. Doch ließ der Minister in der Öffentlichkeit deutlich pessimistische Töne folgen: Besonders die Lagerstätten in den Meersockeln würden ein technisches Knowhow erfordern, welches das Land bisher kaum vorweisen

46 Aus der Rede des Ersten Geologen von Glavtjumenneftegaz Ju. B. Faina vom 22. November 1973, in: Smorodinskov (Hg.): Neft' i gaz Tjumeni, Bd. 3, S. 182–183.

47 Allerdings wurden hier nicht dieselben Lagerstätten wie von Faina genannt. Aus dem Beschluss des Surguter Stadtkomitees »Über Maßnahmen zur weiteren schnelleren Entwicklung der Erdölförderindustrie« vom 28. November 1973, in: Smorodinskov (Hg.): Neft' i gaz Tjumeni, Bd. 3, S. 186–187.

48 Aus der Entscheidung des Kollegiums des Ministeriums für Geologie »Über die Verstärkung der geologischen Arbeiten in der Oblast Tjumen in der Periode von 1974–1980« vom 14. November 1973, in: Smorodinskov (Hg.): Neft' i gaz Tjumeni, Bd. 3, S. 177–178.

49 Artikel »Die Partei hat befohlen – wir haben es gemacht« in der Tjumenskaja Pravda von 7. Dezember 1973, in: Smorodinskov (Hg.): Neft' i gaz Tjumeni, Bd. 3, S. 189–190.

könne. Erste Vorstöße erhoffte sich der Minister für die Ölindustrie Šašin frühestens Mitte der 1980er Jahre.[50] In der Zeitung *Socialističeskaja Industrija* (*Sozialistische Industrie*) erläuterte Šašin im Juni 1974 einer wirtschaftsinteressierten Öffentlichkeit den immer stärker werdenden Druck, der durch den Produktionsabfalls in den alten Regionen auf der Ölindustrie lastete. Dabei war die Lage in Westsibirien selbst äußerst angespannt, denn drei Fünftel der westsibirischen Ölproduktion wurden immer noch einzig von Samotlor gestellt, ebenso wie hier der Produktionszuwachs von Nižnevartovskneft' als auch von Samotlor geleistet wurde.[51]

Nur wenige andere Lagerstätten des »Dritten Baku« waren überhaupt in Betrieb, und die UdSSR musste immer noch weitere 80 Millionen Tonnen Öl mehr fördern, um das Planziel zu schaffen. Doch hatten weder die beiden für den Anlagenbau zuständigen Ministerien noch das Mingazprom die dafür notwendigen Transportkapazitäten einrichten können. Und nicht nur am Material fehlte es einmal mehr: Die Fertigstellung der zwei wichtigen Pipelines aus Westsibirien war längst vollzogen worden, jedoch konnte deren Kapazität durch fehlende Technologien kaum ausgenutzt werden. Die Röhren liefen nicht voll, stattdessen machten sich jeden Tag Tankzüge über lange Distanzen auf den Weg in die Raffinerien, die das Schienennetz zusätzlich überlasteten. Dies war ein äußerst ineffizienter Zustand, ein Missstand, den nun das Ministerium für den Anlagenbau beheben sollte, so hoffte Minister Šašin. Schuld daran war nach Auffassung Šašins besonders das Mingazprom, welches die Anlagen und Pipelines immer noch nicht rechtzeitig fertigstellte. Šašin kritisierte auch das Mingeo, welches seinen Fokus nun weitestgehend auf Sibirien gelenkt hatte und nur in Tjumen' zu weiteren Funden gelangt sei; die Erkundung vielversprechender Regionen in der kaspischen Depression und in Ostsibirien sei allerdings bisher vom Mingeo vermieden worden.[52] In der angespannten Wirtschaftssituation kam das vielbeschriebene sowjetische Branchendenken, welches sich nur an den Zielen der eigenen Institution orientierte, einmal mehr zum Vorschein. In Moskau hingegen beharrte man auf Planerfüllung und Wirtschaftswachstum, ohne vorerst in der Lage zu sein, eine geeignete Strategie zu finden, die sich auch in der Koordination der Projekte widerspiegelte.

---

50 Gustafson: Crises amid plenty, S. 83.

51 »Sie sind über die Ziele des Fünfjahrsplan hinaus« in der Tjumenskaja Pravda, 17. Dezember 1974, in: Smorodinskov (Hg.): Neft' i gaz Tjumeni, Bd. 3, S. 226.

52 Depesche von F.W. Willis, britische Botschaft in Moskau, an G.J.R. Meyer, Eastern European and Soviet Department des Foreign Office über die sowjetische Erdölproduktion, vom 11. Juni 1974, in: Burdett: Oil Resources in Eastern Europe and the Caucasus, Bd. 8, S. 503–504.

In Regierungskreisen und bei den Staatsplanern suchte man jedoch dem Druck vor allem dadurch ausweichen, indem man auf weitere gigantische Lagerstätten in Westsibirien hoffte. So hatte der Gosplan-Chef Bajbakov seinem Ansprechpartner, dem Geologen Farman Salmanov, die für ihn bedeutendste Frage gestellt, als er 1974 Westsibirien bereiste: Gebe es keinerlei neue Entdeckungen von ähnlicher Größe wie Samotlor? Salmanov, in der Regel ein Optimist, wenn es um die geologischen Prognosen und Vorzüge Westsibiriens ging, wies den Gosplan-Vorsitzenden darauf hin, dass dies gegenwärtig nicht das größte Problem sei. Weitaus problematischer sei eben jene Politik, die jahrelang die systematische Erschließung von Lagerstätten jenseits der »Giganten« unterlassen habe, so unter anderem die Erschließung der bereits 1968 in der Polarregion entdeckten Lagerstätte Russkoe.[53]

Angesichts der vom Minnefteprom erklärten Überlastung der Förderung in Westsibirien und der bisher unterlassenen Richtungsankündigungen reiste Kosygin im März erneut persönlich nach Tjumen', um sich über den Lauf der Dinge zu erkundigen, und besuchte auch Wohnsiedlungen und Fabriken in der Oblast Tjumen'.[54] Dabei muss er wiederum auf die Rückstände und Widrigkeiten in der Region aufmerksam geworden sein und forderte wahrscheinlich auch eine Stellungnahme von Erdölminister Šašin ein. Jedenfalls berief dieser am 2. April 1975 eine Sitzung ein, um nochmals konkrete Anweisungen für das Verfahren in Westsibirien zu geben, und ordnete die erneute Entsendung von baschkirischen Spezialisten nach Tjumen' und zahlreiche weitere Maßnahmen an.[55] Die Sibirier selbst kritisierten kurze Zeit später erneut die verpasste weitläufige Inbetriebnahme von Lagerstätten aufs Schärfste. Denn der Ölindustrie Westsibiriens, die in den vergangenen Jahren die Ölproduktion stets vorteilhaft hatte erscheinen lassen, drohte in den kommenden Jahren durch falsches methodisches und technisches Vorgehen ein eklatanter Einbruch. Dies betraf insbesondere Samotlor, welches stärker automatisiert war als viele andere Lagerstätten und welches man bisher dazu benutzt hatte, die sinkende Förderung im Land auszugleichen; die Neftjaniki fürchteten nun aber, dass man Samotlor zu extensiv ausbeute.[56]

---

53 Kubšinov: Neftjanye gorizonty, S. 174.

54 »Genosse A.N. Kosygin in der Oblast Tjumen'« Information der Zeitung Tjumenskaja Pravda vom 7. März 1975, in: Smorodinskov (Hg.): Neft' i gaz Tjumeni, Bd. 3, S. 241–242.

55 Sitzungsprotokoll des Erdölministeriums vom 2. April 1975, in: RGAĖ, f. 70, op. 1, d. 5597, ll. 4–8.

56 Zur Automatisierung: »Die Ölmänner der Oblast: Sie schafften den Fünfjahresplan« – Informationen der Tjumenskaja Pravda vom 16. September 1975, in: Smorodinskov (Hg.): Neft' i gaz Tjumeni, Bd. 3, S. 255.

So kritisierte Bogomjakov, der seit der Berufung Ščerbinas zum Minister für den Anlagenbau in Moskau den Posten des Lokalkomiteevorsitzenden in Tjumen' innehatte, dass sich die Staatsplaner in Moskau keinerlei Gedanken darüber machten, was in zwei bis drei Jahren sei, wenn Tjumen' nicht mehr nur den Fördereinbruch der anderen Regionen ausgleichen, sondern auch seine eigene Förderung nicht stabil halten könne. Man habe bisher keinerlei Ansätze für langfristige Pläne, genauso wenig wie Konzepte für eine Finanzierung westsibirischer Projekte. Die einzige Antwort, die der Gosplan bisher gehabt habe – so hieß es in einem *Pravda*-Artikel –, sei eine Anhebung der Ölförderung auf 150 Millionen Tonnen gegenüber den 100–120 Millionen Tonnen, die andere forderten, was die lokalen Wirtschaftsfachleute und Ölmänner angesichts der 1975 geleisteten Förderung von 87 Millionen Tonnen aber schlichtweg ablehnten. Die Geologen hingegen nahm der Autor des *Pravda*-Artikels in Schutz und übte gleichzeitig Druck auf die Politik aus. Diese würden häufig kritisiert, dass sie ihrer Arbeit nicht ausreichend nachgehen würden. Das stimme auch, allerdings hätten diese auch nur ein kleines Kollektiv für eine riesige Region und kaum die notwendige Technik, von anderen Annehmlichkeiten ganz zu schweigen. Auch habe man nicht nur im Gosplan, sondern auch in anderen Moskauer Zentralen der Ministerien das Gefühl, dass man in Bezug auf den Aufbau einer Förderbasis am mittleren Ob' schon das meiste erledigt habe. Selbst das Lokalkomitee vertrete diese Meinung. Dennoch müsse man sehr viel mehr Lagerstätten in Betrieb nehmen. Ein weiteres Problem seien der Transport, der Bau jeglicher Infrastruktur und vor allem auch die Saisonarbeit, die überwunden werden müsse. Denn bisher würden die Ölmänner nur im Winter arbeiten. Die Förderung in der westsibirischen Ebene werde in den kommenden Jahren erheblich teurer. Der Komplexplan, der bisher ausgearbeitet worden sei, müsse dringend überholt und verbessert werden.[57]

Diese Kritik, die wohl auch aus der Feder der Wirtschaftsfachkreise stammte, könnte erklären, warum Ölminister Šašin am 20. August 1975 sein Kabinett zusammentrommelte, um die wichtigsten »akuten Maßnahmen« für die »unentbehrliche« Planerfüllung in Tatarstan abzustimmen, die durch eine Stoßkampagne in der Exploration und vor allem durch die Einrichtung von Explorationsbrunnen erreicht werden sollte.[58] Damit entsprach der Schachzug des Erdölministers dem der üblichen Politik der Ministerien, den finanziellen Aufwand ihrer Projekte so gering wie möglich zu halten. Im europäischen Landesteil lagen die

57 Murzin, A.: Vseld za Samotlorom, in: Pravda 162, 11.06.1975, S. 3.

58 Sitzungsprotokoll vom 20. August 1975, in: RGAĖ, f. 70, op. 1, d. 5597, ll. 15–19.

Erschließungskosten auch von wenig ergiebigen Vorkommen niedriger, da hier schon eine Infrastruktur vorhanden war.[59] Somit wurde auch klar, wie man sich das Vorgehen bezüglich Tjumen's weiterhin vorstellte: Zunächst einmal sollten die geologischen Arbeiten in Tjumen' neue Felder zu Tage fördern, bevor man sich weiter festlegen wollte.[60] Doch der Ministerrat ging zu diesem Zeitpunkt weiter: Am 9. Dezember 1975 wurde der Erlass zum Schutz der Lagerstätten auch für die Tjumen'er Oblast verfügt. Dieser sollte ein vorsichtigeres Vorgehen bei der Erschließung von Erdölfeldern und deren vollständige und sichere Ausbeutung gewährleisten. Auch Glavtjumenneftegaz sollte die Umsetzung des Erlasses nicht nur in Tjumen' vornehmen, sondern in allen Lagerstätten Westsibiriens.[61]

Die Erdölindustrie konnte auch nicht mehr von der Mitteilung beruhigt werden, dass die UdSSR die USA in der Produktion von Erdöl überholt habe und nun weltweit auf dem ersten Platz liege.[62] Stattdessen war die Erdölindustrie am Ende des 9. Fünfjahresplans geschwächt, was durch die wissenschaftlichen Berichte aus dem GKNT und der Energiebranche noch bestätigt wurde und auch auf Premier Kosygin einen großen Einfluss ausübte und zu einem allgemeinen Konservatismus im Erdölsektor führte. Die Probleme in der Erdölindustrie wie auch in anderen Wirtschaftsbranchen waren eklatant. Dass viele Wirtschaftsmanager angesichts der Fülle an Institutionen längst den Überblick über vorhandenes Material und Ähnliches verloren hatten, legt ein Eintrag aus dem Tagebuch des Regierungsberaters Černjaev dar. Darin berichtet Černjaev, dass sich im Januar 1976 die Ölmänner in Tjumen' in einem Brief bei Kirill Trofimovič Mazurov, zu diesem Zeitpunkt der Erste Stellvertreter des Ministerratsvorsitzenden und Politbüromitglied, beschwert hätten, weil sie nicht ausreichend Pelzmäntel und Mützen hätten, obwohl sich nach einem kurzen Telefonat in ein Kombinat in Moldawien herausgestellt habe, dass dort unzählige Pelze lagerten.[63] Diese Episode über die verpasste oder verhinderte

59 Im gesamten Land waren allerdings die Explorationskosten und damit die gesamten Kosten für die Erschließung gestiegen, in: Gustafson: Crises amid plenty, S. 73.

60 Aus dem Abschlussbericht des Kreiskomitees der KPdSU der Parteikonferenz in Chanty-Mansijsk »Über die Entwicklung der Erdöl- und Erdgasindustrie und das Bauwesen im Kreis« vom 20. Dezember 1975, in: Smorodinskov (Hg.): Neft' i gaz Tjumeni, Bd. 3, S. 268–272, S. 271.

61 Aus dem Beschluss Nr. 654 von Glavtjumenneftegaz »Über die Verstärkung des Schutzes der Lagerstätten, die durch Glavtjumennneftegaz ausgebeutet werden« vom 9. Dezember 1975, in: Smorodinskov (Hg.): Neft' i gaz Tjumeni, Bd. 3, S. 267–268.

62 »Das Erdöl Westsibiriens« – Information der Zeitung Tjumenskaja Pravda vom 23. Dezember 1975, in: Smorodinskov (Hg.): Neft' i gaz Tjumeni, Bd. 3, S. 272.

63 Murzin, A.: Vseld za Samotlorom, in: Pravda 162, 11.06.1975, S. 3; Zahlen für Samotlor: Aus dem Abschlussbericht des Kreiskomitees der KPdSU auf der Parteikonferenz in Chanty-Mansijsk »Über die Entwicklung der Erdöl- und Erdgasindustrie und das Bauwesen im Kreis«

Materialzustellung ist nur ein Beispiel dafür, dass Güter und Materialien oftmals den Weg an die Industriestandorte nicht oder nur verspätet fanden. Die Konsequenzen waren schwerwiegend: Die unüberblickbare Koordination einer wachsenden Wirtschaft und die innere Haltung vieler Manager schienen die notwendige Innovation der Branche zu verhindern.

7.2 Die Krise technischer Innovationen

In den frühen 1970er Jahren war offensichtlich geworden, dass die Öl- und Gasindustrie der Sowjetunion nicht nur mit Lagerstätten in den Polarregionen und deren kostenaufwändigen Ausstattung zu kämpfen hatte, sondern mit einem grundlegenden Rückstand in der Einführung und Anwendung technischer Neuerungen, die besonders im Fernen Norden notwendig waren. Dass sich die sowjetische Öl- und Gasbranche in der tiefsten technischen Krise seit dem Zweiten Weltkrieg befand, war auch den sowjetischen Wirtschaftsmanagern bewusst. Seit der Nachkriegsoffensive hatte es keine großartigen technischen Neuerungen mehr gegeben. Auch im Ausland hatte man bemerkt, dass die sowjetische Ölindustrie anfällig für »schlechtes Wetter« war, welches bisweilen zu Produktionsausfällen führte.[64] Mit dem Ausbau der Industrieanlagen und des Pipelinesystems bis in den Fernen Norden wurden auch deren Unzulänglichkeiten immer sichtbarer, denn in der Nachkriegszeit hatte die Sowjetunion sowohl auf das ausländische Equipment oder auf die von ihr bereits erfundene Technik zurückgegriffen und kaum Weiterentwicklungen forciert.

Auf den Turbodrill, den Matvej Alkunovič Kapeljušnikov bereits in den 1920er Jahren erfunden hatte, war man auch in den 1970er Jahren noch stolz, zumal sich dieser während der Öloffensive nach dem Zweiten Weltkrieg bewährt hatte und seriell hergestellt wurde, was eine Umstellung der Driller auf neuere Modelle für die Produzenten der Anlagenindustrie wirtschaftlich unattraktiv machte. So genossen der Turbodrill wie auch andere Techniken der Nachkriegszeit, die eine schnelle Produktionssteigerung erlaubten, wie etwa das Verfahren der Wasserflutung, auch noch in den 1970er Jahren die volle Unterstützung des Staatsplaners Bajbakov. Dabei verschwieg dieser jedoch die Nach-

vom 20. Dezember 1975, in: Smorodinskov (Hg.): Neft' i gaz Tjumeni, Bd. 3, S. 268–272, hier S. 271.

64 Mitschrift eines Gesprächs bei der Konferenz über den sowjetischen Handel und die Technologie an der London School of Economics, Dezember 1969, in: Burdett: Oil Resources in Eastern Europe and the Caucasus, Bd. 8, S. 99–101.

teile der sowjetischen Innovationen. Zwar ließ die Wasserflutung die Gesamtzahl der Bohrungen wesentlich geringer werden und erlaubte damit auch eine Steigerung des Erschließungstempos und eine Zunahme der Erdölförderung, was die Investitionen in die Ausbeutung einer Lagerstätte senkte.[65] Doch die Einpressung von Wasser, eine in den Lagerstätten verwendete Methode der Sekundärförderung, wurde in der Sowjetunion weitestgehend schon in der frühen Gewinnungsphase angewendet, um die Rentabilität der Lagerstätte vermeintlich zu erhöhen. Man baute dabei mit dem Einpressen von Wasser in die Förderschichten, einem weitläufigen Netz von Sonden und mit der gleichzeitigen Förderung aus mehreren Schichten ab. Diese intensive Förderung beeinflusste die Erdölgewinnung jedoch insgesamt negativ.[66]

Wie es um die sowjetische Technik und das technische Niveau bestellt war, wussten die Spezialisten in den Öl- und Gasfeldern sehr genau. Mineralogen, Geographen und ein Offizieller des Gosplan der RSFSR prophezeiten, dass das Ende der bisherigen Bohrtechniken nah sei. Nur noch 35–50 Prozent der Ölfelder könnten mit dieser Methode extrahiert werden; mit den ansteigenden Bohrtiefen, die die Sowjetunion früher oder später in den alten und neuen Förderregionen wie in der nordkaspischen Syneklise zu erwarten hatte, konnte die Turbodrillmethode nicht mehr angewendet werden. Daher ging das Gerücht um, dass die Sowjetunion in den 1970er Jahren ein großes Interesse an den amerikanischen rotierenden Bohrgestängen (*rotary driller*) habe, denn es war nicht klar, ob die Sowjetunion die benötigte Technik selbst entwickeln würde. So sagten westliche Beobachter bereits voraus, dass das sowjetische Interesse an ausländischer Technik neben den Pipelineröhren und anderen Anlagen eher noch steigen werde.[67]

Ein weiteres Problem bei der Kreation neuer Technologien war der fehlende Praxisbezug vieler sowjetischer Wissenschaftler. Während 75 Prozent der Kollegen aus den USA sowohl in der Wirtschaft als auch in der Wissenschaft arbeiteten, waren es in Sowjetunion nur 12 Prozent. Zudem wurde die Wissenschaft auch über die Fünfjahrespläne verwaltet und war damit auf Forschungsprojekte über einen längeren Zeitraum festgelegt. So hatte die Wissenschaft mit

65 Baibakow: Sache des Lebens, S. 190.

66 1979 wurden 89 Prozent des gesamten Öls in der Sowjetunion mit dieser Methode gefördert, in: RGAĖ, f. 9480, op. 12, d. 1185, l. 120. Siehe auch: Čirskov: Žizn' na opereženie, S. 87; Baibakow: Sache des Lebens, S. 368.

67 Konzeptpapier des Foreign Office über »Sowjetisches Erdöl: die kommerziellen und industriellen Aspekte«, undatiert, wahrscheinlich Juli-September 1973, in: Burdett: Oil Resources in Eastern Europe and the Caucasus, Bd. 8, S. 365–393, hier S. 375–376.

der Lösung von alltäglichen Problemen in den Produktionsvereinigungen kaum Erfahrung. Das machte es für die sowjetische Wirtschaft unmöglich, ähnliche Innovationsschübe und Wachstumsraten zu schaffen, wie es den argwöhnisch beobachteten kapitalistischen Ländern gelang.[68]

Andererseits galten die Bedingungen in Westsibirien als neu und herausfordernd, so dass viele Ingenieure und Planer Gefallen am Ausprobieren neuer Technologien fanden wie beispielsweise dem Pipelinebau über Tausende Kilometer lange Strecken. Andere bisweilen abstruse Ideen waren immer größere Röhren, Zeppeline oder die Transformation von Gas in Feststoffe, die in Kapseln transportiert werden konnten. Besonders Gosplan-Chef Bajbakov war bekannt dafür, dass er sich für unterschiedliche Technologien interessierte, doch auch im Ministerium für den Anlagenbau der Öl- und Gasindustrie sowie in der Person von Aleksej Kosygin fanden sich Interessenten derartiger Ideen, die kaum noch in die Realität umsetzbar waren.[69] Bisweilen betrafen die großen Ideen zur Umgestaltung nicht nur die Anlagen der Erdöl- und Erdgasindustrie, sondern dehnten sich auf die zukünftige Gestaltung des ganzen sibirischen Raums aus. Dazu gehörte unter anderem die Idee, die Sümpfe und Seen Westsibiriens großflächig trockenzulegen, was einen massiven Eingriff in das Ökosystem bedeutet hätte. Doch auch ein gegenteiliger Vorschlag war durchaus populär. Dabei schlug Bajbakov vor, in der Oblast Tjumen' ein riesiges Kanalsystem entstehen zu lassen, durch welches der Abtransport der Ressourcen über die Öltanker gewährleistet werden könne.[70] In die Realität umgesetzt wurden diese Ideen wie auch der weitaus bekanntere Davydov-Plan (siehe Kapitel 2) nicht, was eine noch größere Umweltkatastrophe, als ohnehin schon durch leckende Pipelines etc. verursacht, verhinderte. Dennoch war man für die Erdöl- und Erdgasindustrie in Westsibirien besonders auf der Suche nach motivierten wissenschafts- und technikaffinen Kadern. Mit Bezeichnungen wie »Kontinent der Entdeckungen« und »der Zukunft zugewandte Region«, die über die Presse verbreitetet wurden, wollte man immer noch mehr junge und gut ausgebildete Spezialisten für die Arbeit in Westsibirien anwerben.[71]

Auch auf regionaler Ebene versuchte man mit den Herausforderungen einer technischen Erschließung des Fernen Nordens fertig zu werden. Der Geologe und Vorsitzende des Lokalkomitees Bogomjakov und Professor Georgij

68 Goldman: Détente and Dollars, S. 31–33.

69 Baibakow: Sache des Lebens, S. 190.

70 Zacharov, Ju.F.: O nekotorych techniko-geologičeskich problemach osvoenija neftjanych mestoroždenija Zapadnoj Sibirii, in: Izvestija SO AN SSSR (1969) 1, S. 44–47.

71 Baibakow: Sache des Lebens, S. 393.

Sergeevič Migirenko von der Sibirischen Abteilung der Wissenschaftsakademie, hielten 1971 die Abschlussreferate auf der 6. Wissenschaftlich-technischen Konferenz junger Wissenschaftler und Spezialisten in Tjumen'. Besonders gewürdigt wurde die praxisnahe Forschung zur schnelleren Bohrung in Samotlor, zum Weizenanbau im Nordural und zu geologischen Themen. Damit hatten sich die Forschungsthemen – ob sie nun tatsächlich umgesetzt wurden oder nicht – der Praxis angenähert.[72] Hinzu kam, dass in den Polarregionen häufig mit derselben Technik gearbeitet wurde wie in allen anderen Förderregionen. Die Technik »in der nördlichen Ausführung«, das heißt diejenige, die bei der Anwendung in extrem niedrigen Temperaturen nutzbar war, wurde nur selten produziert. Zudem brauchte auch die BAM, das andere große Infrastrukturprojekt der Zeit, diese Technik, so dass die Branchen untereinander oder mit dem Militärsektor beispielsweise um die seltenen Speziallegierungen konkurrierten.[73]

Da die meisten Betriebe für den Anlagenbau der Öl- und Chemieindustrie im sowjetischen Süden beheimatet waren und für gemäßigte Klimazonen produziert hatten, war die Fertigung neuer Technologien eine Herausforderung für diese Betriebe. Jede Neuerung brachte eine aufwändige Umstellung der eigenen Betriebe mit sich und torpedierte die offiziellen Pläne der Fabriken für den Anlagenbau.[74] Zu einer Umstellung waren die Betriebe deshalb kaum bereit, so dass im Fernen Norden technisch vor allem mit den für den Süden üblichen Materialien gearbeitet wurde, was sehr oft zu Unfällen, unter anderem dem Bruch der qualitativ minderwertigen Bohrröhren führte.[75] Bis in die 1980er Jahre wurde der Machinenbauindustrie Versagen unterstellt. So hätten Fabriken wie Barrykady technisches Equipment produziert, das 116 Tonnen wog und in der sumpfigen Taiga vollkommen unbeweglich war.[76]

Zahlreiche Ingenieure auf den westsibirischen Ölfeldern kritisierten den verpassten technologischen Fortschritt. So hieß es aus den Reihen von Glavtjumenneftegaz, dass die Produktion 150 Millionen Rubel pro Jahr für den Kapitalbau bekomme, davon aber keinen einzigen Rubel in die Forschung stecken dürfe.[77] Batalin, der vor der Gründung des Ministeriums für den Anlagenbau der Öl-

72 »Die sechste wissenschaftlich-technische Konferenz«, Tjumenskaja Pravda, 18. Mai 1971, in: Smorodinskov (Hg.): Neft' i gaz Tjumeni, Bd. 3, S. 51.

73 Andrijanov: Kosygin, S. 243.

74 Baibakow: Sache des Lebens, S. 373.

75 Schreiben an den Ministerrat »Über die Resultate der Überprüfung und Vorschläge für die Verbesserung der Organisation von Bohrungsarbeiten nach Erdöl und Erdgas« vom 7. März 1973, in: GARF, f. 5446, op. 107, d. 433, l. 57.

76 Salmanov, F.: Tjumenskie gorizonty, in: Pravda 44, 13.02.1981, S. 3.

77 Filanovskij, V.: Na putjach k Sibirskoj nefti, in: Pravda 285, 11.10.1968, S. 2.

und Gasindustrie als Ingenieur auf den Ölfeldern gearbeitet hatte, unterstrich die Unterfinanzierung des Sektors und insbesondere der Forschung.[78] Dennoch war die Reaktion der Planer und Wirtschaftsmanager in Moskau vor allem, dass man vorerst importierte Technik insbesondere beim Pipelinebau einsetzte, die den Staat teuer zu stehen kam.[79] Insgesamt 905 Millionen Dollar gab die Sowjetunion 1970 für die westliche Technik aus, 1974 waren es schon 2,1 Milliarden Dollar.[80] Doch auch mit der Unterstützung aus dem Ausland sei die notwendige Suprastruktur für den Aufbau einer polaren Ölindustrie »kolossal«.[81] Ein Investitionsprogramm müsse im 10. Fünfjahresplan vollkommen auf dieses Ziel hinarbeiten, wenn man die Hürde nehmen wolle. So sah sich der Gosplan gezwungen, die Investitionen in den Ölsektor im kommenden 10. Fünfjahresplan 1976–1980 anzuheben.

Ein großes Problem blieb die effiziente Auslastung der Pipelines. In den frühen 1970er Jahren hatte die sowjetische Wirtschaft mit dem Ausbau eines Pipelinesystems über 13.000 Kilometer in die Weiten Sibiriens ein bisher ungeahntes Mammutprojekt gestemmt. Die erste westsibirische Pipeline war 1967 fertiggestellt worden, 1970 wurde sie an die transsibirische Pipeline nach Irkutsk angeschlossen.[82] Mit seiner Länge von 78.500 Kilometer hatte das sowjetische Pipelinesystem 1973 deutlich zugenommen; im Vergleich dazu umfasste das amerikanische Pipelinenetz allerdings schon 1970 428.000 Kilometer.[83] Doch die finanzielle Belastung in den einzelnen Bauphasen hatte dazu geführt, dass bei der technischen Ausstattung, unter anderem bei den wichtigen Verdichterstationen, gespart wurde, was sich für die vollständige Auslastung der Trassen langfristig als schwerwiegender Nachteil erweisen sollte.[84] Dass die sowjetischen

78 Murzin, A.: Vsled za Samotlorem, in: Pravda 163, 11.06.1975, S. 3.

79 Die in der Sowjetunion zu verschiedensten Zwecken (Bohrungen usw.) benötigten Röhren stammten zum größten Teil aus Importen, zumal der im Plan insgesamt anvisierte Bedarf auch mit den Importen nicht gedeckt werden konnte. Siehe dazu: Schreiben an den Ministerrat »Über die Resultate der Überprüfung und Vorschläge für die Verbesserung der Organisation von Bohrungsarbeiten nach Erdöl und Erdgas« vom 7. März 1973, in: GARF, f. 5446, op. 107, d. 433, ll. 58.

80 Holliday, G.D.: Technology Transfer to the 1928–1937 and 1966–1975. The role of western technology in the Soviet economic development, Boulder 1979, S. 46.

81 Konzeptpapier des Foreign Office über »Sowjetisches Erdöl: die kommerziellen und industriellen Aspekte«, undatiert, wahrscheinlich Juli-September 1973, in: Burdett: Oil Resources in Eastern Europe and the Caucasus, Bd. 8, S. 365–393, hier S. 377.

82 Dienes/Shabad: The Soviet Energy System, S. 65.

83 Elliot: The Soviet Energy Balance, S. 52.

84 Bei den 13.000 Kilometer fertiggestellten Pipelines waren nur 99 Verdichterstationen gebaut worden, während es in der zweiten Hälfte der 1970er Jahre bereits 109 Verdichterstationen für 7000 Kilometer Pipelines waren. Unklar bleibt jedoch, ob auch nachgerüstet wurde, in:

Pipelines im Gegensatz zu ihren Pendants im Westen mit einer deutlich geringeren Auslastung betrieben wurden, veranlasste den Ministerratsvorsitzenden Kosygin Ende 1972, Anfang 1973 zu einem Beschluss, der eine ausführliche Untersuchung zur Eruierung der Gründe forderte. Als gut ausgelastet erwiesen sich die Pipelines in Zentralasien, wo die Gaspipelines gut gespeist und zudem mit zusätzlichen Importen aus Afghanistan befüllt wurden. Im Nordkaukasus hingegen ging die Förderung zurück beziehungsweise fiel komplett aus, weshalb die Pipelines nicht mehr vollständig oder überhaupt nicht ausgelastet waren. Im Zentrum kam es ebenfalls zu Unterbelastungen, vor allem deshalb, weil die Ukraine weniger produzierte beziehungsweise die Gasströme umgeleitet wurden. Hier plante man, die Pipelinekapazitäten mit Erdgas aus dem Norden der Region Tjumen' auszuschöpfen, wobei die Zuleitungen noch nicht errichtet waren. Vor allem in Zentralasien und im Kaukasus wurden aber weder Erdöl noch Erdgas genügend für den Transport vorbereitet und griffen das Material sowie die Technik in den Verdichterstationen an.[85] Vorerst blieb jedoch nichts anderes übrig, als die Anzahl der Verdichterstationen zu erhöhen und so zumindest einen größeren Durchflussdruck auch über die großen Distanzen aufrechtzuerhalten. Im 9. Fünfjahresplan 1971–1975 versuchte die Sowjetunion ein solches Programm umzusetzen.[86] In Westsibirien gelang dies jedoch kaum, weshalb die Trassen hier weiterhin schlecht ausgenutzt wurden.[87]

Trotz der technischen Rückstände feierte das Minneftegazprom, dem seit dem Tod von Aleksej Kortunov der ehemalige Tjumen'er Lokalsekretär Ščerbina vorstand, seine Errungenschaften. Nicht nur hatte es nach eigenen Angaben in der Sowjetunion etwa 10.000 Kilometer Ölpipelines und über 15.000 Kilometer Gaspipelines in Betrieb nehmen können, sondern exportierte als »Integrationsprojekt« auch weiterhin in einem »bedeutsamen Umfang« technische Anlagen

---

Cherniaev, V.D./Vdovin, G.A./Yassin, E.M./Stavrovsky, E.R.: Oil Transportation, in: Krylov, N.A./Bokserman, A.A./Stavrovsky, E.R. (Hg.): The Oil Industry of the Former Soviet Union, Amsterdam 1988, S. 184–273, hier S. 188–189.

85 Analyse der Kapazitätsausnutzung der betriebenen Pipelines für Gas, Rohöl und Erdölprodukte und Maßnahmen zur maximalen Auslastung, 1973, in: RGAĖ f. 9480, op. 9, d. 1882, ll. 82–124. Die Informationen zu den Erdölpipelines waren nach eigenen Angaben geheim und wurden im Bericht nicht mitgeteilt.

86 Cherniaev, V.D./Vdovin, G.A./Yassin, E.M./Stavrovsky, E.R.: Oil Transportation, S. 189.

87 Aus dem Beschluss des Kollegiums des Minneftegazpromstroj der UdSSR »Über den Bau von Verdichter- und Pumpstationen mit der Anwendung Blockbau-Ausrüstung« vom 13. November 1975, in: Aus dem Abschlussbericht des Kreiskomitees der KPdSU auf der Chanty-Mansijsk Kreis-Parteikonferenz »Über die Entwicklung der Erdöl- und Erdgasindustrie und das Bauwesen im Kreis« vom 20. Dezember 1975, in: Smorodinskov (Hg.): Neft' i gaz Tjumeni, Bd. 3, S. 260–262, S. 261.

in die RGW-Länder. Zudem gab das Ministerium an, eine Pipeline im Irak und Basen für den Abbau von Heiz- und Schmiermittel in der Mongolei und Somalia aufzubauen. Mögliche Fortschritte sah das Ministerium vor allem in der Einführung des neuen Planungssystems und einer Fokussierung auf die zentralen Pipelineprojekt. Allerdings lassen zwei Anordnungen des ZK über die »Erhöhung des technischen Niveaus im Pipelinebau« und über »weitere Maßnahmen zur Industrialisierung und Mechanisierung des Anlagenbaus« von 1974 vermuten, dass man noch längst nicht das notwendige Niveau bei der Qualität und Quantität der Trassenausstattung erreicht hatte. Doch gab das Ministerium an, nun weitere Schritte unternehmen zu wollen. Als Vorbild für die Röhrenproduktion sollten die bei Mannesmann eingekauften Röhren dienen, die die Sowjetunion nachbauen wollte. Ein großer Teil der Ingenieure zeigte aber auch Eigeninitiative bei der Problemlösung.[88]

Immer wieder versuchte man, im Rahmen des Möglichen technische Lösungen zu finden und Neuerungen einzuführen. Auf genau dieselbe Problematik wies auch ein Mitarbeiter des Minnefteprom hin, der im Auftrag des Ministerrats einen Bericht über den technischen Zustand der sowjetischen Öl- und Gaspipelines in den Permafrostregionen im Vergleich zum technischen Niveau vergleichbarer Regionen in den USA und Kanada 1975 verfasste.[89] Eine Zusammenfassung dieses Berichts, die Dymšic vornahm, attestierte der Sowjetunion zwar den größten Fortschritt, was die Länge des Pipelinesystems betraf, jedoch auch eine deutliche Unterlegenheit in Bezug auf die Mechanisierung der Trassen, deren Aufbau, die Herstellung hochwertiger eigener Pipelines, den Einsatz von Verdichterstationen entlang der Trassen und andere technische Rückstände. Auch bemerkte der Stellvertretende Vorsitzende des Minneftegazstroj, Batalin, dass die Sowjetunion dem Umweltschutz zu wenig Beachtung schenkte. Der Stellvertretende Ministerratsvorsitzende Dymšic sprach sich daher dafür aus, dass das Minneftegazstroj und sein Projektierungsbüro VNIIST weitere Organisationen und Projekte zur Erforschung des Trassenbaus und zur Anhebung des technischen Niveaus des Pipelinebaus in Permafrostregionen ausbauen sollten. Informationen der amerikanischen und kanadischen Pipelineindustrie, in die sowjetische Ingenieure gerne Einsicht gehabt hätten, waren der Sowjetunion

88 Schreiben an den Ministerrat über den Zustand des Anlagenbaus für die Erdöl- und Erdgasindustrie vom 2. April 1976, uz. von B. Ščerbina, in: GARF, f. 5446, op. 110, d. 111, ll. 25–67.

89 Über das technische Niveau des Objektbaus der Erdöl- und Erdgasindustrie im Vergleich mit dem Ausland (hier im Vergleich mit den USA und Kanada) vom April/Mai 1975, in: GARF f. 5446, op. 109, d. 103, ll. 1–117, hier 101–117.

hingegen nicht zugänglich, da es sich um nicht publiziertes Firmenmaterial handelte.[90]

Auch das GKNT war damit beauftragt worden, technische Neuerungen und Lösungen für eine Vielzahl von Problemen der Öl- und Gasindustrie zu suchen. Im 9. Fünfjahresplan versuchte das GKNT, neue Techniken einzusetzen, die eine bessere Extraktion aus den Flözen erlauben würden. Dazu gehörten Methoden mit der Einspeisung von Wasserdampf, heißem Wasser oder von Hochdruckgas, jedoch hatte der Einsatz von speziellen chemischen Verbindungen zur Herauslösung des Erdöls bis zum Ende der 1970er Jahre immer noch keine breite Anwendung gefunden.[91] Doch häufig wurde weiterhin die »sibirische Technologie« angewendet, bei der man mit Gewalt gegen die Natur vorging. In der Bauindustrie bestand diese darin, die Baustümpfe, die bei der Bebauung der Tajga nicht einfach entfernt werden konnten, »wegzusprengen«.[92] In der Erdölindustrie bestand sie darin, dass man größere Bohrköpfe einsetzte und so den steinigen Untergrund »härter, forcierter« traktierte.[93] Zumindest eine technische Modernisierung und damit auch die Bestrebungen nach einer größeren Effizienz waren vorerst gescheitert, der Import von Anlagen aus dem kapitalistischen Ausland blieb ein großer Kostenfaktor im Staatsbudget. Die Möglichkeit, die der politischen Führung blieb, war daher einmal mehr, dass man mit den vorhandenen Mitteln mehr Ressourcen förderte. Daher wollte die politische Führung nach ersten erfolgreichen Schritten im polaren Gasfeld Medvež'e weitere Felder im Fernen Norden erschließen, allen voran Urengoj, das große Gaserträge versprach.

---

90 Zusammenfassung des Berichtes von Batalin über den technischen Zustand des Pipelinebaus in Permafrost-Regionen von Dymšic vom 11. Mai 1975, in: GARF, f. 5446, op. 109, d. 103, ll. 118–120.

91 Schreiben von A. Škol'nikov an den Ministerrat vom 12. April 1979, in: RGAĖ, f. 9480, op. 12, d. 1185, l. 120–127.

92 Tchurilov: Lifeblood of empire, S. 126.

93 Die Möglichkeiten zum Übertreffen des Plans schätzte Muravlenko auf 5 Millionen Tonnen im ganzen Fünfjahresplan 1971–1975, für das Jahr 1972 auf 1,5 Millionen Tonnen. Aus dem Auftritt des Vorsitzenden von Glavtjumenneftegaz, Viktor Muravlenko, vom 24. Januar 1972, in: Smorodinskov (Hg.): Neft' i gaz Tjumeni, Bd. 3, S. 79. Die Geländefahrzeuge, die u. a. auch aus Kanada importiert wurden, hatten bei der Erschließung Samotlors häufiger nicht funktioniert, und eine wirklich effektive Technik gab es noch nicht, in: »Neue Meilensteine der Tjumen'er Ölmänner«, aus einem Artikel des ersten Sekretärs des Tjumen'er Obkoms der KPdSU, B. E. Ščerbina in der Ekonomičeskaja gazeta, Februar 1970, in: Aus dem Abschlussbericht des Kreiskomitees der KPdSU auf der Chanty-Mansijsk Kreis-Parteikonferenz »Über die Entwicklung der Erdöl- und Erdgasindustrie und das Bauwesen im Kreis« vom 20. Dezember 1975, in: Smorodinskov (Hg.): Neft' i gaz Tjumeni, Bd. 3, S. 268–272, S. 260–266, hier S. 265.

7.3 Urengoj im Alleingang

Die Gasindustrie war zwischen 1965 und 1975 weiter gewachsen, die Förderung betrug 1970 insgesamt 198 Milliarden Kubikmeter, von denen 139 Milliarden aus dem europäischen Landesteil und 59 Milliarden aus dem östlichen Landesteil stammten. Der Landesteil östlich des Ural verzeichnete in den 1960er Jahren mit den »Gasgiganten« allerdings ein immenses Reservewachstum. Die 1970er Jahre forderten nun von der Branche weitere beherzte Entscheidungen. Das Mingazprom hatte mit dem ehemaligen Stellvertretenden Erdölminister Orudžev nach der Abberufung Aleksej Kortunovs im September 1972 einen engagierten neuen Vorsitzenden erhalten, der für sein hitziges Temperament bekannt war und das Ministerium mit einem autokratischen Führungsstil leitete.[94] Orudžev war schon lange mit den Fortschritten und Problematiken Westsibiriens vertraut, da er bereits in den 1960er Jahren als Stellvertretender Vorsitzender des Komitees für die Erdölindustrie und später als Stellvertretender Minister der Erdölindustrie tätig und auch persönlich vor Ort in Sibirien gewesen war.

Bereits im Januar 1971, als noch Aleksej Kortunov Gasminister war, kündigte die Regionalzeitung *Tjumen'skaja Pravda* die Erschließung des polaren Gasfelds Medvež'e in Westsibirien und die Aufnahme des Wohnungsbaus in dessen Umgebung an, womit nach Testperioden an den Gasfeldern im Fernen Norden ein neuer Kurs eingeschlagen wurde.[95] Dennoch meldete sich Gasminister Kortunov mit dem alten Problem zu Wort, dass das Mingazprom wiederholt den Bau von Pipelines nicht habe gewährleisten können, obwohl dies zu seinem zentralen Aufgabenbereich gehöre.[96] Zudem habe die Gasindustrie mit qualitativ geringwertigem Gas der näher am Zentrum gelegenen Region Komi zu kämpfen, welches eine große Menge an Kondensat enthalten habe, und in Westsibirien erwiesen sich der Transport über weite Strecken und die Bohrungen im Permafrostboden als höchst aufwändig.[97] In der Fachzeitschrift *Gazovaja Promyšlenost'* wurde man dabei noch deutlicher, denn das Gefälle in der Gasproduktion zwischen dem europäischen Landesteil und denen jenseits des Ural werde in Zukunft nur noch größer. In den 9. Fünfjahresplan startete die

94 Tchurilov: Lifeblood of Empire, S. 78.

95 »Kurs na gazovyj gigant«, Tjumenskaja Pravda, 6. Januar 1971, in: Smorodinskov (Hg.): Neft' i gaz Tjumeni, Bd. 3, S. 17.

96 Kortunov, A.K.: Uspechi gasovoj promyšlennosti i perspektivy jejo razvitija, in: Gazovaja Promyšlennost' (1971) 3, S. 1–3, hier S. 2.

97 Gudz', A.G.: Razvitie dobyči prirodnogo gaza, in: Gazovaja Promyšlennost' (1971) 3, S. 5–6, hier S. 5.

Gasindustrie mit einem Gefälle, bei dem die Produktion zu 77 Prozent aus den europäischen Regionen stammte, die Reserven aber zum größten Teil in Westsibirien lagen. Das bedeutete einen zukünftigen Fokus auf diese neue Region, würde man den Erdgassektor weiterhin ausbauen wollen. Die zentralasiatischen Regionen hingegen, im 8. Fünfjahresplan noch Hoffnungsträger, waren auf den dritten Platz hinter die europäischen Gebiete gerutscht.[98] Dennoch wich das Mingazprom einer Entscheidung zur weitflächigen Erschließung des Tjumen'er Nordens aus und kündigte stattdessen an, sich weiterhin auf den Osten Turkmenistans und den Fernen Osten konzentrieren zu wollen, wohl nicht zuletzt auch in der Hoffnung, dass sich in diesen beiden Regionen Kooperationen und Bartergeschäfte mit dem Iran und Japan ergeben würden.

Angesichts der so unterschiedlichen Stimmen entschloss sich die Regierung, dem Tjumen'-Lobbyisten Trofimuk nur zwei Tage vor dem Parteitag im März das Wort zu geben, in dem vollen Bewusstsein, dass sich dieser für ein Großprojekt in der polaren Arktis aussprechen würde. In seinem Artikel im Parteiorgan *Pravda* führte er erwartungsgemäß aus, dass die gigantischen Vorräte von erwiesenen 9 Trillionen Kubikmeter eine Förderung von gewaltigen 700 Milliarden Kubikmeter leisten könnten.[99] Bisher hatten die moderaten Vorschläge eine Förderung von 40 bis 50 Milliarden Kubikmeter ins Auge gefasst, dies, so der Autor Trofimuk, werde aber die Kosten ansteigen lassen. Um den Aufwand bei den teuersten Bohrungen im Land zu senken, schlug Trofimuk kurzerhand eine wirtschaftliche Neuerung vor, die nicht die Kosten für die Bohrungen, sondern die Kosten für die Bereitstellung von Gasressourcen mit einbezog, was diese angesichts der vorhandenen gigantischen Vorräte veringern würde. Ebenfalls plädierte Trofimuk wiederholt für die Errichtung eines neuen Bergindustriezentrums im Nordural, welches mit dem nordsibirischen Erdgas versorgt werden könne und den horrenden Ausbau des Pipelinesystems begrenzen werde.[100]

Doch das Mingazprom war vorerst nicht von einer Erschließung des Nordens Tjumen's überzeugt, die über die Erschließung von Medvež'e hinaushing. So machte Gasminister Kortunov am 30. September 1971 mit der Unterzeichnung eines Erlasses zum Bau des Gassäuberungskomplexes in Orenburg deutlich, dass die Erdgasindustrie ihre Basis in den industrialisierten Regionen weiter

98 Vasil'ev, V.G.: Poiskovo-razvedočnye raboty na gaz v SSSR, in: Gazovaja Promyšlennost' (1971) 5, S. 6–10.

99 Tatsächlich wurden nur in der ganzen Sowjetunion nur 212,4 Milliarden Kubikmeter Erdgas gefördert, in: Slavkina: Trijumf i tragedija, S. 85.

100 Trofimuk, A.A./Ėrv'e, Ju. G./Nesterov, I.I./Altunin, E.N.: Kak vzjat' Tjumenskij gaz, in: Pravda 87, 28.03.1971, S. 3.

stärken wolle. Mit der Einrichtung eines solchen Komplexes konnte nun endlich das qualitativ geringwertige schwefelhaltige Gaskondensat aus Orenburg gereinigt und in Pipelines zu den sowjetischen Industriestandorten sowie nach Mittelosteuropa geleitet werden. Ein kleiner ergänzender Komplex entstand im turkmenischen Mubarek, er verfügte über eine Kapazität von 5 Milliarden Kubikmeter.[101] Der Komplex in Orenburg sollte dabei eine Gesamtkapazität zur Aufbereitung von 45 Milliarden Kubikmeter Erdgas jährlich aufweisen, von dem ein Teil in das eigene Netz, ein anderer Teil über eine Pipeline über Užgorod im Westen der Ukrainischen SSR bis in die Tschechoslowakei über insgesamt 1700 Kilometer gelangen sollte. Die Pipeline mittleren Durchmessers würde das Gas in das »Sojuz«-Netzwerk einspeisen, dessen Fertigstellung die sozialistischen Länder materiell, finanziell und mit eigenen Arbeitskräften unterstützen würden, um das »Sojuz«-Netz in der zweiten Hälfte der 1970er Jahre fertigzustellen.[102] Die Anlagen für den Säuberungskomplex sollten durch Importe aus Frankreich bereitgestellt werden.[103] Von der Gassäuberungsanlage, die das Gas aus Orenburg erst nutzbar machte, ging der erste Block im Februar 1974 mit einer Kapazität von 15 Milliarden Kubikmeter in Betrieb. Im September folgte schließlich der zweite Block der Säuberungsanlage ans Netz.[104]

Die Gasindustrie verheimlichte auch in ihrem Organ, der *Gazovaja Promyšlennost'*, nicht, dass sie mit dem Gefälle zwischen Ost und West zu kämpfen hatte. In einem Vorwort im März 1972 legte ein Bericht offen dar, dass die Gasfunde in den klimatisch schwierigen Regionen ein Problem seien, weshalb man die Tiefenbohrungen unter 4 km entlang der bereits verlegten Trassen im westlichen Landesteil bevorzuge. Bei der Planung und Nutzung der Trassen aus Orenburg und Zentralasien, die die wichtigsten Industrieregionen im Zentrum versorgten, solle man dennoch nicht aus dem Blick verlieren, dass Westsibirien »die dominierende Rolle beim Produktionszuwachs« spiele, mahnte das wissenschaftliche Establishment immer wieder an.[105] Auch Aleksej Kortunov, mittlerweile Minister für den Anlagenbau der Öl- und Gasindustrie, verkündete im

101 Dienes/Shabad: The Soviet Energy System, S. 80.

102 Dies., S. 77. Vorerst jedoch wurde das Gas aus Orenburg mit seinem hohen Risiko für Korrosionsschäden nur den Wärmekraftwerken im Volga-Ural-Gebiet zugemutet.

103 Gesprächsmemorandum, Zavidovo, 8. Mai 1973, 14:10–16:20 Uhr, in: FRUS, Foreign Relations of the United States, 1969–1976, Volume XV, Soviet Union June 1972–August 1974, S. 420–432.

104 Schreiben von S.A. Orudžev an den ersten Stellvertreter des Komitees für Parteikontrolle, I.S. Gustov, vom 30. Oktober 1975, in: RGAĖ, f. 548, op. 1, d. 3972, ll. 162–163.

105 Gudkov, S.F.: Naučno-techničeskij progress v gazovoj promyšlennosti, in: Gazovaja Promyšlennost' (1972) 3, S. 1–3.

Januar 1973 eine Weichenstellung für den weiteren Ausbau der Gasindustrie in Westsibirien. Forciert wurden die Förderung in Medvež'e und die Fertigstellung des zweiten Strangs der Gaspipelines nach Punga und in den Ural.[106] Diese Phase war begleitet von Misstönen aus dem neuen Komplex Orenburg, wo die Apparaturen von Korrosion durch den hohen Schwefelgehalt betroffen waren.[107] Zudem kam es im Herbst 1975 zu einer Affäre um den Bau der Gassäuberungsanlage in Orenburg. Der Vorwurf in einem anonymen Brief an den Minister lautete, dass beim Bau der Säuberungsanlagen schlechte Arbeit geleistet worden sei und daran vor allem die Leitung des Kombinats schuld sei. Doch am 30. Oktober 1975 gab Orudžev bekannt, dass die Anschuldigung der Leitung nicht gerechtfertigt sei und bezeichnete diese als »böse Lüge«.[108]

Die Affäre in Orenburg lässt erkennen, unter welchem wirtschaftlichen Druck lokale Verantwortliche, aber auch die politische Führung durch die Umsetzung von Plänen standen. So wurde die langsame Entwicklung der Gasindustrie in Tjumen' so oft kritisiert, dass sich Parteisekretär Brežnev im Februar 1974 genötigt sah, das Mingazprom zu rügen.[109] Die Lokalpolitiker in Tjumen' sprachen auf der regionalen Parteikonferenz immer noch positiv vom »großen Öl« und erklärten es am 27. Februar 1974 zum Ziel, die Ölförderung im Jahr 1975 auf 140–143 Millionen Tonnen anzuheben und immer noch die zeitgleiche komplexe Entwicklung der Region inklusive der Gasindustrie zu favorisieren.[110] Obwohl sich die Gasindustrie in Tjumen' bisher schwergetan hatte, konnte sie im Jahr 1974 auch einige Erfolge verzeichnen. Zum einen gelang es durch die Fertigstellung der Pipeline vom Norden Tjumen's nach Moskau zum 57. Jubiläum der Oktoberrevolution endlich, das Erdgas aus Medvež'e den zentralen Industrieregionen im europäischen Landesteil zur Verfügung zu stellen.[111] Begonnen hatte man mit dem Bau der Trasse im November 1973 und umso

106 Aus der Anordnung Nr. 3 des Ministers für den Anlagenbau der Erdöl- und Erdgasindustrie vom 2. Januar 1973, in: Smorodinskov (Hg.): Neft' i gaz Tjumeni, Bd. 3, S. 130–132.

107 Chamzin, A.: Zaščita proborov ot korrozii na Orenburgskom gazokondensatnom mestoroždenii, in: Gazovaja Promyšlennost' (1973) 1, S. 10–11, hier S. 10.

108 Schreiben von S.A. Orudžev an den Ersten Stellvertreter des Komitees für Parteikontrolle, I. S. Gustov, vom 30. Oktober 1975, in: RGAĖ f. 548, op. 1, d. 3972, ll. 162–163.

109 Schreiben des Gasministeriums an die Abteilung für Schwerindustrie des ZK, zu. von Stellvertretenden Minister Laptev, vom 24. Dezember 1976, in: RGAĖ, f. 458, op. 1, d. 4248, ll. 220–222.

110 Aus dem Beschluss der 15. Tjumen'er Oblast-Parteikonferenz zum Abschlussbericht zum Obkom der KPdSU »Über den Aufbau einer Erdöl- und Erdgasbasis des Lands in der Oblast« vom 27. Februar 1974, in: Smorodinskov (Hg.): Neft' i gaz Tjumeni, Bd. 3, S. 208–209.

111 Willkommensbrief vom 26. Oktober 1974, in: Smorodinskov (Hg.): Neft' i gaz Tjumeni, Bd. 3, S. 223. Siehe auch: Baibakow: Sache des Lebens, S. 412.

froher waren die Moskauer, als man ihnen einen symbolischen Schlüssel mit der Aufschrift »Tjumen'er Gas, Moskau, Oktober 1974« überreichte.[112] Auch in technischer und infrastruktureller Hinsicht sollte es einige Neuerungen geben. In der Pipeline von Ust-Balyk nach Almetevsk ging die erste serielle Pumpstation in Betrieb, die in Fertigbauweise erstellt worden war, was nun endlich die hohen Kosten für den Pipelinebau senken sollte.[113] Auch in Sachen Elektrizitätsversorgung konnte die Industrie in Westsibirien nun teilweise auf flexible »schwimmende Kraftwerke« zurückgreifen, deren klangvoller Name »Polarlicht« lautete und die ohne den Bau großflächiger Infrastrukturnetze Strom in entlegenen arktischen Gebieten bereitstellen sollten. Auf den Flüssen Kolyma, Lena und Pečora wurden die Kraftwerke bereits eingesetzt.[114]

Im März 1975 legte das Mingazprom in seinen Ausführungen zum Projekt des 10. Fünfjahresplans dem Ministerrat und dem Gosplan seine Perspektiven dar. Der Region Tjumen' wurde einhergehend mit den neuen internationalen Erdgasabkommen die führende Rolle in der Versorgungssicherheit der Sowjetunion und der Bereitstellung des Exportgases zugesprochen. Der Anteil des Erdgases am Energiemix werde sich damit weiterhin verändern. Die Gasfelder im europäischen Landesteil, die bisher das meiste Erdgas produziert hatten, würden in einigen Jahren aufgrund ihrer Erschöpfung die wachsenden Bedürfnisse des Landes und des Exports nicht mehr befriedigen können. Dies gelte sowohl für den nördlichen Kaukasus als auch für die Region Krasnodar und die Ukraine. In der Oblast Orenburg sei ein Förderzuwachs nur zu erwarten, wenn neue Reserven gefunden werden könnten. Für die Komi ASSR müsse dafür Gas aus tieferliegenden Schichten gefördert werden. Zentralasien werde bereits im Jahr 1977 sein Fördermaximum erreichen. So sei allein die Region Tjumen' in der Lage, den wachsenden Bedürfnissen gerecht zu werden, weshalb insbesondere der Pipelinebau aus Urengoj verwirklicht werden solle. Das Tjumen'er Gas sollte dabei vor allem den Ural versorgen, welcher bisher mit zentralasiatischem Gas versorgt worden war, was für eine neue Schlüsselrolle des Tjumen'er Erdgases für die Binnenversorgung sprach. Dieses sollte dafür in den westlichen Landesteil geleitet werden. Die Kosten für den Pipeline- und Industriebau wurden ohne die Pipeline »Orenburg–Staatsgrenze« auf über

112 »Die Fackel ist angezündet!« – Information aus der Zeitung Tjumenskaja Pravda vom 27. Oktober 1974, in: Smorodinskov (Hg.): Neft' i gaz Tjumeni, Bd. 3, S. 224.

113 »Die erste Experimentelle« – Information aus der Tjumenskaja Zeitung in 6. März 1974, in: Smorodinskov (Hg.): Neft' i gaz Tjumeni, Bd. 3, S. 209–210.

114 »Polarlicht – Für Urengoj« Information aus der Tjumenskaja Pravda vom 4. September 1974, in: Smorodinskov (Hg.): Neft' i gaz Tjumeni, Bd. 3, S. 221.

30 Milliarden Rubel beziffert.[115] Die Darlegungen des Mingazprom konkretisierte der Gosplan im Mai 1975: »Die begrenzten Möglichkeiten im 10. Fünfjahresplan und von 1980 bis 1990, die Kohle, Erdöl- und Erdgasförderung sowie die Förderung einer Vielzahl verschiedener industrieller Rohstoffe im europäischen Landesteil anzuheben, bestimmt in einem großen Umfang den Zwang, die Energie- und Brennstoffproduktion des Landes mit den östlichen Regionen zu sichern, ungeachtet der bekannten Schwierigkeiten der Erschließung dieser Ressourcen in einem großen Maßstab.«[116] Damit ging das Mingazprom den gleichen Weg wie schon zuvor das Minnefteprom mit Samotlor, indem ein Gasgigant die sinkende Förderung im westlichen Landesteil ausgleichen sollte. Der neue Minister der Gasindustrie, der vormals in der Erdölindustrie tätig gewesen war, konnte seinen Vorschlag schnell durchsetzen: So beschloss man im Mai 1975, die Lagerstätte Urengoj auch ohne das Zustandekommen internationaler Kooperationen, wie in Kapitel 8 beschrieben, zu erschließen. Die Planung wurde noch 1976 vollendet und im Juni 1977 dem Gosstroj und dem GKNT vorgelegt. Zeitgleich hatte man seit 1975 mit dem subventionierten Ausbau von Urengoj begonnen.[117]

Dies alles geschah ohne den Abschluss von internationalen Abkommen, welche die sowjetische Führung ursprünglich anvisiert hatte. Dabei wurde es von verschiedenen Stellen, unter anderem aber von Staatsplaner Bajbakov, als ausschlaggebend erachtet, Urengoj an die Verkehrsinfrastruktur anzuschließen. Dazu gehörte die Anbindung Urengojs an die Eisenbahnstrecke Nadym–Pangody, die Stalin als Teilstrecke der »Polarmagistrale« von Häftlingen des GULag zwischen 1949 und 1953 hatte bauen lassen und die entlang ihrer alten Streckenführung 1975 für den Arbeitsverkehr eröffnet wurde.[118] Der zweite wichtige Anschluss war die Verlängerung der Strecke Tjumen'–Surgut nach Urengoj, die Material liefern würde: »Eines der wichtigsten Probleme war die verkehrstechnische Erschließung des noch nicht besiedelten Fernen Nordens. Vor allem

115 Brief des Erdgasministeriums an den Ministerrat der UdSSR mit Kopie an den Gosplan, unterzeichnet durch Orudžev vom 31. März 1975, in: GARF, f. 5446, op. 110, d. 486, ll. 1–5.

116 Entwurf des Gosplan zur Entwicklung der Gasindustrie im 9. Fünfjahresplan (1971–1975) vom 14. Mai 1975, in: RGAĖ, f. 4372, op. 66, d. 7265, ll. 1–4.

117 Schreiben des Gasministeriums über den Aufschluss von Urengoj an den Ministerrat vom 23. November 1977, in: RGAĖ, f. 4372, op. 67, d. 1114, ll. 277–278.

118 »Glavtjumenneftegazstroj: der Fünfjahresplan wurde erfüllt«, in der Tjumenskaja Pravda vom 15. Oktober 1975, in: Smorodinskov (Hg.): Neft' i gaz Tjumeni, Bd. 3, S. 257. Die Polarmagistrale, deren Bau Stalin 1947 mit persönlichen Ambitionen unterzeichnete, wurde bis zu seinem Tod von Hunderttausenden GULag-Häftlingen gebaut; sie erhielt die Bezeichnung »Toter Weg«.

durch neue Eisenbahnstrecken konnte dieses Problem schneller gelöst werden. Vorrang hatte hierbei der Bau der Eisenbahnlinie Tjumen'–Surgut–Nižnewartovsk. Schon damals prüfte man die Möglichkeiten, diese Strecke in Richtung Norden, zum Erdgasvorkommen Urengoj, zu verlängern und den bereits gebauten, aber inzwischen stillgelegten Streckenabschnitt Salechard–Nadym wieder in Betrieb zu nehmen.«[119] Der Bau der Eisenbahnlinie Tjumen'–Surgut–Urengoj wurde schließlich auf dem 25. Parteitag der KPdSU bestätigt und sollte im 10. Fünfjahresplan begonnen werden.[120]

Im Juni 1976 ließ sich Orudžev eine Rede vorbereiten, die die »besonders wichtige Rolle« der Gasindustrie hervorheben sollte. Im Juni 1976 hieß es seitens des Mingazprom, dass bei »beliebigen Varianten zur Entwicklung der Gasindustrie in den kommenden 15 Jahren die einzige reale Rohstoffbasis die Gaslagerstätten Westsibiriens sind. Das Tjumen'er Erdgas soll in den westlichen Landesteil geleitet werden«.[121] Der Vorschlag des Mingazproms sah dabei eine Steigerung der Tjumen'er Produktion um das Eineinhalbfache des jemals in der gesamten Geschichte des Landes Produzierten vor. Ein solches Projekt mit der umfassenden Verdichtung der Infrastruktur werde den sowjetischen Staat wahrscheinlich 35 Milliarden Rubel kosten. Ein weiteres Argument, die der Gasminister nun anführte, war einmal mehr die Versorgungssicherheit des Landes, gleichzeitig war dies mit dem Gas aus Tjumen', wie die Untersuchungen gezeigt hatten, trotz der ausreichenden Menge nicht ohne weiteres möglich, da der Schichtdruck hier niedrig war, was den Transport über weite Strecken erschwerte. Dennoch müsse gerade die Gasproduktion als ein einziges Programm koordiniert und umgesetzt werden, womit die Produktionsvereinigung Tjumen'gazprom beauftragt werden solle. Dies könne nur in Zusammenarbeit mit den lokalen Bauorganisationen geschehen, die Polarstädte aufbauen und damit ein Sprungbrett für Erdgasfelder auf der Halbinsel Jamal noch weiter im Norden einrichten sollten. Dafür sei es unbedingt notwendig, dass man im Ministerrat ein Brennstoff-Energie-Komitee (Toplivo-Ėnergetičeskich Komitet, kurz TĖK) einrichte, welchem der Erste Stellvertreter des Ministerratsvorsitzenden vorstehen sollte. Die neue Organisation sollte die wichtigsten Wirtschaftsmanager und die Staatsplaner des Gosplan und Gosstroj sowie die Spezialisten der Branche an einen Tisch bringen. Die Konsolidierung der Branche, so erhoffte es sich Orudžev, werde eine Verlegung der in den alten Regionen nicht mehr benötigten Kapazi-

119 Baibakow: Sache des Lebens, S. 372.

120 Ders., S. 391.

121 Schreiben an das ZK über die Organisationsstruktur im Brennstoffsektor, unterzeichnet von S. A. Orudžev vom 4. Juni 1976 in: RGAĖ, f. 458, op. 1, d. 4248, ll. 139–145.

täten nach Osten unterstützen und den Aufbau eines neuen polaren Standorts gewährleisten.[122] Dies zeigte deutlich, dass die Frage der Gesamtkoordination des Westsibirischen TPK immer noch nicht gelöst war.[123]

Der Gosplan äußerte die Befürchtung, dass zwar die Pläne bis 1990 auf die Entwicklung der östlichen Regionen ausgerichtet seien, man allerdings dennoch Gefahr laufe, dass sich auf Ministerialebene die Erschließung des Ostens nicht stark genug werde durchsetzen können und insbesondere die »Richtungsänderung der Transportnetze« von Osten gen Westen in einigen Industriebereichen lange Zeit in Anspruch nehmen werde und deshalb nur ein langsames Wirtschaftswachstum zu erwarten sei. Der Gosplan hingegen ging zu diesem Zeitpunkt bereits davon aus, dass von 489 Millionen Tonnen Primärenergie im 10. Fünfjahresplan 479 Millionen Tonnen aus den östlichen Regionen stammen müssten.[124]

Besonders die 1984 erschienenen Memoiren des Gosplan-Vorsitzenden Bajbakov geben Aufschluss darüber, dass viele in den ersten Jahren der Erschließung und Produktion die Rentabilität des Vorhabens bezweifelten, sowohl in technischer als auch finanzieller Hinsicht: »In der Region Tjumen' ist das Gas unglaublich schwer zu gewinnen. Manchmal sinkt in Urengoj das Thermometer bis auf minus 62 Grad Celsius. Bei einem solchen Frost fällt das Atmen schwer, Gummi zerbröckelt, Metallteile reißen, Schmieröl wird steif. Ich bin in Urengoj gewesen, und ich sage es ehrlich, ich habe deutlich gemerkt, welch große Mühe die Arbeit dort macht. Die Lagerstätte Urengoj hat eine Nord-Süd-Ausdehnung von 150 Kilometer. Ein Kilometer Autostraße kostet dort eine Million Rubel, ein Kilometer Erdgasleitung etwa ebensoviel. [...] Fachleute hatten errechnet, daß der Aufschluss der Lagerstätte etwa 3 Milliarden Rubel kosten würde, das heißt fast viermal soviel wie das Wasserkraftwerk Krasnojarsk.«[125]

---

122 Schreiben an das ZK über die Organisationsstruktur im Brennstoffsektor, unterzeichnet von S. A. Orudžev vom 4. Juni 1976 in: RGAĖ, f. 458, op. 1, d. 4248, ll. 139–145.

123 Was die Gesamtkoordination des Westsibirischen Komplexes anging, kam es schließlich zum Streit, bei dem einige befürworteten, dass der Gosplan die Koordination und Exekutive übernehmen solle, andere wollten dessen Tätigkeit auf die Planung beschränkt wissen und die Exektive beim Ministerrat belassen, in: Brief an N. Bajbakov »über die Planung des Westsibirischen TPK« uz. M. Pervuchin, November 1976, in: RGAĖ, f. 4372, op. 67, d. 130, ll. 173–175.

124 Materialien zu den Entscheidungen des Gosplan vom 14. Februar 1976 und 9. März 1976 über die Frage der Erarbeitung der Brennstoffbalance und die Anordnung der Energieindustrie im 10. Fünfjahresplan und bis 1990, uz. M. Pervuchin am 2. April 1976; in: RGAĖ, f. 4372, op. 67, d. 130, ll. 12–25; Zum Generalschema des Gosplan, hier für die Erdöl- und Erdgasindustrie, uz. P. P. Filatov, 26. November 1976, in: RGAĖ, f. 4372, op. 67, d. 130, ll. 149–150.

125 Baibakow: Sache des Lebens, S. 421.

Umso weniger verwunderlich erscheint es, dass die Termine für den Aufbau der Förderung in Urengoj wiederum hinausgezögert wurden. Das Mingazprom bat am 23. November 1977 die Staatsexpertise (Glavgosekspertiza), eine Arbeitsgruppe aus Spezialisten des Gosplan und des GKNT, aufgrund des Termindrucks um einen Aufschub bei dieser ersten technischen Etappe.[126] Der Gosplan stimmte dem Ministerium zu und erlaubte, dass die industrielle Probeausbeutung von 30 Milliarden Kubikmeter noch zurückgestellt werden sollte.[127] So schien die Erschließung Urengojs vorerst keine schnelle Lösung für die sowjetischen Energieprobleme zu sein.

7.4 Das Auseinanderdriften der Energiestrategie

Nach zwei weiteren Missernten, die die Sowjetunion 1974 und 1975 erlebte und die den Staat weitere 160 Milliarden Rubel aus dem Staatsbudget kosteten, wurden die Stimmen nach einer Stoßkampagne in Sibirien und auch in der Region Tjumen' noch lauter. In einer Rede gab Brežnev die Losung heraus, dass das, »was wir können«, in Tjumen' sichtbar werde, und er legte dabei den weiteren Fokus auf die Erdölextraktion.[128] In der Retrospektive wurden die Jahre 1974–1977 zu den entscheidenden sowohl für den Ausbau Westsibiriens als auch für die Gaskampagne, die Brežnev zum Ende seiner Amtszeit noch durchsetzen sollte. Geprägt waren die Jahre zudem von erheblichen Differenzen zwischen Generalsekretär Brežnev und Ministerratsvorsitzender Kosygin. Nachdem sich die Hoffnungen Brežnevs auf den schnellen Abschluss einer großangelegten Energiekooperation mit den USA nicht erfüllt hatten (siehe Kapitel 8), die die Sowjetunion offiziell in ihre Fünfjahrespläne hatte integrieren wollen, konzentrierte sie sich nun wieder auf das Vorankommen der Energieprojekte für den 10. Fünfjahresplan. Dabei verfolgten Generalsekretär Brežnev und Premierminister Kosygin nun grundlegend andere Vorstellungen einer künftigen sowjetischen Energiestrategie, die bei Kosygin auf eine Kohle- und Atomstromstrategie und einen rigorosen Konservatismus bezüglich der Kohlenwasserstoffe

126 Schreiben des Gasministeriums über den Aufschluss von Urengoj an den Ministerrat vom 23. November 1977, in: RGAĖ, f. 4372, op. 67, d. 1114, ll. 277–278.

127 Schreiben des Stellvertretenden Vorsitzenden des Gosplan, A. M. Lalajanc, und dem Stellvertretenden Vorsitzenden des Gosstroj, A. A. Borovoj, an den Ministerrat vom 25. November 1977, in: RGAĖ, f. 4372, op. 67, d. 1114, l. 279.

128 Dnevniki Anatolii Černjaeva, 1975, S. 56 (Tagebucheintrag vom 29. November 1975).

umfasste und bei Brežnev eine Sibirienpolitik, die die dortigen Vorkommen jeglicher Art weitestgehend in die Volkswirtschaft integrieren wollte.

Was die Lage im Erdöl- und Erdgassektor betraf, hatten sich die Hoffnungen der späten 1960er Jahre, in der Karasee neben großen Gasvorkommen auch Öl zu finden oder auf gigantische Vorkommen in Ostsibirien und im Fernen Osten zu stoßen, Mitte der 1970er Jahre nicht erfüllt.[129] Auch die im 9. Fünfjahresplan beabsichtigte Ansiedlung von energieaufwändigen Industrien in der Nähe der großen Brennstoffvorkommen war nicht gelungen, denn die Ministerien befürchteten, dass die Infrastruktur der Brennstoffbranche dort noch nicht so weit aufgebaut sei, dass ihre Fabriken und Kombinate sicher aus den lokalen Vorkommen versorgt werden konnten. Die industriellen Pläne für Sibirien hatten die Produktion von Kautschuk und Polyethylen durch den Ausbau der Petrochemie in Sibirien selbst anvisiert, doch war diese ebenfalls nicht nennenswert gestiegen, ebenso wie der gesamte Anteil an energieaufwändigen Industrien. Dabei führten die vorgelegten Untersuchungen zu den Forderungen des Gosplan zahlreiche Argumente an: Die Umsiedlung von Industriekomplexen nach Sibirien senke nicht nur die hohen Transportkosten von Osten nach Westen, sondern löse auch eine Reihe von wirtschaftlichen und sozialen Problemen wie etwa eine bessere Wasserversorgung, eine geringere Ballung von schädlichen Industriekomplexen und die Freistellung von ertragreichen Landwirtschaftsflächen der Schwarzerdezone.[130] Dabei waren die Regierung und der Gosplan darum bemüht, den Fokus auf den östlichen Industriestandorten durchzusetzen und bis 1990 beizubehalten. Diesen hatte Brežnev mit dem Bau der Baikal-Amur-Magistrale schon seit 1971 gewählt. Doch befürchteten die Staatsplaner den Konservatismus der Ministerien, die sich für die Aufstellung ihrer Produktionsplanung unter anderem jeweils nach den vorhandenen Kapazitäten richteten, auch was die Energieversorgung betraf. Die Jahre 1974 und 1975, in denen der 10. Fünfjahresplan vorbereitet werden sollte, waren dabei eine Zeit des Lavierens des Gosplan zwischen einem großen Vorstoß nach Sibirien und einem Verbleiben im europäischen Landesteil. Auch der Ministerrat um Kosygin musste diese Richtung gemeinsam mit den Staatsplanern festlegen. Besonders das Minnefteprom erwies sich als pessimistisch, was die Entwicklung Westsibiriens betraf.

---

129 Zu den Bemühungen in Ostsibirien u. a.: Trofimuk: 40 let brojenija, 58–59.

130 Materialien zu den Entscheidungen des Gosplan vom 14. Februar 1976 und 9. März 1976 über die Frage der Erarbeitung der Brennstoffbalance und die Anordnung der Energieindustrie im 10. Fünfjahresplan und bis 1990, uz. M. Pervuchin am 2. April 1976; in: RGAĖ, f. 4372, op. 67, d. 130, ll. 12–25.

Am Vorabend des 24. Parteitags der KPdSU im Februar 1976 bekam der Westsibirienlobbyist und Geologe Kuban Salmanov in der *Pravda* das Wort. Salmanov, der bekannt war für seine überaus positiven und bisweilen übertriebenen Prognosen, bezweifelte, dass man – entgegen anderen Stimmen – bereits alle relevanten Vorkommen in Westsibirien entdeckt habe. Er behauptete stattdessen, dass die nationale Wirtschaft enorm davon profitieren werde, wenn man im Rahmen eines Komplexprogramms die weiterverarbeitenden Industrien östlich des Ural ausbaue. Salmanov beschuldigte die Staatsplaner und das Mingeo in Moskau, wie schon im Jahr zuvor, dass sie den Tjumen'er Geologen nicht ausreichend Unterstützung geboten hätten, da in Moskau immer noch die Idee eines Ölrauschs in Tjumen' grassiere. Stattdessen plädierte Salmanov für ein Vorgehen, sich wesentlich mehr an der Realität, sprich an der schnellen Bereitstellung von industriell förderbaren Ressourcen zu orientieren, anstatt sich weiterhin mit Prognosen, möglichen künftigen Funden und langen bürokratischen Prozeduren zufriedenzugeben. Jedoch müsse man Moskau endlich auch die notwendigen Geräte bereitstellen.[131] Damit bot die *Pravda* dem Geologen eine Plattform, seine an der Arbeit in den Erdölfeldern Westsibiriens orientierte Haltung einer breiten Leserschaft zu präsentieren.

Eine wegweisende Zäsur wurde der 25. Parteitag der KPdSU, der vom 23. Februar bis 3. März 1976 stattfand. Zu diesem Anlass trat der Generalsekretär mit einer klaren und persönlich motivierten Rede vor seine Parteigenossen, wie es Beobachter formulierten. Sein Gesundheitszustand erlaubte es dem sonst eher angeschlagenen Brežnev, in vielerlei Hinsicht eine der Zeit entsprechende und wenig propagandistische Rede zu halten, die er noch am Abend zuvor selbst umgeschrieben hatte.[132] Brežnev, der schon in der Rede von Alma-Ata 1974 einen Fokus auf Sibirien und dabei besonders auf die Einrichtung von TPK zur flächendeckenden Erschließung gelegt hatte, verfolgte neben den üblichen Themen der sozialen Wohlfahrt und Landwirtschaft diese Linie nun auch in der Rede auf dem Parteitag. Auf den Brennstoffsektor Westsibiriens ging er dabei ebenfalls ein: Bezüglich der Energiepolitik im 9. Fünfjahresplan hob er die »Großtat« der »Hunderttausend« heraus, die in dieser rauen Region die Förderung von Erdöl und Erdgas vorantreiben würden und denen »die Heimat Begeisterung und Hochachtung« zollen würde.[133] Im kommenden 10. Fünf-

131 Salmanov, F.: Opirajas' za prognozy, in: Pravda 50, 19.02.1976, S. 3.

132 Dnevniki Anatolii Černjaeva, 1976, S. 18–19 (Tagebucheintrag vom 7. März 1976). Diese wurde in den Printmedien zunächst nicht abgedruckt.

133 Rechenschaftsbericht des Zentralkomitees der KPdSU und die nächsten Aufgaben der Partei in der Innen- und Außenpolitik, Bericht an den XXV. Parteitag der KPdSU vom 24. Februar 1976, in: Brežnev, Leonid Ilič: Leninskim kursom. Reči i stat'i. Tom pjatij, Moskva 1976,

jahresplan sollte der westsibirische Komplex die Hälfte des Erdöls und Erdgases sowie einen beträchtlichen Teil des Synthetikkautschuks und des Kunststoffs produzieren. Damit ging der Generalsekretär nun auch so weit, dass er den Wirtschaftserfolg nicht mehr im landwirtschaftlichen Bereich, sondern in der Besiedlung des Nordens und in der Ausbeutung von Rohstoffen messen wollte. Darüber hinaus war auffallend, dass in der *Pravda* zahlreiche Artikel zum westsibirischen Erdöl und Erdgas während des Parteitages erschienen.[134]

Der zweite Mann im Staat, Premier Aleksej Kosygin, der in der Vorbereitung des Parteitags große Teile des Politbüros hinter sich hatte versammeln können, trat mit seinen Direktiven zum 10. Fünfjahresplan in eine offene inhaltliche Opposition zum Generalsekretär: »Man kann folgende Richtungen des wissenschaftlich-technischen Fortschritts hervorheben, die eine besondere Rolle im zehnten Fünfjahrplan spielen und die Perspektiven der langfristigen Wirtschaftsentwicklung bestimmen: […] In der Energiewirtschaft: die beschleunigte Entwicklung der Kernenergiewirtschaft, den Bau von Wasserkraftwerken (unter Berücksichtigung der Erfordernisse der Bewässerung) und von hochleistungsfähigen Wärmekraftwerken; die mit billiger Kohle betrieben werden […].«[135] Das Erdöl erwähnte Kosygin hingegen nur in einer Randnotiz, in der es um den effizienteren Umgang mit Roh- und Wertstoffen ging.[136] Damit hatte Kosygin auch Position gegen die Komplexprogramme in Sibirien und Tjumen' bezogen, was sich auch in den geplanten Investitionen widerspiegelte. Dass Kosygin sich bei seinen strategischen Überlegungen am westlichen Ausland orientierte, ist nicht auszuschließen. So berichtet Bundesminister Hans Friedrichs am 31. März 1976 in einem Gespräch mit Kosygin von einer geplanten höheren Stromerzeugung durch Kohle und einem erhöhten Erdgasanteil in der Bundesrepublik Deutschland, wobei Kosygin ein deutliches Interesse an diesen Informationen und den Energiebezügen der Bundesrepublik Deutschland zeigte.[137]

S. 450–550, hier S. 490; siehe auch: Belorusov, D. V./Panfilov, I. i./Sennikov, V.A.: Problemy razvitija i razmeščenija proizvoditel'nych sil Zapadnoj Sibir, Moskva 1976, S. 7.

134 U. a. Bogatstva Priob'ja – narodu, in: Pravda 83, 23.03.1976, S. 1.

135 Die Hauptrichtungen der Entwicklung der Volkswirtchaft der UdSSR von 1976 bis 1980, Rede auf dem XXV. Parteitag am 1. März 1976, in: Kossygin, Aleksej N.: Ausgewählte Reden und Aufsätze 1939–1976, Berlin 1977, S. 487–538, Zitat S. 506–507.

136 Ders., S. 499.

137 Gespräch zwischen dem Ministerpräsidenten Kosygin und dem Bundesminister Friedrichs vom 31. März 1976 in Moskau, in: Pautsch, Ilse Dorothee/Peter, Matthias (Hg.): Akten zur Auswärtigen Politik der Bundesrepublik Deutschland, Bd. 1: 1. Januar bis 30. Juni 1976, München 2007, S. 445.

Der Erdölindustrie passten die großen industriellen Utopien, die Brežnev in Sibirien hegte, nicht, da das Ministerium wie immer bemüht war, die Produktionszahlen in den Fünfjahresplänen möglichst gering zu halten. Um auf die angespannte Lage und die nun notwendigen Investitionen hinzuweisen, richtete Erdölministers Šašin sich in einem Schreiben an den Ministerrat, in dem er formulierte, dass »sich im 10. Fünfjahresplan die Lage für die weitere Entwicklung der Erdölförderung in einer Reihe der führenden Regionen und Zweige im Ganzen äußerst schwierig gestaltet«.[138] Besonders in der letzten Zeit habe sich diese Situation in einigen Regionen weiter verschärft. Die zuvor durch einen Entscheid des Ministerrats mit technischen Mitteln ausgestattete Förderregion im Kaspischen Meer blieb hinter den Planziffern weit zurück, weil sich der Einkauf der notwendigen Geräte für die Offshoretiefenbohrungen verzögerte. Die Pläne für die Erforschung geologischer Vorkommen in den Nordregionen näher am Zentrum liefen zu langsam und auch hier waren – wie in Westsibirien – bisher nur die größten Vorkommen wie die Lagerstätten Usinskoe und Vozejskoe in Produktion gegangen. In Samotlor würde das Erdöl wohl kaum ewig sprudeln, so dass grundsätzlich Alternativen gefunden werden mussten. Denn bisher war vor allem eine Energiepolitik mit der Annahme gefahren worden, dass die größten Erdölfelder noch lange produzieren könnten, so dass die Inbetriebnahme mittlerer oder kleinerer Felder unnötig sei. Doch Samotlor würde, nach den Prognosen des Minnefteprom, 1977/1978 sein Fördermaximum erreichen, weshalb am Ende des Fünfjahresplans kein Förderzuwachs mehr zu erreichen sei. Zusätzlich war man davon ausgegangen, dass man die Erdölgewinnung in den neuen Feldern notfalls schnell aufbauen könnte, doch Šašin negierte dies aufgrund von eingeschränkten Ressourcen und Zeitmangel. Daher müsse die Erdölwirtschaft für den 10. Fünfjahresplan im großen Umfang auf Lagerstätten zurückgreifen, die bisher nicht entdeckt worden seien. Das Unterfangen werde sich als äußerst schwierig erweisen, denn bisher hatte die westsibirische Fördermenge der bisher unentdeckten Lagerstätten bei Planungsabschluss niemals mehr als 7–10 Millionen Tonnen betragen, im 9. Fünfjahresplan waren es sogar nur 3 Millionen Tonnen gewesen. Im 10. Fünfjahresplan sollten aus diesen Quellen 50 Millionen Tonnen insgesamt und davon 25 Millionen Tonnen in Westsibirien gefördert werden.[139]

138 Schreiben des Ministers der Erdölindustrie für den Dienstgebrauch »Über das Projekt für den Plan 1976–1980 und für 1977« vom 31. März 1976, in: GARF f. 5446, op. 110, d. 451, ll. 1–9, Zitat hier l. 2.

139 Schreiben des Erdölministeriums »über das Projekt des Plans für 1976–1980 und für 1977« an den Ministerrat der UdSSR vom 31.03.1976, in: GARF, f. 5446, op. 110, d. 451, ll. 1–4.

Mit derartigen Plänen war die Last der Explorationen auf den Schultern der sibirischen Geologen um ein Vielfaches gestiegen und der politische Kurs fiel ein weiteres Mal unter die Losung: mehr Rohstoffe![140] Die westsibirischen Neftjaniki erhielten den Auftrag, insgesamt 139,6 Millionen Tonnen Öl aus dem Gestein zu pressen, wozu drei neue Felder in Produktion gehen und weitere Felder von den Geologen unter der Leitung von Ėrv'e vorbereitet werden sollten. Außerdem sollten 50 Prozent des Zuwachses an Gas für das Mingazprom aus dem westsibirischen Medvež'e kommen. Mit der Koordination der Umsetzung wurden der Gosplan und das GKNT beauftragt, die den besonders wichtigen seriellen Pipelinebau gewährleisten sollten. Um den zwischen den regionalen Produktionseinheiten der diversen Ministerien üblichen Konkurrenzkampf um Mittel zu unterbinden und die Wartezeiten für Materiallieferungen zu verkürzen, sollten diese Fragen mit Dymšic und Novikov sowie den anderen Ministerien noch vor ihrer Verwirklichung besprochen werden. Dabei ging es immer noch um die Gewährleistung einer ausreichenden Energieversorgung in der Region selbst, die trotz jahrelanger Kritik immer noch nicht vollends eingerichtet war.[141]

Angesichts der Aufforderung, mehr Erdgas zu fördern, war man wie auch schon in der Erdölindustrie mit den Problemen der Modernisierung und der Mobilisierung konfrontiert. Die Entlohnung der Arbeitskräfte im Fernen Norden und der geringe Mechanisierungsgrad stellten einen hohen Kostenfaktor dar. In der Anlagenindustrie des von Boris Ščerbina geleiteten Minneftegazstroj arbeiteten 340.000 Arbeitskräfte, davon 36.000 mit einer Ingenieursbildung und 11.000 mit einem Hochschulabschluss. Diese Zahlen belegen auf eindrückliche Weise die immer noch geringe Technisierung und die einfache manuelle Arbeit, die viele Menschen in der rauen Umgebung Westsibiriens leisteten.[142] Ščerbina zögerte nicht, im April 1976 die Arbeitskräftefluktuation im Industriesektors von 40 Prozent zu beklagen, obwohl die Gründe dafür offensichtlich auf der

140 Aus dem Beschluss des Büros des Tjumen'er Obkoms der KPdSU »Über Maßnahmen zum Wachstum der Kapazitäten zur Förderung und Transport von Öl und Gas im Jahr 1975« vom 23. Januar 1975, in: Smorodinskov (Hg.): Neft' i gaz Tjumeni, Bd. 3, S. 237–240.

141 Mitschrift aus dem Protokoll der Sitzung bei A. Kosygin vom 16. Juni 1976, in: GARF, f. 5446, op. 110, d. 111, ll. 117–121.

142 Die jungen Spezialisten besaßen zudem kaum praktische Erfahrungen. Dies spiegelte sich regelmäßig auf Tagungen von jungen Spezialisten wider, wenn diese rein theoretische Vorträge hielten, die in der Praxis kaum umzusetzen waren. Auch wurden Randthemen wie Wirtschaft, Arbeit und materielle Versorgung kaum beachtet. Aus dem Beschluss Nr. 228 von Glavtjumenneftegazstroj »Über die Arbeitsergebnisse des 4. Kreativseminars der jungen Spezialisten von Glavtjumenneftegazstroj« vom 5. September 1975, in: Smorodinskov (Hg.): Neft' i gaz Tjumeni, Bd. 3, S. 252–253.

Hand lagen. Auch fehlte es an einer Technik wie Bulldozern für die schwer zu erschließenden Gebiete. Der Gosplan, so Boris Ščerbina, beziehe es in seine Planungen nicht mit ein, dass diese Maschinen zum richtigen Zeitpunkt, in der kurzen Navigationsperiode im Sommer, geliefert würden, und sorge ebenso nicht dafür, dass eine optimale Auslastung der Maschinen an allen Orten gewährleistet sei. Darüber hinaus würden immer noch nicht genug Ausrüstung und Automobile in der nördlichen Ausführung für die Region zur Verfügung gestellt.[143] Daher erwies es sich nicht mehr als ausreichend, dass Kosygin dem Ministerium zwar eine »erfolgreiche« Planerfüllung von 100,4 Prozent und die Fertigstellung von 59.000 Kilometer Pipelines, darunter auch der großen Pipeline aus Sibirien, attestierte, wenn dies lediglich Ziffern auf dem Papier blieben, die mit der realen Umsetzung der Projekte nichts mehr gemein hatten. Denn die tatsächliche Fertigstellung von Objekten gelang meist nur nach erneuten Aufforderungen und Zuwendungen sowie kurzfristigen Materialspritzen. Besonders die Anzahl der für die Auslastung wichtigen Verdichterstationen hatte das Ministerium nicht gebaut, zudem arbeiteten die verschiedenen Kolonnen in sehr unterschiedlichem Tempo an ein und derselben Pipeline. Der Aufbau jeglicher Infrastruktur blieb ein Dauerproblem, welches Jahr für Jahr nicht gelöst werden konnte.[144]

Im Juli 1976 stand fest, dass sich das Ministerratspräsidium bei der Projektierung der Förderzahlen für das Minnefteprom an die Vorgaben des Gosplan halten würde.[145] Zudem sah das Sitzungsprotokoll vor, die materielle Ausstattung der Ministerien weiter zu verbessern. Dennoch war auch dem Ministerrat bewusst, dass man bei der Finanzierung von Projekten etwas verändern musste. Daher beschloss der Ministerrat eine subventionierte Finanzierung (*l'gotnoe finansirovanie*)[146] für die Erschließung Westsibiriens, was bereits in den vorangegangenen Jahren so gehandhabt worden war und für 1977 beibehalten werden sollte.[147]

143 Über die Lage im Sektor (Minneftegazstroj), uz. Ščerbina, vom 2. April 1976, in: GARF, f. 5446, op. 110, d. 111, ll. 25–67.

144 Beleg zum Referat des Ministers für den Anlagenbau der Erdöl- und Erdgasindustrie vom 2. April 1976 (Tagesordnungspunkt 4 der Sitzung bei Kosygin), in: GARF, f. 5446, op. 110, d. 111, ll. 100–116.

145 In diesem Fall liegen die Vorgaben des Gosplan nicht vor.

146 Großhandelspreise wurden von staatlicher Seite aus den Selbstkosten (*sebestoimost'*), der Abschreibung (*amortizacija*) sowie einem Gewinnaufschlag zusammengesetzt. Für den Fall, dass beispielsweise ein Wirtschaftssektor begünstigt werden sollte, stiegen die Großhandelspreise offiziell, jedoch fanden die Verkäufe weiter zu niedrigeren Preisen statt. Die Differenz wurde durch Subventionen gedeckt, in: Nove: Das sowjetische Wirtschaftssystem, S. 213 und 222.

147 Auszug aus dem Sitzungsprotokoll des Präsidiums des Ministerrats der UdSSR vom 20. Juli 1976, in: GARF, f. 5446, op. 110, d. 451, ll. 10–11.

Nachdem neuere Untersuchungen ergeben hatten, dass sich durch die Ansiedlung von verarbeitender Industrie in Sibirien auch der Brennstoffbedarf der Region erhöht hatte, richtete der Gosplan selbst eine Kommission für die Erdöl- und Erdgasindustrie ein. Ein Schreiben des Gosplan, welches sich auf die Verbesserung der Brennstoffbilanz und damit auf die Versorgungssicherheit der Sowjetunion bezog, befürwortete eine Verlegung größerer Industriekapazitäten nach Westsibirien, die den dort vorhandenen gigantischen Energieressourcen proportional entsprach. Dabei wurde mit der wirtschaftlichen Effizienz argumentiert, die der Gosplan dadurch belegt sah, dass die Produktion in Sibirien aufgrund der Nähe fünfmal billiger sei als im europäischen Landesteil. So hieß es plötzlich, dass durch den gezielten Ausbau der Kapazitäten für die energieaufwändigen Industrien – die Produktion von Aluminium, Zink, Kautschuk, Soda, Chemiewolle und Polyethylen – deren Umfang im Osten derart gestiegen war, dass die Industrie im Osten des Landes insgesamt mehr Energie als im westlichen Landesteil benötigte.

Im November 1976 erhielt Bajbakov die Antwort des territorialen Planungskomitees für Westsibirien. Darin wurde für ein Generalschema im Kleinen plädiert und die Koordination aller Industriezweige unabhängig von deren Subordination geregelt. Auch sollte die Industrieproduktion im größeren Umfang mit dem Bau von Wohnungen und der Infrastruktur abgestimmt werden. Diese neue Art von Industriekoordination war in einer Notiz dem Gosplan übertragen worden, der allerdings keine exekutive Stellung gegenüber den Ministerien hatte. Daher sollte der Gosplan weiterhin nur die Planungsfunktion ausüben und mit der Exekutive müsse der Ministerrat betraut sein. Zwar sei jetzt auf der Planungsebene ein spezielles Organ für die Planung der Öl- und Gasindustrie in Westsibirien eingerichtet worden, allerdings keine Entsprechung im Bau- und in den anderen Sektoren. Dies allerdings müsse unbedingt vorgenommen werden, denn das TPK-Planungskomitee hatte nur einen »sammelnden Charakter«, welcher aber beispielsweise durch die Gründung eines Unterkomitees mit »Planungserfahrung« ergänzt werden könne.[148] Für das unterrepräsentierte Bauwesen sollte eine spezielle Unterkommission gegründet werden, die innerhalb der Planungskommission arbeitete. Es sei äußerst problematisch, wenn man die Planung ausschließlich auf den Öl- und Gaskomplex fokussiere. Die Komplexplanung müsse gestärkt werden, und zwar durch die Territorialplanorgane, die bereits viel Erfahrung mit diesem Gegenstand in ganz verschiedenen Regionen der UdSSR, vom Fernen Osten bis Moskau hätten. Zudem verärgerte

148 Brief an N. Bajbakov »Über die Planung des Westsibirischen TPK« uz. M. Pervuchin, November 1976, in: RGAĖ, f. 4372, op. 67, d. 130, ll. 173–175, hier ll. 174–175.

es den Vorsitzenden des TPK-Planungskomitees, dass wie auch schon bei der Erdölindustrie zwei Drittel der Investitionen in die Produktion geleitet werden sollten, und befürchtete denselben Fehler nun auch bei der Gasindustrie.[149]

Doch nicht nur das Bauwesen sollte unterstützt werden, sondern auch die für das Minneftegazstroj tätigen Arbeitskräfte in den Einheiten vor Ort. Um die Arbeitsbedingungen in der Gasindustrie zu verbessern, bat das Minneftegazstroj im November 1976 darum, dass es zusätzliche Mittel für die Aufstockung der Nachtarbeit bekam. Die Termine, in denen die Pipelines fertiggestellt werden sollten, waren vorverlegt worden, so dass man nun vor allem in den langen Polarnächten und bei sehr niedrigen Temperaturen und im Schichtsystem (*vachta*) in mehrwöchigen Schichten arbeiten konnte. Damit seien die Belastungen für die Arbeitskräfte sehr hoch, weshalb die Löhne um 20 Prozent der Tariflöhne erhöht werden sollten.[150]

Angesichts der horrenden Kosten, die bei jeder Erweiterung des Tjumen'-Projekts anstanden, einigte man sich in einer Sitzung am 20. Oktober 1976 beim ohnehin kritisch eingestellten Premier Kosygin, nochmals alle Optionen der Erdöl- und Erdgasindustrie in sämtlichen Landesteilen zu überprüfen und auch mit dem Neftjanik Viktor Muravlenko von Glavjumen'neftegaz und dem Geologen Ėrv'e von Glavtjumen'geologija über die realen Perspektiven Tjumen's zu sprechen.[151] In diversen Sitzungen mit Moskauer Politik- und Wirtschaftsfunktionären sowie den lokalen Kadern hatte Kosygin nach seiner Reise nach Orenburg und Westsibirien den Eindruck gewonnen, dass die Ausweitung der Explorationsarbeiten in Orenburg ebenfalls sinnvoll wäre. Die Zukunft Tjumen's blieb trotz der politischen Unterstützung Brežnevs und der mit der Errichtung von Urengoj angestrebten gigantischen Gasförderung weiter ungewiss. Schuld an diesem Zustand war maßgeblich das Scheitern der von Brežnev und Kosygin Anfang der 1970er Jahre angestrebten Energiekooperationen, die durch Handelsgeschäfte Energierohstoffe gegen Technologien tauschen wollten. Die politische Krise im Nahen Osten, die im Oktober/November zu militärischen Auseinandersetzungen führte, entzweite die Großmächte USA und UdSSR wieder voneinander und zerstörte damit einen Teil der von Brežnev erhofften Entspannung durch langjährige Wirtschaftskooperationen.

149 Brief an N. Bajbakov »Über die Planung des Westsibirischen TPK« uz. M. Pervuchin, November 1976, in: RGAĖ, f. 4372, op. 67, d. 130, ll. 173–175.

150 Bitte an das Goskomtrud, Minfin, Gosstroj von Minneftegazprom vom November 1976, in: GARF, f. 5446, op. 111, d. 94, l. 20.

151 Sitzungsprotokoll des Präsidiums des Ministerrats vom 20. Oktober 1976, in: RGAĖ, f. 4372, op. 67, d. 1112, l. 23.

7.5 Resümee

Anfang der 1970er Jahre drohten dem sowjetischen Erdöl- und Erdgassektor Schwierigkeiten. In den vorangergangenen Jahren waren die geologischen Arbeiten in verschiedenen Regionen nur unzureichend durchgeführt worden, so dass sich – zumindest im Vergleich mit den offiziell geplanten Outputzahlen – geringere Zuwachsraten ergaben. Auch die Modernisierung, insbesondere des Erdölsektors, war verpasst worden. Zudem zeigten sich Ermüdungserscheinungen in den bisherigen Energieregionen wie dem Kohlerevier Donbass oder dem Volga-Ural-Gebiet, wo die Förderung bereits in den 1950er Jahren angelaufen war. Es wundert daher wenig, dass der KPdSU-Parteitag 1971 in seinen Wirtschaftsdirektiven ein Atomprogramm proklamierte, welches die Energiebalance im westlichen Landesteil retten sollte. Dem Erdöl kam weiterhin eine entscheidende Rolle als Exportgut und Grundlage für Petroprodukte zu. Zeitzeugen berichten jedoch, dass Premierminister Kosygin zu diesem Zeitpunkt die enorme Wichtigkeit des Erdgases nannte und persönlich den Pipelinebau aus Westsibirien überwachte. Die politische Führung erkannte jedoch auch, dass die Erschließung Westsibiriens Zeit in Anspruch nehmen würde und nur mit einem überlegten Vorgehen erfolgreich sein würde, da sich hier bereits nach wenigen Jahren Erschöpfungserscheinungen offenbarten. So lavierte man auf der Suche nach Lösungen zwischen verschiedenen Möglichkeiten hin und her: zwischen Tiefenbohrungen im westlichen Landesteil, der Komi-Region oder auch einer forcierten Erschließung Westsibiriens. Bisweilen schien das Problem so dringend zu sein, dass man sich sogar für die Inbetriebnahme von kleinen Lagerstätten entlang bestehender Pipelinetrassen entschied. Mit der Einrichtung des Ministeriums für den Anlagenbau der Erdöl- und Erdgasindustrie sollte die Errichtung der wichtigen Infrastruktur gesichert werden. Der Druck, der auf Westsibirien als Energieregion lag, war aus der Sicht vieler jedoch zu groß. Die Erschließung kleinerer Erdölfelder, der Bau der Infrastrukturarbeiten, die Explorationsarbeiten, die sozialen Probleme – all dies blieb ohne ein umfassenden Koordinationsprogramm ungelöst. Ein weiteres Problem war, dass die Sowjetunion kaum in der Lage war, die für die Polarregionen und den Ausbau des Pipelinesystems Technik selbst herzustellen, obwohl sich auch die politische Führung für technische Neuerungen persönlich interessierte. Die Ingenieure in den Ölfeldern suchten so selbst nach Lösungen, die häufig aus Improvisation bestanden. Viele Anlagen mussten im Ausland gekauft werden, ein nicht unerheblicher Faktor im sowjetischen Staatsbudget. Angesichts der Herausforderungen bei der Erschließung des polaren Nordens zögerte Gasminister Kortunov bei einer Nutzung von Erdgasressourcen, die über das Feld Medvež'e hinausgingen, und zog stattdessen erneut die Ressourcen in Zentralasien und Orenburg vor, obwohl Letztere von schlechter Qualität waren. Doch 1975 wurde den Tjumen'er Ressourcen die führende Rolle in der Versorgungssicherheit der Sowjetunion zugebilligt; dafür sollte das polare Erdgasfeld Urengoj erschlossen werden. Die Termine für den Aufbau einer Förderung in Urengoj wurden aufgrund von Zweifeln der Moskauer Führung immer wieder verschoben. Mitte der 1970er Jahre wurde der Ruf nach einer Stoßkampagne in Sibirien immer lauter. In der Folge entzweiten sich Generalsekretär Brežnev und Kosygin. Auf dem Parteitag 1976 wurde das politische Zerwürfnis nur allzu deutlich: Während Kosygin eine Kohle- und Atomstrategie vertrat, wollte Brežnev die Industrialisierung Sibiriens voranschreiten sehen. Die Ministerien einer Reihe von Industriezweigen waren jedoch weder willens noch sahen sie sich in der wirtschaftlichen Verfassung, ihre Produktionseinheiten nach Sibirien zu verlegen. So wurden weitere Untersuchungen angeordnet und die Zukunft des Westsibirischen Erdöl- und Erdgaskomplexes blieb trotz immer größerer Unterstützung vage.

8. Die Ölpreiskrise 1973 und das Scheitern der internationalen Energiekooperationen

Die politische und wirtschaftliche Détente war der Sowjetunion bis zur Krise im Nahen Osten 1973 tatsächlich geglückt. Dabei hatte sich besonders das Verhältnis zum ehemaligen Kriegsgegner Bundesrepublik Deutschland offenkundig entspannt. Schon am 12. August 1970 hatten die Bundesrepublik Deutschland und die Sowjetunion einen Vertrag unterzeichnet, der die Sicherung des Friedens zusagte; dem folgte im September 1973 das Viermächteabkommen über den Status von Berlin, der seit der sowjetischen Note an die Westmächte von 1958 ein Zankapfel gewesen war. Die Lösung des Berlinkonflikts hatte auch den Grundlagenvertrag zwischen der Bundesrepublik Deutschland und der DDR im Dezember 1972 ermöglicht, der trotz offener Fragen eine Annäherung beider Staaten gewährleisten sollte. Damit hatten die Beziehungen in Europa große Fortschritte gemacht. Teil der Détente waren Wirtschaftsprojekte gewesen, so die Abnahme von Rohstoffen durch deutsche Firmen und der Bau von deutschen Fabriken in der Sowjetunion. Die politische Führung um Brežnev und Kosygin hatte dabei auf den Export von sowjetischen Gütern in die Bundesrepublik Deutschland gedrängt und wollte neben einem großen Handelsabkommen immer wieder auch eine angemessene Repräsentation auf deutschen Messen sichergestellt wissen.[1] Die Bemühungen gegenüber den USA und Japan zielten in genau dieselbe Richtung: Auch hier strebte die Sowjetunion neben einer politischen Détente Handelserleichterungen wie den *most-favoured-nation*-Status und den Abschluss großer Handelskooperationen ab und hatte darin, zumindest bis zur Krise 1973, Fortschritte erzielen können. Die USA und die Sowjetunion wiesen gar bis 1973 zunehmend positive Handelsbilanzen auf: So importierte die UdSSR aus den USA große Mengen Weizen sowie technische Anlagen.[2]

Die sowjetische Führung tendierte dazu, den internationalen Handelsabkommen einen sehr großen Stellenwert sowohl für die innere Weiterentwick-

---

1 U. a. Schreiben des Botschafter Allardt an das Auswärtige Amt vom 1. Februar 1971, in: Pautsch, Ilse Dorothee/Koopmann, Martin (Hg.): Akten zur Auswärtigen Politik der Bundesrepublik Deutschland, Bd. 1: 1. Januar bis 30. April 1971, München 2002, S. 200–205, hier S. 203.

2 Beleg über die sowjetisch-amerikanischen Handels- und Wirtschaftsbeziehungen vom September 1976, in: RGAĖ, f. 413, op. 31, d. 8528, ll. 1–8, hier l. 6.

lung der Wirtschaft als auch für die dauerhafte Sicherung des Friedens nach außen zuzusprechen. Deshalb wollte die Sowjetunion eine explizite Einbindung in globale Märkte, auf denen sie Rohstoffe und Güter handeln konnte. Zudem hoffte sie auf weitere bilaterale Verträge, wie sie sie mit den Ländern des RGW abgeschlossen hatte. Besonders in Hinblick auf den angeschlagenen Downstreamsektor der sowjetischen Erdöl- und Erdgasindustrien boten die Handelskooperationen einen Ausweg. Das Scheitern der Kooperationen nach der Ölpreiskrise traf den Generalsekretär umso härter: Er sah sich seiner politischen Ziele – Friedenssicherung, wirtschaftliche Stabilität und gesellschaftlicher Wohlstand – beschnitten.

8.1 Das Desaster der Ölpreiskrise 1973

Als am 6. Oktober 1973 syrische und ägyptische Truppen einen Überraschungsangriff auf die zuvor von Israel annektierten Golan-Höhen begannen, stand die Welt unter Schock. Der folgende Jom-Kippur-Krieg zwischen Israel und den USA auf der einen sowie Syrien, Ägypten, weiteren arabischen Ländern und der Sowjetunion auf der anderen Seite sollte nur zwanzig Tage dauern. Die kurzen Kampfhandlungen hatten jedoch große Auswirkungen für die NATO-Staaten, die als Bündnispartner der USA am Konflikt beteiligt waren. So drosselten die arabischen Länder die Ölförderung und trieben damit innerhalb einer kurzen Zeit die Erdölpreise pro Barrel um 70 Prozent in die Höhe, um die westlichen Länder bei ihrer Unterstützung Israels unter Druck zu setzen.[3]

Die Auseinandersetzung im Nahen Osten und die Ölpreiskrise konnten für die Sowjetunion nicht zu einem ungelegeneren Zeitpunkt kommen, da diese die bisherigen Fortschritte in der Détente zu bedrohen vermochte. Nach außen hin musste die Sowjetunion als Verbündete der arabischen Länder auftreten, jedoch unternahm man zumindest den Versuch, auf allen Kanälen den unversöhnlichen Parteien Angebote zu machen. So arbeitete der »heiße Draht« zwischen dem Kreml und dem Weißen Haus in diesen Tagen unermüdlich. Die Sowjetunion zeigte sich in den ersten Tagen gegenüber dem Westen zurückhaltend mit diffamierenden Aussagen. Statt die westlichen Regierungen lautstark anzugreifen, wurde auf der Titelseite der *Pravda* am 7. Oktober ein Artikel über den Besuch des japanischen Premierministers Tanaka in der Sowjetunion veröffentlicht, welcher den japanischen Premier vorstellte und Hoffnung auf einen Besuch äußerte,

3 Siehe hierzu auch: Perović/Krempin: »The Key is in Our Hands:«, S. 128–132.

der »zur weiteren Entwicklung und Stärkung der Beziehungen der guten Nachbarschaft und Zusammenarbeit [...] beiträgt«.[4] Gegenüber dem japanischen Premier betonte Leonid Brežnev nach Angaben von Anatolij Černjaev »trotz allem«, dass »unsere [die der Sowjetunion] Außenpolitik ausschließlich friedlich sein wird«.[5] So konzentierte sich die sowjetische Führung in der Folgezeit auf die Kritik an den Ölfirmen, die in der sowjetischen Presse als »Monopole« bezeichnet wurden[6] und ließ auf Radio Moscow Berichte auf Arabisch senden, um zu beteuern, dass die Sowjetunion in der Zukunft in keiner Weise die amerikanische Brennstoffknappheit ausgleichen könne.[7]

Zeitgleich liess sie über das Radio relativierende Aussagen in Richtung der USA übertragen, mit der sie weiterhin wirtschaftliche Kooperationen anstrebte. Für multilaterale Abkommen trat nun auch der Wirtschaftswissenschaftler und Journalist Boris Vasil'evič Račkov ein, der sich zeitlebens intensiv mit der Erdölbranche und dem internationalen Erdölhandel beschäftigt hatte. Auch der Wissenschaftler Nekrasov äußerte eine ähnliche politische Linie wie Račkov, indem er in mehreren Artikeln des Jahres 1973 multilaterale Abkommen als wünschenswert bezeichnete, da sie zu einer dauerhaften Stabilisierung des Ölpreises führen würden. Seine Offerte gegenüber den USA, in einem gemeinsamen Projekt New York mit Gas versorgen zu wollen, stützte er mit der Aussage: »Eines Tages wird das kalte Sibirien New York erleuchten und beheizen.«[8]

Dabei gab man aber auch zu, dass es ohne amerikanische Hilfe kaum möglich sein werde, Sibirien zu entwickeln. Gleichzeitig wies die Sowjetunion im Radio die Beschuldigungen zurück, dass ihre Ankündigungen von immensen Gasprojekten mit den USA das Embargo der Araber und die Ölpreiskrise erst heraufbeschworen hätten. Diejenigen Kräfte, die eine Schwemme an sowjetischem Erdgas auf dem Markt und starke Kooperation zwischen den zwei großen Ländern befürchteten, würden verkennen, dass der Bedarf an Gas so steigen werde, dass man gar nicht genügend Gas exportieren könne.[9] Die Sowjetunion

4 K vizitu v SSSR Prem'er-Ministra Japonii Kakuėja Tanaki, in: Pravda 280, 07.11.1973, S. 1.

5 Dnevniki Anatolii Černjaeva, 1973, S. 54–55 (Tagebucheintrag vom 14. Oktober 1973).

6 Foreign Office Minute von H.R. Mackenzie, sowjetische Sektion des Research Department, an S.J.L. Wright, Eastern European and Soviet Department mit einer Zusammenfassung sowjetischer Pressemitteillungen und Kommentaren zur Energiekrise und Ölwaffe vom 14. Februar 1974, in: Burdett: Oil Resources in Eastern Europe and the Caucasus, Bd. 8, S. 439–444.

7 »Moskaus Stimmen zum Öl« vom November 1973, in: Burdett: Oil Resources in Eastern Europe and the Caucasus, Bd. 8, S. 407–409.

8 Zitat: Ders., S. 408.

9 »Moskaus Stimmen zum Öl« vom November 1973, in: Burdett: Oil Resources in Eastern Europe and the Caucasus, Bd. 8, S. 407–409.

machte deutlich, dass sie von ihren Angeboten an die westliche Welt keineswegs abzurücken gedachte: »Das erste Prinzip der sowjetischen Politik bleibt, dem Anschein nach, die Aufrechterhaltung und Entwicklung einer Beziehung der Verständigung und der Kooperation mit den USA.«[10] Dass die USA darauf nicht eingingen und am 7. November eröffneten, dass sie in Energiebelangen unabhängig bleiben wollten, dürfte die Sowjetunion als vorläufige Absage an eine Zusammenarbeit hart getroffen haben.[11] Zudem unterschrieb Präsident Nixon am 16. November 1973 einen Bauvertrag für die Trans-Alaska-Pipeline,[12] die zukünftig Erdöl und Erdgas aus Alaska in den Süden transportieren sollte.

Die Ölpreiskrise öffnete Tür und Tor für Spekulationen im Ausland, wo Politik und Gesellschaft um die Versorgungssicherheit ihrer Länder fürchteten. So kam das Gerücht auf, dass die Öllieferungen in die Bundesrepublik Deutschland vorübergehend eingestellt worden seien. Ein weiteres Gerücht besagte, dass der RGW-Staat Bulgarien kein Erdöl erhalten habe. Auch Finnland berichtete, dass die Sowjetunion den Handel gegenwärtig nicht ausbauen wolle, während die sowjetische Seite zeitgleich angab, dass der Nahe Osten nicht liefere.[13] Im Ausland vermutete man verschiedene sowjetische Reaktionen auf die Ölpreiskrise. Einige glaubten, dass die Sowjetunion nur ihre Macht ausspiele, da die Preise auf dem internationalen Markt um ein Vielfaches angestiegen waren.[14] Darauf deuteten für die ausländischen Beobachter auch die Verhandlungen hin, die die Sowjetunion mit dem westdeutschen Land Hessen um den Bau einer Raffinerie und Lieferungen von möglichen weiteren 6 Millionen Tonnen Öl führte.[15]

10 Foreign Office Minute von H.R. Mackenzie, sowjetische Sektion des Research Department, an S.J.L. Wright, Eastern European and Soviet Department mit einer Zusammenfassung sowjetischer Pressemitteilungen und Kommentaren zur Energiekrise und Ölwaffe vom 14. Februar 1974, in: Burdett: Oil Resources in Eastern Europe and the Caucasus, Bd. 8, S. 439–444.

11 Gesprächsmemorandum zwischen Angehörigen der sowjetischen und amerikanischen Regierung in Moskau vom 26. März 1974, 17.09–21.43 Uhr, in: FRUS, Foreign Relations of the United States, 1969–1976, Volume XV, Soviet Union June 1972-August 1974, S. 765–793.

12 Der Bau begann 1974 und wurde 1977 fertiggestellt, er kostete 8 Milliarden Dollar. Die Länge der Pipeline beträgt 1270 Kilometer und hat einen Durchmesser von 1220 Millimeter, in: Davidson, Frank P./Lusk Brooke, Kathleen: Building the world. An Encyclopedia of the great engineering project in history, Volume 2, Westport CT 2006, S. 681–709.

13 Secret Foreign Office Memorandum von J.L. Bullard über »Sowjetische Ölressourcen 1980« vom 22. November 1973, in: Burdett: Oil Resources in Eastern Europe and the Caucasus, Bd. 8, S. 414–419.

14 Bis Januar 1974 hatte sich der Ölpreis fast vervierfacht und betrug 12 Dollar pro Barrel, in: Perović/Krempin: »The Key is in Our Hands«, S. 114.

15 Depesche von J.D. Clibborn, britische Botschaft in der Bundesrepublik Deutschland, an S.J.L. Wright, Eastern European and Soviet Department im Foreign Office, über Gerüchte von massiven Importen aus der Sowjetunion in die Bundesrepublik Deutschland vom 17. Dezember

Britische Vertreter vermuteten, dass die Sowjetunion in der Ölpreiskrise ihre Position gewechselt habe. Verschiedene Länder hatten bekanntgegeben, dass die Sowjetunion gegenwärtig nicht alle Lieferverträge erfülle, und unterstellten dabei der UdSSR eine bewusste Absicht.[16] Die Sowjetunion müsse vorrangig ihren eigenen Bedarf an Rohöl, denjenigen des Ostblocks sowie der bereits belieferten westlichen Länder bedienen und würde deswegen kaum neue Verträge eingehen, wurde auf britischer Seite spekuliert.[17] Eine andere in Wirtschafts- und Regierungskreisen ebenfalls gängige Meinung war, dass die Sowjetunion zu einem Nettoimporteur von Erdöl werde. Möglicherweise werde die Sowjetunion den Devisenerwerb fokussieren und die Lieferungen an die Staaten des RGW kürzen.[18] Denn bisher gab es keinerlei Anzeichen dafür, dass die Sowjetunion die ausgefallenen Lieferungen arabischen Öls mit ihrem eigenen ausglich. Stattdessen waren die osteuropäischen Satelliten zum Energiesparkurs aufgerufen worden.[19]

Erste Annäherungen bezüglich der Energiekooperationen kamen erst wieder zu Beginn des Jahres 1974 zustande, als sich die japanischen und sowjetischen Geschäftsleute trafen, um über die geplanten Geschäfte in Ostsibirien, die eine Zusammenarbeit in der Erdöl, Erdgas-, Kohle- und Holzindustrie umfassten, zu sprechen. Jedoch erhärtete sich der Verdacht, dass die verspäteten Lieferungen aus der Sowjetunion keineswegs mit dem Embargo im Mittleren Osten zusammenhingen, sondern schon das ganze Jahr über nicht erfüllt worden waren. Bei neueren Verhandlungen mit ihren westlichen Partnern hatte die Sowjetunion die Vertragsmengen deutlich zurückgefahren. Die Meinung, dass sich in der sowjetischen Führung die Überzeugung einer eigenen Energiekrise durchzusetzen begann, wurde auch im Rahmen eines Treffens von OECD-Mitgliedern im Januar 1974 diskutiert. Die sowjetische Energiekrise sei zwar

---

1973, in: Burdett: Oil Resources in Eastern Europe and the Caucasus, Bd. 8, S. 427–428. In Presseberichten wurde vermutet, dass die Sowjetunion Öl an Deutschland geliefert habe, in: Depesche von R.DF. McGlue, Cabinet Office, an S.J.L. Wright, Foreign Office, vom 4. Dezember 1973, in: Burdett: Oil Resources in Eastern Europe and the Caucasus, Bd. 8, S. 420–421.

16 Telegramm der britischen Botschaft in Moskau an das Foreign Office vom 14. Dezember 1973, Burdett: Oil Resources in Eastern Europe and the Caucasus, Bd. 8, S. 425–426.

17 Mitteilung von A. Longrigg an Mr Haskell über sowjetische Erdölreserven und das Erdöl in Tjumen vom 14. November 1973, in: Burdett: Oil Resources in Eastern Europe and the Caucasus, Bd. 8, S. 412–413.

18 Secret Foreign Office Memorandum von J.L. Bullard über die «sowjetischen Erdölressourcen 1980« vom 22. November 1973, in: Burdett: Oil Resources in Eastern Europe and the Caucasus, Bd. 8, S. 414–419.

19 DIE-Protokoll »Sowjetisches Erdöl: Gegenwärtige Entwicklung des Exports« vom November 1973, in: Burdett: Oil Resources in Eastern Europe and the Caucasus, Bd. 8, S. 422–423.

nicht derselben Natur wie die westliche, habe jedoch durchaus großen Einfluss auf die Exportmengen von sowjetischem Öl. Unter den neuen Umständen der hohen Ölpreise schien aber auch die von der Sowjetunion angebotene Exportmenge von 20–25 Millionen Tonnen Rohöl aus Tjumen' wieder attraktiv und eine mögliche Vormachtposition der Sowjetunion auf dem internationalen Energiemarkt schätzte man aufgrund der auch im Ausland wahrgenommenen innersowjetischen Energiekrise eher gering ein: Tatsächlich vermutete man, dass die Sowjetunion die westlichen Länder um ein Geschäft konkurrieren ließ, um so den günstigsten Deal abzuschließen.[20] Dabei gab die Sowjetunion an, dass sie unter dem Preisanstieg des arabischen Erdöls nun selbst leide, da sie dieses teurer weiterexportieren müsse.[21] Damit hatte sich das Klima an den Verhandlungstischen abgekühlt und ein trilaterales Treffen zwischen sowjetischen, japanischen und amerikanischen Industrie- und Wirtschaftsvertretern kam erst gar nicht zustande, obwohl sich sowohl eine sowjetische Delegation um den Außenhandelsstellvertreter Osipov und die sowjetische Außenhandelsbank in Tokio aufhielten, als auch der Vorsitzende der japanischen Exim-Bank sowie eine amerikanische Delegation um den Vorsitzenden der Erdölfirma El Paso. [22] Doch zeigte sich die japanische Außenhandelsbank, die den Kredit für die Explorationsarbeiten in Jakutien bereitstellen sollte, weiterhin interessiert an einem Projekt in Sibirien.[23] Der amerikanische Präsident signalisierte in einem Gespräch am 4. Februar 1974 zwar, dass sich die USA weiterhin an energetischen Kooperationen beteiligen würden, und nannte dabei neben der Kooperation über das Erdgas auch US-Hilfe bei der friedlichen Nutzung von Atomkraft und bei der Umwandlung von Kohle zu Gas.[24] Doch schon im März 1974 verlor Präsident Nixon kein Wort mehr über den Energiehandel.[25] Dabei

20 Depesche von E.J. Uffen, britische Botschaft Moskau, an S.J.L. Wright, Eastern European and Soviet Department im Foreign Office, vom 8. Januar 1974, in: Burdett: Oil Resources in Eastern Europe and the Caucasus, Bd. 8, S. 432–434.

21 Depesche von J.B. Clibborn, britische Botschaft in der Bundesrepublik Deutschland, an S. J.L. Wright, Eastern European and Soviet Department des Foreign Office, vom 13. Februar 1974, in: Burdett: Oil Resources in Eastern Europe and the Caucasus, Bd. 8, S. 435–436.

22 Aktennotiz vom 22. Februar 1974 der sowjetischen Handelsvertretung und Japan, in: RGAĖ, f. 413, op. 31, d. 6676, ll. 21–22.

23 Gespräch zwischen dem sowjetischen Botschafter und dem Vorsitzenden der japanischen Exim-Bank vom 25. Februar 1974, in: RGAĖ, f. 413, op. 31, d. 6676, ll. 23–24.

24 Gesprächsmemorandum, Washington, 4. Februar 1974, in: FRUS, Foreign Relations of the United States, 1969–1976, Volume XV, Soviet Union June 1972–August 1974, S. 661–672.

25 Brief von Präsident Nixon an Generalsekretär Brežnev vom 21. März 1974, in: FRUS, Foreign Relations of the United States, 1969–1976, Volume XV, Soviet Union June 1972–August 1974, S. 692–695.

ist vor allem von innenpolitischen Motiven auszugehen: Im Gegensatz zu den Japanern, die von Rohstoffbezügen aus Sibirien wirtschaftlich durchaus profitieren konnten, schien das Geschäft für die Amerikaner nicht ausreichend rentabel zu sein, so dass die wirtschaftlichen Argumente gegenüber den immer stärker werdenden Ressentiments für einen erfolgreichen Geschäftsabschluss kaum ausreichten.

8.2 Das Scheitern der großen Geschäfte

Im März 1974 kam es zu einer weiteren Änderung im Sibirienprojekt seitens der Sowjetunion: Statt wie bisher geplant über eine Pipeline, sollte das Öl nun über die Schiene nach Japan gelangen. Dazu sollte sich Japan mit einer Kapitalinvestition von 3,3 Milliarden Dollar am Bau der Baikal-Amur-Magistrale beteiligen. Das Projekt drohte damit für Japan zu einer wirtschaftlichen Bürde mit einem deutlich politischen Charakter zu werden.[26] Denn Japan hätte nicht nur höhere Kosten für den Erdölimport bezahlt, sondern auch eine strategische Stärkung der sowjetischen Militärpräsenz durch eine solche Bahnlinie zur Pazifikküste hinnehmen müssen. Obwohl das Projekt noch nicht einmal im eigenen Land offiziell verkündet worden war, äußerte Brežnev nun gegenüber seinen amerikanischen Verhandlungspartnern, dass die Japaner weiterhin an den Geschäften mit den »nationalen Reichtümern« der Sowjetunion interessiert seien. Man wolle auch eine weitere Eisenbahnlinie durch Sibirien bauen, um Rohstoffe wie Gold oder Zinn an die Pazifikküste zu transportieren. Von Tajžet nach Ust-Kut sei der Abschnitt bereits fertiggestellt. Da die Sowjetunion dafür im Ausland keine Kredite für den aufwändigen Bau erhalten habe, wolle sie nun das Bahnprojekt eigenständig umsetzen. Hinzu komme die wirtschaftliche Erschließung entlang der Bahnstrecke. Bereits in fünf bis sechs Jahren würde man »eine andere Sprache sprechen«, wenn man dort große Städte und Fabriken gebaut habe.[27] Die japanische Seite jedoch ließ in der Presse verlauten, dass sie kaum gewillt sei, die hohen Kosten des Tjumen'-Projekts allein zu tragen, und wollte nur noch daran teilhaben, wenn die amerikanische Seite den von der UdSSR verlangten Kredit bediente. Als sich die Sowjetunion daraufhin irritiert zeigte, wiederrief Japan seine Aussage als eine fehlerhafte Pressemitteilung

26 Siehe hierzu auch Klinghoffer: The Soviet Union & International Oil Politics, S. 253–262.

27 Gesprächsmemorandum zwischen Angehörigen der sowjetischen und amerikanischen Regierung in Moskau vom 26. März 1974, 17.09–21.43 Uhr, in: FRUS, Foreign Relations of the United States, 1969–1976, Volume XV, Soviet Union June 1972 – August 1974, S. 765–793.

und äußerte, dass es zu dem Projekt auch ohne die USA bereit sei. Doch die Gespräche über ein Dreiecksgeschäft verliefen im Gegensatz zu den Gesprächen mit den USA immer noch auf einer niedrigeren diplomatisch-wirtschaftlichen Ebene, während über ein Projekt mit den USA bereits auf Regierungsniveau verhandelt wurde. Die Sowjetunion zeigte sich nach außen hin zumindest zufrieden mit dem Stand der Gespräche und überließ es der japanischen Seite, einen weiteren Schritt zu vollziehen, signalisierte dann aber auch die Bereitschaft, die politische Ebene, auf der das Projekt diskutiert wurde, anzuheben.[28]

Die Amerikaner reagierten im Frühjahr 1974 auf die Projektänderungen zum von der Sowjetunion angekündigten wirtschaftlich-strategischen Bahnprojekt mit weitaus drastischeren Maßnahmen, indem sie den sozialistischen Ländern in naher Zukunft grundsätzlich Kredite verwehren wollten. Nachdem die amerikanische Seite eine derart heftige Reaktion gezeigt hatte, deutete auch die japanische Seite einen Rückzug an.[29] Die sowjetische Seite war mit einem neuen Vorschlag zu Verhandlungen bereit gewesen. Auch vermutete die sowjetische Seite nun aufgrund der japanisch-chinesischen Annäherung einen »chinesischen Faktor«, was die Japaner nicht dementierten.[30] Obwohl man weiterhin verhandelte, standen dabei nur noch das Kohleprojekt in Südjakutien und eine Zellulosefabrik auf Sachalin zur Debatte, das Erdöl- und ein Erdgasprojekt waren vorerst von der Agenda getilgt. Es schien so, als ob die Unstimmigkeiten über die anderen Energieprojekte die Oberhand gewonnen hatten. Dies ließ die sowjetische Seite prompt reserviert auftreten: Bei einem Besuch der Vertreter des japanischen Wirtschaftsverbands Keidanren wollten sie nun nicht mehr eine Besichtigung von Zavidovo, ein Jagdgebiet und Erholungsort der höchsten politischen Führer, anbieten, sondern lediglich eine Reise zu den Sehenswürdigkeiten Leningrads. Auch seien Brežnev und Kosygin gegenwärtig »nicht

28 Aktennotiz über ein Gespräch mit dem Vorsitzenden der Exim-Bank, S. Sumit, vom 7. März 1974, in: RGAĖ, f. 413, op. 31, d. 6676, ll. 27–28.

29 Für weitere Gespräche um eine Kreditvergabe seitens der Exim-Bank wollte die japanische Seite davon ausgehen, dass die Entscheidung der Bank noch nicht endgültig sei, sondern im Senat oder durch ein Veto von Präsident Nixon behoben werden könne. Es begann ein Abwarten und Tauziehen um die Realisierung einiger Projekte. Doch die japanische Seite war bemüht darum, die Position der USA und auch vieler an der sowjetisch-amerikanischen Zusammenarbeit interessierten Akteuren aus Politik und Wirtschaft anzuführen, nicht zuletzt auch des amerikanischen Präsidenten selbst, in: Gesprächsmitschrift zwischen dem Vorsitzenden der sowjetischen Handelsvertretung in Japan, V.I. Borin, und dem Vorsitzenden der Exim-Bank, S. Sumit, vom 16. März 1974, in: RGAĖ, f. 413, op. 31, d. 6676, ll. 35–39.

30 Gesprächsmitschrift zwischen dem Vorsitzenden der sowjetischen Handelsvertreung in Japan, V.I. Borin, und dem Vorsitzenden des Unterkomitees für das Tjumen-Projekt, Ch. Imadzato, vom 15. März 1974, in: RGAĖ, f. 413, op. 31, d. 6676, ll. 29–30.

in Moskau erreichbar«, so dass man mit den Details noch warten müsse, was den weiteren Verlauf der Beziehungen ungewiss gestaltete.[31]

Um ihre Aussichten auf sowjetische Ressourcen nicht zu gefährden, änderten die Japaner nur ein paar Tage später ihre Taktik und bekundeten ihr Interesse am Import von Kohle aus der sibirischen Kuzbass-Region unabhängig von Kohleimporten aus Jakutien.[32] Ende Mai stimmten beide Seiten darüber ab, dass im Juli ein Generalabkommen über die Wirtschaftsprojekte in Südjakutien, Sachalin und das Holzprojekt abgeschlossen werden sollte, nachdem man dies geprüft habe. Eine Entscheidung zum Tjumen'-Projekt vertagte man allerdings weiterhin, ebenso wie ein Gasunternehmen in Jakutien mit amerikanischer Beteiligung. Bei diesen Gesprächen war es der sowjetischen Seite im Mai gelungen, dass der japanische Premier Tanako und Ministerratspräsident Kosygin in einem Memorandum vermerkt hatten, dass man grundsätzlich auch bilaterale Geschäfte abschließen könne. Denn die Japaner gestanden, dass amerikanische Geschäftskreise und die Exim-Bank durchaus Interesse an der Unterstützung der sibirischen Projekte zeigten, es jedoch im US-Kongress eine Opposition gab.[33]

Auch wenn die Sowjetunion in den Verhandlungen mit Japan das Blatt vorerst hatte wenden können, kamen nun auch aus der Bundesrepublik Deutschland kritische Stimmen, die den hohen Preis für das sowjetische Rohöl beklagten. Dies und die ausgefallenen Lieferungen lösten bei den Verantwortlichen der westdeutschen Raffinerien gar die Frage aus, ob eine Kooperation mit der Sowjetunion immer noch günstig sei, da diese anscheinend Lieferprobleme habe und das Erdöl auf dem globalen Umschlagmarkt in Rotterdam nun wieder günstiger geworden sei.[34] Die Lieferprobleme schien auch ein Bericht von acht Botschaftern aus den Ländern der Europäischen Wirtschaftsgemeinschaft (kurz EWG) in Moskau zu belegen: So hatte die Sowjetunion ihre Ölimporte aus dem Irak in den vergangenen drei Jahren um das

---

31 Gesprächsmitschrift zwischen dem Vorsitzenden der sowjetischen Handelsvertreung in Japan, V.I. Borin, und dem Vorsitzenden des japanischen Wirtschaftsverbandes »Kejdanren«, K. Uemura, vom 15. März 1974, in: RGAĖ, f. 413, op. 31, d. 6676, ll. 33–34.

32 Aktennotiz des Gesprächs zwischen dem Experten der sowjetischen Handelsvertretung, P.A. Petros'jan, und dem stellvertredenden Vorsitzenden des Unterkomitees über das »Südjakutische Kohleprojekt«, S. Tanabe vom 18. März 1974, in: RGAĖ, f. 413, op. 31, d. 6676, l. 40.

33 Gesprächsmitschrift aus der sowjetischen Botschaft in Japan vom 27. Mai 1974, in: RGAĖ, f. 413, op. 31, d. 6676, l. 55–57.

34 1 Tonne Öl sollte 14 D-Mark kosten. Depesche von J.D. Clibborn, britische Botschaft in der Bundesrepublik Deutschland, an S.J.L. Wright, Foreign Office, vom 18. März 1974, in: Burdett: Oil Resources in Eastern Europe and the Caucasus, Bd. 8, S. 451–452.

Dreifache erhöht. Vor allem die weite Entfernung der neuen Felder östlich des Ural stelle hohe Anforderungen an die Interrelation der Fertigstellung verschiedener Projekte, so an die Erschließung und den Ausbau des Pipelinenetzes bis in die sozialistischen Bruderstaaten. Zudem müssten große Investitionen im Offshorebereich getätigt werden, und für 1980 sagte man bereits jetzt voraus, dass diese dann ein Drittel aller sowjetischen Investitionen ausmachen müssten. Erfolge gestand man der Sowjetunion jedoch auch zu: 1973 habe sie es geschafft, Westsibirien sowohl in Almetevsk an die »Družba«-Pipeline anzuschließen als auch an die Raffinerie in Irkutsk. Zudem sei es mit der Einbeziehung neuester Technik möglich, die dringend benötigten Einsparungen bei der Energienutzung in der Tat zu erreichen.[35]

Stattdessen wählte die Sowjetunion einen anderen Weg. Während gemäss Bericht des EC noch vermutet wurde, dass das Angebot und die Nachfrage nach Rohöl den Sowjets in Zukunft noch einiges Kopfzerbrechen bereiten würden und »die Russen [Sowjetunion] alles in der Welt unternehmen würden, um allen ein bisschen in den Wams zu stopfen einschließlich ihres eigenen«,[36] reagierte die Sowjetunion auf das Aufschieben der Sibirien-Projekte mit der Proklamation eines Infrastuktur-Vorhabens, das zu einem der grössten Unternehmen der späten Sowjetunion werden sollte. Bei den Feierlichkeiten zum Zwanzig-Jahr-Jubiläum des Neulandprojekts unterstrich Brežnev, der die Kampagne zu seiner Zeit als Parteisekretär von Kasachstan wesentlich mitgetragen hatte, dass das »Neuland der Gegenwart« aus sowjetischer Sicht jetzt Sibirien sei. Bei dieser Gelegenheit proklamierte er den Bau der Baikal-Amur-Magistrale jetzt auch offiziell, obwohl das Projekt bisher nicht Teil des Fünfjahresplans gewesen war.[37] Die Motivation zur Umsetzung eines derart großen Infrastruktur- und Verkehrsvorhabens sowie die damit verbundene Neukalkulation des Fünfjahresplans ging wohl auf die stockenden Verhandlungen in den Wirtschaftsprojekten mit den Japanern und Amerikanern sowie das wachsende Sicherheitsbedürfnis gegenüber der Volksrepublik China zurück.

Die Wirtschaftsmächte im Pazifikraum waren als Verhandlungspartner zu einer Reaktion auf dieses gewaltige Unterfangen gezwungen, denn es würde das

---

35 Bericht der Botschafter aus acht EC-Ländern zur Vorlage an die EC mit dem Titel »Die Erdölindustrie der Sowjetunion« vom 2. April 1974, in: Burdett: Oil Resources in Eastern Europe and the Caucasus, Bd. 8, S. 454–486.

36 Depesche von Sir T. Garvey, britischer Botschafter in Moskau, an J.L. Bullard, Eastern European and Soviet Department, Foreign Office, vom 23. April 1974, in: Burdett: Oil Resources in Eastern Europe and the Caucasus, Bd. 8, S. 490–491.

37 Grützmacher: Die Baikal-Amur-Magistrale, S. 185.

militärische Potenzial der Sowjetunion im Pazifikraum deutlich verändern. Aus Angst vor der »Machtkarte« der USA wollten die Japaner ohne die Zustimmung ihres Verbündeten USA nun keine Zugeständnisse machen und beharrten darauf, auch die schon längst überfällige 6. Sitzung des sowjetisch-japanischen Komitees für die Wirtschaftszusammenarbeit auf einen Termin nach dem Besuch Nixons im Juli zu verschieben. Japan drängte ebenfalls darauf, dass es endlich seine eigenen Spezialisten in die Region Tjumen' entsenden dürfe, um sich von dem Projekt und seiner Durchführbarkeit selbst zu überzeugen, was die Sowjetunion bisher abgelehnt hatte. Um einen Rückzug der Japaner aus allen Geschäften zu verhindern, deutete die Sowjetunion an, dass sie immer noch Interesse am Einkauf von Autos und Technik im Wert von 1 Milliarde Dollar in Japan habe, ebenso wie an dem Generalabkommen über die Durchführung des Kohleprojekts in Čulman im südlichen Jakutien und zum Holzabbau auf Sachalin.[38]

Zu ihrem Leidwesen musste die sowjetische Führung feststellen, dass die große gemeinsame Wirtschaftskooperation zu scheitern schien, obwohl der Präsident bekundete, dass man im Bereich der Energie kooperieren wolle. Die USA verstanden darunter allerdings ein Projekt, welches die Entwicklung alternativer Erdölvorkommen betraf. Zudem sprach der amerikanische Außenminister Kissinger gegenüber Brežnev nun davon, dass die USA 23 Milliarden Dollar für Forschungen zur Verfügung stellen wollten, die zweifelsohne eine technologische Beteiligung der USA bedeutet hätten. Kissinger nannte hierbei die Verflüssigung von Kohle, die wirtschaftliche Nutzung von Ölschiefer und Energiesparmaßnahmen. Doch eine bilaterale Kooperation im Bereich Öl und Gas war jetzt vom Tisch. Gleichzeitig liess Kissinger verlauten, dass man mit Japan über die Beteiligung am Öl-Projekt in Jakution spreche. Brežnev bot nun an, dass man für die Sowjetunion energieaufwändige Waren herstellen könne, wenn die Amerikaner die Fertigungsstätten dafür liefern würden. Kissinger sagte seine Unterstützung zu, verwies jedoch auf den immer stärker werdenden Gegenwind einer antisowjetischen Opposition der USA, die sowohl Kredite als auch den *most-favoured-nation*-Status für die Sowjetunion verhindern wollten.[39] Brežnev blieb nichts anderes mehr übrig, als auf die Geschäfte mit

---

38 Gesprächsmitschnitt zwischen dem Vorsitzenden der sowjetischen Handelsvertretung in Japan, V.I. Borin, und dem Exekutivdirektor von »Kejdanren«, R. Koto, vom 17. Juni 1974, in: RGAĖ, f. 413, op. 31, d.6766, ll. 70–72.

39 Gesprächsmemorandum, Moskau, 27. März 1974, 17.50–21.10 Uhr, in: FRUS, Foreign Relations of the United States, 1969–1976, Volume XV, Soviet Union June 1972-August 1974, S. 811–812.

Armand Hammer[40] hinzuweisen und den Traum von der Exportproduktmacht zurückzustellen.

Im Mai äußerte Kirillin, der auch in London gewesen war, um ein Projekt mit der britischen Erdölfirma BP in der Barentssee zu besprechen, dass man sich noch nicht entscheiden wolle, obwohl Kosygin kurz zuvor noch Interesse an dessen Durchführung gezeigt hatte. Den erneuten Wechsel begründeten die Briten mit Differenzen zwischen dem Handelsministerium, dem Minnefteprom und dem GKNT. Erdölminister Šašin habe mit seiner Zustimmung zu den Energieprojekten nur diejenigen Onshoreprojekte gemeint, die mit den Japanern und Amerikanern besprochen worden seien. Doch das GKNT Dem widersprach das GKNT vehement. Die Briten sahen hier die Kämpfe um die energetische Zukunft der Sowjetunion in der formativen Phase des kommenden Fünfjahresplans zwischen zahlreichen Ministerien und Organisationen. Ihr Schluss daraus: Kosygin habe seinen Auftrag frei interpretiert, als er mit dem britischen Botschafter gesprochen habe. Kirillin habe den Hinweis von dieser Ebene zweifelsohne aufgenommen. Alles von oben durchzudrücken sei ein Weg, mit dem die Dinge hier bewegt würden; aber es könne offenkundig von denjenigen übelgenommen werden, die auf den niedrigeren Ebenen betroffen seien.[41] Dass es in den innersowjetischen Diskussionen um nichts weniger als die Aufrechterhaltung der sowjetischen Autonomie im Erdölgeschäft gehe, folgerte ein anderer Pressebericht. Dabei nahmen die Journalisten an, dass die Sowjetunion ihr bisheriges »Prinzip der Autarkie«[42] aufrechterhalte und nur die Akquisition von westlichen Technologien für die Erschließung neuer Erdölvorkommen anvisiere.

---

40 Das Projekt umfasste die Lieferung von Fabriken für die Produktion von Düngemitteln, die an die Sowjetunion geliefert wurden, und die Bezahlung mit Düngemitteln im Gegenzug. Damit lag ein klassisches Kompensationsgeschäft vor. Dies wird umrissen in: Memorandum von Peterson an Kissinger vom 19. August 1972, in: FRUS, Foreign Relations of the United States, 1969–1976, Volume XV, Soviet Union June 1972-August 1974, S. 78; Gesprächsmemorandum vom 27. März 1974 in Moskau, in: FRUS, Foreign Relations of the United States, 1969–1976, Volume XV, Soviet Union June 1972-August 1974, S. 812.

41 Schreiben von Sir T. Gawrey, britischer Botschafter in Moskau, an V. A. Kirillin, Vorsitzender des GKNT, vom 30. Mai 1974, in: Burdett: Oil Resources in Eastern Europe and the Caucasus, Bd. 8, S. 499–500, Depesche von D. H. Gillmore, britische Botschaft in Moskau, an D. W. F. Johnson, Department of Trade, vom 5. Juni 1974, in Burdett: Oil Resources in Eastern Europe and the Caucasus, Bd. 8, S. 501–502.

42 Foreign Office Minute von L. J. Bullard an Mr Cloak vom 18. Juli 1974, in: Burdett: Oil Resources in Eastern Europe and the Caucasus, Bd. 8, S. 505. Mit dem »Prinzip der Autarkie« meinte die NZZ wohl die Beteiligung ausländischer Firmen wie der BP an gemeinsamen Unternehmen auf sowjetischem Boden.

Im Juli bemühte sich Brežnev beim japanischen Premierminister Tanako erneut um die Zusage Japans zu den Energieprojekten, die nun ohne die Teilnahme der USA stattfinden sollten. Doch das Drängen des sowjetischen Außenministers Semičastkov auf eine endgültige Entscheidung für oder gegen das Tjumen'-Projekt beantworteten die Japaner abermals mit dem Argument, dass, »ein Projekt in solchem Maßstab [...] nicht nur eine wirtschaftliche, sondern auch eine politische Entscheidung« brauche.[43] Ein Kohleprojekt, wie es die beiden Länder planten, hatte keine solche politische Sprengkraft mehr. Die japanische Seite zeigte jedoch Interesse daran, zumindest das jakutische Gasprojekt auch auf der Grundlage eines bilateralen Abkommens durchzuführen, wenn die Amerikaner, wie befürchtet, nicht an dem Jakutienprojekt teilnehmen wollten. Dabei wolle die japanische Seite die gesamte Exportmenge des jakutischen Gases, insgesamt 20 Milliarden Kubikmeter pro Jahr, für sich importieren. Für eine solch umfangreiche Menge sollten teure Verflüssigungsanlagen, die sogenannten LPG-Terminals, eingerichtet werden.

Der Rücktritt von Richard Nixon am 8. August 1974 machte die Wirtschaftskooperation zwischen den USA und der UdSSR noch unwahrscheinlicher. Obwohl sich die sowjetische Führung auch dem neuen Amtsinhaber Gerald Ford gegenüber als offen erweisen wollte,[44] wurden die bilateralen und trilateralen Gespräche immer schwieriger. Zwar witzelte die japanische Seite, dass der Rücktritt Nixons die trilateralen Projekte wahrscheinlicher werden lasse, doch war dies aufgrund von Veränderungen innerhalb der eigenen Regierung, insbesondere durch den Wechsel des Außenministers, keineswegs sicher.[45] Denn nur kurze Zeit später, am 30. August, bat der Vorsitzende der sowjetischen Handelskommission um ein Treffen mit dem japanischen Zuständigen für die Erdölprojekte des Komitees für wirtschaftliche Zusammenarbeit. Ersterer sprach bei diesem Treffen an, dass die japanische Presse in der letzten Zeit immer häufiger verlautbaren lasse, dass Japan das Interesse am Ölprojekt in Tjumen' verliere. Als Gründe habe die Presse die hohen Kapitalinvestitionen – 3,1 Milliarden Dollar – angeführt im Austausch gegen eine zu geringe Menge Öl, 25 Millionen Tonnen jährlich ab 1981. Zudem wurde die Positionierung der amerikani-

43 Memorandum über ein Treffen des Stellvertretenden Außenhandelsministers, I.F. Semičastkov, und Stellvertretern aus japanischen wirtschaftspolitischen Kreisen vom 25. Juli 1974, in: RGAĖ f. 413, op. 31, d.6766, ll. 87–89, hier l. 88.

44 Dnevniki Anatolii Černjaeva, 1974, S. 23 (Tagebucheintrag vom 10. August 1974).

45 Gesprächsmitschnitt zwischen dem Vorsitzenden der sowjetischen Handelsvertretung in Japan, V. I. Borin, mit dem Vorsitzenden des Unterkomitees für Erdgas [...], Ch. Andzaj vom 28. August 1974, in: RGAĖ, f. 413, op. 31, d.6766, ll. 93–95.

schen Seite gegenüber dem Projekt als Grund genannt. Stattdessen beschrieb die Presse den Import von jährlich 20–30 Millionen Tonnen Öl aus China, der bereits in den kommenden Jahren beginnen sollte. Japanische Wirtschaftsvertreter hätten, so die japanische Seite, zwei große Öllagerstätten besichtigt und seien zu dem Schluss gekommen, dass der japanische Ölimport aus China, wie auch schon in den letzten Jahren, weiter angehoben werden könne.[46]

Die USA hingegen setzten die Sowjetunion nun mit innersowjetischen Angelegenheiten immer weiter unter Druck. Sie verknüpften politische Menschenrechtsthematiken wie die Emigration der jüdischen Bevölkerung aus der Sowjetunion an eine wirtschaftliche Annäherung. Doch mittlerweile war auch die sowjetische Seite hellhörig für sämtliche amerikanische Äußerungen geworden und interpretierte diese als grundlegende amerikanische Einstellung gegenüber der Détente.[47] Den USA ging es vor allem darum, eine starke europäisch-sowjetische Wirtschaftszusammenarbeit zu blockieren, denn die USA nahmen sehr wohl wahr, dass die Sowjetunion eine attraktive Alternative für die Europäer in Sachen Öl und Gas sowie weiteren Handelsoptionen waren. Daher fürchteten die USA auch um den eigenen wirtschaftspolitischen Machtstatus in der Welt, den eine in Handelskooperationen eingebundene UdSSR aus Sicht der Amerikaner bedrohen konnte. Darüber hinaus waren sich die USA bewusst über den sowjetisch-chinesischen Konflikt und nutzten diesen für ihr politisches Taktieren aus. Daher war das Gerücht, dass die USA China den *most-favoured-nation*-Status anböten, für Breżnev eine derbe Provokation. Gleichzeitig wurde auch der Ton der Sowjets bezüglich der Energiekrise und der in den kommenden Jahren auftretenden Folgen schärfer. Kissinger versprach Breżnev nun, dass er bis zum Dezember den *most-favoured-nation*-Status und weitere Kredite erhalten solle.[48] Doch die Ressentiments auf beiden Seiten waren zu groß geworden, so dass schon im November 1974 nur noch von einem Deal mit den Japanern die Rede war, über den man einen Grundsatzvertrag (*agreement in principle*) abgeschlossen hatte.[49]

46 Gesprächsmitschnitt zwischen dem Vorsitzenden der sowjetischen Handelsvertretung in Japan, V. I. Borin, mit dem Vorsitzenden des Unterkomitees für Erdöl […], Ch. Imadzato, vom 30. August 1974, in: RGAĖ, f. 413, op. 31, d.6766, ll. 96–97.

47 Memorandum vom Assistenten des Präsidenten für Nationale Sicherheitsfragen, Kissinger, an Präsident Ford, Washington, kein Datum, in: FRUS, Foreign Relations of the United States, 1969–1976, Volume XVI, Soviet Union August 1974-December 1976, S. 96–101, hier S. 99.

48 Gesprächsmemorandum, Moskau, 24. Oktober 1974, 18–21.30 Uhr, in: FRUS, Foreign Relations of the United States, 1969–1976, Volume XVI, Soviet Union August 1974 – December 1976, S. 196–218.

49 Gesprächsmemorandum, Vladivostok, 23. November 1974, 18.15 Uhr, in: FRUS, Foreign Relations of the United States, 1969–1976, Volume XVI, Soviet Union August 1974-December 1976, S. 329–350.

Die lang aufgeschobene 6. Sitzung des sowjetisch-japanischen Komitees für die Wirtschaftszusammenarbeit fand am 29. Oktober 1974 schließlich doch noch statt, jedoch nahmen langjährige Vertreter der japanischen Seite nicht teil und fuhren stattdessen auf eine Sitzung der Pazifikstaaten nach Honolulu; ein deutliches politisch-strategisches Zeichen der Abkehr von der Sowjetunion. Die Haltung der sowjetischen Seite dürfte aus diesem Wissen heraus schon während der Sitzung gespalten gewesen sein. Einerseits fragte Patoličev sehr offen nach der Umsetzung der sibirischen Projekte und dem Desinteresse der Japaner, andererseits dürfte die Sowjetunion auch befürchtet haben, dass sich Japan nunmehr vollends gegen eine wirtschaftliche Zusammenarbeit in Sibirien entscheiden würde. Erneut unterstrich Patoličev, dass der Bau der Baikal-Amur-Magistrale lediglich als eine Grundlage für das Tjumen'-Projekt fungieren könne; was den Transport anderer Ressourcen betreffe, sei man jedoch zum Vorteil von Japan durchaus flexibel. Die Japaner entgegneten daraufhin, dass ihnen vor allem die veränderten Konditionen Probleme bereiteten, worauf die Sowjets erwiderten, dass sie die Bedingungen vor allem aufgrund der Ölpreiskrise geändert habe. So heißt es im Protokoll: »Mithin können die Grundlagen [des Geschäfts] nicht mehr dieselben sein wie noch 1972, weil es seitdem eine energetische und finanzielle Krise in den kapitalistischen Ländern gab, die zu grundlegenden Veränderungen der Paritäten der wichtigsten kapitalistischen Währungen, zur Inflation und zu steigenden Preisen im Außenhandel geführt haben. Das musste sich auf die inneren Kapitalinvestitionen und die Höhe des Kredits auswirken.«[50] In diesem Gespräch führte die sowjetische Seite auch an, dass die Amerikaner den Sowjets ebenfalls die Erschließung des Tjumen'er Öls als gemeinsames Projekt anböten, jedoch »reserviere« die Sowjetunion das Projekt für die Japaner.[51] Die Japaner standen dem sibirischen Erdöl-Projekt seit der Ankündigung einer aufwändigen sowjetischen Bahn-Installation in Ostsibirien aber derart kritisch gegenüber, dass sie Beteuerungen eines geographisch erschwerten Pipelinebaus nicht zu beruhigen vermochten.[52] Damit war die japanische Teilnahme an den sibirischen Vorhaben spürbar unsicherer geworden.

50 Gesprächsmitschrift des Stellvertretenden Ministers Osipov mit dem Vorsitzenden des Unterkomitees für Erdöl [ohne Namen] vom 29. Oktober 1974, in: RGAĖ, f. 413, op. 31, d. 6766, hier l. 118.

51 Gesprächsmitschrift des Stellvertretenden Ministers Osipov mit dem Vorsitzenden des Unterkomitees für Erdöl [ohne Namen] vom 29. Oktober 1974, in: RGAĖ, f. 413, op. 31, d. 6766, ll. 117–119.

52 Gesprächsmitschrift mit dem Vorsitzenden der japanischen Wirtschaftsorganisation »Kejdanren«, Tosio Doko in 20. Dezember 1974, in: RGAĖ, f. 413, op. 31, d. 6766, ll. 128.

Das Verhältnis zwischen den USA und der UdSSR war nun offensichtlich unterkühlt. Im Sommer 1974 musste sich die Sowjetunion eingestehen, dass das »North-Star«-Projekt kaum noch Beachtung in der amerikanischen Regierung fand. Der US-Kongress stand einer Erweiterung des Osthandels keinesfalls mehr positiv gegenüber. Konservative Kräfte konnten das Misstrauen gegen die sowjetischen Bemühungen schüren und erreichten mit der Durchsetzung und dem Inkrafttreten des Jackson-Vanik Amendement im Trade Act von 1974, dass eine Anerkennung des *most-favoured-nation*-Status aufgrund von Menschenrechtsverletzungen unmöglich gemacht wurde. Die Sowjetunion kündigte als Reaktion das Handelsabkommen von 1972 einseitig auf.[53] Geradezu ahnungslos stellte sich auch Henry Kissinger, als er in einem Gespräch mit Außenminister Andrej Andreevič Gromyko und Botschafter Dobrynin im Januar 1975 fragte, ob es in Sibirien tatsächlich Öl gebe, er habe nur von Erdgas gehört. Zwar wies die sowjetische Seite noch auf das »berühmte Tjumen'« hin, doch was die Energiekooperationen anging, waren die Gespräche am Nullpunkt angelangt.[54] In internen Dokumenten hieß es im Juli aber nun, dass man die Sowjetunion wirtschaftlich solventer eingeschätzt habe. Die Sowjetunion habe in den letzten drei Jahren 30 Millionen Tonnen Öl für Petrodollar auf dem freien Markt verkauft und könne den Bau von ausländischen Anlagen im eigenen Land nun aus eigener Tasche finanzieren. Man werde den Handel mit der Sowjetunion nochmals überarbeiten, falls es »hart auf hart komme, müsse die Sowjetunion auf den nächsten Kongress warten«.[55] Gleichzeitig war die Rede davon, dass die amerikanische Staatsführung nur auf die UdSSR zuging, um eine Vormachtstellung Chinas in Asien zu verhindern. Demnach wollten die USA in Asien bewusst (Zweck-)Bündnisse mit der Sowjetunion und auch Japan eingehen, um so die Wirtschaftsmächte Asiens gegeneinander auszuspielen.[56]

---

53 Stern: Soviet Natural Gas in the World economy, S. 376; siehe auch: Schulzinger, Robert D.: Détetente in the Nixon–Ford years, 1969–1976, in: Leffler, Melvyn P./Westad, Odd Arne: The Cambridge history of the Cold War, Volume 2, Cambridge 2010, S. 373–394, hier S. 382–384.

54 Gesprächsmemorandum, Genf, 16. Februar 1975, 20.15–23.40 Uhr, in: FRUS, Foreign Relations of the United States, 1969–1976, Volume XVI, Soviet Union August 1974-December 1976, S. 467–491, hier S. 470.

55 Memorandum des Staatssekretärs Kissinger an Präsident Ford, Washington, 14. Juli 1975, in: FRUS, Foreign Relations of the United States, 1969–1976, Volume XVI, Soviet Union August 1974-December 1976, S. 664–667, hier S. 664.

56 Eine ähnliche Taktik spielte bereits beim Gipfeltreffen in Vladivostok im November 1974 eine große Rolle. Dabei wollten die USA die japanischen Geschäfte in Sibirien unterstützen, um eine japanisch-chinesische Allianz zu verhindern. Die Gefahren einer solchen Allianz sollten gegenüber Brežnev unterstrichen und politisch genutzt werden, in: Gespräch zwischen Prä-

Doch langfristige Energieprojekte waren endgültig vom Tisch. In den Gesprächen in der zweiten Jahreshälfte boten die USA der Sowjetunion noch ein Tauschgeschäft (*swap deal*)[57] an, bei dem sie Öl gegen Weizen tauschen wollten, ein Geschäft, von dem vor allem die US- Weizenfirmen wie Continental Grain profitieren würden.[58] Doch machten sie deutlich, dass es ihnen dabei höchstens um eine kurze Kooperation gehe, man werde der Sowjetunion auch nur den Weizen verkaufen und das Öl unter anderem vom Iran beziehen, falls sich dies als günstiger erweise. Zum sibirischen Öl befand man nun nur noch, dass es zu lange dauern werde, bis man dies günstig bekomme.[59] Im Oktober lehnten die USA das Projekt auch offiziell ab, da dies für sie »massive politische und wirtschaftliche Folgen« gehabt hätte. Man werde sich lieber auf einen weiteren einfachen Deal einigen, der keine dauerhafte Infrastruktur benötigen werde: Öl.[60] Die Sowjetunion musste konsterniert feststellen, dass das anvisierte Gasprojekt mit den USA wohl gescheitert sei. In einem Rückblick (*spravka*) von 1976 über die Entwicklungen des Außenhandels mit den USA nahm man sich wieder der alten Streitpunkte an: der Handelsdiskriminierung der UdSSR durch die USA und dem Lend-Lease-Programm, ohne eine Energiekooperation nur

---

sident Ford, Henry Kissinger und Brent Scowcroft am 16. November 1974, in: FRUS, Foreign Relations of the United States, 1969–1976, Volume XVI, Soviet Union August 1974-December 1976, S. 315–318, hier S. 317.

57 Swapgeschäfte sind Vereinbarungen über den zeitlich begrenzten Tausch von Zinsverbindlichkeiten, bezogen auf einen zugrunde liegenden Nominalbetrag in derselben Währung. Dabei gibt es verschiedene Formen des Swapgeschäfts. Grundsätzlich dient der Einsatz von Zinsswaps sowohl der Senkung der Zinskosten als auch der Absicherung gegen mögliche Zinssatzrisiken; Laufzeit eines Zinsswaps zwischen 2 und 15 Jahren, Kapitalbetrag 10 bis 100 Millionen Euro, in: Bestmann: Börsen- und Finanzlexikon, S. 690.

58 Bereits Präsident Kennedy hatte den Vorteil des US-Weizenexports an die Sowjetunion hervorgehoben. Er argumentierte damit, dass der Weizenexport der US-Zahlungsbilanz und den Goldreserven zugute komme, die Steuerzahler entlaste und Arbeitsplätze in der Logistik des Weizenexports schaffe. Darüber hinaus könnten die USA für den Erfolg ihres Landwirtschaftssektors werben. Zudem gab er an, dass ein Exportstopp die Sowjetunion nicht davon abhalten werde, Weizen aus anderen Ländern zu importieren. Auch 1974 schienen die US-Landwirtschaftsfirmen trotz einer eigenen Dürre aus dem Export Kapital schlagen zu wollen, in: Porter, Roger B.: The U.S.-U.S.S.R. grain agreement, Cambridge MA 1984, S. 8–9, 23–26.

59 U. a. Gesprächsmemorandum Helsinki, 2. August 1975, 12.15–12.35 Uhr, in: FRUS, Foreign Relations of the United States, 1969–1976, Volume XVI, Soviet Union August 1974-December 1976, S. 717–718; Aktionsmemorandum vom Direktor der Policy Planning Staff, Lord, an Staatssekretär Kissinger vom 8. August 1975, in: FRUS, Foreign Relations of the United States, 1969–1976, Volume XVI, Soviet Union August 1974-December 1976, S. 722–727.

60 Memorandum des Counselor vom Department of State, Sonnenfeldt, an Staatssekretär Kissinger, Washington, 14. Oktober 1975, in: FRUS, Foreign Relations of the United States, 1969–1976, Volume XVI, Soviet Union August 1974-December 1976, S. 828–830, hier S. 829.

im Ansatz zu erwähnen. So beschuldigte sie die USA, die neuen Entwicklungen seien den bevorstehenden Wahlen geschuldet: Man wolle die Stimmen derjenigen gewinnen, welche einen »härteren Kurs« gegenüber der Sowjetunion befürworteten und über einen »einseitigen Vorteil der Entspannungspolitik« auf Seiten der UdSSR mutmaßten. Dieser Kurs habe sich auch schon in einer »antisowjetischen Kampagne« manifestiert, die den Export von Weizen in die Sowjetunion 1975 verboten habe. Man habe sich stattdessen auf politische Themen und die »Einmischung in die inneren Angelegenheiten unseres [Sowjetunion] Landes« fixiert und eine Ausweitung des Handels gar nicht mehr in Betracht gezogen.[61]

Die Sowjetunion stellte ebenfalls einen größeren Druck auf die europäisch-sowjetische Zusammenarbeit fest und konstatierte, dass sich zahlreiche amerikanische Firmen aus den Handelsbestrebungen mit der Sowjetunion zurückzögen. Gewürdigt wurden jedoch die letzten Ereignisse der ersten Hälfte des Jahres 1976, in denen die Ford-Administration sich erneut auf die Sowjetunion zubewegte. Im Oktober hatten beide Länder ein auf fünf Jahre befristetes Abkommen über den Weizenexport unterzeichnen können, Anfang 1976 kam nach mehrmonatigen Verhandlungen ein Übereinkommen über den Export von Erdöl und Erdölprodukten in die USA hinzu. Doch dies dürfte ein zu kleines Trostpflaster für die Sowjetunion gewesen sein, die neben einem Energieprojekt auch ihre eigenen Exporte in die USA hatte erhöhen wollte. Stattdessen hatte sich die Sowjetunion nun mit der Rolle als Rohstoffmacht begnügen müssen und konnte in die USA nur seltene Erden und Metalle sowie seit 1975 auch Öl- und Ölprodukte exportieren. Im Gegenzug erhielt sie dafür Weizen im Umfang von 843 Millionen Rubel sowie Technik im Umfang von 454 Millionen Rubel, was 80–90 Prozent des gesamten Imports ausmachte. Mit dem erworbenen Equipment stattete die Sowjetunion unter anderem auch Fabriken für Bohrtechnik aus, die Anlagen für den Fernen Norden produzieren sollten. Doch im September 1976 musste die Sowjetunion feststellen, dass sich der Handel mit den USA immer schwieriger gestaltete. Die sowjetische Seite sah die Gesetzgebung, die sich aus den Statuten der Exim-Bank ergab, als diskriminierend an. Auch politische Unstimmigkeiten wie die Differenzen über die Lend-Lease-Rückzahlungen hatten daraufhin nicht mehr gelöst werden können, zumal die US-Führung entgegen ihren Beteuerungen keine Schritte mehr in Richtung von Handelserleichterungen unternahm. Stattdessen suchten, aus sowjetischer

61 Beleg über die sowjetisch-amerikanischen Handels- und Wirtschaftsbeziehungen vom September 1976, in: RGAĖ, f. 413, op. 31, d. 8528, ll. 1–9.

Sicht, die USA weiterhin nach einer Beeinflussung der europäischen Bündnispartner und ihrer Wirtschaftspolitik gegenüber den Staaten des RGW. Auch die seit Oktober 1975 wieder diskutierten Exporte sowjetischen Erdöls und von Erdölprodukten wurden nicht mehr aufgegriffen. Einziger Lichtblick waren die seit einem Monat wieder aufgenommenen Gasimporte durch den amerikanischen Automobilzulieferanten Tenneco im Rahmen des »North-Star«-Projekts, gegen die auch die Regierung ausdrücklich keine keinerlei Einwände gestellt hatte.[62] Die politische und wirtschaftliche Annährung hatte die Sowjetunion damit nicht erreicht.

Ihre Vormachtstellung spielten die USA auch bei großdimensionierten trilateralen Projekten aus, so auch bei Projekten mit den Japanern, die aufgrund der amerikanischen Position blockiert worden waren.[63] Im Pazifikraum hatte sich das Blatt gewendet und die Japaner hatten sich unter dem Druck der Amerikaner weitestgehend aus den Sibirienprojekten zurückgezogen und sich stattdessen dem Nachbarn China zugewandt. Im Januar 1975 berichtete ein Korrespondentmitglied der Akademie der Wissenschaften vom politischen Taktieren Chinas. Im vergangenen Jahr 1974 habe China immer häufiger geäußert, dass es seine Ölförderung steigern und Öl nach Japan exportieren wolle. Laut einer inoffiziellen Äußerung des chinesischen Premierministers hatte China 1973 bereits 50 Millionen Tonnen Öl gefördert. Dies hätte auch die optimistischen Zahlen ausländischer Beobachter deutlich überschritten und bedeutete, dass China bereits in der »großen Liga der erdölfördernden Länder«[64] mitspielte. Doch der sowjetische Beobachter schätzte diese Äußerung als unwahr ein, da keine ernsthaften Analysen vorlägen, die diese Zahlen bestätigten, und vermutete dahinter eine Provokation der Sowjetunion. Zudem verschaffte sich Japan gegenüber der Sowjetunion eine strategisch bessere Verhandlungsposition für die geplanten Geschäfte, ebenso wie es für die westlichen Länder eine stärkere Verhandlungsposition bedingte, wenn China als ernstzunehmender Player auf dem Ölmarkt erschien. Doch die Beobachtungen der Presse stimmten

62 Beleg über die sowjetisch-amerikanischen Handels- und Wirtschaftsbeziehungen vom September 1976, in: RGAĖ, f. 413, op. 31, d. 8528, l. 2–9.

63 Stern: Soviet Natural Gas in the World economy, S. 375–376. Zur Diskussion standen die Erschließung Sachalins für die Ölindustrie, der Holzexport, die Erschließung südjakutischer Kohlereserven und jakutischer Gasfelder und die Erschließung der Tjumen'er Region, in: Gespräch zwischen dem Vorsitzenden der sowjetischen Handelsorganisation in Japan V. I. Borin und dem Vorsitzenden des Jakutien-Projekts in Japan, H. Andzaj, 18. März 1974 in Tokio, in: RGAĖ, f. 413, op. 31, d. 6676, ll. 37–38.

64 Einschätzung der Ölmacht Chinas vom Januar 1975 sowie eine Zusammenfassung des Berichtes, in: GARF, f. 5446, op. 109, d. 401, hier l. 146.

das Akademiemitglied kaum optimistisch, was eine positive Entwicklung der Ölindustrie Chinas betraf. So hatte die chinesische Presse im Unterschied zu vorangegangenen Jahren seit 1973 keinen Förderzuwachs mehr gemeldet, was auf ein niedriges Wachstum schließen ließ. Auch seien die Wachstumsraten der chinesischen Ölindustrie in den Jahren davor zurückgegangen. Der Beobachter sah als Ursache vor allem eine fehlende technisch-materielle Basis, fehlende Finanzen, ein unterentwickeltes Pipelinesystem und eine unzureichende Zahl an Fachkräften. Für die eigene Wirtschaft nutze China das Öl kaum, hatte aber 1973 begonnen, geringe Mengen im Umfang von 1 Million Tonnen nach Japan zu exportieren, um Devisen zu erhalten. Ebenso exportierte China nach Hongkong, Thailand, Nordkorea und Bangladesch und kam so auf einen Export von insgesamt 6 Millionen Tonnen Öl. Zudem werde China aufgrund seiner steigenden Förderung den Ölexport nach Japan im Jahr 1975 auf 6–8 Millionen Tonnen erhöhen können. Dennoch seien bisher keine langfristigen Abkommen geplant. Der Grund hierfür sei erstens die Befürchtung Chinas, die Ölförderung nicht innert solch kurzer Zeit derart stark angeben zu können. Zweitens benötige China bei einer wachsenden Wirtschaft das Öl für eigene Zwecke. Drittens strebe China keine langfristigen Abkommen mit einem Land an, um sein Öl weiter als eine diplomatische Waffe nutzen zu können. Abschließend äußerte Sladkovskij, dass China wohl kaum über eine solch starke Ölwirtschaft verfüge, wie in der japanischen und westlichen Presse angedeutet.[65] Damit schätzte die Sowjetunion China wohl kaum als ein Hindernis für seine Projekte im Pazifikraum ein.

Dennoch musste die sowjetische Führung trotz der Verhandlungen mit Tenneco eingestehen, dass die anvisierten Energie- und Rohstoffgeschäfte gescheitert waren. In der Retrospektive ist der genaue Zeitpunkt hierbei schwer zu bestimmen. Dazu gehörte auch das »North-Star«-Projekt, welches zwar zu einem späteren Zeitpunkt von französischer Seite noch einmal halbherzig als ein mögliches europäisches Unternehmen behandelt wurde, schliesslich aber anderen Geschäften mit der Bundesrepublik Deutschland weichen musste und endgültig verbannt wurde.[66]

65 Einschätzung der Ölmacht Chinas vom Januar 1975 sowie eine Zusammenfassung des Berichtes, in: GARF, f. 5446, op. 109, d. 401, ll. 146–153.

66 Stern: Soviet Natural Gas in the World Economy, S. 376.

8.3 Die Kooperation mit der Bundesrepublik Deutschland und dem Iran

Weitaus erfolgreicher als mit den Japanern und Amerikanern verliefen die Verhandlungen in Europa. Besonders die Bundesrepublik Deutschland, die unter der Ölpreiskrise gelitten und sich auf eine größere von Arbeitslosigkeit und sinkendem Wirtschaftswachstum geprägte Wirtschaftskrise zuzubewegen schien, war an einer Ausweitung des Osthandels weiterhin interessiert. Zur Debatte stand ein Dreiecksgeschäft zwischen der Bundesrepublik Deutschland, dem Iran und der Sowjetunion, welches zunächst in Geschäftskreisen, nun aber auch auf der Regierungsebene zwischen dem sowjetischen Stellvertretenden Ministerratspräsident Vladimir Novikov und Bundeskanzler Brandt besprochen wurde. Der deutsche Kanzler gab bekannt, dass die Bundesrepublik Deutschland 10 Milliarden Kubikmeter Gas für eine Laufzeit von zwanzig Jahren aus dem Iran importieren wolle. Das Gas sollte in die Sowjetunion geleitet werden und eine äquivalente Menge an sowjetischem Gas in die Bundesrepublik Deutschland gelangen. Die Kosten für den Bau einer solchen Pipeline wurden auf 600 Millionen Dollar geschätzt, welche zu einem Drittel von der Sowjetunion und zu zwei Dritteln von der Bundesrepublik Deutschland übernommen werden sollten. Auch Novikov erwähnte in einem Gespräch mit Brandt noch weitere Industrieprojekte.[67] Bezüglich des Iran-Dreiecksgeschäfts sei man sich noch nicht über die Gasmenge einig geworden, der Iran habe von 25 Milliarden Kubikmeter gesprochen, von denen 15 Milliarden nach Europa und 10 Milliarden in die Sowjetunion geleitet werden sollten. Die Sowjetunion habe aber Zahlen von 30–40 Milliarden Kubikmeter genannt. Man wolle erst noch kalkulieren, ob dies alles realistisch und wirtschaftlich sei und erst dann entscheiden.[68] Die Vorteile des Unternehmens sah man in der Sowjetunion besonders in der Langfristigkeit der Projekte, einem »neuen und zutiefst existenziellen Faktor in der Entwicklung der Wirtschaftsbeziehungen«.[69] Längst handle es sich nicht nur um eine Dreiecksgeschäft, denn neben Deutschland zeigten auch europäische

67 Auch der Bau des Hüttenwerks in Kursk durch die westdeutsche Industrie und der Holzimport wurden abermals gesprochen, in: Gespräch des Bundeskanzler Brandt mit dem sowjetischen stellvertretenden Ministerpräsident Nowikow vom 18. Januar 1974, in: Pautsch, Ilse Dorothee/Taschler, Daniela (Hg.): Akten zur Auswärtigen Politik der Bundesrepublik Deutschland, 1. Januar bis 30. Juni 1974, München 2005, S. 66.

68 Gespräch des Bundeskanzler Brandt mit dem sowjetischen stellvertretenden Ministerpräsidenten Nowikow vom 18. Januar 1974, in: AAPD, 1974, Bd. 1, S. 67.

69 Projekttext für den sowjetischen Teil der Kommission vom 10. Februar 1976, uz. V. V. Čistov, in: RGAĖ, f. 413, op. 31, d. 8470, ll. 37–46, hier ll. 39–40.

Länder wie Österreichund Frankreich Interesse an dem Projekt, und entlang der Trassen sollten ebenfalls die Tschechoslowakei, die DDR, Ungarn, Polen und Bulgarien mit Gas versorgt werden. Damit präsentierte sich das Projekt fast als ein gesamteuropäisches Unterfangen. Bezüglich der Finanzierung der Industrieprojekte zeigte sich Generalsekretär Brežnev flexibel.[70]

Diese Flexibilität erwies sich jedoch schnell als Teil der sowjetischen Handelsstrategie. Unter dem Eindruck der wiederaufgenommenen Gespräche mit den USA und Japan taktierte Kosygin im Frühjahr schließlich, dass man keineswegs auf die Bundesrepublik Deutschland allein als Wirtschaftspartner für das Dreiecksgeschäft festgelegt sei. Stattdessen lief ein Vorschlag Kosygins darauf hinaus, dass die Sowjetunion das Gas vom Iran kaufen und dann nach eigenen Wünschen weiterverkaufen wolle. Die Deutschen stimmte das Taktieren unzufrieden; sie wollten nur als fester Vertragspartner an dem Geschäft teilnehmen.[71] Falls die Sowjetunion damit nicht einverstanden sei, schließe man sich zu einem Konsortium verschiedener europäischer Firmen für den Import von iranischem Erdgas zusammen. Dieses Iskenderun-Projekt werde alternativ 13 Milliarden Kubikmeter Erdgas aus dem Iran über die Türkei nach Europa leiten, ein Geschäft, an dem sich auch der iranische Schah bereits sehr interessiert gezeigt hatte.[72]

Als effizient erwiesen sich die Geschäftskreise und der Ostausschuss der deutschen Wirtschaft. Zwar waren die Gespräche mit der Bundesrepublik Deutschland angesichts der Ölpreiskrise wesentlich härter, da sich beide Seiten nun nicht mehr als »Wohlfahrtsamt« sahen,[73] zumal die Sowjetunion keinen Hehl daraus machte, dass sie die sibirischen Rohstoffe auch den Amerikanern und Japanern

---

70 Aufzeichnungen des Bundesministers Bahr, z. Z. in Moskau, in: AAPD, 1974, Bd. 1, S. 247.

71 Gespräch des Bundeskanzler Brandt mit Ministerpräsident Hoveyda vom 6. März 1974, in: AAPD, 1974, Bd. 1, S. 302–305.

72 Am 18. März 1974 hielt das Bundesministeriums für Wirtschaft Folgendes zum Iskenderun-Projekt Folgendes fest: Das Projekt sah den Gastransport über eine Pipeline vom Iran durch die Türkei bis ins türkische Iskenderun vor, anschließend werde das Gas verflüssigt und in westeuropäische Mittelmeerhäfen transportiert. Abnehmer würden möglicherweise ENI (Italien), Gas de France, Ruhrgas, die Österreichische Mineralölversorgung und Swissgas sein. Als Alternative war ein Pipelineprojekt mit Trassenverlauf über Griechenland im Gespräch. In jedem Fall wollte das Konsortium ca. 40 Milliarden Kubikmeter Gas importieren, in: Gespräch des Bundeskanzler Brandt mit Ministerpräsident Hoveyda vom 6. März 1974, in: AAPD, 1974, Bd. 1, S. 306.

73 Gespräch zwischen Kosygin und Schmidt am 29. Oktober 1974 im Moskau, in: Gespräch des Bundeskanzler Schmidt mit Ministerpräsident Kossygin in Moskau, in: Pautsch, Ilse Dorothee/Taschler, Daniela (Hg.): Akten zur Auswärtigen Politik der Bundesrepublik Deutschland, Bd. 2: 1. Juli bis 31. Dezember 1974, München 2005, S. 1367–1368.

anbot, diese jedoch den notwendigen Impetus vermissen lassen würden. Dabei ging Brežnev auch ausführlich auf die geplante Baikal-Amur-Magistrale ein, die durch eine rohstoffreiche Gegend gezogen werde und für die Sowjetunion vor allem eine wirtschaftliche Bedeutung habe.[74] Brežnev nutzte dabei erneut die Gelegenheit, der Bundesrepublik Deutschland ein Erdgasprojekt anzubieten, zumal er auch zugab, dass die Sowjetunion allein Schwierigkeiten dabei habe, eine ausreichende Transportinfrastruktur aufzubauen. Die Gespräche erwiesen sich als erfolgreich. Noch während des Besuchs von Kanzler Schmidt in Moskau konnte ein drittes Kompensationsgeschäft abgeschlossen werden, bei dem 60 Milliarden Kubikmeter Gas in einem Zeitraum von 1978 bis 2000 zwischen den beiden Ländern gehandelt werden sollten und über das sich beide Seiten positiv äußerten.[75]

Neben dem Handel mit der Bundesrepublik Deutschland fokussierte die Sowjetunion nun auch mit großem Enthusiasmus auf das Dreiecksgeschäft mit dem Iran: »Die wichtigste prinzipielle Bedeutung hat das mehrseitige Projekt mit dem Iran, welches eine ganz neue Form der Zusammenarbeit in der Geschichte der Projekte zwischen Ländern mit verschiedenen Gesellschaftsformen darstellt.«[76] Die Sowjetunion gab an, dass die grundlegenden Parameter des langfristig geplanten Projekts schon beschlossene Sache seien, auch würden die sozialistischen Länder Osteuropas am Bau der Pipeline teilnehmen. Damit war aus dem trilateralen Geschäft eine gesamteuropäische Wirtschaftszusammenarbeit mit der Sowjetunion und dem Iran geworden. Neu sei dabei auch die Planung einer langfristigen wirtschaftlichen Kooperation. Nach dem Scheitern der Energieprojekte mit den Amerikanern bewegten sich damit zumindest die Verhandlungen mit den Deutschen und den Iranern in die gewünschte Richtung. Zwar hatte die Sowjetunion am 27. Mai 1975 bereits beschlossen, dass der Gosplan und Gosstroj ein technisches Projekt zur Erschließung der arktischen Gaslagerstätte Urengoj vorlegen sollten und die Sowjetunion damit die Erschließung der polaren Erdgaslagerstätten auch aus eigener Kraft stemmen

74 Gespräch des Bundeskanzler Schmidt mit dem Generalsekretär des ZK der KPdSU, Breschnew, in Moskau vom 29. Oktober 1974, in: AAPB, Bd. 2, 1974, S. 1371–1372.

75 Gespräch des Bundeskanzler Schmidt mit dem Generalsekretär des ZK der KPdSU, Breschnew, in Moskau vom 30. Oktober 1974, in: AAPD, 1974, Bd. 2, S. 1394. Mehr dazu: Gespräch des Bundeskanzler Schmidt mit dem stellvertretenden Ministerpräsidenten Nowikow vom 12. Juni 1975, in: Pautsch, Ilse Dorothee: Akten zur Auswärtigen Politik der Bundesrepublik Deutschland, Bd. 1: 1. Januar bis 30. Juni 1975, München 2005, S. 731.

76 Projekttext für den sowjetischen Teil der Kommission vom 10. Februar 1976, uz. V. V. Čistov, in: RGAĖ, f. 413, op. 31, d. 8470, ll. 37–46, RGAĖ, f. 413, op. 31, d. 8470, ll. 39–40, hier l. 39.

werde.[77] Dennoch waren die Aussichten auf umfangreiche Handelsbeziehungen mit der Bundesrepublik Deutschland erfüllt worden, und mit dem trilateralen Projekt bahnte sich eine Intensivierung an. Dabei gab die sowjetische Führung auch ihr Vorhaben nicht auf, bereits verarbeitete Güter an die Bundesrepublik Deutschland zu exportieren.

8.4 Sibirische Industrieutopien: Der Tomsker Petrochemiekomplex

Ein Beispiel für die Güterkooperationen, die die sowjetische Führung mit den westlichen Ländern anstrebte, war das petrochemische Kombinat in Tomsk. Dieses sollte – neben einem ebensolchen in Tobolsk – der grösste petrochemische Komplex der Welt werden und unter anderem Produkte wie Polypropylen, Methanol, Urea, Formaldehyd, Polyformaldehyde, Ethylen und Polyethylene aus den örtlichen Erdöl- und Erdgasressourcen herstellen. 1976 bot die Sowjetunion das Projekt auch der Bundesrepublik Deutschland an, die Teile der Anlage liefern und mit Teilen der Produktion bezahlt werden sollten. Das petrochemische Kombinat bestimmte die Gespräche auch bis zum Bau der Pipeline aus Urengoj in die Bundesrepublik Deutschland, der 1980 beschlossen wurde.

Ihren Ausgangspunkt nahm die Suche nach Erdöl in der Oblast Tomsk laut Memoiren des Neftjanik Bajbakov bereits 1937, jedoch wurde man auch hier erst nach dem Zweiten Weltkrieg 1954 mit dem Feld Kolpačevskoje fündig.[78] Doch die eigentliche Geschichte des Aufbaus einer Erdölindustrie begann 1966 mit der Gründung von Tomskneft' am 13. Januar, die das Erdölfeld Sovetskoe befördern sollte. Im Rahmen von Glavtjumenneftegaz wurde die lokale Produktionsvereinigung Tomskneft' gegründet. Eine eigene Glavka erhielt die Oblast Tomsk nicht, wie dies schon Gasminister Kortunov in der Rede auf der Komsomolkonferenz ein paar Tage später im Januar 1966 verkündete.[79] Am 29. April 1966 erließ der Ministerrat der UdSSR den Beschluss Nr. 323 zu weiteren geologischen Arbeiten an der Lagerstätte Sovetsko-Sosninskoe, an der mit der Probeproduktion begonnen werden sollte. So wurden die kleinen Siedlungen in Aleksandrovskoe und Streževoj in den 1960er Jahren bereits von zahl-

77 Brief des Gasministeriums an den Ministerrat vom 23. November 1977, in: RGAĖ, f. 4372, op. 67, d. 1115, ll. 277–278.

78 Baibakow: Sache des Lebens, S. 426–427.

79 Auftritt des Ministers für Erdgasindustrie auf dem 7. Plenum des Komsomol der UdSSR in der Oblast Tjumen', vom 19. Januar 1966, in: Smorodinskov (Hg.): Neft' i gaz Tjumeni, Bd. 2, S. 20–21, hier S. 21.

reichen Arbeitskräften der Erdölindustrie bezogen, die dieselben Privilegien erhalten sollten wie die Neftjaniki in Tjumen'. Auch die Leitung von Tomskneft' war zunächst in Aleksandrovskoe angesiedelt und wurde später nach Streževoj verlegt.[80] Eine derart große Aufmerksamkeit genoss die Region der mittleren Reichweite ihrer Lagerstätten vor allem deshalb, weil sie näher am Industrie- und Wissenschaftszentrum Tomsk lag.

Nun setzte wie auch schon in Tjumen' ein Erdölboom in der Region ein, der den Ausbau der gesamten Infrastruktur umfasste. Um dem nun eingesetzten Bevölkerungswachstum gerecht zu werden, ließ man die Erdölstadt Streževoj durch die studentischen Komsomol-Brigaden erbauen, hatte jedoch mit ähnlichen Widrigkeiten zu kämpfen, wie es sie auch schon in Tjumen' gegeben hatte. Auch hatte man im Juni 1966 in Tomsk eine Wissenschaftskonferenz zu den Perspektiven der Erdöl- und Erdgasindustrie durchgeführt. Aus der Oblast Tomsk sollte eine Pipeline Vasjugan'e–Tomsk–Novosibirsk–Kuzbass gebaut werden. Dass auch Erdölminister Šašin und der Gosplan-Vorsitzende Bajbakov in die Siedlung Streževoj kamen, sollte der Entwicklung weiteren Aufschwung geben.[81] Trotz ähnlicher materieller Engpässe konnte sich im Juni 1968 der erste Tanker mit Tomsker Erdöl auf den Weg machen; bereits 1966 konnten 48.000 Tonnen Erdöl gefördert werden, bis 1970 war die Förderung auf 1,475 Millionen Tonnen angestiegen.[82]

Dass Tjumen' in der zweiten Hälfte der 1960er Jahre eine derartige öffentliche Aufmerksamkeit bekam, war wohl dem Vorsitzenden des Tomsker Lokalkomitees, Ligačev, zu verdanken, der großen Einfluss im ZK der KPdSU hatte und diesem seit 1983 auch als Sekretär angehörte. Motiviert von den Erfolgen aus Tjumen' und bereits 23 weiteren entdeckten Lagerstätten auf dem Gebiet von Tomsk, erhoffte man sich für die Oblast derartig große Funde. Dabei machte man immer wieder geltend, dass Tomsk im Gegensatz zu Tjumen' eine lange Geschichte und eine bereits gut ausgebaute Infrastruktur hatte, so dass sich eine Förderung auf der »Erde der Ahnen« (*zemlja otcov*) hier anbiete. Ligačev wollte unbedingt verhindern, dass die Erdölprovinzen in der Oblast Tomsk aufgrund ihrer kleineren Lagerstätten gegenüber Tjumen' ins Hintertreffen gerieten. Daher bot man die Industrie- und Wissenschaftsstadt Tomsk für den Bau eines Petrochemischen Komplexes an.[83] Auch der Novosibirsker Wissenschaftler Trofimuk unterstützte diese Vorschläge und argumentierte ebenfalls

80 Koleva: Zapadno-sibirskij neftegazogo kompleksa, Bd. 1, S. 75 und 77.
81 Chung: Interest Representation, S. 88.
82 Koleva: Zapadno-sibirskij neftegazovyj kompleks, Bd. 1, S. 82.
83 Makarov, Georgij: Na Tomskoj zemle, in: Pravda 265, 22.09.1967, S. 2.

mit dem geographischen Standort sowie dem möglichen Zugang zu billigen Gasressourcen in Vasjugan, die das Kuzbass und das Altai sowie weitere Regionen versorgen könnten.[84] Die Bestrebungen und der gute Draht von Ligačev nach Moskau zeigten sich auch in den Investitionen in die Region: Diese waren 1974 1,4-mal so hoch wie die in der Region Krasnojarsk, obwohl Krasnojarsk sechsmal höhere Prognosen hatte.[85]

Schon auf dem 24. Parteitag der KPdSU war der Bau von großen Chemiekomplexen in Tomsk und Tobolsk angeordnet worden; nachdem sich Mitte der 1970er Jahre auch in Moskau die Idee von Territorialkomplexen in Sibirien durchzusetzen begann, wurde der 1974 in Angriff genommene Bau der Chemiekomplexe in Tomsk und Tobolsk anschließend auch auf dem 25. Parteitag der KPdSU bestätigt und in den höchsten Tönen gelobt. Doch das Werk sollte nicht nur das weltweit größte, sondern auch modernste werden, so dass die Sowjetunion nach westlichen Partnern suchte, die Anlagen an die Sowjetunion liefern würden. Am 31. März 1976 brachte Kosygin das Thema der Versorgung Sibiriens mit Tomsker Erdöl und Erdölprodukten beiläufig in einem Gespräch mit Bundesminister Friedrichs ein, den er anschließend in die großen Industrieanlagen Sibiriens einlud.[86] Damit war der Stein bezüglich der Beteiligung deutscher Firmen ins Rollen gebracht worden: Ende Juni 1976 besuchte der sowjetische Chemieminister Kostandov die Bundesrepublik Deutschland, wo er auf Bundesminister Hans Friedrichs und Vertreter der deutschen Chemie traf. Das Treffen verlief erfolgreich, denn um die Beteiligung am Petrochemiekomplex in Tomsk zu besprechen, habe sich auf Anregung von Bundesminister Friedrichs eine vorläufige Arbeitsgruppe interessierter Firmen bereits getroffen. Firma Krupp als Koordinator sei damit befasst, Treffen der interessierten Firmen im Rahmen einer Expertengruppe vorzubereiten.[87]

In der Region Tomsk war man sehr erfreut, dass nun Moskaus Aufmerksamkeit endlich auf der Region lag. So wurden auf regionaler Ebene weitere Vorstöße unternommen, um Mittel für die Erschließung der Lagerstätten zu erhalten, die das künftige Tomsker Chemiekombinat sowie die Region Kemerowo ver-

---

84 N. N. Nekrasov nannte eine Zahl von 30–32 Milliarden Rubel als notwendige Kapitalinvestition in die drei Industriezweige im Zeitraum 1971–1980. Evladov, B.: Raznocvetnoe zoloto, in: Pravda 230, 17.08.1968, S. 2.

85 Roos: Sibirien zwischen Ökonomie und Politik, S. 88.

86 Gespräch zwischen Kosygin und Bundesminister Friedrichs in Moskau am 29. Mai 1976, in: Pautsch, Ilse Dorothee/Peter, Matthias (Hg.): Akten zur Auswärtigen Politik der Bundesrepublik Deutschland, Bd. 1: 1. Januar bis 30. Juni 1976, S. 447.

87 Zitat aus: Bericht des Gesandten Löwe aus Moskau vom 14. Juli 1976, in: Pautsch, Ilse Dorothee/Peter, Matthias (Hg.): Akten zur Auswärtigen Politik, Bd. 2, S. 1462.

sorgen sollten. Besonders vor der Arbeitskräfteproblematik hatte man hier Angst, denn die neu zu erschließenden Felder lagen noch südlicher als diejenigen in der Region Tjumen', so dass auch die in Tomsk bezahlten Löhne aufgrund des regionalen Koeffizienten geringer ausfielen und dadurch die Attraktivität der Arbeitsstellen für potentielle Arbeitskräfte gemindert wurde.[88] Doch auch in der Bundesrepublik Deutschland regten sich in Regierungskreisen Zweifel über das Projekt, obwohl die deutschen Firmen immer noch Interesse zeigten. So bot Brežnev in einem Regierungsgespräch im Mai 1978 Bundeskanzler Schmidt erneut ein Projekt um den Bau von Anlagen durch westdeutsche Firmen in Höhe von 7,5 Millionen D-Mark an, die durch eine Abnahme der Werksproduktion, unter anderem von Polyethylenfasern und synthetischen Fasern, bei Einsatz von 10 Millionen Tonnen Rohöl über einen Zeitraum von zehn Jahren kompensiert werden sollten. Doch die Regierungskreise waren schon vorher von Politikberatern instruiert worden, das Projekt in dieser, von der der sowjetischen Seite vorgeschlagenen Form abzulehnen, da man nachhaltige Auswirkungen auf die bundesdeutsche Chemieindustrie und deren Absatz sowie den Abbau von Arbeitsplätzen befürchtete, sollten sowjetische Produkte auf den Markt kommen. So sei das Projekt »erst dann durchführbar, wenn die sowjetische Seite bereit wäre, das Projekt auf ein realistisches Maß zurückzuschrauben und nicht nur die bisher genannten Kompensationsprodukte, sondern auch Chemierohstoffe [...] sowie primäre und sekundäre Energieträger wie Erdöl, Erdgas, Uran und Benzin zu liefern«.[89]

Der Sowjetunion sollte es dabei nicht gelingen, ihr Vorhaben im gewollten Umfang umzusetzen, obschon man auf wichtigen Wirtschaftsmessen in der Bundesrepublik Deutschland eine erhöhte Präsenz zeigte und sich bemühte, einen professionalisierten und akribischen Eindruck abzugeben.[90] So konn-

---

88 Schreiben des Lokalkomitees der Oblast Tomsk an Aleksej Kosygin vom 24. März 1978, in: GARF, f. 5446, op. 112, d. 394, ll. 15–16.

89 Zitat aus: Bericht des Referats 421 vom 19. April 1978, in: Pautsch, Ilse Dorothee/Taschler, Daniela (Hg.): Akten für Auswärtige Politik der Bundesrepublik Deutschland, Bd. 1: 1. Januar bis 30. Juni 1978, München 2009, S. 646; Gespräch zwischen Schmidt und Brežnev vom 4. Mai 1978, in: Pautsch, Ilse Dorothee/Taschler, Daniela (Hg.): Akten für Auswärtige Politik, Bd. 1, S. 646; Deutsch-sowjetisches Regierungsgespräch vom 6. Mai 1978, in: Pautsch, Ilse Dorothee/Taschler, Daniela (Hg.): Akten für Auswärtige Politik, Bd. 1, S. 689. Zum Projekt und zu den beteiligten Firmen siehe auch: Sobeslavskij, V./Beazley, P.: The Transfer of Technology to Socialist Countries. The Case oft he Soviet Chemical Industry, Cambridge MA 1980, S. 139.

90 Schreiben des vorübergehend Beauftragten in den Angelegenheiten der UdSSR in der Bundesrepublik Deutschland, A. Tokovinin, und des Vorsitzenden der sowjetischen Handelsvertretung in der Bundesrepublik Deutschland, D. Koz'min, in: RGAĖ, f. 413, op. 31, d. 8470, ll. 2–5.

ten die ersten Werkteile in Tomsk erst 1981 mit der Produktion beginnen, in Tobolsk gingen erste Teile des Werks sogar erst 1984 in Betrieb, wobei in Tobolsk insbesondere mit italienischer Hilfe gebaut wurde. Der Komplex hatte auch nach 15 Jahren Bauzeit seine Kapazitäten nicht erreicht, obwohl er bereits Investitionen in Höhe von 1 Milliarde Rubel erhalten hatte. Zudem setzte die Wirtschaftsführung die Prioritäten in den Zeiten des knappen Erdöls anders: So wurde das Erdöl zuerst nach Westen geleitet und die Auslastung des Tomsker Komplexes stand jeweils in Frage.[91]

Das Misslingen dieses Unterfangens machte deutlich, dass es einerseits für die Sowjetunion kein Leichtes war, verarbeitete Güter in die westlichen Länder zu exportieren. Andererseits versuchten die westlichen Länder, ihre eigenen Märkte vor der befürchteten Flut sowjetischer Produkte zu schützen. So schien den westlichen Firmen die Beteiligung an den Projekten zu gering zu sein, als dass sie einmalige Aufträge für die Installation der Anlagen annahmen. Gewünscht wurde die Lieferung von Rohstoffen, die zur Aufrechterhaltung des eigenen Wirtschaftssystems in den westlichen Ländern verarbeitet werden sollten, oder aber die dauerhafte Beteiligung an den Gewinnen, wie sie in der Sowjetunion durch Restriktionen nicht möglich war.

8.5 Resümee

Die Ölpreiskrise 1973 traf die Sowjetunion zwar nicht in ihrer eigenen Versorgung mit Erdöl, allerdings zu einem Zeitpunkt, als die politische Führung bereits große Fortschritte in der Entspannungspolitik mit der Weltmacht USA und mit den europäischen Ländern vorweisen konnte. Eng mit der Entspannungspolitik verknüpft waren Verhandlungen für internationale Kooperationen im Gassektor und in anderen Wirtschaftssektoren. Verhandlungspartner waren auch hier unter anderem die USA, Japan und die Bundesrepublik Deutschland. Die Ölpreiskrise zwang die Sowjetunion jedoch zum politischen Lavieren zwischen ihren arabischen Verbündeten auf der einen und den westlichen Ländern auf der anderen Seite. So verliefen die Verhandlungen der Sowjetunion in Bezug auf die Energieprojekte im Weiteren unterschiedlich: Mit den USA und Japan sollten sie scheitern, mit der Bundesrepublik Deutschland mündeten sie in weitere Geschäfte, unter anderem in ein drittes Erdgasröhrengeschäft und in Verhandlungen um ein Dreiecksgeschäft mit dem Iran. Die Ölpreiskrise veränderte

91 Klüter: Die territorialen Produktionskomplexe, S. 149–150.

die Vorzeichen tatsächlich nur für den Handel mit Europa. Die USA hingegen, gegenüber der die Sowjetunion während und kurz nach der politischen Auseinandersetzung im Nahen Osten durchaus beschwichtigende Signale sandte, zeigten sich aufgrund der als ausreichend eingestuften Versorgungssicherheit des Landes aus eigenen Quellen dem Kooperationsangebot der sowjetischen Führung schlichtweg nicht offen gegenüber, weil es nicht profitabel erschien. Rentable Kooperationen, wie etwa die sowjetische Nachfrage nach weiteren Weizenimporten, nahm die US-Führung aufgrund des hohen Profits für die amerikanischen Bauern durchaus an. Bis in die Mitte der 1970er Jahre verschlechterte sich durch das Erstarken von konservativen Kräften im US-Kongress jedoch auch das politische Klima wieder. Auch der sowjetische Wunsch nach einer starken Handelskooperation im asiatischen Raum verwirklichte sich nicht. Die veränderten Vorzeichen der Handelskooperationen rund um das Erdöl und Erdgas ließen die Japaner zurückschrecken. So erhöhte die sowjetische Führung nicht nur die Kreditsumme und senkte die Exportmenge, sondern kündigte 1974 auch offiziell den Bau der BAM an, wodurch das militärisch-wirtschaftliche Potential im Pazifikraum gestärkt wurde. Unter dem Druck der USA und Chinas zogen sich die japanischen Verhandlungspartner aus zahlreichen Industrieprojekten in Sibirien in der Mitte der 1970er Jahre schließlich zurück. Erfolgreich hingegen verliefen die Gespräche in Europa, wo unter anderem die von den steigenden Erdölpreisen betroffene Bundesrepublik Deutschland ihre Energieimporte weiter diversifizieren wollte und nach der politischen Entspannung schließlich ein weiteres Erdgasröhrengeschäft unterzeichnete. Darüber hinausgehende Komplexprojekte lehnte jedoch auch die Bundesrepublik Deutschland ab. Beispiel dafür ist das Projekt über den Petrochemischen Komplex im sibirischen Tomsk, den die Bundesrepublik Deutschland durch den Export von ganzen Anlagen für die Chemieindustrie unterstützen sollte. Doch die Hoffnung der Sowjetunion, auf diese Art moderne Anlagen für die Chemieindustrie zu erhalten und im Gegenzug zum Exporteuer von hochwertigen Chemieprodukten zu werden, erfüllte sich nicht. Aufgrund von mangelnder Qualität und aus Angst vor Konkurrenz zu den eigenen Produkten lehnte man in Deutschland den Import von sowjetischen Halbfabrikaten ab und zeigte sich weiterhin nur am Import von primären und sekundären Rohstoffen sowie an technologischer Wirtschaftshilfe auf Kompensationsbasis interessiert.[92] Damit

92 In der Bundesrepublik Deutschland gab es Überlegungen, insbesondere lohn, rohstoff- und energieintensive sowie umweltbelastende Produktionen auszulagern. Siehe hierzu: Kreile, Michael: Osthandel und Ostpolitik, Baden-Baden, 1978, S. 183. Die Auslagerung der Produktion wurde in einigen Fällen realisert, obwohl die Qualität und das Design von Waren

schien der Traum der Sowjetunion, sich als Exportland für verarbeitete Güter und Halbfabrikate zu etablieren sowie auf ein riesiges Energieprojekt mit der Weltmacht USA, vorerst gescheitert.

aus den Staaten des RGW als geringwertiger galt. Einige Firmen produzierten mit westlichem Knowhow zu geringeren Lohnkosten in den RGW-Ländern, in: Wuschnik, Tobias: Knastware für den Klassenfeind. Häftlingsarbeit in der DDR, der Ost-West-Handel und die Staatssicherheit (1970–1989), Göttingen 2014, S. 280–281.

9. Gescheiterte Utopien der polaren Urbanisierung

Wie im vorangegangenen Kapitel bereits aufgezeigt, hatte die politische Führung für die teure Erschließung Westsibiriens zunächst keine westlichen Partner gewinnen können und musste das Energieprojekt nun eigenständig stemmen. Die wirtschaftlichen Schwierigkeiten bei der Erschließung, welche das westsibirische Projekt immer wieder in Frage stellten, hatten neben politischen und strategischen auch eine soziale Komponente. Die Erschließung des polaren Öls und Erdgases bedingte eine weitflächige Ansiedlung von Arbeitskräften und den Aufbau einer Infrastruktur, bestehend aus Polarstädten, Straßen und einer kommunalen Versorgung. Die Pläne für eine solche regionale Stadtentwicklung reichten dabei von modernsten Städten bis zu weniger visionären Städtebauplanungen. Dennoch war zu diesem Moment allen Beteiligten bewusst, dass das Projekt unabhängig von seiner visionären oder weniger visionären Stoßrichtung sehr kostspielig sein würde. Denn nicht nur die Technik der Öl- und Gasindustrie musste speziell angefertigt werden, sondern auch die Infrastruktur der Polarstädte musste den extremen klimatischen und geographischen Bedingungen standhalten und Arbeitskräfte mussten dauerhaft für die Tätigkeit in verschiedensten Industriezweigen gewonnen werden. Dies konfrontierte die Planer mit großen Unsicherheiten und löste in den höchsten politischen Etagen eine Diskussion aus. Während Aleksej Kortunov die Anhänger einer radikalen Extraktionspolitik ohne große Beachtung des Aufbaus einer verlässlichen Infrastruktur um sich scharen konnte, favorisierten sibirische Wissenschaftler eine Politik der dauerhaften Besiedlung und Industrialisierung der Polarregion. Insgesamt war das Problem der Ansiedlung von Arbeitskräften und des Aufbaus der kommunalen Infrastruktur bei den Befürwortern der Erschließung des sibirischen Öls und Gases nicht besonders populär, denn die Kostenvoranschläge für das Projekt stiegen durch Einberechnung der Erschließungskosten und der Ansiedlung von Arbeitskräften immens.[1]

1 Das vorliegende Kapitel 9 basiert auf einem bereits veröffentlichten Aufsatz von Krempin, Dunja: Heroic »Black Gold«? Working for Oil and Gas in the Western Siberian Oil and Gas Complex of the 1960–1970s, in: Atabaki, Touraj/Bini, Elisabetta/Ehsani, Kaveh: Working for Oil. comparative Social Histories of Labor in the Global Oil Industry, Cham 2018, S. 285–310.

Zur Rekrutierung von Arbeitskräften in Westsibirien hätte der Zeitpunkt Mitte der 1960er Jahre nicht schlechter sein können. Denn die Migrationsströme in der Sowjetunion waren den neuen Interessen der Öl- und Gasindustrie genau entgegengerichtet: Die meisten Menschen zog es in die Agglomerationen des Westens und in die wärmeren Gebiete Südrusslands. Bisher hatte sich die verarbeitete Industrie an diesen Richtungen orientiert und dementsprechend ihre Standortsuche und einrichtung an den vorhandenen Kapazitäten und den Potenzialen qualifizierter Arbeitskraft orientiert, die ebenfalls westlich des Ural lagen. Für die Öl- und Gasindustrie galt dies umso mehr, als dass sich ihre Standorte bisher im Westen und Süden befunden hatten, einschließlich auch ihrer Bildungsinstitutionen.[2] Auch insgesamt hatte die Sowjetunion in den 1960er bis 1980er Jahren grundsätzliche Probleme bei der Arbeitskräftelenkung in Richtung der sibirischen Großprojekte, denn es standen der Wirtschaft insgesamt nicht zu viele Arbeitskräfte zur Verfügung. Wichtige Faktoren waren geburtenschwache Jahrgänge, aufgrund derer es zwar nicht in Zentralasien, aber in Russland zu einer Abnahme von Bevölkerung kam. Auch die geringe technische Mechanisierung beanspruchte in manchen Bereichen viele Arbeitskräfte, und die Partizipationsrate war aufgrund der Vollbeschäftigung sehr hoch, so dass es zumindest auf dem Papier kaum freie Arbeitskräfte gab. Hinzu kam, dass Betriebe eine Reserve anlegen mussten, um in produktionsstarken Zeiten genügend Arbeitskräfte zur Verfügung zu haben. Dies beeinflusste die Einsatzmöglichkeiten von Arbeitskräften in den neuen sibirischen Großprojekte negativ.[3]

Das Problem der geringen Anzahl an vorhandenen Arbeitskräften und der permanenten Fluktuation von Arbeitskräften beschäftigte auch die Ideologische Abteilung des ZK in Moskau. Seine Informationen bezüglich der Arbeitskräfteproblematik akquirierte das ZK aus den höchsten Etagen der Wissenschaftsakademie in Moskau, welche wiederum auf Untersuchungen des von Aganbegjan geführten Instituts für Wirtschaft und Organisation der industriellen Produktion in Novosibirsk zurückgriff. Die Arbeitskräfteproblematik bereitete dem Institut bereits kurz nach dem offiziellen Beschluss zur industriellen Nutzung des westsibirischen Öls und Gases Kopfzerbrechen. Deshalb riet das Institut zu einer bewussten Ansiedlung von Arbeitskräften. Denn die Wirtschafts- und Sozialwissenschaftler befürchteten, dass vor allem als »asozial« geltende »ungewollte Elemente« aus dem westlichen Landesteil nach Sibirien entsandt

2 Zur Emigration der Arbeitskräfte siehe: Klüter: Die territorialen Produktionskomplexe, S. 75.

3 Zu dieser Problematik siehe auch Grützmacher: Die Baikal-Amur-Magistrale, S. 233–235.

und dort einen negativen Einfluss auf die indigene Bevölkerung ausüben würden.[4] Doch mit der Zeit änderte sich der Blickwinkel auf die Mobilisierung der Arbeitskräfte. Die Gunst der Stunde nutzten die Wissenschaftler, die nun darlegten, dass die Volkwirtschaftsplanungen zur Ansiedlung von Arbeitskräften oftmals ins Leere gingen und bisweilen andere Ursachen aufwiesen als bisher angenommen. Denn bisher war die Überzeugung verbreitet gewesen, dass nur die »antisozialen Elemente« und eine unschlüssige Jugend die Ab- und Zuwanderung auslösen würden. Ansonsten war man davon ausgegangen, dass die Interessen der Arbeitskräfte mit den volkswirtschaftlichen Bedürfnissen übereinstimmten. Doch nun müsse man diese Überzeugungen überdenken, denn man habe die Arbeitskräfte dereguliert, und gerade was Sibirien betraf, gingen die Bedürfnisse von Arbeitskräften und Betrieben auseinander. Alten und neuen Konzepten von wirtschaftlichen »Hebeln« (*ričagi*) wie dem Anreizsystem des regionalen Koeffizienten oder der dauerhaften Ansiedlung von Arbeitskräften in Sibirien sollte endlich die Anpassung des Lebensniveaus von Kadern folgen, die Aganbegjans Institut wissenschaftlich begleiten konnte. Dabei wurden sowohl die wirtschaftliche Effizienz des gegenwärtigen Mobilisierungssystems bezweifelt als auch psychologische Ideen wie Motivations- und Bedürfnistheorien in die Analyse mit aufgenommen, die der wachsenden Individualisierung innerhalb sozialer Gruppen sowie den Auswirkungen des persönlichen Charakters auf die Mobilität gerecht werden sollte. Dabei setzte sich die Meinung durch, dass den »sozialistischen industriellen Beziehungen zwischen den Arbeitskräften« und beruflichen Optionen wie dem Aufstieg auf der Karriereleiter weitaus mehr Aufmerksamkeit gezollt werden solle, als dies bisher der Fall gewesen sei.[5] Doch aufgrund des mangelnden Interesses vieler Menschen blieb die Mitarbeit im westsibirischen Öl- und Gaskomplex ein Projekt zwischen Freiwilligkeit und staatlich-kommunistischer Verpflichtung, das von staatlicher Lenkung geprägt war.

4 Schreiben mit Materialien des Instituts für Wirtschaft und Organisation der industriellen Produktion »Über die Erfahrungen mit wirtschaftlich-soziologischen Untersuchungen in Sibirien« vom Direktor des Institutes, G.A. Prudenskij, an den Vize-Präsident der AN SSSR, P.N. Fedoseev, vom 14. April 1964, in: ARAN, f. 1731, op. 1, d. 35, ll. 1–31.

5 Antosenkov, E.G.: Socjal'no-ekonomičeskie problemy tekučesti rabočej sily, in: Izvestija SO AN SSSR (1968) 11, S. 3–10.

9.1 Rekrutierung und Motivation der Arbeitskräfte

Die politische Führung und die Wirtschaftsplaner hatten die undankbare Aufgabe, die freie Arbeitsplatzwahl und die Unbeliebtheit der Arbeit unter klimatisch widrigen Bedingungen in einer kaum attraktiven Region zusammenzubringen. Zusätzlich mussten dabei die Kosten dieser Arbeit und der gesamten infrastrukturellen Erschließung möglichst geringgehalten werden, um das Projekt unter wirtschaftlichen Gesichtspunkten sinnvoll zu gestalten. Sie behalfen sich in den 1960er Jahren mit Medienkampagnen in den alten Öl- und Gasregionen des Landes, die die Arbeit in Westsibirien über das Radio oder Zeitungen anpriesen und über die 1965 90 Prozent der Arbeitskräfte rekrutiert wurden.[6] Die KPdSU übernahm dabei die Führung in der Arbeitskräftepolitik, die sich nicht nur an einzelne Spezialisten, sondern an ganze Arbeitskollektive im sowjetischen Öl- und Gassektor richtete. Die Öl- und Gasarbeiter waren in den regionalen Glavki beschäftigt, die Untereinheiten der Ministerien in Moskau waren.[7] Die ersten Arbeitskräfte in den Glavki wurden über Mund-zu-Mund-Propaganda über das neue Öl- und Gasprojekt in Westsibirien rekrutiert, die von früheren Kollegen und Freunden über das ganze Land gingen.[8] Doch diese Maßnahmen waren nicht ausreichend, weshalb die Planer auf tradierte Rekrutierungsformen zurückgriffen.

Eine dieser Rekrutierungsformen für die Führungskader, Spezialisten und Geologen aus den alten Öl- und Gasregionen war der Transfer von Personal (*perevod*) aus anderen Produktionsvereinigungen derselben Ministerien oder von Konstruktionsprojekten, während eine Aufruf-Einladung (*vyzov-priglašenie*) als eine Rekrutierungsform in Tjumen' eher selten blieb.[9] Die neue Öl- und Gasproduktion in Westsibirien, die von der regionalen Produktionsvereinigung Glavtiumenneftegaz angeführt wurde, griff am Ende der 1960er Jahre, als das Tjumen'-Projekt auch aus Moskau offiziell unterstützt wurde, auf Öl- und Gasmänner aus den Ölregionen Baschkortostan, Tatarstan und Kujbyšev zurück.[10] Dieses Vorgehen unterstrich zusätzlich die Wichtigkeit des Projekts, indem nicht nur junge Arbeitskräfte nach Westsibirien gesendet wurden, sondern auch Spezialisten mit langjähriger Erfahrung aus den alten Regionen

6 Paškov, N.M.: Dejatel'nost' partijnych organizacij Zapadnoj Sibiri po sozdaniju i razvitiju neftegazogo kompleksa 1964–1980gg. Tomsk 1988, S. 89.
7 Chung: Interest Representation, S. 16.
8 Slavkina: Triumf i tragedija, S. 90.
9 Koleva: Zapadno-Sibirskij neftegazovyj kompleks, Bd. 2, S. 95.
10 Dies., S. 65–66.

nun in das unerschlossene Westsibirien fuhren. Der Bedarf an Spezialisten stieg im Laufe des Tjumen'-Projekts stetig an: Während die erste Erschliessungsperiode in Westsibirien von leicht zugänglichen Ressourcen geprägt war, kam es in den 1970er Jahren zu herben Rückschlägen in der Ölproduktion, da die Bohrmänner nun zu immer tieferen Schichten vordringen mussten, wodurch die Ölgewinnung technisch anspruchsvoller wurde.

Die Versorgung mit fachkundigen Spezialisten blieb eine dauerhafte Herausforderung. Abhilfe schaffen sollte unter anderem das neu gegründete Industrieinstitut in Tjumen', und seit 1973 wurden zudem Arbeitskräfte aus der betrieblichen Reserve der Ölindustrie rekrutiert.[11]

Doch die hohe Fluktuation von Arbeitskräften, die ein immenses Problem in der Region darstellte und nach Aussage der Offiziellen auch auf den schwierigen klimatischen Bedingungen in der Region beruhte, war der Grund dafür, dass in den 1970er Jahren Arbeitskräfte vor allem in der Region beziehungsweise im dichter besiedelten Südsibirien rekrutiert wurden, anstatt auf Kader aus weiter entfernten Landesteilen zurückzugreifen. Zu Beginn der 1970er Jahre waren dies schon drei Viertel der Arbeitskräfte:[12] Dies war ein Versuch, die langen adaptiven Anpassungen an das Klima zu vermeiden. Doch als dies nicht ausreichend gelang, wurden in den 1970er Jahren auch Arbeitskräfte aus Zentralasien nach Westsibirien verlegt, um den Wegzug geringer zu halten als den Zuzug. In den frühen 1970er Jahren eröffnete die Ölindustrie zudem technische Schulen in der Oblast Tjumen', die die lokale Jugend für die Öl- und Gasindustrie ausbildeten, meistens für diejenigen Berufe, in denen harte körperliche Arbeit notwendig war. Um junge Fachkräfte und Hilfsarbeiter zu rekrutieren, griff man auch auf kleinere Institute unter anderem in Tobolsk, Chanty-Mansijsk und Labytnangi zurück, die unter anderem Schulabgänger zu technischen Hilfsarbeitern mit handwerklichem Profil heranbildeten und direkt in die Industriezweige Westsibiriens leiteten. Diese Form der Anwerbung war allerdings nur selten und machte 1,5 bis 10 Prozent aller Rekrutierungen aus. Die Gasindustrie blieb dabei jedoch im Hintertreffen, denn die Produktionsvereinigung Tjumen'gazprom hatte keine Ausbildungsstätten in Nordtjumen' für ihre Arbeitskräfte.[13] Ungelernte Arbeitskräfte für die Konstruktions- und Transporteinheiten kamen über das System der Orgnabor nach Tjumen'. Die über die Orgnabor angeworbenen Arbeitskräfte wurden fast alle in die unterbevölkerten

11 Dies., S. 114; Zur Reserve siehe auch: Grützmacher: Die Baikal-Amur-Magistrale, S. 234.

12 Zajončkovskaja, Ž. A./Zacharina, D. M.: Problems of Providing Siberia with Manpower, Soviet Geography 13 (1972) 10, S. 671- 683, hier S. 682.

13 Koleva: Zapadno-Sibirskij neftegazovyi kompleks, Bd. 2, S. 69 und 96.

Nordgebiete gelenkt.[14] Ihre Zahl wuchs um das 2,4-fache zwischen 1967 und 1976, aber sie machten auch dann immer nur 3 bis 8 Prozent der gesamten Rekrutierung aus und blieben damit ein geringer Faktor.[15]

Ebenfalls wurde versucht, Chanten, die Angehörigen eines sibirischen Volks, in die neu entstehenden Industriekomplexe zu leiten. Sie wurden vor allem im Gesundheits- und in der Volksbildung angestellt. Im Gegensatz zum Jahr 1970, in welchem nur 2,5 Prozent der Chanten in der materiellen Produktion arbeiteten, seien es im Jahr 1972 bereits 15 Prozent gewesen.[16] Für junge Indigene war ein Umzug in die Stadt bisweilen eine attraktive Option. Die kleineren Städte und entlegenen Regionen waren unterentwickelt und boten keine Perspektiven. Deshalb bevorzugten die jungen Indigenen ein Leben mit »Filmen, Essen, Bildung und das soziale Leben in den zentralen Städten statt eines Lebens in der Tundra«. Ein junger Chante erklärte 1976: »Die Rentierzucht ist nicht so wünschenswert für junge Menschen, die lieber Filme schauen, Volleyball spielen und von hier fortgehen wollen. Viele versuchen, in Tjumen' zu leben. Manche kommen zurück.«[17] Doch trotz des immensen Arbeitskräftemangels bezweifelten viele Funktionäre in der Ölindustrie teilweise die Eignung von Indigenen für die Arbeit: »Eine Zeitlang war der Slogan ›Werbe Chanten zur Arbeit für Öl‹ populär. Aber die Stammesmänner waren keine idealen Arbeitskräfte. Ich erinnere mich besonders an einen Chanten, der in einer Einheit arbeitete, die für die Aufrechterhaltung des Schichtdrucks zuständig war. Er war so regelmäßig abwesend, dass er faktisch mehr Ärger machte als er wert war. Einmal verschwand er für ein ganzes Jahr. Als er wiederkam, fragten wir ihn, wo er gewesen sei. Er sagte, er sei in Syktyvkar gewesen, um mit seinen Verwandten Tee zu trinken. Dieser

14 Knabe, Bernd: Aspekte der gegenwärtigen Arbeitskräftepolitik in Sibirien, in: Leptin, Gert (Hg.): Sibirien: Ein russisches und sowjetisches Entwicklungsproblem, Berlin 1986, S. 123–137, hier S. 129.

15 Schroeder, Gertrude E.: Managing Labour Shortages in the Soviet Union, in: Adam, Jan: Employment Policies in the Soviet Union and Eastern Europe, Basingstoke 1987, S. 3–26, hier S. 10–11; Paškov: Dejatel'nost' partijnych organizacij, S. 90. Andere geben höhere Zahlen für die Rekrutierung durch die Orgnabor an: Koleva: Zapadno-Sibirskij neftegazovyj kompleks, Bd. 2, S. 62–64.

16 Aus dem Bericht des Ersten Sekretärs des Nižnevarstovsker Gorkoms der KPdSU, V. Bachilov […] vom 25. April 1973, in: Smorodinskov (Hg.): Neft' i gaz Tjumeni, Bd. 3, S. 151–153. In der Zeitschrift *Soviet Geography* berichtete Dienes 1985 von weniger als 40 Prozent Beschäftigung unter der indigenen Bevölkerung, zumal diese hauptsächlich in der Landwirtschaft tätig gewesen sei, in: Dienes, Leslie: Employment Structure, Settlement Policy and the Development of the North Tyumen' Oil and Gas Region, in: Soviet Geography 26 (1985) 8, S. 609–622, hier S. 611–615.

17 Beide Zitate: Mandelstam Balzer, Marjorie: The Tenacity of Ethnicity. A Siberian saga in a global perspective, Princeton NJ 1999, S. 125.

Mann, offenbar aus einer Laune heraus, hatte sein Rentier und einen Schlitten genommen und war über 1500 Kilometer damit gereist, um eine Tasse Tee zu trinken!«[18] Deshalb versuchte der mansische Juvan Šestalov 1976 zwischen den Interessengruppen zu vermitteln, indem Auszüge aus einer Rede von Antonina Grigoreva, einer chantischen Funktionärin, im Obersten Sowjet in einem in der *Pravda* veröffentlichten Artikel zitierte: »Wir, die indigenen Einwohner des Fernen Nordens, stimmen geschlossen für das große sibirische Öl. Das große Öl ist die Jugend unseres alten Jurga. Aber wir stimmen auch dafür, dass die Geologen und Ölmänner das Wasser nicht verschmutzen, dass sie die Tajga nicht grundlos zerstören, dass sie, wie richtige Hausherren, nicht die Pflanzen und Tiere des Nordens auslöschen, sie für die kommenden Generationen bewahren. Man muss es so machen, dass die kleinen Völker des Nordens – die Chanten, Mansen, Komi, Selkupen und Nenzen – keinen Grund dafür haben, sich über die Öl- und Gasindustrie des Nordens zu beschweren, sondern ihn ihr einen treuen und verlässlichen Helfer sehen und erfahren.«[19] Dieser Ausschnitt aus einer Rede von Antonina Grigoreva – zumal er Eingang in die *Pravda* fand – ist zu diesem Zeitpunkt insofern bemerkenswert, als dass sie Kritik an der extensiven Vorgehensweise der Extraktionsindustrien äußerte und dieser auf den Seiten der wichtigsten sowjetischen Zeitung ein nachhaltiges Wirtschaftsmodell entgegenstellte.

Ein besonders großes Problem mit der Rekrutierung hatte die Ölindustrie im mittleren Westsibirien. In diesen Regionen fielen, im Gegensatz zum Fernen Norden, die materiellen Anreize wie der Nordzuschlag (*severnaja nadbavka*)[20] geringer aus, da diese auf einem über den Breitengrad berechneten Koeffizienten beruhten, weiter im Süden geringer und daher deutlich weniger attraktiv waren.[21] In den 1960er Jahren wurden mehr als 20.000 junge Arbeitskräfte über den öffentlichen Aufruf (*obščestvennyj prizyv*) nach Westsibirien entsendet.[22] Die Planungsbehörden griffen damit auf ein System zurück, welches noch aus Stalin-Zeiten stammte: Junge Universitäts- und Berufsschulabgänger wurden an

18 Tchurilov: Lifeblood of Empire, S. 126.

19 Šestalov, Juvan: Svet nad tundroj, in: Pravda, 02.11.1976, S. 3.

20 Der »Nordzuschlag« war ein spezielles Lohnzuschlagsystem für die Arbeit in den Nordgebieten der UdSSR. Er bestand aus dem Breitengradkoeffizienten (*poiaznoi koeffitsient*) und dem Polarzuschlag (*poljarka*), in: Slavkina: Triumf i tragedija, S. 99.

21 Rede des Vorsitzenden von Tjumen'gazprom, G.P. Sul'menkov, in: RGASPI, f. M-1, op. 65, d. 238, l. 38; Aus dem Beschluss des 3. Plenums des Tjumen'er Obkoms der KPdSU […] vom 24. Januar 1972, in: Smorodinskov (Hg.): Neft' i gaz Tjumeni, Bd. 3, S. 83–84; Aus der Information des Parteikomitees der Nižnevartovsker Leitung für Bohrarbeiten […] vom 15. September 1972, in: Smorodinskov (Hg.): Neft' i gaz Tjumeni, Bd. 3, S. 114.

22 Koleva: Zapadno-Sibirskij neftegazovyj kompleks, Bd. 2, S. 70.

einen Arbeitsplatz versetzt, der für sie ausgewählt wurde.[23] Junge Arbeitskräfte wurden auf zwei Wegen rekrutiert: über die Verschickung von Komsomolzen (*komsomolskie putevki*) oder über die studentischen Baubrigaden (*studenčeskie stroitelnye otrjady*), die in den Sommerferien als »Freiwillige« oder im Werksemester ihres Studiums, in der Regel dem dritten Semester (*tretyj trudovoj*), nach Tjumen' geschickt wurden. Die Entsendungen des Komsomol waren Teil eines Systems, in denen junge Arbeitskräfte entweder zum Armeedienst oder für die Mitarbeit an den wichtigsten Konstruktionsprojekten (*udarnye stroiki*) verpflichtet wurden.[24] Die studentischen Konstruktionsbrigaden waren schon seit Beginn des Projekts in Tjumen' an der energetischen Erschließung beteiligt. Das ZK und der Ministerrat erließen einen Entschluss »Über den öffentlichen Aufruf an die Jugend zu den wichtigen Konstruktionsprojekten des Fünfjahresplans«, und schon im selben Jahr kamen mehr als 800 Komsomol-Freiwillige nach Westsibirien und arbeiteten dort für Glavtjumenneftegaz. Zusätzlich kamen schon 1965 weitere 1600 Studenten aus zahlreichen Universitäten des Landes über die Konstruktionsbrigaden nach Tjumen'.[25] Der Komsomol war für den Bau und die Unterhaltung zahlreicher Objekte zuständig und stellte dafür Brigaden mit jungen Studenten zur Verfügung. Gleichzeitig war der Komsomol auch verantwortlich für den Bau der Infrastruktur, so für Städte, Eisenbahnlinien usw.; so arbeiteten beispielsweise ukrainische Studentenbrigaden während der Sommerferienmonate an derartigen Projekten.[26] Organisationen des Komsomol waren für die schnelle Entwicklung der Gaslagerstätten Medvež'e im Jamal-Nenzen-Gebiet und den Stadtbau von Nadym verantwortlich; zu den Aufgaben des Komsomol in der Region unter anderem bei Tjumen'gazmontaž in Tjumen' gehörten der Wohnungsbau und der Bau von Sanitäreinrichtungen.[27] Die Stu-

23 Schroeder: Managing Labour Shortages in the Soviet Union, S. 6.

24 Die Wurzeln dieses Systems gingen in die späten 1950er Jahre zurück und wurden in den frühen 1960er Jahren über einen Entschluss »über die Partizipation der Komsomolorganisationen von Moskau, Sankt Petersburg und Kiev bei den Industrieprojekten im Neuland-Gebiet« formalisiert, in: Pristupko, Viktor A.: Studenčeskie otrjady. Istoričeskij opyt 1959–1990 godov, Moskva 2008, S. 35–43.

25 Paškov: Dejatel'nost' partijnych organizacii, S. 91. Siehe auch: Aus des Beschluss des Sekreteriats des ZK VLKSM »Über die Ergebnisse Arbeit der studentischen Brigaden in den Regionen der Erdöl- und Erdgaslagerstätten in Westsibirien im Jahr 1965 und die Fortsetzung der Arbeit im Jahr 1966« vom 7. Januar 1966, in: Smorodinskov (Hg.): Neft' i gaz Tjumeni, Bd. 2, S. 17.

26 Tjumenskie besedy, in: Neftjanik 1, Januar1971, S. 2–7, hier S. 3.

27 Aus dem Beschluss Nr. 117 von Glavtjumenneftegazstroj »Über die Gründung der Komsomol- und Jugend-Trests Severogazstroj und Tjumengazmontaž« vom 8. Juli 1969, in: Smorodinskov (Hg.): Neft' i gaz Tjumeni, Bd. 2, S. 207.

denten arbeiteten auch als medizinisches Personal in der Region und traten als kulturelle Mediatoren der kommunistischen Ideologie auf.[28] Dieses System des Saisonbaus (*sezonnoe strojtel'stvo*) wurde aus Kostengründen und aufgrund des großen Bedarfs an Arbeitskräften im großen Maßstab angewendet.[29]

Eine andere Möglichkeit, um den Arbeitskräftebedarf zu decken, war die Rekrutierung von Armeereservisten. Da diese keine Spezialisten waren, wurden sie meistens bei den Konstruktionsarbeiten eingesetzt, aber auch dies lief nicht immer reibungslos. In einem Dokument von 1980 beispielsweise beschwerten sich Funktionäre des Komsomol über die Anzahl der arbeitenden Reservisten, die unter den dafür veranschlagten Planzahlen lagen. Als Begründung wurde angegeben, dass der öffentliche Aufruf zur Arbeit in Sibirien zu spät erfolgt sei und zu einer Verspätung bei der Rekrutierung geführt habe. Ein anderer Grund waren die schlechten Lebensbedingungen in Westsibirien, die die Arbeit in Westsibirien zu unattraktiv machten.[30] Bis heute ist es nicht klar, ob auch Strafgefangene Zwangsarbeit in Westsibirien verrichteten, wie es die deutsche Zeitschrift *Der Spiegel* beschrieb.[31] Zumindest aber stand Brežnev dem Einsatz von Strafgefangenen nicht kritisch gegenüber.[32] Zudem waren viele Arbeitskräfte aus den RGW-Staaten an den Projekten im sibirischen Norden und in der Öl- und Gasindustrie tätig. Sie wurden als Trassenarbeiter ihrer Länder entsandt und bauten dabei einzelne Abschnitte der jeweiligen Pipelines in der Sowjetunion, eine für viele der Menschen prägende Zeit.[33]

---

28 Grützmacher: Die Baikal-Amur-Magistrale, S. 243.

29 Chajtun, Andrej D.: Èkspeditionnoe-vachtovoe strojtel'stvo v Zapadnoj Sibiri, Leningrad 1982, S. 24.

30 Zum »öffentlichen Aufruf« des Komsomol in der Oblast Tjumen, in: RGASPI, f. M-1, op. 65, d. 441, ll. 15–17.

31 Die deutsche Zeitschrift *Der Spiegel* berichtet im August 1982 von 100.000 Gefangenen, in: Dreckige Lüge, in: Der Spiegel 33, 16.08.1982, S. 94–96, hier S. 94.

32 Brežnevs Anmerkung zum »Spezialkontingent des Genossen Ščelokov«, des damaligen Innenministers, deutet auf seine Zustimmung zur Verwendung von Strafgefangenen zumindest an der BAM hin, in: Schreiben von L.I. Brežnev an das Politbüro des ZK, nicht später als 1. Juli 1974, in: Vestnik Archiva Prezidenta: General'nyj sekretar' L.I. Brežnev, S. 169–170.

33 Der 1976 entstandene Film »Begegnungen an der Trasse« von Kurt Tetzlaff berichtet über die »Družba«-Trassenarbeiter aus der DDR in der Mitte der 1970er Jahre. Heute noch gibt es Vereine für Trassenarbeiter der DDR. Siehe hierzu: Homepage des Vereins Erdgastrasse e. V., online verfügbar unter: www.erdgastrasse-ev.de [26.07.2018]. Autobiographische Schilderungen der ehemaligen Trassenarbeiter finden sich u. a. bei: Obuchoff, Hajo/Wabnitz, Lutz/Wagner, Frank Michael: Die Trasse. Ein Jahrhundertbau in Bildern und Geschichten, Berlin 2012; Kersten, Monika: Das blaue Licht. Ein Bericht über das Leben an der Erdgastrasse in Sibirien, Oschersleben 2000; Eggers, Gerd/Matthies, Horst/Neumann, Margarete/Völkel, Ulrich: Abenteuer Trasse. Erlebnisse und Beobachtungen, Berlin 1978. Eine wissen-

Doch trotz dieser Bemühungen blieb der Wegzug ein so großes Problem, dass in den westsibirischen Produktionsvereinigungen jeder arbeitete, der sich dafür bereit erklärte: in den Arbeitskollektiven waren ehemalige Schachtarbeiter, Milizionäre, Bauern und Straftäter tätig.[34] In seinen Memoiren erwähnt der Tjumen'er Neftjanik Čurilov auch, dass beispielsweise in den seismographischen Brigaden nur zwei bis drei Personen dauerhaft gearbeitet und die anderen Mitglieder häufig gewechselt hätten. Die anderen Brigadiers wurden in den sibirischen Städten ständig neu aus dem Fundus an Menschen rekrutiert, die kurzfristig Geld brauchten. In der Regel waren dies (Lebens)Künstler, die im ohen Norden schnelles Geld machten, um sich dann wieder der Kunst und häufig auch dem Alkohol zuzuwenden.[35] Zwar berichtet ein Meister, dass in seiner Brigade alle Brigadiers mehrere Berufsausbildungen und Spezialisierungen besäßen und theoretisch immer ein Zweiter einen Brigadier ersetzen könne. Die Brigadiers hatten jedoch kaum Spezialkleidung und mussten Stiefel und Kleidung das ganze Jahr tragen, viele hatten keine Arbeitskleidung zum Wechseln. Häufig bestand keine Möglichkeit, die Kleidung nach der Arbeit zu trocknen, die meisten Brigadiers fuhren nass nach Hause.[36]

Die klimatischen Bedingungen, die geringe Mechanisierung und der geringe Lebensstandard der Siedlungen beanspruchten die Arbeitskräfte physisch sehr stark. So war es durchaus auch von höchster Stelle aus erwünscht, dass zum allergrößten Teil Männer im Öl- und Gaskomplex arbeiteten. Auch in den Studentenbrigaden sollte die Anzahl von Frauen nicht höher sein als 30 Prozent.[37] Der westsibirische Öl- und Gaskomplex blieb damit wie andere Megaprojekte Sibiriens eine Männerwelt.[38] Besonders für junge Familien, die durch das Rekrutierungssystem besonders angesprochen beziehungsweise betroffen waren, stellte dies eine große Herausforderung dar. Frauen hatten größere Probleme, eine Arbeit zu finden, und es war schwieriger, sie in Produktionsprozesse einzubinden. Wenn Frauen ihre Ehemänner nach Westsibirien begleiteten,

---

schaftliche Publikation erschien 2014: Prochnow, Jeannette: Erinnern als Interaktion. Die Gemeinschaft ostdeutscher Trassenbauer im Transformationsprozess, Stuttgart 2014.

34 Ėrv'e: Sibirskie gorizonty, S. 36.

35 Slavkina: Triumf i tragedija, S. 207.

36 Aus dem Vortrag des Brigadiers N.I. Kriger auf dem 2. Plenum des Lokalkomitees der Gewerkschaft für die Erdöl-, Erdgas- und Chemieindustrie in Tjumen, 16. Mai 1972, in: Smorodinskov (Hg.): Neft' i gaz Tjumeni, Bd. 3, S. 104–105.

37 Über die Regelung zur Formierung einer Allunionskomsomolbrigade zur Entsendung für die Erschließung Westsibiriens, uz. Sektretär des ZK des Komsomol, D. Filippov, in: RGASPI, f. M-1, op. 65, d. 325, l. 38.

38 Grützmacher: Die Baikal-Amur-Magistrale, S. 290–293.

waren sie häufig in Kantinen, Schulen, im medizinischen Dienst und in Büros sowie der Verwaltung tätig.[39] Nur wenige Frauen arbeiteten als Spezialistinnen oder Funktionärinnen im Öl- und Gaskomplex: Dazu gehörten eine Bürgermeisterin von Surgut in den frühen 1970er Jahren und einige Ingenieurinnen, welche in einer illustrierten Publikation über die Geschichte von Glavtjumenneftegaz erwähnt werden.[40] Das Leben für Frauen war in Westsibirien noch härter als in anderen Teilen der Sowjetunion, denn es fehlten Möglichkeiten zur Kinderbetreuung, und es fehlte auch an Haushaltgeräten, die in wochenlanger Abwesenheit der Männer während des Schichtdiensts den Frauen die Hausarbeit erleichtert hätten.[41] Diejenigen Frauen, die mit den Studentenbrigaden des Komsomol nach Westsibirien kamen, leisteten teilweise ähnlich anspruchsvolle Arbeit wie die Männer. Dabei ging es vorrangig um eine Bewährung in ihrem oder über ihren zukünftigen Beruf hinaus, wie sie auch die Männer in Westsibirien zu erbringen hatten. Sie arbeiteten wie die Komsomol-Brigade Tobolianočki-76 in einem Fischkombinat in Tobolsk.[42] Andere Brigaden bauten Wohnheime für regionale Baueinheiten wie Tjumen'žilstroj.[43] Ein Dokument zeugt jedoch davon, dass Frauen der Studentenbrigaden anscheinend nicht über die realen Lebens- und Arbeitsbedingungen in Westsibirien informiert waren, so dass sie die Region, in diesem Fall, kurz nach ihrer Ankunft wieder verließen.[44] Unter diesem Umständen passte das Bild des Nachzugs von Frauen, die erst in den wärmeren südlichen und westlichen Regionen und in ihrer vormaligen Heimat blieben und erst später ihren Männern folgten, viel besser in das Bild von »Weiblichkeit« (*ženstvennost'*) der späten Sowjetunion.[45]

39 Siehe hierzu Tchurilov: Lifeblood of Empire, S. 66; Velikopol'skij, S.D./Perepletkin, Ju. I. (Hg.): Glavtiumenneftegaz. 40-letnjaja istroija Glavka v svidetel'stvach očevidtsev, vospominanijach, dokumentach, fotografijach, Tjumen' 2005, S. 60 und S. 64.

40 Tchurilov: Lifeblood of Empire, S. 91; Velikopol'skij: Istorija Glavtjumenneftegaza, S. 52 und 91.

41 Zaslavskaja, T.I./Kalmyk, V.A./Chakulina, L.A.: Social'nye problemy razvitija Sibiri, Izvestija SO AN SSSR (1982) 1, S. 3–11, hier S. 7.

42 Vos'moe nebo Rity Mingalevoj, Artikel in der Zeitschrift Gorizont von N. Lesnova vom 15. Juni 1976, in: RGASPI, f. M-1, op. 7, d. 12, ll. 12 und 13ob.

43 Über die Regelung zur Formierung einer Allunionskomsomolbrigade zur Entsendung für die Erschließung Westsibiriens, uz. Sektretär des ZK des Komsomol, D. Filippov, in: RGASPI, f. M-1, op. 65, d. 325, l. 38.

44 »Über die Ergebnisse der auswärtigen Sitzung des ZK-Büros des VLKSM in Tjumen'« (1978), in: RGASPI, f. M-1, op. 65, d. 238, l. 50–51.

45 Für das Frauenbild der 1970er Jahre war die *ženstvennost'* (»Weiblichkeit«) zentral. Die *ženstvennost'* umfasste Charakterzüge wie Weichheit, Emotionalität, Sorge um andere, Aufmerksamkeit, Feinfühligkeit, Takt, Eleganz, Liebreiz u. a. Diese moralisch konnotierte Charakterisierung von Frauen und unterstrich die Mutterfunktion der Frau sowie die Rolle der Frau

Eine weitreichende freiwillige Mobilisierung und tiefgreifende Motivation war unter diesen Umständen recht schwierig. Ein russischer Wissenschaftler beschreibt die Motivation der Arbeitskräfte wie folgt: »Die erste [Gruppe] sind Romantiker [...] [,] die zweite Gruppe wurde von jenen gebildet, die gelesen hatten, dass es – und das berechtigt – genug Arbeiten in sämtlichen Bereichen und damit auch einen guten Lohn geben werde. Diese kamen alleine oder mit ihren Familien. Für eine kürzere Zeit oder für eine längere Zeit oder für immer. Die dritte Gruppe bestand aus denjenigen, die sich selbst, ihre Fähigkeiten und ihre Möglichkeiten unter Beweis stellen wollten.«[46] An eben jene, die sich an der Romantik, Selbsterfahrung und einem Selbstbeweis orientierten, richteten sich die Zeitungen und zahlreiche Publikationen über den (west)sibirischen Norden mit ihren Bildern der weiten Tundra, überwältigenden Natur und mit den Möglichkeiten, in einer ganz anderen Vegetation zu leben und zu jagen, wobei die Jagd häufig auch das einzige Vergnügen blieb.[47] Die beiden ersten der oben genannten Gruppen bestanden aus Menschen, die freiwillig zur Arbeit nach Sibirien kamen, um an einem der neuesten Projekte teilzunehmen. Andere Spezialisten waren jedoch nicht so leicht zu überzeugen. Erst nach langen erzieherischen Gesprächen mit ihren Vorgesetzten gingen diese mit dem Credo »Wenn ich muss, dann muss ich wohl« nach Tjumen'.[48] Denn der Umzug nach Westsibirien bedeutete besonders für Spezialisten aus dem westlichen Landesteil eine Einbusse in ihrem Lebensstandard. Viele von ihnen, wie Ėrv'e in seinen Memoiren schreibt, gaben nur ungern ihr komfortables Leben in ihrer eigenen Wohnung »in einer der besten Wohngegenden« einer Stadt im sowjetischen Westen oder Süden auf: »Den Wetterbericht hörend, windet man sich schnell, wenn der Sprecher bekannt gibt, dass es irgendwo in Jakutien [...] minus 53, in Novosibirsk minus 45 und in Sverdlovsk minus 37 Grad sind, während sie in Moldawien zu diesem Zeitpunkt Weizen säen und die Aprikosen blühen.«[49] Das Wissen um die Kälte und die schlechten Wohnbedingungen stand im Kontrast zu den Versprechen einer florierenden (Erdöl)Wirtschaft, die ihnen ihre Vorgesetzten und bekannte Wirtschaftsfunktionäre gemacht hatten.

in den Arbeitskollektiven. Eine reine Beschränkung auf die Führung des Haushaltes sah das Bild der *ženstvennost'* nicht vor, in: Köbberling, Anna: Das Klischee der Sowjetfrau: Stereotyp und Selbstverständnis Moskauer Frauen zwischen Stalinära und Perestroika, Frankfurt/Main 1997, S. 142–162.

46 Koleva: Zapadno-Sibirskij neftegazovyj kompleks, Bd. 2, S. 64.

47 Vtorušin, Stanislav V.: Zolotye gody: Povestvovanie o žizni, online verfügbar unter: http://www.akunb.altlib.ru/files/LiteraryMap/Personnels/Vtoryshin.html [12.09.2012].

48 Slavkina: Triumf i tragedija, S. 89–90.

49 Ėrv'e: Sibirskie gorizonty, S. 29.

Daher waren es vorwiegend materielle Vorteile beziehungsweise Nachteile, die die Motivation der Arbeitskräfte grundlegend beeinflussten und eben dann auch eine entsprechende Rolle bei der Entscheidung für oder gegen Tjumen' spielten. Aufgrund einer auch von Generalsekretär Brežnev immer wieder proklamierten Idee eines sozialistischen Wohlfahrtstaats hatten die sowjetischen Bürger schon längst auch eine Konsumhaltung entwickelt, die sich maßgeblich auf die Arbeitsplatz- und Wohnortwahl auswirkte. Die Konsumhaltung hatte ihre Wurzeln in der Chruščev-Zeit und führte dazu, dass materielle Gründe ein wichtiges Kriterium für die Wahl des Arbeitsplatzes waren. Die Löhne sollten das bereitstellen, was als ein »normales Leben« galt.[50] Deshalb wurde, um die Rekrutierung von Arbeitskräften zu forcieren, materielle Vorteile wie der Nordzuschlag (*severnaja nadbavka*) als Zuschlag zum Lohn im sowjetischen Norden gewährt. Der Nordzuschlag bestand dabei aus Entgelt, für welches der Lohn entsprechend der Höhe des Breitengrads mit einem bestimmten Faktor multipliziert wurde. Diesen zusätzlichen Entgelt gab es entsprechend des Breitengrads für alle Arbeitskräfte der sowjetischen Wirtschaft gleichermaßen. Hinzu kam die Polarzulage (*poljarka*) für alle Arbeitskräfte am mittleren Ob' und höher im Norden, die mit zunehmender Anzahl von Arbeitsjahren im Norden bis zu fünf Jahren ebenfalls zunahm. Daraus ergab sich, dass Ende der 1970er Jahre der Lohn im Fernen Norden bei voller Ausschöpfung aller Zulagen und Arbeitsjahre um das 2,5-fache höher als für andere Arbeitskräfte sein konnte.[51] Darüber hinaus wurden auch andere materielle Vergünstigungen und Privilegien betreffend Urlaub, Krankheit, Pensionsalter sowie bei der Bereitsstellung von Wohnraum gewährleistet.[52] Ab April 1970 sollten die Arbeitskräfte des Minnefteprom, des Mingazprom und des Mingeo für eine Umsetzung des »beschleunigten Aufbaus der Erdölindustrie« auch Orden erhalten, wobei die Arbeitskräfte der Gasindustrie drei Orden, die anderen beiden nur zwei Orden bekamen.[53] Jedoch konnte der Vorteil solcher Maßnahmen und Vergünstigungen angezweifelt werden, denn die Reallöhne in den Regionen waren oft niedriger als in den anderen Regionen der Sowjetunion. Im sowjetischen Norden waren Lebensmittel teurer als in den westlichen Teilen und die klimatischen Bedingungen führten ebenfalls

50 Connor, Walter D.: The Accidental Proletariat. Workers, Politics, and Crisis in Gorbachev's Russia, Princeton NJ 1991, S. 133.

51 Slavkina: Triumpf i tragedija, S. 99.

52 Knabe: Aspekte der gegenwärtigen Arbeitskräftepolitik in Westsibirien, 132–134.

53 Beschluss des Ministerrats der UdSSR und des VCSPS [...] vom 29. April 1970, in: Černenko, K.U./Smirtjukov, M.S.: Rešenija Partii i Pravitel'stva po chozjajstvennym voprosam, Bd. 8: 1970 g. – fevral' 1972 g., Moskau 1972, S. 103–104.

zu höheren Lebenshaltungskosten. Unzufriedenheit bei den Arbeitskräften war die Folge und eine Zunahme des Wegzugs derselben in attraktivere Regionen.[54] Der Geologe Salmanov und andere überzeugte Wirtschaftsfunktionäre sahen eine solche Entwicklung weniger positiv. Denn, so Salmanov, die Zugereisten seien nur darauf aus, schnelles Geld zu machen und wieder in den Süden zu gehen.[55] Grundsätzlich ließen sich also wenige Arbeitskräfte für Sibirien aus Überzeugung und persönlichem Interesse gewinnen, was sich dauerhaft negativ auf die Mobilisierung und die Motivation der Arbeitskräfte auswirkte.

9.2 Der Polarstädtebau und die Diskussion von 1971

Vergleicht man den Bau der Polarstädte mit früheren Ölprojekten oder mit sowjetischen Projekten in Sibirien wie der Gründung Norilsk oder dem Bau der Baikal-Amur-Magistrale im östlichen Sibirien, so fallen dem Betrachter mehr Gemeinsamkeiten als Unterschiede auf. Mit der massenhaften Ansiedlung von Arbeitsmigranten in früheren Ölregionen wie beispielsweise im Ölstadtteil Bakus, den der Schriftsteller Maxim Gorkij »die geniale Nachahmung der Hölle« genannte hatte,[56] hatte der Bau der Polarstädte in Sibirien nicht mehr viel gemeinsam. Doch auch hier fallen gravierende Unterschiede auf: Die Großstadt Norilsk, die in der Nähe großer Nickelvorkommen auf der Tamyr-Halbinsel entstand, war noch von Häftlingen des GULag erbaut worden.[57] Die städtebaulichen Projekte der Brežnev-Zeit griffen hingegen nicht mehr auf Zwangsarbeiter eines Arbeitslagersystems zurück. Die große Herausforderung war vielmehr, für Arbeitskräfte attraktive und gleichzeitig funktionale, kostengünstige Städte aus den Sümpfen der Tundra zu stampfen, die bisweilen nichts mehr waren als ein »physikalisches Sammelbecken […] – utilitaristisch im Extrem«.[58] Unter ähnlichen Gesichtspunkten wurden auch die Städte an der Baikal-Amur-Magistrale errichtet. Doch das Projekt der BAM hatte insgesamt eine andere ideologische Ausrichtung: Es war das riesige Besiedlungs- und

54 De Souza, Peter: The Nature of Manpower Problem in the Development of Siberia, Soviet Geography 27 (1986), S. 689–715, hier S. 703–704.

55 Salmanov: Sud'ba moja, S. 17.

56 Zitiert aus Jivazada, Elnura: Die Ressource Erdöl als Erinnerungsort. »Schwarzes Gold in Mythen, Monumenten und Museen von Baku, in: Conrad, Benjamin/Bicknell, Lisa (Hg.): Stadtgeschichten. Beiträge zur Kulturgeschichte osteuropäischer Städte von Prag bis Baku, S. 71–85, hier S. 75.

57 Kucher: Der Fall Norilsk, S. 131–136.

58 Hill/Clifford: The Siberian curse, S. 91.

Industrialisierungsprojekt einer weitläufigen Region Sibiriens und sollte offiziell auch ästhetischen Gesichtspunkten entsprechen, weshalb für die Planung Architektenwettbewerbe veranstaltet und die Anordnung und der Aufbau von Gebäuden im Vorfeld geplant wurden.[59] In Westsibirien rankte sich die Frage der Erschließung um zwei Ressourcen, was diese Industrialisierungskampagne von der BAM unterschied.[60]

In Westsibirien hingegen standen die Ressourcenextraktion sowie die Kosten im Vordergrund aller baulichen Maßnahmen. Die ersten Städte im westsibirischen Ölkomplex am mittleren Ob' entstanden entweder in der Nähe von großen Erdöllagerstätten wie im Fall von Nižnevartovsk oder aus bereits bestehenden Siedlungen wie Surgut. Dass die Städte mit der Ankunft der Öl- und Gasindustrie wuchsen, hatte dabei große Auswirkungen auf deren Charakter. So bildeten sie in der Regel die Etappen der Ankunft verschiedener Branchenministerien ab, die jeweils ihre Siedlungen bauten: »Das heutige Surgut wuchs aus einigen Siedlungen (zu Beginn gab es nur eine Siedlung der Geologen, dann der Konstrukteure, anschließend der Ölmänner und noch später der Energetiki), was natürlich nicht zur Geburt einer durchdachten Planung führte. Erst langsam wird Surgut zu einem einzigen ganzen Gebilde, erlangt sein städtebauliches Gesicht und hat wirtschaftliche Perspektiven.«[61] Nižnevartovsk hingegen war in den 1960er Jahren nur eine Siedlung »bei Samotlor«, die 1964 noch nicht einmal 1000 Einwohner hatte und »von der Stille der jahrhundertealten Tajga« umgeben war.[62] Doch der Entscheid, Samotlor industriell zu erschliessen, machte städtebauliche Maßnahmen notwendig: »[...] schon 1974 hatte Nižnevartovsk mehr als 250.000 Quadratmeter Wohnfläche. Es hatte mehr Glück als Surgut: Es wurde nach einem Generalplan von einem Generalauftraggeber, der Erdölverwaltung [upravlenie], erbaut. Beim Bauen halfen Moskauer, Irkutsker, Permer und Omsker.«[63] In den 1960er Jahren bekamen jedoch nur drei Städte den Stadtstatus zuerkannt: Surgut und Uraj (beide 1965) sowie Neftejugansk (1967). Alle anderen Städte erlangten diesen Status erst in den 1970er

59 Grützmacher: Die Baikal-Amur-Magistrale, S. 308–315.

60 Gustafson: Soviet Gas Campaign, S. 4–5.

61 Aganbegjan, A./Ibragimova, Z.: Sibir' na rubeže vekov, Moskva 1984, S. 23; zur Entwicklung Sibiriens siehe auch: Aganbegjan, A./Ibragimova, Z.: Sibir' ne ponaslyške, Moskva 1981.

62 Slavkina spricht von 3200 Einwohnern 1965. Die Stadt hatte 20 Jahre später 214.000 Einwohner, in: Slavkina: Triumf i tragedija, S. 104.

63 Aganbegjan, A./Ibragimova, Z.: Sibir' na rubeže vekov, S. 23; Marija Slavkina weist jedoch darauf hin, dass diese Pläne bis Ende der 1970er Jahre nie offiziell vorgestellt wurden. Slavkina: Triumf i tragedija, S. 106.

Jahren.[64] In den fünf Städten des neuen Erdöleldorados sollten bereits 1966 die Wasserversorgung und Kanalisation vom Auftragnehmer, dem Mingazprom, in Betrieb genommen werden.[65] Auf dem 23. Parteitag der KPdSU wurde zudem beschlossen, dass Surgut mit einer Bahnlinie an Tjumen' angeschlossen werden sollte.[66] Als Erfolg für den Stadtbau und ausreichend für die Vorhersage einer großen Zukunft galt in der *Tjumen'skaja Pravda* schon der Aufbau einer lokalen Baumaterialindustrie.[67] Die städtebaulichen Maßnahmen hatten damit einen eher funktionalen Charakter, indem sie lediglich gewährleisten sollten, dass den Mindestanforderungen entsprochen wurde. Dennoch schien es auch hier Pläne für Städte wie Surgut, Nadym und Uraj mit Glaskuppeln und befestigten Straßen zu geben, die an die »Grenzen der konstruktiven Phantasien« gingen. Weitaus realistischer schien jedoch die Errichtung von Wagonsiedlungen, der »Häuser auf Rädern« nach kanadischem Vorbild, zu sein, die sowjetische Delegierte nach Auslandsbesuchen als Modell für Tjumen', besonders in den entlegeneren Gebieten empfahlen.[68]

So ist es auch nicht verwunderlich, dass Moskau bisher eine umfassende Unterstützung des Polarstädtebaus verwehrt beziehungsweise die sich aus der Zuwanderung ergebenden sozialen Probleme schlicht ignoriert hatte. Besonders die lokalen Parteiorgane waren in den Städtebau der Region involviert und diskutierten ihr Vorgehen bei den Maßnahmen auf einer Konferenz 1966. Dem folgte 1969 ein regionaler Erlass des Tjumen'er Obkom »Über die Verbesserung beim Aufbau der Städte Surgut, Uraj, Neftejugansk und der Arbeitersiedlung Nižnevartovsk«.[69] Doch erst im Februar 1971, also mehr als ein Jahr nach dem Beschluss zu der gewaltigen Öloffensive im mittleren Westsibirien, gerieten die bisweilen katastrophalen Siedlungsbedingungen der Neuzugezogenen in den Fokus der Regierung in Moskau. Jetzt konnten die zentralistischen Apparate diese nicht länger verdrängen, zumal sie bis 1975 die Anzahl der Arbeitskräfte

64 Slavkina: Triumf i tragedija, S. 104–105.

65 Aus dem Beschluss Nr. 126 des Ministers der Gasindustrie der UdSSR, A.K. Korunov, »Über Maßnahmen zur Verstärkung der Arbeit zum Ausbau der Erdgas- und Erdöllagerstätten in der Oblast Tjumen und dem Bau der Erdölpipeline Ust-Balyk–Omsk« vom 31. Januar 1966, in: Smorodinskov (Hg.): Neft' i gaz Tjumeni, Bd. 2, S. 22–24, hier S. 23.

66 Aganbegan, A./Ibragimova, Z.: Sibir' na rubeže vekov, S. 25.

67 Aus dem Abschlussbericht des Tjumen'er Obkoms der KPdSU der 12. Oblast-Parteikonferenz »Über die Entwicklung der Erdöl- und Erdgasförderindustrie der Oblast« vom 24. Februar 1966, in: Smorodinskov (Hg.): Neft' i gaz Tjumeni, Bd. 2, S. 34.

68 Conolly: Siberia today and tomorrow, S. 67–68; mit Hinweis auf Serie von Pravda-Artikeln 1971 zu Tjumen.

69 Einleitung zum Band, in: Smorodinskov (Hg.): Neft' i gaz Tjumeni, Bd. 2, S. 9.

signifikant erhöhen wollten, nämlich auf 89.000 Menschen, zuzüglich ihrer Familienmitglieder sogar auf 225.000 Menschen.[70] Es wurde also höchste Zeit, sich einer Diskussion anzunehmen, in der es um den Wohnungsbau und den Aufbau einer kommunalen Infrastruktur ging. Diesem Problem begegneten die Planer, Wirtschaftsfunktionäre und in diesem Fall die lokalen Parteifunktionäre üblicherweise mit der Berechnung von Planziffern für den Wohnraum und dem Materialumfang, der dafür bereitzustellen war. Die für den Wohnraum pro Person veranschlagten Quadratmeterzahlen unterschieden sich zwischen den Städten jedoch bisweilen um das Dreifache: In Surgut, der Ölhauptstadt im mittleren Westsibirien, waren es 5,9 Quadratmeter pro Person, in Nadym, der von der Gasindustrie erbauten Polarsiedlung, nur 2 Quadratmeter pro Person,[71] in Nojabrsk 2,7 und in Novyj Urengoj 2,3 Quadratmeter pro Person. Insgesamt aber orientierte sich die politische Führung für den Fall Westsibirien wohl aus Kostengründen eher an der Realität der Stalin-Zeit, in der der Bevölkerung nach einem Beschluss von 1931 offiziell 9 Quadratmeter Wohnfläche pro Kopf zur Verfügung standen, als am Unionsdurschnitt der 1980er Jahre, der 13 Quadratmeter betrug.[72]

Der Zuzug junger Familien bedeutete darüber hinaus auch, dass im beträchtlichen Umfang Krankenhäuser, Schulen und Kindergärten in der Region eingerichtet werden mussten. Ein großes Problem stellte die Gewährleistung einer Trinkwasserversorgung und Kanalisation dar. Die lokale Parteiführung unter ihrem Vorsitzenden Boris Ščerbina kritisierte dabei die fehlenden Kanalisierungsbestrebungen und Verzögerungen seitens des Gosplan, da es in der Oblast immer noch keine Organisation für zivile Bauprojekte geschweige denn einen Plan gebe, wie die Baubestrebungen zu koordinieren und durchzuführen seien. Auf einem dem Gosplan vom Mingazprom vorgelegten Plan habe man in Tjumen' noch immer keine Reaktion erhalten und einziger Lichtblick

70 Ende 1971 wohnten 210.100 Menschen in der Region, von denen 87.000 zu den industriellen Kadern gehörten. Bis zum Januar 1976 sollte die Bevölkerungszahl auf 333.500 Menschen anwachsen, von denen 138.700 industrielle Kader sein sollten. Beleg »Zur Frage über die weiteren Maßnahmen zur weiteren Entwicklung der Städte und Siedlungen in den Regionen der Erdöl- und Erdgasförderung«, hier zum 2. Sitzungspunkt, in: GARF, f. 5446, op. 105, d. 278, ll. 89–91.

71 Brief von Ščerbina und Fomin an Ministerpräsident Kosygin vom 2. Februar 1971, in: GARF, f. 5446, op.105, d. 278, l. 1.

72 Dienes, Leslie: Employment Structure, Settlement Policy and the Development of the North Tyumen' Oil and Gas Region, S. 619. Am Beispiel von Minsk, in: Bohn, Thomas N.: Minsk – Musterstadt des Sozialismus, 227. In der DDR waren es zur selben Zeit 24 Kubikmeter, in der Bundesrepublik Deutschland sogar 31 Kubikmeter, in: Grützmacher: Die Baikal-Amur-Magistrale, S. 332–332.

blieben die lokalen Bauorganisationen, die ihre Arbeit bereits aufgenommen und Generalpläne für den Städtebau der Region vorgelegt hätten. Doch erwartete der Lokalparteisekretär Ščerbina auch das Eingreifen der Regierung in den Städtebau, der bisher nur unzureichend und mit wenig Durchschlagskraft durch die Fünfjahrespläne geregelt wurde. Ščerbina erhoffte sich nun vielmehr einen weiterreichenden Regierungsbeschluss, auf den wirkliche Maßnahmen folgen würden.[73] Doch auch Ščerbina hatte die Realität des Siedlungsbaus noch beschönigt, denn zu großen Teilen blieben die Arbeitskräfte in den entlegenen Siedlungen mit großer Hoffnung an ihre Problemlösekompetenz auf sich selbst gestellt. Nicht selten bauten die Expeditionsgruppen deshalb neben ihrer eigentlichen Arbeit ihre Siedlungen selbst. Kamen dann noch weitere Zuzüge hinzu, rückten die Arbeiter einfach weiter zusammen.[74]

Doch Ščerbinas Schreiben veranlasste die Regierung dazu, den Inhalt eines möglichen Erlasses zu diskutieren. In dem Erlass sollten die einzelnen Ministerien zum größeren Engagement im Zivilbau verpflichtet werden, nachdem der Gosplan die finanziellen Mittel bereitgestellt hatte. Zwei Leningrader Projektierungsinstitute wurden mit der Planung für 15.000 Quadratmeter Wohnfläche auf der Basis von Spezialhäusern für den Fernen Norden betraut,[75] was angesichts der zu erwartenden Zahl der Arbeitskräfte von 225.000 Menschen (denen jeweils bis zu 6 Quadratmeter gewährt wurden) jedoch nur ein Tropfen auf den heißen Stein sein konnte. Dennoch stimmten zahlreiche einflussreiche Planungsstrategen einer Übertragung des Wohnungsbaus an die Ministerien zu. Die Projektierung und Auftragsvollmacht der Ölstädte im mittleren Westsibirien wurde, wie zu erwarten, dem Minnefteprom übertragen, diejenige der Gasstädte in der Polarregion dem Mingazprom. Die konkreten Aufträge samt den dafür notwendigen kommunalen Erschließungsarbeiten und damit die Implementierung städtebaulicher Maßnahmen für die südlicheren Ölstädte gingen jedoch mit Ausnahme von Nižnevartovsk ebenfalls ans Mingazprom. Ein erster Entwurf des anvisierten Ministerratsbeschlusses zeigt, dass damit sämtliche Baumaßnahmen gemeint waren, unter anderem auch die Errichtung von Lebensmittelkühlhäusern oder der Kanalisation. Das Minnefteprom verlangte

73 Brief von Ščerbina und Fomin an Ministerpräsident Kosygin vom 2. Februar 1971, in: GARF, f. 5446, op. 105, d. 278, ll. 1–3.

74 Vtorušin, Stanislav V.: Zolotye gody: Povestvovanie o žizni, online verfügbar unter: http://www.akunb.altlib.ru/files/LiteraryMap/Personnels/Vtoryshin.html [12.09.2012].

75 Zusammenfassung des Briefes von Ščerbina/Fomin an dem Ministerpräsidenten Kosygin vom 2. Februar 1971 durch K. Mazurov vom 11. Februar 1971, in: GARF, f. 5446, op. 105, d. 278, l. 60.

zusätzlich, dass Kommunalgebäude und Gebäude der Versorgung explizit an die lokale Parteiführung übergeben werden sollten; ein durchaus übliches Vorgehen.[76]

Die Reaktion anderer Ministerien auf den Entwurf kam prompt, denn während seiner zehnjährigen Existenz hatte das Mingazprom kaum eines seiner Projekte rechtzeitig fertiggestellt, weshalb sein Ruf alles andere als gut war. So wollte sich denn auch das Mingeo einem derartigen Erlass entziehen und beharrte darauf, dass es keinerlei Gelder an das Mingazprom überweisen, sondern mit diesen seine eigenen Bauorganisationen finanzieren wolle.[77] Das Energieministerium zog sofort nach: Es wollte den Bau seiner Mikrorayons selbst übernehmen, anstatt diesen dem Minnefteprom zu übertragen.[78] Trotz gewisser Zweifel anderer Ressorts sollte das Mingazprom im Fünfjahresplan für den Städtebau 550,8 Millionen Rubel erhalten, das Ölministerium immerhin noch 372,2 Millionen Rubel. Allen anderen Ministerien hingegen wurden deutlich weniger Mittel zugesprochen.[79] So ist es denn auch nicht verwunderlich, dass einzelne Ministerien wie das Minpromstroj die Arbeiten in Westsibirien nicht übernehmen wollten, solange sie keine Organisationen vor Ort hatten und damit keine finanziellen Töpfe bereitstanden, aus denen der Bau ganzer Städte wie Nižnevartovsk hätte finanziert werden können.[80] Das Ministerium für Verkehrsbau (Ministerstvo transportnogo strojtel'stva, kurz Mintransstroj) wollte die Befestigung des Flussufers des Ob in Nižnevartovsk nicht übernehmen, die für die Ölschifffahrt unumgänglich war.[81]

Doch auch diesem Ministerratsbeschluss vom 21. Dezember 1971 folgte in den kommenden zwei Jahren kaum eine Wirtschaftseinheit, weshalb sich Lokalsekretär Ščerbina zu einem weiteren Beschwerdebrief veranlasst sah. Darin hieß

76 Entwurf eines Ministerratsbeschlusses vom November 1971, in: GARF, f. 5446, op. 105, d. 278, ll. 163–181.

77 Brief von Geologieminister Sidorenko an den Ministerrat vom 7. Dezember 1971, in: GARF, f. 5446, op.105, d. 278, l. 82.

78 Das Ministerium gab als Grund an, dass der Mikrorajon der Surguter GRĖS und die GRĖS selbst schneller fertiggestellt würden, wenn das Energieministerium den Bau übernehme. In: GARF, f. 5446, op. 105, d. 278, l. 84.

79 Beschluss des Ministerrates der UdSSR »Über Maßnahmen zur weiteren Entwicklung der Städte und Dörfer in den Regionen der Erdöl- und Erdgasförderung in der Oblast Tjumen vom 21. Dezember 1971«, in: GARF, f. 5446, op. 105, d. 278, ll. 95–102ob.

80 Schreiben des Ministers der Bauindustrie an den Ministerrat der UdSSR vom 7. Dezember 1971, in: GARF, f. 5446, op.105, d. 278, l. 83.

81 Beleg »Zur Frage über die weiteren Maßnahmen zur weiteren Entwicklung der Städte und Siedlungen in den Regionen der Erdöl- und Erdgasförderung«, hier zum 2. Sitzungspunkt, in: GARF, f. 5446, op.105, d. 278, l. 89–91, hier l. 90.

es, dass weder die führenden Institute des Zivilbaus, die für die Errichtung eines neuen, an die klimatischen Bedingungen des Nordens angepassten Wohnhaustyps zuständig waren, noch die Ministerien ihrer Rolle beim Bau der Polarstädte ernst nähmen. So standen pro Person nur 4–5 Quadratmeter Wohnfläche zur Verfügung und lediglich die nötigsten Kommunaleinrichtungen waren errichtet worden. In Bezug auf den Wohnungsbau war der Fünfjahresplan nur zu 20–25 Prozent erfüllt worden. Auch die für den Wohnungsbau notwendige regionale Bauindustrie blieb hinter den Planvorgaben zurück, in Nadym war mit dem Bau einer Betonfabrik noch nicht mal begonnen worden. Gleiches galt für die Projektierung der Uferbefestigung des Ob in Nižnevartovsk. Wenn die Baumaßnahmen dann doch einmal ausgeführt worden waren, dann häufig in niedriger Qualität und defizitär. Die Lokalverantwortlichen befürchteten daher eine weitere Zuspitzung der Situation, wenn für den Ausbau der Öl- und Gasindustrie noch mehr Arbeitskräfte in die Region kommen würden. Im Namen des Lokalkomitees forderte Ščerbina deshalb, dass der Städtebau bis 1980 bereits in absehbarer Zukunft geregelt werden sollte, und zwar durch einen bindenden Beschluss des Ministerrats.[82]

Dass die Erschließungskosten in der sowjetischen Polarregion aus Moskauer Sicht zu explodieren drohten und der Zivilbau dennoch weit hinter den Planzielen zurückstand, hatte verschiedene Gründe. Im Fernen Norden lagen die Winterbaukosten für die Verwendung spezieller Materialien und Vorgehensweisen um das 2,5-fache höher wie in den Zentralregionen. Hinzu kamen höhere Lohnauszahlungen, die um den Winterzuschlag und den Lohnkoeffizienten stiegen.[83] Auch die Kosten des Wohnungsbaus lagen im Fernen Norden, z. B. in Novyj Urengoj, um ein Vierfaches höher als beispielsweise in Tjumen'.[84] Für die am mittleren Ob' tätigen Ministerien lagen die Kosten für technische Zusätze bei Winterbauten, etwa bei den Maschinenhallen, dem Pipelinebau oder beim Straßenbau, nicht höher als im europäischen Landesteil. Dass die Erschließung Westsibiriens jedoch bisweilen zu einem Fass ohne Boden zu werden drohte, erklärt sich besser mit einem Blick hinter die Kulissen der ministeriellen Vorgehensweise: Da die Pläne für Winterbauten größere Zuschüsse geben, haben die Bauorganisationen ein vitales Interesse daran, diese in die Wintermonate

82 Brief von Ščerbina und Fomin, Vorsitzender von Gosgraždanstroj, vom 17.05.1973, in: GARF f. 5446, op. 107, d. 116, ll. 2–4.

83 Slavkina: Triumf i tragedija, S. 99.

84 Klüter: Die territorialen Produktionskomplexe, S. 117. Hill und Gaddy geben an, dass die durchschnittlichen Konstruktionskosten in Sibirien um 50 Prozent höher als im europäischen Landesteil gelegen hätten, in: Hill/Gaddy: The Siberian Curse, S. 92–93.

und klimatisch schwierigen Nordzonen zu verlegen und so größere Mittel zu akquirieren – eine wirtschaftlich schädliche Vorgehensweise.[85]

Die Kämpfe um den Wohnungsbau waren nichts Neues. Der Zivilbau bedurfte einer gesonderten Zustimmung und Anweisung seitens der Regierung. Obwohl die Fünfjahrespläne auch Richtlinien für den Kommunal- und Wohnungsbau enthielten, wurden diese oftmals unzureichend beachtet. Letztlich wollten und mussten die Wirtschaftsplaner die Kosten des Sibirienprojekts so gering wie möglich halten und investierten unzureichend in diese Sektoren. So ergab sich immer wieder ein Zusammenspiel aus unzulänglichen Baumaßnahmen und den Fördermengen, die in Westsibirien extrahiert werden konnten – mit gravierenden wirtschaftlichen Folgen: In der zweiten Hälfte der 1970er Jahre wollte die regionale Förderorganisation Glavtjumenneftegaz die Förderzahlen unter anderem auch deshalb nicht mehr erhöhen, da der Zivilbau stark vernachlässigt worden war. Stattdessen griff die politische Führung wiederholt auf eine große Anzahl Komsomolzen zurück, wenn es um die Kostensenkung ging.[86] Dass das Vorgehen in Westsibirien in Wirklichkeit einen ressourcenorientierten Raubbau darstellte und auch nichts anderes geplant war, wird durch die Befürchtung, dass aus den Siedlungen schnell Geisterstädte entstehen könnten, nur noch untermalt. So spielte dieses Argument besonders beim Ausbau der Städte des Fernen Nordens eine wesentliche Rolle und floss beispielsweise in die Diskussion um den Aufbau von Nadym unter »städtebaulichen Gesichtspunkten« mit ein. In Nadym ging man den Weg, im Gegensatz zu anderen Siedlungen des Fernen Nordens, aber auch am mittleren Ob', feste Häuser aufzubauen, obwohl Kritiker den Aufbau einer »toten Stadt« befürchteten, nachdem der Gasrausch vorbei wäre.[87] Bei jeder Neuentdeckung kam das Argument unter den Kritikern wieder auf und die Befürworter mussten sich vorerst mit der Hoffnung zufriedengeben, dass es erst verschwinden würde, wenn mehr als eine Generation in den Öl- und Gasfeldern arbeiten würde. Die Annahme war gewesen, dass das Geisterstadtargument verschwinden würde, sobald erwiesen wäre, dass in den neu entdeckten Feldern mehr als eine Generation arbeiten

85 Klüter: Die territorialen Produktionskomplexe, S. 117.

86 Die regionale Förderorganisation Glavtjumenneftegaz wollte seine Fördermengen nicht anheben, da der Bau von Infrastruktur sowohl für den Abtransport als auch für den Zivilbau nicht immer hatte aufgeholt werden können. Der Ausbau der Region sollte möglichst entlang der bereits entstandenen Infrastrukturen entwickelt werden. Für den Zivilbau sollten 15.000 Komsomolzen nach Westsibirien geschickt werden. Brief von Bajbakov an den Ministerrat »Über die Öl- und Gaswirtschaft in Westsibirien« vom 9. Februar 1977, in: RGAĖ f. 4372, op. 67, d. 1112, ll. 1–3.

87 Baibakow: Sache des Lebens, S. 385.

würde. Dennoch kam es bei jeder Neuentdeckung wieder auf.[88] So entsprachen die Städte höchstens den Mindestanforderungen an den Städtebau, von Komfort (*blagoustrojstvo*) konnte kaum die Rede sein.

9.3 Alte und neue Arbeits- und Besiedlungsmodelle

Gab es bei den Fragen einer technischen Wirtschaftspolitik für Sibirien noch weitestgehend einen Konsens unter den Sibirienenthusiasten, war dies für die Art der Erschließung jenseits des Erdöl- und Erdgasgeschäfts schon längst nicht mehr sicher. In den frühen 1970er Jahren bahnte sich eine Diskussion an, bei der die Gräben des Vorgehens bei der Erschließung selbst immer tiefer wurden. Während sich einige zum 100. Geburtstag des sowjetischen Staatsgründers Lenin auf dessen Rede zu Sibirien bezogen, in der er Sibirien als ein wurderbares Land mit großer Zukunft betitelt hatte, und darin auch Lenins vermeintliche Wünsche entlang des GOĖLRO-Plans zu einer dauerhaften Ansiedlung der Produktionskräfte zu erkennen glaubten, bevorzugten viele der Sibirienenthusiasten flexiblere Arbeitseinsätze.[89],

Denn die Kosten für die Erschließung der westsibirischen Ressourcen und deren Reichweite waren in Wirtschaftszirkeln zwei der am intensivsten diskutierten Punkte. Die Wirtschaftsplaner schätzten sie für die Ansiedlung einer einzelnen Familie in der Oblast Tjumen' auf 16.000–20.000 Rubel, was sie die Mechanisierungsbestrebungen aktivieren ließ.[90] Andererseits suchte man nach einer Möglichkeit zur Ansiedlung von Arbeitskräften, die diese Kosten so weit wie möglich sinken ließ. Die sogenannte Schichtmethode (*vachtovyj metod*, kurz *vachta*) wurde dabei von den Befürwortern der Ansiedelungsbestrebungen als zielführender Weg angepriesen, die Ressourcen in Westsibirien unter ökonomisch günstigen Bedingungen zugänglich zu machen. Die Schichtmethode bestand darin, dass die Spezialisten, die in Großstädten wie Tjumen' und Surgut lebten, zu den Arbeitsplätzen im Öl- und Gaskomplex für eine mehrwöchige – in der Regel sieben bis zehn Wochen andauernde – Schicht geflogen wurden und in dieser Zeit in kleinen, nur rudimentär ausgestatteten Siedlungen in der Nähe ihrer Produktionsstätten lebten, anstatt dauerhaft um diese herum angesiedelt

88 Gustafson: The Soviet Gas Campaign, S. 6.

89 Beschetnaja, A.V.: Vovlechenie Leninskich idej o budujuščem Sibirii, in: Izvestija SO AN SSSR (1970) 1, S. 88–91.

90 Conolly: Siberia Today and Tomorrow, S. 67.

zu werden.[91] Einer der wichtigsten Fürsprecher der Methode war Gasminister Aleksej Kortunov. Er argumentierte, dass die *vachta*-Methode die Erschließungskosten senke und auf eine günstigere Erschließung sibirischer Ressourcen hoffen lasse. Er lehnte es ab, große und kostenaufwändige Städte für die Familien der Arbeitskräfte in den entlegenen Regionen zu bauen.[92] Im Gegenteil: Er unterstrich die Bedeutung des Projekts als eine zeitlich begrenzte »Schule« für junge Spezialisten, die in Zukunft noch weiter nach Osten gesendet werden sollten.[93]

Auch Gosplan-Chef Bajbakov argumentierte später, dass die *vachta*-Methode nicht nur in der Ölindustrie, sondern in allen Industriezweigen Westsibiriens implementiert werden solle und die einzig richtige Form der Erschließung sei. Wenn die Arbeitskräfte in Städten mit einer kommunalen Infrastruktur und auf verlässlichen Straßen zu den entlegenen Ölfeldern, wo sie in einfachen Unterkünften leben würden, gebracht werden könnten, wirke sich dies positiv auf ihre Motivation aus.[94] Darüber berichtete Bajbakov später in seinen Memoiren wie folgt: »Zu einer festgelegten Zeit bringt der Helikopter die nächste Schicht. Die demoralisierten, ausgelaugten und frierenden Bohrmänner können sich nun auf häusliche Wärme und Erholung mit ihrer Familie freuen.«[95] Damit zementierte Bajbakov zusätzlich das Bild der Frau und der bereits erwähnten *ženstvennost'* in den Städten des Erdöl- und Erdgaskomplexes. Die *vachta*-Methode sollte die Beschäftigung von Frauen in den großen Basisstädten erlauben, die dort in physisch weniger anstrengenden Bereichen eingesetzt werden konnten. So, erhoffte man sich, würde der Aufenthalt in der Polarregion für die Menschen sowohl physisch und psychisch annehmbarer.[96] Die *vachta*-Methode wurde zunächst auf den Ölfeldern Pravdnskij, Mamontovo und Šaim angewandt.[97] Eigens für die Ölindustrie sollte eine Fluggesellschaft namens Nefte-Aeroflot eingerichtet werden, die die Arbeitskräfte mit Helikoptern zu den Schichtdiensten fliegen sollte.

91 Conolly gibt an, dass Anfang der 1970er Jahre anscheinend noch keine offizielle Entscheidung hinsichtlich einer solchen Methode gefallen sei. Immer wieder sei aber das Argument aufgekommen, dass Wohn- und Arbeitsorte nicht getrennt werden sollten. Die Verzögerungen bei der Implementierung der Schichtmethode sieht die Autorin in den fehlenden Hubschraubern und anderen Transportmöglichkeiten, in: Conolly: Siberia Today and Tomorrow, S. 67.

92 Slavkina: Triumf i tragediia, S. 61.

93 Auftritt des Ministers für Erdgasindustrie auf dem 7. Plenum des Komsomol der UdSSR in der Oblast Tjumen, vom 19. Januar 1969, in: Smorodinskov (Hg.): Neft' i gaz Tjumeni, Bd. 2, S. 20–21.

94 Baibakow: Sache des Lebens, S. 371.

95 Ders., S. 364.

96 Kin, A.A.: O vybore racional'nych metodov chozjastevnnogo osvoenija Severa Zapadnoj Sibiri, in: Izvestija SO AN SSSR (1971) 6, S. 41–49.

97 Einleitung zum Band, in: Smorodinskov (Hg.): Neft' i gaz Tjumeni, Bd. 2, S. 9.

Diesen Vorstoß unternahm der damalige Stellvertretende Ölminister und spätere Gasminister Orudžev 1967 im Ministerrat, nachdem er sich einige Male in Westsibirien aufgehalten hatte. Doch das Luftfahrtministerium war dagegen, da es Konkurrenz befürchtete. Orudžev kontrollierte für das Ministerium die Fortschritte auf dem Ölfeld Ust-Balyk und wurde zu einem feurigen Verfechter der Belange Westsibiriens in Moskau. Doch er verfolgte oft die günstigeren, jedoch technisch unsaubereren Lösungen, die eine nachhaltige Förderung ausschlossen und diese wie auf dem Ölfeld Ust-Balyk später tatsächlich nicht mehr möglich machten, und konnte sich damit auch gegenüber den anderen durchsetzen.[98]

Dem System des Schichtbetriebs (*vachtovaja sistema*) wurde das Expeditionssystem (*ekspeditionno-vachtovaja sistema*) hinzugefügt, welches mit interregionalen Verschiebungen von Arbeitskräften arbeiten sollte. Bei diesem System lebten die Arbeitskräfte weiterhin in den etablierten Verhältnissen der alten Öl- und Gasregionen und die Infrastruktur in Westsibirien musste nicht dauerhaft auf die eintreffenden Arbeitskräfte ausgelegt werden. Die Expeditionsmethode wurde auch in der Pionieretappe der Bauprojekte angewendet, also bei den härtesten Vorhaben.[99] Dies war zu Projektbeginn nicht so gewesen: Damals waren die Arbeitskräfte häufig für lange Schichten in der Tajga. Erst später setzte man im Dauerbetrieb Hubschrauber ein, die die Arbeitskräfte zu den Bohrlöchern brachten.[100] Den örtlichen Parteifunktionären sagte das Schichtsystem weitaus weniger zu, denn sie hofften auf eine dauerhafte Ansiedlung der Menschen in Westsibirien und auf den Aufbau eines stabilen Wirtschaftsstandorts.[101]

Im Schichtdienst war das Zentrum des Arbeits- und Lebensalltags vieler sowjetischer Männer die Brigade (*brigada*). In dieser begrenzten »Arbeiterwelt« tummelten sich zu 84 Prozent einfache Arbeitskräfte mit unterschiedlichen Berufsausbildungen, 12 Prozent Manager auf verschiedenen Hierarchiestufen und 4 Prozent Arbeitskräfte anderer Couleur. Der Vorarbeiter (*master*) war die Verbindung zwischen den Brigadiers (*brigadir*) und ihrer Brigade und den höheren politischen und wirtschaftlichen Funktionären. In diesem »Ein-Personen-Management« waren Verantwortung und Autorität konzentriert.[102] Im

98 Tchurilov: Lifeblood of Empire, S. 78–81.

99 Chajtun: Ekspeditionnoe-vahtovoe strojtel'stvo, S. 17–18; siehe auch: Dienes: Employment Structure, Settlement Policy and the Development of the North Tyumen' Oil and Gas Region, S. 617.

100 Ërv'e: Sibiriskie gorizonty, S. 84.

101 Conolly: Siberia Today and Tomorrow, S. 67.

102 Connor: The Accidental Proletariat, S. 162–163.

westsibirischen Öl- und Gaskomplex waren der Vorarbeiter und seine Brigade die Hauptarbeitseinheiten. Die Bohrbrigade bestand aus Arbeitskräften mit unterschiedlichen Berufshintergründen wie Bohrern, Motorenwächtern und Mechanikern. Die Aufgabe des Vorarbeiters in den entlegenen Gebieten war die Organisation, Supervision, Kontrolle und die Auswahl der Arbeitskräfte.[103] Der Vorarbeiter hatte die Verantwortung für die Produktionszahlen der Brigade und den Zusammenhalt des Teams. In der Regel hatte er denselben Ausbildungsgrad wie seine Brigadiers und seine Autorität erhielt der Vorarbeiter insbesondere durch seine bewiesenen sozialen und organisatorischen Fähigkeiten.[104] Die Arbeit der Brigaden wurde stets überwacht, und grosse Erfolge der Brigadiers fanden in Zeitungsartikeln wie auch in Reden ranghoher Politiker Erwähnung. Zudem wurden sozialistische Wettbewerbe (*socialističeskie sovrevnovanija*) zwischen den Arbeitsbrigaden in Westsibirien und anderen Öl- und Gasregionen organisiert, um die Produktionsziele zu erhöhen.[105] Die Arbeit in den entlegenen Regionen verlangte den Vorarbeitern einen hohen persönlichen Einsatz ab, ließ ihnen jedoch auch wie den Geologen häufig einen großen Entscheidungsspielraum. Doch die ständig wechselnden Besetzungen und die Konzentration auf den schnellen Erfolg schafften weder auf der personellen noch auf der wirtschaftlichen Ebene die notwendige Nachhaltigkeit und Stabilität, obwohl die Bestrebungen Anfang der 1970er Jahre auf die »Rationalisierung« und Effizienzsteigerung innerhalb der Brigaden abzielten.[106]

Besonders in den Regionen des Fernen Nordens wandte man die *vachta*-Methode gerne an. Hier arbeitete man mit medizinischen Instituten zusammen, die die Akklimatisierung der Geologen in der polaren Kara-Region Schichtbetrieb untersuchten. Die Expertenkommissionen, die die Geologen regelmäßig zu Untersuchungszwecken begleiteten, sollten dabei eine optimale Variante des Schichtbetriebs herausfinden.[107]

Dem entgegen stand das Prinzip des in zahlreichen Regionen des sowjetischen Sibiriens verfolgte Prinzip der dauerhaften Ansiedlung von Arbeitskräften (*zakreplenie*). Ein großer Verfechter der *zakreplenie* mit einem Fokus auf qualitativ hochwertigem Städtebau fand sich schon 1965 in der Person des Lokalsekretärs Boris Ščerbina. Bei einer Besprechung des Tjumen'er Obkoms mit dem

103 Érv'e: Sibirskie gorizonty, S. 36.
104 Connor: The Accidental Proletariat, S. 163.
105 Tjumen' – Tataria: Sorevnovanie neftjanych gigantov, in: Neftianik (1974) 7, S. 1–2.
106 Beschluss des Büros des Tjumen'er Obkoms der KPdSU […] vom 13. Februar 1973, in: Smorodinskov (Hg.): Neft' i gaz Tjumeni, Bd. 2, S. 142–144.
107 Baibakow: Sache des Lebens, S. 395.

Leningrader Projektierungsbüro LenZNIEP wollte der Lokalsekretär das Protokoll nicht unterzeichnen, da die Idee der *zakreplenie* nicht ausreichend dargelegt sei. Diese Idee bestehe darin, dass »das Haus hier in allen Aspekten besser sei als diejenigen, die in gewöhnlichen Regionen des Landes gebaut worden sind«, damit »der Mensch, der in diesem Haus wohnt, es nicht verlassen will«.[108] Der Lokalsekretär erstellte eine Liste mit acht Punkten über den Aufbau der Häuser mit 40 Prozent Vier-Zimmer-Wohnungen, 40 Prozent Drei-Zimmer-Wohnungen und 20 Prozent Zwei-Zimmer-Wohnungen, der sich zunächst tatsächlich als Typus für die Oblast Tjumen' unter der Bezeichnung »Surguter Häuser« durchsetzen konnte. Doch schon Mitte der 1970er Jahre revidierte Ščerbina, nun in der Funktion als Minister, selbst sein Häuserprojekt. Denn die Gasindustrie befürchtete, dass der großzügige und aufwändige Hausbau mit dem Surguter Typ die Ausweitung nach Norden nur noch aufhalten werde. Immer häufiger war stattdessen von der *vachta*-Methode die Rede.[109]

Doch auch Wissenschaftler stellten sich dem Bau temporärer Siedlungen entgegen; sie befürchteten – wie Aganbegjan, einer der damals führenden sibirischen Wissenschaftler – negative Auswirkungen. Aganbegjan behauptete, dass die »Psychologie der temporären Präsenz« zu einem geringen Verantwortungsgefühl gegenüber der Entwicklung der Region, den normalen Lebensbedingungen und dem Umgang mit der Umwelt führe.[110] Zumindest aber kam es schon früh zu Auseinandersetzungen zwischen eingesessenen Sibirjaken und zugezogenen Ölmännern. Die zugezogenen Ölmänner beschlich häufiger das Gefühl, dass sie – bisweilen bis in die höchsten Spitzen der Parteikader – eher unwillkommen seien. Dies, so die Interpretation eines Funktionärs aus dem Minnefteprom, liege häufig an der Rücksichtslosigkeit einiger Öl- und Gasmänner aus den eigenen Reihen, denen im westlichen Landesteil der Ruf eines Helden vorausgehe und die nun glaubten, in Westsibirien machen zu können, was sie wollten. Eine große Diskrepanz im Lebensstil klaffte zwischen den sich in der Regel selbst versorgenden Sibirjaken mit ihren verschiedenen Nationalitäten und den neu Zugezogenen, die das Tempo der aus Moskau gelenkten Öl- und Gasindustrie mitbrachten und die Sibirjaken nun »Tag und Nacht für sich arbeiten« ließen.[111] Das Öleldorado im Dauerrausch entwickelte sich langfristig zu einer Problemregion mit Konflikten.

108 Slavkina: Trijumf i tragedija, S. 105–106, hier S. 105.
109 Čriskov: Žizn' na opereženie, S. 145 und S. 147.
110 Grützmacher: Die Baikal-Amur-Magistrale, S. 266.
111 Tchurilov: Lifeblood of empire, S. 87.

9.4 Rausch und Absturz: Westsibirien als sozialer Brennpunkt

Während die finanziell besser gestellten und über einen großen wirtschaftlichen Einfluss verfügenden Ministerien wie das Minnefteprom ihren Arbeitskräften gute Wohnbedingungen zur Verfügung stellen konnten, fehlte es bei der ausser-industriellen Infrastruktur an strategischen Bauplanungen, was sich insbesondere beim Wohnungsbau zeigte. Das Minnefteprom musste, um die stetig steigenden Planziele auch erreichen zu können, seinen Angestellten einen möglichst attraktiven Wohnstandard anbieten. Doch für die anderen in der Region tätigen Ministerien stellte der sibirische Öl- und Gaskomplex ein lästiges und zu aufwändiges Nebenprojekt dar, weshalb kaum in die westsibirische Infrastruktur investiert wurde und der Alltag für die Bevölkerung dort von Entbehrungen jeder Art geprägt war. Es fehlte an Kindergärten, Schulen, Krankenhäusern und Freizeitinstitutionen. In den größeren Städten musste man lange auf eine Wohnung warten, und meistens lebten mehrere Familien auf engem Raum zusammen. Sportanlagen und Kinos, welche die Freizeit angenehmer gestaltet hätten, waren nicht vorhanden. In den Schichtsiedlungen (*vachtovyj poselok*) und für den Großteil der ungelernten Arbeitskräfte waren die Lebensbedingungen noch schlechter. Vom Leben in der Tajga wusste der *Pravda*-Korrespondent Vtorušin, der in eine Siedlung in der Tomsker Ölregion versetzt worden war, um vom Aufbau des Öl- und Gaskomplexes zu berichten, Folgendes zu sagen: »Ich flog zum ersten Mal mit einem Hubschrauber, zum ersten Mal sah ich eine durchbrochene Bohrung, stand inmitten der jahrhundertealten Tajga. Wie sich hinterher herausstellte, fanden sie an dieser Stelle kein Öl, aber ich konnte mich hier trotzdem an der Arbeit der Geologen sattsehen, die nur in den Liedern romantisch klang. Denn die Arbeit der Geologen war unglaublich anstrengend. Die Menschen mussten die meiste Zeit ihres Lebens in Siedlungen wohnen, die sie für ein vorübergehendes Obdach hielten, hier ihre Kinder großziehen, [...] bei minus 50 Grad Frost und auch in der Periode der grausamen Tajgastechfliegen arbeiten, die den Menschen um den Verstand bringen.«[112] Später besuchte Vtorušin auch eine Siedlung der Geologen: »Der Weg führte uns in eine Siedlung. Sie bestand aus einer langen, einstöckigen Baracke und vier oder fünf zweistöckigen Holzhäusern. All diese Bauten waren von endloser Tajga umgeben. In der Baracke befand sich die Leitung der Produktionsver-

112 Vtorušin, Stanislav V.: Zolotye gody: Povestvovanie o žizni, online verfügbar unter: http://www.akunb.altlib.ru/files/LiteraryMap/Personnels/Vtoryshin.html [12.09.2012]. Gegen die Stechmücken wurde in der Nähe der Arbeitersiedlungen das Insektizid Dichlordiphenyltrichlorethan (DDT) eingesetzt, in: Kubšinov: Neftjanye gorizonty, S. 135.

einigung Tomskneft' und anderer Organisationen. In den zweistöckigen Häusern lebten – wie ich verstand – die Familien der Ölmänner.«[113]

Auch die neu entstehenden Städte kämpften mit massiven materiellen und sozialen Problemen. Dabei hatten es die Spezialisten in den Regionen Westsibiriens immer noch besser als viele ungelernte Arbeitskräfte. Für einen »finanziellen Zuschlag« konnten sie ihre Häuser besser instand halten und sie bekamen zusätzliche materielle Vorteile wie Dienstwagen.[114] Dennoch prägten in kleinen Siedlungen und Städten Baracken und Holzhäuser das Bild, die weit von den Ölfeldern entfernte Stadt Chanty-Mansijsk wurde von den Planern ignoriert und blieb bis in die 1980er Jahre ohne Elektrizität.[115] Und auch in einer Stadt wie Surgut mit mehr als 200.000 Einwohnern lebten einige Einwohner ohne ein verlässliches Heizsystem.[116] Nižnevartovsk erhielt im Mai 1975 ein Kraftwerk, welches auf der Grundlage von Begleitgas arbeitete.[117] Für viele Arbeitskräfte der aufstrebenden Städte waren die Wohnbedingungen ähnlich wie in den Schichtsiedlungen: In einigen Fällen hatten ihre Wohnräume kaum Möbel. Dies musste auch Premier Kosygin auf einer Reise nach Westsibirien 1968 zur bitteren Kenntnis nehmen. Bei einer Fahrt durch einen Stadtteil Neftejugansks, der ursprünglich nicht auf der Route seiner Gastgeber gestanden hatte, besichtigte Kosygin spontan die Wohnhäuser von Konstruktionsarbeiterinnen. Als er die Wohnbedingungen persönlich sah – die Arbeiterinnen lebten in nicht viel mehr als »Löchern ohne Möbel und Licht« –, verlor Kosygin seine Beherrschung und ordnete die Renovierung der Wohnhäuser an.[118] Doch letztlich blieb auch dies ein Tropfen auf dem heißen Stein, und es sollte noch schlimmer kommen: Während den 1970er Jahren wurden noch weniger Gelder für die Extraktionsindustrie der Region eingesetzt.[119] Dabei entstand wohl jene

113 Vtorušin, Stanislav V.: Zolotye gody: Povestvovanie o žizni, online verfügbar unter: http://www.akunb.altlib.ru/files/LiteraryMap/Personnels/Vtoryshin.html [12.09.2012].

114 Tchurilov: Lifeblood of Empire, S. 66.

115 Zudem wurde die Stadt für Strafversetzungen gebraucht, was ihr Verhältnis zu den Autoritäten der Oblast nicht förderte. So wurde Antonina Grigorjeva, die Bürgermeisterin von Surgut und Mitglied im Obersten Sowjet, nach Chanty-Mansijsk versetzt, nachdem sie sich bei Ščerbina unbeliebt gemacht hatte. Tchurilov: Lifeblood of Empire, S. 86 und 91.

116 Wilson, David: The Siberian Oil and Gas Industry, in: Wood, Alan (Hg.) Siberia. Problems and Prospects for Regional Development, London 1987, S. 96–129, hier S. 115.

117 »Die Fackeln von Samotlor erlöschen«, Information der Zeitung Tjumenskaja Pravda vom 20. Mai 1975, in: Smorodinskov (Hg.): Neft' i gaz Tjumeni, Bd. 2, S. 245.

118 Tchurilov: Lifeblood of Empire, S. 69–70.

119 Dienes, Leslie: The Development of Siberia- Regional Priorities and Economic Strategy, in: Demko, George J./Fuchs, Roland J. (Hg.): Geographical Studies on the Soviet Union, Chicago 1984, S. 189–213, hier S. 211.

»drangvolle Beengtheit«, die auch für andere sibirische Großprojekte charakteristisch war: Der ohnehin schon knapp bemessene Wohnraum wurde noch knapper, die undurchdringliche Tajga oder Tundra sowie die Siedlungen und Städte drängten die Menschen noch dichter zusammen.[120]

Die bisweilen katastrophalen Zustände in der städtischen Infrastruktur des Fernen Nordens waren denn auch der Grund für die stets hohe Fluktuation. Denn nicht nur die Wohnsituation war beengend, sondern es fehlte auch an Möglichkeiten zur Freizeitgestaltung und an Sportstätten. In den von Männern dominierten *vachta*-Siedlungen des Fernen Nordens wurden zwar Sporthallen eingerichtet, in denen die verschiedenen Berufsgruppen gegeneinander zum Fußballspielen antraten. Doch in Städten wie Surgut und Nižnevartovsk blieben Sport- und Erholungszentren vorerst rar, denn die regionalen Führungskader hielten derartige Einrichtungen für zweitrangig und wollten zunächst Wohnungen und Kindergärten bauen. Doch anscheinend waren es unter anderem ebenjene Sporteinrichtungen, die sich viele Männer wünschten und aufgrund dessen Fehlen es ihnen an Zerstreuung (*zabava*) mangelte, was sie veranlasste, der Region schnell wieder den Rücken zu kehren.[121] Weitere Gründe waren die schlechte Lebensmittelversorgung. Obwohl die Arbeitskräfte materielle Vorteile hatten, waren ihre Reallöhne niedriger als im westlichen Landesteil, weil die Lebenshaltungskosten höher waren als dort. Die langen Transportwege für Lebensmittel in die Polarregion machten diese teurer, weshalb die Förderung einer lokalen Lebensmittelversorgung immer wieder im Fokus der Bemühungen stand.[122] Auch der Aufbau einer lokalen Lebensmittelindustrie scheiterte regelmäßig. Zwar wurden gerade die Indigenen in die Kolchosen getrieben, um dort Fleisch zu produzieren. Doch die vom Staat gebotenen Fleischpreise waren zu niedrig, so dass die Arbeitskräfte in den Kolchosen das Fleisch lieber für ein Vielfaches auf dem im Fernen Norden blühenden Schwarzmarkt verkauften. Dafür nahmen sie die offiziellen Planrückstände in Kauf.[123]

Um die Gründe für die hohe Fluktuation zu eruieren und letztlich auszumerzen, führte das von Aganbegjan geführte und im Novosibirsker Akademgorodok angesiedelte Institut für Wirtschaft und die Organisation der Industrieproduktion in Zusammenarbeit mit regionalen Unterorganisationen

120 Grützmacher: Die Baikal-Amur-Magistrale, S. 331.

121 Salmanov: Sibir', S. 16. Siehe auch: Brief von Ščerbina und Fomin, Vorsitzender von Gosgraždanstroj, vom 17.05.1973, in: GARF f. 5446, op. 107, d. 116, ll. 2–4.

122 Conolly: Siberia Today and Tomorrow, S. 179.

123 Gricenko, V. N.: Istorija Jamalskogo Severa v očerkach i dokumentach, t. 2, Omsk 2004, S. 296–299.

Befragungen unter den emigrierenden Arbeitskräften durch. Doch die Untersuchungen liefen letztlich ins Leere, denn aus Angst vor nachteiligen Folgen schwiegen die Befragten häufig und machten keine Aussagen zu niedrigen Löhnen oder anderen Gründen für ihre Unzufriedenheit. Fakt war lediglich, dass 40 Prozent der Arbeitskräfte, die die Region verließen, sagten, dass sie unter keinen Umständen bleiben wollten.[124]

Unter diesen Voraussetzungen wurde im westsibirischen Raum besonders sichtbar, wie das Fehlen materieller Ressourcen die weitere Öffnung der sozialen Schere bedingte.

Soziale Probleme, die schon in den ersten Tagen des Projekts von den lokalen Parteivertretern befürchtet wurden, blieben in den 1970er Jahren bestehen. So erwähnen Berichte des Komsomol bei glimpflichen Vorfällen das Fehlen »moralischer Disziplin« in den Studentenbrigaden, es werden jedoch auch handgreifliche Auseinandersetzungen sowie Alkohol- und Waffenmissbräuche beschrieben, die einige Male tödlich endeten. Die letztlich geographisch bedingte Entfernung zu Autoritäten und die große Eigenverantwortung von lokalen Vorgesetzten führten, wie die linientreuen Organe des Komsomol schrieben, zu einer Laissez-faire-Einstellung gegenüber dem Verhalten der Studenten, die in der Folge »Tanznächte bis in den Morgen« genossen, unangemeldet zu langen Saunaausflügen aufbrachen oder intime Beziehungen unterhielten.[125]

Weitaus drastischere Berichte präsentierten jedoch ein schockierendes Bild der sozialen Probleme. Sie berichteten von (möglicherweise nationalistisch motivierten) Handgreiflichkeiten in Wohnheimen mit Schwerverletzten und Toten sowie häufigen Fehlzeiten. Die Berichte erwähnten auch, dass viele der nach Westsibirien gelangten Arbeitskräfte mitunter schon in früheren Zusammenhängen als arbeitsuntauglich klassifiziert worden waren.[126] Die Reaktion auf diese Ereignisse blieb häufig lasch oder fand gar nicht erst statt. Bei der Auswahl von Vorgesetzten und Spezialisten innerhalb der ministeriellen Produktionseinheiten wie Glavtjumenneftegaz wurden die Ausgewählten kaum auf ihre »politische Einstellung« geprüft, so dass viele Vorgesetzte die hierarchischen Stufen erklommen, ohne überhaupt über die notwendigen persönlichen und organi-

124 De Souza: The Nature of Manpower Problem in the Development of Siberia, S. 698–701.

125 »Ot otboja do podjema«, Artikel in der Zeitschrift Gorizont vom 20. August 1976, in: RGASPI, f. M-1, op. 7, d. 12, l. 48.

126 Bericht an das ZK des Komsomol über das Telegramm der Kämpfergruppe (grupa bojcov) der Allunionskomsomolbrigade »25 Jubiläum des Neulands an das ZK der KPdSU«, in: RGASPI, f. M-1, op. 65, d. 342, ll. 6–12.

satorischen Fähigkeiten zu verfügen.[127] Dass viele Konfliktherde nicht erkannt wurden, mochte mitunter auch daran liegen, dass Hintergründe von Konflikten ausgeblendet wurden und bis heute bestritten werden,[128] obwohl die damaligen Berichte durchaus die Möglichkeit von Auseinandersetzungen mit nationalem Hintergrund nahelegen[129]. Die offizielle politische Linie der 1960er bis 1980er Jahre zeichnete hingegen ein Bild ungetrübt harmonischer Kooperation zwischen den verschiedenen in der Sowjetunion lebenden Nationalitäten und den eintreffenden Arbeitskräften aus den sozialistischen Brüderstaaten.[130] Nicht zuletzt gab es auch große Unterschiede zwischen den Löhnen, die in der Sowjetunion nach Branchen ausgezahlt wurden und für die Konstruktionsarbeiter deutlich niedriger waren als für Fachkräfte anderer Industriezweige. So rügte Nikaolaj Bajbakov vergeblich die Journalisten, welche fast nur über die vermeintlich »romantische« Arbeit der Geologen berichteten und dabei Straßenbauer und andere außer Acht ließen.[131] Es war das System der ständigen Produktionssteigerung an sich, das sich einzig an der Erdölgewinnung als am längerfristigen und qualitativen Aufbau entlegener Regionen orientierte.

In seiner Rede auf dem 25. Parteitag der KPdSU sprach Brežnev von einer Angleichung der sozialen Unterschiede im Land, besonders auch in territorialer Hinsicht. Deshalb war der Generalsekretär der Meinung, dass dies für einige Regionen einen großen Arbeitskräftemangel bedeute, besonders in den Projekten Westsibiriens und an der BAM sowie in anderen Projekten des östlichen Landesteils. Noch immer würden die Menschen lieber vom Norden in den Süden, von Osten nach Westen ziehen, dabei sei die Migration »unter rationalen Gesichtspunkten« genau in den umgekehrten Richtungen nötig. Doch Brežnev

127 Aus dem Auftritt des Vorsitzenden von Glavtjumenneftegazstroj, E.A. Ogorodnova, auf dem 3. Plenum des Tjumen'er Obkoms […] vom 24. Januar 1972, in: Smorodinskov (Hg.): Neft' i gaz Tjumeni, Bd. 2, S. 77–78.

128 Slavkina: Trijumf i tragedija, S. 90–91.

129 In einem Dokument ist die Rede von einer tätlichen Auseinandersetzung zwischen dem Fahrer eines Transportunternehmens in Urengoj und dem Hilfsbohrer einer tschetschenisch-inguschischen geologischen Expedition in einem Tanzlokal in Urengoj. Nachdem der Tanz beendet wurde, ging die Auseinandersetzung zwischen mehreren Arbeitskräften des Transportunternehmens und dem Hilfsbohrer sowie – dem Namen nach zu urteilen – zwei weiteren Kaukasiern weiter. Der Kampf wurde in einem Wohnheim, in dem eine aserbaidschanische Brigade untergebracht war, fortgesetzt. Insgesamt 50 Personen verschafften sich Zugang zum Wohnheim, wo sie die Bewohner aus Aserbaidschan attackierten, in: Schreiben an das ZK des Komsomol, in: RGASPI, f. M-1, op. 65, d. 342, ll. 6–10, hier l. 6.

130 Aus dem Bericht des ersten Sekretärs des Nižnevarstovsker Gorkoms der KPdSU, V. Bachilov […] vom 25. April 1973, in: Smorodinskov (Hg.): Neft' i gaz Tjumeni, Bd. 3, S. 151–153.

131 Baibakow: Sache des Lebens, S. 400.

glaubte nicht an einfache materielle Anreize: »Manchmal fordern sie, dass es ausreichend ist, die Lohnzuschläge für den Fernen Osten und die Nordregionen zu erhöhen – und die Menschen werden von dort nicht mehr wegziehen. Die Zuschläge sind natürlich notwendig. Trotzdem ist einzig damit nicht das Problem zu lösen. Man zieht, sagen wir, nicht aus Sibirien weg, weil jemandem das Klima nicht gefällt oder er zu wenig verdient, sondern weil es schwieriger ist, eine Wohnung zu finden, sein Kind im Kindergarten anzumelden und es zu wenige Kulturzentren gibt. Genau deshalb sind im kommenden Fünfjahresplan noch höhere Tempi vorgesehen, um den Wohnungsbau, den sozialkulturellen Komplex voranzutreiben und die Versorgung der Bevölkerung mit Massenkonsumgütern zu verbessern.«[132] Doch die Ziele Brežnevs sollten unrealistisch bleiben, solange die Erschließung Westsibiriens ein unkoordiniertes und vom Rausch des schnellen Öls geprägtes Vorhaben blieb, bei dem die einzelnen Ministerien sowie das Lokalkomitee in ihren eigenen Interessen verhaftet bleiben sollten. Erst mit der Sibirienkampagne wollte Breznev dieses Image Sibiriens zumindest für die Regionen im Süden und mittleren Norden ändern.

9.5 Resümee

Die wirtschaftlichen Schwierigkeiten in Westsibirien waren begleitet von sozialen Problemen wie der schwierigen Anwerbung von Arbeitskräften, der hohen Emigration aus der Region und dem mangelnden Kommunal- und Wohnungsbau. So blieben die Lebensbedingungen nicht nur aufgrund des polaren Klimas schwierig. Inbesondere die nur gering vorhandene Infra- und Kommunalstruktur erschwerte den Alltag der Menschen in Westsibirien erheblich, was auch als Einbusse der Lebensqualität im Gegensatz zu anderen Regionen der UdSSR empfunden wurde. Aus diesem Grund gestaltete sich die Anwerbung von Fach- und Arbeitskräften schwierig. Deshalb setzte man immer wieder auch auf tradierte Systeme der Anwerbung von Arbeitskräften. Diese Systeme praktizierten Arbeitseinsätze zumeist auf der Basis einer Entsendung in die Region und hatten damit keinen freiwilligen Charakter. Hinzu kamen aber auch Arbeitskräfte, die freiwillig nach Sibirien zogen beziehungsweise Teile der indigenen Bevölkerung, die es in die entstehenden Industrien und Städte zog. Für viele Zugezogene ergab sich jedoch eine durchaus im Voraus bekannte Diskrepanz zwischen den Erfolgen der Erdöl- und Erdgasindustrie und den Lebens-

132 Chajtun: Ekspeditionnoe-vachtovoe strojtel'stvo, S. 14–15.

bedingungen. Deshalb wurden viele Arbeitskräfte nur von den ökonomischen Vorteilen angelockt, welche die Arbeit in den polaren Zonen Sibiriens mit sich brachte, und wanderten nach einer kurzen Zeit wieder ab.

Dass es zu den Mobilisierungs- und Migrationsproblemen kam, war unter anderem auch dem westsibirischen Polarstädtebau geschuldet. In den 1970er Jahren konnte die politische Führung nicht mehr auf Zwangsarbeiter zurückgreifen, die ehemals Polarstädte wie Norilsk aufgebaut hatten. Zudem waren die Verantwortungen für den Städtebau zwischen den (Industrie)Ministerien aufgeteilt; an einer Koordination fehlte es zumeist. So hing der Bau einzelner Städte und Stadtteile oftmals von den (finanziellen) Möglichkeiten eines Ministeriums ab, so dass sich der Lebensstandard in Städten und Stadtteilen häufig drastisch unterschied. Dass man sich über die Koordination des polaren Stadtbaus nicht einig wurde, hatte auch politisch-wirtschaftliche Gründe: Einige befürchteten, dass sich Investitionen in den Kommunalbau nicht lohnten, da man nach Abbau der Ressourcen die Region ohnehin wieder verlassen und so zahlreiche Geisterstädte hinterlassen würde. Dem setzten besonders die Sibirienenthusiasten entgegen, dass erst die dauerhafte Ansiedlung von Menschen die Entwicklung der Region stärke, indem ein dauerhaftes Verantwortungsgefühl entstehe. Hinzu kam, dass diejenigen Soziologen, die an der Verbesserung der Lebensumstände interessiert waren und zu diesem Zweck Untersuchungen durchführten, oftmals auf den Unwillen der Bevölkerung trafen, die aus Angst vor negativen Konsequenzen nur unaufrichtig an den Umfragen teilnahm.

Dass der Kommunalbau in den Polarstädten Westsibirien oftmals hinter den wirtschaftlichen Interessen der Erdöl- und Erdgasindustrie hintanstehen musste, führte zu schwerwiegenden sozialen Problemen, die unter anderem aufgrund der beengenden Wohnverhältnisse, dem schlechten Betreuungsangebot für Kinder und fehlenden kulturellen Einrichtungen entstanden. Dies betraf insbesondere in den Gebieten tätige Frauen, aber auch wenig ausgebildete Arbeitskräfte. Oftmals lockten die Arbeits- und Lebensbedingungen Delinquente an. Zudem häuften sich unter der aus verschiedenen Gebieten der UdSSR stammenden Arbeiterschaft Westsibiriens Konflikte mit ethnisch-nationalem Hintergrund. So wurden Teile des westsibirischen Komplexes immer mehr zu einem sozialen Brennpunkt. Die Behörden gingen dagegen nicht ausreichend vor, so dass der Wegzug aus der Region ein permanentes Erschwernis blieb.

10. Die Sibirienkampagne und der Weg zur globalen Gasmacht

Die sich seit dem 25. Parteitag der KPdSU 1976 offenbarenden Differenzen zwischen Breženvs Sibirienpolitik und dem erdölkonservierenden Energieprogramm Kosygins, welches auch im GKNT und in der Moskauer Wissenschaftsakademie unterstützt wurde, war keinesfalls ein unüberwindbarer Widerspruch. Dennoch mussten nun Investitionsentscheidungen getroffen werden, denn es war wirtschaftlich unmöglich, ein umfassendes Energieprogramm mit Fördermaßnahmen der Kohle- und Atomkraft sowie sämtliche Ambitionen in Sibirien gleichzeitig zu realisieren. Der Generalsekretär hatte auf dem Parteitag der KPdSU eine Sibirienstrategie befürwortet, die mehrere Industriekomplexe in Sibirien umfasste, zudem war mit der Erschließung Urengojs nicht nur mehr ein Testlauf der Gasförderung wie in Medvež'e geplant, sondern eine umfassende Einspeisung des polaren Erdgases in die sowjetischen und internationalen Gasversorgungssysteme. Die Durchsetzung einer komplexen Erschließung Sibiriens schritt 1977 weiter fort und erhielt durch die medial inszenierte Brežnev-Reise im Frühjahr 1978 nochmals Auftrieb.

In der Außenwahrnehmung der Sowjetunion setzte sich nun ein anderer Fokus durch: Der amerikanische Politikwissenschaftler Thane Gustafson beschreibt das Jahr 1977 als den Beginn einer innersowjetischen Erdölkrise. Tatsächlich veröffentliche die CIA 1977 drei Reporte, die der Sowjetunion einen demographischen Einbruch und eine sinkende Erdölförderung bescheinigten, die derart drastisch sei, dass die Sowjetunion in naher Zukunft zum Erdölimporteur werde. Als Gründe wurden die unterlassenen Explorationsarbeiten, fehlende Investitionen und ein hoher Arbeitskräfteaufwand in Sibirien genannt. Diese Einschätzung zu den Problemen und Herausforderungen der Erdöl- und Erdgasbranche teilten die Wirschaftsverantwortlichen der Sowjetunion weitgehend. Der Bericht traf einen Nerv und wurde sogar ein Jahrzehnt später noch in der sowjetischen Presse erwähnt.[1]

1 Gustfason: Crises amid plenty, S. 28–29. Westliche Experten und Beobachter stimmten jedoch keinesfalls alle mit den Berichten der CIA überein. Ein Beispiel hierfür: Mitteilung des Foreign Office von Mr G. B. B. Chavasse an Mr Alexander vom 19. Dezember 1977 mit Kommentaren zu den CIA Vorhersagen, in: Burdett: Oil Resources in Eastern Europe and the Caucasus, Bd. 8, S. 677–694.

So fiel selbst bei Generalsekretär Brežnev eine Strategie auf fruchtbaren Boden, die weitaus mehr auf Kohle- und Atomenergie fußte, als dies bisher geplant gewesen war. Jedoch war auch das Erdgas bereits zu einem wichtigen Rohstoff aufgestiegen und profilierte sich nun umso mehr. Trotz des Lamentierens der Angehörigen der Gasindustrie besaß der Sektor mittlerweile ein weitläufiges und verhältnismäßig modernes Versorgungsnetz, welches bis an den Atlantik reichte. So wurde die dauerhafte Implementierung des Erdgases in der sowjetischen Energieindustrie immer wahrscheinlicher. Die Krönung einer solchen Entwicklung war schließlich eine große sowjetisch-europäische Kooperation, bei der europäische Firmen die UdSSR beim Bau der weltweit größten und längsten Pipeline von Sibirien nach Europa unterstützten. Das Projekt war nicht nur ein Wunderwerk moderner Technik, sondern führte auch Brežnevs persönliche Bestrebung der Détente in Europa zum Erfolg.

10.1 Der Weg ins Dezemberplenum 1977

Das Jahr 1977 sollte die Zukunftsängste der sowjetischen Machthaber vor Schwierigkeiten in der Gewährleistung der Energieversorgungssicherheit weiter schüren. Das Lamentieren der Ministerien über die hohen Produktionsziele wollte nicht abreißen und die geplatzten Geschäfte mit den kapitalistischen Ländern stellten die Machthaber vor die Herausforderung, den Ausbau der Energiebranche und vor allem des Polargasfelds Urengoj nur mit den Devisen aus den bisherigen Geschäften und ohne weitere Kredite aus dem Ausland zu finanzieren. Die Schwierigkeiten bei der Moderniserung der Erdöl- und Erdgasindustrie wurden offensichtlich: eine Politik der Konzentration auf große Lagerstätten, eine für Unfälle prädestinierte Energiewirtschaft und vor allem die verpassten Explorationsarbeiten, für die das Budget in den vergangenen Jahren stetig gekürzt worden war. Zum Sorgenkind des 10. Fünfjahresplans wurde die Erdölindustrie. Zwar gaben die gesamtsowjetischen Produktionszahlen keinen Hinweis auf ein Problem, dennoch wurde den Planern zu diesem Zeitpunkt bewusst, dass die Förderung in zahlreichen Regionen sank: Das Volga-Ural-Gebiet hatte seinen Förderzenit überschritten, die Förderung war hier insgesamt von 186 Millionen Tonnen 1975 auf 183 Millionen Tonnen 1976 gesunken, auch in Kasachstan und Zentralasien ging die Förderung wie in den »alten Regionen« im Kaukasus und den westlichen Republiken zurück. Diese Tendenz zeichnete sich auch für 1977 ab; lediglich in der Komi ASSR konnte man neben den großen Zuwächsen in Westsibirien einen leichten Anstieg verzeichnen.[2] Damit war Westsibirien als einzige Region verblieben, die auch in Zukunft ein Produktionswachstum zu gewährleisten vermochte. Diese Erkenntnis führte schließlich dazu, das beim Dezemberplenum gewichtige energiepolitische Entscheidungen getroffen wurden.

Der Fokus auf den Erdölsektor ist vor allem dadurch zu erklären, dass dieser der Sowjetunion nur allein im Vorjahr 1976 156 Milliarden Dollar Devisen eingebracht hatte und damit der wichtigste Wirtschaftszweig war. Bei einer Sitzung im Ministerrat am 9. Februar 1977, an der die führenden Vertreter der Ministerien sowie Dymšic und Bajbakov teilnahmen, wurde Staatsplaner Bajbakov damit beauftragt, einen detaillierten Plan für die Entwicklung des Energiekomplexes in Westsibirien auszuarbeiten, der davon ausging, dass »Westsibirien die primäre Basis der Erdöl- und Erdgasindustrie darstellt«.[3] Zusätzlich sollten die Minister der Energiebranche die Ergebnisse des Planjahrs 1976 auswerten und die Entwicklungen genauer begründen, als dies bisher geschehen war. Auch dem Aufbau der gesamten Region wie der Bauindustrie usw. werde in Zukunft mehr Aufmerksamkeit zuteilwerden.

Seinen Bericht legte Bajbakov nur wenige Tage später, am 15. Februar 1977, vor. Darin hieß es, dass zwar die Förderkapazitäten für den 10. Fünfjahresplan auf 1–1,5 Millionen Tonnen zusätzliches Erdöl pro Jahr erweitert worden seien, Glavtjumenneftegaz die Rohstoffe jedoch nicht abtransportieren könne, da in der Region keine verlässlichen Strukturen für den Industriebau vorhanden seien, die diese Aufgaben umsetzten. Um die Energieversorgung zu gewährleisten, ordnete Bajbakov nun erneut eine Kampagne mit dem Einsatz von 15.000 jungen Arbeitern im Rahmen einer Allunionbaustelle (*Vsesojuznaja udarnaja strojka*) an, die den Pipelinebau sicherstellen sollte. Auf Orudževs Forderungen nach der Ansiedlung von energieaufwändigen Industrien ging Bajbakov bei dieser Gelegenheit ein, indem die Sachdienlichkeit des Rohstofftransports in den europäischen Landesteil und den Ural sowie die Ansiedlung von brennstoffintensiven Industrien in der Umgebung der Lagerstätten geprüft werden sollten. Mit dem Gosstroj wurde nach einer Lösung für den defizitären Industriebau in Westsibirien gesucht. In diesem Zusammenhang überarbeitete der Gosplan bereits einen Beschluss »Über die unaufschiebbaren Maßnahmen zur weiteren Entwicklung der Produktionsbasis und die Verbesserung der Leitung des Erdöl- und Erdgaskomplexes Westsibiriens«, den ZK und Ministerrat

2 Dienes/Shabad: The Soviet Energy System, S. 46–47.

3 Auszug aus dem Sitzungsprotokoll des Präsidiums des Ministerrats der UdSSR vom 9. Februar 1977, in: RGAĖ, f. 4372, op. 67, d. 1112, ll. 73–75, hier l. 73.

zusätzlich verabschieden wollten.[4] Denn in Bezug auf dieses Thema hatten sich Meinungsverschiedenheiten ergeben, die einer weiteren Besprechung bedurften. So blieb Premierminister Kosygin vorerst nur die Möglichkeit, in einer Sitzung am 16. Februar 1977 die Überprüfung aller Vorschläge anzuordnen und Bajbakov innerhalb von drei Tagen eine Notiz für das ZK ausarbeiten zu lassen.[5]

Am 24. Februar teilte Staatsplaner Bajbakov dem Ministerrat jedoch mit, dass sich die westsibirische Produktionsvereinigung Glavtjumenneftegaz nicht imstande sehe, die Erdölförderung in den verbleibenden Jahren des 10. Fünfjahresplan zu steigern, obwohl die Ministerialleitung in Moskau eine Förderung von bis zu 330 Millionen Tonnen Erdöl durchaus für realistisch hielt. Doch auch Bajbakov plädierte dafür, dass der verabschiedete Plan offiziell nicht abgeändert werden sollte. Was die jährlichen Pläne anging, könne man allerdings zumindest nach Möglichkeiten zur Fördersteigerung suchen. Zusätzlich wollte der Gosplan nun Maßnahmen umgesetzt wissen, die die Arbeitsbedingungen für die entsendeten jungen Komsomolzen verbesserten, und denjenigen Arbeitskräften, die überdurchschnittlich arbeiteten und länger als zwei Jahre in der Region tätig waren, weitere Vorteile und Prämien gewährten. Darüber hinaus sollten in der Region zwei Fabriken für den Anlagenbau der Erdöl- und Erdgasindustrie errichtet werden und der Ministerrat sollte aus seinen Finanzreserven weitere 2,5 Millionen Rubel für Montagearbeiten und die Eisenbetonproduktion aufwenden. Zudem forderte Bajbakov eine deutlich höhere Entlohnung der Monteure in den Bauindustrien Westsibiriens. Für die Klärung weiterer Fragen bezüglich der Bauindustrie und der Vorbereitung eines endgültigen Regierungsbeschlusses wollte Bajbakov weitere Zeit gewinnen.[6]

Im März 1977 erreichte den Ministerrat ein dramatischer Bericht über die gegenwärtige Lage in der Erdölindustrie. Darin legte Bajbakov dar, dass die Erdölindustrie schon im ersten Jahr des 10. Fünfjahresplans ihre Produktion nicht auf das gewünschte Niveau hatte anheben können und auch in den ersten Monaten des Jahres 1977 zahlreiche Produktionsvereinigungen ihre Pläne nicht erfüllt hatten. Bei einer genaueren Überprüfung der Gründe hatte der Gosplan nun

4 Brief N. K. Bajbakov an den Ministerrat der UdSSR »Über die Entwicklung der Erdöl- und Erdgasindustrie in Westsibirien 1977–1980« vom 15. Februar 1977, in: RGAĖ, f. 4372, op. 67, d. 1112, ll. 76–78.

5 Auszug aus dem Sitzungsprotokoll des Präsidiums des Ministerrats der UdSSR vom 16. Februar 1977, in: RGAĖ, f. 4372, op. 67, d. 1112, ll. 163.

6 Brief an den Ministerrat der UdSSR »Über die Entwicklung der Erdöl- und Erdgasindustrie in Westsibiriens 1977–1980« vom 24. Februar 1977, in: RGAĖ, f. 4372, op. 67, d. 1112, ll. 163a–164.

feststellen müssen, dass es neben dem schon lange prophezeiten Fördereinbruch in den alten Förderzentren in zahlreichen »neuen« Regionen zu unerwarteten, groben technischen Fehlern und Versagen gekommen war. So hatte der Gosplan erfahren, dass man die Förderung in Mangyšlak in den vergangenen Jahren vor allem durch eine extensive Wassereinspeisung in die Förderschichten erhöht hatte, was zu einer vorzeitigen Überwässerung und in der Folge zu einem gravierenden Fördereinbruch geführt hatte. Zur Aufklärung des technischen Versagens plante Bajbakov nun eine Dienstreise in die Region, durch die er sich weitere Informationen zu einer möglichen Stabilisierung erhoffte. Auch in anderen Regionen stellte sich laut Bajbakov die Lage äußerst angespannt dar, so bei Kaspmorneft' und Turkmenneft'. Eine massive Steigerung der Förderung in Westsibirien, wie sie das Minnefteprom vorgeschlagen hatte, lehnte Bajbakov jedoch ab. Stattdessen plädierte Bajbakov für die Inbetriebnahme einiger kleineren Lagerstätten in der Kasachischen SSR, den Regionen Orenburg und Perm', in Dagestan sowie auf Sachalin. Dass dies bisher nicht geschehen war, habe seinen Grund in Konflikten mit anderen Institutionen. Unter anderem war die Inbetriebnahme von Lagerstätten in Perm' und Orenburg deshalb verboten worden, weil schädigende Einflüsse auf die Umwelt befürchtet wurden. In Dagestan hatte sich das Lokalkomitee bisher gegen die Förderung in ihrem Meeressockel gewehrt, weil es befürchtete, dass es den geplanten Kurort sonst nicht einrichten könne. Auf Sachalin war mit dem Bau einer 80 Kilometer langen Erdölpipeline wohl deshalb noch nicht begonnen worden, weil das GKZ die Lagerstätte noch nicht freigegeben hatte. Bajbakov plädierte nun dafür, die seiner Meinung nach vernachlässigten Explorationsarbeiten im europäischen Landesteil, unter anderem in der aserbaidschanischen Lagerstätte Muradchanli, weiter zu forcieren und die genannten kleineren Lagerstätten in Betrieb zu nehmen.[7] Die Ausführungen Bajbakovs zeigen, dass die Energiebranche Mitte der 1970er Jahre immer noch auf kurzfristige Erfolge zielte und längerfristige Möglichkeiten und Notwendigkeiten – beispielsweise die begrenzten Produktionskapazitäten im sowjetischen Süden und Westen – ausblendete; die Explorationsbohrungen in Georgien waren offensichtlich ein lobbyistischer Erfolg, der aufzeigte, wie sehr sich die politische Führung an die Öl- und Gasquellen im entwickelteren Westen der Sowjetunion klammerte.

7 Schreiben von N. Bajbakov an den Ministerrat »Über den Verlauf der Planerfüllung für 1976–1980 in der Erdölindustrie« vom März 1977, in: RGAĖ, f. 4372, op. 67, d. 1113, ll. 28–35. Einzig in Georgien waren geologische Arbeiten forciert worden. Die Erdölförderung in der Georgischen SSR machte dennoch nur einen kleinen Teil der sowjetischen Gesamtförderung aus. In: Dienes/Shabad: The Soviet Energy System, S. 47.

Die Ausführungen Bajbakovs hatten deutlich zutage gefördert, dass auch bei den möglichen Maßnahmen ein Zuwachsdefizit von bis zu 17 Millionen Tonnen Erdöl bestehen würde. So ordnete Premier Kosygin wohl auch auf Anraten der Leitung des Minnefteprom am 8. April 1977 erneut an, dass der Gosplan eine Anhebung der Erdölförderung in Westsibirien auf 320–330 Millionen Tonnen nochmals überprüfen und eine entsprechende Variante vorlegen sollte. Die Schuld für die Engpässe wurde nun beim Mingeo gesucht, welches die Explorationspläne für 1976 nur zu 48 Prozent erfüllt hatte. Darüber hinaus befahl Kosygin dem Ministerium, weitere Maßnahmen für die Planerfüllung bis 1980 zu ergreifen und dem Ministerrat binnen eines Monats darüber Bericht zu erstatten.[8] Diesen Eindruck wollten auch zwei *Pravda*-Journalisten im August 1977 erhärten, die ebenfalls die Geologen selbst beschuldigten. Sie warfen Glavtjumen'geologija vor, die Mittel für die Bohrungen seit 1968 stetig gekürzt zu haben, nachdem in den 1960er Jahren die großen Funde gemacht worden waren. Das Mingeo der RSFSR hatte 1973 sogar einen speziellen Beschluss erlassen, der Gasbohrungen in Tjumen' ganz untersagte, da man hier schon ausreichend Gas gefunden habe. Darunter hatte auch die kommunale Infrastruktur der Beschäftigten in der Gasindustrie gelitten. Selbst in den Reihen von Glavtjumenneftegaz war man überzeugt davon, leicht neue Lagerstätten entdecken zu können, weshalb die Prospektion vernachlässigt worden war.[9]

Bei einer Besprechung mit dem Minnefteprom im April 1977 stellte sich Bajbakov weiterhin auf die Seite der Produktionsvereinigung Glavtjumenneftegaz und gegen das Minnefteprom in Moskau und zeigte sich lediglich bereit, eine Förderung von 315 Millionen Tonnen Erdöl in Westsibirien sowie zunächst den Aufbau einer stabilen Bauindustrie in der Region vorzuschlagen.[10] Der Ministerrat hielt Bajbakov und Dymšic nur einen Tag später dazu an, in den Eingangsworten eines Regierungsbeschlusses zur Entwicklung der westsibirischen Erdöl- und Erdgasindustrie die Rolle Westsibiriens als eine Region »mit ent-

8 Sitzungsprotokoll des Präsidiums des Ministerrats vom 8. April 1977, in: RGAĖ, f. 4372, op. 67, d. 1113, ll. 73–74.

9 Vtorušin, S./Murzin, A.: Iskat' novye klady, in: Pravda 222, 10.08.1977, S. 2; hierin ist auch eine typische Kampagne zu sehen, wie sie in den Medien seit den 1960er Jahren wohl möglich war. Zwar handelt es sich dabei nicht um eine Umweltschutzproblematik, wohl aber um eine Mobilisierung zu einem bestimmten Thema, die aus den Augen der Initianten einen Missstand zu beheben suchte. Siehe hierzu: Bahro: Umwelt- und Tierschutz in der modernen russischen Literatur, S. 21–22.

10 Brief von N.K. Bajbakov an den Ministerrat der UdSSR »Über die Entwicklung der Erdöl- und Erdgaswirtschaft in Westsibirien 1977–1980«, vom 26. April 1977, in: RGAĖ, f. 4372, op. 67, d. 1113, ll. 79–80.

scheidender Bedeutung für die weitere Entwicklung der Wirtschaft des Landes« zu unterstreichen.[11] Nach Prüfung der Optionen mit den Vorsitzenden der Energieministerien und den regionalen Produktionsvereinigungen fuhr Bajbakov die Erdölförderung jedoch auf nur 305–310 Millionen Tonnen Erdöl herauf, obwohl – wie groß angekündigt – weitere 28 Öllagerstätten und 3 Gaslagerstätten erschlossen werden sollten. Stattdessen lag der Fokus nun vollkommen auf industriellen und kommunalen Infrastrukturen der Region. So sollten jetzt Hochspannungsnetze, Bahnlinien und 2,4 Millionen Quadratmeter Wohnraum statt der ursprünglich vorgesehenen 900.000 Quadratmeter für die Arbeitskräfte der Erdöl- und Erdgasindustrie eingerichtet werden. Das Minnefteprom sollte nach der 1969 getroffenen Regelung über die Finanzierung von Objekten der Energetik und der Bahn weiterhin bezuschusst werden.[12] Für die Koordination der Arbeiten sollte eine spezielle Unterabteilung in der Abteilung für die Erdöl- und Erdgasindustrie am Gosplan eingerichtet werden.[13]

Der Unmut war so groß geworden, dass Premier Kosygin am 26. September 1977 eine Sitzung mit allen wichtigen Experten einberief, um die Erfüllung der Planzahlen für die Erdölförderung im 10. Fünfjahresplan und über die Perspektiven der Erdölindustrie zu besprechen. Neben wichtigen Vertretern der Erdöl- und Erdgasindustrie aus Westsibirien wie Aržanov, Salmanov und Ėrv'e nahmen an der Sitzung Vertreter der Ministerien und neben Kosygin auch ZK-Sekretär Vladimir Ivanovič Dolgych, sämtliche Stellvertretenden Ministerpräsidenten und wichtige Staatsplaner und Wissenschaftler teil. Die 17 Punkte der Tagesordnung, von denen der letzte geheim blieb, umfassten erneut die angespannte Lage der sowjetischen Erdölindustrie, wie sie sich durch die Planrückstände bei Perm'neft', Mangyšlakneft', Turkmenneft', Kaspmorneft' und Azneft' und bei den geologischen Arbeiten sowie durch die fehlende materielle Ausstattung des Industriezweigs ergeben hatte. Um diese Situation zu verbessern, wurden Bajbakov, Dymšic und Martinov damit beauftragt, unbedingt die Frage weiterer staatlicher »Materialspritzen« für die Erdölindustrie zur erwägen, um die geplante Erdölförderung bis 1980 sicherzustellen. Auch die Explorationsarbeiten sollten durch die interministerielle Zusammenarbeit verstärkt werden. Für die Arbeitskräfte der Erdöl- und Erdgasindustrie sowie der Geologen wurde die

11 Auszug aus dem Sitzungsprotokoll des Präsidiums des Ministerrats der UdSSR vom 27. April 1977, in: RGAĖ, f. 4372, op. 67, d. 1113, l. 76.

12 Zur Subventionierung vgl. Kapitel 7.

13 Schreiben an den Ministerrat der UdSSR über die Entwicklung der Erdöl- und Erdgasindustrie in Westsibirien 1976–1980 vom 28. Mai 1977, uz. N. K. Bajbakov, V.Ė. Dymšic, V. D. Šašin, S. A. Orudžev, B. E. Ščerbina, P. S. Neporožnyj, in: RGAĖ, f. 4372, op. 67, d. 1112, ll. 23–26.

Überprüfung weiterer Vergünstigungen angeordnet, um diese dauerhaft in der Region mit klimatisch schwierigen Bedingungen zu halten. Darüber hinaus sollte der Maschinenbau für die Erdölindustrie auf das »Niveau der weltweit höchsten Standards«[14] angehoben werden. Dabei sollten nun endlich auch die klimatischen Bedingungen des Fernen Nordens in die Produktion der technischen Ausstattung mit einbezogen werden. Nikolaj Aleksandrovič Tichonov, der damalige Erste Stellvertreter im Ministerrat, wurde angewiesen, mit Vertretern des Gosplan und der Ministerien »detailliert den gesamten Komplex aller Fragen, der mit der Produktion von Pipelineröhren für Erdöl- und Erdgasindustrie und den geologischen Organisationen [zusammenhängt], anzuschauen und Maßnahmen für die Produktion von [...] Röhren [...] zur vollständigen Bedarfsdeckung der Industriezweige an den genannten Röhren im 10. und 11. Fünfjahresplan [zu ergreifen]«.[15]

Auch sollten die Explorationsorganisationen besonders in den geologisch vielversprechenden Regionen – in Ostsibirien, im Kaspischen Meer und an den Kontinentalsockeln der UdSSR – mit guter technischer Ausrüstung ausgestattet werden. Darüber hinaus gab das Verteidigungsministerium bekannt, dass die Produktion qualitativ hochwertiger Bohrausrüstung angelaufen sei und das Minnefteprom und das Mingeo künftig damit ausgestatten würden. Auch die Überprüfung des Beschlusses über die »vollständige Ausbeutung der Erdöllagerstätten« wurde angeordnet, ebenso die Bereitstellung zum Bau von *vachta*-Siedlungen für den Fernen Norden Westsibiriens.[16] Nach der Sitzung war nur allzu deutlich geworden, dass die geologische Exploration wieder einen Schwerpunkt bilden sollte, nachdem die Investitionen in die Explorationsbohrungen seit Beginn der 1970er Jahre massiv zurückgegangen waren und trotz der politischen Ambitionen weiter gesunken waren.[17] Dabei hatten viele Insider der

---

14 Protokoll der Sitzung beim Vorsitzenden des Ministerrats der UdSSR, A.N. Kosygin am 26. September 1977, in: RGAĖ, f. 4372, op. 67, d. 1114, ll. 107–113, hier l. 110.

15 Protokoll der Sitzung beim Vorsitzenden des Ministerrats der UdSSR, A.N. Kosygin am 26. September 1977, in: RGAĖ, f. 4372, op. 67, d. 1114, ll. 107–113, hier l. 110.

16 Protokoll der Sitzung beim Vorsitzenden des Ministerrats der UdSSR, A.N. Kosygin am 26. September 1977, in: RGAĖ, f.4372, op. 67, d. 1114, hier ll. 107–109.

17 Die totalen Investitionen in die geologische Exploration stiegen zwar an, allerdings sank deren Anteil an den Gesamtinvestitionen in den Sektor von 45 Prozent im 8. Fünfjahresplan auf 25 Prozent. Im 11. Fünfjahresplan sank der Anteil auf nur noch 21 Prozent, in: Gustafson: Crises amid plenty, S. 78; die Kosten für die Gasexploration waren vom 9. Fünfjahresplan auf den 10. Fünfjahresplan deutlich angestiegen: Bei neuen Kapazitäten stiegen die Kosten von 1,08 Rubel auf 1,42 Rubel pro 1000 Kubikmeter Gas, in: Tretyakova, Albina/Heinemeier, Meredith: Cost estimates for the Soviet gas industry. 1970 to 1990, Washington, D.C. 1986, S. 32.

Erdölbranche – allen voran Erdölminister Šašin – bereits seit Beginn der 1970er Jahre davor gewarnt, dass das Verhältnis zwischen den Erdölreserven und der Erdölproduktion in den 1970er Jahren zuungunsten der Reserven erheblich sinken werde. Auf einer Konferenz in Tokio hatte der Erdölminister dies auch öffentlich zugegeben.[18]

Zeitgleich wollte der langjährige Ölarbeiter Orudžev in seiner Position als Gasminister nun ein ähnliches Schicksal für die ihm unterstellte Gasbranche vermeiden und äußerte seine Zweifel daran, dass die verfolgte Energiepolitik in der »gegenwärtig angespannten Situation« zu einer dauerhaften Versorgungssicherheit in der Sowjetunion führen werde.[19] Stattdessen plädierte Orudžev bei Gosplan-Chef Bajbakov, der in einem Brief vom 27. Januar 1977 noch weitaus optimistischere Töne geäußert hatte, für ein grundsätzliches Umdenken in den langfristigen energiepolitischen Zielen und der Gewährleistung einer stabilen Energieversorgung, die nicht allein auf einer kurzfristigen Ausbeutung der »Gasgiganten« in Westsibirien beruhen dürfe. Orudžev legte dar, dass abgesehen von den westsibirischen Feldern nur noch die Lagerstätten in Orenburg bis 1990 ähnlich stabil Erdgas fördern können würden. Dennoch sei die Tjumen'-Oblast die einzige Förderregion, die langfristig die wachsenden Bedürfnisse des Landes decken könne. Deshalb solle das Tjumen'er Gas in die Regionen des Zentrums, in die westlichen Regionen und in den Ural geliefert werden, um die dort sinkende Förderung auszugleichen. Dazu sei der vollständige Ausbau der Region nötig, der so gestaltet werden müsse, dass die energetischen Bedürfnisse der eigenen Energieversorgungssicherheit und bei den Exportverpflichtungen in den kommenden dreißig Jahren gedeckt seien. Dafür müssten 15 weitere Pipelines in Betrieb gehen. Minister Orudžev gab nun bekannt, dass man die Förderung wie auch schon zuvor nicht beliebig werde angeben können, wenn nicht endlich auch in regionale Gaskraftwerke investiert werde. Doch kühne Forderungen wie eine jährliche Förderung von 1 Trillion Kubikmeter seien ohnehin unrealistisch, bei einem optimalen Ausbau könne man mit der Hälfte rechnen. Dass dies wirtschaftlich sinnvoll sei, bezweifelte Orudžev jedoch. Seiner Meinung nach sollte Urengoj nicht am jährlichen Ausstoßmaximum von 300 Milliarden Kubikmeter betrieben werden, denn die sowjetische Gaswirtschaft werde eine solch hohe Förderung nicht verarbeiten können. Die Fehler, die im Nordkaukasus begangen worden seien, indem innerhalb von nur wenigen Jahren rie-

18 Meyerhoff, Arthur A.: Soviet Petroleum: Technology, Geology, Reserves, Potential and Policy, in: Jensen Robert G.: Soviet natural resources in the world economy, S. 327.

19 Brief des Erdgasministers S.A. Orudžev an den Vorsitzenden des Gosplan, N. K. Bajbakov vom 27. Januar 1977, in: RGAĖ, f. 458, op. 1, d. 4523, ll. 1–7, hier l. 1.

sige Mittel in die Region gepumpt worden seien und anschließend nur die Hälfte dieser Investitionen genutzt worden sei, als die Gasförderung wieder gesunken sei, wollte Orudžev für Westsibirien nicht wiederholen. In Westsibirien dürfe sich dieser Fehler insbesondere deshalb nicht wiederholen, weil die gesamte Versorgung des Landes von der Zuverlässigkeit und Stabilität dieser Region abhänge. So schloss Orudžev seinen Brief an Bajbakov mit den Worten: »Im Zusammenhang mit der Begrenztheit der mobilen Gasressourcen in der UdSSR und der abrupten Senkung der Verlässlichkeit der Gasversorgung der Volkswirtschaft ist es unabdingbar, eine exakte Strategie für die Entwicklung des Energie- und Brennstoffkomplexes auszuarbeiten, die eine bevorzugte Einbeziehung der Kohle aus Kansk-Ačinsk und eine beschleunigte Entwicklung der Atomenergie vorsieht. In der kommenden Zeit sollte auch das Problem der Ansiedlung von großen energieaufwändigen Industrien in Westsibirien gelöst werden. Wenn man dies nicht leistet, nimmt das energetische Defizit im Land, nach meiner tiefen Überzeugung, einen ernsthaften Charakter an.«[20] Die vormals optimistischen Aussagen nahm Orudžev weitestgehend zurück, und die Erwähnung des »größten Rekords beim Förderzuwachs in der gesamten Existenzperiode der Gasindustrie« wurde aus einer Rede gestrichen.[21]

Orudževs Zweifel schreckten die Wirtschaftsführung auf. Am 29. Juni 1977 traf das Ministerratspräsidium die Entscheidung, die Suche nach Gas im europäischen Landesteil zu verstärken, um dort die Erdgasförderung dauerhaft zu sichern. Dabei kam das Ministerium den Wünschen Orudževs nach, die Ansiedlung von energieaufwändigen Industrien, die vollständige Nutzung des Erdgases als technologischer Rohstoff und die technischen Parameter für den Gastransport zu überprüfen. So sollten alle beteiligten Institutionen unter anderem auch das GKNT und die Akademie der Wissenschaften erneut alle organisatorischen und technischen Möglichkeiten prüfen und einen Plan für die Erdgaswirtschaft bis 1990 ausarbeiten.[22]

Für die Untersuchung des Vorgehens bei der Gasexploration bis 1990 wurde am 14. November 1977 die Bildung einer vorläufigen wissenschaftlich-technischen Kommission vorgeschlagen. Im Dezember, kurz vor dem Dezemberplenum, bildete das GKNT nach Absprache mit dem Gosplan, der AN SSSR und

20 Brief des Erdgasministers S.A. Orudžev an den Vorsitzenden des Gosplan, N. K. Bajbakov vom 27. Januar 1977, in: RGAĖ, f. 458, op. 1, d. 4523, ll. 1–7, Zitat l. 7.

21 Vorschlag für eine Rede S. A. Orudževs von 1977, in: RGAĖ, f. 458, op. 1, d. 4525, hier ll. 32, 34–37.

22 Beleg über die Versammlung des Präsidiums des Ministerrats der UdSSR am 29. Juni 1977, in: RGAĖ, f. 4372, op. 67, d. 1114, ll. 58–59.

den drei Ministerien Minnefteprom, Mingazprom und Mingeo diese Kommission. Zum Vorsitzenden der vorübergehenden Kommission ernannten GKNT-Chef Kirillin und der Stellvertretende Vorsitzende des Ministerrats Lalajanc den Geophysiker und Sibirienlobbyisten Trofimuk, der als langjähriger Kritiker des Rückgangs der geologischen Exploration bekannt war. Die Kommission wurde damit beauftragt, in fünfmonatiger Arbeit einen Bericht für das effektivste Vorgehen bei den Explorationsarbeiten herauszuarbeiten und dem GKNT bis zum 20. April 1978 vorzulegen.[23] Am 16. Dezember stimmte das GKNT dem von Trofimuk für die Arbeit der Kommission vorgelegten Plan zu, der bis zum März ein erstes konkretes Projekt vorlegen wollte.[24] Damit waren die ersten Schritte zu einer Prüfung für den Ausbau der Gasindustrie unternommen.

Das Jahr 1977 wurde jedoch nicht nur von den Befürchtungen der sowjetischen Elite bezüglich der Zukunft der Versorgungssicherheit, sondern auch durch zwei äußerst pessimistische Berichte der amerikanischen CIA überschattet.[25] Im detaillierteren Bericht vom Juli 1977 fasste die CIA zusammen, dass die »sowjetische Explorations- und Extraktionspolitik lange eine wachsendende gegenwärtige Förderung anstelle der Erschließung neuer Ressourcen einer künftigen Förderung« favorisiert habe.[26] Das daraus erwachsene Problem, so der Bericht, sei eine bevorstehende Ölknappheit, die ohne politisches Eingreifen mitunter dazu führen könne, dass die UdSSR trotz ihren großen Vorkommen in Zukunft selbst Erdöl aus dem Ausland importieren müsse. Auch der Arbeitskräftemangel und die Senkung der Produktivität sowie begrenzte Möglichkeiten zum Devisenerwerb durch einen geringeren Erdölexport beeinflussten das Staatseinkommen negativ und stellten damit die Zahlung der Weizenimporte und der importierten technologischen Anlagen in Frage.

Inwiefern diese Berichte ausschlaggebend für die Diskussion waren, bleibt ungewiss. Doch auch die innersowjetischen Dokumente bezeugen die

23 Beschluss des GKNT »Über die Bildung einer vorrübergehenden Kommission […]«, vom 9. Dezember 1977, uz. von Kirillin, in: RGAĖ, f. 9480, op. 12, d. 1190, ll. 1–3.

24 Bestätigung des Arbeitsplans der Kommission, 16. Dezember 1977, in: RGAĖ f. 9480, op. 12, d. 1190, l. 9.

25 The Impending Soviet Oil Crises, Intelligence Memorandum, ER 77–10147, March 1977, online verfügbar unter: https://www.cia.gov/library/center-for-the-study-of-intelligence/csi-publications/books-and-monographs/cias-analysis-of-the-soviet-union-1947–1991/er_77_10147.pdf [06.12.2018].

26 Soviet Economic Problems and Prospects, Central Intelligence Agency, Directorate of Intelligence, ER 77–10436U, July 1977, online verfügbar unter: https://www.cia.gov/library/center-for-the-study-of-intelligence/csi-publications/books-and-monographs/cias-analysis-of-the-soviet-union-1947–1991/er_77_10436u.pdf [06.12.2018].

Anspannung, in der sich die Energieindustrie in vielen Förderregionen befand. Insbesondere die Diskussion vom November 1977 um eine weitere Erhöhung der Privilegien der Arbeitskräfte in Westsibirien offenbarte, dass es keinen günstigen Ausweg aus der Situation geben würde. Denn um dauerhaft Arbeitskräfte für die Arbeit im Fernen Norden oder in den Wüstenregionen Zentralasiens anzuwerben, sollten die Löhne zusätzlich zum regionalen Koeffizienten weiter anhoben werden. Auch diejenigen, die aufgrund von Weiterbildungszwecken nicht arbeiten konnten, sollten den Durchschnittslohn ihres eigentlichen Arbeitsorts erhalten; zudem sollten die Wohnungen der Arbeitskräfte an den vorangegangenen Wohnorten reserviert bleiben, angesichts der Wohnungsknappheit in der ganzen Sowjetunion ein große Erleichterung.[27] Auch die Reservisten, die aus der Roten Armee für die Arbeit im westsibirischen Öl- und Gaskomplex freigestellt wurden, sollten einmalig 500 Rubel erhalten. Des Weiteren wurde diskutiert, ob die Arbeitskräfte des Mingeo, die im *vachta*-Schichtsystem arbeiteten, kostenlos verpflegt werden könnten, was das Finanzministerium jedoch ablehnte und lediglich eine Subventionierung von Lebensmitteln anerkannte.[28] Obwohl weitere Fragen auf die Jahre 1979 und 1980 vertagt wurden, offenbarte sich immer mehr der horrende Aufwand, der für Gewährleistung der Energieversorgungssicherheit betrieben werden musste.

In dieser Situation war es Brežnev, der in einer Rede auf dem Dezemberplenum 1977 den weiteren energiepolitischen Kurs verkündete. Denn bei dieser Gelegenheit erteilte Brežnev, der laut Angaben des ZK-Mitglieds Černjaev seine Rede aus gesundheitlichen Gründen nicht selbst halten konnte und sich von Suslov vertreten ließ,[29] der von Kosygin favorisierten Kohle- und Atomstrategie eine Absage. Stattdessen verkündete der Generalsekretär eine Energieinitiative, in der er den Tjumen'er Energieressourcen eine entscheidende Rolle zusprach.[30] Leonid Brežnev wollte die finanziellen Investitionen in Sibirien endgültig erhöhen, obwohl die östlichen Regionen bis 1975 niemals mehr als 17 Pro-

27 Schreiben an den Ministerrat »Über die Bestimmung von zusätzlichen Privilegien für die Arbeitskräfte der Erdöl- und Erdgasindustrie« vom November 1977, uz. N.A. Mal'cev und S.A. Orudžev, in: GARF, f. 5446, op. 135, d. 480, ll. 1–6.

28 Kurze Zusammenfassung einer Anordnung des Ministerrats von V. Dymšic an N. Bajbakov vom 20. März 1978, in: GARF, f. 5446, op. 135, d. 480, l. 30. Ein Beschluss bezüglich der Privilegien und Vergünstigungen wurde jedoch erst im Januar 1979 gefällt. Dieser sah vor, weitaus mehr Regionen und Industriezweige als zuvor unter den Lohnzuschlägen des Hohen Nordens zu behandeln, u. a. auch die Öl- und Gasmänner in der Region Perm', in: Beschluss des Ministerrats der UdSSR vom 11. Januar 1979, in: GARF, f. 5446, op. 135, d. 480, ll. 61–61ob.

29 Dnevniki Anatolii Černjaeva, 1977, S. 45–46 (Tagebucheintrag vom 14. Dezember 1977).

30 Gustafson: Crises amid plenty, S. 27.

zent der nationalen Investitionen erhalten hatten. Einzige Ausnahme war eine kurze Periode während des Zweiten Weltkriegs gewesen. Doch für das Jahr 1978 sollten es nunmehr 20 Prozent aller Investitionen sein.[31] Damit hatte Brežnev die Diskussionen der vergangenen Jahre, die Zurückhaltung der eigenen Wirtschaftsfunktionäre aus der Öl- und Gasindustrie, die von Kosygin angestrebte balancierte Brennstoffbilanz sowie die Ziele des 10. Fünfjahresplans torpediert.

Obwohl Černjaev Brežnevs scheinbar unbeteiligte Teilnahme am Dezemberplenum sowie die folgenden Pressemitteilungen über die große Rede als pikant beschrieb, war nach dem Dezemberplenum nur die von Brežnev schon seit den späten 1960er Jahren verfolgte energiepolitische Linie konkretisiert worden. Es ist nicht zu bezweifeln, dass Brežnev persönlich hinter diesem Vorgehen stand, obwohl Alter und Krankheiten ihn bereits gezeichnet hatten. Daher folgte dem Plenum nicht nur eine große Konferenz aller Offiziellen der Erdölindustrie, die sich mit der weiteren Exploration und Extraktion der Erdölressourcen befasste und den überarbeiteten Plan für das Jahr 1978 übernehmen sollte,[32] sondern eine medial grandios inszenierte Sibirienreise des Parteivorsitzenden.

10.2 Die Sibirienkampagne 1978

Die Frühjahrsmonate 1978 waren von zwei großen Reisen des Premiers Kosygin in die Energieregionen Orenburg, West- und Mittelsibirien sowie des Generalsekretärs durch ganz Sibirien geprägt. Um sich von der Lage vor Ort und den Potenzialen der Kohle, Erdöl- und Erdgasindustrie in den Regionen Orenburg, Tjumen' und Krasnojarsk nochmals zu überzeugen, reiste Kosygin mit seinem Stellvertreter Dymšic und Bajbakov sowie weiteren Ministern bereits im März in die Energiestädte. Das Regierungsorgan *Izvestija* begleitete diesen Besuch

31 In der Zeit von 1966 bis 1970 betrug der Anteil 15,2 Prozent und 16,8 Prozent im darauffolgenden Fünfjahresplan. 1978 betrug der Anteil bereits 20 Prozent. Die Regionen mit den größten Investitionen waren Tjumen' und Krasnojarsk. Der Anteil der Tjumen'er Region an den »sibirischen« Investitionen in der Erdöl- und Erdgasindustrie betrug im 8. Fünfjahresplan 23 Prozent, im 9. Fünfjahresplan 33 Prozent und im 10. Fünfjahresplan 50 Prozent. Der Kapitalaufwand aus dem Jahr 1965 in der Region stieg bis 1970 2,6-mal, 7,0-mal bis 1975, 7,8-mal bis 1977 und 15,9-mal im Jahr 1978, in: Chung: Interest representation, S. 49–50.

32 Zahlreiche Westsibirienlobbyisten reagierten darauf mit Zuspruch. Ligačev gab an, dass in der Oblast Tomsk die Exploration um das Zweifache ausgeweitet werden sollte. Trofimuk sprach sich dafür aus, dass es möglich sei, die Exploration auszuweiten, ohne die Produktion zu drosseln. Nekrasov erklärte, dass Westsibirien »jetzt die größte Brennstoff- und Energiebasis des Landes ist«, in: Chung: Interest Representation, S. 104.

medial, jedoch lediglich mit kleinen Notizen zu den Stationen des Premiers. So berichtete die *Izvestija* zwar auf der ersten Seite, dass Kosygin am 21. März nach Orenburg gekommen war, wo er die Gasverarbeitungsanlage besuchte und mit den Funktionären und Ingenieuren vor Ort sprach, dem ZK-Organ *Pravda* war dies jedoch nur einen kleinen Bericht auf der zweiten Seite wert. Vom 22. bis 24. März weilte Kosygin in der Oblast Tjumen' und Tomsk, wo er Objekte der Erdöl- und Petrochemie besuchte und wiederum mit Funktionären und Arbeitskräften sprach.[33]

Der Besuch wurde nun auch direkt mit dem 25. Parteitag der KPdSU und dem Auftritt des Generalsekretärs Leonid Brežnev auf dem Dezemberplenum 1977 in Beziehung gesetzt. Vom 25. bis 28. März besuchte Kosygin die Region Krasnojarsk, insbesondere die beiden großen Wasserkraftwerke, aber auch die Polarstadt Norilsk und die Kohlestädte Ačinsk und Nasarovo.[34] Dass die Versorgungsicherheit der Sowjetunion das wichtigste Anliegen seiner Dienstreise war, an der eben auch Dymšic, die Vertreter der Ministerien, zahlreiche Experten, das Lokalkomitee und Wissenschaftler Trofimuk teilnahmen, ging aus dem Protokoll hervor. Hierin ließ Kosygin für die Oblast Orenburg festhalten, dass man weitere Explorationsarbeiten durchführen sollte, um die Auslastung des Gaskombinats zu gewährleisten. Zudem sollte die Produktion von Ethan angehoben werden. Im dritten Quartal 1978 sollte der dritte Block im Gaskomplex in Betrieb gehen. Zu Tjumen' hieß es, dass es die größte Basis für die wachsenden Bedürfnisse der Energieversorgung und der Petrochemie sei. Schon jetzt solle ein Beschluss für die Jahre 1981–1985 vorbereitet werden, der die Entwicklung der Tjumen'er Industriestandorte im Eiltempo durchsetzen solle. Dafür war im ersten Punkt immer noch die Anhebung der Förderung in Tjumen' und Tomsk vorgesehen, in einem zweiten Punkt die Einstellung der Begleitgasverbrennung und die Nutzung des Begleitgases in der Volkswirtschaft, zudem sollte ein Programm für die Errichtung von Wärmekraftwerken in Westsibirien erarbeitet werden, die mit dem örtlichen Gas arbeiten und diese Wärme auf kurzen Distanzen weitergeben sollten. Zudem sollten die Kraftwerke in Westsibirien und im Volga-Ural-Gebiet, die für die Energiegewinnung immer noch Masut nutzten, auf sibirisches Erdgas umgestellt werden, um anschließend die westsibirischen Städte und die Verdichterstationen entlang der Pipelinetrassen mit Strom zu versorgen. Im Fernen Norden sollte im Eiltempo ein Kraftwerk erbaut werden, das mit dem Gas aus Urengoj Strom

33 Prebyvanie A. N. Kosygina v Tjumeni i Tomske, in: Pravda 84, 25.03.1978, S. 2.
34 Poezdka tov. A. N. Kosygina, in: Izvestija 74, 28.03.1978, S. 2.

produzieren sollte. Die Verkehrsinfrastruktur sollte weiter verdichtet werden, indem die ganzjährige Schifffahrt in den Fernen Norden der Region sowie die Bahnlinie zwischen Surgut und der Polarstadt Novyj Urengoj, also in der Nord-Süd-Richtung, fertiggestellt wurde. Auch sollte Tjumen'strojput' den Bau einer neuen Bahnlinie entlang der alten Polarmagistrale vom Hafen Labytnangi nach Novyj Urengoj, also in Ost-West-Richtung, gewährleisten. Zu diesem Zeitpunkt war sogar die Verlängerung der Strecke bis nach Norilsk, dem Zentrum der Nickelindustrie im Krasnojarskij Kraj, im Gespräch, obwohl sich der Bau dieses Streckenabschnitts bereits unter Stalin als äußert schwierig erwiesen hatte und deshalb gescheitert war. Man wollte auch einen kleinen Komplex für die Verarbeitung von Erdöl in Nižnevarstovsk einrichten, um direkt vor Ort Benzin produzieren zu können. Glavtjumenneftegaz sollte bis zum Ende des laufenden Fünfjahresplans in jedem Fall neue Lagerstätten in Betrieb nehmen, die in bisher nicht ausgebauten Regionen lagen, die Verkehrsnetze zwischen den Förderstätten sollten fertiggestellt werden. Auch sollte der Zivilbau, wie schon im Beschluss des ZK und des Ministerrats vom Mai 1977 ausgeführt, weiterverfolgt werden. Im siebten Punkt mahnte Kosygin an, die kritischen Aussagen über die schlechte Güterversorgung im Norden endlich ernst zu nehmen und entsprechende Schritte einzuleiten. Der Umfang der Güterversorgung sollte angehoben werden. In der Oblast Tomsk sollte die Erdölförderung unter Einbeziehung der erwiesenen und prognostizierten Reserven auf 25 Millionen Tonnen im Jahr 1990 angehoben und die Förderung bis dahin auch auf Quellen in der Region Krasnojarsk ausgeweitet werden. Zudem wollte man die Förderung in der Tomsker Oblast stärker ausbauen, die bisher lediglich 6 Millionen Tonnen betrug.[35]

Brežnev und der sowjetische Staatspropagandastab holten zu einem weiteren Coup aus: Am Tag der Rückkehr Kosygins brach Generalsekretär Brežnev aus Moskau zu einer Reise durch Sibirien auf, die medial intensiv begleitet wurde. Um seine militärischen und wirtschaftspolitischen Bestrebungen in Sibirien zu unterstreichen, galt Brežnevs Aufmerksamkeit den wirtschaftlichen und militärischen Projekten in der Region, unter anderem der Erdöl- und Erdgasindustrie in Tjumen' (wo Brežnev auf den Vorsitzenden des Lokalkomitees Bogomjakov traf),[36] der erdölverarbeitenden Industrie in Omsk, der Landwirtschaft in Novosibirsk, dem Maschinenbau, der Elektroenergie und der

35 Protokoll der Sitzungen in den Städten Orenburg, Tjumen und Tomsk, 21–24. März 1978, in: GARF, f. 5446, op. 112, d. 394, ll. 1–7. Zur Höhe der Förderung siehe: Dienes/Shabad: The Soviet Energy System, S. 47.1

36 Prebyvanie tovariša L.I. Brežneva v Tjumeni, in: Pravda 90, 31.03.13, S. 1.

Metallurgie in Krasnojarsk, der Buntmetallurgie, der Zellstoff, Papier- und Chemieindustrie und den Wasserkraftreserven in Irkutsk. In Novosibirsk, Čita, Chabarovsk sowie in Vladivostok, wo er die Pazifikflotte besuchte, fokussierte Brežnev auf militärische Themen und Standorte, wobei er von Verteidigungsminister Dmitrij Ustinov begleitet wurde.[37] Mit großem Pomp wurden Treffen mit regionalen Parteikollektiven, mit Komsomolzen und jungen Armeeangehörigen, die an der Baikal-Amur-Magistrale arbeiteten, arrangiert; die Treffen fanden statt, um die Mobilisierungsabsichten des Generalsekretärs in der Region einmal mehr zu zeigen. Dass es Brežnev bei dem Besuch unter anderem um eine Machtdemonstration gegenüber dem aufstrebenden China handelte, zeigten seine persönliche Aussage zu den »unklugen Chasaren«[38] vor seiner Reise bzw. ein in der *Pravda* erscheinenden Bericht über die sowjetisch-chinesischen Beziehungen[39], die sich spätestens nach dem bewaffneten Konflikt am Fluss Ussuri 1969 verschlechtert hatten.

Als Ergebnis der Reise Brežnevs nach Sibirien wurde ein Schreiben an das Politbüro, das Präsidium des Obersten Sowjet und den Ministerrat am 15. April 1978 in der *Pravda* abgedruckt. Die Reise habe »eine wichtige bei Rolle für die Erfüllung der Direktiven des 25. Parteitags der KPdSU über die komplexe Erschließung der natürlichen Reichtümer und die Entwicklung der Produktionskräfte Sibiriens und des Fernen Ostens, die eine wachsende Rolle in der Wirtschaft des Landes spielen«.[40] Auch den energetischen Ressourcen fiel dabei eine richtungsweisende Rolle zu. Es wurde unterstrichen, dass der Plan das grundlegende Instrument für die Realisierung der Wirtschaftspolitik der Partei sei, weshalb er unbedingt erfüllt werden müsse. Dies war nicht zuletzt auch ein Hinweis in Richtung aller, die ihre Aktivitäten immer noch lieber auf den zentralen Landesteil konzentrierten. Obwohl das Dokument erklärte, dass der

---

37 Roos: Sibirien zwischen Ökonomie und Politik, S. 45–46. Kurz zuvor hatte Brežnev den »Siegerorden« des Zweiten Weltkriegs verliehen bekommen, in: Oberender, Andreas: »Das Haupt unserer Partei und unseres Staats«. Führerschaft und Führerkult unter Leonid Brežnev, in: Ennker, Enno/Hein-Kircher, Heidi (Hg.): Der Führer im Europa des 20. Jahrhundert, Marburg 2010, S. 200–215, hier S. 203.

38 Dnevniki Anatolii Černjaeva, 1978, S. 10 (Tagebucheintrag vom 1. April 1975).

39 Realnosti i vymysli – K voprosu o sovetsko-kitajskom pograničnomu regolovanii, in: Pravda 91, 01.04.1978, S. 4.

40 An das Politbüro des ZK der KPdSU, das Präsidium des Obersten Rats der UdSSR, den Ministerrat der UdSSR Über die Ergebnisse der Reise des Generalsekretärs des ZK der KPdSU […] L. I. Brežnev in die Regionen Sibiriens und des Fernen Ostens, publiziert am 15. April 1978 in der Pravda, in: Černenko, K.U./Smirtjukov, M.S.: Rešenija Partii i Pravitel'stva po chozjajstvennym voprosam, Bd. 12: Ijul' 1977 g. – mart 1979 g., Moskau 1979, S. 251–253, hier S. 251.

»Sowjetunion eine Politik aus einer ›Machtposition‹ heraus fremd sei«, wurde die strategische Bedeutung der Region, wenn auch nur – wie offiziell erklärt – zu Verteidigungszwecken, sehr deutlich. Gegenüber den USA hieß es: »Ein großer Schritt auf dem Weg zu diesem Ziel kann der Abschluss eines langfristigen Übereinkommens zwischen der UdSSR und den USA über die Eindämmung der strategischen Offensivwaffen auf dem Prinzip Parität und der gleichen Sicherheit der Parteien sein.«[41] Auf keinen Fall wolle man eine neue Runde der Aufrüstung.

Die Kritik an der Reise des mittlerweile ernsthaft erkrankten Brežnev aus Politik- und Wirtschaftskreisen regte sich wohl weitestgehend hinter verschlossenen Türen. So berichtete der Tjumen'er Lokalfunktionär Bogomjakov dem Neftjanik Čurilov in einem privaten Gespräch von einem kranken Generalsekretär, der seinen Reisezug während des Gesprächs mit ihm nicht verlassen und während Bogomjakovs Rede abwesend und desinteressiert gewirkt habe.[42] Dennoch bezeichnete Bogomjakov die Reise später offiziell als einen wichtigen Impuls für die westsibirische Gasindustrie.[43] Das ZK-Mitglied Černjaev argwöhnte hingegen in seinem Tagebuch: »Leonid Ilič [Brežnev] ist mit dem Zug durch Sibirien und den Fernen Osten gereist. Es kann sein, dass dies tatsächlich geschah, um die dreisten Chinesen [...] zu erschrecken, aber möglicherweise auch, um mit ›der wichtigsten Angelegenheit des Landes‹ die Führung zu imitieren. Es begleitet ihn, neben Ustinov, auch Zamjatin [Direktor der sowjetischen Nachrichtenagentur TASS], der das Fernsehen, das Radio und die Presse mit Texten versorgt, die den Kult materialisieren – genauer gesagt, eine Wiederholung der Chruščeviady in einer absoluten Farce.«[44] Zwei Wochen später fügte Černjaev hinzu: »Die Moskauer Bevölkerung sagt einstimmig (sogar in den Trolleybussen), dass seine [Breževs] Reise nach Sibirien und in den Fernen Osten ein reiner Fernsehhumbug ist.«[45]

Doch die Kritik der Zeitzeugen traf den Kern der Brežnev'schen Politik nicht, denn die medial inszenierte Reise stellte ein persönliches Anliegen des Generalsekretärs dar, die trotz der offensichtlichen gesundheitlichen Beeinträchtigung Brežnevs durchgeführt wurde. Täglich erschienen Artikel auf der Titelseite der *Pravda*, das Fernsehprogramm *Vremja* (*Zeit*) berichtete »zu 75%« von der

41 Ders., hier S. 253.

42 Tchurilov: Lifeblood of Empire, S. 196–197.

43 Reč tovarišča G.P. Bogomjakova, in: Pravda 58, 27.02.1981, S. 7. Eben solches Desinteresse an der Ölindustrie unterstellt Čurilov Ryžkov. Čurilov kritisierte, dass dessen Besuche in Westsibirien eher touristischen Ausflügen glichen, in: Tchurilov: Lifeblood of Empire, S. 204–205.

44 Dnevniki Anatolii Černjaeva, 1978, S. 10 (Tagebucheintrag vom 1. April 1978).

45 Dnevniki Anatolii Černjaeva, 1978, S. 12 (Tagebucheintrag vom 16. April 1978).

Reise.[46] Während des Aufenthalts in Vladivostok entstand der Propagandafilm »Immer mit dem Volk« (»Vsegda s narodom«) unter der Leitung von Anatolij Ovsjannikov, Tat'jana Mitkova und El'vira Rachimova, der die Reise Brežnevs nach Sibirien und in den Fernen Osten, insbesondere in die Grenzregionen zu China und an den Pazifik, für das zentrale Fernsehen dokumentierte.[47] Auf dem 18. Parteitag des Komsomol am 25. April 1978 trat Brežnev schliesslich kurz nach seiner Heimkehr nach Moskau mit einer Rede auf, in der er seine Forderungen zur Entwicklung Sibiriens nun auch konkret für den westsibirischen Energiekomplex formulierte: »Lasst mich hier nur ein solches Gebiet hervorheben. Seine Wichtigkeit für die Zukunft des Landes nimmt von Tag zu Tag zu. Ich meine Westsibirien, genauer gesagt, die Region Tjumen'. In einem Zeitraum von zehn Jahren haben wie dieses Tajgaland in den Hauptproduzenten für Erdöl verwandelt. Eine mächtige Erdgas- und Chemieindustrie wird dort aufgebaut. Nicht länger sind Wald und Rentierpfade typisch für die Landschaft Tjumen's, sondern wachsende Städte, Öl- und Gasfelder, Eisenbahnlinien und Straßen. Und in welcher Größenordnung! 1 Million Quadratkilometer am Fluss Ob' werden entwickelt und besiedelt. [...] Wir werden von den Tjumen'er Reserven für viele Jahre leben. [...] In diesem Zusammenhang werden wir, oder genauer gesagt, haben wir bereits eine neue und kompliziertere Entwicklungsstufe in Westsibirien erreicht. Die Arbeit dort muss verdoppelt oder verdreifacht werden. Das ruft nach mehr Materialien, technischen Aufwendungen und nach einem Zustrom von Menschen. [...] Als die ›Offensive‹ auf Westsibirien gerade begann, wurde die Losung herausgegeben, sich seine Reichtümer nicht nach Zahlen, sondern mit Geschick anzueignen, das heißt mit modernen Technologien und Techniken. Und so viel ist hier schon erreicht worden.« Bei dieser Gelegenheit hob Brežnev auch die Fertigbauweise hervor, die es in Zukunft erlauben werde, den Förderertrag der Erdölindustrie zu vervierfachen. Dabei sollte besonders die Zulieferindustrie mit den Menschen, die »außerhalb Tjumen's arbeiteten«, gestärkt werden, um immer noch den Ausbau mit einem Minimum an Arbeitskräften voranzutreiben.[48]

Im Mai ging die sowjetische Presse noch weiter. Unter dem Titel »Sibirische Wucht« (»Sibirskij Razmach«) veröffentlichten die sowjetischen Medien in den Folgemonaten zahlreiche Artikel, Plakate und Filme über die Wirtschasftsentwi-

46 Dnevniki Anatolii Černjaeva, 1978, S. 10 (Tagebucheintrag vom 1. April 1978).

47 Film Vsegda s narodom (1978), online verfügbar unter: https://www.youtube.com/watch?v=vu7SbDiuA_E [26.07.2018].

48 Brezhnev, L.I.: Speech at the 18th Congress of the All-Union Leninst Young communist League. April 25, 1978, Moskau 1978, S. 11–13.

cklung Sibiriens. Am 1. Mai 1978 widmete die *Literaturnaja Gazeta* (*Literaturzeitung*) dem von den Wissenschaftlern der Sibirischen Abteilung der AN SSSR ausgearbeiteten Programm eine ganze Seite mit eben jener Überschrift »Die sibirische Wucht«.[49] Das von der Sibirischen Abteilung ausgearbeiteten Entwicklungsprogramm umfasste 24 einzelne Projekte und sollte von einer engen Zusammenarbeit zwischen Industrie und Wissenschaft gestützt werden. Die Akademie der Wissenschaften wurde vorerst zum Koordinator der Projekte ernannt. Neben der Erschließung Westsibiriens waren auch andere Projekte am Komplexprogramm beteiligt und wurden medial inszeniert, so etwa der Bau der Baikal-Amur-Magistrale, den die Sibirische Abteilung schon seit einigen Jahren als branchenüberschreitendes Komplexprogramm betreute. Das Sibirienprogramm sollte jedoch nicht nur die Ressourcenförderung umfassen, sondern auch Lösungen für die sozialökonomischen Probleme finden.

Die *Pravda* beteiligte sich ebenfalls an der Medienkampagne: Im Mai 1978 richtete die *Pravda* die neue Rubrik »Den östlichen Regionen – eine komplexe Entwicklung« (»Vostočnym rajonam – kompleksnoe razvitie«) ein, die die Ressourcenerschließung und die wirtschaftliche und soziale Entwicklung in verschiedenen Teilen Sibiriens thematisierte und damit die Ernsthaftigkeit der politischen Intentionen untermauerte.[50] In der Rubrik erschienen umfangreiche Artikel zu Tjumen', unter anderem zu der Ausbildung von jungen künftigen Spezialisten der Branche am Industrieinstitut in Tjumen'.[51] Ebenfalls wurde eine neue Wohnungsbaukampagne in den (sub)polaren Erdöl- und Erdgasstädten medial begleitet, in deren Rahmen Tausende von Quadratmetern Wohnraum in Gebäuden der nördlichen Ausführung entstehen sollten.[52] Zudem wurde über Landwirtschaftsprojekte am mittleren Flusslauf des Ob' berichtet.[53] Der Wohnungsbau, das auch aus der persönlichen Erfahrung des *Pravda*-Journalisten Stanislav Vtorušin dringendste Problem,[54] wurde in zahlreichen weite-

---

49 »Sibirskij razmach« (dt. »Die sibirische Wucht«) war der Titel der Seite in der Zeitschrift *Literaturnaja gazeta*. Zu diesem Thema erschienen zwei Artikel. Die Informationen stammen aus dem Artikel von Marčuk, G.: Vychod na otrasl', in: Literaturnaja gazeta 18, 01.05.1978, S. 10.

50 Beispielsweise: Staruchin, A.: Ozero dlja vsech, in: Pravda 135, 15.05.1978, S. 3; Petrov, G.: Kak že bez Kluba? In: Pravda 146, 2605.1978, S. 2; Žukov, A./Isaev, A.: Lesa osobogo naznačenija, in: Pravda 155, 04.06.1971, S. 3.

51 Tchurilov V./Bakstanovskij, V.: Mera zrelosti, in: Pravda 137, 17.05.1978, S. 3.

52 Vtorušin, S./Murzin, A.: Gorod est' – gorod budet …, in: Pravda 168, 17.05.1978, S. 2.

53 Vtorušin, S.: Pojma stanet polem, in: Pravda 148, 28.05.1978, S. 2.

54 Vtorušin, Stanislav V.: Zolotye gody: Povestvovanie o žizni, online verfügbar unter: http://www.akunb.altlib.ru/files/LiteraryMap/Personnels/Vtoryshin.html [12.09.2012].

ren Artikeln umrissen.[55] Dem folgte schließlich in einem anderem Artikel der Rubik »Vostočnym rajonam – kompleksnoe razvitie« auch die Beteuerung: »Jetzt, nach der Reise Leonid Ilič Brežnevs in die Regionen Sibiriens und des Fernen Ostens, haben sich die Aufmerksamkeit und die Hilfe an diese Regionen spürbar verstärkt.«[56]

Auch Plakate[57] generierten ein positives Bild der sibirischen Entwicklung: Noch auf dem von M. N. Avvakumov entworfenen Propagandaplakat zum 26. Parteitag der KPdSU lagen nur drei der zehn zu erfüllenden Wirtschaftsprojekte auch in Sibirien (Erdölregionen in Tjumen'er Oblast, die Baikal-Amur-Magistrale, die Sajano-Šušenskaja GĖS).[58] Doch 1978 rief ein Plakat von V. N. Fekljaev zum Aufbruch zu den großen Industrieprojekten Sibiriens auf, indem es einen Mann in einem Flugzeug darstellte, der winkend zu den wirtschaftlichen Großprojekten Sibiriens aufbrach.[59] 1980 ließen sich dann bereits die Ergebnisse präsentieren; so zeigt das Plakat von B. A. Parmeev die »Sibirische Wucht« in unzähligen Hochhäusern, Wasserkraftwerken, Brücken, Petrochemie, Landwirtschaft, Schienen und Bohrtürmen breit aufgefächert zwischen den Händen eines Arbeiters.[60] Auch mit Filmen schürte die Propaganda in allen Landesteilen die Westsibirieneuphorie: Im November 1978 wurde deshalb der Film »Die Risiko-Strategie« (»Strategija Riska«) des Regisseurs Aleksandr Proškin ausgestrahlt.[61] Der Film lehnte sich an die Biographie des sibirischen Geologen

55 U. a. Vtorušin, S.: Mnogoetažnaja tundra, in: Pravda 55, 24. Februar 1978, S. 3; Vtorušin, S./Murzin, A.: Žil'e dlja severjan, in: Pravda 171, 19.06.1976, S. 2.

56 Zitat aus der Rubrik »Vostočnym rajonam – kompleksnoe razvitie«: Saunin, V.: Celebnye vody Kamtčadki, in: Pravda 169, 18.06.1978, S. 3.

57 Zu Plakaten in der Sowjetunion siehe: Waschik, Klaus/Baburina, Nina: Werben für die Utopie. Russische Plakatkunst des 20. Jahrhundert, Bietigheim-Bissingen 2003.

58 Avvakumov, M. N.: »Rešenija XXVI s«ezda vypolnym!« Plakat, 1976, online verfügbar unter: http://eng.plakaty.ru/posters?cid=1&part=1976&id=1404 [09.08.2013].

59 Fekljaev, V. N.: »Daeš Sibir'!« Plakat, 1978, online verfügbar unter: http://www.plakaty.ru/posters?cid=4&sort=year&part=1978 [09.08.2013].

60 Parmeev, B. A.: »Sibirskij razmach!« Plakat, 1980, online verfügbar unter: http://eng.plakaty.ru/posters?cid=4&part=1980&id=721 [09.08.2013].

61 Informationen zum Film »Strategija Riska« online verfügbar unter: http://www.kino-teatr.ru/kino/movie/sov/6834/annot/ [04.05.2018]. Beide Teile des Films stehen online zur Verfügung: Film Strategija Riska, Serija 1 (1978), online verfügbar unter: https://www.youtube.com/watch?v=7kxdRRrlLW0 [05.01.2019]; Film Strategija Riska, Serija 2 (1978), online verfügbar unter: https://www.youtube.com/watch?v=7qur2JF6QtI [05.01.2019]. Zur sowjetischen Medienkultur äußert sich Kristin Roth-Ey folgendermaßen: »Die sowjetische Kultur war damals charakteristischerweise sowohl zukunftsorientiert als auch nostalgisch; vergangener und zukünftiger Ruhm waren ihre Polarsterne. Das Gegenwärtige, das Gewöhnliche und das Persönliche tendierte dazu, von der kulturellen Karte in die Bedeutungslosigkeit zu gleiten, wenn es nicht mit dem großen Lauf der Geschichte verbunden war.« In: Roth-Ey: Moscow Prime Time, S. 4.

Farman Salmanov an und entwarf das Bild eines Mannes, der zu Beginn der 1960er Jahre gegen die lethargische Position seiner Vorgesetzten revoltiert und in eigenmächtiger Verantwortung den Umzug der von ihm angeführten geologischen Erkundungsgruppe in den Norden der Tjumen'er Oblast vorbereitet hatte und durch seinen Erfolg letztlich zum ersten Geologen der Produktionsvereinigung wurde.

Im Jahr 1978 wurde die Sibirische Abteilung der Akademie der Wissenschaften damit beauftragt, ein Programm für die Koordination des gesamten wirtschaftlich-sozialen Aufbaus der Region zu erarbeiten. In diesem Programm, das 24 verschiedene Industriestandorte in Sibirien umfasste, war der Erdöl- und Erdgaskomplex in Tjumen' eine der grundlegenden Regionen, da die Bereitstellung von Energie als Basis für ein gelungenes wirtschaftliches Erblühen galt. Die Sibirische Abteilung behielt diese Koordinationsaufgabe bis in die 1980er Jahre; von 1984 bis 1988 wurde per Beschluss das GKNT zum Hauptkoordinator ernannt.[62] Der Geologe Trofimuk rechnete damit, dass Sibirien nun für lange Zeit die wichtigste Energiebasis des Landes bleiben werde, und zwar davon ausgehend, dass ab den 1980er Jahren für mindestens die kommenden 10–15 Jahre die neuen Produktionsschübe an Öl und Gas allein aus Westsibirien stammten. Erneut stellte Trofimuk die Behauptung auf, dass es trotz der hohen Transportkosten immer noch günstiger sei, aus den höherliegenden Schichten des polaren Nordens Erdöl zu fördern, als Tiefenbohrungen im westlichen Landesteil durchzuführen. Große Erwartungen an das Programm hatten diejenigen, die eine Erforschung der Permafrostregion für unabdingbar hielten.[63]

Der Komsomol wurde mit seinen »neuen Formen der kulturellen Patenschaft« in die Propaganda in und um Sibirien miteinbezogen. In Tjumen' wurden jährlich Literaturtage mit in- und ausländischen Gästen durchgeführt, für die Arbeiterschaften diverser Großprojekte wurden Kunsttage durchgeführt. Zahlreiche Initiativen hatten sich in Sibirien gebildet, und die Reise Breżnevs sorgte für zusätzlichen Auftrieb: Dabei sollten auch kulturelle Initiativen eine große Rolle spielen, so der Auftritt von bekannten Künstlern in den entlegenen Regionen Sibiriens in den Sommermonaten, in denen die Theater in den sowjetischen Großstädten ohnehin geschlossen waren.[64] Die Kampagne wurde vom Department für Propaganda des ZK und vom lokalen Parteikomitee voll unterstützt,

62 Trofimuk: 40-let brojenija, S. 81–84.

63 Beschluss über technische Lösungen im Permafrost vom 20. Januar 1977, in: RGAĖ, f. 9480, op. 12, d. 459, ll. 66–68.

64 Ohne Autor: Razvivaja kul'turnoe šefstvo, in: Pravda 171, 20.06.1978, S. 1.

welches im Juni zu einem Runden Tisch mit Vertretern der größten Zeitungen und Journale einberufen hatte, an dem unter anderem die *Ėkonomicheskaja gazeta* teilnahm. Das dreitägige Meeting wurde dabei – wie nun so viele Initiativen und Äußerungen – direkt mit der Reise Breżnevs verbunden.[65]

Auch die Gasindustrie selbst machte nun mobil. Die Maiausgabe der Fachzeitschrift *Gazovaja Promyšlennost'* ließ für einen Moment die sonst häufiger im Vordergrund stehenden technischen Errungenschaften und Details verschwinden und berichtete auf den ersten zwanzig Seiten vom sozialistischen Wettbewerb. Die großen Fortschritte der Gasindustrie im Jahr 1977 wurden unterstrichen: Die erfolgreiche Förderung in Orenburg, das Erreichen des Niveaus von einer täglichen Fördermenge von 1 Milliarde Kubikmeter nach nur zwei Monaten, der erfolgreiche Aufbau der Förderung in Medvež'e. Neben einigen Kollektiven, die nach Aussage eines Artikels seit mehreren Jahren erfolgreich arbeiteten, wurde dem Komsomol eine große Rolle bei der Erschließung Westsibiriens und in der Gasindustrie allgemein zugesprochen. Die Seiten wurden gefüllt mit allgemeinen Losungen wie »Der Fünfjahresplan der Effektivität und Qualität – eine Arbeitsgarantie«, »Nicht einer soll am Rande stehen« und »Das Gewissen des Arbeiters – der beste Kontrolleur«[66], aber auch speziellen Losungen für die Gasindustrie wie »Das reparierte Aggregat – eine Arbeitsgarantie«[67].

Grundsätzlich ist festzuhalten, dass Breżnevs Sibirienkampagne im Frühjahr 1978 im Gegensatz zu Kosygings Dienstreise nicht im speziellen der Weiterentwicklung der Energieindustrie galt, sondern vielmehr der wirtschaftlichen und militärischen Aufwertung Sibiriens. Sie war ein persönlich motiviertes Unternehmen, gegen außen wirtschaftliche und militärische Präsenz und damit Stärke zu demonstrieren, und gegen innen die Mobilisierungsbestrebungen, die Breżnev in Sibirien seit Jahren verfolgte, zu bekräftigen. Auch wenn der Erdöl- und Erdgaskomplex in Westsibirien nur ein Teil der Breżnevschen Sibirienstrategie war, so bewirkte die Reise doch eine Aufwertung der dortigen Industrien, wovon die Extraktionsindustrien in der Folgezeit profitieren sollten.

65 Chung: Interest Representation, S. 105–106.
66 Cegel'skij, A.: Udarnomy godu – udarnyj trud, in: Gazovaja Promyšlennost' (1978) 9, S. 2–3.
67 Kaširov, S.S.: Socialističeskoe sovrevnovanie – važnyj reserv povyšenija effektivnosti otrasli, in: Gazovaja Promyšlennost' (1978) 5, S. 1–4.

10.3 Das Schicksalsjahr 1979

In den späten 1970er Jahren kam es zu zahlreichen Wechseln in der politischen Führung in Moskau. Der seit 1965 amtierende Erdölminister Šašin verstarb am 22. März 1977 in Moskau. Sein Nachfolger wurde sein Erster Stellvertreter Nikolaj Mal'cev, ein klassischer Neftjanik, der als junger Mann das traditionsreiche Erdölinstitut in Groznyj abgeschlossen und anschließend als Erdölingenieur im Volga-Ural-Gebiet sowie in Perm' und ab 1972 im Ministerium gearbeitet hatte und mit den Problemen der Erdölindustrie engstens vertraut war. Doch auch Premier Aleksej Kosygin ging es zusehends schlechter. Er erlitt mehrere Herzinfarkte, und die unterschwelligen Konflikte in der politischen Führungsspitze setzten dem als korrekt und arbeitsam geltenden Premier zu. Zunächst fand die von ihm eingeschlagene energiepolitische Linie auch neben dem Sibirienprogramm zahlreiche Anhänger, nicht zuletzt Brežnev selbst. Doch parallel zu den schwindenden energiepolitischen Optionen in den Jahren 1979 und 1980 verschlechterte sich Kosygins Gesundheitszustand zusehends. Im Oktober 1980 bat Kosygin schließlich um seinen Rücktritt, am 18. Dezember 1980 verstarb er. Sein Nachfolger wurde Nikolaj Tichonov, der Erste Stellvertreter des Ministerratsvorsitzenden, der schon zuvor gegen Kosygin intrigiert hatte und diesen Posten auch mit Brežnevs Zustimmung übernahm.[68] Zeitgleich mit Kosygins verschlechtertem Gesundheitszustand änderte sich auch die Sibirienpolitik, wie im Folgenden aufgezeigt wird.

Im Juli 1978 erhielt Dymšic ein Schreiben, in dem die immer noch unzureichenden Maßnahmen bei den Bauvorgängen in Tjumen' kritisiert wurden. So ziemlich alle wichtigen Knotenpunkte, der Straßenbau, der Zivilbau, die von Baubrigaden diverser sowjetischer Republiken übernommen wurden, waren noch immer im Rückstand. In sämtlichen Polarstädten waren besonders die nicht direkt mit der Ressourcenextraktion in Zusammenhang stehenden Arbeiten in Verzug, so dass die Lebensqualität noch immer nicht hoch war.[69] Auch beim Eisenbahnbau, sowohl in den Polargebieten als auch auf der Strecke Tjumen'–Tobolsk, wurde häufig Sinn und Zweck des Baus hinterfragt. Böse Zungen behaupteten durchaus, dass es sich dabei um »Wege ins Nichts« handele, obwohl die wenigen Strecken überlastet waren. So war die Strecke Tjumen'–Surgut, die 1977 in Betrieb genommen wurde, immer noch das einzige »Tor

68 Andrijanov: Kosygin, S. 346–348.

69 Schreiben aus der Abteilung für Brennstoffe und Energie an Dymšic, vom 21. Juni 1981, unterzeichnet von V. Fedanov und V. Vasil'ev, in: GARF, f. 5446, op. 140, d. 484, ll. 1–8.

zum Öl- und Gasnorden«. Der Bau der »Stahlmagistrale« von Surgut nach Urengoj war bereits auf dem 25. Parteitag der KPdSU beschlossen worden, doch immer noch hielt der Aufbau der Infrastruktur nicht mit der Förderung mit.[70] Es bleibt jedoch fraglich, ob die in den Wissenschaftskreisen der Provinz seit langem diskutierten Punkte in Moskau tatsächlich Aufmerksamkeit erhielten, denn der befürchtete Wachstumseinbruch bei der Brennstoffförderung lenkte die Diskussion in eine andere Richtung.

Im September 1978 wurde ein lang erwarteter Bericht des Wissenschaftlers Mel'nikov in Führungskreisen, im Besonderen von Premier Kosygin, rezipiert, der erneut die Entwicklungsprobleme des Erdöl- und Erdgassektors der UdSSR zu eruieren suchte. Darin gab Mel'nikov zu, dass sowohl der Atomkraftwerksbau in Leningrad und Kursk als auch die Kohleförderung nicht im gewünschten Umfang hatten realisiert werden können. Gegenüber dem Blockgegner USA befürchtete Mel'nikov daher, in Rückstand bei der Elektrizitätsproduktion zu geraten. Daher sah es so aus, als ob nur das Erdgas den 10. Fünfjahresplan durch eine Anhebung der Förderung in Westsibirien, vorwiegend in Urengoj, noch retten konnte. Insgesamt sollte das Mingazprom 10 Milliarden Kubikmeter Erdgas mehr zur Verfügung stellen und damit auch die benötigte Elektroenergie produzieren. Dafür sei insbesondere die rechtzeitige Fertigstellung der Transportkapazitäten aus dem Tjumen'er Norden in die Zentralregionen notwendig, die gegenwärtig ebenfalls zurückgeblieben sei, in allererster Linie die Pipeline mit der Trassenführung Urengoj–Vyngapur–Čeljabinsk–Zentrum, die den Ural und das Zentrum gleichermaßen versorgen sollte. Dafür sollten dem Mingazprom Kapitalinvestitionen vom Gosplan zur Verfügung gestellt werden. Die Kommission unter Mel'nikov stellte mit Bedauern fest, dass man die Kondensatproduktion seit 1977 keineswegs ausgeweitet hatte und diese weiterhin lediglich 10 Millionen Tonnen pro Jahr von den erwiesenen 961 Millionen Tonnen betrug. Der vom Gosplan vorgeschlagenen Senkung der Erdölförderung müsse sich die Kommission ebenfalls anschließen. Dies sei vor allem der verpassten Erschließung neuer Lagerstätten und den vermiedenen Explorationsarbeiten, besonders in den tieferen Segmenten, geschuldet. Die Kommission forderte das beherzte Eingreifen des Gosplan, der sowohl das Mingeo als auch das Minnefteprom in die Verantwortung nehmen müsse. Dass das Minnefteprom den Zuwachs bei den Reserven noch um die Hälfte des vom Gosplan angedachten Niveaus drücken wolle, »sei unbegründet«. Auch solle das Minnefteprom nochmals prüfen, ob man nicht noch in Tjumen', Komi, Perm' und Udmurtien mehr

70 Makarov, I.: Transportnyj faktor, in: Pravda 270, 27.09.1978, S. 2.

Erdöl fördern könne als ursprünglich vorgesehen. Gleichzeitig hielt Mel'nikov an der Atomstrategie fest und sprach dem Kraftwerksbau »größte Priorität« zu.[71]

Die von Mel'nikovs Kommission geforderte Unterstützung des Atomsektors schien den gesundheitlich angeschlagenen Premier Kosygin im Frühjahr 1979 zu überzeugen. Nun war neben der Energieversorgung von der weiteren Gestaltung des Wirtschaftssystems durch stärkere Leitungen und vom wissenschaftlichen Fortschritt die Rede. Neben der Atomenergie sollten vorerst die Kohle aus Kansk-Ačinsk und das sowjetische Erdgas Versorgungssicherheit gewährleisten. Mit den frei gewordenen Kapazitäten der Öl- und Gasindustrie wollte Kosygin vor allem den wachsenden Energiebedarf des kapitalistischen Auslands befriedigen. Jedoch galt eine Kohle- und Atomstrategie auch der Vermeidung langer Transportwege aus den östlichen in die westlichen Regionen und der Einsparung von »organischen Brennstoffen«.[72] Es schien, als hätten die Atomčiki (Atomindustriearbeiter) den Premier nun vollends überzeugen können. Dabei war Kosygins Haltung gegenüber der Atomindustrie aufgrund der hohen Kosten für den Bau der Atomkraftwerke nicht immer nur positiv gewesen. So hatte Kosygin bei der Planung von Kernkraftwerken die Verantwortlichen die Bauvorhaben immer wieder umarbeiten lassen, bis sich eine für die Staatsfinanzen erträgliche Kosten-Nutzen-Balance ergeben hatte. Gleichzeitig wurde der finanzielle Druck auf den Premier immer größer, denn das Staatsbudget für 1979 schien insgesamt derart zu kippen, dass die Finanzmanager sogar die Benzinpreise anheben wollten, um den Staatshaushalt zu retten. Kosygin lehnte ein solches Vorgehen jedoch entschieden ab.[73]

Ein weiterer – weniger ausführlicher – Bericht von Styrikovič an Kosygin vom 2. Juli 1979 glaubte, ein Schlupfloch vorwiegend in der billigen sibirischen Kohle zu finden, und unterstützte damit die vorangegangenen Berichte. Styrikovič favorisierte die Kohle aus Kansk-Ačinsk, die er – trotz des ungelösten Transportproblems – sogar zum Aushängeschild der Sowjetunion machen wollte: »Auch in der Epoche des billigen Erdöls ist auf die Kohle zu setzen. In anderen Ländern stagniert der Kohleabbau, bei uns nicht.«[74] So plädierte Styrikovič ebenfalls dafür, die Atomindustrie sowie den komplexen Ausbau der Wasserkraft in den Fokus zu nehmen. Dieser Bericht blieb jedoch weitaus weniger scharfzüngig als der des Genossen Mel'nikov.

71 Schreiben von V.A. Kirillin an den Ministerrat vom 21. September 1978 mit dem Bericht von Mel'nikov, in: RGAĖ, f. 9480, op. 12, d. 760, ll. 192–205.

72 Reč' tovarišča A.N. Kosygina, in: Pravda 61, 02.03.1979, S. 2.

73 Andrijanov: Kosygin, S. 296.

74 Schreiben mit den Materialien zur Entwicklung der Brennstoff- und Energiebalance von v. Kirrilin an A. Kosygin vom 2. Juli 1979, in: RGAĖ, f. 9480, op. 12, d. 1120, ll. 35–56, hier l. 38.

Für niemanden waren die beschriebenen Probleme, besonders bezüglich des Erdölsektors, etwas Neues; seit der ersten Hälfte 1970er Jahre hatten sich diese im Bewusstsein der höchsten politischen Führung kumuliert. Nun wurde die Diskussion in den Wissenschaftskreisen fortgesetzt, geprägt von Briefwechseln und Untersuchungen, bis sich in den Jahren 1978 und 1979 herauskristallisierte, dass man die volle Ausschöpfung der Erdöllagerstätten beziehungsweise eine Sekundär- und Tertiärförderung trotz des Vorhandenseins zahlreicher Methoden zu diesem Zeitpunkt technisch nicht würde gewährleisten können.[75] Bereits am 6. März 1978 hieß es seitens des Wissenschaftlichen Rats des GKNT, dass die »Vollständigkeit der Extraktion des Erdöls aus den Lagerstätten im Endeffekt der allerwichtigste Parameter des wissenschaftlich-technischen Progresses bei der Ölförderung und in der Erdölindustrie als Ganzes sei. [...] von dieser Entscheidung hängt grundlegend das Niveau der Erdölförderung in den kommenden 10–15 Jahren ab«.[76] Die bisher gültige Anweisung des Beschlusses Nr. 700 vom 26. August 1976 hatte enthalten, dass man die Erdölabgabe der Schichten bis 1980 um 3 Prozent steigern wollte. Durch die Anwendung neuer Technologien 1976–1980 hätten bereits 4,9 Millionen Tonnen Erdöl mehr gefördert werden sollen. Doch weder der geplante Einsatz von Technologien noch eine Anhebung der Förderung sei bisher erreicht worden.[77] Dabei hatte man im Sommer 1978 noch darauf gehofft, von den sozialistischen Verbündeten weitere technische Hilfe zu beziehen.[78]

75 Mit Sekundärförderung werden Methoden wie das Einpressen von Wasser (Wasserflutung) bezeichnet, mit Tertiärförderung das Einpressen von Heißdampf, Gasen oder Polymeren, die die Viskosität des zuletzt zähflüssigen Öls steigern sollen.

76 Entscheidung des Wissenschaftlichen Rates für Erdöl- und Erdgasprobleme des GKNT vom 6. März 1978, in: RGAĖ, f. 9480, op. 12, d. 824, l. 26.

77 Schreiben von N. Petrovičev an V. Dymšic vom 23. Mai 1979, in: RGAĖ, f. 9480, op. 12, d. 1185, ll. 130–131. Bereits am 25. September 1978 war eine Sitzung einberufen worden, die die verpassten Möglichkeiten und das Unterlassen von Praxistransfers im Lichte des Beschlusses von 1975, bei dem der Ministerrat eine verbesserte Nutzung der Bodenschätze beschlossen hatte, analysieren wollte. Es sollten nun Resultate gesichtet und eingeschätzt werden. Eine Kommission kam zu dem bekannten Beschluss, dass immer noch sehr viel Erdöl nach der maximalen Beförderung in den Lagerstätten verbleibe, nämlich 55–75 Prozent Erdöl, bis zu 70 Prozent der Kaliumsalze sowie 15–40 Prozent des Erdgases. Auch die Verbrennung von Begleitgas sei immer noch sehr hoch; die Industrie habe im auslaufenden Fünfjahresplan schon 800 Millionen Rubel in Fackeln verbrannt, für den 10. Fünfjahresplan rechne man mit 1 Milliarde Rubel, die so in der Atmosphäre verschwänden, in: Sitzung des Ministerrats der UdSSR vom 25. September 1978 sowie im detaillierten Protokoll ein Beleg zum vierten Tagesordnungspunkt, in: RGAĖ, f. 9480, op. 12, d. 1184, ll. 1–4.

78 Sitzungsprotokoll des Ministerratspräsidiums vom 20. Juni 1978, uz. A. Kosygin, in: RGAĖ, f. 9840, op. 12, d. 1185, l. 158.

Doch der Missstand hatte bisher nicht behoben werden können, denn die Wissenschaftler des GKNT hatten zwar technische Neuerungen getestet, um eine steigende beziehungsweise stabile Förderung aus den Lagerstätten zu gewährleisten, doch wurde keine der Methoden auch tatsächlich angewendet. Zudem erwies sich das Problem der Ineffizienz mit dem Blick auf die USA als scheinbar unlösbar, denn in der Sowjetunion arbeiteten fünfmal mehr Personen an einem Bohrloch als in den USA, was den geringen Grad der Mechanisierung und Automatisierung belegte.[79] Der technische Rückstand trat bei den Bohrungen selbst und in vielen Bereich des Downstreamsektors auf. Daher hatte man für den 10. Fünfjahresplan beschlossen, dass die Abteilung für Mineralressourcen und das Minnefteprom gemeinsam mit anderen interessierten Institutionen neue technische Lösungen für die Förderung, für die Automatisierung der Ölwirtschaft und für die tiefen beziehungsweise übertiefen Bohrungen finden sollten. Das GKNT wollte dann auch diese Neuerungen gleich für das Minnefteprom in Produktion geben. Im Sommer/Frühherbst sollte das Problem aus zwei Richtungen angegangen werden: erstens in Richtung einer zukünftigen Vermeidung von Fehlern und zweitens in einer Untersuchung der gemachten Fehler. So beschlossen Ministerrat und ZK im Juli 1978, dass das GKNT diese unerträglichen Zustände beheben sollte.[80]

Auch die »zusätzliche Auspressung von Erdöl aus den erschöpften Lagerstätten«[81] hatte das Ministerratspräsidium am 4. Oktober 1978 angeordnet, wie ein Bericht vom Frühjahr 1979 zeigte. Denn die Wasserflutung, die auch in der Primärförderung weitläufig angewandt wurde, hatte selbst nur bei wenig viskosem Erdöl eine Förderung von 50 Prozent des Erdöls einer Lagerstätte erlaubt, bei viskosem Erdöl seien es sogar lediglich 20 Prozent gewesen, so dass ein Großteil des Öls immer noch in den Lagerstätten verblieben war. Dieses sollte man nun doch noch fördern, obwohl einige Lagerstätten bereits aufgegeben worden waren. Im Mai 1979 legte ein Bericht jedoch dar, dass auch die dabei angewandten Methoden – Hochdruck, Heißdampf, Heißwasser – nicht aus-

79 Schreiben des Erdölministeriums an den Ministerrat »Über das technische Niveau der Erdölindustrie« vom 17. Mai 1979, in: RGAĖ, f. 9840, op. 12, d. 1185, ll. 237–252.

80 Schreiben von S. Gamzatov an G.V. Aleksenko »Über das technische Niveau der Produktion in der Erdölindustrie« vom 10. August 1979, in: RGAĖ, f. 9480, op. 12, d. 1185, ll. 256–260, hier l. 259. Siehe auch: Schreiben des Erdölministeriums an den Ministerrat »Über das technische Niveau der Erdölindustrie« vom 17. Mai 1979, in: RGAĖ, f. 9840, op. 12, d. 1185, ll. 237–252.

81 Schreiben des Vorsitzenden des Komitees für Volkskontrolle, Školnikov, »Über [...] die größtmöglichen Auszug von Erdöl aus den Lagerstätten« vom 12. April 1979, in: RGAĖ, f. 9480, op. 12, d. 1185, ll. 120–127, hier l. 121.

reichten, um den im Beschluss von 1976 für das Minnefteprom aufgestellten Plan zu erfüllen. Denn mit den Methoden gelang die Sekundär- und Tertiärförderung nur zu 70 Prozent; betroffen waren Lagerstätten in Kasachstan, Baschkortostan und der Ukraine, zumal weitere wirtschaftliche Missstände auftraten. Die Arbeiten erfolgten – wie gewöhnlich – verspätetet und ließen die dafür aufgestellten technischen Plänen außer Acht, soweit man überhaupt schon mit der Planung begonnen hatte. Durch die Nachlässigkeit waren in einigen Lagerstätten aufgrund verschiedener, auch geologischer Faktoren die Möglichkeit zur Auspressung weiteren Öls schon erheblich gesunken, was zu immensen finanziellen Einbußen führte. Einige Produktionsvereinigungen würden die Missstände bei ihren monatlichen Berichten an das Ministerium absichtlich verfälschen und verheimlichen. Besonders die Produktionsvereinigungen in Kasachstan seien von Minderproduktion betroffen. Uzen' erfülle seine Planvorgaben schon lange nicht mehr, statt des geplanten Förderzuwachses sei die Förderung extrem gesunken. Da half auch beispielsweise die Dampftechnik nicht mehr, die Embaneft' mithilfe von drei in Japan erworbenen Dampfgeneratoren im Wert von 1 Millionen Rubel zur Auspressung anwenden sollte. Die schlichtweg schlechte Bedienung der Generatoren hatte zur Folge, dass sie nur auf 50 Prozent ihrer Leistungsfähigkeit liefen. In Baschkortostan war es die Uneinigkeit der Spezialisten über die Methoden der sekundären und tertiären Förderung über einen Zeitraum von nunmehr 15 Jahren, die zwar zu Testversuchen, aber erst im Oktober 1978 zu einer Anordnung der Anwendung durch das Ministerium geführt hatten. Dass alternative Fördermethoden erfolgreich angewandt würden, entspräche nicht der Realität. Im vergangenen Jahr, 1978 hätten fünf von acht Produktionsvereinigungen ihre Planziele bezüglich der Methoden nicht erreicht. Zusätzlich sei anzumerken, dass die dafür im Speziellen gegründeten Produktionsvereinigungen Sojuztermneft' und Sojuzneftepromchim den Förderregionen bisher keinerlei praktische Hilfe bei der Umsetzung der neuen Methoden leisteten. Wenn man nicht endlich mit der Umsetzung des Erlasses beginne, dann gleiche dies einer Torpedierung. Gleichzeitig drohte das vom Vorsitzenden für Volkskontrolle unterzeichnete Schreiben Einzelnen mit Strafen: Diejenigen Personen, die an der falschen Anwendung der Technik schuld seien, würden den lokalen Parteikomitees gemeldet und zur Verantwortung gezogen werden; ebenfalls werde die Ministerialführung in Moskau informiert.[82] Ein weiteres Mal blieb

82 Schreiben des Vorsitzenden des Komitees für Volkskontrolle, Školnikov, »Über [...] die größtmöglichen Auszug von Erdöl aus den Lagerstätten« vom 12. April 1979, in: RGAÈ, f. 9480, op. 12, d. 1185, ll. 120–127.

nur der Verweis auf die Verspätungen und Ausfälle der Zulieferindustrien des eigenen und anderer Ministerien, ohne dass man konkrete Probleme beheben konnte oder wollte.[83] Besonders dem Minnefteprom wurde nun, immer mit Blick auf die USA, ein weitreichendes Versagen attestiert.[84] Deshalb blieb dem Ministerrat und dem GKNT nichts anderes übrig, als erneut die Erfüllung aller notwendigen Maßnahmen durch die Ministerien anzuordnen.[85]

Zudem wurde im Dezember 1978 das tatsächliche Ausmaß einer technischen Katastrophe in der westkasachischen Lagerstätte Uzen' bekannt, obwohl man in den 1960er Jahren ebensolche Hoffnungen auf die Lagerstätte gesetzt hatte wie in die »Giganten« Tjumen's. Doch spätestens im Verlauf der Förderung hatte sich herausgestellt, dass das dickflüssigere Erdöl in Uzen' nur unter Anwendung zusätzlicher technischen Methoden förderbar war. Laut der für die Lagerstätte ausgestellten Förderschemata war es dafür notwendig, eine bestimmte Menge heißes Wasser in die Lagerstätte zu pumpen. Doch hatten sich die Erdölingenieure – vermutlich aufgrund des politischen Drucks – nicht an das Schema gehalten, weshalb der Druck in den Schichten gesunken war. 1972/1973 war überhaupt kein heißes Wasser in die Flöze gepumpt worden, man habe stattdessen kaltes Meerwasser mit hohem Salzgehalt genutzt, welches die Korrosion zusätzlich verstärkt habe. Zudem waren mehrere Schichten zugleich abgebaut worden, wahrscheinlich um schneller die geforderten Planziele und die Amortisation der damals aus politischen Gründen bevorzugten Lagerstätte zu erreichen. Das volle Ausmaß der Katastrophe präsentierte sich jedoch erst in den späten 1970er Jahren und stellte die Möglichkeiten der Ölindustrie weiter in Frage.[86] Ebenso zeichnete sich ab, dass es dem Minnefteprom nicht gelang, dass Erdölbegleitgas im ausreichenden Maß zu verarbeiten, obwohl dies seit längerem gefordert wurde.[87] Die verpasste technische Modernisierung in sämtlichen

83 Schreiben an V. Dymšic, vom 23. Mai 1979, in: RGAĖ, f. 9480, op. 12, d. 1185, ll. 130–131.

84 Protokoll einer Sitzung bei den stellvertretenden Ministerratsvorsitzenden V. Ė. Dymšic und V. A. Kirillin am 6. August 1979, in: RGAĖ, f. 9840, op. 12, d. 1185, ll. 161–167. Schreiben von S. Gamzatov an G. V. Aleksenko »Über das technische Niveau der Produktion in der Erdölindustrie« vom 10. August 1979, in: RGAĖ, f. 9480, op. 12, d. 1185, ll. 256–260.

85 Sitzungsprotokoll des GKNT, uz. Kirillin und Dymšic, 6. August 1979, in: RGAĖ, f. 9480, op. 12, d. 1185, ll. 161–167.

86 Technologische Probleme und Fehler bei der Förderung, in: RGAĖ, f. 9480, op. 12, d. 1185, ll. 1–42; hier das Schreiben von Kirillin und Aleksandrov an den Ministerrat vom 5. Dezember 1978, in: RGAĖ, f. 9480, op. 12, d. 1185, ll. 10–13.

87 Beschluss des Gosplan und des GKNT zur Einrichtung einer Kommission über ein Komplexprogramm zur effektiveren Nutzung der Gasressourcen in der Volkswirtschaft vom 20. Februar 1978, in: RGAĖ, f. 4372, op. 67, d. 1424, ll. 252–255. Im Jahr 1977 fielen 15 Milliarden Kubikmeter Begleitgas an, von denen aber nur 5 Milliarden genutzt wurden. Mit der Steigerung der

Bereichen, von der Exploration bis hin zu den geforderten Tiefenbohrungen, gestand das Minnefteprom schließlich gegenüber dem Ministerrat im Mai 1979 auch selbst ein.[88]

Damit zeichnete sich im Jahr 1979 der größte Konflikt seit dem Nachkriegsölboom ab. Sogar Generalsekretär Brežnev war nun geneigt, die Kohle und den Atomstrom langfristig zu den wichtigsten Energieträgern der inneren Energieversorgung zu erklären. Dies war jedoch nicht als eine Absage an das Erdöl zu verstehen, sondern schien der politischen Führung vielmehr die letzte Möglichkeit zu sein, den profitablen Erdölexport weiterhin zu gewährleisten. Deshalb sprach der Generalsekretär nun von neuen Entwicklungen, die der Energiesektor in der Sowjetunion nehmen sollte. Auf dem Novemberplenum 1979 legte Brežnev dar, dass die Energieindustrie Erdöl nicht weiter zur Produktion von Elektroenergie einsetzen wolle. Dafür sei es unbedingt notwendig, bei der Gasförderung entschiedener vorzugehen, besonders in Westsibirien, um im großen Maßstab das Masut mit Gas zu ersetzen. Des Weiteren sollte die Atomenergie schneller entwickelt werden sowie die Kohleförderung in Kansk-Ačinsk und im Kuzbass und der Ausbau der Elektroenergieproduktion aus Ekibastus vorangetrieben werden. In Zukunft allerdings bevorzuge man leistungsstarke »schnelle Brüter«, die Produktion von Flüssigbrennstoff sowie den Ausbau der Solarenergie und Geothermie.[89] In einer weiteren Rede vom 15. Dezember 1979 appellierte Brežnev an die sowjetische Bevölkerung, Energie zu sparen, um den Erdöl- und Erdgassektor zu entlasten.[90]

Die Komplexität der Richtungsentscheidung, vor der die sowjetische Führung 1979/1980 stand, ist nicht zu unterschätzen. Gleichzeitig waren im Energiesektor viele der Meinung, dass es keinen einfachen Ausweg geben werde. Zwar prognostizierte beispielsweise der Geologe Trofimuk, dass in Ostsibirien – unter

---

Erdölförderung würden es 22 Milliarden Kubikmeter 1980 und 26 Milliarden Kubikmeter Gas 1985 sein. Schreiben der Minister und Stellvertretenden Minister sowie der Lokalkomitees in Tjumen' und Tatarstan vom 16. März 1978, in: RGAĖ, f. 70, op. 1, d. 7569, ll. 8–11. Der Import dieser Technik für die Erdölbegleitgasförderung war bewiesenermaßen teuer. Die Sowjetunion arbeitete mit Technik von der französischen Firma Techip, die sie im Oktober 1978 850 Millionen Franken gekostet hatte, in: Gustafson: Crises amid plenty, S. 111.

88 Schreiben des Ölministeriums an den Ministerrat, 17. Mai 1979, in: RGAĖ, f. 9480, op. 12, d. 1185, ll. 237–252. Ein Bericht vom Jahr 1980 bestätigte die verpasste Modernisierung im Upstream- und Downstreamsektor, in: Bericht über »Die grundlegenden Entwicklungsprobleme des Erdöl- und Erdgassektors der UdSSR«, unterzeichnet von N. A. Mal'cev, 1980, in: RGAĖ, f. 9480, op. 12, d. 1613, hier ll. 20–21.

89 Vystuplenie tovarišča Brežneva na Plenume CK KPSS, in: Pravda 332, 28.11.1979, S. 1–2, hier S. 2.

90 Meyerhoff: Soviet Petroleum: Technology, Geology, Reserves, Potential and Policy, S. 349–350.

anderem im Viljuj- und Tunguska-Becken – über 1 Milliarde Tonnen Erdöl lagerten,[91] doch andere Wissenschaftler und Wirtschaftsmanager teilten derart hohe Prognosen nicht. Dennoch warnten zahlreiche Stimmen immer wieder davor, den Erdölsektor zu vernachlässigen. Im Januar 1979 sandte das GKNT ein »Komplexprogramm für den wissenschaftlich-technischen Fortschritt bei den geophysischen Methoden zur Öl- und Gasexploration bis 1990« an den damals noch Stellvertretenden Ministerratsvorsitzenden Dymšic mit Kopien an Vertreter der Planungs- und Ministerialbürokratie. Es warnte davor, in der Energiepolitik auf andere Sektoren als die Erdöl- und Erdgasindustrie zu setzen: Wenn man die Investitionen in die geologischen Arbeiten weiter einfriere, habe das in der Zukunft fatale Folgen, die womöglich das wissenschaftliche Potenzial, die Volkswohlfahrt und die Verteidigungsfähigkeit der UdSSR gefährden würden.[92] Im Juli 1981 wandte sich Trofimuk schließlich mit einem Vortrag in Moskau an den Erdölminister und das Ministerialkollegium. Darin führte er aus, dass die Erdölförderung keinesfalls sinken dürfe: »Es gibt heute keinen lukrativeren, keinen effektiveren Industriezweig als den Erdölsektor, und die kleinste Schwankung in seiner Entwicklung spiegelt sich unmittelbar in der Wirtschaft unseres Landes.«[93]

Denn längst war der Erdölsektor zum wichtigsten Wirtschaftszweig geworden und die Sowjetunion zu einer globalen Rohstoffmacht, die vom Erdölexport enorm profitierte. Zudem war der Erdölexport an die Staaten des RGW eine wichtige politische Unterstützung der osteuropäischen Wirtschaften, die deren Wirtschaftsleistung und damit das Bündnissystem insgesamt sicherte. Doch nun war es notwendig, auch für die innersowjetische Energieversorgung Entscheidungen zu treffen. Entgegen den bekundeten Schwierigkeiten entschied sich die politische Führung letztlich für die volle Unterstützung des Erdöls: Für 1985 legte man 1980 eine moderate Förderung von 630 Millionen Tonnen fest, die laut dem 10. Fünfjahresplan schon 1980 hätte erreicht werden sollen. Die Investitionen in den Erdölsektor, der 1979 für das größte Einkommen an Petrodollar in der Geschichte der Sowjetunion gesorgt hatte, stiegen für den kommen-

---

91 Lisin, V.: K Tjumenskomu Millionu, in: Pravda 349, 14.12.1980, S. 1.

92 »Komplexprogramm für den wissenschaftlich-technischen Fortschritt bei den geophysischen Methoden zur Öl- und Gasexploration bis 1990« und Beleg des GKNT an Dymšic vom 3. Januar 1979, in: RGAĖ, f. 9480, op. 12, d. 1190, hier l. 39; siehe auch: Bericht Über die grundlegenden Probleme der Entwicklung des Erdöl- und Erdgassektors in der UdSSR vom Vorsitzenden des Wissenschaftlichen Rates für Erdöl- und Erdgasfragen, N. A. Mal'cev, in: RGAĖ, f. 9480, op. 12, d. 1613, ll. 48–91.

93 Trofimuk: 40-let brojenija, S. 105.

den 11. Fünfjahresplan um 71 Prozent auf 45,2 Milliarden Rubel. Damit erhielt der Erdölsektor die größten finanziellen Mittel der Energiebranche.[94] Gleichzeitig schaffte nun auch der Erdgassektor den endgültigen Aufstieg. Obwohl das Mingazprom bisher große Investitionen in Westsibirien vermieden hatte,[95] sollte das Prestige des sibirischen Erdgases in den letzten Regierungsjahren Breźnevs immens ansteigen. Dabei spielte der Abschluss internationaler Kooperationen die ausschlaggebende Rolle.

10.4 Energie für Europa: Die weltweit größte Pipeline als Wirtschafts- und Friedensprojekt

Wie bereits in Kapitel 8 beschrieben, waren die sowjetischen Träume vom Aufbau von Energiekooperationen über die Nord- und Ostachse in der zweiten Hälfte der 1970er Jahre gescheitert. Die USA zeigten kein Entgegenkommen gegenüber Breźnevs Initiativen, und auch die Japaner hatten sich aus den Kooperationen in Sibirien zurückgezogen. Davon, dass die beiden kapitalistischen Länder sowjetische Exportprodukte importieren wollten, war zu keinem Zeitpunkt im großen Stil die Rede gewesen, nun war das Thema ganz von der Agenda verschwunden.

Die Geschäfte mit den Europäern hingegen hatten sich anders entwickelt. Diese zeigten nach wie vor Interesse am Handel mit der Sowjetunion und den Ländern des RGW. So waren 1975/1976 weitere Kooperationen angelaufen. An Erdgas hatten die Europäer ein großes Interesse und Mitte der 1970er Jahre waren die unterzeichneten Übereinkommen so weit in Kraft getreten, dass zahlreiche neue Pipelinestränge aus der Sowjetunion Erdgas in die europäischen Länder brachten; eine Pipeline aus der Sowjetunion nach Finnland war seit 1974 in Betrieb, ebenso eine Pipeline nach Italien. Die Bundesrepublik Deutschland wurde über die Tschechoslowakei mit Erdgas versorgt. Die Lieferungen an Frankreich erfolgten seit 1976. Das Interesse der westeuropäischen Märkte an verarbeiteten sowjetischen Waren wie Stahl war seit Mitte der 1970er Jahre jedoch äußerst gering, hatte doch die wirtschaftliche Rezession die heimische Stahlindustrie stark getroffen, so dass man zunächst die eigene Produktion stabilisieren und nicht mit billigeren Produkten aus dem Ausland unter-

94 Siehe die Tabellen bei Gustafson: Crises amid plenty, S. 39 und 44.
95 Gustafson: Crises amid plenty, S. 144.

graben wollte.[96] Stattdessen waren der Rohstoffimport aus der Sowjetunion und der Export von Stahlprodukten wie den Großröhren zur eigenen wirtschaftlichen Stabilisierung wesentlich attraktiver. Westeuropa bot sich als »westlicher Supermarkt für Technologien und Kredite«[97] an, war jedoch bisher nicht bereit gewesen, auch sowjetische Produkte in großer Menge abzunehmen, obwohl die Sowjetunion solche Geschäfte forcierte. Eine weitere Folge des Abschlusses des »Jahrhundertgeschäfts« (*sdelka veka*)[98] mit den Westeuropäern war auch der Bruch zwischen den USA und den Westeuropäern in Bezug auf das Verhältnis zur Sowjetunion.[99]

Ihre Suche nach Geschäftspartnern in Europa setzte die Sowjetunion in der zweiten Hälfte der 1970er Jahre fort. Die Bundesrepublik Deutschland war zu diesem Zeitpunkt schon wie vor dem Zweiten Weltkrieg der größte westeuropäische Handelspartner der UdSSR und so war der Sowjetunion daran gelegen, sich gegenüber der Bundesrepublik Deutschland stets gut zu präsentieren. Seit dem Parteitag der KPdSU 1976 warb sie mit den Ergebnissen des 9. Fünfjahresplans aktiv für ihre wirtschaftliche, soziale und politische Entwicklung und inszenierte sich dabei auch als Garant für Frieden, Sicherheit und Zusammenarbeit in Europa. Die auf wichtigen Messen bereitstehenden Materialien und Präsentationen, die in Zusammenarbeit mit der sowjetischen Marketingorganisation Außenhandelsreklame (Vneštorgreklama) entstanden, warben dabei explizit für neue Chancen der Zusammenarbeit.[100] Lebhaft diskutiert wurde das trilaterale Switchgeschäft mit dem Iran. Ein Grundsatzpapier war bereits am 30. November 1975 in Teheran unterzeichnet worden und sah den Transport von Erdgas aus dem Iran in die Sowjetunion sowie den Transport einer äquivalenten Menge an Erdgas aus den Gasfeldern in Komi und Tjumen' durch das »Bratstvo«-System nach Westeuropa vor. Dafür war der Bau einer 1440 Kilometer langen zweiten Pipeline von den südiranischen Kangan-Feldern zur Südgrenze der UdSSR in die Stadt Astara geplant, die 2,4 Milliarden Dollar kosten sollte. Das Projekt mit dem Namen »IGAT 2« knüpfte an die bereits bestehende »IGAT«-Pipeline an, die seit 1970 iranisches Erdgas an

96 Bonin, Hubert: Business Interests versus Geopolitics. The Case of the Siberian Pipelines in the 1980s, Business 49 (2007) 2, S. 235–254, hier S. 237.
97 Zitat von Bonin: Business Interests vs. Geopolitics, S. 239.
98 Klepikov, S./Linnik, V.: »Sdelka veka« i delo mira, in: Pravda 179, 28.06.18, S. 6.
99 Bonin: Business Interests vs. Geopolitics, S. 236.
100 Schreiben des vorübergehend Beauftragten in den Angelegenheiten der UdSSR in der Bundesrepublik Deutschland, A. Tokovinin, und des Vorsitzenden der sowjetischen Handelsvertretung in der Bundesrepublik Deutschland, D. Koz'min, in: RGAĖ, f. 413, op. 31, d. 8470, ll. 2–5.

die sowjetische Südgrenze leitete. Die neue Pipeline sollte eine Kapazität von 25 Milliarden Kubikmeter umfassen, von denen 10,9 Milliarden nach Westeuropa geleitet und ca. 2 Milliarden als Transitzoll in den Durchleitungsländern entfielen beziehungsweise für den Betrieb der Verdichterstationen etc. in der Sowjetunion verbleiben sollten; weitere 3,4 Milliarden Kubikmeter sollten in die Tschechoslowakei geleitet werden, 8,7 Milliarden Kubikmeter würde der Iran für den Binnenbedarf nutzen. In Westeuropa würden die Bundesrepublik Deutschland 5,5, Frankreich 3,6 und Österreich 1,8 Milliarden Kubikmeter erhalten; die Kosten für das Erdgas sollten zu 80 Prozent durch Technologieexporte und zu 20 Prozent durch Barzahlungen übernommen werden. Es war geplant, dass die Übereinkunft 1981 in Kraft treten werde; seine volle Kapazität werde das Projekt 1983 erreichen.[101] Damit hatte die Sowjetunion eine starke Mittlerposition übernommen, die die Defizite im eigenen Land ausgleichen sollte.

Gleichzeitig war in den frühen Monaten des Jahres 1977 ein weiteres Projekt mit der Bundesrepublik Deutschland im Gespräch, welches nach den gescheiterten »North-Star«-Verhandlungen nochmals auf die Ausbeutung der nordsibirischen Gasfelder mit einer direkten Verbindung nach Europa fokussierte.[102] So regte die Sowjetunion ein Projekt zur Erschließung Jamals und den Bau einer großen Exportpipeline an. Bis zum Mai 1978 erreichten die Gespräche keine offizielle politische Ebene, sondern wurden vielmehr von Vertretern des Bankenkonsortiums geführt, unter anderem von F. Wilhelm Christians, dem Sprecher der Deutschen Bank. So hieß es in einem Bericht des Referats 421 vom Auswärtigen Amt vom 20. April 1978, dass die UdSSR gegenwärtig große Anstrengungen zur Erschließung der zu zwei Drittel in Westsibirien in der Region Tjumen' gelegenen Erdgasvorräte unternehme. Der Transport des dort geförderten Erdgases sei vermutlich von Materiallieferungen aus dem Ausland abhängig: »Nach vorliegenden Informationen werden seit einiger Zeit mit den Außenhandelsorganisationen der UdSSR Gespräche über die Möglichkeit weiterer Erdgaslieferungen geführt. Wegen der großen Mengen (etwa 10 bis 20 Mrd. Kubikmeter/Jahr) kommt auf der Abnehmerseite nur ein westeuropäisches Konsortium in Betracht, an dem sich deutsche Unternehmen maßgeblich beteiligen wollen. Die Gespräche haben jedoch noch nicht den

101 Stern, Jonathan P.: Soviet Natural Gas in the World Economy, in: Jensen Robert G.: Soviet natural resources in the world economy, S. 363–384, hier S. 375.

102 Gespräch zwischen Bundesminister Genscher mit dem sowjetischen Botschafter Semjonow am 22. Januar 1981, in: Pautsch, Ilse Dorothee/Taschler, Daniela: Akten zur Auswärtigen Politik der Bundesrepublik Deutschland, Bd. 2: 1. Januar bis 30. April 1981, München 2012, S. 74.

Stand erreicht, um sie auf politischer Ebene konkret anzusprechen und durch entsprechende Stellungnahmen abzustützen.«[103] Im April 1978 flog der Vorsitzende des deutschen Erdgasunternehmens Ruhrgas AG, Klaus Liesen, in die Sowjetunion, um konkrete Gespräche über eine mögliche Pipeline zu vertiefen.[104] Zunächst wurde der Bau der Pipeline innerhalb des ohnehin schon in der Planung befindlichen »IGAT-2«-Projekts mit dem Iran anvisiert. Auch Leonid Brežnev, der nach seiner Sibirienreise Anfang Mai 1978 zu einem weiteren Besuch in die Bundesrepublik Deutschland fuhr, äußerte gegenüber Bundeskanzler Helmut Schmidt erneut, dass die Sowjetunion an einer Zusammenarbeit mit der Bundesrepublik Deutschland beim Abbau diverser Ressourcen – insbesondere beim Erdöl und Erdgas – interessiert sei. Brežnev erwähnte das Interesse der Sowjetunion an einem Warenexport aus der Sowjetunion, der unausgewogene Warenhandel mit einem Überschuss von 600 Millionen Rubel auf der deutschen Seite gefiel dem Generalsekretär nicht. Stattdessen offerierte Brežnev erneut verschiedenste sowjetische Waren und kritisierte, dass die Einfuhr dieser Waren immer noch nicht erwünscht sei. Eine Zusammenarbeit könne man jedoch in zahlreichen Industriezweigen arrangieren: So seien die chemische Industrie, die Energiewirtschaft, der Maschinenbau, die Elektronik, die Eisen- und Nichteisenmetallurgie, die Forst, Papier- und Zelluloseindustrie »aussichtsreiche Sektoren«.[105] Die gemeinsame Kommission für wirtschaftliche und wissenschaftlich-technische Zusammenarbeit sollte dabei neue und wichtige Projekte – auch im Bereich der Erdöl- und Erdgasindustrie – festlegen und die Richtung für neue Anstrengungen bestimmen. Brežnev bemängelte die nur langsamen Fortschritte in den Verhandlungen, die Uneinigkeiten in politischen Aspekten wie der West-Berlin-Frage geschuldet seien. Kanzler Schmidt bekundete gegenüber Brežnev sein Entgegenkommen, was eine ausgeglichene Handelsbilanz sowie einem auf Waren und nicht Finanzmitteln basierenden Handel betraf, und äußerte: »Der deutsche Arbeiter würde besser leben, wenn es Importüberschüsse und keine Exportüberschüsse gebe«.[106]

103 Zitat: Deutsch-sowjetisches Regierungsgespräch vom 6. Mai 1978, in: Pautsch, Ilse Dorothee/Taschler, Daniela (Hg.): Akten zur Auswärtigen Politik der Bundesrepublik Deutschland, Bd. 1: 1. Januar bis 30. Juni 1978, München 2009, S. 689; Pohl: Geschäft und Politik, S. 164.

104 Högselius: Red Gas, S. 181.

105 Gespräch des Bundeskanzlers Schmidt mit dem Generalsekretär des ZK der KPdSU vom 4. Mai 1978, in: Pautsch, Ilse Dorothee/Taschler, Daniela: Akten zur Auswärtigen Politik der Bundesrepublik Deutschland, Bd. 1: 1. Januar 1978 bis 30. Juni 1978, München 2009, S. 642–651, hier S. 646.

106 Dies., S. 650.

Die Sowjetunion betonte jedoch auch bei weiteren Gesprächen zwischen dem Stellvertretenden Premier Tichonov und dem Bundesminister Graf Lambsdorff sowie westdeutschen Geschäftsleuten am 5. Mai das sowjetische Interesse am Warenhandel: »Er [Tichonov] sei nicht dagegen, Rohstoffe, z. B. Erdgas, zu liefern. Aber zwischen Rohstoffen und dem Endprodukt gebe es eine lange Palette von Halbfabrikaten. Die UdSSR sei bereit, flexibler zu sein [...]. Es gehe jedenfalls nicht an, dass nur die unterste Stufe der Produktpalette abgenommen würden.«[107] Daraufhin signalisierte Lambsdorff ebenfalls Entgegenkommen, gab allerdings zu bedenken, dass aufgrund der Gefährdung von Arbeitsplätzen und der Interessenvertretung von Produzenten und Gewerkschaften in der Bundesrepublik Deutschland nicht zu viele billige Kompensationsprodukte aus sowjetischer Produktion verkauft werden könnten. Auch bei einem Regierungsgespräch am 6. Mai 1978 hob Lambsdorff das Erdgasröhrengeschäft als »hervorragendes Beispiel der deutsch-sowjetischen Wirtschaftskooperation« hervor und signalisierte gleichzeitig die Bereitschaft zu weiteren Projekten, bei denen man selbst nach »langen und mühsamen Gesprächen« wie beim Kursk/Oskol-Projekt[108] – welches sich jetzt in der praktischen Umsetzung befinde – zu guten Ergebnissen kommen könne. Lediglich beim Tomsk-Projekt, dem Bau des petrochemischen Komplexes, habe man bisher keine Übereinstimmung bei der Art der Kompensation gefunden.[109] Im Verlauf des Jahres 1978 wurde jedoch eine Verschiebung in Richtung weiterer Energieimporte aus der Sowjetunion in die Bundesrepublik Deutschland deutlich. Im Dezember 1978 berichtete Botschafter Wieck aus Moskau, dass die im Tjumen'er Gebiet entdeckten Erdgasreserven größer seien als vermutet und die Sowjetunion der Bundesrepublik Deutschland dieses Gas in Aussicht stelle. Bisher sei allerdings noch ungeklärt, auf welchem Weg das Gas in die Bundesrepublik Deutschland transportiert werden solle; in dem Fall, dass man sich für einen Pipelinetransport entscheide, würden die Aufträge für Rohre an Mannesmann gehen.[110] Damit war ein großes Energie-

107 Gesprächsmitschrift des Treffens zwischen dem Ersten Stellvertreter des Ministerratsvorsitzenden N. A. Tichonov, Außenminister N.S. Patoličev und Bundeswirtschaftsminister O. Lambsdorff in Bonn am 5. Mai 1978, in: RGAÈ, f. 413, op. 31, d. 9655, ll. 23–26, hier l. 26.

108 Vgl. Fußnote 76 in Kapitel 6.

109 Deutsch-sowjetisches Regierungsgespräch vom 6. Mai 1978, in: Pautsch, Ilse Dorothee/Taschler, Daniela: Akten zur Auswärtigen Politik der Bundesrepublik Deutschland, Bd. 1: 1. Januar 1978 bis 30. Juni 1978, München 2009, S. 689.

110 Botschafter Wieck, Moskau, an das Auswärtige Amt vom 28. November 1978, in: Gespräch des Bundeskanzler Schmidt mit dem Generalsekretär des ZK der KPdSU vom 4. Mai 1978, in: Pautsch, Ilse Dorothee/Taschler, Daniela: Akten zur Auswärtigen Politik der Bundesrepublik Deutschland, Bd. 1: 1. Juli 1978 bis 31. Dezember 1978, München 2009, S. 1786.

und Pipelineprojekt an Stelle des Exports sowjetischer Güter wieder sehr viel wahrscheinlicher geworden.

Die Hoffnung auf die Umsetzung des letzten noch verbliebenen energetischen Großprojekts sollte mit der Absetzung von Schah Mohammad Reza Pahlavi und der Machtübernahme durch Ajatollah Chomeini für die Sowjetunion 1979 ein weiteres Mal zu scheitern drohen. Obwohl die sowjetischen Diplomaten in Gesprächen mit den neuen iranischen Machthabern darum bemüht waren, dass der Öl- und Gasfluss in die Sowjetunion aufrechterhalten wurden, stoppte der Iran umgehend alle Lieferungen, auch die Erdgaslieferungen. Für die Sowjetunion war damit offensichtlich geworden, dass der Handel drastisch einbrechen werde, und tatsächlich sank er in der Folgezeit auch um das Zwei- bis Dreifache, die Erdgaslieferungen wurden eingestellt. Erst 1981 konnte die Sowjetunion ein Geschäft über den Import von Erdöl im Wert von 800 Millionen Dollar abschließen, woraufhin der Handel wieder schwarze Zahlen schrieb. Doch hatte die Handelsbilanz mit dem Iran trotz intensiver Bemühungen auch 1981 noch nicht den Umfang erreicht, den sich die Sowjetunion wünschte.[111] Vorerst lösten die großen politischen Unsicherheiten und weitere Lieferstopps des iranischen Erdöls 1979 eine zweite Energiepreiskrise aus, die zwar 1979 nur zu einer ersten Welle anhob, jedoch eine tiefe Verunsicherung in den westlichen Ländern hervorrief.[112] Besonders in der Bundesrepublik Deutschland war das Schlüsselbild von leeren Autobahnen als Sinnbild für die Ölpreiskrise von 1973 fest etabliert, darüber hinaus beschädigte der Atomunfall von Harrisburg im März 1979 das Image der Atomenergie als Alternative zum Erdöl. Die Sowjetunion sah sich nun vor die Entscheidung gestellt, mehr Erdöl gegen Devisen in die westlichen Länder zu exportieren und die Lieferungen an die Staaten des RGW zu kürzen.[113] Ein Gasprojekt zur Diversifierung von Energieimporten bzw. -exporten blieb daher sowohl für die Bundesrepublik als auch die Sowjetunion interessant.

Den Abbruch der Beziehungen mit dem Iran versuchte die Sowjetunion unter allen Umständen zu verhindern, musste damit jedoch scheitern. So fürchtete die politische Führung erneut, dass auch die internationalen Kooperationen nicht zustande kommen würden. Das Bedürfnis nach einem alternativen Plan

111 Memorandum des Abschlussberichts des ehemaligen sowjetischen Handelsvertreters im Iran, V. K. Slovcov, vom 27. Mai 1981, in: RGAĖ, f. 413, op. 32, d. 1749, ll. 1–3.

112 Insgesamt stieg der Erdölpreis innerhalb von zwei Jahren von 13 auf 34 Dollar pro Barrel. Siehe: Yergin: Der Preis, S. 842–844, hier S. 842.

113 Bösch, Frank: Umbrüche in die Gegenwart. Globale Ereignisse und Krisenreaktionen um 1979, in: Zeithistorische Forschungen 9 (2012) 1, S. 8–32.

wurde damit umso größer: Welche Richtung sollte die Energiestrategie nun einschlagen, welche Regionen sollten welche Rohstoffe in welchem Umfang liefern, um die Versorgungssicherheit der Wirtschaft und Bevölkerung dauerhaft zu gewährleisten? Dass die Gasindustrie bei diesen Fragen ernsthaft in den Fokus rückte, wurde nun schon deshalb wahrscheinlicher, weil sie einer der wenigen Industriezweige war, die trotz den üblichen Verzögerungen bei den Bauvorhaben in den vergangenen zwanzig Jahren eine stetige Modernisierung erlebt hatte. Denn die Abhängigkeit von technischen Systemen wie den Pipelines im Downstreamsektor bedingte, dass diese stetig an die steigende Förderung angepasst werden mussten. Dies setzte die Gasindustrie im Gegensatz zu anderen Branchen unter einen andauernden Modernisierungsdruck, wenn sie logistische und technische Probleme verhindern wollte.[114] So fuhr man 1978 zwei Programme gleichzeitig: die Gewährleistung des Förderzuwachses und die Neuausstattung der Gasindustrie.[115]

Mit dem Modernisierungsdruck stand die Gasindustrie der 1970er Jahre ebenso wie die anderen Energiezweige vor der doppelten Belastung, die dauerhafte Modernisierung zu leisten und einen Weg zu finden, die sinkende Förderung in den alten Regionen auszugleichen. Denn schon 1979 stellten die alten Förderregionen – Kuban', Stavropol'e und die Ukraine – nur noch ein Viertel der gesamten Erdgasproduktion. Die große Herausforderung war es nun, das Sinken der Förderung im westlichen Landesteil so gleichmäßig und langsam wie möglich zu gestalten, um die dort errichtete Infrastruktur so weit wie möglich weiterhin zu nutzen. Dass man dafür kleinere Gas- und Gaskondensatlagerstätten ans Netz bringen wollte, war nachvollziehbar, stellte jedoch eine zusätzliche finanzielle Belastung dar.[116] Dabei genoss die Gasindustrie keinerlei besondere Aufmerksamkeit in der Partei; stattdessen blieb die Investitionspolitik auf schnelle Produktionserfolge ausgerichtet. Diese Politik wurde beim Novemberplenum 1978 bestätigt: Die als miserabel eingeschätzten Ergebnisse der Erdölindustrie sollten nunmehr durch eine höhere Gasförderung in den verbleibenden Jahren des 10. Fünfjahresplans ausgeglichen werden; eine Tendenz, die sich schon seit Beginn des Jahres 1977 abgezeichnet hatte und mit der

114 Die Importe an Pipelineequipment waren seit den frühen 1970er Jahren im Durchschnitt wesentlich höher als die für andere Zweige der Erdöl- und Erdgasbranche. Gustafson: Crises amid plenty, S. 198–199.

115 Petličenko, N.V.: Techničeskoe pereosnačenie gazovych promyslov – glavnyj faktor povyšenija effektivnosti gazodobyvajuščej podotrasli, in: Gazovaja Promyšlennost' (1978) 1, S. 3–7.

116 Ohne Autor: Polnee ispol'zovat' rezervy dobyči gaza v »starych« rajonach, Gazovaja Promyšlennost' (1979) 6, S. 1.

Übererfüllung des Planjahrs 1979 durch die Gasindustrie noch mehr Anhänger fand.[117]

Dabei war es weiterhin der unnachgiebige Gasminister Orudžev, der mit den üblichen Klagen für die weitere Finanzierung der Projekte in Moskau kämpfte, denn Orudžev kritisierte zumindest im Vergleich zum Westen zu Recht, dass der notwendige Standard in der Gasindustrie immer noch nicht erreicht war. Zwar hatte die Gasindustrie weitere Erfolge verbuchen können, so die Fertigstellung des dritten Strangs der RGW-Exportpipeline »Sojuz« sowie den Bau der dritten Stufe des Gasreinigungskomplexes in Orenburg, der das gesäuberte Gas in die »Sojuz«-Pipeline einspeiste. Das Projekt hatte bereits auf dem Dezemberplenum höchste Priorität für das Jahr 1978 erhalten. Dennoch gab es viele Probleme: Wie auf den meisten sowjetischen Baustellen wurde mit einem Unterangebot an gesundheitlicher Versorgung und Kultur gearbeitet und es kam zu erheblichen Verzögerungen im Arbeitsalltag. Ein Beispiel dafür war, dass die Bauleute über 20 Kilometer zum Mittagessen gefahren wurden, was eineinhalb bis zwei Stunden Zeit in Anspruch nahm. Dennoch konnte der Komplex bereits im September 1978 vier Monate vor dem geplanten Datum fertiggestellt werden, womit in Orenburg im Dezember 1978 bereits die Reinigung von 5,7 Millionen Kubikmeter Erdgas möglich war.[118] Doch das Stoßprojekt, welches vor allem vom Gasminister und vom Ministerium angekurbelt wurde, blieb vor der Kritik nicht verschont. So war auch hier ein komplexes Territorialprojekt zur Nutzung des anfallenden Ethans und Schwefel bisher von den Staatsplanern nicht umgesetzt worden.[119]

Doch auch der sonst an hohen Produktionszahlen interessierte Orudžev musste eingestehen, dass es im Jahr 1978 zu Unterlassungen durch die Verantwortungslosigkeit der Produktions- und Bauvereinigungen und der Gazoviki gekommen war. Denn obwohl es gelungen war, Objekte wie die Pipeline aus Urengoj nach Novopskov fertigzustellen, würde vor allem die Arbeitsorganisation mangelhaft bleiben. So kam es immer wieder zu Planrückständen, insbesondere in den für die Gewährleistung der Outputzahlen unerheblichen Bereichen des Downstreamsektors, so unter anderem beim Aufbau einer stabilen Gasversorgung. Viele Pipelines wurden nicht vollständig ausgelastet, die Röhren waren anfällig für Korrossionsschäden und diese wurden nur notdürftig behoben. Gasminister Orudžev meinte, in den systemischen Unpäss-

117 Vorschlag für eine Rede S.A. Orudževs von 1977, in: RGAĖ, f. 458, op. 1, d. 4525, ll. 32–33.

118 Schreiben von S.A. Orudžev an N.K. Bajbakov über die rationale und komplexe Nutzung von Erdgas vom 22. Dezember 1978, in: RGAĖ, f. 9480, op. 12, d. 1184, ll. 94–96.

119 Kaz'min, Ju./Šalgunov, V.: »Goluboe zoloto Orenburž'ja, in: Pravda 95, 05.04.1978, S. 2.

lichkeiten der Zulieferindustrien sowie in fehlenden Investitionen die eigentlichen Gründe für das Versagen zu erkennen. Grundsätzlich leide die Qualität vieler geleisteten Arbeiten, erläuterte Orudžev und appellierte vor allem an den Patriotismus der Angestellten in der Gasindustrie, sprach von einer »Pflicht gegenüber dem Vaterland«.[120]

Von diesen Problemen wurde auch in der Fachzeitschrift *Gazovaja Promyšlennost'* berichtet. Im Oktober 1978 erhielten das Projektierungsinstitut VNIIgaz und sein Direktor persönlich eine Rüge, da das Institut es in der vergangenen Zeit nicht geschafft habe, ausreichend theoretische Studien anzufertigen, die sich in die Praxis überführen ließen.[121] Im November 1978 plädierte ein Artikel dafür, dass die Koordination bei der Planung weiter erhöht werden sollte, anstatt für einzelne Probleme immer einzelne Lösungen zu finden. Die Verbindung zwischen den Produktionsvereinigungen und der ministeriellen Führung sollte intensiviert beziehungsweise die Planung auf diesen Ebenen optimiert werden. Vor allem aber sollten die bisherigen Parameter für die Planung durch neue Parameter ersetzt werden.[122] Neben der Gasförderung war nun auch die Automatisierung aller Verarbeitungsstufen in zahlreichen Lagerstätten – Urengoj, Medvež'e, Vuktylskoe, Kirpichli, Šatliyh, Kultak, Zevardy – sehr wichtig.[123]

Das größte Problem blieb im Jahr 1979 der Pipelinebau. Am 14. August 1979 wurde das Minneftegazstroj erneut aufgefordert, den Aufbau des Pipelinesystems mit den Großröhren zu beschleunigen. Schließlich folgte ein weiterer koordinierender Beschluss von ZK und Ministerrat. Um dem aufwändigen Unterfangen gerecht zu werden, forderte das Ministerium im Gegenzug endlich einen verbindlichen Beschluss des ZK und Ministerrats, der die Zulieferindustrie mobilisieren und eine weitere Koordinationstätigkeit der Planungsbehördern gewährleisten sollte.[124]

120 Rede des Gasministers S.A. Orudžev »Die Aufgaben der Arbeitskräfte in der Gasindustrie im Licht der Entscheidungen des Novemberplenums (1978) des ZK«, in: RGAĖ, f. 458, op. 1, d. 4525, ll. 87–92.

121 Gricenko, A.I.: Povysit' effektivnost' i kačestvo naučnych issledovanij, Gazovaja Promyšlennost' (1978) 10, S. 2–3.

122 Margulov, P.D./Seličov, E.K.: Metodologija planirovanija edinoj systemy gazosnabženija. Sostojanie i zadači, in: Gazovaja Promyšlennost' (1978) 11, S. 2–6.

123 Ohne Autor: 1979 god: Plany, zadači, in: Gazovaja Promyšlennost' (1979) 1, S. 2–4, hier S. 2.

124 In der UdSSR waren bis 1979 zahlreiche Pipelines mit den Großröhren mit dem Durchmesser von 1420 Millimeter errichtet worden. Damit stand der Transport von Rohstoffen durch Pipelines nun auf dem zweiten Platz hinter demjenigen per Zug, was die verschiedenen Transportarten betraf. Der Pipelinetransport aus den Regionen und dem Norden sollte dabei im Fokus

Mit Vorschlägen für Energiesparmaßnahmen wurde der sinkenden Förderung im westlichen Landesteil ebenso begegnet wie dem Pipelinebau. Die Betriebe der energieaufwändigen Metall- und Chemieindustrie erhielten am 16. September 1979 die Anweisung, die Abwärme in ihre Produktion mit einzubeziehen. Doch nur wenige Betriebe taten dies bisher. Die meisten Betriebe führten keine Energiesparmaßnahmen ein, denn ebenso wie die Modernisierung ihrer Produktion nahmen solche Maßnahmen einen erheblichen Teil des Budgets in Anspruch und wirkten sich deshalb negativ auf die Produktion aus; bei der Erfüllung der Fünfjahrespläne waren sie deshalb für die Betriebsleiter kaum von Vorteil.[125] Mit dem Erlass vom 12. Juli 1979 versuchte das ZK der Partei erneut, eine Zuspitzung der Wirtschaftsprobleme zu vermeiden: Ein vierzigseitiges Dokument sollte die Planung und die Verstärkung des Wirtschaftsmechanismus auf die Produktivität und Arbeitsqualität erläutern, was sich wie eine »im üblichen Parteijargon verfasste Bankrotterklärung der sowjetischen Wirtschaft liest«.[126]

Die progressive Umsetzung der Ideen ist in der Retrospektive jedoch kaum zu beobachten, obwohl der Gasindustrie zumindest eine qualitativ hochwertigere Fertigstellung der priorisierten Objekte im Osten gelang. So konnte die Großröhrenpipeline von Urengoj nach Novopskov in der Region Čeljabinsk »mit progressiven technischen Lösungen« erbaut werden und sollte auch eine größere Dichte an für die Durchleitung wichtigen Verdichterstationen haben sowie mit der speziell für die polaren Bedingungen hergestellten Ausrüstung bestückt werden.[127] Doch der Betrieb der Pipelines blieb im Allgemeinen ein unzuverlässiges bis gefährliches Unternehmen, so dass sich die Regierung im April 1979 gezwungen sah, einen weiteren Beschluss »Über die Verstärkung des Schutzes der Magistralpipelines«[128] zu erlassen. Zum einen sollte der Beschluss

---

der Bestrebungen stehen. In: Schreiben des Minneftegazstroj an den Ministerrat vom 14. August 1979 unterzeichnet durch B. Ščerbina, in: RGAĖ, f. 9480, op. 12, d. 1185, ll. 282–284.

125 Auszug aus einem Beschluss des ZK der KPdSU […] vom 16. September 1980, in: Černenko, K.U./Smirtjukov, M.S.: Rešenija Partii i Pravitel'stva po chozjajstvennym voprosam, Bd. 13: Aprel' 1979 g. – mart 1981 g., Moskau 1981, S. 469–472.

126 Gestwa, Klaus: Von der Stagnation zur Perestrojka. Der Wandel der Bedrohungskommunikation und das Ende der Sowjetunion in: Belge, Boris/Deuerlein, Martin (Hg.): Goldenes Zeitalter der Stagnation? Perspektiven auf die sowjetische Ordnung der Brežnev-Ära (Bedrohte Ordnungen, Band 2) Tübingen 2014, S. 253–311, hier S. 264.

127 Petličenko, N.V.: Gazoprovod Urengoj-Novopskov – Ključevaja strojka goda, in: Gazovaja Promyšlennost' (1979) 7, S. 2–4.

128 Beschluss des Ministerrats der UdSSR »Über die Verstärkung des Schutzes der Magistralpipelines« vom 12. April 1979, in: Černenko, K.U./Smirtjukov, M.S.: Rešenija Partii i Pravitel'stva, Bd. 13, S. 16–23.

dafür sorgen, dass die Arbeitskräfte, die für die Überwachung der Pipeline zuständig waren, offizielle Arbeitskleidung trugen, zudem sollten die Trassenverläufe abgesichert und Übergänge markiert werden, damit die Pipelines weder durch die Natur, beispielsweise den Pflanzenwuchs, noch durch menschliche Aktivitäten zerstört werden konnten. Zum anderen sollten die Knotenpunkte und Gastanks stärker überwacht werden, da es häufig zu verheerenden Unfällen kam. So folgte dem Beschluss des Ministerrats nochmals ein Erlass des Obersten Rats am 10. Mai 1979, der erneut mit einer Bestrafung für die »Zuwiderhandlung gegen das Recht zum Schutz der Magistralpipelines« drohte.[129]

Mehrmals versuchte man, die Arbeiten in Sibirien stärker zu konzentrieren, auch in der Gasindustrie, um zumindest die Planvorgaben weiterhin zu erreichen. So setzte die politische Führung zumindest ideologisch Signale: Für die Projektierung der Lagerstätte Medvež'e, deren technische Neuerungen in Igrim ausprobiert worden waren, erhielten sowjetische Wissenschaftler und Techniker 1978 den Staatspreis der UdSSR.[130] Durch ein Attest der Kontrollkommission des GKNT vom 22. Mai 1978 sollte die weitere Entwicklung der Gasindustrie Westsibiriens in den Fokus genommen werden. Bereits am 16. Mai 1977 war ein Beschluss herausgegeben worden, die Gasförderung der Produktionsvereinigung Tjumen'gazprom, welche zum Mingazprom gehörte, auf 270–300 Milliarden Kubikmeter anzuheben, 1990 sollte sie bereits 400–450 Milliarden Kubikmeter betragen. Dafür sollte die Rolle des GKNT-Projektierungsinstitutes Tjumen' NIIGiprogaz, welches sonst den Projektierungsinstituten des Mingazprom untergeordnet war, wieder gestärkt und die Projektierungsaufgaben für die Gasindustrie in Westsibirien in einer einzigen Körperschaft zusammengeführt werden.[131] Schnell konnte man im polaren Gasriesen Urengoj Erfolge feiern, zumal der Abtransport gleich durch zwei Pipelines – die südliche in den Ural nach Novopskov sowie die nördliche über Toržok – vonstattenging. Zudem feierte man die Möglichkeit des »Nestverfahrens« als günstige Möglichkeit der Ausbeutung von Urengoj, denn angeblich sparte das Verfahren Material. Und da man weitere Lagerstätten im Kreis der Jamal-Nenzen fand, machte dies den

129 Erlass des Präsidiums des Obersten Rats der UdSSR […] vom 10. Mai 1979, in: Černenko, K.U./Smirtjukov, M.S.: Rešenija Partii i Pravitel'stva, Bd. 13, S. 31.

130 Baibakow: Sache des Lebens, S. 414.

131 Beleg einer Kontrollkommission des GKNT über die Resultate der Arbeit des Sibirischen Wissenschaftlichen Forschungs- und Projektierungsinstituts der natürlichen Gase und eine Einschätzung seiner Aktivitäten in der Durchführung einer einheitlichen Politik bei der Gasindustrie in der Oblast und Tjumen für die Periode 1975–1977 (Dokumente selbst aus dem Jahr 1978), in: RGAĖ, f. 9480, op. 12, d. 820, ll. 1-3, 77–79.

Weiterbau der Industrie im Norden nun doch attraktiver. So betrug die Tagesleistung des Felds bald rund 100 Millionen Kubikmeter Erdgas, in 24 Stunden konnten dort 390 Millionen Kubikmeter produziert werden.[132]

Daher setzte der Generalsekretär seine Mobilisierungskampagnen nun fort. Auf dem Novemberplenum sprach Brežnev über die wichtige Rolle der jungen Spezialisten, ihr Wissen und ihre Innovationskraft. Innerhalb der Gasindustrie wurde Breženevs Hochachtung vor den Komsomolpatenschaften auf den Baustellen Westsibiriens wahrgenommen und sich bei allen Unternehmungen auf seine Unterstützung berufen, denn die meisten Objekte, unter anderem die Pipelines, wurden immer noch durch den Komsomol gebaut. Um die Gunst der jungen Universitätsabgänger und Ingenieure wollte man weiterhin werben, indem man die Wohnbedingungen und Lebensqualität anpasste: »Junger Spezialist – unsere Hoffnung in die Zukunft.« Wie der Sozialismus selbst, so sollte sich die »geistige und politische Reife« der in ihm lebenden Menschen entwickelt haben. Über die Spezialisten wurde in diesem Zeitraum viel mehr berichtet als zuvor. Man bemühte sich, gute Resultate des sozialistischen Wettbewerbs zu rühmen, lobte Erfolge Einzelner, etablierte Heldenbilder und beförderte junge Spezialisten innerhalb der Hierarchien ihrer Organisationen.[133]

Die Sowjetunion witterte nun zum zweiten Mal nach 1973/1974, jedoch wesentlich bewusster als zur damaligen Ölpreiskrise, die Gelegenheit für internationale Kooperationen, um ihre sibirischen Erdöl- und Erdgasressourcen zu erschließen, und schreckte dabei auch nicht davor zurück, die westeuropäischen Firmen gegeneinander auszuspielen. Im Dezember 1979 hatten sich bereits weitere Interessenten für den Bau einer großen Pipeline aus Sibirien nach Westeuropa gefunden, wie der Stellvertreter des Außenhandelsministers Osipov in einem Gespräch mit dem Direktor der Deutschen Bank, Christians, taktierend anmerkte. So würden sich neben den traditionellen Partnern auch Belgien, Norwegen, die Schweiz und die Niederlande für das Projekt interessieren, weshalb man die Menge an Erdgas eventuell auf 60–79 Milliarden Kubikmeter anhebe; dies ergab eine Summe, die das bisher geplante Geschäft bei weitem überstieg.[134] Dabei knüpfte das Projekt unter anderem an den Bau der »Sojuz«-Pipeline an, welche zwischen 1975 und 1979 von den sozialistischen Staaten Osteuropas von

132 Baibakow: Sache des Lebens, S. 419–421.

133 Kaširov, S.S.: Soveršenstvovat' rabotu s molodež'ju otrasli, in: Gazovaja Promyšlennost' (1979) 2, S. 2–4.

134 Memorandum des Gesprächs zwischen dem stellvertretenden Außenminister N. G. Osipov und dem Direktor der Deutschen Bank, F. V. Christians, vom 13. Dezember 1979, in: RGAĖ, f. 413, op. 31, d. 977, ll. 1–2.

Orenburg nach Užgorod und weiter in die sozialistischen Länder Ostmitteleuropas gebaut und später um die »Transgaz«-Trasse nach Westeuropa verlängert wurde. Jedoch war das neue Projekt – später unter dem Namen »Urengoj-Užgorod-Pipeline« bekannt – in seinem finanziellen Umfang wesentlich größer. Das Projekt sah vor, eine Hochleistungspipeline zwischen dem nördlichen Westsibirien und Europa zu bauen, die mit 100 oder 120 Atmosphären Druck arbeiten sollte, was mehr war als zu dieser Zeit irgendwo anders in der Welt. Zustimmung fand das 100-Atmosphären-Projekt beim Ministerium für Erdöl- und Erdgasbau und der Staatlichen Überwachungskommission (Gosekspertiza) des Gosplan.[135] Zunächst visierte das Projekt mit den Westeuropäern den Ausbau des 1969 entdeckten Jamburg-Gasfelds auf der Jamal-Halbinsel an. Doch unter anderem Gasminister Orudžev war ein Gegner der Nutzbarmachung des noch wenig erschlossenen Gasfelds für den Export, so dass die Erschließung von Jamburg zunächst verworfen und auf die Ausbeutung von Urengoj, welches bisher von der Sowjetunion allein bewirtschaftet werden sollte, unter Beteiligung der Europäer fokussiert wurde.[136] Die Trasse der Pipeline werde entlang zahlreicher bisher errichteter Pipelines laufen: der »Bratstvo«-Trasse, der »Sojuz«-Trasse und der späteren »Progres«-Pipeline.

Das Projekt konnte auch nicht mehr aufgehalten werden, als die sowjetischen Truppen Ende 1979 in Afghanistan einmarschierten. Dabei wäre es gut möglich gewesen, dass die folgende internationale Krise und die Zuspitzung der politischen Auseinandersetzung zwischen den beiden Weltmächten auch den Wirtschaftsprojekten und der politischen Annäherung an die Europäer ein Ende gesetzt hätten. Doch das Interesse der Europäer blieb ungebrochen und zwang die Amerikaner zum politischen Eingreifen. Am 18. Januar 1980 unterrichtete die Handelsvertretung der UdSSR in den USA den Vorsitzenden der Handelsverwaltung mit den Ländern Amerikas und den Vorsitzenden der Ostverwaltung darüber, dass die USA zum gegenwärtigen Zeitpunkt Ausrüstung an China verkaufen würden, die sowohl zu zivilen als auch zu militärischen Zwecken genutzt werden könne. Derartige Ausrüstung in die Sowjetunion zu liefern, sei derzeit verboten, so der Bericht. Der Handel bezüglich Technologien mit »doppelter – sprich militärischer – Einsatzmöglichkeit« solle in der nächsten Zeit noch ausgeweitet werden, darunter der Export von strategisch wichtiger kosmischer und geophysikalischer Ausrüstung, die unter anderem

---

135 Gustafson, Thane: Soviet Negotiating Strategy. The East-west Gas Pipeline deal, 1980–1984, Santa Monica 1985, S. 10.

136 Gustafson: Soviet Negotiating Strategy, S. 11; Gustafson: The Gas Campaigne, S. 48–49.

in der Öl- und Gasindustrie einsetzbar war.[137] Für die Sowjetunion war dieses amerikanisch-chinesische Geschäft ein erneuter Affront, denn bei Lieferungen in die Sowjetunion war eine militärische Nutzbarkeit stets als Gegenargument verwendet worden.

Aufgrund des wachsenden Drucks von außen und um dem »Rummel« und der Kritik einer »wachsende[n] Abhängigkeit vom Osten« zu entgehen, legten der Stellvertreter des Außenministers, Osipov, und der Vorsitzende der westdeutschen Firma Mannesmann, Jos van Beveren, Anfang März 1980 fest, das Geschäft vorerst so wenig wie möglich publik zu machen. Zudem hatten neben der Ruhrgas weitere Firmen wie Elwerath, Salzgitter Ferngas und die französischen Firmen Gaz Unie und Gaz de France ihr Interesse angekündigt, so dass die Wogen immer höher schlugen. Daher solle man insbesondere auf die Formulierungen achten, mit denen das Geschäft beschrieben werde, und dies beispielsweise als »Versorgung des Landes mit primären Energieträgern« deklarieren und in den Zusammenhang mit den vorherigen Gasröhrenkompensationsgeschäften stellen, anstatt das Projekt als Novum zu proklamieren. Auch wollte man vermeiden, dass das Geschäft Gegenstand politischer Diskussionen wurde und in oppositionellen Kreisen als politisches Gegenargument genutzt wurde; stattdessen befürwortete man die Formulierung, dass das Geschäft eine »lebenswichtige Bedeutung« für die Bundesrepublik Deutschland der 1980er Jahre habe. Van Beveren äußerte bei dieser Gelegenheit, dass die Bundesrepublik Deutschland jährlich 10–12 Milliarden Kubikmeter neues Gas kaufen wolle. Dieser Betrag sollte das mit dem Iran nicht zustande gekommene Geschäft über 6 Milliarden Kubikmeter und die unregelmäßigen algerischen Lieferungen kompensieren. Die sowjetische Seite befürchtete jedoch großen Druck auf die westdeutschen Geschäftsleute seitens der Carter-Regierung, den van Beveren bestätigte. Da die Sowjetunion ein weiteres Mal das Abspringen von Firmen aus einem Geschäft verhindern wollte, taktierte ihr Außenhandelsstellvertreter Osipov damit, dass zahlreiche europäische Firmen gleichzeitig Interesse an den Gasimporten hatten, was die Konkurrenz der Firmen untereinander merklich anstacheln sollte. Der Besuch des Krupp-Aufsichtsratsvorsitzenden, Berthold Beitz, und des BP-Vorsitzenden,

137 Brief der Handelsvertretung der UdSSR in den USA an Zinov'ev und Žukov vom 18. Januar 1980, in: RGAĖ, f. 413, op. 32, d. 1027, l. 1. Schon seit dem anschwellenden Konflikt zwischen China und der Sowjetunion seit Ende der 1960er Jahre engagierten sich die USA zusehends stärker auf der Seite der Chinesen. Siehe auch: Wishnick, Elizabeth: Mending fences. The Evolution of Moscow's China Policy from Brezhnev to Yeltsin, Seattle WA 2001, insbesondere S. 58–64.

Hellmuth Buddenberg, in Moskau im Januar desselben Jahres habe jedoch im »richtigen Moment« das Interesse der westdeutschen Geschäftskreise am Gasprojekt und an weiteren Projekten gezeigt.[138]

Am 30. Juni kam Bundeskanzler Schmidt zu einem Besuch nach Moskau. Wie es die deutsche Wochenschrift *Der Spiegel* darstellte, waren rechtzeitig zum Kanzlerbesuch auch die Koordinaten des geplanten Geschäfts festgelegt worden.[139] Nach langen Verhandlungen waren eine Reihe von Einzelvereinbarungen zwischen den sowjetischen Außenhandelsorganisationen und westlichen Gasversorgern, Stahlproduzenten, Anlagenbauern und Banken geschlossen worden. Geplant war der Bau einer 5000 Kilometer langen Pipeline aus dem Gasfeld Urengoj nach Westeuropa, die von Mannesmann entworfen, geliefert und installiert werden sollte. Dafür sollten die Ruhrgas AG und ihre europäischen Partnerfirmen ab 1984 40 Milliarden Kubikmeter zusätzlich zu den bis dahin vereinbarten 12 Milliarden Kubikmeter erhalten. Das Projekt hatte einen finanziellen Umfang von 20 Milliarden Mark, welcher von einem Bankenkonsortium unter der Führung der Deutschen Bank zur Verfügung gestellt werde. Bei einem deutsch-sowjetischen Regierungsgespräch am 1. Juli 1980 unterstrich der sowjetische Premier Aleksej Kosygin, dass es sich nicht um eine Konjunkturpipeline handle. Vielmehr solle zwischen den Partnern die größte Pipeline der Welt gebaut werden. Dabei hob Kosygin besonders die schnell positiv verlaufenden Verhandlungen hervor. Beide, Brežnev und Kosygin, nutzten die Chance, um während des Kanzlerbesuchs für das Pipelineprojekt zu werben. Bei einem vertraulichen Gespräch zwischen Brežnev, Kosygin, Außenminister Gromyko sowie Bundeskanzler Schmidt und Außenminister Genscher signalisierte die deutsche Seite, dass sie das Angebot von Stromimporten aus der Sowjetunion zur Kenntnis genommen habe, vor allem aber in der nächsten Zeit immer noch am Import von Erdgas, Erdöl und Erdölprodukten interessiert sei. Generalsekretär Brežnev bot bei dieser Gelegenheit offen den Bau einer großen Pipeline aus Westsibirien an, die jährlich mindestens 40 Milliarden Kubikmeter Erdgas nach Westeuropa leite, erwähnte allerdings auch mögliche Projekte im Bereich der Verflüssigung sowjetischer Braunkohle, an denen deutsche Firmen interessiert seien. Auch Kosygin beschrieb das Projekt nun ausführlich und führte aus, dass die Pipeline sogar 50 Milliarden Kubikmeter transportieren sollte, von denen 10 Milliarden »Kompensationserdgas« für die Bezahlung der Pipeline

138 Memorandum des Gesprächs zwischen dem stellvertretenden Minister Osipov und dem Vorsitzenden der Firma Mannesmann Anlagenbau, Van Beveren, vom 4. März 1980, in: RGAĖ, f. 413, op. 31/32, d. 977, ll. 25–27.

139 Diskret geklärt, in: Der Spiegel (1980) 26, 23.06.1980, S. 29.

fungierten und weitere 40 Milliarden von diversen Ländern gegen Bezahlung abgenommen werden könnten: »Die 40 Milliarden Kubikmeter sind dann mehr, als wir jetzt überhaupt liefern«, gab Kosygin dabei zu bedenken. »Die Erdgasleitung stellt uns vor große technische und geologische Probleme. Was die Vorräte von Erdgas angeht, so sind sie reichlich. Wir bauen keine Konjunkturpipeline. Sie soll 30 bis 35 Jahre in Betrieb sein. So lange reicht der Vorrat. Es wird die größte Pipeline der Welt sein.«[140]

Die politische Situation war jedoch derart angespannt, dass sowjetische Vertreter die Äußerungen der deutschen Seite und die deutschen Medien genau beobachteten. Im August 1980 stellte ein sowjetischer Vertreter zum Zehn-Jahres-Jubiläum des Moskauer Vertrags fest, dass dem Ereignis in der westdeutschen Presse sehr viel Aufmerksamkeit gewidmet werde, wobei man in den Artikeln einen inhaltlichen Schwerpunkt auf der politischen Annäherung konstatierte. Die aus den sozialistischen Parteien bestehende Koalition und bedeutende Geschäftsvertreter hätten sich in der Presse positiv geäußert, nicht nur was die bilateralen Beziehungen angehe, sondern auch die politische Situation auf dem gesamten europäischen Kontinent. Auch der Oppositionsblock der christlich-demokratischen Parteien habe keine grundlegenden Veränderungen für ein Abkommen vorgeschlagen. Allerdings behaupteten Politiker der CDU, dass sie ein »besseres Abkommen« mit der Sowjetunion abgeschlossen hätten, wenn sie die Verhandlungen geführt hätten. Die Springer-Presse hingegen habe negative Äußerungen des Kanzlerkandidaten Franz Josef Strauß veröffentlicht, dass Kanzler Schmidt ein »Instrument der Russen« und eine »Figur im Spiel der Sowjetunion« sei und die SPD, die das Abkommen vor zehn Jahren abgeschlossen habe, »wie in eine Falle getappt sei, die die Russen aufgestellt hätten«. Die aus dem Jahr 1970 stammende Formulierung »von der Konfrontation zur Zusammenarbeit«, auf die die sowjetische Führung Wert gelegt hatte, sei spurlos verschwunden. Stattdessen argwöhnte die Presse nun, dass die wirtschaftliche Zusammenarbeit zur Rettung des Sozialismus beigetragen hatte. Am Vorabend zum Zehn-Jahres-Jubiläum habe das Handelsblatt einen Artikel von Manžulo über den gegenwärtigen Zustand der sowjetisch-deutschen Handels- und Wirtschaftsbeziehungen veröffentlicht. Einige westdeutsche Medien berichteten zudem von der sowjetischen Besorgnis über einen westdeutschen »Abrutsch« im Zusammenhang mit dem Druck, den die Amerikaner

140 Deutsch-sowjetisches Regierungsgespräch in Moskau am 1. Juli 1980, in: Pautsch, Ilse Dorothee/Geiger, Tim (Hg.): Akten zur Auswärtigen Politik der Bundesrepublik Deutschland, Bd. 2: 1. Juli bis 31. Dezember 1980, München 2011, S. 1047–1048.

mit Hinweisen auf den Kalten Krieg ausübten. Zudem seien einige Materialen zum Besuch Leonid Mitrofanovič Zamjatins[141] in der Bundesrepublik Deutschland veröffentlicht worden.[142]

Das vorsichtige Vorgehen der deutschen Politiker hieß die sowjetische Führung jedoch keineswegs gut, wünschte sie sich doch einen deutlicheren politischen und wirtschaftlichen Standpunkt der Westdeutschen jenseits der Verhandlungen mit deutschen Wirtschaftsunternehmen. Gleichzeitig erhoffte die sowjetische Führung besonders von den Westdeutschen, dass diese einen deutlichen politischen Standpunkt bezogen, wie sie es in einem Gespräch zwischen Außenhandelsstellvertreter Osipov und der westdeutsche Staatssekretär Schlecht am 23. September 1980 deutlich machten.[143] Mitte September 1980 kam es zu weiteren Unstimmigkeiten. Der deutsche Botschafter Wieck zeigte sich irritiert durch die zahlreichen Verhandlungen der Sowjets mit verschiedenen europäischen Firmen und befürwortete ein Vorgehen nach dem Motto »Wenn du leise fährst, kommst du weiter«.[144] Der sowjetische Verantwortliche Kuz'min drängte in dem Gespräch jedoch auf eine schnelle Lösung der Kreditfrage, eine Ausweitung der wirtschaftlichen Zusammenarbeit und deutete an, dass sich die Sowjetunion nicht vorschreiben lasse, welche Geschäfte sie eingehe, und mit interessierten Ländern weiterhin Gespräche führe.

Die sowjetische Seite nahm vorerst nochmals selbstständig den Ausbau der nördlichen Regionen in Angriff. Neuer Grundstein dieser Entwicklung sollte erneut der Regierungsbeschluss vom 26. Februar 1980 über die wirtschaftliche und soziale Entwicklung der Wohnregionen des Nordens sein; bei einer ZK-Sitzung am 14. April 1980 wurde zusätzlich die Stärkung der Investitionen in Bau-

---

141 Leonid M. Zamjatin war bis 1970 auf verschiedenen Posten im diplomatischen Dienst im sowjetischen Außenministerium tätig. Von 1970 bis 1978 war er Vorsitzender der sowjetischen Nachrichtenagentur TASS. Ab 1978 übernahm er die Leitung der neu geschaffenen Abteilung für Internationale Information des ZK der KPdSU. Er war Begleiter und Pressesprecher von Leonid Brežnev und unternahm zahlreiche Besuche in der Bundesrepublik Deutschland. In den 1980er Jahren wurde er sowjetischer Botschafter in London, in: Eintrag »Samjatin, Leonid« in: Munzinger Online/Personen – Internationales Biographisches Archiv, online über die Zentralbibliothek Zürich verfügbar unter: http://www.munzinger.de.ezproxy.uzh.ch/document/00000014687 [29.11.2018].

142 Brief der Handelsvertretung der Bundesrepublik Deutschland an die Handelsvertretung mit den westlichen Ländern vom 27. August 1980, in: RGAĖ, f. 413, op. 32, d. 977, ll. 101–103.

143 Memorandum des Gesprächs zwischen dem stellvertretenden Minister Osipov und Staatssekretär des Wirtschaftsministeriums Schlecht vom 23. September 1980, in: RGAĖ, f. 413, op. 32, d. 977, ll. 116–118.

144 Memorandum des Gesprächs mit Wieck und Kuz'min vom 30. September 1980, in: RGAĖ, f. 413, op. 32, d. 977, ll. 112–113, hier l. 113.

maßnahmen in Westsibirien besprochen.[145] Doch ähnliche Beschlüsse waren schon früher gefasst worden und ins Leere gelaufen. Dennoch überlegte sich eine Kommission des GKNT nun, dass die Erforschung der Permafrostregionen wieder eine größere Rolle spielen sollte, nicht nur, weil man die Erdöl- und Erdgasförderung in den Regionen anheben wollte – 1985 sollten 125 Millionen Tonnen Erdöl aus der westsibirischen Polarregion und weitere 25 Millionen Tonnen aus dem westlichen Landesteil stammen –, sondern auch, weil man eine Schädigung der empfindlichen arktischen Ökosysteme und ihre Folgen auf die menschlichen Aktivitäten fürchtete, so dass hier neue Regelungen und Normen entstehen müssten; ein Problem, welches vorher kaum so angesprochen worden war.[146] Jedoch hatte es bisher kaum praktisch relevante Forschung gegeben, zumal diese ebenfalls den Staatsplänen unterlag. So ist es nicht verwunderlich, dass in einem Raport des Instituts für Permafrostforschung der AN SSSR und des Projektierungsinstitut zur Pipelineverlegung in den Regionen des Fernen Nordens auf Permafrostböden der Wunsch geäussert wurde, gemeinsam mit den Amerikern zu forschen, da diese über mehr Erfahrung und bessere Technik verfügen würden.[147]

Nun drängte die »große Politik« angesichts der neuen Geschäftsaussichten hin zu einer Konsolidierung der Erdöl- und Erdgasindustrie in Westsibirien. Vor dem Oktoberplenum des ZK 1980 rief Brežnev den Gosplan zum verstärkten Einsatz bei den Planungen auf: »[…] es wurde der Vorschlag eingebracht, ein Programm im großen Maßstab für die forcierte Entwicklung der Erdöl- und Erdgasindustrie Westsibiriens zu entwickeln. Das Politbüro unterstützt diesen Vorschlag. Nun ist es die Aufgabe des Gosplan, ein solches Programm zum

145 Trofimuk: 40-let brojenija, S. 85–90. Zu den Investitionen: Im 10. Fünfjahresplan 1976–1980 betrugen die Investitionen in die Erdölindustrie mit Transport 30,22 Milliarden Rubel, in die Gasindustrie mit Transportkosten 28,57 Milliarden Rubel (Preise von 1969), in: Considine/Kerr: The Russian Oil Economy, S. 115; Hewett gibt an, dass 1979 5,9 Milliarden Rubel in die primäre Erdölproduktion und 2 Milliarden Rubel in die primäre Erdgasproduktion investiert (Preise von 1973), in: Hewett, Edward A.: Energy, Economics, and Foreign Policy in the Soviet Economy, Washington D.C. 1984, S. 36.

146 Überlegungen zum Schutz von Mensch und Umwelt spielten zu diesem Zeitpunkt bereits durchaus eine Rolle, wenn diese jedoch vor allem von wirtschaftlichen Motiven geprägt waren. So führten verschmutzte Gewässer zu einem höheren Fischsterben. Im Hohen Norden überlegte man unter diesem Gesichtspunkt, dass eine maximale Konzentration von Industrien an einem Ort weite Flächen der Permafrostregionen vor der Industrialisierung schütze, in: Rede von S.A. Orudžev »Das Gas des sibirischen Nordens« gesendet an API am 5. September 1978, in: RGAĖ, f. 458, op. 1, d. 4525, hier l. 64.

147 Abschlussbericht der Kommission für die Erschließung in von Öl- und Gasfeldern in Permafrost-Gebieten, in: RGAĖ, f. 9480, op. 12, d. 1613, ll. 110–129.

wichtigsten Glied des 11. und auch des 12. Fünfjahresplans zu machen.«[148] Den Auftritt des Generalsekretärs auf dem Oktoberplenum 1980 lobte Gasminister Orudžev besonders. Brežnev sei »mit einer klaren, profund argumentierenden Rede aufgetreten, die auch die Kritik nicht gescheut habe«. So sollte nicht nur die Gasförderung in Westsibirien um 37 Prozent angehoben werden, sondern die Missstände in den Polarstädten wie Novyj Urengoj, die das Mingazprom zum Teil ebenfalls betreute, müssten endlich behoben werden. Es sollten durch verbesserte Arbeitsbedingungen auch die Motivation der Arbeiter und deren »sozialistisches Pflichtgefühl« weiter steigen, damit man die geplante Anhebung der Gasförderung erreiche.[149]

Dass die Ziele der Gaswirtschaft – man wollte 1985 600–640 Milliarden Kubikmeter Erdgas gewinnen, davon in Westsibirien 330–370 Milliarden Kubikmeter – sehr hoch waren, wusste Gasminister Orudžev. Dennoch schätzte er sie in einer weiteren Rede als »vollkommen real« ein.[150] Ziel der Bestrebungen waren laut Orudžev die großen »Gasgiganten«, wobei Urengoj nur eine Vorstufe zu den weiter im Norden liegenden Feldern Charaskoe usw. sein sollte. Doch appelierte Orudžev auch, dass die Erdgasgewinnung in Orenburg und Zentralasien stabil bleiben müsse. Seiner harschen Reaktion gegenüber Kritikern rühmte sich der Minister sogar selbst. So hatte das Mingazprom eine Notiz erhalten, die darauf verwies, dass eine stabile Gasförderung in Orenburg beim gegenwärtigen Förderniveau unmöglich sei. Daraufhin war ein Stellvertretender Minister nach Orenburg gefahren, um die Anschuldigungen selbst zu überprüfen. Die Angelegenheit habe geklärt werden können, lediglich müsse die Förderung genauer überwacht werden. Stattdessen tadelte Orudžev das Verhalten des Verfassers der Notiz, denn dieser habe ein schlechtes Licht auf die Kombinatsleitung geworfen. Dabei hatte man ähnliche Befürchtungen auch bei Turkmengazprom geäußert, doch auch hier reagierte der Minister, indem er die neu entdeckten Lagerstätten anführte, mit denen man den Output der Region insgesamt sogar noch steigern könne.[151]

Die Anspannung im Energiesektor forterte auf dem Parteitag der KPdSU, der vom 23. bis 6. März 1981 stattfand, vom Generalsekretär eine Entscheidung.

148 Roos: Sibirien zwischen Ökonomie und Politik, S. 42.

149 Auftritt des Gasministers S.A. Orudžev vom 22. Oktober 1980, in: RGAĖ, f. 458, op. 1, d. 4525, ll. 145–147.

150 Auftritt des Gasministers S. A. Orudžev auf dem Polittag am 9. Dezember 1980 über »Die grundlegenden Richtungen der wirtschaftlichen und sozialen Entwicklung der UdSSR für 1981–1985 und die Periode bis 1990«, in: RGAĖ, f. 458, op. 1, d. 4525, hier l. 155.

151 Auftritt des Gasministers S. A. Orudžev auf dem Polittag am 9. Dezember 1980 über »Die grundlegenden Richtungen der wirtschaftlichen und sozialen Entwicklung der UdSSR für 1981–1985 und die Periode bis 1990«, in: RGAĖ, f. 458, op.1. d. 4525, ll. 153–158.

Denn auf der einen Seite befand sich die sowjetische Energieindustrie, die nur mit immenser Anstrengung den Anforderungen gerecht werden konnte. Eine leichte Lösung für die drohende Versorgungslücke im westlichen Landesteil gab es schlichtweg nicht, denn der Aufbau einer Atomindustrie war ein finanzielles Mammutprojekt, so dass nur die Energieträger aus dem Osten die Versorgungslücke kurzfristig schließen konnten. Die zukünftige Lage im Erdölsektor hingegen nahmen viele sowjetische Akteure als problematisch wahr. Eine positive Entwicklung hatten lediglich der Erdgassektor und der Kohlesektor Sibiriens erlebt. Auf der anderen Seite zeigten die europäischen Länder ein immer größeres Interesse am sowjetischen Erdgas, und die Projekte, die sie anboten, hätten die leistungsschwache sowjetische Maschinenbauindustrie einmal mehr gerettet. Die Angebote der Sowjetunion, die westlichen Länder mit günstigen Exportprodukten zu beliefern, waren mehrmals gescheitert: Die Europäer wollten die Rohstoffe. So scheint es kaum verwunderlich, dass der Generalsekretär – entgegen seinen Äußerungen von 1979/1980 – das Ruder abermals umriss und statt einer Kohle- und Atomstrategie auf dem 26. Parteitag der KPdSU 1981, den Kosygin schon nicht mehr erlebte, eine Erdgasstrategie verkündete: »Ich halte es für nötig, die schnelle Steigerung der Förderung des sibirischen Erdgases als eine Aufgabe von erstrangiger ökonomischer politischer Bedeutung hervorzuheben. Die Vorkommen der westsibirischen Region sind einmalig. Das größte – das von Urengoj –, hat so gigantische Vorräte, daß es viele Jahre sowohl den Bedarf unseres Landes als auch den Export, darunter den in die kapitalistischen Länder, decken kann. Die Förderung von Erdgas und Erdöl in Westsibirien muss zu den wichtigsten Bestandteilen des Energieprogramms des elften, ja auch des zwölften Fünfjahresplans gemacht werden.«[152]

Mit den Beschlüssen des Parteitags war jedoch nicht nur das Erdgas zum wichtigsten Rohstoff des Landes geworden, sondern wurde auch die Anerkennung des endgültigen Aufstiegs Westsibiriens zu einer international eingebundenen Wirtschaftsregion besiegelt. Der 11. Fünfjahresplan vom 2. März 1981 legte fest, dass die Sowjetunion 1985 620–645 Millionen Tonnen Erdöl und Gaskondensat sowie 600–640 Milliarden Kubikmeter Erdgas fördern sollte.[153]

152 XXVI. Parteitag der KPdSU, Rechenschaftsbericht des Zentralkomitees der Kommunistischen Partei der Sowjetunion und die nächsten Aufgaben der Partei in der Innen- und Außenpolitik vom 23. Februar 1981, in: Breshnew, L.I.: Auf dem Wege Lenins. Reden und Aufsätze, Bd. 8: April 1979 – März 1981, Berlin 1982, S. 766.

153 Grundlegende Richtungen der wirtschaftlichen und sozialen Entwicklung der UdSSR für die Jahre 1981–1985 und die Periode bis 1990 vom 2. März 1981, in: Černenko, K.U./Smirtjukov, M.S.: Rešenija Partii i Pravitel'stva, Bd. 13, S. 664–665.

Neben der forcierten Gasförderung hatte Brežnev die Pipelineprojekte zu den »zentralen Konstruktionsprojekten des Fünf-Jahres-Plans« 1981–1985 ernannt. Dem Gassektor hatte er dabei mehr finanzielle Mittel zuerkannt als seinen anderen Prestigeobjekten der vorangegangenen Jahre – der BAM, der Lastwagenfabrik KamAZ, der Automobilfabrik VAZ und dem Atomkraftwerksbau durch Atommaš – gemeinsam.[154]

Damit hatte Brežnev – wenn auch nicht explizit – den Deutschen etwas geboten, was er den Amerikanern nur versprochen hatte: Die Berücksichtigung eines Gasprojekts im Fünfjahresplan, von dem die Europäer zweifelsohne profitieren sollten.

Obwohl das Geschäft im Juli 1980 nach dem Besuch von Kanzler Schmidt in Moskau bereits öffentlich bekanntgegeben worden war, regte sich besonders seitens der USA massiver Widerstand gegen dessen Umsetzung. In einem Brief der Handelsvertretung an den Vorsitzenden der Verwaltung für den Handel mit den westlichen Ländern diskutierte die sowjetische Seite die neue Position der Reagan-Administration gegenüber dem Gashandel. Dabei zeigte sich die Handelsvertretung der UdSSR in der Bundesrepublik Deutschland sowohl besorgt über die Position der USA, die den Handel als »Gefahr« für die Wirtschaft der Bundesrepublik Deutschland und anderer europäischen Länder bezeichneten, als auch über die deutsche Springer-Presse, die dem Tonfall der USA folgte. Die sowjetische Seite versuchte dies abzuwiegeln, denn ohnehin betrage der Anteil des sowjetischen Gases am gesamten Brennstoffhaushalt nur 5,5–6 Prozent. Wohlwollend nahm der Vertreter der Handelsvertretung der UdSSR in der Bundesrepublik Deutschland, D. V. Koz'min, jedoch wahr, dass es weiterhin auch Verteidiger des Projekts gebe, so besonders in der SPD-Fraktion im Deutschen Bundestag oder bei der Firma Ruhrgas. Dass es im kommenden Monat zum Ausfall von Lieferungen sowjetischen Gases kommen werde, habe keinen politischen Charakter, sondern sei den klimatischen und technischen Bedingungen geschuldet.[155] Die USA machten kein Hehl daraus, dass sie eine wirtschaftliche und politische Abhängigkeit – insbesondere nach der militärischen Intervention der Sowjetunion in Afghanistan – und eine daraus erwachsende »Finnlandisierung« befürchteten.[156] So versuchten die USA im November

154 Gustafson: The Soviet Gas Campaign, S. 1.

155 Schreiben an den Vorsitzenden der Handelsvertretung mit den westlichen Ländern, Simakov, vom 26. Januar 1981, in: RGAĖ, f. 413, op. 32, d. 1699, l. 22–23.

156 Der Begriff Finnlandisierung steht für die angenommene große (politische) Abhängigkeit Finnlands vom Nachbarn Sowjetunion durch seine Energieimporte aus der UdSSR. Finnland importierte Anfang der 1970er Jahre noch weniger als 20 Prozent seiner Energie aus der

1980 die Westeuropäer von einer Abkehr vom Gasgeschäft zu überzeugen und boten ihrerseits Kohleexporte aus dem eigenen Land, ein verstärktes Engagement der US-Atomlobby in Westeuropa und den Import von Erdgas aus Nordafrika und Norwegen an.[157] Derartige Vorschläge entsprachen jedoch viel mehr den wirtschaftlichen Interessen der USA selbst als denjenigen der Länder Westeuropas, denen an einer Fortsetzung der Entspannungspolitik gelegen war. Deshalb spitzten sich die politischen Misstöne zwischen den NATO-Verbündeten im Jahr 1981 weiter zu.

Die Handelsvertretung der UdSSR in der Bundesrepublik Deutschland berichtete am 26. Januar 1981 erneut, dass die deutsche Springer-Presse die Meinung der Amerikaner über die durch den Energieträgerimport geschaffene vermeintliche Abhängigkeit Europas gegenüber der Sowjetunion aufgreife und unterstütze. Diese Presse verschweige jedoch den Fakt, dass der Import von sowjetischem Erdgas nur 5,5–6 Prozent der gesamten Importe ausmache. Zu den Unterstützern des Projekts würden auch weiterhin die Bundestagsfraktion der SPD gehören sowie die Führung der Ruhrgas. Liesen erörterte, dass ein Lieferungsstopp in den kommenden Monaten keine politischen, sondern ausschließlich klimatische Gründe habe.[158] In einer offiziellen Stellungnahme der Bundesregierung vom Februar 1981 zu den laufenden Verhandlungen zum Gasprojekt durch den Parlamentarischen Staatssekretär, Martin Grüner, fügte dieser hinzu, dass die UdSSR in der Vergangenheit als zuverlässiger Gaslieferant aufgetreten sei. Kurzfristige Lieferprobleme, wie sie in diesem Winter aufgetreten seien, hätten der Bundesrepublik Deutschland keine Schäden in der Gaslieferung gebracht. Der deutsche Staatssekretär gab bekannt, dass solche Störungen in der Permafrostzone in Zukunft durch technische Lösungen vermieden werden sollten. Er machte damit deutlich, dass man in der Bundesrepublik Deutschland die Energieversorgungssicherheit gewährleistet sah.[159] Dennoch gab es auch in der Sowjetunion selbst immer noch Befürchtungen und Einwände, was die Technologieimporte aus dem westlichen Ausland und eine

Sowjetunion, 1983 waren es bereits 90 Prozent. Van Oudenaren: The Urengoi Pipeline, S. 43. Gleichzeitig exportierte Finnland Technologien in die Sowjetunion. Siehe: Jensen-Eriksen, Niklas: Finland – A Hole in the Cold War Embargo? Paper zum XIV International Economic History Congress, Helsinki, Finland, 21 to 25 August 2006. Session 111, online verfügbar unter: http://www.helsinki.fi/iehc2006/papers3/Jensen.pdf [07.12.2018].

157 Bonin: Business Interests vs. Geopolitics, S. 241–242.

158 Schreiben an den Vorsitzenden der Handelsvertretung mit den westlichen Ländern, Simakov, vom 26. Januar 1981, in: RGAĖ, f. 413, op. 32, d. 1699, ll. 22–23.

159 Übersetzung innerdeutscher Gespräche über das geplante Gasabkommen, ohne Datum, in: RGAĖ, f. 413, op. 32, d. 1699, ll. 41–42.

sowjetische Abhängigkeit von dieser Technik betraf, so zu diesem Zeitpunkt beim Vorsitzenden der Akademie der Wissenschaften, Anatolij Petrovič Aleksandrov, und sogar von Leonid Brežnev kurz vor seinem Tod im Jahr 1982.[160]

Am 4. März 1981 legte die deutsch-sowjetische Handelskommission einen Bericht vor, in welchem beide Länder den guten Fortschritt ihrer wirtschaftlichen Beziehungen lobten und das Zustandekommen eines weiteren Erdgasgeschäftes zwischen der Bundesrepublik Deutschland, weiteren europäischen Ländern und der Sowjetunion anvisierten.[161] In einem Gespräch am 4. April 1981 setzte sich der Mannesmann-Vorsitzende Egon Overbeck persönlich für den Abschluss eines Kooperationsprojekts ein. Overbeck legte dar, dass auch die Firma Ruhrgas einem solchen Projekt positiv gegenüberstehe. Ein Problem könne die Finanzierung der Projekte sein, denn diese sei noch nicht geklärt. Zwar spreche die Deutsche Bank gerade mit den Mitgliedern des Konsortiums, aber noch sei man nicht zu einer Übereinkunft gekommen. Problem der deutschen Seite sei auch, dass die bisherigen Röhren-Verträge Mitte April ausliefen, was die deutsche Mannesmann unter erheblichen Druck setze. Höchstwahrscheinlich sei es sogar nötig, dass man zahlreiche Arbeitskräfte entlasse. Overbeck bat die Sowjetunion, dass man, sobald die Finanzierung klar sei, möglichst schnell den Auftrag der Röhrenproduktion im Umfang von 550 Millionen Tonnen gebe. Allerdings müsse man noch über den Preis übereinkommen, denn im vergangenen Jahr habe man der Sowjetunion die Großröhren unter ihrem Selbstpreis verkauft, was man nun aber nicht mehr tun könne. Die sowjetische Seite zeigte sich jedoch nicht einverstanden mit den Preisen, die ihnen die Firma Mannesmann anbot, denn diese seien zu hoch.[162]

Die Preise für die Großröhren lösten in der Folgezeit heftige Diskussionen aus. Die Firma Mannesmann wollte den Preis für die Großröhren auf 870 Millionen D-Mark anheben, damit der Kreditsatz von 7,75 Prozent gewährt werden konnte, auf dem die Sowjetunion bestand.

Doch die sowjetische Seite wollte das Geschäft nur für globale Preise abschließen, die Anhebung der Preise um 55 Prozent in einer solch kurzen Zeit empfand sie als ungerechtfertigt und das Geschäft damit auch als unvorteilhaft. Die sowjetische Bank Sberbank sollte einen neuen Vorschlag ausarbeiten, der

160 Blinken, Antony J.: Ally versus Ally. America, Europe, and the Siberian Pipeline Crises, New York 1987, S. 131.

161 Gemeinsamer Bericht der deutsch-sowjetischen Handelskommission vom 4. März 1981, in: RGAĖ, f. 413, op. 32, d. 1699, ll. 57–59.

162 Memorandum über die Konversation zwischen Osipov, Komarov und Overbeck vom 7. April 1981, in: RGAĖ, f. 413, op. 32, d. 1699, ll. 88–89.

die Preise von 1980 plus einen Teurungszuschlag als Berechnungsgrundlage nutzte. Overbeck gab zu verstehen, dass es einen grundlegenden Einfluss auf den deutsch-sowjetischen Handel insgesamt habe, wenn das Geschäft nicht bald zustande komme. Auch werde die Sowjetunion nicht auf die weltweit üblichen Kredite achten und stattdessen nur auf den Weltmarktpreisen bestehen. Nach dem Gespräch mit Komarev sagte Overbeck, dass er sich fühle wie jemand, »den sie auf den Berg geworfen hätten, auf den er hätte steigen wollen«.[163] Er beharrte darauf, dass man auf den Deal nur nach einem neuen Preisvorschlag eingehen werde, der auf den weltweiten Preisen beruhe. Anschließend wurde die Beteiligung an der Gaspipeline Westsibirien–Westgrenze der UdSSR besprochen, bei der sich die Firma Mannesmann an der Ausstattung mit Verdichterstationen beteiligen wollte. Damit war es der Sowjetunion doch noch gelungen, die deutsche Seite unter erheblichen Druck zu setzen.

Dem Projekt schien, zumindest was die westsibirischen Energieträger anging, nichts mehr im Weg zu stehen, denn auch der Rohstoffsektor in Westsibirien hatte sich stabilisiert: Das Jahr 1981 wurde zu einem wahren Boomjahr für das westsibirische Erdgas. Nachdem sich Expertenkommissionen des Ministerrats und des Gosplan im März weiter mit den Prognosen des Westsibirischen Erdöl- und Erdgaskomplexes beschäftigt hatten, setzten sie die Zahlen herauf: Dieses Mal verdoppelten sich die Angaben über die Prognosen für das Erdöl, beim Erdgas verdreifachte sich die Menge; die durchweg positive Stimmung des Jahres sollte schließlich Brežnevs Auftritt auf dem Novemberplenum beeinflussen.[164] Auch reagierte die Partei nun mit weiteren Sparmaßnahmen, indem sie die Abwärme nutzen wollte, die bis 1985 160–170 Millionen Tonnen konventioneller Energie und bis 1990 weitere 180–190 Millionen Tonnen konventioneller Energie einsparen sollten.[165]

Washington beobachtete die Fortschritte äußerst argwöhnisch. Die Amerikaner beklagten vor allem die mangelnde Unterstützung der Europäer, die ihrerseits ein wesentlich größeres Interesse am Handel mit der Sowjetunion hatten als die amerikanische Wirtschaft. Im Juni 1981 forderten 46 Kongressab-

163 Memorandum über die Konversation zwischen Komarov und Overbeck vom 21. April 1981, in: RGAĖ, f. 413, op. 32, d. 1699, ll. 99–101, hier l. 101.

164 Zitat: Trofimuk: 40-let brojenija, S. 105.

165 Beschluss des ZK der KPdSU und des Ministerrats der UdSSR »Über die grundlegenden Richtungen und Maßnahmen zur Anhebung der Effektivität bei der Nutzung von Energieressourcen in der Volkswirtschaft in den Jahren 1981–1985 und für die Periode bis 1990« vom 2. April 1981, in: Černenko, K.U./Smirtjukov, M.S.: Rešenija Partii i Pravitel'stva po chozjajstvennym voprosam, Bd. 14: Aprel' 1981 g. – dekabr' 1982 g., Moskau 1983, S. 12–13.

geordnete den amerikanischen Präsidenten Ronald Reagan dazu auf, die Europäer vom Geschäft mit der Sowjetunion abzubringen.[166] Diese politische Linie spiegelte sich auch auf einem Treffen in Ottawa im Juli 1981 wider: Bei dem Treffen hieß es, dass die westlichen Länder nicht mit den östlichen ein Geschäft zu günstigeren Konditionen eingehen könnten, als sie es selbst abschließen würden.[167] Damit forderte die US-Regierung die Loyalität der Europäer, wurde in der Folge jedoch enttäuscht.

Im September 1981 wurde bekannt, dass die USA das Projekt zwischen den Westdeutschen und der UdSSR aushebeln wollten. Stattdessen suchten die USA nach einer Alternative für die Pipeline, die sie im Verkauf von amerikanischer Kohle, synthetischen Brennstoffen und Nukleartechnologie an die Europäer sahen. Die westdeutschen Vertreter beharrten jedoch auf sowjetischen Erdgaslieferungen. Bei der nächsten Sitzung der deutsch-sowjetischen Handelskommission sollte das Gasgeschäft allerdings nicht offen angesprochen werden, um nicht noch mehr Öl ins Feuer der politischen Differenzen zu gießen. Denn schon 1990 wollte die Bundesrepublik Deutschland die Gasimporte aus der Sowjetunion auf 24 Milliarden Kubikmeter erhöhen.[168] Ein Bericht über den Fortgang der Gespräche zum Gaskompensationsgeschäft bescheinigte, dass man mit der Deutschen Bank und der Veštorgbank eine Übereinkunft über einen Kredit gefunden habe. Zudem würden mehrere westdeutsche Firmen Anlagen für die Kunststoffindustrie liefern beziehungsweise ganze Fabriken in der Sowjetunion aufbauen. Die deutschen Firmen sollten auf Kompensationsbasis für die Erdgasgewinnung in der Lagerstätte selbst liefern.[169]

Die sowjetische Regierung hingegen ließ sich vom Gebaren der Amerikaner nicht abschrecken. So verabschiedeten das ZK und der Ministerrat am 29. Juni 1981 den Bau einer Exportpipeline von Urengoj nach Užgorod mit westdeutscher Hilfe, die das Gas anschließend weiter durch die Tschechoslowakei ins bayrische Waidhaus leitete und entlang bisheriger Trassen verlief. Die Details dieser Hilfe wurden im November 1981 beschlossen. Auch bei der weiteren Erforschung von Bohrtechniken im Kontinentalsockel sowie beim Ausbau eines Gasreinigungs-

166 Müller: Der Erdgas-Röhren-Konflikt, S. 512–513.

167 Blinken: Ally vs. Ally, S. 95.

168 Schreiben des Außenhandelsministeriums an den Vorsitzenden der Kommission für den Handel mit den westlichen Ländern vom 21. September 1981, in: RGAĖ, f. 413, op. 32, d. 1700, ll. 71–72; Blinken: Ally vs. ally, S. 95.

169 Protokoll der 10. Sitzung der deutsch-sowjetischen Kommission für die wirtschaftliche und wissenschaftlich-technische Zusammenarbeit von 24.28. September 1981 über die Energiebeziehungen, in: RGAĖ, f. 413, op. 32, d. 1700, ll. 86–112. hier ll. 96–97.

komplexes in Astrachan sollten die westdeutschen Firmen behilflich sein.[170] In einem Gespräch mit Lambsdorff während des Besuchs Breżnevs in der Bundesrepublik Deutschland im November 1981 äußerte Ivan Vasil'evic Archipov,[171] dass die Sowjetunion keineswegs gewillt sei, sich an den Geschäften mit den Deutschen hindern zu lassen. Man müsse »politische Klugheit, gesunden Verstand und, wenn es unbedingt notwendig wäre, auch den entsprechenden Nachdruck beweisen. Mit Befriedigung können wir sagen, dass wir auch das gelernt haben.«[172] Denn schon das letzte Gasgeschäft sei unter schwierigen Bedingungen zustande gekommen. Lambsdorff, der von einer Reise aus Sibirien zurückgekehrt war, antwortete, dass er nun verstanden habe, welches Potenzial in Sibirien liege und welche Schwierigkeiten zu überwinden seien. Er hob auch die Arbeit der gemischten deutsch-sowjetischen Kommission hervor, durch die er vor allem eine gute Beziehung zu Tichonov und nun auch zu Konstandov gewonnen habe. Die deutsche Seite habe das Geschäft jedoch auch gut geprüft, da es hier nicht ohne »politische Faktoren« gehe.[173] Dass sich die Sowjetunion auch bereit erklärte, nach West-Berlin Gas zu leiten, habe den Abschluss eines Geschäfts deutlich erleichtert. Die Voreingenommenheit habe dadurch überwunden werden können, ebenso habe man sich der Opposition angenähert.

Bei einem Gespräch zwischen Schmidt und Brežnev am 24. November 1981 sagte Brežnev: »Ich bin auch so ehrlich und offen, Herr Bundeskanzler, Ihnen folgendes zu sagen: Man muß abwarten, daß ein bestimmtes Wachstum nicht überall bejubelt wird. Man behauptet, die Bundesrepublik würde eingeschüchtert, es würde Druck auf sie ausgeübt wegen der Abhängigkeit von Energielieferungen und einiger Mineralien aus der Sowjetunion. Es wird der Bundesrepublik auch abgeraten von einer Lieferung von Ausrüstung in die Sowjetunion. Die das tun,

170 Schreiben des Gasministers V. A. Dinkov an L. A. Konstandov vom 11. November 1981, in: RGAĖ, f. 413, op. 32, d. 1700, ll. 169–171.

171 Ivan V. Archipov war seit 1939 Mitglied des ZK und zwischen 1943–1946 Volkskommissar für Hüttenindustrie. 1946 wurde er stellvertretender Minister für Hüttenindustrie. Seit 1958 war er stellvertretender Vorsitzender des Staatskomitees am Ministerrat der UdSSR für außenwirtschaftliche Belange und 1974–1980 stellvertretender Vorsitzender des Ministerrats, in: Hey, Patrizia: Die sowjetische Polenpolitik Anfang der 1980er Jahre und die Verhängung des Kriegsrechts in der Volksrepublik Polen (Studien zu Konflikt und Kooperation im Osten 19), Berlin 2010, S. 474.

172 Grundlegender Inhalt des Gesprächs zwischen dem Ersten Stellvertreter des Vorsitzenden des Ministerrates der UdSSR, I.V. Archipov mit Bundeswirtschaftsminister O. Lambsdorff vom 23. November 1981, in: RGAĖ, f. 413, op. 32, d. 1700, ll. 186–188, hier l. 187.

173 Grundlegender Inhalt des Gesprächs zwischen dem Ersten Stellvertreter des Vorsitzenden des Ministerrates der UdSSR, I. V. Archipov mit Bundeswirtschaftsminister O. Lambsdorff vom 23. November 1981, in: RGAĖ, f. 413, op. 32, d. 1700, ll. 186–188, hier l. 186.

haben die Hoffnung, damit die Entwicklung unserer Industrie zu stören. Das sind Versuche, die Methoden des Kalten Kriegs in den Wirtschaftsbeziehungen wiederzubeleben. Ich sage dazu, daß wir niemandem unser Erdgas aufdrängen. Aber wir sind kein Anhänger von Autarkie. Wir sind gegen künstliche Hindernisse im Handelsaustausch. Vorteilhaft oder nicht, das sind die uralten Kriterien der Geschäftsleute. Ich glaube, daß man diese Haltung in Deutschland gut versteht.«[174] Auch der sowjetische Botschafter in der Bundesrepublik Deutschland, Vladimir Semjonov, lobte das Erdgasgeschäft als »gewaltiges Projekt«.[175]

Dennoch zeigten sich längst nicht alle mit dem im November 1981 kurz vor dem Brežnev-Besuch abgeschlossenen Projekt zufrieden. Zwar sollten von 1984 bis 2008 durch die Pipeline aus Sibirien 10,5 Milliarden Kubikmeter Gas jährlich in die Bundesrepublik Deutschland gelangen, was mit den Gasimporten aus bisherigen Verträgen 30 Prozent am westdeutschen Gasmarkt ausmachte. Dennoch hatten sich die westdeutschen Anlagenbauer von dem im Voraus hochgelobten Handel weitaus größere Exportgeschäfte versprochen. So hatte ein Konsortium unter der Führung der Deutschen Bank einen Kredit über 10 Milliarden D-Mark für Anlagenkäufe in der Bundesrepublik Deutschland angeboten, von dem die Sowjetunion dann noch nur 1 Milliarden D-Mark nutzte; ein großer Teil der Aufträge ging an ausländische Firmen in Frankreich, Italien und Japan, welche die westdeutschen Firmen aufgrund staatlicher Subventionen hatten unterbieten können.[176]

Vorsichtig hatte dem Geschäft vor allem Gasminister Orudžev gegenübergestanden, der nach dem Scheitern des trilateralen Projekts nun wohl auch eine zu starke Konzentration auf das europäische Projekt befürchtete, welches womöglich ebenfalls scheitern würde.[177] Mit seiner Vorsicht hatte Orudžev mehr recht, als es Leonid Brežnev lieb war. Die Verhängung des Kriegsrechts in Polen am 13. Dezember 1981, das als stabilisierende Maßnahme gedacht war, bot einen politischen Ausgangspunkt für eine Gegenreaktion der USA. Mit der Feststellung, dass die Sowjetunion direkte Verantwortung für die Repressionen in Polen habe, rief Reagan am 29. Dezember wirtschaftliche Sanktionen aus. Diese

---

174 Gespräch zwischen Bundeskanzler Schmidt und dem Generalsekretär des ZK der KPdSU, Breschnew, vom 24. November, in: Pautsch, Ilse Dorothee/Taschler, Daniela (Hg.): Akten zur Auswärtigen Politik der Bundesrepublik Deutschland, Bd. 2: 1. Juli bis 31. Dezember 1981, München 2012, S. 1841.

175 Semjonov, S.: Von Stalin bis Gorbatschow. Ein halbes Jahrhundert in diplomatischer Mission 1939–1991, Berlin 1995, S. 74.

176 Verbissen gefeilscht, in: Der Spiegel (1981) 48, 23.11.1981, S. 134–136.

177 Gustafson: Soviet Negotiating Strategy, S. 11.

umfassten das Landen von Aeroflot-Flugzeugen in den USA, das Abbrechen der Verhandlungen um ein langfristiges Weizengeschäft, die Schließung der sowjetischen Erwerbskommission und die Blockierung von Lizenzen für Computertechnologien und elektronische Ausrüstung. Des Weiteren gab der Präsident bekannt, dass für Anlagen der Öl- und Gasindustrie spezielle Exportlizenzen notwendig seien und dass die bereits ausgestellten Lizenzen sofort aufgelöst würden. Die Sanktionen würden hingegen erst rückgängig gemacht werden, wenn das Kriegsrecht in Polen aufgehoben werde. Die bereits abgeschlossenen Verträge hätten die Sanktionen eigentlich nicht betreffen dürfen, jedoch wollte Reagan dies tatsächlich durchsetzen, so dass zahlreiche Firmen wie General Electrics, Caterpillar, Dresser und Cooper Industries, die allesamt Bauteile für Pipelines lieferten, ihre bisherigen Verträge aufheben mussten, wenn diese den Bau der sowjetisch-europäischen Pipeline betrafen. Ihnen wurde zudem untersagt, dass ihre Lizenzen an europäische Firmen aktiv blieben, so dass die europäischen Firmen, die mit den amerikanischen Lizenzen arbeiteten, von Technologielieferungen absehen mussten.[178] Gleichzeitig ging es den USA darum, dass die günstigen Kreditverträge, die bisweilen in Europa selbst kritisiert worden waren,[179] erneut und zu weniger günstigen Konditionen verhandelt beziehungsweise ganz eingeschränkt wurden.

Doch die europäischen Länder verfolgten ohne Rücksicht auf die USA weiterhin ihre eigenen Pläne. So unterbrach Bundeskanzler Schmidt während der Intervention in Polen weder seinen Besuch in der DDR noch reagierten die europäischen Firmen im Sinne des NATO-Verbündeten. Im Gegenteil: Im Januar 1982 unterzeichneten Gaz de France und Mannesmann ihre Verträge mit der Sowjetunion, am 28. Januar folgte Italien mit einem Grundsatzvertrag, der beinhaltete, dass Italien Erdgas aus der Sibirienpipeline importieren werde.[180] Im Juni entschloss sich die Reagan-Administration daraufhin, die verhängten Sanktionen auch auf die Tochterfirmen und Lizenznehmer zu übertragen. Doch die Europäer waren nicht bereit, dies hinzunehmen, denn das Vorgehen der USA interpretierten sie als extraterritoriale Ausweitung des US-Rechts. Und auch in

178 Zu den Beziehungen zwischen der USA und der Sowjetunion in den 1970er und 1980er Jahren sowie zur Rolle der Energiebeziehungen siehe auch den Aufsatz von Painter, David: From Linkage to Economic Warfare. Energy, Soviet-American Relations, and the End of the Cold War, S. 283–318.

179 Dies betraf vor allem französische Vertreter, die die Kreditkonditionen in den frühen 1970er Jahren kritisiert hatten. Siehe hierzu: Aufzeichnungen von Ministerialdirektor Herbst vom 26. Januar 1970, AAPD, 1970, Bd. 1, S. 86–87.

180 Blinken: Ally vs. Ally, 98.

den USA selbst begehrten Firmen wie Caterpillar und andere auf, denen durch das Gebaren der Regierung ein Auftrag von 90 Millionen Dollar entgangen wäre, nachdem sie bereits Einbußen durch den Lieferstopp von Bauteilen hatten hinnehmen müssen.[181]

Die Sanktionen der USA riefen ebenfalls eine starke Gegenreaktion der Sowjetunion hervor, die sich mehr als zuvor nun auch auf die eigene Maschinenbauindustrie stützen wollte. So stellte der Petersburger Nevskij Zavod weitere Verdichterstationen und Aggregate her, die unter der Losung »Gegen Ihre Sanktionen, Reagan!« erschienen, innerhalb kürzester Fristen her. Damit wollte die Sowjetunion beweisen, dass sie den Pipelinebau nach Europa notfalls auch aus eigener Kraft umsetzen würde. Das Projekt genoss nun die volle Aufmerksamkeit. Die Journalisten beriefen sich dabei auf die Aussagen von Leonid Brežnev auf dem 26. Parteitag der KPdSU: »So schwer es auch war, in den Tjumen'er Norden vorzudringen, umso notwendiger war es auch. Nur mit den größeren Lagerstätten Westsibiriens kann man das gegenwärtige Brennstoffproblem, welches wohl das dringendste Problem der gegenwärtigen Wirtschaft ist, lösen. [...] Das Gas ist der Brennstoff der Gegenwart. Und noch mehr, der näheren Zukunft.«[182] Dennoch machte der Artikel klar, dass das Erdgas zwar ein wichtiger chemischer Rohstoff sei, jedoch wurde dem Erdgas auch hier nur die Rolle einer Übergangsenergiequelle zugesprochen. Denn die Schwierigkeiten und großen Probleme bei der Erschließung Urengojs und der Umsetzung einer Polarkampagne grundsätzlich waren nicht durch die erfolgreichen Verhandlungen mit den Europäern von einem auf den anderen Tag verschwunden.

Die Erschließung Tjumen's werde auch weiterhin nicht leicht fallen, wie viele technische Berichte der Folgezeit suggerierten: So hieß es mal, dass die Förderung im Permafrostboden sehr schwierig sei und die gefassten Planziele von 700 Milliarden Kubikmeter gegen Ende des 20. Jahrhunderts gefährde,[183] und wie immer stand man auch bei Bau- und Montagearbeiten im Hintertreffen.[184] Abgesehen von Trofimuk, der die Explorationsarbeiten lieber in Ostsibirien als in den Kontinentalsockel der Karasee gesehen hätte,[185] versuchten Ministerrat

181 Müller: Der Erdgas-Röhren-Konflikt, S. 514–515.

182 Lisin, Vladimir: Gas Sibiri, in: Pravda 166, 15.06.1981, S. 2. Der Artikel kritisierte zudem sehr scharf die Rückstände im Wohnungs- und Infrastrukturbau.

183 Schreiben des Erdgasministeriums an den Wissenschaftlichen Sekretär des Wissenschaftlichen Rates für Erdöl- und Erdgasfragen des GKNT vom 20. Januar 1982, in: RGAĖ, f. 9480, op. 13, d. 677, ll. 1–9.

184 Lisin, V./Parfenov, V.: Žemčužina Tundry, in: Pravda 157, 06.06.1982, S. 3.

185 Trofimuk: 40-let brojenija, S. 131–135.

und Partei nun, den sozialistischen Wettbewerb in Westsibirien anzukurbeln. Auch sollten die Medien erneut kampagnenartig berichten und durch die positive Darstellung einer »zukunftsorientierten Arbeit« die Arbeitskräfte mobilisieren, wobei die Wirkung dieser Maßnahmen durchaus bezweifelt werden darf.[186] Am 20. April wurde dem Ministerium für den Anlagenbau der Erdöl- und Erdgasindustrie darüber hinaus auferlegt, eine Modernisierungskampagne durchzuführen, indem die Produktionsreserven »mutiger« genutzt und die zentrale Kontrolle verstärkt werden sollte.[187] Im Juli 1982 verkündeten das ZK und der Ministerrat in einem Beschluss, dass man ungeachtet der administrativen Voreingenommenheit der USA die Exportpipeline Urengoj–Pomary–Užgorod in Betrieb nehmen wolle, und zwar zu demjenigen Termin, den man planmäßig festgesetzt hatte. Die innersowjetischen Verbraucher sollten mit der Pipeline schon mit der Inbetriebnahme versorgt werden, der Export an die westlichen Partner sollte, wie in den Abkommen bestimmt, 1984 beginnen.[188]

Auch die europäischen Firmen waren bereit, die vertragsgemäßen Lieferungen zu tätigen und das US-Embargo damit zu brechen, allen voran Dresser France. Dabei waren es auch die Regierungen, die wie im Fall von Frankreich und Grossbritannien ihre Firmen dazu aufforderten, die Verträge einzuhalten und die Pipelineausrüstung auszuliefern. So wurden die französischen Firmen kurzfristig von allen amerikanischen Waren- und Technologieexporten ausgeschlossen, was jedoch die britische Firma John Brown und die italienische Nuovo Pignone nicht davon abhielt, die bestellten Kompressorteile Anfang September in die Sowjetunion zu exportieren. Am 4. Oktober 1982 widmete sich die gesamte zweite Seite der *Pravda* siegessicher dem Bau der Pipeline Urengoj–Užgorod.[189] Die USA sahen sich unter diesen politisch-wirtschaftlichen Umständen schließlich zum Einlenken gezwungen, zumal Außenminister Shultz auch von den Anliegen der US-Firmen überzeugt werden konnte und die *pro-trader*-Gruppe im Kongress unterstützte.[190]

---

186 Erlass des ZK der KPdSU »Über die Initiative der Arbeitskollektive der Tjumen'er Oblast für die Entfaltung des sozialistischen Wettbewerbs für das vorfristige Erreichen von einer Million Tonnen Erdöl und einer Milliarde Kubikmeter Gas am Tag in den Förderbetrieben im 11. Fünfjahresplan« vom 4. August 1981, in: Černenko, K.U./Smirtjukov, M.S.: Rešenija Partii i Pravitel'stva, Bd. 14, S. 150–151.

187 Erlass des ZK der KPdSU vom 20. April 1982, in: Černenko, K.U./Smirtjukov, M.S.: Rešenija Partii i Pravitel'stva, Bd. 14, S. 365–369.

188 Erlass des ZK und des Ministerrats »Über Maßnahmen zur Sicherstellung der Inbetriebnahme der Magistral-Gaspipeline Urengoj–Pomary–Užgorod« (Auszug) vom 1. Juli 1982, in: Černenko, K.U./Smirtjukov, M.S.: Rešenija Partii i Pravitel'stva, Bd. 14, S. 507.

189 Česnokov, G.: Primer novatorov, in: Pravda 277, 04.10.1982, S. 2.

190 Müller: Der Erdgas-Röhren-Konflikt, S. 517–518.

Leonid Brežnev erlebte weder die Aufhebung des Embargos, die die USA nur zwei Tage nach seinem Tod als Geste des guten Willens zeigten, noch die Fertigstellung der Pipeline, »seines Kindes«,[191] wie der sowjetische Botschafter Falin es einmal ausgedrückt hatte. Nach mehrjähriger Krankheit und nachdem sich in den letzten Lebensmonaten bisweilen auch geistige Verwirrtheit eingestellt hatte, starb Brežnev in der Nacht vom 9. auf den 10. November 1982. Die Öffentlichkeit wurde jedoch erst am 11. November über den Tod des Generalsekretärs informiert. Sein letztes großes Projekt – die sibirisch-europäische Pipeline – sollte am 1984 fertiggestellt werden und versorgt Europa seither über die Ukraine mit Erdgas.

Brežnevs politisch-wirtschaftliche Hinterlassenschaften für die Nachwelt sind kaum zu unterschätzen, beeinflussen sie doch bis heute die innerrussische Wirtschaft wie auch den Außenhandel der Russländischen Föderation massiv. Das wichtigste Erbe Brežnevs war ein erstarkter Erdöl- und Erdgassektor, wobei es hier zu differenzieren gilt: Westsibirien hatte 1982 zum ersten Mal das Planziel nicht erreicht, woraufhin die Planzahlen schnell nach unten korrigiert wurden, was man jedoch nicht öffentlich machte.[192] In den 1980er Jahren stiegen sowohl die Erdöl- als auch die Erdgasproduktion entgegen der amerikanischen Prognosen weiter an, und die Sowjetunion verdiente mit dem Export von Erdöl und Erdgas weiterhin den größten Teil ihres Staatseinkommens. Darüber hinaus hatte Brežnev, auch in Fortsetzung der Chruščev'schen Politik, die Sowjetunion in den 1960er und 1970er Jahren stark in den globalen Energiemarkt integriert und damit in großen Teilen einer ehemaligen wirtschaftlichen Unabhängigkeit enthoben. Was Brežnev und seinen Mitstreitern nicht gelungen war, war die Einrichtung einer Exportgütermacht und einer global führenden Weiterverarbeitungsindustrie, zu der unter anderem eine starke Chemiebranche gehört hätte, die auf der Grundlage des sowjetischen Rohstoffreichtums gearbeitet hätte. Auch war es der sowjetischen Führung in den 1960er bis 1980er Jahren nicht gelungen, das sowjetische Wirtschaftssystem so zu reformieren, dass es in allen Belangen tatsächlich produktiv war. Die bisherigen Mechanismen der Planwirtschaft funktionierten unter den veränderten Gesellschafts- und Arbeitsbedingungen nicht mehr, so dass das anvisierte Wirtschaftswachstum tatsächlich nicht im gewünschten Umfang möglich war.

191 Falin: Politische Erinnerungen, S. 274.
192 Gustafson: Crises amid plenty, S. 103.

10.5 Resümee

Im 10. Fünfjahresplan 1976–1980 wurde in vielen Berichten eine Beunruhigung in Bezug auf die künftige Energieversorgungssicherheit und den Erdölexport artikuliert. Zu diesem Zeitpunkt zeichnete sich eine tiefe Unsicherheit in der Erdölbranche ab, obwohl die Förderung im 10. Fünfjahresplan weiterhin anstieg und die Investitionen stetig erhöht wurden. Trotzdem sah sich der Erdölsektor immer stärker unter wirtschaftlichem Druck: Zahlreiche Erdölregionen verzeichneten eine sinkende Förderung, die Modernisierung von Fördermethoden war oftmals gescheitert, die geologischen Arbeiten waren vernachlässigt worden, zumal auf gigantische Funde immer weniger zu hoffen war. Gleichzeitig wollte die Sowjetunion weiterhin den lukrativen Erdölexport betreiben.

Über eine künftige Energiestrategie zur Sicherung der eigenen Energieversorgung bei steigendem Erdölexport beriet man in der politischen Führung intensiv. Auf den ersten Blick schienen die Positionen dabei nicht unbedingt konträr, schienen sich doch eine komplexe Erschließung Sibiriens und eine Atom, Kohle- und Gasstrategie für die innersowjetische Versorgungsicherheit nicht auszuschließen. Doch die Kosten der jeweiligen Programme waren hoch. Für eine Standortbestimmung – wirtschaftlicher und politischer Art – reiste Premier Kosygin daher Anfang 1978 in die Erdöl- und Erdgasregionen Orenburg und Westsibirien. Nur kurze Zeit später, ebenfalls im Frühjahr 1978, folgte Generalsekretär Brežnev mit einer medial aufwändig inszenierten Reise nach Sibirien, die zahlreiche Städte und Industriekomplexe Sibiriens in den Fokus nahm. Besonders Brežnevs Reise und die darauf folgende Medienkampagne machten deutlich, dass die Entwicklung Sibiriens, und damit auch westsibirische Erdöl- und Erdgassektor, für den Generalsekretär oberste Priorität hatten.

Dies bedeutete keinesfalls das Ende der Diskussion über die künftige Energiestrategie. Das Bild des Erdölsektors blieb trotz der steigenden Förderung in zahlreichen Berichten negativ. Eine weitgehend positive Entwicklung attestierte man hingegen der Gasindustrie, die Standorte und Pipelinenetz hatte erweitern und modernisieren können. Einen weiteren Ausweg suchte man nun in Ostsibirien in der Hoffnung, dort weitere gigantische Erdöl- und Erdgasfunde zu machen. So legte sich die sowjetische Führung bis 1980 darauf fest, den Erdölsektor maßgeblich zu unterstützen. Doch besonders dem Erdgassektor war nun durch die Modernisierung seiner Systeme vollends der Aufstieg gelungen; seiner Einbindung in internationale Energieströme stand durch die Energiekooperationen mit den Europäern nichts mehr im Weg.

Grundlage für das Projekt mit den Europäern war ein trilaterales Switchgeschäft mit dem Iran gewesen, welches jedoch nach der Revolution im Iran 1979 in der geplanten Form scheiterte. Die Bundesrepublik Deutschland blieb am Import von sibirischem Erdgas weiterhin äußerst interessiert. Der sowjetischen Führung kam das Projekt insofern entgegen, als dass es die Modernisierung des Gassektors im großen Umfang weiterhin erlauben würde; so rückte der Generalsekretär von seinen ursprünglichen Plänen des sowjetischen Exports von verarbeiteten Gütern und Halbfabrikaten ab und bot den Europäern, wie schon vormals den Amerikanern, ein immenses internationales Gasprojekt an. Dieses Projekt, welches den Bau einer Exportpipeline aus Sibirien nach Europa umfasste, konnte schließlich gegen den Willen der USA als »Geschäft des Jahrhunderts« in den frühen 1980er Jahren umgesetzt werden. Bis heute liegen in diesem Projekt die engen energetischen Beziehungen zwischen Russland und Europa begründet; eine Reformierung der sowjetischen Wirtschaft gelang allein durch dieses Projekt allerdings nicht.

11. Ausblick: Die Sowjetunion und Russland als Rohstoffmächte

Das »Glücksrad«[1] der Sowjetunion und später der Russländischen Föderation sollten trotz Breżnevs Entscheidung der Erdölsektor und der Erdölexport bleiben. Doch die weltweit fallenden Erdölpreise und das Überangebot von Rohöl wirkten sich auf die wirtschaftlich angeschlagene Sowjetunion in den 1980er Jahren besonders schlimm aus. Denn der von der CIA 1977 prophezeite Einbruch der sowjetischen Erdölproduktion fand erst 1985 auf dem Produktionszenit von 625 Millionen Tonnen statt, doch er war weitaus geringer, als es die CIA prognostiziert hatte: 1990 produzierte die Sowjetunion immer noch 571 Millionen Tonnen Erdöl, obwohl sie laut CIA 1990 schon 175–225 Millionen Tonnen hätte importieren müssen. Damit produzierte die UdSSR immer noch mehr Erdöl als Saudi-Arabien, obwohl Saudi-Arabien die Produktion in den Jahren 1980/1981 verdoppelt hatte. So war in den 1980er Jahren trotz des arabisch-amerikanischen Taktierens immer noch mehr Erdöl aus der Nordsee und Westsibirien auf dem Markt als aus den arabischen Ländern. 1986 produzierte die Sowjetunion 615,4 Millionen Tonnen Erdöl,[2] von denen sie 85,6 Millionen Tonnen an die sozialistischen und 37,6 Millionen Tonnen an die kapitalistischen Länder exportierte[3]. Dies waren insgesamt ca. 20 Prozent der gesamten Produktion. Zweifelsohne brachten der vom Vorjahrespreis um die Hälfte gesunkene Erdölpreis und die damit geringeren Exporteinnahmen die Sowjetunion 1986 tatsächlich in finanzielle Schwierigkeiten, wenn sie die bisher für die Petrodollar getätigten Importe in derselben Höhe aufrechterhalten wollte. So musste die UdSSR beides – Importe und Wirtschaftsinvestitionen – senken.[4]

Der sinkende Ölpreis war jedoch nur einer von vielen Faktoren, die zum Zusammenbruch der Sowjetunion führten. Zudem waren die Länder des RGW wirtschaftlich bereits angeschlagen und hoch verschuldet. Darüber hinaus war

1 Zu diesem Begriff siehe den Titel einer Publikation zur Geschichte des russischen Erdölsektors nach dem Ende der Sowjetunion. Gustafson, Thane: Wheel of Fortune. The Battle for Oil and Power in Russia, Cambridge MA 2012.

2 Goldman: Oel-Imperium, S. 60.

3 Gaidar, Yegor: Collapse of an Empire. Lessons for Modern Russia, Washington D.C. 2007, S. 107.

4 Goldman: Oel-Imperium, S. 79–86.

auch die Sowjetunion nach dem Bau der »Sojuz«-Pipeline und infolge der politischen Krise im Nahen Osten nicht mehr in der Lage, ausreichend Erdöl und Erdgas an die RGW-Länder zu liefern.[5] Die Sowjetunion tendierte daher Mitte der 1980er Jahre dazu, die lukrativen Erdölgeschäfte mit dem Westen zurückzuschrauben. So waren eine der größten Sorgen der Staaten des RGW die großen Staatsschulden im Wert von ca. 127 Milliarden Dollar, die die Volkswirtschaften in den westlichen Demokratien hatten. Für die Sowjetunion wurde es mit den sinkenden Erdölpreisen selbst nun äußerst eng, die Zinsen der Auslandskredite zu bedienen, riesige Weizeneinkäufe zu tätigen und die Finanzierung des militärischen Komplexes zu gewährleisten.

Aufgrund der großen Bedeutung des Erdölexports für die sowjetische Wirtschaft stand die Erdölindustrie Westsibiriens in den 1980er Jahre unter großem Druck. Nicht nur musste sie die sinkende Förderung in anderen Regionen ausgleichen, sondern nach 1985 auch die Einbrüche an erschöpften Brunnen in der Region selbst, was nur durch die immer breitere Nutzung extensiver Technologien wie der Wassereinpressung gelang. In den 1980er Jahren wurde der Tjumen'er Erdölindustrie das zum Verhängnis, wovor die Experten jahrelang gewarnt hatten: eine überaus große Anzahl von inaktiven Brunnen und sehr große Verzögerungen bei der Inbetriebnahme von neuen Feldern. In den politisch unsicheren Jahren unter der Führung Andropovs und Černenkos erfolgten Massenentlassungen im Ministerium und in der lokalen Parteiführung. Einzig Genadij Bogomjakov, der Erste Sekretär des Tjumen'er Obkoms seit 1973, blieb, wohl protegiert von seinem Vorgänger Boris Ščerbina, auf seinem bisherigen Posten.

Michajl Gorbačev, seit 1985 Parteioberhaupt, erhöhte die Investitionen in den Erdölsektor um weitere 45 Prozent und startete erneut eine Mobilisierungskampagne, die Arbeitskräfte in die Region brachte. Hilfe kam von den alten Förderregionen, die zumindest das schnelle Sinken ihrer Förderung hatten aufhalten können. Doch die Probleme blieben weitestgehend dieselben wie schon in den 1970er Jahren: geringe Inbetriebnahme neuer Lagerstätten, wenig Explorationsbohrungen, die Nutzung sekunäderer, beschleunigender Fördermethoden von Anfang an und vor allem das veraltete Equipment hemmten die Erdölindustrie. Damit ergab sich, wie in der Arbeit bereits ausgeführt, eine zweischneidige Energiestrategie: Die Langzeitstrategie, repräsentiert durch

5 Siehe hierzu auch: Lüthi, Lorenz M.: Drifting Apart. Soviet Energy and the Cohesion of the Communist Bloc in the 1970s and 1980s, in: Perović, Jeronim (Hg.): Cold War Energy. A Transnational History of Soviet Oil and Gas, Cham 2017, S. 371–399.

Experten im GKNT, der AN SSSR und der Energieministerien, befürwortete auch in den 1980er Jahren eine Kohle- und Atomstrategie sowie die Energiekonservierung und lancierte 1984 ein entsprechendes Programm.[6] Andererseits war die sowjetische Wirtschaft zu sehr abhängig von den Erdölexporten an die Staaten des RGW und die westlichen Länder, so dass dieses kurzfristige wirtschaftsstrategische Ziel ebenfalls aufrechterhalten werden musste. So blieb das Erdgas auch in den 1980er Jahren ein stabiler Teil des Energiesektors. Auf dem Parteikongress hatte Gasminister Orudžev angegeben, dass die Gasindustrie im 11. Fünfjahresplan so viel Mittel erhalten werde wie in den vergangenen drei Fünfjahresplänen zusammen; dies waren 33,5 Milliarden Rubel. Zwei Monate später jedoch verstarb Orudžev. Sein Nachfolger Vasilij Aleksandrovič Dinkov setzte die Investitionen um weitere 5 Millionen Rubel herauf; damit betrugen sie circa das Doppelte desjenigen, was im 10. Fünfjahresplan investiert worden war.

Die Erdöl- und die Erdgasindustrie der Sowjetunion nahmen nach 1989 sehr unterschiedliche Wege, was nicht zuletzt auch ihren Infrastrukturen geschuldet war, die für den Handel mit Erdgas dauerhaft festgelegt, für den Handel mit Erdöl weitestgehend flexibel waren. Das Ministerium für Erdöl wurde zunächst wie auch das Mingazprom in eine Aktiengesellschaft namens Rosneftegaz umgewandelt, die jedoch schnell in einzele staatliche Erdölkonzerne umgewandelt wurde. Als einer der ersten Konzerne entstand so Lukoil, die Felder Urengoj, Langepas und Kogalym bewirtwschafte. Vagit Alekperov, der letzte Erdölminister, wurde ihr Vorsitzender. Auf diese Art entstanden bald weitere Firmen. Doch der Erdölsektor war Anfang der 1990er Jahre nur wenig lukrativ, denn der Ölpreis war sehr niedrig, so dass die Erdölfirmen nur wenig Gewinne machten und deshalb kaum Explorationsprogramme sowie Modernisierungsmaßnahmen durchführen konnten. In der Folge brach die Erdölförderung eklatant ein. Russland wurde zudem 1998 von einer heftigen Wirtschaftskrise getroffen, in welcher Banken und Staat bankrott gingen. Erst durch den sich seit Ende der 1990er steigenden Ölpreis erholte sich auch das russische BIP, das durch den hohen Anteil des Erdöls am Staatshaushalt wie in vielen rohstoff-

---

6 Gustafson: Crises amid plenty, S. 100–135. Anatolij Aleksandrov hob auch nach der Havarie von Tschnerobyl die Bedeutung von Atomenergie und Kohle sowie die innersowjetische Energieproduktion auf der Basis von Erdgas hervor. Die Kosten für die Erdölproduktion hätten sich in den vergangenen Jahren verdreifacht, die Produktion sinke zwar nicht so stark, wie es die »bürgerliche Presse« behaupte, allerdings sollte die innersowjetische Nutzung von Erdöl durch Erdgas ersetzt werden. Den Produktionszenit für das Erdgas erwartete Aleksandrov Mitte der 1990er Jahre, in: Alexandrow, Anatoli: Energieprobleme trotz ausreichender Ressourcen. Aufwendigere Energiegewinnung bei wachsendem Energiebedarf. Prioritäten in der sowjetischen Energiepolitik, Moskau 1986.

reichen Ländern an die Wirtschaftsleistung gekoppelt war. Gleichzeitig konnte westliche Technik erworben werden, so dass sich die Erdölförderung schnell stabilisierte; zudem hielten auch westliche Firmen Anteile an den russischen Firmen. Diese nahmen jedoch unter Vladimir Vladimirovič Putin wieder ab, denn wie auch schon zu Sowjetzeiten war eine zu große Beteiligung von ausländischen Firmen am russischen Energiesektor nicht willkommen. Deshalb übernahm der Staat unter Putin wieder deutlich größere Anteile an den Erdölkonzernen, ein übliche Praxis in den erdölfördernden Ländern.[7]

Die Entwicklung der Erdgasindustrie verlief vollkommen anders. Der staatliche Gazprom-Konzern wurde am 8. August 1989, einige Monate nach Auflösung des Mingazprom, gegründet, das damals erste sich selbst verwaltende und finanzierende Unternehmen. Vorsitzender des Unternehmens wurde Viktor Černomyrdin, der schon seit 1985 Gasminister war. In den Tätigkeitsbereich des Unternehmens fiel auch die Förderung von assoziiertem Gas und diejenige an Offshorefeldern. Die Erkundungen wurden jedoch weiterhin teilweise vom Ministerium für Geologie durchgeführt. Die Lieferungen zum Endverbraucher tätigten lokale Gesellschaften, obwohl das Mingazprom auch diese an sich zu ziehen suchte. Den Staatsstreich im August 1991 überstand das Unternehmen, anders als andere Ministerien der damaligen Zeit, ohne einen personellen Wechsel an der Spitze. Erst als Černomyrdin zum Energieminister ernannt wurde, übernahm Rem Ivanovič Vjačirev den Vorsitz von Gazprom. Das Unternehmen umfasste nun dreißig Betriebe und war in das einheitliche System der Gasversorgung eingebunden, welches schon in der Sowjetunion errichtet worden war. An allen an diesem System beteiligten Firmen – Ausrüstungs, Kommunikations- und Informationsfirmen – hielt Gazprom 51 Prozent der Aktien. Gazprom wurde 1991 allerdings in eine interstaatliche Kapitalgesellschaft umgewandelt, an der neben Russland auch Belarus und die Ukraine Anteile hielten, da diese Länder die Exportpipelines gen Westen kontrollierten und über große Untergrundspeicherkapazitäten verfügen. Zudem wurde die Sojuzgazeksport, also diejenige Körperschaft, die den Gasexport in der Sowjetunion übernommen hatte, als Gazeksport eine einhundertprozentige Tochtergesellschaft von Gazprom. 1992 wurde der interstaatliche Status jedoch aufgelöst und der russische Staat wurde alleiniger Anteilseigner. Die Privatisierung von Gazprom begann 1994, jedoch immer noch unter der Aufsicht des Vorstands und mit einem

7 Pleines, Heiko: Developing Russia's oil and gas industry. What role for the state? in: Perovic, Jeronim/Orttung, Robert, W./Wenger, Andreas: Russian Energy Power and Foreign Relations. Implications for conflict and cooperation, London 2009, S. 71–86; Goldman: Oel-Imperium, S. 146–207.

deutlichen Vorteil für Betriebsbeschäftigte. Auch Auslandsinvestoren sollten nun nach Rücksprache mit dem Vorstand zugelassen werden.[8] Heute werden knapp über 50 Prozent der Gazprom-Anteile durch den Staat selbst oder durch staatsnahe Firmen gehalten.[9] Auch der russische Präsident Putin war stets bemüht, die Gaswirtschaft und deren Transportstrukturen unter staatlicher Ägide zusammenzuhalten, auch wenn dies nach außen verneint wird. So besitzen die Gasproduktion und der Gashandel eine andere wirtschaftliche Qualität für Russland als der Erdölexport: »Der Erdölexport hat zwar den Geldregen verursacht, der Russland reich machte und es ihm erlaubte, den größten Teil seiner Auslandsverschuldung zurückzuzahlen, aber seine Erdgasreserven und die monopolistische Kontrolle über die Gaspipelines, die das Gas in den Westen transportieren, haben Russland von einem schwächlichen und bankrotten Sozialfall in eine solide Energie-Supermacht mit erneuerter politischer Kraft verwandelt.«[10]

Dass die größte Gasgesellschaft der Welt und damit der russische Staat als Anteilseigner einen immensen politischen Einfluss auf ihre Kunden hat, wird von vielen befürchtet. So hatte schon die »Jamal«-Pipeline in den 1980er Jahren die Erdgasflüsse nach Europa mehr als verdoppelt, 2017 bezogen die europäischen Länder 185 Milliarden Kubikmeter ihres Gases aus der Russländischen Föderation; größter Abnehmer von russischem Erdgas bleibt Deutschland.[11] Doch hat sich mit dem Zusammenbruch der Sowjetunion das Erdöl- und Erdgasgeschäft stark gewandelt: So sind zahlreiche Länder der ehemaligen Sowjetunion zu Gasproduzenten oder zu Gastransitländern geworden und verfolgen ihre eigenen Interessen. Die Ukraine und Belarus, aber auch andere Länder wie die Türkei sind bestrebt, das die Erdgastrassen weiterhin über ihr Territorium laufen, damit sie Transitgebühren erheben können. Andererseits ist es den Gasproduzenten ein vitales Anliegen, möglichst viel Gas mit möglichst gerin-

8 Preuss Neudorf, Katharina C.: Die Erdgas-Wirtschaft in Rußland. Merkmale, Probleme und Perspektiven unter besonderer Berücksichtigung der Integration der russischen und der europäischen Erdgaswirtschaft, Köln 1996, S. 68–72.

9 Shares of Gazprom, online verfügbar unter: https://web.archive.org/web/20180413222117/http://www.gazprom.com/investors/stock/ [03.06.18].

10 Goldman: Oel-Imperium, S. 210.

11 Triebe, Benjamin: Europa kauft immer mehr von Gaszprom, in: NZZ Online, 29.08.2017, online verfügbar unter: https://www.nzz.ch/wirtschaft/trotz-wachsender-erdgas-konkurrenz-europa-kauft-immer-mehr-von-gazprom-ld.1313387 [29.11.2018]; Ein Artikel in der Welt berechnet 193,9 Milliarden Kubikmeter Gas für westeuropäische Länder plus Turkei. Steiner, Eduard: Mit diesem Rekord düpiert Putin den Westen, in: Die Welt, 11.01.2018, online verfügbar unter: https://www.welt.de/wirtschaft/article172361630/Gas-Exporte-in-die-EU-Mit-diesem-Rekord-duepiert-Putin-den-Westen.html [08.12.2018].

gen Transitpreisen zu verkaufen. Die Konsumenten in Europa hingegen versuchen, die Gesamtpreise für das Erdgas so gering wie möglich zu halten und ihre Energieversorgungssicherheit zu gewährleisten.[12] Dadurch ergibt sich ein komplexes Konglomerat aus wirtschaftspolitischen Interessen innerhalb Europas. Die Erdgaspreise für die ehemaligen Länder der Sowjetunion hatten stets unter dem Weltmarktpreis gelegen. Russland scheute nicht davor zurück, die Erdgaspreise immer dann anzuheben, wenn es um politische Zugeständnisse ging. Zudem forderte es hohe Transitgebühren von den zentralasiatischen Ländern, wenn es um die Weiterleitung des Gases nach Europa ging.[13] Gegenüber den europäischen Ländern ist Russland bis heute jedoch bemüht, die Lieferverträge zu erfüllen. Darüber hinaus macht Gazprom heute hohe Gewinne mit dem Erdöl- und Gaskondensatgeschäft, an dem sie Anteile hält.[14]

Die Geschichte der sowjetischen Erdöl- und Erdgasindustrie wird, in vielerlei Hinsicht zu Recht, nicht als eine Geschichte des Scheiterns gelesen. Denn ihre Erfolge waren auch jenseits der reinen Outputzahlen beträchtlich: So gelang es seit der Regierungszeit Breževs immer wieder, in mit persönlichem Einsatz und entschiedenem Willen betriebenen Kampagnen Menschen für die Arbeit in den widrigen arktischen Bedingungen zu mobilisieren, wo sie den größten Erdöl- und Erdgaskomplex der Welt aufbauten. Dieses Projekt wäre ohne die politische Unterstützung, aber auch ohne den – manchmal widerwilligen und halbfreiwilligen – persönlichen Einsatz vieler Menschen nicht möglich gewesen. So gingen viele Arbeitskräfte in den arktischen Regionen bisweilen an ihre körperlichen und geistigen Grenzen, um sich selbst, ihren Familien und ihrem Land eine bessere Zukunft zu ermöglichen. Die vertraulichen Gespräche Brežnevs zeugen ähnlich wie neuere Berichte der Neftjaniki von einem persönlichen, von vielfältigen Hintergründen geprägten Interesse am Aufbau eines leistungsstarken Produktionskomplexes in Westsibirien. So kann man sagen, dass die Mobilisierung trotz eklatanter sozialer Probleme letztlich gelang; auch nach dem Zusammenbruch der Sowjetunion stieg die Bevölkerungszahl in der Oblast Tjumen' weiter.[15] Im Vergleich zu anderen Wirtschaftsprojekten der Brežnev-

12 Siehe hierzu auch: Saprykin, Vladimir: Subjekt oder Objekt? Die Ukraine und der Gastransit in die EU, in: Osteuropa 54 (2004) 9–10, S. 250–262.

13 Goldman: Oel-Imperium, S. 221–223.

14 Triebe, Benjamin: Russischer Erdgas-Riese setzt voll auf Europa, in: NZZ Online, 27.04.2017, online verfügbar unter: https://www.nzz.ch/wirtschaft/gazprom-baut-auf-europa-ld.1289156 [08.12.2018].

15 Die Bevölkerungszahl in der Oblast Tjumen' mit beiden Autonomen Republiken betrug 1975 1,68 Millionen Menschen, im Jahr 1998 3,211 Millionen Menschen, in: Rossijskij Statističeskij Ežegodnik. Oficial'noe izdanie 1998, hg. vom Goskomstat Rossii, Moskva 1998, S. 100, on-

Zeit war der Westsibirische Erdöl- und Erdgaskomplex das wirtschaftlich auch im Nachhinein erfolgreichste. Die Baikal-Amur-Magistrale, das zweite große Projekt der Brežnev-Ära, wurde zwar fertiggestellt, verschwand nach Brežnevs Tod allerdings in der wirtschaftlichen Bedeutungslosigkeit. Dies geschah nicht zuletzt deshalb, weil die infolge der Preispolitik der OPEC-Staaten in den 1980er Jahren der sinkende Marktwert des Erdöls und die wirtschaftliche Krise den Handel mit den Wirtschaftsmächten Japan und USA unattraktiv machten und die Investitionen in die Baikal-Amur-Magistrale entsprechend ausgesetzt wurden. Mit der Bedeutungslosigkeit der Eisenbahn sank auch das wirtschaftliche Interesse an der Region insgesamt, so dass Armut und Abwanderung das Gebiet bis heute prägen.[16] Im Westsibirischen Erdöl- und Erdgaskomplex ist es bis heute die Chance zu einer prestigeträchtigen Berufskarriere im Schatten der mächtigsten russischen Industriezweige, die viele Menschen in den Fernen Norden treibt.

Es wäre jedoch falsch, die Schattenseiten der Erdöl- und Erdgasindustrie, nicht nur in Westsibirien, auszublenden. Wachstumsbasierte Wirtschaftsmodelle, die auf Konsum und wachsenden Profiten basieren, prägen heute wie auch schon damals einen global wachsenden Energiehunger, dessen Kehrseite ein weltweit spürbarer massiver Eingriff in die Ökosysteme sowie menschlichen Lebensformen und Kulturtechniken sind. Diese Eingriffe fanden sowohl im planwirtschaftlichen Modell Osteuropas als auch in den westlich-kapitalistischen Ländern statt. Schon in den 1960er und 1970er Jahren kritisierten immer mehr Sowjetbürger, dass die Umwelt Sibiriens unter den neu entstehenden Großindustrien und Städten leide. Ein Schwerpunkt wurde der Schutz des Baikalsees, dessen Flora und Fauna durch die industrielle Wassernutzung beziehungsweise durch ein großes Zellulosekombinat, dessen Abwässer in den Baikal geleitet wurden, bedroht waren. Im weitläufigen Sibirien gab und gibt es zahlreiche Industrieknotenpunkte und Großstädte, deren Luft und Wasser stark verschmutzt waren und sind. Für die Wirtschaftlichkeit der Betriebe war es – wie auch oft heute noch – keineswegs attraktiv, Umweltschutzmaßnahmen zu ergreifen. Deshalb ist es nach wie vor nur durch eine restriktive Gesetzgebung und Kontrollen möglich, diese Maßnahmen durchzusetzen. Die sowjetischen Pipelines waren aufgrund ihrer minderwertigen Qualität, aber auch aufgrund des Aufwands, den die Wartung eines derart weitläufigen Pipelinesystems benötigte, sehr anfällig für Unfälle. So wurde neben zahlreichen anderen Vorfällen beispielsweise im

line verfügbar unter: http://istmat.info/files/uploads/41385/rossiyskiy_statisticheskiy_ezhegodnik_1998_g.pdf [08.12.2018].

16 Grützmacher: Die Baikal-Amur-Magistrale, S. 429–431.

April 1982 von einer großen Havarie an der Pipeline Nižnevartovsk–Kujbyšev berichtet. Jäger hatten in der Nähe der Pipeline Gras verbrannt, dabei wurde die Pipeline beschädigt und es kam zu einem Großbrand. Der Ölfluss konnte gestoppt werden, doch es war nicht klar, inwieweit man in Samotlor weiter fördern sollte. Die Hochspannungsleitungen waren ebenfalls beschädigt worden, so dass die Stadt Nižnevartovsk ohne Strom blieb.[17] Zu einem weiteren Vorfall kam es im Juni 1989. Damals explodierte im Ural eine schlecht gewartete Gaspipeline. In den zwei vorbeifahrenden Fernzügen kamen als Folge der Explosion 575 Passagiere, unter ihnen viele Kinder, ums Leben.[18] Dieser Vorfall gibt einen Eindruck in die Probleme der Region, die auch in der Russländischen Föderation weiterhin existieren. So gingen noch im Jahr 2000 3–7 Prozent des Erdöls aus Samotlor während der Förderung und des Pipelinetransports verloren, das waren allein schon 300.000 bis 700.000 Tonnen für die Leipziger Leuna, einen westeuropäischen Abnehmerbetrieb.[19] Durch leckende Rohre, undichte Tanks und Ähnliches wurden in Sibirien mindestens 840.000 Hektar Fläche verseucht, vor allem große Wasserflächen und das Grundwasser, so dass das Trinkwasser häufig ebenfalls verseucht war. Dies hat spürbare Auswirkungen auf die Menschen in der Region: Die Krebsrate und auch die Anzahl der Lungenkrankheiten ist seit Eintreffen der Erdöl- und Erdgasindustrie stark angestiegen, die Lebenserwartung der Indigenen in der Region sank von 61 auf 45 Jahre. Besonders sind diejenigen Indigenen betroffen, die traditionelle Kulturtechniken ausüben. Sie und ihre Rentiere sind die Leidtragenden von Ölfeuern, die die Rentiere erblinden lassen; das Wasser macht die Tiere zusätzlich krank. Die westlichen Konzerne, die das Erdöl importieren, nehmen diese Umweltkatastrophen häufig wissentlich hin. So kann man vor allem auch den westlichen Ländern und Firmen, die die Rohstoffe aus dem Ausland, unter anderem der Russländischen Föderation, importieren und nutzen, auch ein ethisches Versagen unterstellen. So müsste in Hinblick auf eine Wahrnehmung globaler Verantwortung mit viel größerer Vehemenz seitens der Produzenten und Abnehmerländer beziehungsweise Firmen auch die Einhaltung von Schutzmaßnahmen für Mensch und Umwelt eingefordert werden.

17 Tchurilov: Lifeblood of empire, S. 190.

18 Schmid, Ulrich M.: Der Bankrott eines Systems, in: NZZ Online, 25.12.2016, online verfügbar unter: https://www.nzz.ch/international/aufloesung-der-sowjetunion-vor-25-jahren-der-bankrott-eines-systems-ld.136566 [31.11.2018].

19 Siehe hierzu: Richter, Regine/Smid, Karsten: Raubbau an der Natur. Ölförderung in Westsibirien und auf Sachalin, in: Osteuropa 58 (2008) 4–5, S. 117–130, hier S. 119.

12. Fazit: Modernisierte Gasmacht Sowjetunion

Die zwischen den frühen 1960er und 1980er Jahren geführten Debatten um die Energieversorgungssicherheit der Sowjetunion und die Modernisierung des Energiesektors etablierten das Erdgas als bedeutsame Energiequelle im nationalen und internationalen Maßstab und die Sowjetunion damit als eine Gasmacht globaler Relevanz. So war es der Erdgasbranche in diesen zwei Jahrzehnten gelungen, vormalig lokale Erdgasnetze in weite Teile der Sowjetunion und bis nach Westeuropa auszudehnen. Durch internationale Abkommen wurden damit dauerhafte Infrastrukturen geschaffen, die eine politische Entspannung zwischen den kapitalistischen Ländern Westeuropas und der Sowjetunion forderten und förderten. Auf diese Art gelang es der Sowjetunion mithilfe westlichen Equipments, eine moderne Gaswirtschaft zu errichten. Die wirtschaftliche und politische Annährung gelang jedoch nicht ohne die Unterstützung der sowjetischen Führung in Moskau und folgte erst auf kontroverse Diskussionen um die künftige Brennstoffbilanz und mögliche Wirtschaftsstandorte der sowjetischen Energieindustrie, an welcher zahlreiche Akteure teilnahmen. Das intensive Ringen um die innersowjetische Energiestrategie und bahnbrechende Wege im Außenhandel unter Leonid Brežnevs lassen neue Schlüsse auf das politische und wirtschaftliche System der 1960er bis 1980er Jahre zu, welches bis heute zu oft aus Sicht der Perestrojka und der frühen 1990er Jahre bewertet wird. Das letzte große Industrialisierungsprojekt der Sowjetunion im arktischen Westsibirien hat bis heute, trotz zahlreicher ökologischer und sozialer Schattenseiten, nicht an wirtschaftlichem und politischem Gewicht verloren. Um die Diskussionen um die Energieversorgungssicherheit und die Modernisierung in der Regierungszeit Brežnevs besser einordnen zu können, setzt die Untersuchung bereits mit einem kurzen Einblick in die Entwicklung und Deutung des Erdöl- und Erdgassektors unter Chruščev ein. In die Regierungszeit Chruščevs fällt die Ablösung von einem Industrialisierungsmodell, das weitestgehend auf der Wasserkraft und der Kohleindustrie basierte. Gleichzeitig setzte sich in Führungskeisen die Überzeugung durch, dass das Erdöl und die Atomkraft den energetischen Weg in die Zukunft bestimmen würden. Darüber hinaus war das poststalinistische Zeitalter geprägt von neuen Versprechen wie dem Aufbruch zu einem sozialistischen Wohlfahrtsstaat: Dies implizierte mit Blick auf den kapitalistischen Wirtschaftsgegner neben einer umfassenden Technisierung der Wirtschaft unter anderem auch die dauerhafte Bereitstellung von Konsumgütern und Nahrungsmitteln, von Wohnraum in modernen Städten und größerer Mobilität für die sowjetischen Bürger. Erdöl und Erdgas waren ein grundlegender Pfeiler dieser Moderne, da sie nicht nur eine sichere Energieversorgung gewährleisteten, sondern auch die Produktion von Düngemitteln, Pestiziden oder Treibstoffen erlaubten.

In diesen Kontext ist das Chemieprojekt Chruščevs einzuordnen, welches die Modernisierung der sowjetischen Landwirtschaft und eine langfristige Sicherung der landwirtschaftlichen Erträge in den Blick nahm. Das Erdöl war zu diesem Zeitpunkt bereits ein fester Bestandteil der sowjetischen Energiebalance, der Treibstoffproduktion und vor allem auch des Außenhandels. So hatte die sowjetische Führung das Erdöl als eine »ideale Devisenquelle [...], deren Nutzen durch den inländischen Verzicht maximiert werden konnte«,[1] entdeckt und exportierte das Erdöl nicht nur an seine sozialistischen Bruderstaaten, sondern im wachsenden Umfang auch an das kapitalistische Ausland. Der Bedeutungszuwachs des Erdgases manifestierte sich schließlich 1957 in der Einrichtung einer eigenen Körperschaft, Glavgaz, die für den Aufbau und die Unterhaltung einer Erdgaswirtschaft in der Sowjetunion zuständig war.

Der Regierungswechsel in Moskau 1964 sollte als energiepolitische Zäsur dabei nicht überbewertet, dennoch aber wahrgenommen werden. Personell war der Erdöl- und Erdgassektor weitestgehend von Kontinuität gezeichnet, jedoch fiel die Prospektion der großen Erdöl- und Erdgasfunde in die ersten Regierungsjahre Brežnevs und Kosygins. Bis in die 1970er Jahre galt in Bezug auf die Versorgungssicherheit die Grundprämisse, die bereits zur Verfügung stehenden oder zukünftigen modernen Energieträger und quellen – Erdöl, Erdgas, Kohle, Atomstrom, Wasserkraft – unter Anerkennung ihrer Charakteristiken wie etwa ihrer wirtschaftlichen Rentabilität, geographischen Lage, ihres logistischen Aufwands und ihrer stofflichen Besonderheiten in der gesamten Sowjetunion und im Export »rational« auswählen und nutzen zu können.

Doch der Energiereichtum hatte eine Kehrseite: Neue Erdöl, Erdgas- und Kohlefunde waren zumeist östlich des Urals gemacht worden, in Zentralasien und in Sibirien. In diesen Regionen war die Besiedlung dünn und ausgebaute Transportsysteme wenig bis gar nicht vorhanden. Dies bedeutete einen immensen Aufwand für die Erschließung von Rohstoffen, insbesondere unter arktischen Bedingungen. Darüber hinaus hatten die Wasserkraft und die Kohleindustrie

1 Rehschuh: Aufstieg zur Energiemacht, S. 330.

eine historisch gewachsene Lobby, deren Mitglieder auf Paradigmen zurückgreifen konnten und mit dem Hinweis auf die Rentabilität bereits bestehender Versorgungssystem stets ein gewichtiges Argument hatten. Die Produktion von Atomstrom hingegen befand sich noch in den Kinderschuhen, zumal ein Atomprogramm auch finanziell äußerst aufwändig und deshalb erst für die Zukunft geplant war. Und eine Gasstrategie schien selbst versierten Gasingenieuren kaum in kurzer Zeit implementierbar. Denn Erdgas galt trotz seiner positiven Eigenschaften wie seiner sauberen Verbrennung gegenüber anderen fossilen Brennstoffen und technologischen Wertigkeit als inflexibel und teuer in Herstellung und Verteilung, da es ein festinstalliertes Pipelinesystem benötigte, um transportiert zu werden.

Angesichts der befürchteten wirtschaftlichen Herausforderung blieb man deshalb bei der Erweiterung von Transportnetzen von Ost nach West zunächst zurückhaltend, was die Einrichtung einer Erdöl- und Erdgasindustrie im dünn besiedelten, kaum erschlossenen (sub)polaren Westsibirien anging. Insbesondere die noch wenig populäre Gasindustrie Westsibiriens wurde bis in die späten 1960er Jahre trotz neuer Funde nur vorsichtig entwickelt. Denn die Kosten eines solchen Gasförderprojektes in der Arktis schätzten Experten sehr hoch ein, so dass Energiequellen aus anderen Regionen zunächst Vorrang zu bekommen schienen, wie die Entscheidungen und Aussagen des Leiters der Gasindustrie, Kortunov, nahelegen.

Der Erdölfund in Samotlor änderte die Perspektiven der Region auch für die letzten Skeptiker in Moskau maßgeblich. In der zweiten Hälfte der 1960er Jahre bemühten sich eine regionale Lobby und überzeugte Wirtschaftsmanager mit Nachdruck, eine Entscheidung für die Erschließung des westsibirischen Erdöls im großen Stil zu erwirken. Auch wurde von der regionalen Lobby immer häufiger der Vorschlag vorgebracht, Sibirien komplex zu erschließen und eine größere Anzahl von Betrieben vor Ort anzusiedeln. Bezüglich einer solchen Wirtschaftsstrategie traf die Wirtschaftsführung in den 1960er Jahren keine Entscheidung. 1969 gelang es aber, nach einem politischen Vorstoß des Neftjanik Šmarev, die wirtschaftspolitische Zentrale in Moskau zu einer grundlegenden Entscheidung zugunsten des sibirischen Erdöls zu bewegen. Der Erdgassektor war zu diesem Zeitpunkt, Ende der 1960er Jahre, zwar schon gewachsen, aber sein Anteil an der Energieversorgung der Sowjetunion war noch gering. Erst in den 1970er Jahren sollte seine Bedeutung durch die Erschließung der sibirischen »Erdgasgiganten« stark anwachsen.

Die als große Herausforderung für sowjetische Wirtschaft wahrgenommene Erschließung sibirischen Erdöls und Erdgases ließ die politische Führung die gesamte Energieversorgungssicherheit in Frage stellen und spitzte die politischen Debatten erheblich zu. Differenzen in Bezug auf die Energieversorgungssicherheit und Wirtschaftsentwicklung prägten das Zerwürfnis zwischen Premier Kosygin und Generalsekretär Brežnev zu Beginn der 1970er Jahre. Mitte der 1970er Jahre offenbarten sich die unterschiedlichen wirtschaftliche und politische Prioritäten der beiden Staatsmänner. Premier Kosygin und Generalsekretär Brežnev brachen im Frühjahr mit ihren jeweils verschiedenen Regierungsvertretern fast zeitgleich zu zwei Dienstreisen auf, deren jeweiliger Fokus die unterschiedlichen politischen Wege der beiden Führungskader in den vorangegangenen Monaten und Jahren widerspiegelte. Während sich Premier Kosygin den Industriestandorten in Orenburg, Westsibirien und Krasnojarsk widmete, setzte Brežnev mit seiner Reise von den Osthängen des Ural bis an den Pazifik zu einer medialen Kampagne an, welche die komplexe Erschließung Sibiriens an zahlreichen Industrie- und Militärstandorten in den Blick nahm. Damit machte der Generalsekretär klar, dass ihm die Entwicklung Sibiriens auch in Anbetracht der wachsenden chinesischen Macht im asiatischen Raum ein persönliches Anliegen war.

In der Folge dieser Reise nahmen die Diskussionen um eine Energiestrategie wieder zu: Besonders der Erdölsektor geriet ins Kreuzfeuer der Kritik, da seine Erträge zwar gesteigert werden konnten, für die Zukunft allerdings ein Fördereinbruch durch die verpasste Modernisierung der Fördermethoden und ähnliches befürchtet wurde. Denn aus zahlreichen Regionen kamen Meldungen, dass die Förderzahlen sanken. Zunächst hoffte man, dass sich weitere Funde von Erdöl und Erdgas in Ostsibirien auftun würden, die den prognostizierten Fördereinbruch in den alten Erdölregionen im Westen und möglicherweise auch einen Einbruch in Westsibirien zu kompensieren vermochten. Diese Hoffnungen erfüllten sich nicht. Der Erdölsektor blieb dennoch ein wachsendes, wirtschaftlich immens wichtiges Standbein. Er war noch in den frühen 1980er Jahre trotz des zeitgleich befürchteten Endes des sowjetischen Erdölzeitalters die größte Einnahmequelle für Devisen und sollte bis 1989 ungehindert weiterwachsen.

Zahlreiche Publikationen haben diese Entwicklungen bisher zu einseitig betrachtet, indem sie weitestgehend unter dem Blickwinkel der CIA-Prognosen allzu sehr auf die technischen Unzulänglichkeiten und wirtschaftlichen Mängel des planwirtschaftlichen Systems fokussierten. Der Erwerb westlicher Technik wird dabei zu sehr als Ausdruck eines Defizits gelesen. Die Autoren lassen dabei außer Acht, dass es der Sowjetunion innerhalb von zwei Jahrzehnten gelang, in Westsibirien den größten Gassektor der Welt aufzubauen. Die zu Beginn der 1970er Jahre aufgebauten Gas-Röhren-Geschäfte erlaubten den Erwerb moderner Technik, die den arktischen Bedingungen – trotz regelmäßiger Unfälle und Pannen – erstaunlich gut standhielt. Damit wurde seit Mitte der 1970er Jahre in Westsibirien ein moderner Erdgassektor errichtet, der durch langfristige Wirtschaftsverträge mit den Westeuropäern globalpolitische Bedeutung erlangte. Dies bedeutete nicht nur einen technischen Vorsprung vor anderen Energiesystemen, sondern auch eine dauerhafte Wirtschaftsverbindung nach Europa, die zur Energieversorgungssicherheit in der Sowjetunion selbst, aber auch in Europa maßgeblich beitrug. So wurde die Erdgasversorgung zum staats- und wirtschaftstragenden Pfeiler der Sowjetunion.

Die Bedeutung, die der Energieversorgungssicherheit und allen mit ihr verbundenen Fragen zugeschrieben wurde, veränderte die Modi der Debatten. Diese Zusammenhänge nimmt der zweite Themenkomplex der vorliegenden unter die Lupe, der die energiepolitischen Akteure beleuchtet und damit Aufschluss darüber gibt, wie sowjetische Energiepolitik in den 1960er bis 1980er Jahren zustande kam. Der Perspektivplan für die Erdölindustrie nach dem Zweiten Weltkrieg war von der Moskauer Machtzentrale und den Ministerialexperten noch »still und heimlich« erstellt worden.[2] Mit dem Erlass zur Erschließung Westsibiriens offenbarte sich jedoch eine gewisse Flexibilität in der bürokratischen Starrheit der planwirtschaftlichen Institutionen, die im Laufe der 1970er Jahre immer häufiger auch in den Medien zu entdecken war. Denn der hohe technische Anspruch an die zukünftige Energiepolitik setzte voraus, dass Entscheidungen nur nach intensiven Diskussionen und Debatten zwischen Wirtschaftsmanagern, Planern, Experten und der staatlichen Führung getroffen wurden. Diese Debatten der 1960er bis 1980er Jahre waren längst nicht nur mehr geprägt von den partikularen Überzeugungen einzelner Akteure; vielmehr spielten die Verfügbarkeit und die Nutzung diverser Energiequellen sowie deren Rentabilität in Hinblick auf das wichtigste Ziel, eine zukunftstragende Energiestrategie und die dauerhafte Gewährleistung der sowjetischen Energieversorgungssicherheit, eine herausragende Rolle in der Energiedebatte. Wie in der Diskussion um das westsibirische Erdöl und Erdgas von 1969, die der Neftjanik Šmarev angestoßen hatte, zeigte sich, dass Experten nicht unbedingt im Ressortdenken verhaftet blieben, sondern über ihre eigenen Ressorts hinaus Machbarkeitsdiskussionen führten. Sie entlarvten allzu visionäre Ideen und betrachteten die Projekte unter wirtschaftlichen Aspekten. Dennoch bekamen auch Kritiker wie Vladimir Novikov eine Stimme, der den Ausverkauf Sibiriens an den Westen befürchtete. In den 1970er Jahren widerspiegelten die Printmedien durch die veröffentlichten

2 Rehschuh: Aufstieg zur Energiemacht, S. 334–335.

Expertenartikel zumindest teilweise diese Debatten. Dabei ging es nicht nur um die Durchsetzung von sozialistischen Mobilisierungskampagnen, sondern bisweilen sogar um die Sachdienlichkeit der für den sibirischen Erdöl- und Erdgassektor gewählten ökonomischen Strategien.

Die Teilnahme verschiedener Akteure an den Debatten und die Suche nach der bestmöglichen Energiestrategie konnten jedoch letztendlich nicht das bürokratische System und die ihm anhaftende Schwerfälligkeit bezwingen, die der Sowjetunion als Staat und Wirtschaftseinheit anlastete. Die Bürger hatten sich an die weit auseinanderklaffende Kluft propagandistischer Ideale und sozialer und wirtschaftlicher Realität zu sehr gewöhnt und ihre eigenen Alltagsstrategien im planwirtschaftlichen System gefunden.

Das Verständnis der in der Arbeit beschriebenen starken Dynamik in der sowjetischen Energiepolitik ist nicht möglich, ohne die außenwirtschaftliche und geopolitische Motivation der sowjetischen Staatsführung zu beleuchten. Dies nahm die vorliegende Arbeit durch die Betrachtung der internationalen Kooperationen im Erdgassektor vor, die von den Moskauer Funktionären anvisiert wurden. Die Analyse zahlreicher Dokumente zeigte zum einen das Streben der sowjetischen Führung nach der Umsetzung von großangelegten Wirtschaftsprojekten, die auch die Détente stärken sollten. Zum anderen offenbarten die Dokumente, dass die Sowjetunion aktiv dazu drängte, nicht nur ihre Rohstoffe, sondern auch verarbeitete Waren und Güter zu exportieren. Der Wirtschaftsausbau sollte politische Stabilität nach innen und langfristige Allianzen nach außen schaffen, unter anderem auch mit dem Systemgegner USA. So suchte die Sowjetunion neben einer eigenen starken geopolitischen Position im internationalen System auch nach guten Beziehungen zum kapitalistischen Westen über die wirtschaftlichen und technischen Beziehungen hinaus.

Allerdings war das ursprüngliche Ziel der Sowjetunion ein anderes: Sie hatte längst nicht nur die im Ausland begehrten Rohstoffe exportieren wollen, sondern mit importierten Fabrikanlagen zu einer globalen Exportmacht werden wollen, die Teile ihrer Produktion, beispielsweise Chemieprodukte oder Stahlerzeugnisse, ins Ausland exportierte. Dies hätte der Sowjetunion sowohl die dringend notwendige technische Modernisierung verschiedenster Wirtschaftszweige erlaubt als auch zu einer noch stärkeren Einbindung in globale Märkte verholfen. Doch der Export der Halbfabrikate in die kapitalistischen Länder konnte in den meisten Fällen nicht zur Zufriedenheit der politisch-wirtschaftlichen Führung realisiert werden. So blieb der Sowjetunion nichts anderes übrig, als die Halbfabrikate in weniger entwickelte Länder wie den Iran oder als Entwicklungshilfe zu exportieren, weil die sowjetischen Produkte – so das Argument der Regierungen in den kapitalistischen Ländern – nicht den gewünschten Qualitätsstandards entsprachen. Dem zugrunde lag die Befürchtung, dass die sowjetischen Waren in Konkurrenz zu den heimischen Produkten treten könnten. Zudem führte in der zweiten Hälfte der 1970er Jahre das taktische Lavieren der sowjetischen Außenhandelsorganisationen zwischen den westlichen Firmen oftmals dazu, dass einige Firmen nicht im anvisierten Umfang ihre Technologieexporte realisieren konnten.

Was der sowjetischen Führung hingegen in den 1970er Jahren mit größtem Erfolg gelang, war die Ausweitung der Bartergeschäfte auf den Erdgassektor. Hier entstanden nun neue Handelsabkommen, die aufgrund des großen europäischen Interesses an sowjetischem Erdgas die Möglichkeit zu langjährigen und umfassenden Kooperationen bot. Anders als noch beim Erwerb ausländischer Technik für die Erdölindustrie hatte sich die Motivation hinter dem Handel verändert: Neben einem ausgeprägten wirtschaftlichen Kalkül und erheblichen Zwängen aufgrund der misslungenen Modernisierung standen in den 1970er Jahren geopolitische Ambitionen. So erhoffte die Sowjetunion sich durch langfristige Energiekooperationen mit verschiedenen Ländern wie den USA, der Bundesrepublik Deutschland oder aber auch Japan eine Stabilisierung des politischen Klimas. Große Hoffnungen setzte die Moskauer Führung auf das »North-Star«-Projekt, bei dem sie die sibirischen Gasressourcen dem politischen Gegner USA in einem langfristigen Energiegeschäft mit der Gegenforderung des *most-favoured-nation*-Status anbot. Gleichzeitig verhandelte sie mit Japan über gemeiname Sibirienprojekte, um sich auch am Pazifik als Handelsmacht zu etablieren.

Dass die Wirtschaftszusammenarbeit trotz der Ölpreiskrise 1973 im Falle der USA und Japans scheiterte, ist, lapidar gesagt, auch dem Desinteresse und sogar Widerwillen der USA an einer starken sowjetischen Handelsmacht geschuldet. Denn eigentlich waren die Rohstoffkompensationsgeschäfte nur Teile einer Strategie, die die Sowjetunion bereits seit Nikita Chruščevs Chemieprojekt anvisiert hatte und die sowohl auf die Modernisierung der sowjetischen Wirtschaft mit westlichem Knowhow als auch auf den Wunsch, eine globale Exportmacht für Konsum- und verarbeitete Güter zu werden, abzielte. Dieser Wunsch spiegelte sich in vielen Wirtschaftsgesprächen mit westlichen Verhandlungspartnern wider, in denen die sowjetischen Staatsführer nach kooperativen Projekten suchten, die ihnen die Errichtung ganzer Betriebe mit westlichem Equipment in der Sowjetunion erlaubten, um hochwertige Produkte zu produzieren und für den Binnenverbrauch und Export nutzen zu können. So hoffte die Sowjetunion, sich als erfolgreiche Exportweltmacht etablieren zu können, um nicht zuletzt die gewünschte wirtschaftliche Prosperität zu erlangen und damit das sozialistische Gesellschaftssystem weiterhin legitimieren zu können. Im gesamten Untersuchungszeitraum gab zahlreiche Projektvorschläge der sowjetischen Führung, bei denen es um das Akquirieren westlicher Technogien in gemeinsamen Großprojekten wie etwa bei einem Automobilwerk von Fiat in der russischen Stadt Togljatti oder beim Bau eines Stahlwerks durch die deutsche Firma Salzgitter AG in der Oblast Kursk ging.

Doch die USA, die zu diesem Zeitpunkt selbst über ausreichend Energieressourcen verfügten, versuchten zu verhindern, dass sich der Gegner globalwirtschaftlich etablieren konnte. Unter anderem durch die Verweigerung des *most-favoured-nation*-Status wurden die sowjetischen Exportgüter mit Handelszöllen belegt, so dass die westlichen Märkte vor einer möglichen, letztlich jedoch zweifelhaften Schwemme an billigen sowjetischen Waren abgeschirmt werden sollten. Der mangelnde Qualitätsstandard war jedoch nur einer von zahlreichen Gründen, keine verarbeiteten Güter aus der Sowjetunion zu importieren. Denn den Kompensationsgeschäften mit der Sowjetunion entsprang aus westlicher Sicht ein zu geringer Gewinn für die kapitalistischen Firmen, die um ihre eigenen Produktionsstandorte fürchteten, würden sie den Verkauf von günstigen sowjetischen Produkten auf den heimischen Märkten dulden müssen; hohe Exportzölle waren daher ein Mittel des wirtschaftlichen Protektionismus, welches die heimischen Produktionsstandorte schützen, Arbeitsplätze sichern und damit Wirtschaftsaktivität und Gewinnmargen auf einem hohen Niveau halten sollten. Doch der Handel mit der UdSSR war jenseits der großen Auftragssummen in den Kompensationsgeschäften auch deshalb kaum attraktiv, da die UdSSR keine Joint Ventures in dem Sinne anbot, als dass sie die Beteiligung an den Geschäften und damit auch deren Gewinnen für Ausländer öffnete. Dies hatte im Erdölsektor zuletzt die British Petroleum mit dem Vorschlag über ein Erdöl-Joint-Venture in der Barentssee versucht, bei dem BP und damit auch der britische Staat direkt an den Gewinnen aus dem Erdölgeschäft beteiligt gewesen wären. Die US-Führung lehnte ein Kompensationsgeschäft mit der Sowjetunion schließlich aus politischen und wirtschaftlichen Erwägungen ab, wohl nicht zuletzt auch deshalb, weil sie sich zu wenig an den Gewinnen beteiligt sah.[3] Denn die Bezahlung in Kompensationsprodukten blieb für die kapitalistischen Firmen des Westens nur dann wirtschaftlich überzeugend, wenn es sich dabei um in den Ländern selbst nicht vorhandene Rohstoffe und Grunderzeugnisse handelte, die weiterverarbeitet und verkauft werden konnten. Aus diesem Grund ließ die Sowjetunion einen Teil des späteren chinesischen Erfolgs-

3 Vgl. Fußnote 45 in Kapitel 6.

modells mit den Sonderwirtschaftszonen, die attraktive Möglichkeiten für ausländische Investoren zusagten,[4] aus, weil sie keine Beteiligung an ihren Staatsbetrieben anbot.

Nach den gescheiterten Versuchen, die USA und Japan für die Erschließung sibirischer Ressourcen zu gewinnen, entschloss sich die sowjetische Regierung Mitte der 1970er Jahre dazu, die anvisierten Projekte in Sibirien ohne eine konkrete internationale Kooperation umzusetzen. Bereits 1972 suchte die politische Führung mit der Gründung des Ministeriums für den Anlagenbau der Erdöl- und Erdgasindustrie ihre Kräfte in der Pipeline- und Zulieferindustrie zu bündeln. Themen wie die unterlassene Prospektion in verschiedenen Erdöl- und Erdgasregionen, die technischen Rückstände in der Erdölindustrie, der vernachlässigte Polarstädtebau oder die im westlichen Landesteil geplanten Tiefenbohrungen kamen immer häufiger auf die politische Agenda. Um Kosten zu sparen, wurden schon in den 1960er Jahren die als zugänglicher geltenden Ressourcen in der Komi ASSR, in Orenburg und Zentralasien in die Erdöl- und Erdgasstrategie aufgenommen; diese Politik verfolgte man auch in den 1970er Jahren, auch wenn die dort geförderten Energieträger eine geringe Qualität aufwiesen. Mitte der 1970er Jahre plädierte Kosygin schließlich mit Unterstützung der Wissenschaftler des GKNT für eine Energiestrategie, die die Kohleindustrie und die Atomindustrie stärker in die Pläne integrieren wollte. Nach Testläufen für Pipelinetrassen hatte man jedoch schon Anfang der 1970er Jahre auch die Ausbeutung des Gasfeldes Medvež'e im polaren Norden beschlossen. Dem folgte in der zweiten Hälfte der 1970er Jahre die Entscheidung über die Erschließung des polaren Gasvorkommens Urengoj, dessen Gas man zuerst in den anvisierten internationalen Kooperationen angeboten hatte.

Zudem kam in der zweiten Hälfte der 1970er Jahre die Idee zu einem trilateralen Switchgeschäft zwischen dem Iran, der UdSSR und der Bundesrepublik Deutschland auf. Nach der Revolution im Iran 1979 scheiterte dieses Geschäft vorerst. Die zweite Ölpreiskrise begünstigte jedoch ein europäisch-sowjetisches Projekt über den Bau der weltweit größten Pipeline aus dem westsibirischen Urengoj nach Europa, geführt von Westdeutschland und der Sowjetunion. Trotz eines wirtschaftlichen Embargos kam dieses Geschäft schließlich zustande. Denn für die Europäer hatte die politische und wirtschaftliche Annäherung an die Sowjetunion aufgrund der geographischen Nähe und dem somit möglichen Pipelinebau eine andere Qualität, als für die USA, für die sich nur ein kostenintensives LNG-Projekt angeboten hätte. Dabei war es für die europäi-

4 Vgl. Fußnote 2 in Kapitel 3.

schen Länder weitaus wichtiger, »soviel kooperative Elemente wie möglich [...] einzubauen«.[5] Die dauerhaft installierten Infrastrukturen des Gashandels brachten die europäischen Ländern nicht nur in die insbesondere von der USA befürchtete Gefahr der politischen Erpressung durch die Sowjetunion, sondern boten vor allem auch die Chance einer anhaltenden, von gutem Willen geprägten Zusammenarbeit.

Zweifelsohne hätte die Sowjetunion ihr polares Erdgas wie schon zuvor auch ohne eine europäische Beteiligung erschlossen. Die Kooperation mit den Europäern begünstigte das arktische Energieprojekt jedoch in einem erheblichen Ausmaß. Damit hatten das Streben nach Versorgungssicherheit und Modernisierung, ein dem Erdöl und Erdgas wohlgesinntes innenpolitisches Klima und der Abschluss gewichtiger Erdgaskooperationen mit den europäischen Ländern schließlich dazu geführt, dass sich die Sowjetunion in den 1980er Jahren als globale Gasmacht etablieren konnte.

5 Beide Zitate aus: Wörmann: Osthandel, S. 52 und S. 55.

13. Wichtige Abkürzungen und Akronyme

AAPD	Akten zur auswärtigen Politik der Bundesrepublik Deutschland
AN SSSR	Akademija Nauk SSSR (=Wissenschaftsakademie der UdSSR)
ARAN	Archiv Rossijskoj Akademii Nauk (=Archiv der Russländischen Akademie der Wissenschaft)
ASSR	Avtonomnaja Socialističeskaja Sovetskaja Respublika (=Autonome Sozialistische Sowjetrepublik)
BAM	Bajkalo-Amurskaja Magistral' (=Bajkal-Amur-Magistrale)
ESG	Edinaja Sistema Gazosnabženija (=Einheitliches Gasversorgungssystem)
FRUS	Foreign Relations of the United States
GARF	Gosudarstvennyj Archiv Rossijskoj Federacii (=Staatsarchiv der Russländischen Föderation)
Glavka	(Pl. Glavki) Glavnoe Upravlenie (=Hauptverwaltung)
Glavgaz	Glavnoe Upravlenie Gazovoj Promyšlennosti (=Hauptleitung der Gasindustrie)
Glavtjumenneftegaz	Glavnoe upravlenie neftjanoj i gazovoj promyšlennosti Tjumenskoj Oblasti (=Hauptleitung der Erdöl- und Erdgasindustrie in der Oblast Tjumen')

Gazovik (Plural Gazoviki) russische Bezeichnung für Erdgasarbeiter

GKZ Gosudarstvennaja komissija po zapasam poleznych izkopaemych
(= Staatskommission für die Rohstoffreserven)

GĖS Gidroėlektrostancija
Wasserkraftwerk

GOĖRLO Gosudarstvennyj Plan Ėlektrifikacii Rossii

Gosplan Gosudarstvennyj Plan
(= Staatsplan)

Gosstroj Gossudarstvennyj strojtel'nyj komitet SSSR
(= Staatliches Baukomitee)

GULag Glavnoe upravlenie ispravitel'no-trudovych lagerej i kolonij
sowjetisches Straflagersystem

KPSS Kommunističeskaja Partija Sovetskogo Sojuza
(= Kommunistische Partei der Sowjetunion)

Minėnergo Ministerstvo Ėnergetiki i Ėlektrifikacii

Mingazprom Ministerstvo Gazovoj Promyšlennosti
(= Ministerium für die Erdgasindustrie)

Mingeo Ministerstvo Geologii
(= Ministerium für Geologie)

Minneftegazstroj Ministerstvo Neftjanogo i Gazogo Stojtel'stva
(= Ministerium für die Anlagen der Erdöl- und Erdgasindustrie)

Minnefteprom Ministerstvo Neftjanoj Promyšlennosti
(= Ministerium für Erdölindustrie)

Minpromstroj Ministerstvo Promyšlennogo Stroitel'stva
(= Ministerium für den Industriebau)

Narkomneft' Volkskommissariat für Erdölindustrie

Neftjanik (Plural Neftjaniki) russische Bezeichnung der Erdölarbeiter

Oblast' Administrativ-territoriale Verwaltungseinheit in der Sowjetunion

Orgnabor Organizacionnyj nabor (= Organisierte Anwerbung)

RGAĖ Rossijskij Gosudarstvennyj Archiv Ėkonomiki
(= Russländisches Staatsarchiv für Wirtschaft)

RGANI Rossijskij Gosudarstvennyj Archiv Novejšej Istorii
(= Russländisches Staatsarchiv für Neueste Geschichte)

RGASPI Rossijskij Gosudarstvennyj Archiv Social'no-Političeskoj Istorii
(= Russländisches Staatsarchiv für Soziale und Politische Geschichte)

RGW Rat für Gegenseitige Wirtschaftshilfe

RSFSR Rossijskaja Socialističeskaja Federativnaja Sovetskaja Respublika
(= Russische Sozialistische Föderative Sowjetrepublik)

SNCH RSFSR Sovet Narodnogo Chozjajstva RSFSR
(= Volkswirtschaftsrat der Russischen Föderationsrepublik)

SO AN SSSR Sibirskoe Otdelenie Akademii Nauk SSSR
(= Sibirische Abteilung der Akademie der Wissenschaften der UdSSR)

Sovmin Sovet Ministrov
(= Ministerrat)

Sovnarchoz Sovety Narodnogo Chozjajstva
(= Volkswirtschaftsräte, territoriale Wirtschaftsorgane 1957–1965)

SSR Sovetskaja Social'ističeskaja Respublika
(= Sowjetische Sozialistische Republik)

SSSR	Sojuz Sovetskich Socialističeskich Respublik (= Union der Sowjetischen Sozialistischen Republiken, kurz UdSSR)
TĖS	Teplovaja Ėlektrostancija Wärmekraftwerk
TPK	Territorial'no-proizvodstvennyj kompleks (= Territorialer Produktionskomplex)
VLKSM	Vsesojuznyj leninskij kommunističeskij sojuz molodjëži (= Gesamtsowjetischer Lenin'scher Kommunistischer Jugendverband)

14. Quellen- und Literaturverzeichnis

Unveröffentlichte Archivbestände

GARF (Gosudarstvennyj Archiv Rossijskoj Federacii)
- Fond 5446 (Ministerrat der Sowjetunion)

Opisi der Jahre 1964–1982

RGAĖ (Rossijskij Gosudarstvennyj Archiv Ėkonomiki)
- Fond 4372 (Gosplan)

Opisi der Jahre 1962–1982
- Fond 70 (Ministerstvo Neftjanoj Promyšlennosti)

Opisi der Jahre 1964–1982
- Fond 458 (Ministerstvo Gazovoj Promyšlennosti)

Opisi der Jahre 1964–1982
- Fond 8940 (Gosudarstvennyj Komitet Nauki i Techniki)

Opisi 9 und 12
- Fond 413 (Ministerstvo Vnešnej Torgovli)

Opisi 31 und 32
- Fond 9571 (Ministerstvo Geologii)

Opis 8

RGASPI (Rossijskij Gosudarstvennyj Archiv Social'noj i Političeskoj Istorii)
- Fond M-1 (Central'nyj komitet VLKSM)

Opisi 7 und 65

ARAN (Archiv Rossijskoj Akademii Nauk)
- Fond 2 (Sekreteriat Prezidium Rossijskoj Akademii Nauk)

einzelne opisi
- Fond 1731 (Sekcija obščestvennych nauk Akademii Nauk SSSR)

einzelne Opisi

GASPITO (Gosudarstvennyj Archiv Social'no-Političeskoj Istorii Tjumenskoj Oblasti)
- Fond 124 (Glavtjumenneftegaz)

Opis 1

Zeitungen und Zeitschriften

- Pravda (Jahre 1960–1982)
- Gazovaja Promyšlennost' (Jahre 1957–1982)
- Izvestija AN SO SSSR, Serija obščestvennych nauk (Jahre 1964–1982)

- Neftjanik (einzelne Jahre)
- Der Spiegel (einzelne Ausgaben)
- Izvestija (einzelne Ausgaben)
- Socialističeskaja Industrija (einzelne Ausgaben)
- Literaturnaja Gazeta (einzelne Ausgaben)

Gedruckte Quellen, Reden, Memoiren

Aganbegjan, Abel G./Ibragimova, Zamira M.
- Sibir' ne ponaslyške, Moskva 1981.
- Sibir' na rubeže vekov, Moskva 1984.

Akačenok, A. P./Odineckij, A. V. (Hg.): Neft' i gaz Tomskoj Oblasti. Sbornik dokumentov i materialov, Tomsk 1988.

Akten zur Auswärtigen Politik der Bundesrepublik Deutschland (AAPD)
- AAPD, Bd. 1: 1. Januar bis 30. Juni 1969, München 2000.
- AAPD, Bd. 2: 1. Juli bis 31. Dezember 1969, München 2000.
- AAPD, Bd. 1: 1. Januar 1970 bis 30. April 1970, München 2001.
- AAPD, Bd. 1: 1. Januar bis 30. April 1971, München 2002.
- AAPD, Bd. 2: 1. Mai bis 30. September 1973, München 2002.
- AAPD, Bd. 1: 1. Januar bis 30. Juni 1974, München 2005.
- AAPD, Bd. 2: 1. Juli bis 31. Dezember 1974, München 2005.
- AAPD, Bd. 1: 1. Januar bis 30. Juni 1975, München 2005.
- AAPD, Bd. 1: 1. Januar bis 30. Juni 1976, München 2007.
- AAPD, Bd. 1: 1. Januar 1978 bis 30. Juni 1978, München 2009.
- AAPD, Bd. 2: 1. Juli 1978 bis 31. Dezember 1978, München 2009.
- AAPD, Bd. 1: 1. Januar bis 30. Juni 1979, München 2010.
- AAPD, Bd. 3: 1. Juli bis 31. Dezember 1981, München 2012.
- AAPD, Bd. 2: 1. Juli bis 31. Dezember 1980, München 2011.
- AAPD, Bd. 2: 1. Januar bis 30. April 1981, München 2012.

Aleksandrov, Anatoli: Energieprobleme trotz ausreichender Ressourcen. Aufwändigere Energiegewinnung bei wachsendem Energiebedarf. Prioritäten in der sowjetischen Energiepolitik, Moskau 1986.

Baibakow, Nikolai: Sache des Lebens.Aufzeichnungen eines Erdölarbeiters, Berlin 1985.

Baibakow, N. K.: Von Stalin bis Jelzin, Moskau 1999.

Bajbakov, Nikolaj Konstantinovič
- Delo žizni. Zapiski neftjanika. Moskva 1984.
- Sorok let v pravitel'stve. Moskva 1993.
- Ot Stalina do El'cina, Moskva 1998.

Bakhilov, V.V.: Doroga k nefte, Sverdlovsk 1975.

Breshnew, Leonid: Rechenschaftsbericht des Zentralkomitees der Kommunistischen Partei der Sowjetunion an den XXIII. Parteitag der KPdSU, Moskau 1966.

Breshnew, Leonid I.: Auf dem Wege Lenins. Reden und Aufsätze, Bd. 5.: April 1974 – März 1976, Berlin 1977.

Brezhnev, Leonid I.: Speech at the 18th Congress of the All-Union Leninst Young communist League. April 25, 1978, Moskau 1978.

BREŽNEV, Leonid Ilič
- Leninskim kursom. Reči i stat'i. Tom pervyj, Moskva 1970.

- Leninskim kursom. Reči i stat'i. Tom vtoroj, Moskva 1970.
- Leninskim kursom. Reči i stat'i. Tom tretij, Moskva 1972.
- Leninskim kursom. Reči i stat'i. Tom četvertij, Moskva 1974.
- Leninskim kursom. Reči i stat'i. Tom pjatij, Moskva 1976.
- Gensekami ne roždajutsja, Moskau 2014.

Burdett, Anita L.P.: Oil resources in Eastern Europe and the Caucasus. British Documents 1885–1978 Bd. 8, Cambridge 2012.

Černenko, Konstantin U./Smirtjukov, Michajl S.
- Rešenija partii i pravitel'stva po chozjajstvennym voprosam, Bd. 4: 1953–1961 gody, Moskva 1968.
- Rešenija Partii i Pravitel'stva po chozjajstvennym voprosam, Bd. 5: 1962–1965 gody, Moskva 1968.
- Rešenija Partii i Pravitel'stva po chozjajstvennym voprosam, Bd. 7: 1962–1965 gody, Moskva 1968.
- Rešenija Partii i Pravitel'stva po chozjajstvennym voprosam, Bd. 8: 1970 g. – fevral' 1972 g., Moskva 1972.
- Rešenija Partii i Pravitel'stva po chozjajstvennym voprosam, Bd. 12: Ijul' 1977 g. – mart 1979 g., Moskva 1979.
- Rešenija Partii i Pravitel'stva po chozjajstvennym voprosam, Bd. 13: Aprel' 1979 g. – mart 1981 g., Moskva 1981.
- Rešenija Partii i Pravitel'stva po chozjajstvennym voprosam, Bd. 14: Aprel' 1981 g. – dekabr' 1982 g., Moskva 1983.

Čirskov, Vladimir: Žizn' na operežęnie, Moskva 2004.

Dnevniki Anatolii Černjaeva, online verfügbar unter: https://nsarchive2.gwu.edu//rus/Chernyaev.html [05.07.2018] 1972–1991.

Dobrynin, Anatolij F.: In confidence. Moscows Ambassador to America's six Cold War Presidents 1962–1986, New York 1995.

Eggers, Gerd/Matthies, Horst/Neumann, Margarete/Völkel, Ulrich: Abenteuer Trasse. Erlebnisse und Beobachtungen, Berlin 1978.

Ėrv'e, Jurij G.: Sibirskie gorizonty, Jekaterinburg 1999.

Falin, Valentin: Politische Erinnerungen, München 1993.

FRUS, Foreign Relations of the United States, 1969–1976
- Volume XIV, Soviet Union October 1971 – May 1972.
- Volume XV, Soviet Union June 1972 – August 1974.
- Volume XVI, Soviet Union August 1974 – December 1976.

Fursenko, Aleksandr A. (Hg.): Prezidium CK KPSS 1954–1964. Černovye protokol'nye zapisi zasedanij, stenogrammy, postanovlenija v trech tomach, Moskva 2004–2008.

Gaidar, Yegor: Collapse of an Empire. Lessons for Modern Russia, Washington D.C. 2007.

Gajdar, Egor T.: Russia. A long view, Cambridge MA 2012.

General'nyj sekretar' L.I. Brežnev, 1964–1982. Vestnik archiva prezidenta. Special'noe izdanie, Moskva 2006.

Gorbačev, Michail/Ryžkov, Nikolaj I.: XXVII. Parteitag der KPdSU, Genf 1986.

Ivkin, Vladimir I. (Hg.): Gosudarstvennaja vlast' SSSR. Vysšie organy vlasti i upravlenija i ich rukovoditeli: 1923–1991. Istoriko-biografičeskij spravočnik, Moskva 1999.

Keefer, Edward C. (Hg.): Soviet American Relations. The Detente Years, 1969–1972, Washington D.C. 2007.

Kersten, Monika: Das blaue Licht. Ein Bericht über das Leben an der Erdgastrasse in Sibirien, Oschersleben 2000.

Kommunističeskaja Partija Sovetskogo Sojuza (Hg.): XXIII. Parteitag der Kommunistischen Partei der Sowjetunion, Moskau 1966.

Kommunističeskaja Partija Sovetskogo Sojuza (Hg.): Programm der Kommunistischen Partei der Sowjetunion. Beschlossen vom XXII. Parteitag der KPdSU am 31. Oktober 1961, Moskau 1961.

Kossygin, Aleksej N.
- Die Direktiven des XXIV. Parteitages der KPdSU zum Fünfjahresplan für die Entwicklung der Volkswirtschaft der UdSSR in den Jahren 1971–1975, Moskau 1971.
- Ausgewählte Reden und Aufsätze 1939–1976, Berlin 1977.

Kubšinov, Aleksej: Neftjanye gorizonty. Vspominanija geologa, Tjumen' 2000.

Kudrjašov, Sergej V. (Hg.): Vestik archiva prezidenta. Special'noe izdanie, Moskau 2006.

Lenin, Vladimir Il'ič: Pol'noe sobranie sočinenij, t. 42. Nojabr' 1920 – mart 1921, Moskva 1970.

Salmanov, Farman K.: Sibir'. Sud'ba moja. Moskva 1988.

Salmin, Vladimir D.: Gorod na zare. O tech, kto sozdaval Nižnevartovsk i proslavil ego, Tjumen' 2000.

Semjonov, S.: Von Stalin bis Gorbatschow. Ein halbes Jahrhundert in diplomatischer Mission 1939–1991, Berlin 1995.

Ščerbina, Boris E.: »Sojuz«. Trassa družby, Moskva 1984.

Smorodinskov, D.A.
- Neft' i gaz Tjumeni v dokumentach, Bd. 2, Sverdlovsk 1973.
- Neft' i gaz Tjumeni v dokumentach, Bd. 3, Sverdlovsk 1979.

Soviet Economic Problems and Prospects, Central Intelligence Agency, Directorate of Intelligence, ER 77-10436U, July 1977, online verfügbar unter: https://www.cia.gov/library/center-for-the-study-of-intelligence/csi-publications/books-and-monographs/cias-analysis-of-the-soviet-union-1947-1991/er_77_10436u.pdf [06.12.2018].

The Impending Soviet Oil Crises, Intelligence Memorandum, ER 77-10147, March 1977, online verfügbar unter: https://www.cia.gov/library/center-for-the-study-of-intelligence/csi-publications/books-and-monographs/cias-analysis-of-the-soviet-union-1947-1991/er_77_10147.pdf [06.12.2018].

Trofimuk, Andrej A.
- O rabote Sibirskogo Otdelenija AN SSSR po kooperacii naučnych issledovanii v regionie ich resultatov v narodnom chozjajstvie strany. Osnovnye napravlenija organizacionnoe soprovoždenie i effektivnost' po programme »Sibir«, Novosibirsk 1988.
- Sorok let borenija za razvitije neftegazodobyvajuščej promyšlennosti Sibiri, Novosibirisk 1997.

Tchurilov, Lev: Lifeblood of empire. A Personal History of the Rise and Fall of the Soviet Oil Industry. New York 1996.

Velikopol'skij, Sergej Dmitrievič
- Vysota. Kniga vospominanij o Viktore Ivanovice Muravlenko, Tjumen' 1997.
- V plameni žizni. Kniga vospominanij o Borise Evdokimovič Ščerbine, Tjumen' 1999.
- Istorija Glavtjumenneftegaza. 40letnjaja istorija Glavki v svidedel'stvach očevidcev, vspominanijach, dokumentach i fotografijach, Tjumen' 2005.

Vtorušin, Stanislav V.: Zolotye gody: Povestvovanie o žizni, online verfügbar unter: http://www.akunb.altlib.ru/files/LiteraryMap/Personnels/Vtoryshin.html [12.09.2012].

Wyssozki, Wladimir: Zerreißt mir nicht meine silbernen Saiten. 100 Lieder und Gedichte, Berlin 1989, S. 371.

Zavališin, Ippolit I.: Opisanie Zapadnoj Sibiri, Moskva 1862.

Literatur

ALEKPEROV, VAGIT JU.: Oil of Russia. Past, present and future, Minneapolis MN 2011.

ALRICHTER, HELMUT
- Kleine Geschichte der Sowjetunion, 1917–1991, München 2001.
- Russland 1989. Der Untergang des sowjetischen Imperiums, München 2009.

ANDRIJANOV, VIKTOR
- Kosygin, Moskva 2003.
- Kortunov, Moskva 2007.
- Boris Ščerbina, Moskva 2009.

ANTER, ANDREAS: Theorien der Macht zur Einführung, Hamburg 2013.

BACON, EDWIN/SANDLE, MARK (Hg.): Brezhnev Reconsidered, Basingstoke 2002.

BAHRO, GUNDULA: Umwelt- und Tierschutz in der modernen russischen Literatur (Osteuropaforschung 18), Berlin 1986.

BALMECEDA, MARGARITA M.: Der Weg in die Abhängigkeit. Ostmitteleuropa am Energietropf der UdSSR, in: Osteuropa 54 (2004) 9–10, S. 162–179.

BANDMAN, MARK K. (Hg.): Regional development in the UdSSR. Modelling the Formation of Soviet Territorial-Production Complexes, Oxford 1985.

BANGE, OLIVER/VILLAUME, POUL: The Long Détente. Changing Concepts of Security and Cooperation in Europe, 1950–1980s, Budapest 2017.

BARTZ, DIETMAR: Wirtschaft von A bis Z. Kompakt, aktuell, übersichtlich, Frankfurt am Main 2002.

BELORUSOV, D. V./PANFILOV, I. I./SENNIKOV, V.A.: Problemy razvitija i razmeščenija proizvoditel'nych sil Zapadnoj Sibir, Moskva 1976.

BESTMANN, UWE (Hg.): Börsen- und Finanzlexikon. Rund 4000 Begriffe für Studium und Praxis, München 2013.

BETHKENHAGEN, JOCHEN: Die Energiewirtschaft in den kleineren Mitgliedstaaten des Rates für Gegenseitige Wirtschaftshilfe. Entwicklungstendenzen in den achtziger Jahren, Berlin 1990.

BELGE, BORIS/DEUERLEIN, MARTIN: Goldenes Zeitalter der Stagnation? Perspektiven auf die sowjetische Ordnung der Brežnev-Ära (Bedrohte Ordnungen, Band 2), Tübingen 2014.

BLINKEN, ANTONY J.: Ally versus Ally. America, Europe, and the Siberian Pipeline Crises, New York 1987.

BOHN, THOMAS M.: Minsk. Musterstadt des Sozialismus: Stadtplanung und Urbanisierung in der Sowjetunion nach 1945, Köln 2008.

BOLOTOVA, ALLA: Die Geologen: Kolonisatoren am Lagerfeuer- Selbstbild und Naturverständnis in der UdSSR, in: Osteuropa 58 (2008) 4–5, S. 57–68.

BONIN, HUBERT: Business Interests versus Geopolitics. The Case of the Siberian Pipelines in the 1980s, Business 49 (2007) 2, S. 235–254.

BÖSCH, FRANK: Umbrüche in die Gegenwart. Globale Ereignisse und Krisenreaktionen um 1979, in: Zeithistorische Forschungen 9 (2012) 1, S. 8–32.

BOŠKOVSKA, NADA/STROBEL, ANGELIKA/URSPRUNG, DANIEL (Hg.): »Entwickelter Sozialismus« in Osteuropa. Arbeit Konsum und Öffentlichkeit, Berlin 2016.

BRENNER, MARK: Ėkonomika neftjanoj i gazovoj promyšlennosti SSSR, Moskva 1968.

BRESLAUER, GEORGE W.: Khruschev and Brezhnev as leaders. Building authority in Soviet politics, London 1982.

BROWN, ARCHIE: The rise and fall of Communism, London 2009.

CAMPBELL, ROBERT WELLINGTON
- The Economics of Soviet Oil and Gas, Baltimore 1968.
- Trends in the Soviet Oil and Gas Industry. Baltimore 1976.
- Soviet energy balances, Santa Monica 1978.

- Soviet energy R&D goals, planning, and organizations, Santa Monica 1978.
- Basic data on Soviet energy branches, Santa Monica 1979.
- Soviet Energy Technologies. Planning, Policy. Research and Development, Bloomington 1980.

Chajtun, Andrej D.: Ėkspeditionnoe-vachtovoe strojtel'stvo v Zapadnoj Sibiri, Leningrad 1982.

Cherniaev, V.D./Vdovin, G.A./Yassin, E.M./Stavrovsky, E.R.: Oil Transportation, in: Krylov, N.A./Bokserman, A.A./Stavrovsky, E.R. (Hg.): The Oil Industry of the Former Soviet Union, Amsterdam 1988, S. 185–273.

Chernyshova, Natalya: Soviet consumer culture in the Brežnev era, London 2013.

Chung, Han-Ku: Interest representation in Soviet policymaking. A case study of a West Siberian energy coalition, Boulder CO 1987.

Connor, Walter D.: The Accidental Proletariat. Workers, Politics, and Crisis in Gorbachev's Russia, Princeton NJ 1991.

Conolly, Violet
- Beyond the Urals. Economics development of Soviet Asia, London 1967.
- Siberia today and tomorrow. A study of Economic resources Problems and Achievements, London 1975.

Cook, Linda J.: The Soviet Social Contract and Why It Failed. Welfare Policy and Worker's Politics from Brezhnev to Yeltsin, Cambridge MA 1993.

Coopersmith, Jonathan: The electrification of Russia. 1880–1926, Ithaca NY 1992.

Considine, Jennifer I./Kerr, William A.: The Russian Oil Industry, Cheltenham 2002.

Crump, Thomas: Brežnev and the decline of the Soviet Union, London 2014.

Dahlmann, Dittmar: Sibirien vom 16. Jahrhundert bis zur Gegenwart, Paderborn 2009.

Davidson, Frank P./Lusk Brooke, Kathleen: Building the world. An Encyclopedia of the great engineering project in history, Volume 2, Westport CT 2006.

De Souza, Peter: The Nature of Manpower Problem in the Development of Siberia, Soviet Geography 27 (1986) 10, S. 689–715.

Dienes, Leslie/Shabad, Theodore: The Soviet Energy System, Washington D.C. 1979.

Dienes, Leslie
- The Development of Siberia. Regional Priorities and Economic Strategy, in: Demko, George J./Fuchs, Roland J. (Hg.): Geographical Studies on the Soviet Union, Chicago 1984, S. 189–213.
- Employment Structure, Settlement Policy and the Development of the North Tyumen' Oil and Gas Region, in: Soviet Geography 26 (1985) 8, S. 609–622.

Dietl, Ralph: Equal Security. Europe and the SALT Process, 1969–1976, Stuttgart 2013.

Dietl Ralph L.: Beyond Parity. Europe and the SALT Process in the Carter Era, 1977–1981, Stuttgart 2016.

Dietz, Raimund: Die Energiewirtschaft in Osteuropa und der UdSSR (Studien über Wirtschafts- und Systemvergleiche 11), Wien 1984.

Ebel, Robert E.: The Soviet Petroleum Industry of the Soviet Union, New York 1961.

Edmonds, Robin: Soviet Foreign Policy. The Brezhnev Years, Oxford 1984.

Ehrhardt, Hendrik/Kroll, Thomas (Hg.): Energie in der modernen Gesellschaft. Zeithistorische Perspektiven, Göttingen 2012.

Elliot, Iain F.: The Soviet energy balance. Natural gas, other fossil fuels and alternative power sources, London 1974.

Fainberg, Dina/Kalinovsky, Artemy M.: Reconsidering stagnation in the Brezhnev Era. Ideology and Exchange, Lanham 2016.

Fawcett, Louise L'Estrange: International relations of the Middle East, Oxford 2016.

Flade, Falk
- Creating a Common Energy Space. The Building of the Druzhba Oil Pipeline, in: Perović, Jeronim (Hg.): Cold War Energy. A Transnational History of a Soviet Oil and Gas, Cham 2017, S. 321–344.

- Energy Infrastructures in the Eastern Bloc. Poland and the Construction of Transnational Electricity, Oil, and Gas Transmission Systems. Wiesbaden 2017.

FORTESCUE, STEPHEN: Science Policy in the Soviet Union, London 1990.

GADDIS, JOHN LEWIS: Der Kalte Krieg. Eine neue Geschichte, München 2009.

GRAFFY, JULIAN/HOSKING GEOFFREY A. (Hg.): Culture and the Media in the USSR Today, New York 1989.

GAVRILOVA, NADEŽDA JUR'EVNA/KARPOV, VIKTOR PETROVIČ: Opyt social'nogo osvoenija neftegazodobyvajuščich rajonov zapadnoj Sibiri (1960–1980-e gody) (Otečestvennaja istorija 5/2003), Moskau 2003, S. 111–118.

GAVRILOVA, NADEŽDA JU.: Social'noe razvitie neftegazodobyvajuščich rajonov Zapadnoj Sibiri, Tjumen' 2002.

GESTWA, KLAUS
- Energetische Brücken und Klimafabriken. Das energetische Weltbild der Sowjetunion, Osteuropa 54 (2004) 9–10, S. 14–38.
- Die Großbauten des Kommunismus. Sowjetische Technik- und Umweltgeschichte, 1948–1967, München 2010.

GOEHRKE, CARSTEN
- Russischer Alltag. Eine Geschichte in neun Zeitbildern [vom Frühmittelalter bis zur Gegenwart], Zürich 2005.
- Lebenswelten Sibiriens. Aus Natur und Geschichte des Jenissei-Stromlandes, Zürich 2016.

GOLDMAN, MARSHALL I.
- Détente and Dollars. Doing Business with the Soviets, New York 1975.
- The Enigma of Soviet Petroleum. Half-Full or Half-Empty? London 1980.
- Das Oel-Imperium. Russlands Weg zurück zur Supermacht, Kulmbach 2009.

GRAF, RÜDIGER
- Gefährdungen der Energieversorgungssicherheit und die Angst vor der Angst: Westliche Industrieländer und das arabische Ölembargo 1973/74, in: Bormann, Patrick/Freiberger Thomas/Michel, Judith (Hg.): Angst in den Internationalen Beziehungen, Göttingen 2010, S. 227–249.
- Öl und Souveränität. Petroknowledge und Energiepolitik in den USA und Westeuropa in den 1970er Jahren, Berlin 2014.

GRAHAM, LOREN R.: Science in Russia and the Soviet Union. A short history, Cambridge MA 1993.

GREINER, BERND: Ökonomie im Kalten Krieg (Studien zum Kalten Krieg 4), Hamburg 2010.

GRICENKO, V. N.: Istorija Jamalskogo Severa v očerkach i dokumentach, t. 2, Omsk 2004.

GROSSMAN, PETER Z.: U.S. Energy Policy and the Persuit of Failure, Cambridge 2013.

GRÜTZMACHER, JOHANNES: Die Baikal-Amur-Magistrale. Vom stalinistischen Lager zum Modernisierungsprojekt unter Brežnev, München 2012.

GUSTAFSON, THANE
- The Soviet Gas Campaign. Politics and policy in Soviet Decisionmaking, Santa Monica CA 1983.
- Soviet Negotiating Strategy. The East-West Gas Pipeline Deal, 1980–1984, Santa Monica CA 1985.
- Crises amid Plenty. The politics of soviet energy under Brezhnev and Gorbachev, Princeton NJ 1989.
- Wheel of Fortune. The Battle for Oil and Power in Russia, Cambridge MA 2012.

HANSON, PHILIP: Trade and Technology in Soviet-Western Relations, London 1981.

HAUMANN, HEIKO: Beginn der Planwirtschaft. Elektrifizierung, Wirtschaftsplanung und gesellschaftliche Entwicklung Sowjetrußlands 1917–1921 (Studien zur modernen Geschichte 15), Düsseldorf 1974.

HEWETT, EDWARD A.: Energy, Economics, and Foreign Policy in the Soviet Economy, Washington D.C. 1984.

Hey, Patrizia: Die sowjetische Polenpolitik Anfang der 1980er Jahre und die Verhängung des Kriegsrechts in der Volksrepublik Polen (Studien zu Konflikt und Kooperation im Osten 19), Berlin 2010.

Hill, Fiona/Gaddy, Clifford G.: The Siberian Curse. How Communist Planners Left Russia Out in the Cold, Washington D.C. 2003.

Högselius, Per: Red Gas. Russia and the Origins of European Energy Dependence, New York 2013.

Hohensee, Jens: Der erste Ölpreisschock 1973/74. Die politischen und gesellschaftlichen Auswirkungen der arabischen Erdölpolitik auf die Bundesrepublik Deutschland und Westeuropa, Stuttgart 1996.

Holliday, George D.: Technology Transfer to the USSR, 1928–1937 and 1966–1975. The Role of Western Technology in Soviet Economic Development, Boulder CO 1979.

Hoyt, Ronald E.: Winners and losers in East-West trade. A behavioral analysis of U.S.-Soviet détente (1970–1980), New York 1983.

Igolkin, Aleksandr A.: Neftjanaja promyšlennost' SSSR (1929–1950-e gg.), Moskva 2011.

Jensen, Robert G./Shabad, Theodore/Wright, Arthur W.: Soviet Natural Resources in the World Economy, Chicago 1983.

Jensen-Eriksen, Niklas

- Finland – A Hole in the Cold War Embargo? Paper zum XIV International Economic History Congress, Helsinki, Finland, 21 to 25 August 2006. Session 111, online verfügbar unter: http://www.helsinki.fi/iehc2006/papers3/Jensen.pdf [07.12.2018].
- »Red Oil« and Western Reactions. The Case of Britain, in: Perović, Jeronim (Hg.): Cold War Energy. A Transnational History of Soviet Oil and Gas, Cham 2017, S. 105–130.

Jentleson, Bruce W.: Pipeline Politics. The complex political economy of East-West-Trade, Ithaca NY 1986.

Jivazada, Elnura: Die Ressource Erdöl als Erinnerungsort: Schwarzes Gold in Mythen, Monumenten und Museen von Baku, in: Conrad, Benjamin/Lisa Bicknell (Hg.): Stadtgeschichten. Beiträge zur Kulturgeschichte osteuropäischer Städte von Prag bis Baku, Bielefeld 2016, S. 71–85.

Jones, Christopher F.: Routes of Power. Energy and Modern America, Cambridge MA 2014.

Josephson, Paul R.

- Totalitarian Science and Technology in the Soviet Union, New Jersey NJ 1996.
- Red Atom. Russia's nuclear power program from Stalin until today, New York 1999.
- New Atlantis Revisited. Akademgorodok, the Siberian City of Science, Princeton NJ 1997.
- The conquest of the Russian Arctic, Cambridge MA 2014.

Karger, Adolf/liebmann, Claus Christian: Sibirien. Strukturen und Funktionen ressourcenorientierter Industrieentwicklung, Köln 1986.

Karpov, V.P.: Ėnergetika i geopolitika. Tjumenskij faktor, in: Vestnik Tjumenskogo gosudarstarvennogo universiteta (2014) 2, S. 84–91, online verfügbar unter: https://vestnik.utmn.ru/humanitates/vypuski-arhiv/history/2014/111241/ [03.12.2018].

Karpov, V.P./Gavrilova N. Ju.: Očerki istorii otečestvennoj neftjanoj i gazovoj promyšlenosti, Tjumen 2002.

Kelley, Donald R.: Soviet politics in the Breżnev era, New York 1980.

Klinghoffer, Arthur J.: The Soviet Union & International Oil Politics, New York 1977.

Klüter, Helmut: Die territorialen Produktionskomplexe in Sibirien. Ein Beitrag zur Perestrojka der regionalen Investitionspolitik in der Sowjetunion, Hamburg 1991.

Knabe, Bernd: Aspekte der gegenwärtigen Arbeitskräftepolitik in Sibirien, in: Leptin, Gert (Hg.): Sibirien-Ein russisches und sowjetisches Entwicklungsproblem (Osteuropaforschung Bd. 17), Berlin 1986, S. 123–137.

Köbberling, Anna: Das Klischee der Sowjetfrau. Stereotyp und Selbstverständnis Moskauer Frauen zwischen Stalinära und Perestroika, Frankfurt 1997.

Koleva, Galina Ju.
- Zapadno-sibirskij neftegazogo kompleksa. Istorija stanovlenija, t. 1 i 2, Tjumen' 2006.
- Strategija razvitijazapadno-sibirskogo neftegazogo kompleksa (1960–1980-e gg.), in: Vestnik Tomskogo gosudarstvennogo universiteta (2007) 1, S. 95–102.

Komgort, M.V.: Zapadno-Sibirskaja neftegazonosnaja provincija. Istorija otkrytija, Tjumen' 2008.

Konovalov, A.B.: Partijnaja nomenklatura Sibiri v sisteme regional'noj vlasti (1945–1991), Kemerovo 2006.

Kornai, János: Economics of shortages, Amsterdam 1980.

Kreile, Michael: Osthandel und Ostpolitik, Baden-Baden, 1978.

Krempin, Dunja
- Rise of Western Siberia and the Soviet-West German Energy Relationship During the 1970s, in: Perović, Jeronim (Hg.): Cold War Energy. A Transnational History of Soviet Oil and Gas, Cham 2017, S. 253–281.
- Heroic »Black Gold«? Working for Oil and Gas in the Western Siberian Oil and Gas Complex of the 1960–1970s in: Atabaki, Touraj/Bini, Elisabetta/Ehsani, Kaveh: Working for Oil. Comparative Social Histories of Labor in the Global Oil Industry, Cham 2018, S. 285–310.

Krylov, N.A./Bokserman, A.A./Stavrovsky, E.R. (Hg.): The Oil Industry of the Former Soviet Union, Amsterdam 1988, S. 185–273.

Kucher, Katharina: Der Fall Norilsk. Stadt, Kultur und Geschichte unter Extrembedingungen, in: Schlögel, Karl (Hg.), Mastering Russian Spaces. Raum und Raumbewältigung als Probleme der russischen Geschichte, München 2011, S. 129–148.

Kuvakov, R.Š.: Očerki neftjanoj i gazovoj promyšlennosti Rossii, Orenburg 2007.

Leffler, Melvyn P.: Origins of the Cold War. An international history, New York 2005; Brown, Archie: The rise and fall of Communism, London 2009.

Lemke, Michael: Die Berlinkrisen von 1948/49 und 1958 bis 1963, in: Greiner, Bernd/Müller, Christian Th./Walter, Dierk (Hg.): Krisen im Kalten Krieg (Studien zum Kalten Krieg Band 2), Hamburg 2008.

Leptin, Gert: Sibirien. Ein russisches und sowjetisches Entwicklungsproblem, Berlin 1986.

Lüthi, Lorenz M.: Drifting Apart. Soviet Energy and the Cohesion of the Communist Bloc in the 1970s and 1980s, in: Perović, Jeronim (Hg.): Cold War Energy. A Transnational History of Soviet Oil and Gas, Cham 2017, S. 371–399.

Lwow, M.S.: Das Erdgas in der Sowjetunion, Essen 1973.

Maier, Esther: Breschnews Boomtown. Alltag und Mobilisierung in der Stadt der LKWs, Paderborn 2016.

Mandelstam Balzer, Marjorie: The Tenacity of Ethnicity. A Siberian saga in a global perspective, Princeton NJ 1999.

Mathieson, Raymond S.: Japan's Role in Soviet Economic Growth. Transfer of Technology Since 1965, New York 1979.

Maugeri, Leonardo: The Age of Oil-The Mythology, History, and Future of the World's Most Controversial Resource. Westport CT 2006.

McNair, Brian: Glasnost, Perestroika and the Soviet Media, London 1991.

Merl, Stephan: Von Chruschtschows Konsumkonzeption zum »Little Deal« unter Breschnev, in: Greiner Bernd/Müller Christian Th./Weber, Claudia: Ökonomie im Kalten Krieg. Studien zum Kalten Krieg (Bd. 4), Hamburg 2010, S. 279–310.

Meyer, Gert: Das politische und gesellschaftliche System der UdSSR. Ein Quellenband, Köln 1980.

Meyerhoff, Arthur A.: Soviet Petroleum: Technology, Geology, Reserves, Potential and Policy, in: Jensen Robert G.: Soviet natural resources in the world economy, Chicago 1983, S. 306–362.

MICK, CHRISTOPH: Wissenschaft und Technologie, in Plaggenborg, Stefan: Handbuch der Geschichte Russlands. Band 5/2 1945–1991. Vom Ende des Zweiten Weltkriegs bis zum Zusammenbrauch der Sowjetunion, Stuttgart 2002, S. 907–970.

MIKLÓSSY, KATALIN/ILIČ, MELANIE: Competition in socialist society, London 2014.

MILDENBERGER, FLORIAN: MERTVAYA DOROGA: A railroad as the backbone of Soviet defence in the Arctic, 1943–54, Polar Record 37/200 (2001) 1, S. 49–54.

MLEČIN, LEONID: Brežnev, Moskva 2008.

MOSS, RICHARD A.: Nixon's Back Channel to Moscow. Confidental Diplomacy and Détente, Lexington KY 2017.

MÜLLER, CHRISTIAN TH.: Der Erdgas-Röhren-Konflikt 1981/82, in: Bernd Greiner/Christian Th. Müller/Claudia Weber (Hg.), Ökonomie im Kalten Krieg (= Studien zum Kalten Krieg, Band 4), Hamburg 2010, S. 501–521.

NEKRASOV, V.L./STAFEEV, O.N./CHROMOV, E.A.: Neftegazovyj kompleks SSSR (Vtoraja polovina 1950-ch – pervaja polovina 1960-ch gg.). Ėkonomičeskie i instituiocional'nye aspekty razvitija, Chanty-Mansijsk 2012.

NEKRASOV, VIACHESLAV: Decision-Making in the Soviet Energy Sector in Post-Stalinist Times. The Failure of Khrushchev's Economic Modernization Strategy in: Perović, Jeronim (Hg.): Cold War Energy. A Transnational History of Soviet Oil and Gas, Cham 2017, S. 165–199.

NOVE, ALEK: Das sowjetische Wirtschaftssystem, Baden-Baden 1980.

OBERENDER, ANDREAS: »Das Haupt unserer Partei und unseres Staats«. Führerschaft und Führerkult unter Leonid Brežnev, in: Ennker, Enno/Hein-Kircher, Heidi (Hg.): Der Führer im Europa des 20. Jahrhundert, Marburg 2010, S. 200–215.

OBUCHOFF, HAJO/WABNITZ, LUTZ/WAGNER, FRANK MICHAEL: Die Trasse. Ein Jahrhundertbau in Bildern und Geschichten, Berlin 2012.

OUIMET, MATTHEW J.: The Rise and Fall of the Brezhnev Doctrine in Soviet Foreign Policy. Chapel Hill NC 2003.

PAINTER, DAVID
- Oil, resources, and the Cold war, 1945–1962, in: Leffler, Melvyn P./Westad, Odd Arne: The Cambridge history of the Cold War, Volume 1, Cambridge 2010, S. 486–507.
- From Linkage to Economic Warfare. Energy, Soviet-American Relations, and the End of the Cold War, in: Perović, Jeronim (Hg.): Cold War Energy. A Transnational History of Soviet Oil and Gas, Cham 2017, S. 283–318.

PARROT, BRUCE (Hg.): Trade, Technology, and Soviet-American Relations, Bloomington IN 1985.

PAŠKOV, N.M.: Dejatel'nost' partijnych organizacij Zapadnoj Sibiri po sozdaniju i razvitiju neftegazogo kompleksa 1964–1980 gg., Tomsk 1988.

PENTER, TANJA: Kohle für Stalin und Hitler. Arbeiten und Leben im Donbass 1929 bis 1953, Essen 2010.

PEROVIĆ, JERONIM/KREMPIN, DUNJA: »The Key is in our hands«: Soviet Energy Strategy during Détente and the Global Oil Crises of the 1970s, in: Historical Social Research 39 (2014), S. 113–144.

PEROVIĆ, JERONIM: Russlands Aufstieg zur Energiegroßmacht. Geschichte einer gesamteuropäischen Verflechtung, in: Osteuropa 63 (2013) 7, S. 5–28.

PEROVIC, JERONIM/ORTTUNG, ROBERT W./ANDREAS WENGER: Russian Energy Power and Foreign Relations. Implications for conflict and cooperation, London 2009.

PIETSCH, ANNA JUTTA: Displacement by Technological Progress in the USSR. Social and Educational Problems and their Treatment, in: Adam, Jan (Hg.): Employment Policies in the Soviet Union and Eastern Europe, Basingstoke 1987, S. 26–51.

PLAGGENBORG, STEFAN: »Entwickelter Sozialismus« und Supermacht 1964–1985, in: Altrichter, Helmut/Plaggenborg, Stefan (Hg.): 1945–1991. Vom Ende des Zweiten Weltkrieg bis zum

Zusammenbruch der Sowjetunion (Handbuch der Geschichte Russlands, Band 5/1), Stuttgart 2001.
PLEINES, HEIKO: Developing Russia's oil and gas industry. What role for the state? in: Perovic, Jeronim/Orttung, Robert, W./Wenger, Andreas: Russian Energy Power and Foreign Relations. Implications for conflict and cooperation, London 2009, S. 71–86.
POHL, MANFRED: Geschäft und Politik. Deutsch-russische/sowjetische Wirtschaftsbeziehungen 1850–1988, Mainz 1988.
PONOMAREV, BORIS N. (Hg.): Geschichte der Kommunistischen Partei der Sowjetunion, Berlin 1971.
PORTER, ROGER B.: The U.S.–U.S.S.R. grain agreement, Cambridge MA 1984.
PREUSS NEUDORF, KATHARINA C.: Die Erdgas-Wirtschaft in Rußland. Merkmale, Probleme und Perspektiven unter besonderer Berücksichtigung der Integration der russischen und der europäischen Erdgaswirtschaft, Köln 1996.
PRISTUPKO, VIKTOR A.: Studenčeskie otrjady. Istoričeskij opyt 1959–1990 godov, Moskva 2008.
PROCHNOW, JEANNETTE: Erinnern als Interaktion. Die Gemeinschaft ostdeutscher Trassenbauer im Transformationsprozess, Stuttgart 2014.
RALEIGH, DONALD J.
- Soviet baby boomers. An oral history of Russia's cold war generation, Oxford 2012.
- Russia's favorite. Reevaluating the Rule of Leonid Il'ič Brežnev, 1964–1982, in: Russian Studies in History 52 (2014) 4, S. 3–11.

REHSCHUH, FELIX: Aufstieg zur Energiemacht. Der sowjetische Weg ins Erdölzeitalter 193012 bis 1950er Jahre (Osteuropa in Geschichte und Gegenwart 1), Köln 2018.
RICHTER, REGINE/SMID, KARSTEN: Raubbau an der Natur. Ölförderung in Westsibirien und auf Sachalin, in: Osteuropa 58 (2008) 4–5, S. 117–130.
RIGBY, THOMAS H.: Political Elites in the USSR. Central leaders and local cadres from Lenin to Gorbachev, Aldershot 1990.
ROISKO, PEKKA: Gralshüter eines untergehenden Systems. Zensur der Massenmedien in der UdSSR 1981–1991, Köln 2015.
RÖHR, ANDREAS: Die Bajkal-Amur-Magistrale. Geschichte eines sibirischen Raumerschließungsprojektes, Berlin 2012.
ROOS, JOHANNA: Sibirien zwischen Oekonomie und Politik. Zur Erschließung der Energieträger Erdöl und Erdgas, Köln 1984.
ROTH-EY, KRISTIN
- Finding a Home for Television in the USSR. 1950–1970, in: Slavic Review 66 (2007) 2, S. 278–306.
- Moscow Prime Time. How the Soviet Union built the Media Empire that lost the Cultural Cold War, Ithaca NY 2011.

ROXBURGH, AGNUS: Pravda. Inside the Soviet News Machine, London 1987.
ROXO, VALENTINA: Missing Green in the Black Gold-Environment in the Public Debate on West Siberian Oil Production from the 1970s to the Present, in: Möllers, Nina/Zachmann, Karin (Hg.): Past and Present Energy Societies. How Energy Connects Politics, Technologies and Cultures, Bielefeld 2012, S. 249–275.
RUSSELL, JEREMY: Energy as a factor in Soviet foreign Policy, Farnborough 1976.
SANCHEZ-SIBONY, OSCAR: Red Globalization. The political economy of the Soviet Cold War from Stalin to Khrushchev, Cambridge 2014.
SAPRYKIN, VLADIMIR: Subjekt oder Objekt? Die Ukraine und der Gastransit in die EU, in: Osteuropa 54 (2004) 9–10, S. 250–262.
SCHATTENBERG, SUSANNE
- »Von Chruscev zu Gorbacev. Die Sowjetunion zwischen Reform und Zusammenbruch«, in: Neue Politische Literatur (2010) 2, S. 255–284.

- Leonid Breschnew. Staatsmann und Schauspieler im Schatten Stalins. Eine Biographie, Köln 2017.

Schroeder, Gertrude E.: Managing Labour Shortages in the Soviet Union, in: Adam, Jan (Hg.): Employment Policies in the Soviet Union and Eastern Europe, Basingstoke 1987, S. 3–26.

Shabad, Theodore: The Soviet Potential in Natural Resources. An Overview, in: Jensen, Robert G.: Soviet natural resources in the world economy, Chicago 1983, S. 251–274.

Semenov, Jurij N.: Erdöl aus dem Osten. Die Geschichte der Erdöl- und Erdgasindustrie in der Sowjetunion, Düsseldorf 1973.

Siegelbaum, Lewis H.: Cars for comrades. The life of the Soviet automobile, Ithaca 2008.

Slavkina, Marija V.

- Trijumf i tragedija. Razvitije neftegazogo kompleksa SSSR v 1960–1980e gody, Moskva 2002.
- Velikie pobedy i upuščennye vozmožnosti. Vlijanie neftegazogo kompleksa na social'no-ekonomičeskoe razvitie SSSR v 1945–1991 gg., Moskva 2007.
- Bajbakov, Moskau 2010.
- Četyre lika sovetskogo neftjanogo ėksporta: osnovnye tendencii razvitija v 1922–1990-e gody, in: Vestnik Čeljabinskogo gosudarstvennogo universiteta 7 (2012) 261, S. 56–64.
- Neftegazovyj kompleks i modernizacija 1945–2008 godov: Problemy ėkonomičeskogo istorii i perspektivy razvitija, in: Vestnik Čeljabinskogo gosudarstvennogo universiteta 7 (2012) 261, S. 65–74.
- Neftegazovyj faktor otečestvennoj modernizacii. 1939–2008, Moskva 2015.

Sobeslavskij, V./Beazley, P.: The Transfer of Technology to Socialist Countries. The Case oft he Soviet Chemical Industry, Cambridge MA 1980.

Stafeev, Oleg N.: Memuary kak istočnik po istorii neftegazogo kompleksa Zapadnoj Sibiri, Surgut 2007.

Stein, Jonathan B.: The soviet bloc, energy, and western security, Lexington MA 1983.

Stent, Angela E.

- Technology Transfer to the Soviet Union. A Challenge for the Cohesiveness of the Western Alliance, Beverly Hills 1980.
- Wandel durch Handel? Die politisch-wirtschaftlichen Beziehungen zwischen der Bundesrepublik Deutschland und der Sowjetunion, Köln 1982.

Stern, Jonathan P.

- Soviet Natural Gas Development, Toronto 1980.
- East European energy and East-West trade in energy, London 1982.
- Soviet Natural Gas in the World Economy, in: Jensen Robert G.: Soviet natural resources in the world economy, Chicago 1983, S. 363–384.

Thatcher, Ian D.: Brezhnev as Leader, in: Bacon, Edwin/Sandle, Mark (Hg.): Brezhnev Reconsidered, Houndmill 2002, S. 22–37.

Thornton, Richard C.: The US-Russian struggle for World Oil 1979–2010, in: Beltran, Alain: Le petrole et la guerre. Oil and war, Brussels 2012, S. 299–311.

Tomson, Edgar: Der Ministerrat der UdSSR (politologische Studien 16), Berlin 1980.

Tretyakova, Albina/Heinemeier, Meredith: Cost estimates for the Soviet gas industry. 1970 to 1990, Washington, D.C. 1986.

Van Laak, Dirk: Unter Strom. Über Dynamos und politische Dynamik, in: Ehrhardt, Hendrik/Kroll, Thomas: Energie in der modernen Gesellschaft. Zeithistorische Perspektiven, Göttingen 2012, S. 17–31.

Van Oudenaren, John: The Urengoj Pipeline. Prospects for Soviet Leverage, Santa Monica CA 1984.

Vogel, Ezra F.: Deng Xiaoping and the Transformation of China, Cambridge MA 2011.

Voronkov, Viktor: Politische Biographien im privaten und öffentlichen Diskurs, in: Miethe, Ingrid/Roth, Silke: Politische Biographien und sozialer Wandel, Gießen 2000, S. 150–162.

WARD, CHRISTOPHER J.: Brežnev's folly: the building of BAM and late Soviet socialism, Pittsburgh PA 2009.

WASCHIK, KLAUS/BABURINA, NINA: Werben für die Utopie. Russische Plakatkunst des 20. Jahrhundert, Bietigheim-Bissingen 2003.

WEIN, NORBERT: Sibirien, Gotha 1999.

WISHNICK, ELIZABETH: Mending fences. The Evolution of Moscow's China Policy from Brezhnev to Yeltsin, Seattle WA 2001.

WÖRMANN, CLAUDIA: Osthandel als Problem der Atlantischen Allianz. Erfahrungen aus dem Erdgas-Röhren-Geschäft mit der UdSSR, Bonn 1986.

WUSCHNIK, TOBIAS: Knastware für den Klassenfeind. Häftlingsarbeit in der DDR, der Ost-West-Handel und die Staatssicherheit (1970–1989), Göttingen 2014, S. 280–281.

YERGIN, DANIEL: Der Preis. Die Jagd nach Öl, Geld und Macht, Frankfurt am Main 1991.

ZAJONČKOVSKAJA, Ž.A./ZACHARINA, D. M.: Problems of Providing Siberia with Manpower, Soviet Geography 13 (1972) 10, 1972, S. 671- 683.

ZALESKI, EUGÈNE/WIENERT, HELDGARD: Technology transfer between East and West, Paris 1980.

ZUBOK, VLADISLAV M.: A Failed Empire. The Soviet Union in the Cold War from Stalin to Gorbachev, Chapell Hill 2007.

Filme und Internetquellen

AVVAKUMOV, M. N.: »Rešenija XXVI s«ezda vypolnym!« Plakat, 1976, online verfügbar unter: http://eng.plakaty.ru/posters?cid=1&part=1976&id=1404 [09.08.2013].

BIDDER, BENJAMIN: Worum es im Gasstreit wirklich geht, in: Spiegel Online, 17.06.2017, online verfügbar unter: http://www.spiegel.de/wirtschaft/unternehmen/russland-was-steckt-hinter-dem-gas-streit-a-1152643.html [05.07.2018].

Biographie von Aleksandr P. Krylov, online verfügbar unter: http://www.ras.ru/win/db/show_per.asp?P=.id–50936.ln-ru.dl-.pr-inf.uk-12 [05.12.2018].

Biographie von Aleksandr V. Sidorenko, online verfügbar unter: http://isaran.ru/?q=ru/fund&guid=0FDB6D11–4E3D-66A1–5876–9D8806E0680E&ida=1 [06.12.2018].

Biographie von Farman K. Salmanov, online verfügbar unter: http://www.warheroes.ru/hero/hero.asp?Hero_id=9264 [05.12.2018].

Biographie von Michail A. Styrikovič, online verfügbar unter: https://bigenc.ru/technology_and_technique/text/4170417 [10.12.2018].

Biographie von Tatjana I. Zaslavskaja, online verfügbar unter: http://isaran.ru/?q=ru/person&guid=7FFC9D91-E6E9–8544–9483-D1D169C41F81 [17.12.2018].

Biographie von Valentin D. Šašin, online verfügbar unter: https://www.gubkin.ru/gallery/portrait/detail.php?ID=1133 [30.12.2018].

Eintrag »Aristow, Awerkij B.« in Munzinger Online/Personen – Internationales Biographisches Archiv, online verfügbar über die Zentralbibliothek Zürich unter: http://www.munzinger.de/document/00000019052 [17.12.2018].

Eintrag »Dymschiz, Wenjamin« in Munzinger Online/Personen – Internationales Biographisches Archiv, online verfügbar über die Zentralbibliothek Zürich unter: http://www.munzinger.de.ezproxy.uzh.ch/document/00000009925 [29.11.2018].

Eintrag »Samjatin, Leonid« in: Munzinger Online/Personen – Internationales Biographisches Archiv, online über die Zentralbibliothek Zürich verfügbar unter: http://www.munzinger.de.ezproxy.uzh.ch/document/00000014687 [29.11.2018].

Eintrag »Ustinow, Dmitrij F.« in: Munzinger Online/Personen – Internationales Biographisches Archiv, online verfügbar über die Zentralbibliothek Zürich unter: http://www.munzinger.de/document/00000008404 [13.12.2018].

Fekljaev, V. N.: »Daeš Sibir'!« Plakat, 1978, online verfügbar unter: http://www.plakaty.ru/posters?cid=4&sort=year&part=1978 [09.08.2013].

Film Strategija Riska, Serija 1 (1978), online verfügbar unter: https://www.youtube.com/watch?v=7kxdRRrlLW0 [05.01.2019].

Film Strategija Riska, Serija 2 (1978), online verfügbar unter: https://www.youtube.com/watch?v=7qur2JF6QtI [05.01.2019].

Film Vsegda s narodom (1978), online verfügbar unter: https://www.youtube.com/watch?v=vu7S-bDiuA_E [26.07.2018].

Homepage des Vereins »Erdgastrasse e. V.«, online verfügbar unter: www.erdgastrasse-ev.de [26.07.2018].

Informationen zum Film Strategija Riska, online verfügbar unter: http://www.kino-teatr.ru/kino/movie/sov/6834/annot/ [04.05.2018].

Jauernig, Henning: Deutschlands Alternativen zu Russlands Gas, in: Spiegel Online, 06.03.2014, online verfügbar unter: http://www.spiegel.de/wirtschaft/soziales/erdgas-aus-russland-wie-deutschland-die-abhaengigkeit-reduzieren-kann-a-957112.html [26.04.2017].

Mel'nikov, Nikolaj Vasil'evič – Biografičeskaja spravka, online verfügbar unter: http://isaran.ru/?q=ru/person&guid=8FA42C8E-4D91-DCA2-CBDA-ED00241DB5C1 [05.12.2018].

Ohne Russland geht es nicht, in: Zeit Online, 08.12.2014, online verfügbar unter: http://www.zeit.de/politik/deutschland/2014-12/energie-deutschland-russland-abhaengig [26.04.2017].

Parmeev, B. A.: »Sibirskij razmach!« Plakat, 1980, online verfügbar unter: http://eng.plakaty.ru/posters?cid=4&part=1980&id=721 [09.08.2013].

Rossijskij Statističeskij Ežegodnik. Oficial'noe izdanie 1998, hg. vom Goskomstat Rossii, Moskva 1998, S. 100, online verfügbar unter: http://istmat.info/files/uploads/41385/rossiyskiy_statisticheskiy_ezhegodnik_1998_g.pdf [08.12.2018].

Schmid, Ulrich M.: Der Bankrott eines Systems, in: NZZ Online, 25.12.2016, online verfügbar unter: https://www.nzz.ch/international/aufloesung-der-sowjetunion-vor-25-jahren-der-bankrott-eines-systems-ld.136566 [31.11.2018].

Shares of Gazprom, online verfügbar unter: https://web.archive.org/web/20180413222117/http://www.gazprom.com/investors/stock/ [03.06.18].

Steiner, Eduard: Mit diesem Rekord düpiert Putin den Westen, in: Die Welt, 11.01.2018, online verfügbar unter: https://www.welt.de/wirtschaft/article172361630/Gas-Exporte-in-die-EU-Mit-diesem-Rekord-duepiert-Putin-den-Westen.html [08.12.2018].

Tetzlaff, Kurt: Begegnungen an der Trasse, Film 2010.

Triebe, Benjamin: Russischer Erdgas-Riese setzt voll auf Europa, in: NZZ Online, 27.04.2017, online verfügbar unter: https://www.nzz.ch/wirtschaft/gazprom-baut-auf-europa-ld.1289156 [08.12.2018].

Triebe, Benjamin: Europa kauft immer mehr von Gaszprom, in: NZZ Online, 29.08.2017, online verfügbar unter: https://www.nzz.ch/wirtschaft/trotz-wachsender-erdgas-konkurrenz-europa-kauft-immer-mehr-von-gazprom-ld.1313387 [29.11.2018].

USA drohen mit Sanktionen, in: Spiegel Online, 17.05.2018, online verfügbar unter: http://www.spiegel.de/wirtschaft/soziales/nord-stream-2-usa-drohen-mit-sanktionen-a-1208241.html [05.07.2018].

Register